Œuvres complètes

PORTRAIT DE FRANÇOIS RABELAIS par Michel Lasne
gravé au burin vers 1626
Cette gravure a été exécutée pour servir à l'édition des *Œuvres* de 1626 ;
elle aurait été gravée d'après un portrait que possédait l'artiste

Rabelais

Œuvres complètes

Tome II

Éditions Garnier
8, rue Garancière
PARIS

ISBN 2-7050-0164-6
ISBN 2-7370-0102-1

Introduction, notes, bibliographie
et relevé de variantes

par

Pierre Jourda

Doyen de la Faculté des Lettres de Montpellier

Tome illustré de 36 reproductions

CE VOLUME CONTIENT :

LE QUART LIVRE
DES FAICTS ET DICTS HÉROIQUES
DU BON PANTAGRUEL

LE CINQUIESME ET DERNIER LIVRE
DES FAICTS ET DICTS HEROIQUES
DU BON PANTAGRUEL

LETTRES ET ÉCRITS DIVERS :

LETTRE A GUILLAUME BUDÉ
VERS A ANDRÉ TIRAQUEAU
ÉPISTRE A BOUCHET
ÉPITRE-DÉDICACE DES LETTRES MÉDICALES DE
  MANARDI
ÉPITRE-DÉDICACE DES APHORISMES D'HIPPOCRATE
ÉPITRE-DÉDICACE DU TESTAMENT DE CUSPIDIUS
LETTRE A ÉRASME
PANTAGRUELINE PROGNOSTICATION
ALMANACH DE 1533
ALMANACH DE 1535
ÉPITRE-DÉDICACE DE LA TOPOGRAPHIE DE L'AN-
  CIENNE ROME
LETTES ÉCRITES DE ROME A GEOFFROY D'ESTISSAC
BADINAGE DE FRANÇOIS RABELAIS
DU GARUM
LETTRE A ANTOINE HULLOT
LETTRE AU CARDINAL DU BELLAY
ANCIEN PROLOGUE DU QUART LIVRE
LA SCIOMACHIE ET FESTINS

LE QUART LIVRE

DES FAICTS ET DICTS HÉROÏQUES

DU BON PANTAGRUEL

composé par

M. FRANÇOIS RABELAIS

Docteur en Medicine.

LE
QVART LIVRE
DES FAICTS ET
dicts Heroiques du bon
Pantagruel.

Composé par M. François Rabelais
docteur en Medicine.

NE LA MORT,

NE LE VENIM.

A PARIS,
De l'imprimerie de Michel Fezandat, au mont
S. Hilaire, a l'hostel d'Albret.
1552.
Auec priuilege du Roy.

MON SEIGNEUR ODET,

Cardinal de Chastillon.

Vous estez deuement adverty, Prince[1] tresillustre, de quants[a] grands personaiges j'ay esté et suis journellement stipulé[b], requis et importuné pour la continuation des mythologies[c] Pantagruelicques : alleguans que plusieurs gens languoureux, malades, ou autrement faschez[d] et desolez, avoient, à la lecture d'icelles, trompé leurs ennuictz, temps joyeusement passé, et repceu alaigresse et consolation nouvelle. Es quelz je suis coustumier de respondre que, icelles par esbat composant, ne pretendois gloire ne louange aulcune; seulement avois esguard et intention par escript donner ce peu de soulaigement que povois es affligez et malades absens, lequel voluntiers, quand besoing est, je fays es presens qui soy aident de mon art et service.

Quelques fois je leur expose par long discours comment Hippocrates, en plusieurs lieux, mesmement[e] on sixiesme livre des *Epidemies*, descrivant l'institution du medicin son disciple, Soranus Ephesien[2], Oriba-

---

a. combien de. — *b.* requis. — *c.* récits. — *d.* ennuyés. — *e.* surtout.

1. Le cadet des Coligny, cardinal depuis 1533. Il s'occupait au Conseil privé des affaires de librairie. Il protégea Ronsard. Converti au protestantisme, il se maria en 1564. C'est lui qui obtint à Rabelais le 6 août 1550 un privilège de dix ans pour réimprimer ses œuvres anciennes et imprimer les nouvelles. Cette épître ne figurait pas dans la version de 1548. — 2. Soranus d'Éphèse exerça la médecine au 11e siècle apr. J.-C. à Alexandrie et à Rome.

sius[1], Cl. Galen, Hali Abbas[2], autres auteurs conse-
quens[a] pareillement, l'ont composé[b] en gestes, maintien, reguard, touchement[c], contenence, grace, honesteté, netteté de face, vestemens, barbe, cheveulx, mains,
bouche, voire jusques à particularizer les ongles,
comme s'il deust jouer le rolle de quelque Amoureux ou
Poursuyvant[d] en quelque insigne comœdie, ou descendre en camp clos pour combatre quelque puissant
ennemy. De faict, la practique de Médicine bien
proprement est par Hippocrates comparée à un combat et farce jouée à trois personnages : le malade, le
medicin, la maladie.

Laquelle composition lisant quelque fois, m'est
soubvenu d'une parolle de Julia à Octavian Auguste
son pere[3]. Un jour elle s'estoit devant lui presentée
en habiz pompeux, dissoluz et lascifz, et luy avoit
grandement despleu, quoy qu'il n'en sonnast mot.
Au lendemain elle changea de vestemens, et modeste-
ment se habilla comme lors estoit la coustume des
chastes dames Romaines. Ainsi vestue se presenta
devant luy. Il, qui, le jour precedent, n'avoit par
parolles declaré le desplaisir qu'il avoit eu la voiant
en habitz impudicques, ne peut celer le plaisir qu'il
prenoit la voiant ainsi changée, et luy dist : « O
combien cestuy vestement plus est seant et louable
en la fille de Auguste ! » Elle eut son excuse prompte
et luy respondit : « Huy me suis je vestue pour les
œilz de mon pere. Hier, je l'estois pour le gré de mon
mary. »

Semblablement pourroit le medicin, ainsi desguisé
en face et habitz, mesmement revestu de riche et plaisante robbe à quatre manches, comme jadis estoit l'estat,

---

a. suivants. — b. dépeint. — c. toucher. — d. prétendant.

1. Oribase de Pergame, ami de l'empereur Julien, vécut au IVe siècle.
2. Médecin arabe qui vécut au Xe siècle et fut de ceux qui transmirent
l'œuvre de Galien.
3. Cf. Macrobe, *Saturnales*, II, 5, 5.

De gauche à droite : Odet, Gaspar et François de Coligny.
par Du Val (1579)

et estoit appellée *philonium*, comme dict Petrus[1] Alexandrinus, *in* 6, *Epid.*, respondre à ceux qui trouveroient la prosopopée[a] estrange : « Ainsi me suis je acoustré, non pour me guorgiaser[b] et pomper[c], mais pour le gré du malade lequel je visite, auquel seul je veulx entierement complaire, en rien ne l'offenser ne fascher. »

Plus y a. Sus un passaige du pere Hippocrates on livre cy dessus allegué, nous suons, disputans et recherchans, non si le minois du medicin chagrin, tetrique[d], reubarbatif, catonian[2], mal plaisant, mal content, severe, rechigné, contriste le malade, et du medicin la face joyeuse, seraine, gratieuse, ouverte, plaisante, resjouist le malade : cela est tout esprouvé et trescertain; mais si telles contristations et esjouissemens proviennent par apprehension du malade contemplant ces qualitez en son medicin, et par icelles conjecturant l'issue et catastrophe[e] de son mal ensuivir, sçavoir est : par les joyeuses joyeuse et desirée; par les fascheuses fascheuse et abhorrente[f]; ou par transfusion des esperitz serains ou tenebreux, aerez ou terrestres, joyeulx ou melancholicques du medicin en la persone du malade. Comme est l'opinion de Platon[3] et Averroïs.

Sus toutes choses, les autheurs susdictz ont au medicin baillé advertissement particulier des parolles, propous, abouchemens[g] et confabulations qu'il doibt tenir avecques les malades de la part des quelz seroit appellé. Lesquelles toutes doibvent à un but tirer, et tendre à une fin, c'est le resjouir sans offense de Dieu et ne le contrister en façon quelconques. Comme grandement est par Herophilus[4] blasmé Callianax, medicin,

---

a. déguisement (voir *Briefve Declaration*). — *b.* faire le beau. — *c.* parer. — *d.* maussade. — *e.* dénouement. — *f.* redoutée. — *g.* conversations.

1. Le *philonium* était une sorte de chape. L'auteur cité ici est Jean — et non Pierre — Alexandrini qui commenta Hippocrate dans son *Liber Epidemiarum* (1523). — 2. Sévère comme Caton le Censeur.

3. *La République*, 408e. Cf. *Prologue* de 1548, *infra*, p. 577.

4. Anecdote rapportée par Galien dans son commentaire au 6e livre d'Hippocrate. Mais le médecin s'appelle Callimax et est critiqué non par Herophilus, mais par Galien.

qui, à un patient l'interrogeant et demandant : « Mour-
ray je ? » impudentement respondit :

> Et Patroclus à mort succomba bien,
> Qui plus estoit que ne es homme de bien[1].

A un autre voulent entendre l'estat de sa maladie, et
l'interrogeant à la mode du noble Patelin :

> Et mon urine
> Vous dict elle poinct que je meure ?[2]

Il follement respondit : « Non, si t'eust Latona, mere
des beaulx enfans Phœbus et Diane, engendré. » Pareillement est de Cl. Galen, *lib.* 4, *Comment. in 6, Epidemi.*,
grandement vituperé Quintus, son praecepteur en
medicine, lequel à certain malade en Rome, homme
honorable, luy disant : « Vous avez desjeuné, nostre
maistre, vostre haleine me sent le vin », arroguamment
respondit : « La tienne me sent la fiebvre : duquel est
le flair[a] et l'odeur plus delicieux, de la fiebvre ou du
vin ? »

Mais la calumnie de certains Canibales[3], misan-
tropes, agelastes[b], avoit tant contre moy esté atroce
et desraisonnée qu'elle avoit vaincu ma patience, et
plus n'estois deliberé en escrire un iota[4]. Car l'une
des moindres contumelies[c] dont ilz usoient estoit que
telz livres tous estoient farciz d'heresies diverses[5] (n'en
povoient toutes fois une seule exhiber en endroict
aulcun), de folastries joyeuses, hors l'offence de Dieu

---

a. odeur. — *b.* qui ne savent pas rire. — *c.* injures.

1. *Iliade*, XXI, 107. — 2. *Pathelin*, v. 656-7.
3. Cf. ci-dessous p. 249, *Briefve declaration...*
4. Qui Rabelais vise-t-il ici ? La Faculté de théologie en général ? ou,
nommément, ses ennemis Puy-Herbaut et Calvin ? Il est impossible
de le dire.
5. Puy-Herbaut et Calvin reprochaient également à Rabelais ses
mœurs et son impiété.

et du Roy, prou[a] (c'est le subject et theme unicque
d'iceulx livres); d'heresies poinct, sinon perversement
et contre tout usaige de raison et de languaige commun,
interpretans ce que, à poine de mille fois mourir, si
autant possible estoit, ne vouldrois avoir pensé :
comme qui pain interpretroit pierre; poisson, serpent;
œuf, scorpion[1]. Dont quelque fois me complaignant
en vostre presence, vous dis librement que, si meilleur
Christian je ne m'estimois qu'ilz me monstrent estre en
leur part, et que si en ma vie, escriptz, parolles, voire
certes pensées, je recongnoissois scintille[b] aulcune
d'heresie, ilz ne tomberoient tant detestablement es
lacs de l'esprit calumniateur, c'est Διάβολος, qui par
leur ministere me suscite tel crime : par moymesmes,
à l'exemple du Phœnix, seroit le bois sec amassé, et
le feu allumé, pour en icelluy me brusler.

Allors me dictes que de telles calumnies avoit esté
le defunct roy François, d'eterne memoire, adverty;
et curieusement aiant, par la voix et pronunciation du
plus docte et fidele Anagnoste[c 2] de ce royaulme, ouy
et entendu lecture distincte d'iceulx livres miens (je
le diz, parce que meschantement l'on m'en a aulcuns
supposé faulx et infames[3]), n'avoit trouvé passaige
aulcun suspect; et avoit eu en horreur quelque mangeur
de serpens[4], qui fondoit mortelle haeresie sus un N
pour un M par la faulte et negligence des imprimeurs[5].

Aussi avoit son filz, nostre tant bon, tant vertueux
et des cieulx benist roy Henry (lequel Dieu nous vueille
longuement conserver), de maniere que pour moy il

---

a. beaucoup. — *b.* étincelle. — *c.* lecteur *(Briefve Declaration)*.

1. Souvenir de Luc, XI, 11. — 2. Pierre du Chastel, évêque de
Mâcon, puis grand aumônier de France, fut lecteur de François Ier,
puis de Henri II. C'était un esprit ouvert, pénétré d'érasmisme. —
3. On a cité parmi les livres que Rabelais pouvait viser ici un faux
Cinquième livre des faictz et dictz du noble Pantagruel paru en 1549. Mais
l'ouvrage ne mérite guère les épithètes employées par Rabelais. —
4. Périphrase qui désigne les moines retirés du monde comme les
Troglodytes mangeurs de serpents. — 5. Allusion aux chapitres XXII
et XXIII des premières éditions du *Tiers Livre*, cf. tome I, p. 494, n. 2.

vous avoit octroyé privilege et particuliere protection contre les calumniateurs[1]. Cestuy evangile[a] depuys m'avez de vostre benignité reiteré à Paris, et d'abondant lors que nagueres visitastez monseigneur le cardinal Du Bellay, qui pour recouvrement de santé après longue et fascheuse maladie, s'estoit retiré à Sainct Maur, lieu, ou (pour mieulx et plus proprement dire) paradis de salubrité, amenité, serenité, commodité, delices et tous honestes plaisirs de agriculture et vie rusticque.

C'est la cause, Monseigneur, pourquoy praesentement, hors toute intimidation, je mectz la plume au vent, esperant que, par vostre benigne faveur, me serez contre les calumniateurs comme un second Hercules Gaulloys[2], en sçavoir, prudence et eloquence; *Alexicacos*[b] en vertuz, puissance et auctorité; duquel veritablement dire je peuz ce que de Moses, le grand prophete et capitaine en Israel, dict le saige roy Solomon, *Ecclesiastici*, 45 : homme craignant et aimant Dieu, agreable à tous humains, de Dieu et des hommes bien aymé, duquel heureuse est la memoire. Dieu en louange l'a comparé aux Preux, l'a faict grand en terreur des ennemis[3]. En sa faveur a faict choses prodigieuses et espoventables; en praesence des Roys l'a honoré; au peuple par luy a son vouloir declaré et par luy sa lumière a monstré. Il l'a en foy et debonnaireté[c]

---

a. bonne nouvelle. — *b. en grec :* qui écarte les maux. — *c.* bonté.

1. C'est le privilège du 6 août 1550; cf. ci-dessus p. 3. — 2. Un passage de Lucien (*Héraklès*, 1-6) auquel Rabelais fait allusion dans sa *Briefve Declaration* (infra, p. 250) parle de cet Hercule gaulois : nommé Ogmios, dieu de l'éloquence, on le représentait sous les traits d'un vieillard vêtu de la peau de lion, armé de la massue et que suivaient joyeusement une foule d'hommes attachés par les oreilles à sa langue au moyen de minces chaînes d'or. On le trouve dans les *Emblèmes* d'Alciat et le *Champfleury* de Geoffroy Tory. Les *Illustrations* de Lemaire de Belges (I, 7 et III, 1) avaient fait d'Hercule l'ancêtre des Troyens et des Francs.

3. Calvin, dans un sermon du 16 octobre 1555, s'indigna contre ces louanges hyperboliques.

consacré et esleu entre tous humains. Par luy a voulu estre sa voix ouye et à ceulx qui estoient en tenebres estre la loy de vivificque science annoncée.

Au surplus vous promettant que ceulx qui par moy seront rencontrez congratulans de ces joieulx escriptz, tous je adjureray vous en sçavoir gré total, unicquement vous en remercier, et prier nostre Seigneur pour conservation et accroissement de ceste vostre Grandeur, à moy rien ne attribuer, fors humble subjection et obeissance voluntaire à voz bons commandemens. Car, par vostre exhortation tant honorable, m'avez donné et couraige et invention, et, sans vous m'estoit le cueur failly et restoit tarie la fontaine de mes esprits animaulx[1]. Notre Seigneur vous maintienne en sa saincte grace. De Paris, ce 28 de janvier 1552.

Vostre treshumble et tresobeissant serviteur.

Franç. RABELAIS, *medicin.*

---

1. Vapeurs subtiles au moyen desquelles l'âme agit sur le corps. Cf. *Tiers Livre*, chapitre IV, p. 423, ce qu'en dit Rabelais d'après Galien.

PROLOGUE DE L'AUTEUR

M. François Rabelais

pour le quatrieme livre des faicts et dicts héroïques

de Pantagruel[1].

AUX LECTEURS BENEVOLES

Gens de bien, Dieu vous saulve et guard ! Où estez vous ? Je ne vous peuz veoir. Attendez que je chausse mes lunettes !

Ha, ha ! Bien et beau s'en va Quaresme[2] ! Je vous voy. Et doncques ? Vous avez eu bonne vinée, à ce que l'on m'a dict. Je n'en serois en piece[a] marry. Vous avez remede trouvé infinable[b] contre toutes alterations[c] ? C'est vertueusement operé. Vous, vos femmes, enfans, parens et familles, estez en santé désirée ? Cela va bien, cela est bon, cela me plaist. Dieu, le bon Dieu en soit eternellement loué, et (si telle est sa sacre[d] volunté) y soiez longuement maintenuz.

Quant est de moy, par sa saincte benignité, j'en suys là, et me recommande. Je suys, moiennant un peu de Pantagruelisme[3] (vous entendez que c'est certaine

---

a. jamais. — b. sans fin. — c. soif. — d. sacrée.

1. On trouvera le prologue de l'édition partielle de 1548 p. 569. — 2. Formule de jeu devenue une simple formule de salut. Le jeu figure dans les jeux de Gargantua (*Gargantua*, chap. xxii). Oudin le définit ainsi : « Sorte de jeu où chaque jour de Caresme celuy qui dit le premier ces mots à son compaignon gagne le prix convenu. » — 3. Cf. une première définition au livre III, *Prologue*, tome I, p. 401, et chap. ii, tome I, p. 411.

gayeté d'esprit conficte en mespris des choses fortuites), sain et degourt[a]; prest à boire, si voulez. Me demandez vous pourquoy, gens de bien ? Response irrefragable : tel est le vouloir du tresbon, tresgrand Dieu, onquel je acquiesce, au quel je obtempere, duquel je revere la sacrosaincte parolle de bonnes nouvelles, c'est l'Evangile, on quel est dict, *Luc*, 4, en horrible sarcasme[b] et sanglante derision, au medicin negligent de sa propre santé : « Medicin, o, gueriz toymesmes[1]. »

Cl. Gal. non pour telle reverence en santé soy maintenoit, quoy que quelque sentiment il eust des sacres Bibles et eust congneu et frequenté les saincts Christians de son temps[2], comme appert *lib.* 2, *De usu partium*, lib. 2, *De differentiis pulsuum*, *cap.* 3, *et ibidem*, *lib.* 3, *cap.* 2, *et lib. De rerum affectibus* (s'il est de Galen); mais par craincte de tomber en ceste vulgaire et satyrique mocquerie :

Ἰητρὸς ἄλλων, αὐτὸς ἕλκεσι βρύων.
Medicin est des aultres en effect;
Toutesfois est d'ulceres tout infect[c][3].

De mode qu'en grande braveté[d] il se vente et ne veult estre medicin estimé si, depuys l'an de son aage vingt et huictiesme jusques en sa haulte vieillesse, il n'a vescu en santé entiere, exceptez quelques fiebvres ephemeres[4] de peu de durée; combien que, de son naturel, il ne feust des plus sains et eust l'estomach evidentement dyscrasié[e]. « Car (dict il *lib.* 5. *De sanit. tuenda*) difficilement sera creu le medicin avoir soing de la santé d'aultruy, qui de la sienne propre est negligent. »

------

a. léger. — b. moquerie amère. — c. infecté. — d. orgueil. — e. malade.

1. Luc, IV, 23; Érasme, *Adages*, IV, 4, 32, *Aliorum medicus*. — 2. Il mourut en 201 à l'âge de soixante-dix ans. Les références qui suivent sont fausses. — 3. Vers d'Euripide cité par Érasme, *Adages*, IV, 4, 32. — 4. Voir *Briefve Declaration*.

Encores plus bravement se vantoit Asclepiades, medicin, avoir avecques Fortune convenu en ceste paction[a], que medicin reputé ne feust, si malade avoit esté depuys le temps qu'il commença practiquer en l'art jusques à sa derniere vieillesse. A laquelle entier il parvint, et vigoureux en tous ses membres, et de Fortune triumphant. Finablement, sans maladie aulcune praecedente, feist de vie à mort eschange, tombant par male guarde du hault de certains degrez mal emmortaisez et pourriz[1].

Si, par quelque desastre, s'est santé de vos seigneuries emancipée, quelque part, dessus, dessoubz, davant, darriere, à dextre, à senestre, dedans, dehors, loing ou près vos territoires qu'elle soit, la puissiez vous incontinent avecques l'ayde du benoist[b] Servateur[c] rencontrer ! En bonne heure de vous rencontrée, sus l'instant soit par vous asserée[d], soit par vous vendiquée[e], soit par vous saisie et mancipée[f]. Les loigs vous le permettent, le Roy l'entend, je le vous conseille. Ne plus ne moins que les legislateurs antiques authorisoient le seigneur vendiquer son serf fugitif, la part[g] qu'il seroit trouvé. Ly bon Dieu et ly bons homs ! n'est il escript et practiqué, par les anciennes coustumes de ce tant noble, tant antique, tant beau, tant florissant, tant riche royaulme de France, que *le mort saisist le vif*[2] ? Voiez ce qu'en a recentement exposé le bon, le docte, le saige, le tant humain, tant debonnaire et equitable And. Tiraqueau[3], conseillier du grand, victo-

---

a. accord. — b. béni. — c. Sauveur. — d. réclamée. — e. revendiquée. — f. achetée. — g. à l'endroit où.

1. Asclépiade vivait à la fin du IIe siècle av. J.-C. Cette anecdote vient de Pline l'Ancien, *Hist. nat.*, VII, 37.

2. Adage classique du droit coutumier : l'héritier présomptif entre en possession des titres de propriété dès la mort du *de cujus*.

3. Magistrat à Fontenay-le-Comte, puis conseiller au parlement de Paris, il fut des amis de Rabelais. Il publia en 1550 un traité sur ce thème : *Andreae Tiraquelli Regii in Senatu Parisiensi Consiliarii Tractatus,* Le Mort saisit le Vif. *Apud Jacobum Kerver, sub duobus Gallis, in via Jacobœa.*

rieux et triumphant roy Henry, second de ce nom, en sa tresredoubtée court de parlement à Paris. Santé est nostre vie comme tres bien declare Ariphron Sicyonien[1]. Sans santé n'est la vie, n'est la vie vivable : ἄβίος βίος, βίος ἀβίωτος[2]. Sans santé n'est la vie que langueur; la vie n'est que simulachre de mort. Ainsi doncques vous, estans de santé privez, c'est à dire mors, saisissez vous du vif, saisissez vous de vie, c'est santé[3].

J'ay cestuy espoir en Dieu qu'il oyra[a] nos prieres, veue la ferme foy en laquelle nous les faisons; et accomplira cestuy nostre soubhayt, attendu qu'il est mediocre[b]. Mediocrité a esté par les saiges anciens dicte aurée[4], c'est à dire precieuse, de tous louée, en tous endroictz agréable. Discourez par[c] les sacres Bibles, vous trouverez que de ceulx les prieres n'ont jamais esté esconduites qui ont mediocrité requis. Exemple on petit Zachée[5], duquel les Musaphiz[d] de S. Ayl près Orléans se ventent d'avoir le corps et reliques, et le nomment sainct Sylvain. Il soubhaitoit, rien plus, veoir nostre benoist Servateur autour de Hierusalem. C'estoit chose mediocre et exposée à un chascun. Mais il estoit trop petit et, parmy le peuple, ne pouvoit. Il trepigne, il trotigne, il s'efforce, il s'escarte, il monte sus un sycomore. Le tresbon Dieu congneut sa syncere et mediocre affectation[e], se praesenta à sa veue et feut non seulement de luy veu, mais

---

a. entendra. — b. modéré. — c. feuilletez. — d. docteurs *(Briefve Declaration)*. — e. désir.

1. Poète de Sicyone dont l'œuvre est perdue à l'exception de quelques vers d'un poème sur la santé qui nous ont été conservés par Athénée.

2. « Vie non vie, vie non vivable. » (Voir *Briefve Declaration,* p. 250). — 3. Peut-être ce texte est-il transposé, non sans ironie, du *De Nobilitate* de Tiraqueau. — 4. D'or. Horace, *Odes,* II, 10.

5. Le publicain qui, petit de taille, monta sur un sycomore pour voir Jésus entrant à Jéricho (et non à Jérusalem). Une tradition veut qu'il ait fini sa vie en ermite dans les forêts du Berry où il fut honoré sous le nom de saint Sylvain. Les reliques de ce saint étaient conservées dans la collégiale de Levroux, au nord de Châteauroux, mais il se peut que Saint-Ay, où Rabelais séjourna, en possédât une parcelle.

oultre ce feut ouy, visita sa maison et benist sa famile[1].

A un filz de prophete en Israel, fendant du bois près le fleuve Jordan, le fer de sa coingnée eschappa (comme est escript 4, *Reg.*, 6), et tomba dedans icelluy fleuve. Il pria Dieu le luy vouloir rendre. C'estoit chose mediocre. Et en ferme foy et confiance jecta, non la coingnée après le manche, comme, en scandaleux solecisme[a], chantent les diables Censorins[b], mais le manche après la coingnée, comme proprement vous dictes. Soubdain apparurent deux miracles. Le fer se leva du profond de l'eaue, et se adapta au manche[2]. S'il eust soubhaité monter es cieulx dedans un charriot flamboiant comme Helie, multiplier en lignée comme Abraham, estre autant riche que Job, autant fort que Sanson, aussi beau que Absalon, l'eust il impetré[c] ? C'est une question.

A propos de soubhaictz mediocres en matiere de coingnée (advisez quand sera temps de boire), je vous raconteray ce qu'est escript parmy les apologues du sage Æsope le François, j'entends Phrygien et Troian, comme afferme Max. Planudes[3]; duquel peuple, selon les plus veridiques chroniqueurs, sont les nobles François descenduz[4]. Ælian escript qu'il feut Thracian; Agathias, après Herodote, qu'il estoit Samien : ce m'est tout un[5].

De son temps, estoit un pauvre villageois natif de Gravot[6], nommé Couillatris, abateur et fendeur de bois, et, en cestuy bas estat, guaingnant cahin caha sa paouvre vie. Advint qu'il perdit sa coingnée[7]. Qui feut

---

a. faute de langage. — *b.* calomniateurs. — *c.* obtenu.

1. Rabelais arrange librement le texte de l'Évangile, cf. Luc, XIX, 1-6. — 2. Cf. *Rois*, IV, 6, 4-7. — 3. Moine byzantin du xive siècle à qui est attribuée une *Vie d'Ésope*. — 4. Allusion à la légende qui faisait descendre les Français de Francus, fils d'Hector. — 5. Les Phrygiens, dit Strabon, descendaient des Thraces. Agathias est un historien byzantin du vie siècle. Il y a au reste quelque incertitude dans les souvenirs de Rabelais. Élien fait d'Ésope un Phrygien (*Histoire variée*, X, 5) et Hérodote (II, 134) ne dit pas qu'il fût Samien. — 6. Près de Bourgueil, là où Ronsard allait voir Marie Dupin. — 7. Tout le récit qui suit s'inspire d'Ésope : *le Bûcheron et Hermès*.

bien fasché et marry ? Ce fut il : car de sa coingnée dependoit son bien et sa vie; par sa coingnée vivoit en honneur et reputation entre tous riches buscheteurs[a]; sans coingnée mouroit de faim. La mort six jours après, le rencontrant sans coingnée, avecques son dail[b] l'eust fauché et cerclé[c] de ce monde.

En cestuy estrif[d] commença crier, prier, implorer, invocquer Juppiter, par oraisons[e] moult disertes (comme vous sçavez que Necessité feut inventrice d'Eloquence), levant la face vers les cieulx, les genoilz en terre, la teste nue, les bras haulx en l'air, les doigts des mains esquarquillez, disant à chascun refrain de ses suffrages[f], à haulte voix infatiguablement : « Ma coingnée, Juppiter, ma coingnée, ma coingnée; rien plus, ô Juppiter, que ma coingnée ou deniers pour en achapter une aultre ! Helas ! ma paouvre coingnée ! » Juppiter tenoit conseil sus certains urgens affaires, et lors opinoit la vieille Cybelle, ou bien le jeune et clair Phœbus, si voulez. Mais tant grande feut l'exclamation de Couillatris qu'elle feut en grand effroy ouye on plein conseil et consistoire[g] des Dieux.

« Quel diable, demanda Juppiter, est là bas qui hurle si horrifiquement ? Vertuz de Styx, ne avons nous pas cy devant esté, praesentement ne sommes nous assez icy à la decision empeschez de tant d'affaires controvers[h] et d'importance ? Nous avons vuidé le debat de Presthan, roy des Perses[1], et de sultan Solyman, empereur de Constantinople. Nous avons clos le passaige entre les Tartres et les Moscovites[2]. Nous avons respondu à la requeste du Cheriph[3]. Aussi avons

---

a. coupeur de bois. — *b.* faux. — *c.* sarclé. — *d.* embarras. — *e.* discours. — *f.* prières. — *g.* assemblée. — *h.* discutées.

1. On croyait le Presthan, ou Prêtre Jean, maître de l'Abyssinie ou, parfois, de la Perse. Cf. t. I, p. 385. En 1548 et 1549, Soliman, allié de la France, avait pris plusieurs villes à la Perse. — 2. On suivait alors avec curiosité les offensives slaves contre les Tartares de Kazan. — 3. Le souverain du Maroc.

nous à la devotion de Guolgotz Rays[1]. L'estat de Parme est expedié[2], aussi est celluy de Maydenbourg[3], de la Mirandole et de Afrique (ainsi nomment les mortelz ce que, sus la mer Mediterranée, nous appellons *Aphrodisium*[4]). Tripoli a changé de maistre par male guarde[5]. Son periode estoit venu. Icy sont les Guascons renians[a] et demandans restablissement de leurs cloches[6]. En ce coing sont les Saxons, Estrelins[7], Ostrogotz et Alemans, peuple jadis invincible, maintenant *Aberkeids*[b], et subjuguez par un petit homme tout estropié[8]. Ilz nous demandent vengeance, secours, restitution de leurs premier bon sens et liberté antique[9]. Mais que ferons nous de ce Rameau et de ce Galland[10], qui, capparassonnez de leurs marmitons, suppous et astipulateurs[c], brouillent toute ceste Academie de Paris ? J'en suys en grande perplexité. Et n'ay encores resolu quelle part je doibve encliner. Tous deux me semblent autrement bons compaignons et bien couilluz. L'un a des escuz au Soleil, je dis beaulx et tresbu-

---

a. jurant. — *b.* déchus. — *c.* partisans.

1. Dragut-Rays, corsaire barbaresque alors célèbre par ses exploits. En 1551 il réussit à échapper avec ses navires à la flotte d'André Doria qui l'avait bloqué dans l'île de Gerbach.
2. Henri II était l'allié, depuis mai 1551, d'Octave Farnèse, duc de Parme, contre Charles Quint soutenu par le pape Jules III. — 3. Magdebourg, assiégé depuis un an, s'était rendu en 1551 à l'électeur de Saxe allié de Henri II. La ville de Mirandole en Italie était pour le roi de France. Les troupes du pape y avaient mis le siège au début de la guerre de Parme. Son sort n'inspirait plus aucune inquiétude. — 4. Mehedia, en Tunisie, distante, en fait, de 50 km de l'Aphrodisium de Ptolémée. — 5. Les chevaliers de Malte rendirent la place au bout d'un siège de huit jours en août 1551. — 6. Supprimées parce qu'elles avaient appelé les Gascons à la révolte contre la gabelle en 1548. — 7. Les villes hanséatiques : Lübeck, Brême, Hambourg. Voir tome I, p. 129, n. 3. — 8. L'empereur Charles Quint. — 9. Nombre de libelles politiques et plusieurs traités montrent Henri II comme le défenseur des libertés allemandes. — 10. Galland, lecteur au collège royal, avait engagé une dispute avec Ramus qui critiquait Aristote. Galland était assez riche pour léguer 500 livres de rente au Collège royal. Il avait parlé de *Pantagruel* en termes caustiques : Rabelais pourtant prend parti pour lui.

chans; l'autre en vouldroit bien avoir. L'un a quelque sçavoir; l'autre n'est ignorant. L'un aime les gens de bien; l'aultre est des gens de bien aimé. L'un est un fin et cauld renard; l'autre mesdisant, mesescrivant et abayant contre les antiques Philosophes et Orateurs, comme un chien. Que t'en semble, diz, grand vietdaze[a] Priapus ? J'ay maintes fois trouvé ton conseil et advis equitable et pertinent : *et habet tua mentula mentem*[1].

— Roy Juppiter (respondit Priapus defleublant son capussion[b], la teste levée, rouge, flamboyante et asseurée), puis que l'un vous comparez à un chien abayant, l'autre à un fin freté[c] renard, je suis d'advis que, sans plus vous fascher ne alterer[d], d'eulx faciez ce que jadis feistez d'un chien et d'un renard. — Quoy ? demanda Juppiter. Quand ? Qui estoient ilz ? Où feut ce ? — O belle memoire ! respondit Priapus. Ce venerable pere Bacchus, lequel voyez cy à face cramoisie, avoit pour soy venger des Thebains un renard fée, de mode que, quelque mal et dommaige qu'il feist, de beste du monde ne seroit prins ne offensé. Ce noble Vulcan avoit d'ærain monesian[2] faict un chien et, à force de souffler, l'avoit rendu vivant et animé. Il le vous donna; vous le donnastes à Europe vostre mignonne. Elle le donna à Minos, Minos à Procris, Procris enfin le donna à Cephalus. Il estoit pareillement fée; de mode que, à l'exemple des advocatz de maintenant, il prendroit toute beste rencontrée, rien ne luy eschapperoit. Advint qu'ilz se rencontrerent. Que feirent ilz ? Le chien, par son destin fatal doibvoit prendre le renard; le renard, par son destin ne doibvoit estre prins.

« Le cas fut rapporté à vostre conseil. Vous pro-

---

a. imbécile (vit d'âne). — b. ôtant son capuchon. — c. bien armé. — d. troubler.

1. Et ta mentule a de l'esprit.
2. De Monein, sur le gave de Pau, ville mentionnée par Pline l'Ancien, *Hist. nat.*, IV, 33.

testates non contrevenir aux destins. Les destins estoient contradictoires. La verité, la fin, l'effect de deux contradictions ensemble feut déclairé impossible en nature. Vous en suastes d'ahan[a]. De vostre sueur tombant en terre nasquirent les choux cabutz[b]. Tout ce noble consistoire, par default de resolution categorique, encourut alteration mirifique; et feut en icelluy conseil beu plus de soixante et dixhuict bussars[c] de nectar. Par mon advis, vous les convertissez en pierres; soubdain feustes hors toute perplexité; soubdain feurent tresves de soif criées par tout ce grand Olympe. Ce feut l'année des couilles molles[1], près Teumesse[2], entre Thebes et Chalcide.

«A cestuy exemple, je suis d'opinion que petrifiez ces chien et renard. La metamorphose n'est incongnue. Tous deux portent nom de Pierre. Et parce que, scelon le proverbe des Limosins, à faire la gueule d'un four sont trois pierres necessaires, vous les associerez à maistre Pierre du Coingnet[3], par vous jadis pour mesmes causez petrifié. Et seront, en figure trigone equilaterale, on grand temple de Paris, ou on mylieu du pervis, posées ces trois pierres mortes, en office de extaindre avecques le nez, comme au jeu de Fouquet[4], les chandelles, torches, cierges, bougies et flambeaux allumez : lesquelles, viventes, allumoient couillonniquement le feu de faction, simulte[d], sectes couillonniques, et partialté[e] entre les ocieux escholiers. A perpetuele

---

a. de fatigue. — b. pommés. — c. barriques. — d. disputes. — e. partis.

1. Cf. *Gargantua*, chap. xxxii, tome I, p. 121.
2. Légende ancienne rapportée par Ovide (*Métamorphoses* VII, v. 763 et suiv.) et Pausanias (IX, 19), que Rabelais emprunte à l'*Onomasticon* de J. Pollux (V, 5).
3. Pierre de Cugnières avait au nom du roi Philippe VI défendu les prérogatives de la couronne contre les canonistes qui s'appuyaient sur les *Décrétales*. Ils donnèrent son nom, Pierre du Coignet (du coin), à une statue grotesque placée dans un *coin* de Notre-Dame de Paris, sur laquelle on éteignait les cierges.
4. Il consistait à éteindre une chandelle en soufflant sur elle avec son nez.

memoire que ces petites philauties[a] couillonniformes plus tost davant vous contempnées[b] feurent que condamnées. J'ay dict.

— Vous leur favorisez, dist Juppiter, à ce que je voy, bel messer Priapus. Ainsi n'estes à tous favorable. Car, veu que tant ilz couvoitent perpetuer leur nom et memoire, ce seroit bien leur meilleur estre ainsi après leur vie en pierres dures et marbrines convertiz que retourner en terre et pourriture. Icy darriere, vers ceste mer Thyrrene et lieux circumvoisins de l'Appennin, voyez vous quelles tragedies sont excitées par certains Pastophores[1] ? Ceste furie durera son temps comme les fours des Limosins, puis finira; mais non si tost. Nous y aurons du passetemps beaucoup. Je y voy un inconvenient : c'est que nous avons petite munition de fouldres, depuis le temps que vous aultres Condieux, par mon oultroy particulier, en jectiez sans espargne, pour vos esbatz, sus Antioche la neufve[2]. Comme depuis, à vostre exemple, les gorgias[c] champions qui entreprindrent guarder la forteresse de Dindenaroys contre tous venens, consommerent leurs munitions à force de tirer aux moineaux[3]; puis n'eurent de quoy, en temps de necessité, soy deffendre, et vaillamment cederent la place et se rendirent à l'ennemy, qui jà levoit son siege comme tout forcené et desesperé, et n'avoit pensée plus urgente que de sa retraicte, acompagnée de courte honte. Donnez y ordre, filz Vulcan : esveiglez vos endormiz Cyclopes, Asteropes, Brontes, Arges, Polypheme, Steropes, Pyracmon[4]; mettez les

---

a. amours de soi. — *b.* méprisées. — *c.* élégants.

1. « Pontifes entre les Ægyptiens », dit Rabelais dans la *Briefve Declaration*, qui, sans doute, donne au mot un sens péjoratif.

2. On ne sait quelle ville Rabelais désigne sous ce nom; on ne sait pas davantage ce qu'il entend plus bas par Dindenaroys.

3. On désignait sous ce nom un bastion ou une guérite placés au milieu d'une courtine. Tirer aux moineaux, c'est gaspiller sa poudre parce que l'on tire sur un objectif invulnérable — ou sur un objectif sans intérêt. — 4. Noms pris à Hésiode *(Théogonie,* 140*)*, à l'*Odyssée* (Polyphème) et à *l'Énéide* (VIII, 424-5).

en besoigne et les faictes boire d'autant. A gens de
feu ne fault vin espargner. Or depeschons ce criart là
bas. Voyez, Mercure, qui c'est et sachez qu'il demande. »

Mercure reguarde par la trappe des Cieulx, par
laquelle ce que l'on dict ça bas en terre ilz escoutent;
et semble proprement à un escoutillon de navire (Icaro-
menippe[1] disoit qu'elle semble à la gueule d'un puiz);
et veoid que c'est Couillatris qui demande sa coingnée
perdue, et en faict le rapport au conseil. « Vrayement,
dist Juppiter, nous en sommes bien. Nous à ceste
heure n'avons aultre faciende[a] que rendre coingnées
perdues ? Si fault il luy rendre. Cela est escript es destins, entendez vous ? aussi bien comme si elle valust la
duché de Milan[2]. A la verité, sa coingnée luy est en
tel pris et estimation que seroit à un Roy son Royaulme.
Cza, ça, que ceste coingnée soit rendue. Qu'il n'en
soit plus parlé. Resoulons[b] le different du clergé et de
la Taulpeterie de Landerousse[3]. Où en estions-nous ? »

Priapus restoit debout au coing de la cheminée. Il,
entendent le rapport de Mercure, dist en toute cour-
toysie et joviale honesteté : « Roy Juppiter, on temps
que, par vostre ordonnance et particulier benefice[c],
j'estois guardian des jardins en terre, je notay que ceste
diction, *coingnée*, est equivocque à plusieurs choses. Elle
signifie un certain instrument par le service duquel est
fendu et couppé boys. Signifie aussi (au moins jadis
signifioit) la femelle bien à poinct et souvent gimbre-
tiletolletée. Et veidz que tout bon compaignon appelloit sa guarse fille de joye : ma coingnée. Car, avecques
cestuy ferrement (cela disoit exhibant son coingnouoir
dodrental[4]) ilz leurs coingnent si fierement et d'audace leurs emmanchouoirs qu'elles restent exemptes

---

a. affaire. — *b.* résolvons. — *c.* bienfait.

1. Dialogue de Lucien, souvent utilisé par Rabelais. Cf. *Icaroménippe*, 25. — 2. Objet constant des rêves de François Iᵉʳ et de la
politique française au xviᵉ siècle. — 3. Cf. *Tiers Livre*, chap. xlviii,
tome I, p. 597. On ne sait ce qu'est Landerousse. — 4. Long d'une
demi-coudée *(Briefve Declaration)*.

d'une paour epidemiale entre le sexe feminin : c'est
que du bas ventre ilz leurs tombassent sur les talons,
par default de telles agraphes. Et me soubvient (car
j'ay mentule, voyre diz je memoire bien belle[a], et
grande assez pour emplir un pot beurrier) avoir un
jour du Tubilustre[1], es feries[b] de ce bon Vulcan en
May, ouy jadis en un beau parterre Josquin des Prez,
Olkegan, Hobrethz, Agricola, Brumel, Camelin, Vigo-
ris, de la Fage, Bruyer, Prioris, Seguin, de la Rue,
Midy, Moulu, Mouton, Guascoigne, Loyset Compere,
Penet, Fevin, Rouzée, Richardfort, Rousseau, Consi-
lion, Constantino Festi, Jacques Bercan[2], chantans
melodieusement :

> Grand Tibault, se voulent coucher
> Avecques sa femme nouvelle,
> S'en vint tout bellement cacher
> Un gros maillet en la ruelle.
> « O ! mon doux amy (ce dict elle),
> Quel maillet vous voy je empoingner ?
> — C'est (dict-il) pour mieulx vous coingner.
> — Maillet (dict elle) il n'y faut nul :
> Quand gros Jan me vient besoingner,
> Il ne me coingne que du cul[3] ».

« Neuf Olympiades, et un an intercalare[c] après (ô
belle mentule, voire, diz je, memoire ! je solœcise souvent en la symbolisation et colliguance[d] de ces deux
motz), je ouy Adrian Villart, Gombert, Janequin,
Arcadelt, Claudin, Certon, Manchicourt, Auxerre,

---

a. jeu de mots sur *mens* (esprit) et *mentula*. — *b.* fêtes. — *c.* Voir
Briefve Declaration. — *d.* la rencontre et la liaison.

1. Jour où l'on bénissait à Rome les trompettes des sacrifices.
2. Rabelais énumère ici les musiciens célèbres du début du XVIe
siècle; deux ou trois seulement n'ont pu être identifiés. On connaît
encore le nom de Josquin Des Prés (1450-1521) et celui d'Ockeghem
(1430-1496).
3. Pièce parue en 1544 dans le *Recueil de vraye poésie françoyse* publié
par Denys Janot. On l'attribuait à Mellin de Saint-Gelais.

Villiers, Sandrin, Sohier, Hesdin, Morales, Passereau, Maille, Maillart, Jacotin, Heurteur, Verdelot, Carpentras, Lheritier, Cadeac, Doublet, Vermont, Bouteiller, Lupi, Pagnier, Millet, du Mollin, Alaire, Marault, Morpain, Gendre[1], et autres joyeulx musiciens en un jardin secret[a], soubz belle feuillade, autour d'un rampart de flaccons, jambons, pastez et diverses cailles coyphées[b], mignonnement chantant :

> S'il est ainsi que coingnée sans manche
> Ne sert de rien, ne houstil sans poingnée,
> Affin que l'un dedans l'autre s'emmanche,
> Prens que soys manche, et tu seras coingnée[2].

Ores seroit à sçavoir quelle espece de coingnée demande ce criart Couillatris. »

A ces motz, tous les venerables Dieulx et Deesses s'eclaterent de rire, comme un microcosme[c] de mouches. Vulcan, avec sa jambe torte, en feist pour l'amour de s'amye, trois ou quatre beaulx petitz saulx en plate forme. « Cza, ça, dist Juppiter à Mercure, descendez presentement là bas, et jectez es pieds de Couillatris troys coingnées : la sienne, une aultre d'or et une tierce d'argent massives, toutes d'un qualibre. Luy ayant baillé l'option de choisir, s'il prend la sienne et s'en contente, donnez luy les deux autres. S'il en prend aultre que la sienne, couppez luy la teste avecques la sienne propre. Et desormais ainsi faictes à ces perdeurs de coingnées. »

Ces parolles achevées, Juppiter, contournant la teste comme un cinge qui avalle pillules, fit une morgue[d]

---

a. privé. — *b.* femmes légères. — *c.* petit monde. — *d.* mine.

1. Tous musiciens. La plupart d'entre eux vécurent dans le second quart du XVI[e] siècle. Le plus connu, Jannequin, est l'auteur de la chanson célèbre sur la *Bataille de Marignan*. On trouve des chansons populaires ou des pièces religieuses de la plupart d'entre eux dans les recueils que publièrent au XVIe siècle Attaingnant et Moderne.

2. Quatrain publié en 1543 dans la *Fleur de Poésie françoyse* par Alain Lotrian.

tant espouvantable que tout le grand Olympe trembla[1].

Mercure[2] avecques son chapeau poinctu, sa capeline[3], talonnieres et caducée, se jecte par la trappe des Cieulx, fend le vuyde de l'air, descend legierement en terre, et jecte es pieds de Couillatris les trois coingnées; puis luy dict : « Tu as assez crié pour boire. Tes prieres sont exaulsées de Juppiter. Reguarde laquelle de ces troys est ta coingnée, et l'emporte. » Couillatris soublieve la coingnée d'or, il la reguarde et la trouve bien poisante, puis dict à Mercure : « Marmes[a], ceste cy n'est mie la mienne. Je n'en veulx grain. » Autant faict de la coingnée d'argent, et dict : « Non est ceste cy. Je la vous quitte. » Puis prend en main la coingnée de boys : il reguarde au bout du manche, en icelluy recongnoist sa marque, et tressaillant tout de joye, comme un renard qui rencontre poulles esguarées et, soubriant du bout du nez, dict : « Merdigues[b], ceste cy estoit mienne. Si me la voulez laisser, je vous sacrifiray un bon et grand pot de laict, tout fin couvert de belles frayres[c], aux Ides (c'est le quinzieme jour) de May. — Bon homme, dist Mercure, je te la laisse, prens la. Et, pour ce que as opté et soubhaité mediocrité en matiere de coingnée, par le vueil[d] de Juppiter je te donne ces deux aultres. Tu as de quoy dorenavant te faire riche; soys homme de bien. »

Couillatris courtoisement remercie Mercure, revere le grand Juppiter, sa coingnée antique atache à sa ceincture de cuyr, et s'en ceinct sus le cul, comme Martin de Cambray[4]. Les deux aultres plus poisantes il charge à son coul. Ainsi s'en va prelassant[e] par le

---

a. par mon âme. — *b.* Par la mère de Dieu. — *c.* fraises. — *d.* volonté. — *e.* marchant comme un prélat.

1. Souvenir de *l'Énéide*, IX, 106, et d'Homère, *Iliade*, I, 528.

2. Pour la description de Mercure voir Virgile, *Énéide*, IV, 238 et suiv.

3. S'agit-il d'un chapeau (mais alors le *chapeau pointu ?*) ou d'un bonnet se portant sous le chapeau ?

4. Ce nom désigne l'un des « jacquemars » qui frappaient l'heure au beffroi de Cambrai (Voir t. I, p. 347).

pays, faisant bonne troigne parmy ses paroeciens et voysins, et leurs disant le petit mot de Patelin : « En ay je[1] ? » Au lendemain, vestu d'une sequenie[a] blanche, charge sur son dours les deux precieuses coingnées, se transporte à Chinon, ville insigne, ville noble, ville antique, voyre premiere du monde, scelon le jugement et assertion des plus doctes Massorethz[2]. En Chinon il change sa coingnée d'argent en beaulx testons et aultre monnoye blanche ; sa coingnée d'or en beaulx salutz, beaulx moutons à la grande laine[b], belles riddes[3], beaulx royaulx, beaulx escutz au Soleil. Il en achapte force mestairies, force granges, force censes, force mas, force bordes et bordieux, force cassines[4], prez, vignes, boys, terres labourables, pastis, estangs, moulins, jardins, saulsayes ; beufz, vaches, brebis, moutons, chevres, truyes, pourceaulx, asnes, chevaulx, poulles, cocqs, chappons, poulletz, oyes, jars, canes, canars, et du menu[c]. Et, en peu de temps, feut le plus riche homme du pays, voyre plus que Maulevrier le boyteux[5].

Les francs gontiers[d] et Jacques Bonshoms du voysinage, voyants ceste heureuse rencontre de Couillatris, feurent bien estonnez ; et feut, en leurs espritz, la pitié et commiseration, que au paravant avoient du paouvre Couillatris, en envie changée de ses richesses tant grandes et inopinées. Si commencerent courir, s'enquerir, guementer[e], informer par quel moyen, en quel lieu, en quel jour, à quelle heure, comment et à quel

---

a. sarrau. — *b.* Voir tome I, p. 39, n. 6. — *c.* de la petite volaille. — *d.* paysans. — *e.* se renseigner.

1. C'est le mot de Patelin remettant à sa femme le drap qu'il s'est fait donner par Jousseaulme (v. 352).
2. Nom des docteurs hébreux qui commentaient la Bible.
3. Monnaie hollandaise portant un chevalier armé *(Ritter)*.
4. Une *cense* est une ferme donnée à cens, contre une redevance annuelle ; un *mas*, un clos de terre labourable ou de vignes avec une maison ; *borde* et *bordieux* désignent de petites métairies ; *cassines*, des maisons de plaisance.
5. Un voisin des Rabelais, cf. *Gargantua*, chap. xxxix, t. I, p. 150.

propous luy estoit ce grand thesaur advenu. Entendens que c'estoit par avoir perdu sa coingnée : « Hen, hen, dirent ilz, ne tenoit il qu'à la perte d'une coingnée que riches ne feussions ? Le moyen est facile et de coust bien petit. Et doncques telle est on temps present la revolution des Cieulx, la constellation des Astres et aspect des Planettes que quiconques coingnée perdera soubdain deviendra ainsi riche ? Hen, hen, ha ! par Dieu, coingnée, vous serez perdue, et ne vous en desplaise ! » Adoncques tous perdirent leurs coingnées. Au diable l'un à qui demoura coingnée ! Il n'estoit filz de bonne mere qui ne perdist sa coingnée. Plus n'estoit abbatu, plus n'estoit fendu boys on pays, en ce default de coingnées.

Encores, dict l'apologue Æsopicque que certains petitz Janspill'hommes[1] de bas relief[a], qui à Couillatris avoient le petit pré et le petit moulin vendu pour soy gourgiaser[b] à la monstre[2], advertiz que ce thesaur luy estoit ainsi et par ce moyen seul advenu, vendirent leurs espées pour achapter coingnées, affin de les perdre, comme faisoient les paysans, et par icelle perte recouvrir montjoye[c] d'or et d'argent. Vous eussiez proprement dict que fussent petitz Romipetes[3], vendens le leur, empruntans l'aultruy, pour achapter mandatz[4] a tas d'un pape nouvellement creé. Et de crier, et de prier, et de lamenter, et invocquer Juppiter. « Ma coingnée, ma coingnée, Juppiter ! Ma coingnée deczà, ma coingnée delà, ma coingnée, ho, ho, ho, ho ! Juppiter, ma coingnée ! » L'air tout autour retentissoit aux cris et hurlemens de ces perdeurs de coingnées.

Mercure feut prompt à leurs apporter coingnées, à

---

a. de dernier rang. — *b.* faire les élégants. — *c.* monceau.

1. Jeu de mots, courant au XVIe siècle, par lequel on désignait les nobles qui se livraient au brigandage. — 2. Il s'agit de la revue des troupes. — 3. Le mot désignait, sans valeur péjorative, les pèlerins allant à Rome. — 4. Le mot désigne un rescrit par lequel le pape faisait donner un bénéfice à quelqu'un.

un chascun offrant la sienne perdue, une aultre d'or, et une tierce d'argent. Tous choisissoient celle qui estoit d'or, et l'amassoient[a], remercians le grand donateur Juppiter; mais sus l'instant qu'ilz la levoient de terre, courbez et enclins[b], Mercure leurs tranchoit les testes, comme estoit l'edict de Juppiter. Et feut des testes couppées le nombre equal et correspondent aux coignées perdues. Voylà que c'est. Voylà qu'advient à ceulx qui en simplicité soubhaitent et optent choses mediocres.

Prenez y tous exemple, vous aultres gualliers de plat pays[c], qui dictez que, pour dix mille francs d'intrade[d], ne quitteriez vos soubhaitz; et desormais ne parlez ainsi impudentement, comme quelque foys je vous ay ouy soubhaitans : « Pleust à Dieu que j'eusse presentement cent soixante et dixhuict millions d'or ! Ho, comme je triumpheroys ! » Vos males mules[e] ! Que soubhaiteroit un Roy, un Empereur, un pape d'advantaige ?

Aussi, voyez vous par experience que, ayans faict telz oultrez soubhayts, ne vous en advient que le tac[1] et la clavelée, en bourse pas maille; non plus que aux deux belistrandiers[f] soubhaiteux à l'usaige de Paris; desquelz l'un soubhaitoyt avoir en beaulx escuz au Soleil autant que a esté en Paris despendu[g], vendu et achapté, depuys que pour l'edifier on y jecta les premiers fondements jusques à l'heure præsente : le tout estimé au taux, vente, et valeur de la plus chere année qui ayt passé en ce laps de temps. Cestuy, en vostre advis, estoit il desgousté ? Avoit il mangé prunes aigres sans peler ? Avait il les dens esguassées[h] ? L'aultre soubhaitoit le temple de Nostre-Dame tout plein d'aiguilles asserées[i], depuys le pavé jusques

---

a. la ramassaient. — *b.* penchés. — *c.* mauvais plaisants de la campagne. — *d.* rente. — *e.* engelures. — *f.* gueux. — *g.* dépensé. — *h.* agacées. — *i.* aiguisées.

1. Il s'agit d'une maladie épidémique qui sévit au XVe siècle : grippe ? coqueluche ? ou maladie des ovins ?

au plus hault des voultes, et avoir autant d'escuz
au Soleil qu'il en pourroit entrer en autant de sacs
que l'on pourroit couldre de toutes et une chascune
aiguille, jusques à ce que toutes feussent crevées ou
espoinctées. C'est soubhayté cela ! Que vous en
semble ? Qu'en advint il ? Au soir un chascun d'eulx
eut les mules[a] au talon,

le petit cancre au menton,
la male toux au poulmon,
le catarrhe au gavion[b],
le gros froncle au cropion;

et au diable le boussin[c] de pain pour s'escurer les
dents.

Soubhaitez doncques mediocrité : elle vous adviendra; et encores mieulx, deument ce pendent labourans
et travaillans. « Voire mais, dictes vous, Dieu m'en eust
aussi toust donné soixante et dixhuict mille comme la
treziesme partie d'un demy. Car il est tout puissant.
Un million d'or luy est aussi peu qu'un obole. » Hay,
hay, hay. Et de qui estez vous apprins ainsi discourir
et parler de la puissance et prædestination de Dieu[1],
paouvres gens ? Paix : st, st, st ; humiliez vous
davant sa sacrée face et recongnoissez vos imperfections.

C'est, goutteux, sus quoy je fonde mon esperance, et
croy fermement que, s'il plaist au bon Dieu, vous
obtiendrez santé, veu que rien plus que santé pour le
present ne demandez. Attendez encores un peu avecques demie once de patience. Ainsi ne font les Genevoys[2] quand, au matin, avoir dedans leurs escriptoires[d] et cabinetz discouru, propensé[e] et resolu de
qui et de quelz, celluy jour, ilz pourront tirer denares[f]
et qui, par leurs astuces, sera beliné[g], corbiné[h], trompé
et affiné, ilz sortent en place, et s'entresaluant, disent :

---

a. ampoules. — *b.* gosier. — *c.* morceau. — *d.* lieux où l'on écrit. —
e. réfléchi. — *f.* deniers. — *g.* trompé. — *h.* volé.

1. Allusion aux querelles sur le libre arbitre. — 2. Les Génois.

Sanita et guadain, messer[1]. Ilz ne se contentent de santé, d'abondant ils soubhaytent gaing, voire les escuz de Guadaigne[2]. Dont advient qu'ilz, souvent, n'obtienent l'un ne l'autre. Or, en bonne santé toussez un bon coup, beuvez en trois, secouez dehait[a] vos aureilles, et vous oyrez dire merveilles du noble et bon Pantagruel[3].

---

a. de bon cœur.

1. *Sanità et guadagno, messere :* santé et gain, monsieur, en italien.

2. Banquier florentin établi à Lyon où il avait pignon sur rue.

3. M. Raymond Lebègue et M. Robert Marichal ont publié, le premier sous le titre *Rabelaesiana* (dans Bibliothèque d'Humanisme et Renaissance, t. X 1948, pp. 159-168), le second sous le titre, *Commentaires du Quart Livre* (dans *Études rabelaisiennes*, t. I, Droz, 1956, pp. 151-202) un ensemble de notes utiles pour l'étude du *Quart Livre*.

Lune renouuellee, ilz n'y feront receuz a fi bon marché, & feront contrainctz eulx mefmes à leurs defpēs
achapter cordeaux, & choifir arbre
pour pendaige: cōme feift la feigno-
re Leontium, calumniatrice du tant
docte & eloquent Theophrafte.

Comment Pantagruel monta
fur mer, pourvifiter l'Oracle
de la diue bouteille.
Chap. premier.

Du moys

Page de l'édition partielle du *Quart Livre,* Lyon,
Pierre de Tours, 1548

Comment Pantagruel monta sus mer pour visiter l'oracle de la dive Bacbuc.

CHAPITRE PREMIER

O N moys de juin, au jour des festes Vestales[1], celluy propre on quel Brutus conquesta Hespaigne et subjugua les Hespaignolz; on quel aussi Crassus l'avaricieux feut vaincu et deffaict par les Parthes[2], Pantagruel, prenant congé du bon Gargantua son pere, icelluy bien priant (comme en l'Eglise primitive estoit louable coustume entre les saincts Christians[3]) pour le prospere naviguaige[a] de son filz et toute sa compaignie, monta sus mer au port de Thalasse[4], accompaigné de Panurge, frere Jan des Entomeures, Epistemon, Gymnaste, Eusthenes, Rhizotome, Carpalim et aultres siens serviteurs et domestiques anciens[5]; ensemble de Xenomanes le grand voyageur et traverseur des voyes perilleuses[6] lequel, certains jours paravant, estoit arrivé au mandement de Panurge. Icelluy, pour certaines et bonnes causes, avoit à Gargantua laissé et signé, en sa grande et universelle

───────────

a. navigation.

1. Le 9 juin et non le 7 comme il est dit dans la *Briefve Declaration.* Cf. Ovide, *Fastes*, VI, 247-250. Juin est favorable aux navigations dans les mers du Nord. — 2. Cf. Ovide, *Fastes*, VI, 461-6.

3. *Actes des Apôtres*, XX, 36 et XXI, 5.

4. Peut-être le Tallard, près de Saint-Malo.

5. Ponocrates, qui sera cité plus loin, est ici oublié. Le nom d'Eusthenes est ajouté en 1552.

6. Surnom de Jean Bouchet, le grand rhétoriqueur.

Hydrographie[a], la route qu'ilz tiendroient visitans l'oracle de la dive Bouteille Bacbuc[1].

Le nombre des navires feut tel que vous ay exposé on tiers livre, en conserve[b] de triremes, ramberges[2], gallions[3] et liburnicques[4], nombre pareil, bien equippées, bien calfatées, bien munies, avecques abondance de Pantagruelion. L'assemblée de tous officiers, truchemens, pilotz, capitaines, nauchiers[c], fadrins[d], hespailliers[e] et matelots feut en la Thalamege[5]. Ainsi estoit nommée la grande et maistresse nauf de Pantagruel, ayant en pouppe pour enseigne une grande et ample bouteille, à moytié d'argent bien liz et polly, l'autre moytié estoit d'or esmaillé de couleur incarnat. En quoy facile estoit juger que blanc et clairet estoient les couleurs des nobles voyagiers, et qu'ilz alloient pour avoir le mot de la Bouteille.

Sus la pouppe de la seconde estoit hault enlevée[f] une lanterne antiquaire, faicte industrieusement de pierre sphengitide et speculaire[6], denotant qu'ils passeroient par Lanternoys[7].

La tierce pour divise[g] avoit un beau et profond hanat[h] de porcelaine.

La quarte, un potet d'or à deux anses, comme si feust une urne antique.

---

a. carte marine. — *b.* convoi. — *c.* contremaîtres. — *d.* matelots sans spécialité. — *e.* chefs de nage. — *f.* élevée. — *g.* emblème. — *h.* hanap.

1. Mot hébreu qui signifie bouteille. Le nom n'apparaît qu'en 1552. Il manque dans les trois premières éditions.

2. Navires anglais, de 80 à 300 tonneaux, marchant à la rame et à la voile, plus étroits et plus bas que les galères. Henri II en fit construire une vingtaine.

3. Les galions, de 60 à 1 000 tonneaux, avaient trois mâts et portaient une importante artillerie.

4. Birèmes utilisées par les pirates d'Illyrie.

5. Mot créé par Rabelais; il signifie : bateau garni de chambres. Il s'agit du navire amiral. — 6. La pierre sphengitide doit être une pierre d'albâtre; la pierre spéculaire, une pierre transparente : du mica. — 7. Cf., t. I, p. 266 et 595.

La quinte, un brocq insigne, de sperme d'emeraulde[1].

La sizieme, un bourrabaquin[a] monachal, faict des quatre metaulx[2] ensemble.

La septieme, un entonnoir de ebene, tout requamé[b] d'or, à ouvraige de tauchie[c].

La huictieme, un guoubelet de lierre[3] bien precieux, battu d'or à la damasquine.

La neufieme, une brinde[d] de fin or obrizé[e].

La dizieme, une breusse[f] de odorant Agalloche (vous l'appellez boys d'aloës), porfilée d'or de Cypre, à ouvraige d'azemine[g].

L'unzieme, une portouoire[h] d'or faicte à la mosaicque.

La douzieme, un barrault[i] d'or terny, couvert d'une vignette de grosses perles Indicques, en ouvraige topiaire[4].

De mode que personne n'estoit, tant triste, fasché, rechigné ou melancholicque feust, voire y feust Heraclitus le pleurart[5], qui n'entrast en joye nouvelle et de bonne ratte ne soubrist, voyant ce noble convoy de navires en leurs devises; ne dist que les voyagiers estoient tous beuveurs, gens de bien, et ne jugeast en prognostic asceuré que le voyage, tant de l'aller que du retour, seroit en alaigresse et santé perfaict.

En la Thalamege doncques feust l'assemblée de tous. Là Pantagruel leur feist une briefve et saincte exhortation, toute auctorisée[j] de propous extraictz de la Saincte Escripture, sus l'argument de naviguation.

---

a. verre à boire. — *b.* brodé. — *c.* incrustation. — *d.* verre cylindrique. — *e.* pur. — *f.* tasse. — *g.* inscrustations à la manière persane. — *h.* hotte. — *i.* tonnelet. — *j.* fondée.

1. Coquille, voulue peut-être, pour *presme* d'émeraude, qui était une pierre verte dont Pline décrit plusieurs variétés (XXXVII, 34). — 2. L'or, l'argent, l'acier, le cuivre; cf. *Gargantua*, chap. VIII, t. I, p. 39. — 3. Cf. t. I, p. 100, n. 1. — 4. *L'art topiaire* était celui des jardiniers paysagistes. — 5. On opposait couramment le pessimisme d'Héraclite au rire de Démocrite.

Laquelle finie, feut hault et clair faicte priere à Dieu, oyans et entendens tous les bourgeoys et citadins de Thalasse, qui estoient sus le mole accourruz pour veoir l'embarquement.

Après l'oraison feut melodieusement chanté le psaulme du sainct Roy David, lequel commence : *Quand Israel hors d'Ægypte sortit*[1]. Le pseaulme parachevé, feurent sus le tillac[a] les tables dressées et viandes promptement apportées. Les Thalassiens, qui pareillement avoient le pseaulme susdict chanté, feirent de leurs maisons force vivres et vinage apporter. Tous beurent à eulx. Ilz beurent à tous. Ce feut la cause pourquoy personne de l'assemblée oncques par la marine ne rendit sa guorge[b] et n'eut perturbation d'estomach, ne de teste. Ausquelz inconveniens ne eussent tant commodement obvié beuvans par quelques jours paravant de l'eaue marine, ou pure, ou mistionnée avecques le vin; ou usans de chair de coings, de escorce de citron, de jus de grenades aigresdoulces ; ou tenens longue diete ; ou se couvrans l'estomach de papier, ou autrement faisans ce que les folz medicins ordonnent à ceulx qui montent sus mer.

Leurs beuvettes[c] souvent reiterées, chascun se retira en sa nauf; et en bonne heure[d] feirent voile au vent Grec levant[2], selon lequel le pilot principal, nommé Jamet Brayer[3], avoit designé la routte et dressé la

---

a. pont. — b. vomit. — c. coups que l'on boit. — d. heureusement.

1. Premiers vers de la traduction par Marot du *Psaume* CXIV, psaume qui prenait alors un caractère subversif. L'usage, pour les marins catholiques, était d'entendre la messe, puis d'entonner le *Veni Creator*... Faut-il voir ici une manifestation d'évangélisme ? Abel Lefranc le pensait; Lucien Febvre trouvait ce chant « surprenant ».

2. Terme du vocabulaire méditerranéen, vent d'est-nord-est, très favorable en la circonstance. Consulter R. Marichal, *le Nom des vents chez Rabelais* dans *Études rabelaisiennes*, t. I, 1956.

3. On connaît un personnage de ce nom parmi les parents de Rabelais. Abel Lefranc admettait que ce nom désignait Jacques Cartier.

Illustration pour le voyage de J. Cartier
dans la *Cosmographie universelle* de Thevet, 1575

calamite[a] de toutes les boussoles[1]. Car l'advis sien et
de Xenomanes aussi feut, veu que l'oracle de la dive
Bacbuc estoit près le Catay[2] en Indie superieure, ne
prendre la route ordinaire des Portugaloys; lesquelz
passans la Ceinture ardente et le cap de Bona Speranza
sus la poincte Meridionale d'Afrique oultre l'Æquinoctial[3], et perdens la veue et guyde de l'aisseuil[b]
Septentrional, font navigation enorme; ains suyvre
au plus près le parallele de ladicte Indie, et gyrer[c] autour
d'icelluy pole par Occident, de maniere que, tournoyans
soubs Septentrion, l'eussent en pareille elevation[d]
comme il est au port de Olone, sans plus en approcher,
de paour d'entrer et estre retenuz en la mer Glaciale[4].
Et suyvans ce canonicque[e] destour par mesme parallele, l'eussent à dextre, vers le Levant, qui au departement leur estoit à senestre[5].

Ce que leurs vint à profict incroyable. Car sans
naufrage, sans dangier, sans perte de leurs gens, en
grande serenité (exceptez un jour près l'isle des
Macreons), feirent le voyage de Indie superieure
en moins de quatre moys[6], lequel à poine feroient les
Portugaloys en troys ans, avecques mille fascheries
et dangiers innumerables. Et suys en ceste opinion,
sauf meilleur jugement, que telle routte de fortune[f]
fut suyvie par ces Indians qui navigerent en Germanie,
et feurent honorablement traictez par le Roy des

---

a. aiguille. — b. essieu. — c. tourner. — d. latitude. — e. conforme
à la règle. — f. par hasard.

1. Rabelais est le premier en France à user de ce terme : l'invention
de la boussole était toute nouvelle. « Dresser la calamite », c'est fixer
l'angle de marche.
2. La Chine du Nord. — 3. L'équateur; *l'aisseuil septentrional*
désigne le pôle Nord.
4. Il s'agit de découvrir le fameux passage du nord-ouest.
5. Il s'agit du parallèle des Sables-d'Olonne que les navigateurs
ont, d'abord, à gauche, puis, au retour, à droite.
6. Le premier voyage de Jacques Cartier (1534) dura un peu plus
de quatre mois.

Suedes[a], on temps que Q. Metellus Celer estoit proconsul en Gaulle, comme descrivent Cor. Nepos, Pomp. Mela et Pline après eulx[1].

Comment Pantagruel, en l'isle de Medamothi,
achapta plusieurs belles choses[2].

Chapitre II

Cestuy jour, et les deux subsequens, ne leurs apparut terre ne chose aultre nouvelle. Car aultres foys avoient aré[b] ceste routte. Au quatrieme decouvrirent une isle nommée Medamothi[3], belle à l'œil et plaisante, à cause du grand nombre des Phares et haultes tours marbrines des quelles tout le circuit estoit orné, qui n'estoit moins grand que de Canada[4].

Pantagruel, s'enquerant qui en estoit dominateur, entendit que c'estoit le roy Philophanes[c], lors absent pour le mariage de son frere Philotheamon[c] avecques l'Infante du royaulme des Engys[b]. Adoncques descendit on havre, contemplant, ce pendent que les chormes[d] des naufz faisoient aiguade[e], divers tableaulx, diverses tapisseries, divers animaulx, poissons, oizeaulx et aultres marchandises exotiques et peregrines[e], qui estoient en l'allée du mole et par les halles du port.

---

a. Suèves. — b. parcouru. — c. Voir *Briefve Declaration.* — d. chiourmes. — e. provision d'eau douce. — f. étrangères.

1. Pomponius Mela, *Chorographie* III, 5, 45. Pline, *Histoire naturelle*, II, 67. Tous deux citent Cornélius Nepos dont le texte ne nous est pas parvenu. — 2. L'escale à Medamothi ne faisait pas partie de l'édition de 1548. Nous avons donné au tome I, p. lvi, la liste des chapitres contenus dans celle-ci. — 3. En grec : nulle part. — 4. Le nom est alors nouveau : il est employé par Cartier. Marguerite de Navarre, dans l'*Heptaméron* (nouv. 67), parle de « l'isle de Canadas ». — 5. ... des gens d'auprès (du grec ἐγγύς.) Royaume imaginaire.

Car c'estoit le tiers jours des grandes et solennes foires
du lieu, es quelles annuellement convenoient tous les
plus riches et fameux marchans d'Afrique et Asie.
D'entre les quelles frere Jan achapta deux rares et
precieux tableaux, en l'un des quelz estoit au vif
painct le visage d'un appellant[1], en l'aultre estoit le
protraict d'un varlet qui cherche maistre, en toutes
qualitez requises, gestes, maintien, minois, alleures,
physionomie et affections : painct et inventé par
maistre Charles Charmois[2], painctre du roy Megiste;
et les paya en monnoie de cinge.

Panurge achapta un grand tableau painct et transsumpt[a] de l'ouvraige jadis faict à l'aiguille par Philo-
mela, exposante et representante à sa sœur Progné
comment son beaufrere Tereus l'avoit despucellée, et
sa langue couppée affin que tel crime ne decelast[3].
Je vous jure, par le manche de ce fallot[b] ! que c'estoit
une paincture gualante et mirifique. Ne pensez, je
vous prie, que ce feust le protraict d'un homme couplé
sus une fille. Cela est trop sot et trop lourd. La paincture
estoit bien aultre et plus intelligible. Vous la pourrez
voir en Theleme, à main guausche, entrans en la haulte
guallerie.

Epistemon en achapta un aultre, on quel estoient
au vif painctes les Idées de Platon, et les Atomes de
Epicurus[4]. Rhizotome en achapta un aultre, on quel
estoit Echo selon le naturel representée.

Pantagruel par Gymnaste feist achapter la vie et
gestes[c] de Achilles, en soixante et dixhuict pieces de

---

a. copié. — b. fanal. — c. exploits.

1. Terme juridique : un homme qui a perdu son procès et fait
appel.
2. Ce peintre travailla à Fontainebleau de 1537 à 1540 et à Saint-
Maur, chez le cardinal du Bellay, en 1544 et en 1547. Le roi Mégiste
est Henri II.
3. Cf. Ovide, *Métamorphoses*, VI, 412-676.
4. On peut se demander comment le peintre avait représenté et
les Idées et les Atomes.

tapisseries à haultes lisses[1], longues de quatre, larges
de trois toises, toutes de saye Phrygienne, requamée[a]
d'or et d'argent. Et commençoit la tapisserie aux
nopces de Peleus et Thetis; continuant la nativité
d'Achilles, sa jeunesse descripte par Stace Papinie,
ses gestes et faicts d'armes celebrez par Homere, sa
mort et exeques descriptz par Ovide et Quinte Cala-
brois, finissant en l'apparition de son umbre, et
sacrifice de Polyxene, descript par Euripides[2].

Feist aussi achapter trois beaulx et jeunes unicornes[b] :
un masle, de poil alezan tostade[c], et deux femelles, de
poil gris pommelé. Ensemble un tarande[d], que luy
vendit un Scythien de la contrée des Gelones[3].

Tarande est un animal grand comme un jeune taureau, portant teste comme est d'un cerf, peu plus
grande, avecques cornes insignes largement ramées;
les piedz forchuz, le poil long comme d'un grand
ours, la peau peu moins dure qu'un corps de cuirasse.
Et disoit le Gelon peu en estre trouvé parmy la Scythie,
parce qu'il change de couleur selon la variété des
lieux es quelz il paist et demoure. Et represente la
couleur des herbes, arbres, arbrisseaulx, fleurs, lieux,
pastiz[e], rochiers, generalement de toutes choses qu'il
approche. Cela luy est commun avecques le poulpe
marin, c'est le polype; avecques les thoës, avecques
les lycaons de Indie[4], avecques le chameléon, qui est
une espece de lizart[f] tant admirable que Democritus

_a._ brodée. — _b._ licornes. — _c._ brûlé. — _d._ renne. — _e._ pâturages. —
_f._ lézard.

1. Le XVI[e] siècle a beaucoup aimé les tapisseries, surtout celles qui
représentaient des sujets antiques. — 2. Stace a écrit une _Achilleis ;_
Ovide parle d'Achille dans les _Métamorphoses_, XII, 580 sq.; Quintus
de Smyrne composa une suite de l'_Iliade ;_ Euripide parle d'Achille
dans _Hécube_, 35 sq. et 518 sq. — 3. Peuple scythe que l'on plaçait
alors en Sibérie. Pour l'_unicorne_ comme pour le _tarande_, Rabelais
s'inspire de Pline l'Ancien, _Hist. nat._, VIII, 31 et 52. — 4. Ici encore
Rabelais utilise Pline l'Ancien, _loc. cit._, VIII, 34, et IX, 29. On reconnaît
dans les _thoës_ les chacals, dans les _lycaons_ les guépards ou les loups-
cerviers.

a faict un livre entier de sa figure, anatomie, vertus et proprieté en magie. Si est ce que je l'ay veu[1] couleur changer, non à l'approche seulement des choses colorées, mais de soy mesmes, selon la paour et affections qu'il avoit. Comme sus un tapiz verd, je l'ay veu certainement verdoyer; mais y restant quelque espace de temps, devenir jaulne, bleu, tanné[a], violet par succès[b]: en la façon que voiez la creste des coqs d'Inde couleur scelon leurs passions changer. Ce que sus tout trouvasmes en cestuy tarande admirable est que, non seulement sa face et peau, mais aussi tout son poil telle couleur prenoit, quelle estoit es choses voisines. Près de Panurge vestu de sa toge bure, le poil luy devenoit gris; près de Pantagruel vestu de sa mante d'escarlate, le poil et peau luy rougissoit; près du pilote vestu à la mode des Isiaces[2] de Anubis en Ægypte, son poil apparut tout blanc. Les quelles deux dernieres couleurs sont au chaméléon deniées[3]. Quand hors toute paour et affections il estoit en son naturel, la couleur de son poil estoit telle que voyez es asnes de Meung[4].

---

a. roux. — *b.* tour à tour.

1. Rabelais a pu voir le caméléon chez un médecin de Lyon, Charles des Marais, curieux de raretés zoologiques. Ce Charles des Marais fut un des trois médecins qui, lorsque Rabelais eut quitté Lyon en 1535, postulèrent sa succession à l'Hôtel-Dieu. Cf. *infra*, p. 395.

2. Les prêtres d'Isis, vêtus de blanc.

3. C'est, au moins, ce qu'affirme Pline l'Ancien.

4. Ici encore Rabelais copie Pline. On utilisait les ânes, à Meung, pour porter à Orléans la farine que l'on y faisait.

*Comment Pantagruel repceut lettres de son pere Gargantua,
et de l'estrange maniere de sçavoir nouvelles bien soubdain
des pays estrangiers et loingtains.*

CHAPITRE III

Pantagruel occupé en l'achapt de ces animaulx peregrins, feurent ouïz du mole dix coups de verses[a] et
faulconneaulx[a]; ensemble grande et joyeuse accla-
mation de toutes les naufz. Pantagruel se tourne vers le
havre, et veoyd que c'estoit un des celoces[b] de son
pere Gargantua, nommé la Chelidoine[c], pource que
sus la pouppe estoit en sculpture de ærain Corinthien
une hirondelle de mer élevée. C'est un poisson grand
comme un dar[1] de Loyre, tout charnu, sans esquasmes[d],
ayant æsles cartilagineuses (quelles sont es souriz
chaulves), fort longues et larges, moyenans les quelles
je l'ay souvent veu voler une toyse au dessus l'eau,
plus d'un traict d'arc. A Marseille on le nomme lendole.
Ainsi estoit ce vaisseau legier comme une hirondelle,
de sorte que plus toust sembloit sus mer voler que
voguer. En iceluy estoit Malicorne[2], escuyer tranchant
de Gargantua, envoyé expressement de par luy
entendre l'estat et portement de son filz le bon Pantagruel et luy porter lettres de creance.

Pantagruel, après la petite accollade et barretade[e]
gracieuse, avant ouvrir les letres, ne aultres propous
tenir à Malicorne, luy demanda : « Avez vous icy le
gozal[3], celeste messaigier ? — Ouy, respondit il; il

_____

a. petits canons. — b. vaisseaux légers. — c. hirondelle, en grec. —
d. écailles. — e. salut du béret.

1. Dard ou vandoise. — 2. On connaît un Jehan de Malicorne qui
épousa une parente des du Bellay et fut gouverneur du Poitou. —
3. Nom hébreu du pigeon. L'emploi des pigeons voyageurs ne commence qu'à la fin du XVIe siècle. Rabelais se souvient ici de Pline
(X. 53).

est en ce panier emmailloté. » C'estoit un pigeon prins on colombier de Gargantua, esclouant[a] ses petitz sus l'instant que le susdictz celoce departoit. Si fortune adverse feust à Pantagruel advenue, il y eust des jectz[1] noirs attaché es pieds; mais pource que tout luy estoit venu à bien et prosperité, l'ayant faict demailloter, luy attacha es pieds une bandelette de tafetas blanc, et, sans plus differer, sus l'heure le laissa en pleine liberté de l'air. Le pigeon soubdain s'envole, haschant en incroyable hastiveté, comme vous sçavez qu'il n'est vol que de pigeon, quand il a œufz ou petitz, pour l'obstinée sollicitude en luy par nature posée de recourir et secourir ses pigeonneaulx. De mode qu'en moins de deux heures, il franchit par l'air le long chemin que avoit le celoce en extreme diligence par troys jours et troys nuyctz perfaict, voguant à rames et à veles[b], et luy continuant vent en pouppe. Et feut veu entrant dedans le colombier on propre nid de ses petitz. Adoncques, entendent le preux Gargantua qu'il portoit la bandelette blanche, resta en joye et sceureté du bon partement de son filz.

Telle estoit l'usance[c] des nobles Gargantua et Pantagruel, quand sçavoir promptement vouloient nouvelles de quelque chose fort affectée et vehementement desirée, comme l'issue de quelque bataille, tant par mer, comme par terre, la prinze ou defense de quelque place forte, l'appoinctement de quelques differens de importance, l'accouchement heureux ou infortuné de quelque royne ou grande dame, la mort ou convalescence de leurs amis et alliez malades, et ainsi des aultres. Ilz prenoient le gozal et, par les postes[d], le faisoient de main en main jusques sus les lieux porter dont ilz affectoient[e] les nouvelles. Le gozal, portant bandelette noire ou blanche scelon les occurrences et

---

a. faisant éclore. — *b.* voiles. — *c.* habitude. — *d.* courriers. — *e.* désiraient.

1. Anneaux de cuir passés aux pattes des oiseaux de chasse.

accidens[a], les houstoit de pensement à son retour faisant en une heure plus de chemin par l'air que n'avoient faict par terre trente postes en un jour naturel. Cela estoit rachapter et guaingner temps. Et croyèz comme chose vraysemblable que, par les colombiers de leurs cassines[b], on trouvoit sus œufz ou petitz, tous les moys et saisons de l'an, les pigeons à foizon. Ce que est facile en mesnagerie, moyennant le salpetre en roche et la sacre herbe vervaine[1].

Le gozal lasché, Pantagruel leugt les missives de son pere Gargantua, des quelles la teneur ensuyt :

« Filz très cher, l'affection que naturellement porte le pere à son filz bien aymé est en mon endroict tant acreue, par l'esguard et reverence des graces particulieres en toy par election[c] divine posées que, depuys ton partement, me a, non une foys, tollu[d] tout aultre pensement, me delaissant on cueur ceste unicque et soingneuse paour que vostre embarquement ayt esté de quelque meshaing[e] ou fascherie acompaigné : comme tu sçays que à la bonne et syncere amour est craincte perpetuellement annexée[2]. Et pource que, selon le dict de Hesiode, d'une chascune chose le commencement est la moytié du tout[3], et, selon le proverbe commun, à l'enfourner on faict les pains cornuz, j'ay, pour de telle anxieté vuider mon entendement, expressement depesché Malicorne, à ce que par luy je soys acertainé[f] de ton portement sus les premiers jours de ton voyage. Car, s'il est prospere et tel que je le soubhayte, facile me sera preveoir, prognosticquer et juger du reste.

« J'ay recouvert quelques livres joyeulx, lesquelz te seront par le present porteur renduz. Tu les liras, quand

---

a. événements. — b. fermes. — c. choix. — d. enlevé. — e. peine. — f. renseigné.

1. Considérée comme sacrée dans l'Antiquité. Pline, XXV, 9.
2. Souvenir d'Ovide, *Héroïdes*, I, 12 : *Res est solliciti plena timoris amor.* — 3. Formule attribuée à Hésiode par Érasme (*Adages* I, 2, 39).

te vouldras refraischir de tes meilleures estudes. Ledict
porteur te dira plus amplement toutes nouvelles de
ceste court. La paix de l'Æternel soyt avecques toy.
Salue Panurge, frere Jan, Epistemon, Xenomanes,
Gymnaste et aultres tes domesticques, mes bons amis.
De ta maison paternelle, ce trezieme de juin.

    « Ton pere et amy,

                GARGANTUA. »

*Comment Pantagruel escript à son pere Gargantua,
et luy envoye plusieurs belles et rares choses.*

CHAPITRE IV

Après la lecture des letres susdictes, Pantagruel tint
plusieurs propous avecques l'escuyer Malicorne, et
feut avecques luy si long temps que Panurge, interrompant, luy dist : « Et quand boyrez vous ? Quand
boyrons nous ? Quand boyra monsieur l'escuyer ?
N'est ce assez sermonné pour boyre ? — C'est bien
dict, respondit Pantagruel. Faictez dresser la collation
en ceste prochaine hostellerie, en laquelle pend pour
enseigne l'imaige d'un satyre à cheval. Ce pendent pour
la depesche[a] de l'escuyer, il escrivit à Gargantua
comme s'ensuyt :

    « Pere tresdebonnaire, comme à tous accidens en ceste
vie transitoire non doubtez[b] ne soubsonnez, nos sens
et facultez animales patissent plus enormes et impo-
tentes[c] perturbations (voyre jusques à en estre souvent
l'ame desemparée du corps, quoy que telles subites
nouvelles feussent à contentement et soubhayt), que
si eussent auparavant esté propensez et preveuz, ainsi
me a grandement esmeu et perturbé l'inopinée venue

---

a. le courrier. — b. imprévus. — c. immodérées.

de vostre escuyer Malicorne. Car je n'esperoys aulcun veoir de vos domesticques, ne de vous nouvelles ouyr avant la fin de cestuy nostre voyage. Et facilement acquiesçoys en la doulce recordation[a] de vostre auguste majesté, escripte, voyre certes insculpée et engravée on posterieur ventricule de mon cerveau, souvent au vif me la representant en sa propre et naïfve[b] figure.

« Mais, puys que m'avez prevenu[c] par le benefice[d] de vos gratieuses lettres, et par la creance de vostre escuyer mes espritz recréé en nouvelles de vostre prosperité et santé, ensemble de toute vostre royale maison, force m'est, ce que par le passé m'estoit voluntaire, premierement louer le benoist Servateur, lequel, par sa divine bonté, vous conserve en ce long teneur[e] de santé perfaicte; secondement, vous remercier sempiternellement de ceste fervente et inveterée affection que à moy portez, vostre treshumble filz et serviteur inutile. Jadis un Romain[1], nommé Furnius, dist à Cæsar Auguste recepvant à grace et pardon son pere, lesquel avoit suyvy la faction de Antonius : Au jourd'huy me faisant ce bien, tu me as reduict en telle ignominie que force me sera, vivant mourant, estre ingrat reputé, par impotence de gratuité[f]. Ainsi pourray je dire que l'exces de vostre paternelle affection me range en ceste angustie[g] et necessité qu'il me conviendra vivre et mourir ingrat. Sinon que de tel crime[h] soys relevé par la sentence des Stoïciens, lesquelz disoient troys parties estre en benefice : l'une du donnant, l'aultre du recepvant, la tierce du recompensant; et le recepvant tresbien recompenser le donnant quand il accepte voluntiers le bienfaict, et le retient en soubvenance perpetuelle[2]. Comme, au rebours, le recepvant

---

a. souvenir. — b. naturelle. — c. devancé. — d. bienfait. — e. suite. — f. gratitude. — g. anxiété. — h. accusation.

1. Emprunt à Sénèque, *De Beneficiis*, II, 25, par le canal des *Apophtegmes* d'Érasme, VIII, 42.
2. Sénèque, *loc. cit.*, II, 31.

estre le plus ingrat du monde, qui mespriseroit et oubliroit le benefice.

« Estant doncques opprimé d'obligations infinies toutes procréés de vostre immense benignité, et impotent à la minime partie de recompense, je me saulveray pour le moins de calumnie en ce que de mes esprits n'en sera à jamais la memoire abolie : et ma langue ne cessera confesser et protester que vous rendre graces condignes est chose transcendente ma faculté et puissance.

« Au reste, j'ay ceste confiance en la commiseration et ayde de nostre Seigneur, que, de ceste nostre peregrination la fin correspondera au commencement et sera le totaige[a] en alaigresse et santé perfaict. Je ne fauldray à reduire en commentaires et ephemerides tout le discours de nostre naviguaige; affin que à nostre retour vous en ayez lecture veridicque.

« J'ay icy trouvé un tarande de Scythie, animal estrange et merveilleux à cause des variations de couleur en sa peau et poil, scelon la distinction des choses prochaines. Vous le prendrez en gré. Il est autant maniable et facile à nourrir qu'un aigneau. Je vous envoie pareillement troys jeunes unicornes, plus domestiques et apprivoisées que ne seroient petitz chattons. J'ay conferé avecques l'escuyer, et dict la maniere de les traicter. Elles ne pasturent en terre, obstant[b] leur longue corne on front. Force est que pasture elles prennent es arbres fruictiers, ou en ratteliers idoines, ou en main, leurs offrant herbes, gerbes, pommes, poyres, orge, touzelle[1], brief toutes especes de fruictz et legumaiges. Je m'esbahis comment nos escrivains antiques les disent tant farouches, feroces[c] et dangereuses, et oncques vives n'avoir esté veues. Si bon vous semble ferez espreuve du contraire; et trouverez qu'en elles consiste une mignotize[d] la plus

---

a. total. — *b.* car s'y oppose... — *c.* sauvages. — *d.* gentillesse.

1. Mot languedocien désignant une variété de blé.

grande du monde, pourveu que malicieusement on ne les offense.

« Pareillement, vous envoye la vie et gestes de Achilles en tapisserie bien belle et industrieuse[a]. Vous asceurant que les nouveaultez d'animaulx, de plantes, d'oyzeaulx, de pierreries que trouver pourray et recouvrer[b] en toute nostre peregrination, toutes je vous porteray, aydant Dieu nostre Seigneur, lequel je prie en sa saincte grace vous conserver.

« De Medamothi, ce quinzieme de juin. Panurge, frere Jan, Epistemon, Xenomanes, Gymnaste, Eusthenes, Rhizotome, Carpalim, après le devot baisemain, vous resaluent[c] en usure centuple.

« Vostre humble filz et serviteur,

PANTAGRUEL. »

Pendent que Pantagruel escrivoit les lettres susdictes, Malicorne fut de tous festoyé, salué et accollé à double rebraz[d]. Dieu sçayt comment tout alloit, et comment recommendations de toutes pars trotoient en place. Pantagruel, avoir parachevé ses letres, bancqueta avecques l'escuyer. Et luy donna une grosse chaine d'or, poisante huyct cens escuz, en laquelle, par les chainons septenaires[1], estoient gros diamans, rubiz, esmeraulres, turquoises, unions[e], alternativement enchassez. A un chascun de ses nauchiers feist donner cinq cens escuz au Soleil; à Gargantua son pere envoya le tarande couvert d'une housse de satin broché d'or, avecques la tapisserie contenant la vie et gestes de Achilles, et les troys unicornes capparassonnées de drap d'or frizé. Ainsi departirent de Medamothi, Malicorne, pour retourner vers Gargantua, Pantagruel, pour continuer son naviguaige. Lequel en haulte mer feist lire par Epistemon les livres apportez par l'es-

---

a. habilement faite. — b. acquérir. — c. vous rendent le salut. — d. de toutes leurs forces. — e. perles.

1. C'est-à-dire : tous les sept chaînons.

cuyer. Desquelz, pource qu'il les trouva joyeulx et plaisans, le transsumpt[a] voluntiers vous donneray, si devotement le requerez.

Comment Pantagruel rencontra une nauf de voyagers retournans du pays Lanternois.

CHAPITRE V

Au cinquième jour[1], ja començans tournoyer[b] le pole peu à peu, nous esloignans de l'Æquinoctial[2], descouvrismes une navire marchande faisant voile à horche[c] vers nous. La joye ne feut petite, tant de nous comme des marchans : de nous, entendens nouvelles de la marine[d]; de eulx, entendens nouvelles de terre ferme. Nous rallians avecques eulx congneusmes qu'ilz estoient François Xantongeois. Devisant et raisonnant ensemble, Pantagruel entendit qu'ilz venoient de Lanternoys[3]. Dont eut nouveau accroissement d'alaigresse, aussi eut toute l'assemblée, mesmement[e] nous enquestans de l'estat du pays et meurs du peuple Lanternier; et ayans advertissement que, sus la fin de juillet subsequent, estoit l'assignation du chapitre general des Lanternes[4]; et que, si lors y arrivions (comme facile nous estoit), voyrions belle, honorable et joyeuse compaignie des Lanternes; et que l'on y faisoit grands apprestz, comme si l'on y deust profon-

---

a. copie. — *b.* faire le tour du. — *c.* bâbord. — *d.* mer. — *e.* surtout.

1. *Var.* des premières éditions : « *Cestuy jour et les deux subsequens ne leur apparut terre ou chose autre nouvelle, car autrefois avoient arré ceste routte. Au quatriesme, ja commençans...* »
2. Le mot est ici difficile à interpréter. Il n'est pas sûr qu'il s'agisse de l'équateur.
3. Pays imaginaire.
4. Allusion à la sixième session du concile de Trente le 29 juillet 1546.

dement <u>lanterner</u>ᵃ. Nous feut aussi dict que, passans
le grand royaulme de Gebarim[1], nous serions honorifi-
quement repçeuz et traictez par le Roy Ohabé[2],
dominateur d'icelle terre. Lequel et tous ses subjectz
pareillement parlent languaige François Tourangeau.

Ce pendent que entendions ces nouvelles, Panurge
prend debat avecques un marchant de Taille-
bourg[3], nommé Dindenault. L'occasion du débat
feut telle. Ce Dindenault, voyant Panurge sans bra-
guetteᵃ, avecques ses lunettes attachées au bonnet,
dist de luy à ses compaignons : « Voyez là une belle
medaille de Coqu. » Panurge, à cause de ses lunettes,
oyoit des aureilles beaucoup plus clair que de coustume. Doncques, entendent ce propous, demanda au
marchant : « Comment diable seroys je coqu, qui ne
suis encores marié, comme tu es, scelon que juger je
peuz à ta troigne mal gracieuse ?

— Ouy vrayement, respondit le marchant, je le
suys, et ne vouldrois ne l'estre pour toutes les lunettes
d'Europe, non pour toutes les beziclesᵇ d'Afrique. Car
j'ay une des plus belles, plus advenentes, plus honestes,
plus prudes femmes en mariage, qui soit en tout le
pays de Xantonge, et n'en desplaise aux aultres. Je luy
porte de mon voyage une belle et de unze poulséesᶜ
longue branche de couralᵈ rouge, pour ses estrenes.
Qu'en as tu à faire ? Dequoy te meslez tu ? Qui es tu ?
Dont es tu ? O lunetierᵉ de l'Antichrist, responds si
tu es de Dieu.

— Je te demande, dist Panurge, si par consentement
et convenence de tous les elemens, j'avoys sacsacbeze-
vezinemassé ta tant belle, tant advenente, tant honeste,
tant preude femme, de mode que le roydde dieu des
jardins Priapus, lequel icy habite en liberté, subjection

---

a. dire des sottises. — b. lunettes. — c. pouces. — d. corail[5]. —
e. porteur de lunettes.

1. Mot hébreu : les Forts, les Guerriers. — 2. Mot hébreu : mon
ami. — 3. Près de Saintes, sur la Charente. — 4. Cf. *Tiers Livre*, ch. VII,
tome I, p. 433. — 5. Il se peut que *branche de corail* ait le même sens
que dans Gargantua, chap. XI, *in fine*, t. I, p. 50.

forclose[a] de braguettes attachées, luy feust on corps demeuré, en tel desastre que jamais n'en sortiroit, eternellement y resteroit, sinon que tu le tirasse avecques les dens, que feroys tu ? Le laisseroys tu là sempiternellement ? ou bien le tireroys tu à belles dens ? Responds, o belinier[b] de Mahumet, puys que tu es de tous les diables.

— Je te donneroys, respondit le marchant, un coup d'espée sus ceste aureille lunetiere, et te tueroys comme un belier. » Ce disant desguainnoit son espée. Mais elle tenoit au fourreau, comme vous sçavez que, sus mer, tous harnoys[c] facilement chargent rouille, à cause de l'humidité excessive et nitreuse. Panurge recourt vers Pantagrued à secours. Frere Jan mist la main à son bragmard fraischement esmoulu, et eust felonnement[d] occis le marchant, ne feust que le patron de la nauf et aultres passagiers supplierent Pantagruel n'estre faict scandale en son vaisseau. Dont feut appoincté tout leur different : et toucherent les mains ensemble Panurge et le marchant, et beurent d'autant l'un à l'aultre dehayt[e], en signe de perfaicte reconciliation.

Comment, le debat appaisé, Panurge marchande avecques Dindenault un de ses moutons.

CHAPITRE VI

Ce debat du tout appaisé[1], Panurge dist secretement à Epistemon et à frere Jan : « Retirez vous icy un peu à l'escart, et joyeusement passez temps à ce que voirez.

---

a. exclue. — b. berger. — c. armures. — d. brutalement. — e. de bon cœur.

1. Tout l'épisode qui suit vient du chap. XI des *Macaronées* de Folengo, que Rabelais a complètement renouvelé en y introduisant la scène du marchandage. On lira sur le personnage de Dindenault un très suggestif commentaire de R. Marichal, dans *Études rabelaisiennes*, tome I, 1956, p. 159 et suiv.

Il y aura bien beau jeu, si la chorde ne rompt[1]. » Puis se addressa[a] au marchant et de rechef beut à luy plein hanat de bon vin Lanternoys. Le marchant le pleigea guaillard[b], en toute courtoisie et honesteté. Cela faict, Panurge devotement le prioyt luy vouloir de grace vendre un de ses moutons. Le marchant luy respondit : « Halas, halas, mon amy, nostre voisin, comment vous sçavez bien trupher[c] des paouvres gens. Vrayement vous estes un gentil chalant. O le vaillant achapteur de moutons ! Vraybis[d] ! vous portez le minoys non mie d'un achapteur de moutons, mais bien d'un couppeur de bourses. Deu Colas, faillon[e] ! qu'il feroit bon porter bourse pleine auprès de vous en la tripperie sus le degel[2] ! Han, han, qui ne vous congnoistroyt, vous feriez bien des vostres. Mais voyez, hau, bonnes gens, comment il taille de l'historiographe[3] !

— Patience, dist Panurge. Mais, à propous, de grace speciale, vendez moy un de vos moutons. Combien ?

— Comment, respondit le marchant, l'entendez vous, nostre amy, mon voisin ? Ce sont moutons à la grande laine, Jason y print la toison d'or. L'ordre de la maison de Bourguoigne[4] en feut extraict. Moutons de Levant[5], moutons de haulte fustaye, moutons de haulte gresse.

— Soit, dist Panurge, mais de grace vendez m'en un, et pour cause; bien et promptement vous payant en monnoye de Ponant, de taillis, et de basse gresse. Combien ?

---

a. se tourna. — b. lui fit raison. — c. vous moquer de. — d. vrai Dieu ! — e. Dieu, Nicolas, mon ami !

1. Si tout va bien. Allusion à certains effets de mise en scène dans les mystères. Il s'agit de la corde qui soutenait la couronne lumineuse par laquelle on représentait l'étoile des Rois-Mages. — 2. Parce que, les abats, au moment du dégel, se vendant à vil prix, il y a beaucoup de monde dans les triperies. — 3. Le mot est alors nouveau. Il a, ici, une valeur emphatique. — 4. La légende de Jason était bien connue : c'est en pensant à lui que Philippe le Bon créa l'ordre de la Toison d'or le 10 janvier 1430. — 5. Le navire vient du Cathay — donc du pays, qui pour un Français, était alors au Levant.

— Nostre voisin, mon amy, respondit le marchant, escoutez ça un peu de l'aultre aureille.

PAN. A vostre commandement.

LE MARCH. Vous allez en Lanternois ?

PAN. Voire.

LE MARCH. Veoir le monde ?

PAN. Voire.

LE MARCH. Joyeusement ?

PAN. Voire.

LE MARCH. Vous avez, ce croy je, nom Robin mouton.

PAN. Il vous plaist à dire.

LE MARCH. Sans vous fascher.

PAN. Je l'entends ainsi.

LE MARCH. Vous estes, ce croy je, le joyeulx [a] du Roy.

PAN. VOIRE.

LE MARCH. Fourchez là [b]. Ha, ha, vous allez veoir le monde, vous estes le joyeulx du Roy, vous avez nom Robin mouton. Voyez ce mouton là, il a nom Robin, comme vous. Robin, Robin, Robin. — Bês, bês, bês, bês. — O la belle voix !

PAN. Bien belle et harmonieuse.

LE MARCH. Voicy un pact qui sera entre vous et moy, nostre voisin et amy. Vous qui estez Robin mouton, serez en ceste couppe de balance, le mien mouton Robin sera en l'aultre : je guaige un cent de huytres de Busch [1] que, en poix, en valleur, en estimation, il vous emportera hault et court, en pareille forme que serez quelque jour suspendu et pendu.

— Patience, dist Panurge. Mais vous feriez beaucoup pour moy et pour vostre posterité, si me le vouliez vendre, ou quelque autre du bas cueur [2]. Je vous en prie, syre monsieur.

---

a. bouffon. — b. Touchez là !

1. La Teste-de-Buch, sur le bassin d'Arcachon, dont les huîtres étaient, déjà, renommées.

2. De qualité inférieure, comme, au chapitre, les chantres sont inférieurs aux chanoines.

— Nostre amy, respondit le marchant, mon voisin, de la toison de ces moutons seront faictz les fins draps de Rouen; les louchetz[a] des balles de Limestre[1], au pris d'elle, ne sont que bourre. De la peau seront faictz les beaulx marroquins, lesquelz on vendra pour marroquins Turquins, ou de Montelimart[2], ou de Hespaigne pour le pire. Des boyaulx, on fera chordes de violons et harpes, lesquelles tant cherement on vendra comme si feussent chordes de Munican ou Aquileie[3]. Que pensez vous ?

— S'il vous plaist, dist Panurge, m'en vendrez un, j'en seray bien fort tenu au courrail[b] de vostre huys[4]. Voyez cy argent content[c]. Combien ? »

Ce disoit, monstrant son esquarcelle pleine de nouveaulx Henricus[5].

Continuation du marché entre Panurge et Dindenault.

CHAPITRE VII

« Mon amy, respondit le marchant, nostre voisin, ce n'est viande que pour Roys et Princes. La chair en est tant delicate, tant savoureuse, et tant friande que

---

a. écheveaux. — *b.* verrou. — *c.* comptant.

1. Il s'agit du drap le plus fin : le drap « du maître », — selon M. R. Marichal; peut-être s'agit-il du nom de l'inventeur ? ou de drap de Leicester, dont les laines étaient fameuses (*Pantagruel*, xii, t. I, p. 281), — ou encore selon M. Saulnier, de Leominster. — 2. Les maroquins de Montélimar étaient alors aussi réputés que ceux de Turquie. — 3. Munich; Aquila, ville d'Italie, dans les Abruzzes. — 4. Le vassal devait, en signe d'allégeance, baiser le verrou du manoir de son suzerain. — 5. On frappa de nouveaux écus lors de l'avènement de Henri II, mais après 1549, donc après la publication de la première édition du *Quart Livre* où la phrase se lit déjà textuellement. La formule employée par Rabelais n'est donc pas strictement exacte. Peut être s'agit-il d'une monnaie sans valeur ? Cf. M. R. Marichal, *Études rabelaisiennes*, 1956, t. I, p. 180.

c'est basme[a]. Je les ameine d'un pays on quel les pourceaulx (Dieu soit avecques nous !) ne mangent que
myrobalans[b]. Les truyes en leur gesine (saulve
l'honneur de toute la compaignie !) ne sont nourriez que
de fleurs d'orangiers.

— Mais, dist Panurge, vendez m'en un, et je vous
le payeray en Roy, foy de pieton[1]. Combien ?

— Nostre amy, respondit le marchant, mon voisin,
ce sont moutons extraictz de la propre race de celluy
qui porta Phrixus et Hellé par la mer dicte Helles-
ponte[2].

— Cancre[c] ! dist Panurge, vous estez *clericus vel
adiscens*[d].

— *Ita* sont choux, respondit le marchant, *vere* ce
sont pourreaux[3]. Mais rr. rrr. rrrr. rrrrr. Ho Robin rr.
rrrr. rrrr. Vous n'entendez ce languaige.

« A propous. Par tous les champs es quelz ils pissent,
le bled y provient comme si Dieu y eust pissé[4]. Il n'y
faut autre marne ne fumier. Plus y a. De leur urine les
Quintessentiaux[e] tirent le meilleur salpetre du monde.
De leurs crottes (mais qu'il ne vous desplaise) les medicins de nos pays guerissent soixante et dix huict especes
de maladies[5]. La moindre des quelles est le mal Sainct
Eutrope de Xaintes[6], dont Dieu nous saulve et guard !
Que pensez vous, nostre voisin, mon amy ? Aussi me
coustent ilz bon.

— Couste et vaille, respondit Panurge. Seulement
vendez m'en un, le payant bien.

---

a. baume. — *b.* fruits des Indes. — *c.* puisses-tu avoir le chancre ! —
d. clerc ou étudiant. — *e.* alchimistes.

1. Parodie du serment : Foi de gentilhomme !
2. L'histoire de Phrixos et d'Hellé qui traversèrent l'Hellespont
sur le dos d'un bélier est contée par Ovide, *Fastes*, III, 852 : Hellé
se noya; Phrixos sacrifia le bélier dont la toison donna la toison d'or.
3. Allusion obscure.
4. La *Briefve Declaration* excuse cette « manière de parler ».
5. La médecine ancienne utilisait fréquemment les excréments.
6. Cf. *Gargantua*, chap. XXVII, p. 111.

— Nostre amy, dist le marchant, mon voisin, considerez un peu les merveilles de nature consistans en ces animaulx que voyez, voire en un membre que estimeriez inutile. Prenez moy ces cornes là, et les concassez un peu avecques un pilon de fer, ou avecques un landier, ce m'est tout un. Puis les enterrez en veue du soleil la part que vouldrez, et souvent les arrouzez. En peu de moys vous en voirez naistre les meilleurs asperges du monde[1]. Je n'en daignerois excepter ceulx de Ravenne. Allez moy dire que les cornes de vous aultres messieurs les coqus ayent vertus telle, et propriété tant mirifique !

— Patience, respondit Panurge.

— Je ne sçay, dist le marchant, si vous estez clerc. J'ay veu prou de clercs, je diz grands clercs, coquz. Ouy dea. A propous, si vous estiez clerc, vous sçauriez que, es membres plus inferieurs de ces animaulx divins, ce sont les piedz, y a un os, c'est le talon, l'astragale, si vous voulez, duquel, non d'aultre animal du monde, fors de l'asne Indian[2] et des dorcades[a] de Libye, l'on jouoyt antiquement au royal jeu des tales[b], auquel l'empereur Octavian Auguste un soir guaingna plus de 50.000 escuz[3]. Vous aultres coqus, n'avez guarde d'en guaingner aultant !

— Patience, respondit Panurge. Mais expedions.

— Et quand, dist le marchant, vous auray je, nostre amy, mon voisin, dignement loué les membres internes ? L'espaule, les esclanges[c], les gigotz, le hault cousté, la poictrine, le faye, la ratelle, les trippes, la guogue[d], la vessye, dont on joue à la balle; les coustelettes, dont on faict en Pygmion[4] les beaulx petitz arcs

---

a. gazelles. — b. osselets. — c. cuisses. — d. boudin.

1. Pline l'Ancien, *Hist. nat.*, XIX, 42. Pline vantait les asperges de Ravenne. — 2. Animal légendaire dont parle Pline (XI, 45) : une sorte d'âne cornu. D'aucuns voient en lui un rhinocéros.

3. Souvenir de Suétone, II, 71. — 4. Au pays des Pygmées. Homère (*Iliade*, III, 6), Pline (IV, 18, 6), beaucoup d'auteurs anciens parlent des guerres entre les Pygmées et les grues.

pour tirer des noyaulx de cerises contre les grues; la teste, dont, avecques un peu de soulphre, on fait une mirificque decoction pour faire viander[a] les chiens constippez du ventre ?

— Bren, bren, dist le patron de la nauf au marchant, c'est trop icy barguigné. Vends luy si tu veulx; si tu ne veulx, ne l'amuse plus.

— Je le veulx, respondit le marchant, pour l'amour de vous. Mais il en payera trois livres tournois de la piece en choisissant.

— C'est beaucoup, dist Panurge. En nos pays j'en aurois bien cinq, voire six pour telle somme de deniers. Advisez que ne soit trop. Vous n'estes le premier de ma congnoissance qui, trop toust voulent riche devenir et parvenir, est à l'envers tombé en paouvreté, voire quelque foys s'est rompu le coul.

— Tes fortes fiebvres quartaines, dist le marchant, lourdault sot que tu es ! Par le digne veu de Charrous[1] ! le moindre de ces moutons vault quatre fois plus que le meilleur de ceulx que jadis les Coraxiens[2] en Tuditanie, contrée d'Hespaigne, vendoient un talent d'or la piece[3]. Et que penses tu, ô sot à la grande paye[4], que valoit un talent d'or[5] ?

— Benoist[b] monsieur, dist Panurge, vous eschauffez en votre harnois, à ce que je voy et congnois. Bien tenez, voyez là vostre argent. »

Panurge, ayant payé le marchant, choisit de tout le trouppeau un beau et grand mouton, et le emportoit

---

a. manger. — *b.* mon bon.

1. Le « veu de Charrous », relique de la Circoncision conservée à l'abbaye de Charroux (Vienne), près de Civray.
2. Peuple de Colchide.
3. Emprunt à Strabon (III, 2, 6) par l'intermédiaire de Budé *(De Asse).*
4. Touchaient la grande, ou la « haute paie », les « bas officiers » — les officiers subalternes.
5. Budé estimait à 6 750 écus la valeur du talent d'or, soit 12 000 livres. Rabelais prête à Dindenault une exagération évidente.

cryant et bellant, oyans tous les aultres et ensemblement
bellans et reguardans quelle part on menoit leur compaignon. Ce pendent le marchant disoit à ses moutonniers[a] : « O qu'il a bien sceu choisir, le challant ! Il se
y entend, le paillard ! Vrayement, le bon vrayement, je
le reservoys pour le seigneur de Cancale[1], comme bien
congnoissant son naturel. Car, de sa nature, il est tout
joyeulx et esbaudy quand il tient une espaule de mouton en main bien seante et advenente, comme une
raquette gauschiere[b], et, avecques un cousteau bien
tranchant, Dieu sçait comment il s'en escrime ! »

*Comment Panurge feist en mer noyer le marchant
et les moutons.*

CHAPITRE VIII

Soubdain, je ne sçay comment, le cas feut subit[2], je
ne eu loisir le consyderer, Panurge, sans aultre chose
dire, jette en pleine mer son mouton criant et bellant.
Tous les aultres moutons, crians et bellans en pareille
intonation, commencerent soy jecter et saulter en mer
après, à la file. La foulle[c] estoit à qui premier y saulte-
roit après leur compaignon. Possible n'estoit les en
guarder, comme vous sçavez estre du mouton le naturel,
tous jours suyvre le premier, quelque part qu'il aille.
Aussi le dict Aristoteles[3], *lib.* 9, *de Histo. animal.* estre
le plus sot et inepte animant du monde.

---

a. bergers. — *b.* que l'on tient de la main gauche. — *c.* presse.

1. Les premières éditions portaient *Candale*. Le seigneur de Candale
était en 1541 Frédéric de Foix que Rabelais a pu connaitre.
2. Rabelais s'inspire, de très près, pour ce chapitre, de Folengo.
3. Cité par Érasme, *Adages,* III, 1, 95, *Ovium mores.*

Le marchant, tout effrayé de ce que davant ses yeulx perir voyoit et noyer ses moutons, s'efforçoit les empescher et retenir tout de son pouvoir. Mais c'estoit en vain. Tous à la file saultoient dedans la mer, et perissoient. Finablement, il en print un grand et fort par la toison sus le tillac de la nauf, cuydant ainsi le retenir et saulver le reste aussi consequemment. Le mouton feut si puissant qu'il emporta en mer avecques soy le marchant, et feut noyé en pareille forme que les moutons de Polyphemus, le borgne Cyclope, emporterent hors la caverne Ulyxes et ses compaignons[1]. Autant en feirent les aultres bergiers et moutonniers, les prenens, uns par les cornes, aultres par les jambes, aultres par la toison. Lesquelz tous furent pareillement en mer portez et noyez miserablement.

Panurge, à cousté du fougon[a], tenent un aviron en main, non pour ayder aux moutonniers, mais pour les enguarder de grimper sus la nauf et evader[b] le naufraige, les preschoit eloquentement, comme si feust un petit frere Olivier Maillard[2] ou un second frere Jan Bourgeoys[3], leurs remonstrant par lieux de rhetoricque les miseres de ce monde, le bien et l'heur de l'autre vie, affermant plus heureux estre les trespassez que les vivans en ceste vallée de misere, et à un chascun d'eulx promettant eriger un beau cenotaphe et sepulchre honoraire au plus hault du mont Cenis, à son retour de Lanternoys[4]; leurs optant[c] ce neantmoins, en cas que vivre encores entre les humains ne leurs faschast et noyer ainsi ne leur vint à propous, bonne adventure et rencontre de quelque baleine, laquelle au tiers jour

---

a. cuisine. — b. échapper au. — c. souhaitant.

1. *Odyssée,* IX, 425 et suiv.
2. Prédicateur célèbre (1430 ?-1502) par la crudité de ses sermons.
3. Cf. *Tiers Livre,* chap. VII, tome I, p. 431.
4. Quand il se rendra à son château de Salmigondin, en Dipsodie, — c'est-à-dire en Piémont. Rabelais a pu voir, au mont Cenis, une chapelle où, pendant l'hiver, on déposait les corps des voyageurs morts de froid que l'on ne pouvait ensevelir.

subsequent les rendist sains et saulves en quelque pays de satin[1], à l'exemple de Jonas[2].

La nauf vuidée du marchant et des moutons : « Reste il icy, dist Panurge, ulle[a] ame moutonnière ? Où sont ceux de Thibault l'Aignelet[3] ? et ceux de Regnauld Belin, qui dorment quand les aultres paissent ? Je n'y sçay rien. C'est un tour de vieille guerre. Que t'en semble, frere Jan ?

— Tout bien de vous, respondit frere Jan. Je n'ay rien trouvé maulvais, sinon qu'il me semble que, ainsi comme jadis on souloyt en guerre, au jour de bataille ou assault, promettre aux soubdars double paye pour celluy jour : s'ilz guaingnoient la bataille, l'on avoit prou de quoy payer; s'ilz la perdoient, c'eust esté honte la demander, comme feirent les fuyars Gruyers après la bataille de Serizolles[4] : aussi qu'en fin vous doibviez le payement reserver; l'argent vous demourast en bourse.

— C'est, dist Panurge, bien chié[b] pour l'argent ! Vertus Dieu, j'ay eu du passetemps pour plus de cinquante mille francs. Retirons nous, le vent est propice. Frere Jan, escoutte icy. Jamais homme ne me feist plaisir sans recompense, ou recongnoissance pour le moins. Je ne suys point ingrat et ne le feuz, ne seray. Jamais homme ne me feist desplaisir sans repentence, ou en ce monde, ou en l'autre. Je ne suys poinct fat[c] jusques là.

— Tu, dist frere Jan, te damne comme un vieil diable. Il est escript : *Mihi vindictam*[5], *et caetera* Matiere de breviaire. »

---

a. une. — *b*. bien dit. — *c*. niais.

1. Cf. livre V, chap. xxix-xxx. — 2. *Jonas,* II.
3. Le berger de la *Farce de Maître Pathelin.*
4. Gagnée le 11 avril 1544 par le duc d'Enghien. Les Gruyers, — les mercenaires du comte de Gruyères — lâchèrent pied : Martin du Bellay, dans ses *Mémoires,* ne dit pas s'ils réclamèrent, après leur fuite, leur solde impayée.
5. Saint Paul, *Ép. aux Romains,* XII, 19.

*Comment Pantagruel arriva en l'isle Ennasin
et des estranges alliances du pays.*

CHAPITRE IX

Zephyre nous continuoit en participation d'un peu
du Garbin[1], et avions un jour passé sans terre descouvrir. Au tiers jour, à l'aube des mousches[a], nous apparut une isle triangulaire, bien fort ressemblante quant
à la forme et assiette à Sicile. On la nommoit l'isle des
Alliances[2]. Les hommes et femmes ressemblent aux
Poictevins rouges[3], exceptez que tous, homes, femmes
et petitz enfans, ont le nez en figure d'un as de treuffles[4].
Pour ceste cause, le nom antique de l'isle estoit Ennasin[5]. Et estoient tous parens et alliez ensemble, comme
ilz se vantoient; et nous dist librement le Potestat du
lieu : « Vous aultres gens de l'aultre monde, tenez pour
chose admirable que, d'une famille Romaine (c'estoient les Fabians[6]), pour un jour (ce feut le trezieme
du moys de Febvrier), par une porte (ce feut la porte
Carmentale, jadis située au pied du Capitole, entre le
roc Tarpéian et le Tybre, depuys surnommée Scelerate)
contre certains ennemis des Romains (c'estoient les
Veientes Hetrusques), sortirent trois cens six hommes
de guerre tous parens, avecques cinq mille autres
souldars tous leurs vassaulx, qui tous furent occis (ce
feut près le fleuve Cremere, qui sort du lac de Bac-
cane[7]). De ceste terre, pour un besoing, sortiront

---

a. à midi.

1. Vent du sud-ouest. — 2. E.V. Telle, *l'Ile des Alliances ou l'Anti-
Thélème (Bibliothèque d'Humanisme et Renaissance,* 1952, p. 259). —
3. On croyait que les Poitevins descendaient des Scythes qui, d'après
Pline, se peignaient le visage de rouge. — 4. S'agirait-il des Esqui-
maux ? — 5. Certains commentateurs voient dans ce mot l'anagramme d'Esséniens. — 6. Cf. Tite-Live, II, 49-50, Ovide, *Fastes,*
II, 193-242, Aulu-Gelle, XVII, 21. — 7. Ce nom ne figure pas
dans les auteurs cités à la note précédente : il a dû être rapporté
par Rabelais de ses voyages en Italie.

plus de trois cens mille, tous parens et d'une famille. »

Leurs parentez et alliances estoient de façon bien estrange[1]; car, estans ainsi tous parens et alliez l'un de l'aultre, nous trouvasmes que persone d'eulx n'estoit pere ne mere, frere ne sœur, oncle ne tante, cousin ne nepveu, gendre ne bruz, parrain ne marraine de l'autre. Sinon vrayement un grand vieillard enasé, lequel, comme je veidz, appella une petite fille aagée de trois ou quatre ans : mon pere; la petite fillette le appelloit : ma fille.

La parenté et alliance entre eulx estoit que l'un appelloit une femme : ma maigre[a]; la femme le appelloit : mon marsouin. « Ceulx-là, disoit frere Jan, doibvroient bien sentir leur marée, quand ensemble se sont frottez leur lard. » L'un appelloit une guorgiase bachelette[b], en soubriant : « Bon jour, mon estrille. » Elle le resalua, disant : « Bonne estreine[c], mon fauveau[2]. — Hay, hay, hay ! s'escria Panurge, venez veoir une estrille, une fau et un veau. N'est ce estrille fauveau ? Ce fauveau à la raye noire doibt bien souvent estre estrillé. » Un autre salua une sienne mignonne, disant : « Adieu, mon bureau. » Elle luy respondit : « Et vous aussi, mon procès. — Par sainct Treignant[3], dict Gymnaste, ce procès doibt estre soubvent sus ce bureau. » L'un appelloit une autre : mon verd. Elle l'appelloit son coquin. « Il y a bien là, dist Eusthenes, du verdcoquin[4].» Un autre salua une sienne alliée, disant : « Bon di[5], ma

---

a. nom de la seiche en Saintonge. — *b.* jolie jeune fille. — *c.* bonjour.

1. Il y a, dans ce développement, une allusion soit aux Esséniens dont le célibat quasi monastique pouvait surprendre, — soit aux « amours d'alliance » (tel celui de Marot et d'Anne d'Alençon) que Rabelais voudrait parodier. — 2. Plaisanterie sur l'expression *estriller fauveau* qui avait son origine dans un roman du xive s. dont le héros *Fauvel* — faux et vel (veau) — était un cheval et qui voulait dire *commettre des platitudes pour arriver* (voir t. I, p. 26). Le rébus *une estrille, une fau et un veau* servait d'enseigne et est dans Marot *(Du Coq à l'Ane, A Lyon Jamet,* Épître XLIX). — 3. Cf. *Gargantua,* chap. xxxiii, tome I, p. 266. — 4. Ver qui se développe dans la tête du mouton et lui donne le vertige; par extension le vertige lui-même. — 5. Bonjour.

coingnée. » Elle respondit : « Et à vous, mon manche.
— Ventre beuf, s'escria Carpalim, comment ceste
coingnée est emmanchée[1] ? Comment ce manche est
encoingné ? Mais seroit ce poinct la grande manche[a]
que demandent les courtisanes Romaines ? Ou un
cordelier à la grande manche[2] ? »

Passant oultre, je veids un averlant[b] qui, saluant son
alliée, l'appela : mon matraz[c], elle le appelloit : mon
lodier[d]. De faict, il avoit quelques traictz de lodier[e]
lourdault. L'un appelloit une aultre : ma mie, elle
l'appelloit : ma crouste. L'un une aultre appelloit sa
palle[f], elle l'appelloit son fourgon[g]. L'un une autre
appelloit ma savate, elle le nommoit pantophle. L'un
une aultre nommoit ma botine, elle l'appelloit son
estivallet[h]. L'un une aultre nommoit ma mitaine, elle
le nommoit : mon guand. L'un une aultre nommoit
sa couane, elle l'appelloit son lard ; et estoit entre eulx
parenté de couane de lard.

En pareille alliance, l'un appelloit une sienne : mon
homelaicte, elle le nommoit mon œuf ; et estoient alliez
comme une homelaicte d'œufz. De mesmes un aultre
appelloit une sienne : ma trippe, elle l'appelloit son
fagot. Et oncques ne peuz sçavoir quelle parenté,
alliance, affinité ou consanguinité feust entre eulx, la
raportant à nostre usaige commun, sinon qu'on nous
dist qu'elle estoit trippe[1] de ce fagot. Un aultre,
saluant une siene, disoit : « Salut, mon escalle[j]. » Elle
respondit : « Et à vous, mon huytre. — C'est, dist
Carpalim, une huytre en escalle. » Un aultre de mesmes
saluoit une sienne, disant : « Bonne vie, ma gousse. »
Elle respondit : « Longue à vous, mon poys. — C'est,
dist Gymnaste, un poys en gousse. » Un aultre grand
villain claquedens[k], monté sus haultes mulles de boys,

---

a. de l'italien *mancia :* pourboire (il y a jeu de mots). — *b.* lourdaud.
— *c.* matelas. — *d.* couverture. — *e.* vaurien. — *f.* pelle. — *g.* pique-
feu. — *h.* botte. — *i.* parement. — *j.* écaille. — *k.* gueux.

1. Cf. *Prologue,* p. 21. — 2. Au propre, les cordeliers à la grande
manche étaient ceux qui n'avaient pas accepté la réforme de l'Observance.

rencontrant une grosse, grasse, courte guarse, luy dist :
« Dieu guard mon sabbot, ma trombe, ma touppie[1]. »
Elle luy respondit fierement : « Guard pour guard, mon
fouet. — Sang sainct Gris[2], dist Xenomanes, est il fouet
competent pour mener ceste touppie ? »

Un docteur regent, bien peigné et testonné[a], avoir
quelque temps divisé avecques une haulte damoiselle,
prenant d'elle congié, luy dist : « Grand mercy, bonne
mine. — Mais, dist elle, très grand à vous, mauvais
jeu. — De bonne mine, dist Pantagruel, à mauvais jeu
n'est alliance impertinente. » Un bachelier en busche[b],
passant, dist à une jeune baschelette : « Hay, hay, hay !
Tant y a que ne vous veidz, Muse. — Je vous voy,
respondit elle, Corne, voluntiers. — Accouplez les,
dist Panurge, et leurs soufflez au cul : ce sera une
cornemuse. » Un aultre appella une sienne : ma truie,
elle l'appella son foin. Là me vint en pensement que
cette truie voluntiers se tournoit à ce foin[3]. Je veidz
un demy guallant bossu, quelque peu près de nous,
saluer une sienne alliée, disant : « Adieu, mon trou. »
Elle de mesmes le resalua, disant : « Dieu guard ma
cheville. » Frere Jan dist : « Elle, ce croy je, est toute
trou, et il, de mesmes, tout cheville. Ores est à sçavoir
si ce trou par ceste cheville peult entièrement estre
estouppé[c]. »

Un aultre salua une sienne, disant : « Adieu, ma
mue. » Elle respondit : « Bon jour, mon oison. — Je
croy, dist Ponocrates, que cestuy oison est souvent
en mue. »

Un averlant, causant avec une jeune gualoise[d], luy
disoit : « Vous en souvieigne, vesse. — Aussi sera, ped »,
respondit elle. « Appellez vous, dist Pantagruel au
Potestat, ces deux là parens ? Je pense qu'ilz soyent
ennemis, non alliez ensemble, car il l'a appellée vesse[4].
En nos pays, vous ne pourriez plus oultrager une

---

a. coiffé. — b. d'âge mûr. — c. bouché. — d. jolie fille.

1. Ces trois noms sont synonymes. — 2. Juron d'origine incertaine. — 3. Cf. *Gargantua*, ch. XI, t. I, p. 48. — 4. *Vesse* signifie pet
et femme débauchée.

femme que ainsi l'appellant. — Bonnes gens de l'aultre monde, respondit le Potestat, vous avez peu de parens telz et tant proches comme sont ce Ped et ceste Vesse. Ils sortirent invisiblement tous deux ensemble d'un trou, en un instant.

— Le vent de Galerne[1], dist Panurge, avoit doncques lanterné[2] leur mere. — Quelle mere, dist le Potestat, entendez vous ? C'est parenté de vostre monde. Ils ne ont pere ne mere. C'est à faire à gens de delà l'eau, à gens bottez de foin[a]. » Le bon Pantagruel tout voyoit, et escouttoit; mais à ces propous, il cuyda perdre contenence.

Avoir bien curieusement consyderé l'assiette de l'isle et meurs du peuple Ennasé, nous entrasmez en un cabaret pour quelque peu nous refraischir. Là on faisoit nopces à la mode du pays. Au demourant chere et demye[b]. Nous presens, feut faict un joyeulx mariage d'une poyre, femme bien gaillarde, comme nous sembloit (toutesfoys ceulx qui en avoient tasté la disoient estre mollasse), avecques un jeune fromaige à poil follet, un peu rougeastre. J'en avoys aultres foys ouy la renommée, et ailleurs avoient esté faictz plusieurs telz mariages. Encores dict on, en nostre pays de vache[c], qu'il ne feut oncques tel mariage qu'est de la poyre et du fromaige. En une aultre salle, je veids qu'on marioit une vieille botte avecques un jeune et souuple brodequin. Et feut dict à Pantagruel que le jeune brodequin prenoit la vieille botte à femme, pource qu'elle estoit bonne robbe[d], en bon poinct, et grasse à proficit de mesnaige[e], voyre feust ce pour un pescheur. En une aultre salle basse je veids un jeune escafignon[f] espouser une vieille pantophle. Et nous feut dict que ce n'estoit pour la beaulté ou bonne grace d'elle, mais par avarice et convoitise de avoir les escuz dont elle estoit toute contrepointée[g].

---

a. à gens crédules et grossiers. — *b.* bombance. — *c.* natal. — *d.* en bon point. — *e.* totalement. — *f.* escarpin. — *g.* cousue.

1. Vent du nord-ouest. Cf. ci-dessus, p. 34, n. 2. — 2. Sens libre.

Comment Pantagruel descendit en l'isle de Cheli
en laquelle regnoit le roy sainct Panigon.

Chapitre X

Le Garbin[a] nous souffloit en pouppe, quand, laissans
ces mal plaisans Allianciers, avecques leur nez de as de
treuffle, montasmes en haulte mer. Sus la declination du
soleil, feismez scalle en l'isle de Cheli[1], isle grande, fertile, riche et populeuse, en laquelle regnoit le roy
sainct Panigon[2]. Lequel acompaigné de ses enfans et
princes de sa court, s'estoit transporté jusques près le
havre pour recepvoir Pantagruel et le mena jusques
en son chasteau. Sus l'entrée du dongeon se offrit la
royne, acompaignée de ses filles et dames de court.
Panigon voullut qu'elle et toute sa suyte baisassent
Pantagruel et ses gens[3]. Telle estoit la courtoisie et
coustume du pays. Ce que feut faict, excepté frere Jan,
qui se absenta et s'escarta par my les officiers du Roy.
Panigon vouloit, en toute instance, pour cestuy jour
et au lendemain retenir Pantagruel. Pantagruel fonda
son excuse sus la serenité du temps et oportunité du
vent, lequel plus souvent est desiré des voyagiers que
rencontré, et le fault emploiter quand il advient, car
il ne advient toutes et quantes foys qu'on le soubhayte. A ceste remonstrance, après boyre vingt et cinq
ou trente foys par home, Panigon nous donna congié.
Pantagruel, retournant au port et ne voyant frere
Jan, demandoit quelle part il estoit et pourquoy n'estoit
ensemble la compaignie. Panurge ne sçavoit comment

---

a. vent du sud-ouest.

1. Mot hébreu : l'île de la Paix.
2. En provençal : petit pain.
3. Jacques Cartier, dans le récit de son second voyage, conte comment un chef indien le pria de l'embrasser.

l'excuser, et vouloit retourner au chasteau pour le appeller quand frere Jan accourut tout joyeulx et s'escria en grande guayeté de cœur, disant : « Vive le noble Panigon ! Par la mort beuf de boys, il rue en cuisine[a]. J'en viens, tout y va par escuelles[b]. J'espe-roys bien y cotonner à profict et usaige monachal le moule de mon gippon[c]. — Ainsi, mon amy, dist Pan-tagruel, tousjours à ces cuisines ! — Corpe de galline[d], respondit frere Jan, j'en sçay mieulx l'usage et ceri-monies que de tant chiabrener[e] avecques ces femmes, *magny, magna, chiabrena,* reverence, double, reprinze[1], l'accollade, la fressurade[f], baise la main de vostre mercy, de vostre maiesta, vous soyez, tarabin, tarabas. Bren, c'est merde à Rouan[2]. Tant chiasser et ureniller ! Dea, je ne diz pas que je n'en tirasse quelque traict dessus la lie[3] à mon lourdois[g], qui me laissast insinuer ma nomination[4]. Mais ceste brenasserie de reverences me fasche plus qu'un jeune diable; je voulois dire un jeusne double[5]. Sainct Benoist n'en mentit jamais.

« Vous parlez de baiser damoizelles; par le digne et sacre froc que je porte, voluntiers je m'en deporte[h], craignant que m'advieigne ce que advint au seigneur de Guyerchois[6]. — Quoy ? demanda Pantagruel, je le congnois; il est de mes meilleurs amis. — Il estoit, dist frere Jan, invité à un sumptueux et magnificque banquet que faisoit un sien parent et voysin : au quel estoient pareillement invitez tous les gentilz hommes, dames et damoyselles du voysinage. Icelles, attendentes sa venue, deguiserent les paiges de l'assemblée, et les habillerent en damoyselles bien pimpantes et atourées[1].

---

a. il mange bien. — *b.* il dépense tout ce qu'il a pour la cuisine. — *c.* mon corps. — *d.* Corps de poule ! — *e.* faire des mines. — *f.* em-brassade. — *g.* à ma façon rustique. — *h.* je m'en abstiens. — *i.* parées.

1. Trois termes de danse. — 2. Dicton. — 3. L'expression signifie au sens propre mettre en perce une barrique. — 4. Plaisanterie libre, cf. *Gargantua,* chap. v, tome I, p. 26, n. 2. — 5. Un jeûne de deux jours. — 6. Un seigneur de la Guerche (ou Guierche) sur Creuse figurait parmi les chambellans de François Ier.

Les paiges endamoysellez à luy entrant près le pont leviz se presenterent. Il les baisa tous en grande courtoisie et reverences magnificques. Sur la fin, les dames, qui l'attendoient en la guallerie, s'esclatterent de rire, et feirent signes aux pages à ce qu'ilz houstassent leurs atours. Ce que voyant le bon seigneur, par honte et despit ne daigna baiser icelles dames et damoyselles naifves[a]. Alleguant, veu qu'on luy avoit ainsi desguysé les pages, que, par la mort beuf de boys, ce debvoient là estre les varletz, encores plus finement desguysez.

« Vertuz Dieu, *da jurandi*[b], pourquoy plus toust ne transportons nous nos humanitez en belle cuisine de Dieu ? Et là ne consyderons le branslement[c] des broches, l'harmonie des contrehastiers[d], la position des lardons, la temperature des potaiges, les preparatifz du dessert, l'ordre du service du vin ? *Beati immaculati in via*[1]. C'est matiere de breviaire. »

Pourquoy les moines sont voluntiers en cuisine.

Chapitre XI

« C'est, dist Epistemon, naïfvement[e] parlé en moine. Je diz moine moinant, je ne diz pas moine moiné[2]. Vrayement vous me reduisez en memoire ce que je veidz et ouy en Florence, il y a environ vingt ans[3]. Nous estions bien bonne compaignie de gens

---

a. vraies. — *b. da veniam jurandi :* permets-moi de jurer. — *c.* danse. — *d.* chenets. — *e.* naturellement.

1. Début du Psaume cxviii : Heureux ceux qui sont irréprochables !
2. Parodie d'une formule de la scolastique : le moine moinant donne au moine moiné (ou novice) l'esprit des moines.
3. *Var.* de 1548 : « *douze ans* ». C'est en 1534 que Rabelais est passé, pour la première fois, à Florence.

studieux, amateurs de peregrinité[a] et couvoyteux de visiter les gens doctes, antiquitez et singularitez d'Italie. Et lors curieusement contemplions l'assiete et beaulté de Florence, la structure du dome, la sumptuosité des temples et palais magnificques, et entrions en contention qui plus aptement[b] les extolleroit[c] par louanges condignes, quand un moine d'Amiens, nommé Bernard Lardon, comme tout fasché et monopolé[1], nous dist : « Je sçay ne que diantre vous trouvez icy tant à louer. J'ay aussi bien contemplé comme vous et ne suys aveuigle plus que vous. Et puys ? Qu'est-ce ? Ce sont belles maisons. C'est tout. Mais Dieu et monsieur sainct Bernard, nostre bon patron, soit avecques nous, en toute ceste ville encores n'ay je veu une seulle roustisserie, et y ay curieusement[d] reguardé et consyderé. Voire je vous diz comme espiant et prest à compter et nombrer, tant à dextre comme à senestre, combien et de quel cousté plus nous rencontrerions de roustisseries roustissantes. Dedans Amiens, en moins de chemin quatre fois, voire troys qu'avons faict en nos contemplations, je vous pourrois montrer plus de quatorze roustisseries antiques et aromatizantes. Je ne sçay quel plaisir avez prins voyans les lions et afriquanes[e] (ainsi nommiez vous, ce me semble, ce qu'ilz appellent tygres) près le beffroy : pareillement voyans les porczespicz et austruches on palais du seigneur Philippes Strossy[2]. Par foy, nos fieulx[f], j'aymeroys mieulx voir un bon et gras oyzon en broche. Ces porphyres, ces marbres sont beaulx. Je n'en dis poinct de mal, mais les darioles[g] d'Amiens sont meilleures à mon guoust. Ces statues antiques sont bien faictes, je le veulx croire; mais par sainct Ferreol[3] d'Abbeville,

---

a. voyages. — *b.* justement. — *c.* glorifierait. — *d.* avec soin. — *e.* fauves. — *f.* nos fils. — *g.* flans.

1. Troublé. M. V. L. Saulnier a identifié un moine d'Amiens qui portait ce nom et vivait environ 1540. — 2. Philippe Strozzi, oncle par alliance de Catherine de Médicis. Sa ménagerie était célèbre. — 3. La tradition disait que saint Ferréol était très habile à garder les oies.

les jeunes bachelettes de nos pays sont mille foys plus advenentes.

— Que signifie, demanda frere Jan, et que veult dire que tousjours vous trouvez moines en cuysines; jamais n'y trouvez Roys, Papes, ne Empereurs ?

— Est ce, respondit Rhizotome, quelque vertus latente et proprieté specificque absconse dedans les marmites et contrehastiers, qui les moines y attire, comme l'aymant à soy le fer attire; n'y attire Empereurs, Papes, ne Roys ? Ou c'est une induction et inclination naturelle, aux frocz et cagoulles adherente, laquelle de soy mene et poulse les bons religieux en cuisine, encore qu'ilz n'eussent election ne deliberation d'y aller ?

— Il veult dire, respondit Epistemon, formes suyvantes la matiere[1]. Ainsi les nomme Averrois.

— Voyre, voyre, dist frere Jan.

— Je vous diray, respondit Pantagruel, sans au probleme propousé respondre, car il est un peu chatouilleux et à peine y toucheriez vous sans espiner[2]. Me soubvient avoir leu[3] que Antigonus, roy de Macedonie, un jour entrant en la cuisine de ses tentes et y rencontrant le poëte Antagoras, lequel fricassoit un congre et luy mesmes tenoit la paille[4], lui demanda en toute alaigresse : « Homere fricassoit il congres, lorsqu'il descrivoit les prouesses de Agamemnon ? — Mais, respondit Antagoras, ha Roy ! estimes tu que Agamemnon, lors que telles prouesses faisoit, feust curieux de sçavoir si personne en son camp fricassoit congres ? » Au Roy sembloit indecent que en sa cuisine le poëte faisoit telle fricassée. Le Poëte luy remonstroit que chose trop plus abhorrente[5] estoit rencontrer le Roy en cuisine.

---

1. Formule scolastique : on distinguait les formes subsistantes indépendantes de la matière; les formes non subsistantes, unies à la matière; les formes corporelles, uniquement matérielles. — 2. Piquer. — 3. Dans Érasme, *Apophtegmes,* IV, *Antigonus rex Macedonum,* qui suit Plutarque (*Propos de table,* IV, 4, 2). — 4. Poêle. — 5. Étonnante.

— Je dameray[a] ceste cy, dist Panurge, vous racontant ce que Breton Villandry[1] respondit un jour au seigneur duc de Guyse[2]. Leur propous estoit de quelque bataille du Roy François contre l'Empereur Charles cinquiesme, en laquelle Breton estoit guorgiasement armé, mesmement de grefves[b] et solleretz[3] asserez, monté aussi à l'adventaige, n'avoit toutesfois esté veu au combat. « Par ma foy, respondit Breton, je y ay esté, facile me sera le prouver, voyre en lieu on quel vous n'eussiez ausé vous trouver. » Le seigneur duc prenant en mal ceste parolle, comme trop brave[c] et temerairement proferée, et se haulsant de propous, Breton facilement en grande risée l'appaisa, disant : « J'estois avecques le baguaige : on quel lieu vostre honneur n'eust porté soy cacher comme je faisois. » En ces menuz devis arriverent en leurs navires. Et plus long sejour ne feirent en icelle isle de Cheli.

Comment Pantagruel passa Procuration ~~avocat~~
et de l'estrange maniere de vivre entre les Chicquanous.

CHAPITRE XII

Continuant nostre routte, au jour subsequent passasmes Procuration[4], qui est un pays tout chaffouré et barbouillé. Je n'y congneu rien. Là veismes des Procultous[d] et Chicquanous[e], gens à tout le poil[f]. Ilz ne

---

a. surpasserai. — *b*. jambières. — *c*. insolente. — *d*. procureur. — *e*. chicaneurs. — *f*. vigoureux.

1. Jean Breton, seigneur de Villandry, qui fut secrétaire d'État sous François Ier et mourut en 1542.
2. Claude de Lorraine, premier duc de Guise. — 3. Partie de l'armure qui protégeait les pieds. — 4. Formule du jargon des gens de loi signifiant donner procuration. Cf. R. Marichal, *Rabelais et la réforme de la justice (Bibliothèque d'Humanisme et Renaissance,* 1952, p. 176) et *René du Puy, sieur de Basché et les Chicanous (ibid.,* 1949, p. 129).

nous inviterent à boyre, ne à manger. Seulement, en longue multiplication de doctes reverences, nous dirent qu'ilz estoient tous à nostre commendement, en payant. Un de nos truchemens racontoit à Pantagruel comment ce peuple guaignoient leur vie en façon bien estrange, et en plein diametre contraire aux Romicoles[a]. A Rome, gens infiniz guaignent leur vie à empoisonner, à batre et à tuer; les Chiquanous la guaignent à estre battuz. De mode que, si par long temps demouroient sans estre battuz, ils mourroient de male faim, eulx, leurs femmes et enfans.

« C'est, disoit Panurge, comme ceux qui, par le rapport de Cl. Gal., ne peuvent le nerf caverneux vers le cercle equateur dresser, s'ilz ne sont très bien fouettez. Par sainct Thibault[1], qui ainsi me fouetteroit me feroit bien au rebours desarsonner, de par tous les diables !

— La maniere, dist le truchement, est telle. Quand un moine, prebstre, usurier, ou advocat veult mal à quelque gentilhomme de son pays, il envoye vers luy un de ses Chiquanous. Chiquanous le citera, l'adjournera, le oultragera, le injurira impudentement, suyvant son record[2] et instruction; tant que le gentilhomme, s'il n'est paralytique de sens et plus stupide qu'une rane gyrine[b], sera constrainct luy donner bastonades et coups d'espée sus la teste, ou la belle jarretade[c][3], ou mieulx le jecter par les creneaulx et fenestres de son chasteau. Cela faict, voylà Chiquanous riche pour quatre moys. Comme si coups de baston feussent ses naïfves[d] moissons. Car il aura du moine, de l'usurier, ou advocat, salaire bien bon, et reparation du gentilhomme, aulcunefois si grande et excessive que le

---

a. habitants de Rome. — b. une jeune grenouille (V. *Briefe de Declaration*). — c. coup sur les jarrets. — d. normales.

1. Il était, dit la tradition, le patron des maris trompés.
2. Avis portant la « demande » et les « moyens » du plaignant.
3. Allusion possible au duel où le seigneur de Jarnac triompha du seigneur de La Châtaigneraie, en 1547, en lui coupant le jarret.

gentilhomme y perdra tout son avoir, avecques dangier de misérablement pourrir en prison, comme s'il eust frappé le Roy[1].

— Contre tel inconvenient, dist Panurge, je sçay un remede tresbon, duquel usoit le seigneur de Basché[2].

— Quel ? demanda Pantagruel.

— Le seigneur de Basché, dist Panurge, estoit homme couraigeux, vertueux, magnanime, chevalereux[a]. Il, retournant de certaine longue guerre en laquelle le duc de Ferrare, par l'ayde des François, vaillamment se defendit contre les furies du pape Jules second[3], par chascun jour estoit adjourné, cité, chiquané, à l'appetit et passetemps du gras prieur de Sainct Louant[4].

« Un jour, desjeunant avecques ses gens (comme il estoit humain et debonnaire[b]), manda querir son boulangier, nommé Loyre, et sa femme, ensemble[c] le curé de la parœce, nommé Oudart, qui le servoit de sommellier, comme lors estoit la coustume en France ; et leurs dist en presence de ses gentilzhommes et aultres domesticques : « Enfans, vous voyez en quelle fascherie[d] me jectent journellement ces maraulx Chiquanous ; j'en suys là resolu que, si ne me y aydez, je delibere[e] abandonner le pays et prandre le party du Soudan[5] à tous les diables. Desormais, quand ceans ilz viendront, soyez pretz vous, Loyre et vostre femme, pour vous repre-

---

a. brave. — *b.* bon. — *c.* avec. — *d.* ennui. — *e.* décide.

1. A la suite de plusieurs rébellions, dans l'Ouest, contre les sergents, le Roi s'interdit tout droit de grâce : les sanctions les plus sévères furent appliquées.

2. L'anecdote des Chiquanous daubés par le seigneur de Basché ne fait pas partie de la rédaction de 1548. Sur René du Puy, seigneur de Baché (Indre-et-Loire), cf. l'étude de R. Marichal, *René du Puy et les Chicanous, Bibliothèque d'Humanisme et Renaissance,* t. XI, 1949.

3. De 1510 à 1512 Alphonse d'Este, allié de la France, défendit vaillamment Ferrare avec Bayard et contribua à la victoire de Ravenne en 1512. — 4. L'abbaye de Saint-Louant, près de Chinon, avait alors pour prieur Jacques le Roy. — 5. Forme habituelle du mot *sultan.*

senter[a] en ma grande salle avecques vos belles robbes
nuptiales, comme si l'on vous fiansoit[b], et comme premierement feustes fiansez. Tenez : voylà cent escuz
d'or, lesquelz je vous donne pour entretenir vos beaulx
acoustremens. Vous, messire Oudart, ne faillez y comparoistre en vostre beau supellis[c] et estolle, avecques
l'eaue beniste, comme pour les fianser. Vous pareillement, Trudon (ainsi estoit nommé son tabourineur),
soyez y avecques vostre flutte et tabour. Les parolles
dictes et la mariée baisée au son du tabour, vous tous
baillerez l'un à l'aultre du souvenir des nopces, ce
sont petitz coups de poing. Ce faisans, vous n'en
soupperez que mieulx. Mais, quand ce viendra au
Chiquanous, frappez dessus comme sus seigle verde,
ne l'espargnez. Tappez, daubez[d], frappez, je vous en
prie. Tenez, présentement je vous donne ces jeunes
guanteletz de jouste, couvers de chevrotin[e]. Donnez
luy coups sans compter à tors et à travers. Celluy qui
mieulx le daubera, je recongnoistray pour mieulx
affectionné. N'ayez paour d'en estre reprins en justice.
Je seray guarant pour tous. Telz coups seront donnez
en riant, scelon la coustume observée en toutes
fiansailles.

« — Voyre mais, demanda Oudart, à quoy congnois-
trons nous le Chiquanous ? Car, en ceste vostre maison,
journellement abourdent gens de toutes pars.

« — Je y ay donné ordre, respondit Basché.
Quand à la porte de céans viendra quelque home, ou
à pied, ou assez mal monté, ayant un anneau d'argent
gros et large on poulce[1], il sera Chiquanous. Le portier,
l'ayant introduict courtoisement, sonnera la campanelle[f]. Alors soyez pretz, et venez en salle jouer la
Tragicque comedie que je vous ay exposé.

« Ce propre jour, comme Dieu le voulut, arriva un

a. présenter. — b. mariait. — c. surplis. — d. frappez. — e. peau
de chevreau. — f. cloche.

1. Anneau dont les sergents usaient pour sceller leurs exploits.

vieil, gros et rouge Chiquanous. Sonnant à la porte, feut par le portier recongnu à ses gros ouzeaulx, à sa meschante jument, à un sac de toille plein d'informations[a], attaché à sa ceincture, signamment[b] au gros anneau d'argent qu'il avoit on poulce guausche. Le portier luy feut courtoys, le introduict honestement, joyeusement sonne la campanelle. Au son d'icelle, Loyre et sa femme se vestirent de leurs beaulx habillemens, comparurent en la salle, faisans bonne morgue[c]. Oudart se revestit de supellis et d'estolle; sortant de son office rencontre Chiquanous, le mene boyre en son office longuement, ce pendent qu'on chaussoit guanteletz de tous coustez, et luy dist : « Vous ne poviez à heure venir plus oportune. Nostre maistre est en ses bonnes[d]. Nous ferons tantoust bonne chere, tout ira par escuelles : nous sommes ceans de nopces. Tenez, beuvez, soyez joyeulx. »

« Pendent que Chiquanous beuvoit, Basché, voyant en la salle tous ses gens en equippage requis, mande querir Oudart. Oudart vient portant l'eaue beniste. Chiquanous le suyt. Il, entrant en la salle, n'oublia faire nombre de humbles reverences, cita Basché. Basché luy feist la plus grande charesse du monde, luy donna un angelot[e], le priant assister au contract et fiansailles. Ce que feut faict. Sus la fin coups de poing commencerent sortir en place. Mais, quand ce vint au tour de Chiquanous, ilz le festoierent à grands coups de guanteletz, si bien qu'il resta tout eslourdy[f] et meurtry, un œil poché au beurre noir, huict coustes freussées[g], le brechet enfondré[h], les omoplates en quatre quartiers, la maschouere inferieure en trois loppins, et le tout en riant. Dieu sçayt comment Oudart y operoit, couvrant de la manche de son suppellis le gros guantelet asseré[i], fourré d'hermines, car il estoit puissant ribault. Ainsi retourne à l'isle Bou-

---

a. enquêtes. — b. surtout. — c. mine. — d. de bonne humeur. — e. monnaie portant l'image de saint Michel. — f. hébété. — g. brisées. — h. enfoncé. — i. d'acier.

FLORENCE AU XVIᵉ SIÈCI

ar Jean d'Ogerolles

chard[1] Chiquanous, acoustré à la tigresque[a] : bien
toutefois satisfaict et content du seigneur de Basché,
et moyennant le secours des bons chirurgiens du pays
vesquit tant que vouldrez. Depuis n'en fut parlé. La
memoire en expira avecques le son des cloches, lesquelles quarrilonnerent à son enterrement. »

Comment, à l'exemple de Maistre François Villon,
le seigneur de Basché loue ses gens.

CHAPITRE XIII

« Chiquanous issu du chasteau et remonté sus son
esgue orbe[b] (ainsi nommoit il sa jument borgne),
Basché, soubs la treille de son jardin secret[c], manda
querir sa femme, ses damoiselles, tous ses gens;
feist apporter vin de collation, associé d'un nombre de
pastez, de jambons, de fruicts et fromaiges, beut avecques eulx en grande alaigresse, puys leurs dist :

« Maistre François Villon, sus ses vieulx jours[2], se
retira à Sainct Maixent en Poictou, soubs la faveur
d'un homme de bien, abbé dudict lieu. Là, pour donner
passetemps au peuple, entreprint faire jouer la Passion
en gestes et languaige Poictevin. Les rolles distribuez,
les joueurs recollez[d], le theatre preparé, dist au Maire et
eschevins que le mystère pourroit estre prest à l'issue

---

a. couvert de meurtrissures de façon à ressembler à la peau d'un
tigre. — *b.* jument aveugle (latin : *equa orba*). — *c.* privé. — *d.* bien
entraînés.

1. Près de Chinon, où résidaient deux sergents royaux.
2. L'anecdote rapportée ici n'est, sans doute, qu'une légende,
mais tous les détails correspondent à des faits réels : il était fréquent
que l'on prêtât des ornements pour la représentation des mystères;
il arrivait qu'on les refusât : les statuts des Cordeliers notamment
interdisaient ce prêt.

des foires de Niort[1]; restoit seulement trouver habillemens aptes aux personnaiges. Les maire et eschevins y
donnerent ordre. Il, pour un vieil paisant habiller qui
jouoyt Dieu le pere, requist frere Etienne Tappecoue, secretain[a] des Cordeliers du lieu, luy prester une
chappe et estolle. Tappecoue le refusa, alleguant que,
par leurs statutz provinciaulx, estoit rigoureusement
defendu rien bailler ou prester pour les jouans. Villon
replicquoit que le statut seulement concernoit farces,
mommeries[b] et jeuz dissoluz[2], et qu'ainsi l'avoit veu
practiquer à Bruxelles[3] et ailleurs. Tappecoue, ce non
obstant, luy dist peremptoirement qu'ailleurs se pour-
veust, si bon luy sembloit, rien n'esperast de sa sacristie,
car rien n'en auroit, sans faulte. Villon feist aux joueurs
le rapport en grande abhomination, adjoustant que de
Tappecoue Dieu feroit vengence et punition exemplaire bien toust.

« Au sabmedy subsequent, Villon eut advertissement que Tappecoue, sus la poultre du couvent (ainsi
nomment· ilz une jument non encore saillie), estoit
allé en queste à Saint Ligaire[4], et qu'il seroit de retour
sus les deux heures après midy. Adoncques feist la
monstre[c] de la diablerie parmy la ville et le marché.
Ses diables estoient tous capparassonnez de peaulx
de loups, de veaulx et de beliers, passementées de
testes de mouton, de cornes de bœufz et de grands
havetz[d] de cuisine; ceintz de grosses courraies[e], esquelles pendoient grosses cymbales de vaches et sonnettes de muletz à bruit horrificque. Tenoient en main
aulcuns bastons noirs pleins de fuzées; aultres portoient longs tizons allumez, sus lesquelz à chascun
carrefou jectoient plenes poingnées de parasine[5] en

---

a. sacristain. — b. mascarades. — c. parade. — d. crochets. — e.
courroies.

1. Il y avait à Niort trois foires par an. La principale avait lieu au
début de mai. — 2. On ne sait quel « genre » peut représenter ce terme.
— 3. Ni Villon, ni Rabelais n'ont jamais été à Bruxelles. — 4. Près
de Niort. — 5. Terme provençal : poix-résine.

pouldre, dont sortoit feu et fumée terrible. Les avoir ainsi conduictz avecques contentement du peuple et grande frayeur des petitz enfans, finablement les mena bancqueter en une cassine[a], hors la porte en laquelle est le chemin de Sainct Ligaire. Arrivans à la cassine, de loing il apperceut Tappecoue qui retournoit de queste, et leurs dist en vers macaronicques :

> Hic est de patria, natus de gente belistra,
> Qui solet antiquo bribas portare bisacco[1].

« Par la mort diene ! (dirent adoncques les Diables) il n'a voulu prester à Dieu le pere une paouvre chappe ; faisons luy paour. — C'est bien dict, respond Villon ; mais cachons nous jusques à ce qu'il passe, et chargez vos fuzées et tizons. »

« Tappecoue arrivé au lieu, tous sortirent on chemin au davant de luy, en grand effroy[b], jectans feu de tous coustez sus luy et sa poultre, sonnans de leurs cymbales, et hurlans en diables : « Hho, hho, hho, hho, brrrou-rrrourrrrs, rrrourrrs, rrrourrrs. Hou, hou, hou. Hho, hho, hho. Frere Estienne, faisons nous pas bien les Diables ? »

« La poultre, toute effrayée, se mist au trot, à petz, à bondz, et au gualot, à ruades, fressurades[2], doubles pedales[c] et petarrades : tant qu'elle rua bas Tappecoue, quoy qu'il se tint à l'aube[3] du bast de toutes ses forces. Ses estrivieres estoient de chordes ; du cousté hors le montouoir[4] son soulier fenestré[d] estoit si fort entortillé qu'il ne le peut oncques tirer. Ainsi estoit trainné à escorchecul par la poultre, tousjours multipliante en ruades contre luy et fourvoyante de paour par les

---

a. maison de campagne. — *b.* tumulte. — *c.* ruades. — *d.* tailladé.

1. Voilà un homme du pays, un bélître, qui, dans son vieux bissac, porte des croûtons. — 2. Mot difficile à traduire : il se dit d'un cheval qui s'ébroue. — 3. Pièce de bois qui réunit les deux arçons d'une selle. — 4. Le côté opposé au montoir, c'est-à-dire le côté droit.

hayes, buissons et fossez. De mode qu'elle luy cobbit[a] toute la teste, si que la cervelle en tomba près la croix Osanniere[1]; puys les bras en pieces, l'un çà, l'aultre là, les jambes de mesmes; puys des boyaulx feist un long carnaige, en sorte que la poultre au convent arrivante, de luy ne portoit que le pied droict et soulier entortillé.

« Villon, voyant advenu ce qu'il avoit pourpensé[b], dist à ses Diables : Vous jourrez bien, messieurs les Diables, vous jourrez bien, je vous affie[c]. O que vous jourrez bien ! Je despite[d] la diablerie de Saulmur, de Doué, de Mommorillon, de Langés, de Sainct Espain, de Angiers[2], voire, par Dieu, de Poictiers avecques leur parlouoire, en cas qu'ilz puissent estre à vous parragonnez[e]. O que vous jourrez bien !

« Ainsi, dist Basché, prevoy je, mes bons amys, que vous dorenavant jouerez bien ceste tragicque farce, veu que à la premiere monstre et essay, par vous a esté Chiquanous tant disertement[f] daubé, tappé et chatouillé. Præsentement je double à vous tous vos guaiges. Vous, mamie (disoit-il à sa femme), faites vos honneurs[g] comme vouldrez. Vous avez en vos mains et conserve[h] tous mes thesaurs. Quant est de moy, premierement je boy à vous tous, mes bons amys. Or çà, il est bon et frays. Secondement, vous, maistre d'hostel, prenez ce bassin d'argent : je le vous donne. Vous, escuiers, prenez ces deux couppes d'argent doré. Vos pages, de troys moys ne soient fouettez. M'amye,

---

a. brisa. — *b.* préparé. — *c.* assure. — *d.* je mets au défi. — *e.* comparés. — *f.* si bien. — *g.* distribuez vos récompenses. — *h.* garde.

1. Terme poitevin : il désigne la croix où l'on allait, le dimanche des Rameaux, chanter l'*Hosannah*.

2. On joua la Passion à Saumur en 1534, divers mystères à Angers (dont la Passion de Jean Michel en 1486) de 1446 à 1491; il y avait un théâtre en plein air à Doué près de Saumur où, d'après Juste Lipse, on représenta les *Actes des Apôtres* en 1539; la Passion fut donnée à Poitiers en 1534, dans le parloir aux bourgeois, grande salle de l'hôtel de ville. On ne sait rien des autres représentations mentionnées par Rabelais.

donnez leur mes beaulx plumailz blancs, avecques les
pampillettes[a] d'or. Messire Oudart, je vous donne ce
flaccon d'argent. Cestuy aultre je donne aux cuisiniers;
aux varletz de chambre je donne ceste corbeille d'argent; aux palefreniers je donne ceste nasselle[b] d'argent
doré; aux portiers je donne ces deux assietes; aux mule-
tiers, ces dix happesouppes[c]. Trudon, prenez toutes
ces cuilleres d'argent et ce drageouir. Vous lacquais,
prenez ceste grande salliere. Servez moy bien, amys,
je le recongnoistray : croyans fermement que j'aymerois
mieulx, par la vertus Dieu, endurer en guerre cent
coups de masse sus le heaulme au service de nostre tant
bon Roy qu'estre une foys cité par ces mastins Chiquanous, pour le passetemps d'un tel gras Prieur. »

Continuation des Chiquanous daubbez en la maison de Basché.

CHAPITRE XIV

« Quatre jours après, un aultre jeune, hault et maigre
Chiquanous alla citer Basché à la requête du gras
Prieur. A son arrivée, feut soubdain par le portier
recongneu, et la campanelle sonnée. Au son d'icelle,
tout le peuple du chasteau entendit le mystere[d].
Loyre poitrissoit sa paste. Sa femme belutoit la farine.
Oudart tenoit son bureau. Les gentilzhomes jouoient
à la paulme. Le seigneur Basché jouoit aux troys cens
troys[1] avecques sa femme. Les damoiselles jouoient
aux pingres[e]. Les officiers jouoient à l'imperiale[2].

---

a. papillotes. — b. vase. — c. cuillers. — d. comédie. — e. osselets.

1. Jeu de cartes.
2. Autre jeu de cartes, italien, désigné du nom de la plus forte
carte.

Les pages jouoient à la mourre à belles chinque-
nauldes[1]. Soubdain feut de tous entendu que Chiquanous estoit en pays. Lors Oudart se revestir, Loyre et
sa femme prendre leurs beaulx acoustremens, Trudon
sonner de sa flutte, battre son tabourin; chascun rire,
tous se préparer, et guanteletz en avant.

« Basché descend en la basse court. Là Chiquanous,
le rencontrant, se meist à genoilz davant luy, le pria ne
prendre en mal si, de la part du gras Prieur, il le citoit,
remonstra par harangue diserte comment il estoit
persone publicque, serviteur de Moinerie, appariteur de
la mitre abbatiale, prest à en faire autant pour luy,
voyre pour le moindre de sa maison, la part qu'il luy
plairoyt l'emploicter et commender. « Vrayement, dist
le seigneur, ja ne me citerez que premier[a] n'ayez beu
de mon bon vin de Quinquenays[2] et n'ayez assisté aux
nopces que je foys præsentement. Messire Oudart,
faictez le boyre tresbien, et refraischir[b]; puys l'amenez
en ma salle. Vous soyez le bien venu ! »

« Chiquanous, bien repeu et abbrevé, entre avecques
Oudart en salle, en laquelle estoient tous les personaiges
de la farce, en ordre et bien deliberez[c]. A son entrée
chascun commença soubrire. Chiquanous rioit par
compaignie[d], quand par Oudart feurent sus les fiansez
dicts motz mysterieux, touchées les mains, la mariée
baisée, tous aspersez d'eaue beniste. Pendent qu'on
apportoit vin et espices, coups de poing commencerent
trotter. Chiquanous en donna nombre à Oudart.
Oudart, soubs son supellis, avoit son guantelet caché :
il s'en chausse comme d'une mitaine. Et de daubber
Chiquanous, et de drapper[e] Chiquanous, et coups des
jeunes guanteletz de tous coustez pleuvoir sus Chi-

---

a. d'abord. — *b.* reposer. — *c.* décidés. — *d.* par politesse. — *e.*
battre.

1. Le jeu consistait, chaque adversaire levant brusquement la
main ouverte, à dire instantanément le nombre des doigts étendus.

2. Près de Chinon. Les Rabelais y avaient une propriété.

quanous. « Des nopces, disoient ilz, des nopces, des nopces, vous en soubvieine ! » Il feut si bien acoustré que le sang luy sortoit par la bouche, par le nez, par les aureilles, par les œilz. Au demourant, courbattu, espaultré[a] et froissé, teste, nucque, dours, poitrine, braz et tout. Croyez qu'en Avignon, on temps de Carneval, les bacheliers, oncques ne jouerent à la raphe[1] plus melodieusement que feut joué sus Chiquanous. En fin il tombe par terre. On lui jecta force vin sus la face, on luy attacha à la manche de son pourpoinct belle livrée de jaulne et verd[2] et le mist on sus son cheval morveulx. Entrant en l'isle Bouchard, ne sçay s'il fut bien pensé et traicté, tant de sa femme comme des myres[b] du pays. Depuis n'en feut parlé.

« Au lendemain, cas pareil advint, pour ce qu'on sac et gibbessiere du maigre Chiquanous n'avoit esté trouvé son exploict. De par le gras prieur feut nouveau Chiquanous envoyé citer le seigneur de Basché, avecques deux records[c] pour sa sceureté. Le Portier, sonnant la campanelle, resjouyt toute la famille, entendens que Chiquanous estoit là. Basché estoit à table, dipnant avecques sa femme et gentilzhomes. Il mande querir Chiquanous, le feist asseoir près de soy, les records près les damoiselles, et dipnerent tresbien et joyeusement. Sus le dessert, Chiquanous se leve de table, praesens et oyans les records, cite Basché : Basché gracieusement lui demar.de copie de sa commission[d]. Elle estoit ja preste. Il prend acte de son exploict. A Chiquanous et ses records feurent quatre escuz Soleil donnez. Chascun s'estoit retiré pour la farce. Trudon commence sonner du tabourin. Basché prie Chiquanous assister aux fiansailles d'un sien officier et en recepvoir le contract, bien le payant et contentent. Chiquanous

---

a. écrasé. — *b.* médecins. — *c.* témoins. — *d.* l'ordre qu'il exécute.

1. Jeu de dés où le gagnant « rafle » la mise. L'adverbe qui suit est difficile à expliquer.
2. Couleurs réservées aux fous.

feut courtoys. Desguaina son escriptoire, eut papier
promptement, ses records près de luy. Loyre entre en
salle par une porte, sa femme avecques les damoiselles
par aultre, en acoustremens nuptiaulx. Oudart, revestu sacerdotalement, les prend par les mains, les
interroge de leurs vouloirs, leurs donne sa benediction,
sans espargne d'eaue beniste. Le contract est passé et
minuté[a]. D'un cousté sont apportez vins et espices;
de l'aultre, livrée[b] à tas, blanc et tanné; de l'aultre sont
produictz[c] guanteletz secretement. »

*Comment par Chiquanous sont renouvelées les antiques
coustumes des fiansailles.*

Chapitre XV

« Chiquanous, avoir degouzillé[d] une grande tasse
de vin Breton[1], dist au seigneur : « Monsieur, comment
l'entendez-vous ? L'on ne baille poinct icy des nopces ?
Sainsambreguoy[e], toutes bonnes coustumes se perdent.
Aussi ne trouve l'on plus de lievres au giste. Il n'est
plus d'amys. Voyez comment en plusieurs ecclises
l'on a desemparé[f] les antiques beuvettes des benoists
saincts O O[2] de Noël ! Le monde ne faict plus que
resver. Il approche de sa fin. Or tenez : des nopces,
des nopces, des nopces ! » Ce disant, frappoit sus
Basché et sa femme, après sus les damoiselles et sus
Oudart.

---

a. écrit minutieusement. — *b*. rubans donnés par la mariée. — *c*.
exhibés. — *d*. avalé. — *e*. Par le sang de Dieu ! — *f*. abandonné.

1. Il s'agit d'un cépage dit *cabernet* ou *breton*.
2. On chantait, chaque jour de la semaine qui précède Noël, une
antienne commençant par *O*, chant auquel s'attachaient, entre autres,
certaines distributions de vin.

« Adoncques feirent guanteletz leur exploict, si que à Chiquanous fut rompue la teste en neuf endroictz : à un des records feut le bras droict defaucillé[a], à l'aultre fut demanchée la mandibule superieure, de mode qu'elle luy couvroit le menton à demy, avecques denudation de la luette et perte insigne des dens molares, masticatoires et canines. Au son du tabourin changeant son intonation, feurent les guanteletz mussez[b], sans estre aulcunement apperceuz, et confictures multipliées de nouveau, avecques liesse nouvelle. Beuvans les bons compaignons uns aux aultres, et tous à Chiquanous et ses records, Oudart renioit et despitoit les nopces, alleguant qu'un des records luy avoit desincornifistibulé[1] toute l'aultre espaule. Ce non obstant, beuvoit à luy joyeusement. Le records demandibulé joignoit les mains et tacitement lui demandoit pardon, car parler ne povoit il. Loyre se plaignoit de ce que le records debradé[c] luy avoit donné si grand coup de poing sus l'aultre coubte[d] qu'il en estoit devenu tout esperruquancluzelubelouzerirelu[e] du talon.

« Mais, disoit Trudon (cachant l'œil guausche avecques son mouschouoir, et monstrant son tabourin defoncé d'un cousté), quel mal leurs avois je faict ? Il ne leurs a suffis m'avoir ainsi lourdement morrambouzevezengouzequoquemorguatasacbacguevezinemaffressé mon paouvre œil, d'abondant ilz m'ont defoncé mon tabourin. Tabourins à nopces sont ordinairement battuz; tabourineurs bien festoyez, battuz jamais. Le Diable s'en puisse coyffer ! » — « Frere, luy dist Chiquanous manchot, je te donneray unes[2] belles, grandes, vieilles Letres Royaulx, que j'ay icy en mon baudrier, pour repetasser ton tabourin; et pour Dieu pardonne

---

a. démis. — *b.* cachés. — *c.* au bras démanché. — *d.* coude. — *e.* meurtri.

1. Rabelais s'amuse à forger des mots compliqués, mais dont le sens est clair, et le son expressif. — 2. Au pluriel parce que l'expression *Lettres royaux* est, traditionnellement, au pluriel. *Royaulx* est un féminin archaïque. Ces lettres étaient écrites sur parchemin.

nous. Par nostre dame de Riviere, la belle dame, je n'y pensoys en mal. »

« Un des escuyers, chopant[a] et boytant contrefaisoit le bon et noble seigneur de la Roche Posay[1]. Il s'adressa au records embavieré de machoueres[b], et luy dist : « Estes vous des Frappins, des Frappeurs, ou des Frappars ? Ne vous suffisoit nous avoir ainsi morcrocassebezassevezassegrigueliguoscopapopondrillé tous les membres superieurs à grands coups de bobelins[c], sans nous donner telz morderegrippipiotàbirofreluchamburelurecoquelurintimpanemens sus les grefves[d] à belles poinctes de houzeaulz[e] ? Appellez vous cela jeu de jeunesse ? Par Dieu, jeu n'est ce. »

« Le records, joingnant les mains, sembloit luy en requerir pardon, marmonnant de la langue : « Mon, mon, mon, vrelon, von, von », comme un marmot.

« La nouvelle mariée pleurante rioyt, riante pleuroit, de ce que Chiquanous ne s'estoit contenté la daubant sans choys ne election des membres, mais, l'avoir lourdement deschevelée, d'abondant luy avoit trepignemampenilloriфrizonoufressuré les parties honteuses en trahison. « Le diable, dist Basché, y ayt part ! Il estoit bien necessaire que monsieur le Roy (ainsi se nomment Chiquanous[2]) me daubbast ainsi ma bonne femme d'eschine. Je ne luy en veulx mal toutesfoys. Ce sont petites charesses nuptiales. Mais je apperçoy clairement qu'il m'a cité en ange et daubbé[f] en diable. Il tient je ne sçay quoi du frere frappart. Je boy à luy de bien bon cœur, et à vous aussi, messieurs les records.

— Mais, disoit sa femme, à quel propous et sus quelle querelle m'a il tant et trestant festoyée à grands coups de poing ? Le Diantre l'emport, si je le veulx. Je ne le

---

a. trébuchant. — *b.* portant sa mâchoire abînée. — *c.* chaussures rustiques. — *d.* jambes. — *e.* bottes. — *f.* battu.

1. Jean Chasteignier, maître d'hôtel de François Ier, il avait été blessé à la jambe au siège de Pavie, en 1522 et en était resté boiteux.
2. Parce qu'ils sont officiers du Roi.

veulx pas pourtant, ma Dia[a] ! Mais je dirai cela de luy qu'il a les plus dures oinces[b] qu'oncques je senty sus mes espaules. »

« Le maistre d'hostel tenoit son braz guausche en escharpe, comme tout morquaquoquassé : « Le Diable, dist il, me feist bien assister à ces nopces. J'en ay, par la vertus Dieu, tous les braz enguoulevezinemassez. Appellez vous cecy fiansailles ? Je les appelle fiantailles de merde. C'est, par Dieu, le naïf bancquet des Lapithes, descript par le philosophe Samosatoys[1]. »

« Chiquanous ne parloit plus. Les records s'excuserent qu'en daubbant ainsi n'avoient eu maligne volunté, et que pour l'amour de Dieu on leurs pardonnast.

« Ainsi departent. A demye lieue de là, Chiquanous se trouva un peu mal. Les records arrivent à l'isle Bouchard, disans publicquement que jamais n'avoient veu plus home de bien que le seigneur de Basché, ne maison plus honorable que la sienne. Ensemble, que jamais n'avoient esté à telles nopces. Mais toute la faulte venoit d'eulx, qui avaient commencé la frapperie. Et vesquirent encores ne sçay quants[c] jours après.

« De là en hors[d], feut tenu comme chose certaine que l'argent de Basché plus estoit aux Chiquanous et records pestilent, mortel et pernicieux que n'estoit jadis l'or de Tholose[2], et le cheval Sejan[3] à ceulx qui le possederent. Depuis, feut le dict seigneur en repous et les nopces de Basché en proverbe commun. »

---

a. Dieu m'aide ! — *b.* phalanges. — *c.* combien de. — *d.* depuis.

1. Lucien, dans *Le Banquet ou les Lapithes*, montre des philosophes qui, se disputant, finissent par se battre comme les Centaures et les Lapithes.
2. Il porta malheur, dit Aulu-Gelle, au consul Q. Capio qui pilla Toulouse. Cf. Érasme, *Adages*, I, 10, 98, *Aurum habet Tolossanum.*
3. Légende similaire. Ce cheval descendait, dit-on, de la race des chevaux de Diomède. Cf. encore Érasme, *ib.*, I, 10, 97 *(Equum habet Sejanum)*, qui cite à nouveau Aulu-Gelle.

Comment par frere Jan est faict essay du naturel des Chicquanous.

Chapitre XVI

« Ceste narration, dist Pantagruel, sembleroit joyeuse, ne feust que davant nos œilz fault la craincte de Dieu continuellement avoir.

— Meilleure, dist Epistemon, seroit, si la pluie de ces jeunes guanteletz feust sur le gras Prieur tombée. Il dependoit[a] pour son passetemps argent, part à fascher Basché, part à veoir ses Chiquanous daubbez. Coups de poing eussent aptement atouré[b] sa teste rase : attendue l'enorme concussion que voyons huy entre ces juges pedanées soubs l'orme[1]. En quoy offensoient[c] ces paouvres diables Chiquanous ?

— Il me soubvient, dist Pantagruel à ce propous, d'un antique gentilhome Romain, nommé L. Neratius. Il estoit de noble famille et riche en son temps. Mais en luy estoit ceste tyrannique complexion que, issant de son palais, il faisoit emplir les gibbessieres de ses varletz d'or et d'argent monnoyé, et, rencontrant par les rues quelques mignons braguars[d] et mieulx en poinct, sans d'iceulx estre aulcunement offensé, par guayeté de cœur[e] leurs donnoit de grands coups de poing en face. Soubdain après, pour les appaiser et empescher de non soy complaindre en justice, leurs departoit de son argent. Tant qu'il les rendoit contens et satisfaictz, scelon l'ordonnance d'une loig des douze

---

a. dépensait. — *b.* orné. — *c.* péchaient. — *d.* élégants. — *e.* délibérément.

1. Juges itinérants qui représentaient les juridictions seigneuriales ou ecclésiastiques et rendaient leurs arrêts sur les places publiques, « sous l'orme ».

Tables. Ainsi despendoit son revenu, battant les gens au pris de son argent[1].

— Par la sacre botte de sainct Benoist[2] ! dist frere Jan, presentement j'en sçauray la verité. » Adoncques descend en terre, mist la main à son escarcelle, et en tira vingt escuz au Soleil. Puys dist à haulte voix en presence et audience d'une grande tourbe[a] du peuple Chiquanourroys : « Qui veut guaingner vingt escuz d'or pour estre battu en Diable ? — Io, io, io[b], respondirent tous. Vous nous affollerez de coups, monsieur, cela est sceur. Mais il y a beau guaing. » Et tous accouroient à la foulle, à qui seroit premier en dabte pour estre tant precieusement battu. Frere Jan, de toute la trouppe, choysit un Chiquanous à rouge muzeau, lequel on poulse de la main dextre portoit un gros et large anneau d'argent, en la palle[c] duquel estoit enchassée une bien grande crapauldine[3].

L'ayant choysi je veidz que tout ce peuple murmuroit et entendiz un grand, jeune et maisgre Chiquanous, habile et bon clerc, et, comme estoit le bruyt commun, honeste homme en court d'ecclise, soy complaignant et murmurant de ce que le rouge muzeau leurs oustoit toutes practiques; et que, si en tout le territoire n'estoient que trente coups de bastons à guaingner, il en emboursoit toujours vingt huict et demy. Mais tous ces complainctz[d] et murmures ne procedoient que d'envie.

Frere Jan daubba tant et trestant Rouge muzeau, dours[e] et ventre, bras et jambes, teste et tout, à grands coups de baston, que je le cuydois mort assommé. Puys luy bailla les vingt escuz. Et mon villain debout, ayse comme un Roy ou deux. Les aultres disoient à frere

---

a. foule. — b. moi, moi, moi (en italien). — c. chaton. — d. plaintes. — e. dos.

1. Anecdote empruntée à Aulu-Gelle, XX, 1, 13, à travers les *Apophtegmes* d'Érasme, III, *Diogenes Cynicus*, 66. — 2. Cf. *Gargantua*, chap. XXXIX, tome I, p. 147. — 3. Cf. *Tiers Livre*, chap. XVII, tome I, p. 472. La crapaudine guérissait les maux de tête.

Jan : « Monsieur frere Diable, s'il vous plaist encores
quelques uns battre pour moins d'argent, nous sommes
tous à vous, monsieur le Diable. Nous sommes trestous
à vous, sacs, papiers, plumes et tout. »

Rouge muzeau s'escria contre eulx, disant à haulte
voix : « Feston diene[a] ! guallefretiers[b], venez vous sus
mon marché ? Me voulez vous houster et seduyre mes
chalans ? Je vous cite par devant l'Official[1] à huyctaine,
mirelaridaine. Je vous chiquaneray en Diable de
Vauverd[2]. » Puys, se tournant vers frere Jan, à face
riante et joyeuse luy dist : « Reverend pere en Diable,
Monsieur, si m'avez trouvé bonne robbe et vous
plaist encores en me battant vous esbatre, je me con-
tenteray de la moitié, de juste pris. Ne m'espargnez, je
vous en prie. Je suys tout et trestout à vous, Monsieur
le Diable : teste, poulmon, boyaulx et tout. Je le vous
diz à bonne chere[c] ! » Frere Jan interrompit son propous et se destourna aultre part. Les aultres Chiquanous se retiroient vers Panurge, Epistemon, Gymnaste et aultres, les supplians devotement estre par
eulx à quelque petit pris battuz : aultrement estoient
en dangier de bien longuement jeusner. Mais nul n'y
voulut entendre.

Depuys, cherchans eaue fraische pour la chorme[d] des
naufz, rencontrasmes deux vieilles Chiquanourres du
lieu, lesquelles ensemble miserablement pleuroient et
lamentoient. Pantagruel estoit resté en sa nauf et ja
faisoit sonner la retraicte. Nous, doubtans[e] qu'elles
feussent parentes du Chiquanous qui avoit eu baston-
nades, interrogions les causes de telle doleance. Elles
respondirent que de plourer avoient cause bien equitable, veu qu'à heure presente l'on avoit au gibbet

---

a. Fête-Dieu ! — *b.* vauriens. — *c.* amicalement. — *d.* chiourme.
— *e.* pensant.

1. Juge ecclésiastique désigné par l'évêque pour juger un certain
nombre de causes.
2. Cf. *Pantagruel,* chap. xviii, tome I, p. 317.

baillé le moine par le coul aux deux plus gens de bien
qui feussent en tout Chiquanourroys. « Mes paiges,
dist Gymnaste, baillent le moine par les pieds[1] à leurs
compaignons dormars[a]. Bailler le moine par le coul,
seroit pendre et estrangler la persone. — Voire, voire,
dist frere Jan; vous en parlez comme sainct Jan de la
Palisse[2]. » Interrogées sus les causes de cestuy pendaige,
respondirent qu'ilz avoient desrobé les ferremens de la
messe, et les avoient mussez soubs le manche de la
parœce[3]. « Voilà, dist Epistemon, parlé en terrible
allegorie. »

Comment Pantagruel passa les isles de Thohu et Bohu,
et de l'estrange mort
de Bringuenarilles, avalleur de moulins à vent.

CHAPITRE XVII

Ce mesme jour, passa Pantagruel les deux isles de
Thohu et Bohu[b], es quelles ne trouvasmes que frire[4] :
Bringuenarilles[5], le grand géant, avoit toutes les paelles,
paellons, chauldrons, coquasses[c], lichefretes et marmites du pays avallé, en faulte de moulins à vent, des
quelz ordinairement il se paissoit[d]. Dont estoit advenu

---

a. dormeurs. — *b.* « déserte et non cultivée » *(Briefve Declaration).* —
c. chaudrons. — *d.* nourrissait.

1. Cf. t. I, p. 52, n. 3 et p. 166-7. Le sens est ici : attacher une corde
au gros orteil d'un dormeur et le lui tirer afin de l'éveiller. — 2. Comme
l'Apocalypse. — 3. Les ferrements de la messe : les ornements; le
manche de la paroisse : le clocher *(Briefve Declaration).* — 4. Formule
populaire : rien pour frire. Elle suggère à Rabelais l'idée qu'un géant
a dévoré tous les ustensiles de cuisine. — 5. Rabelais a trouvé le nom
de ce géant dans un livret, *Panurge disciple de Pantagruel avec les prou-*
esses du merveilleux Bringuenarilles paru pour la première fois en 1538
et que Dolet reproduisit en 1542, sous le titre de *Navigations de Panurge,*
dans son édition de *Gargantua* et de *Pantagruel.* Dans le livret le géant
avale déjà un moulin.

que, peu davant le jour, sus l'heure de sa digestion, il
estoit en griefve maladie tombé, par certaine crudité
d'estomach causée de ce (comme disoient les Medicins)
que la vertu concoctrice[a] de son estomach, apte naturellement à moulins à vent tous brandifz[b] digerer,
n'avoit peu à perfection consommer les paelles et
coquasses ; les chaudrons et marmites avoit assez bien
digeré, comme disoient congnoistre aux hypostases et
eneoremes[1] de quatre bussars de urine qu'il avoit à ce
matin en deux foys rendue.

Pour le secourir, userent de divers remedes scelon
l'art. Mais le mal feut plus fort que les remedes. Et
estoit le noble Bringuenarilles à cestuy matin trespassé,
en façon tant estrange que plus esbahir ne vous fault
de la mort de Æschylus[2]. Lequel, comme luy eust fata-
lement esté par les vaticinateurs[c] predict qu'en certain
jour il mourroit par ruine[d] de quelque chose qui tom-
beroit sus luy, iceluy jour destiné, s'estoit de la ville,
de toutes maisons, arbres, rochiers et aultres choses
esloingné, qui tomber peuvent et nuire par leur ruine.
Et demoura on mylieu d'une grande praerie, soy com-
mettant en la foy du ciel libre et patent[e], en sceureté
bien asseurée, comme luy sembloit, si non vrayement
que le ciel tombast, ce que croyoit estre impossible.
Toutes foys on dict que les alouettes grandement
redoubtent la ruine des cieuls tombans, car les cieulx
tombans, toutes seroient prinses.

Aussi la redoubtoient jadis les Celtes voisins du
Rhin[3] : ce sont les nobles, vaillans, chevalereux, bel-
licqueux et triumphans François. Lesquelz, interrogez

---

a. digestive. — b. vifs. — c. devins. — d. chute. — e. ouvert.

1. Ces mots désignent les sédiments et les matières en suspension
qui se trouvent dans un liquide.
2. Cf. Érasme, *Adages,* II, 9, 77, qui cite Valère Maxime, IX, 12.
3. Rabelais avait écrit d'abord : *la redoutaient les Gymnosophistes
d'Indie...* (édit. de 1548). Il leur a substitué les Celtes dont il a trouvé
le nom dans Strabon.

par Alexandre le Grand quelle chose plus en ce monde craignoient, esperant bien que de luy seul feroient exception, en contemplation de ses grandes prouesses, victoires, conquestes et triumphes, respondirent rien ne craindre, sinon que le ciel tombast; non toutes foys faire refus d'entrer en ligue, confederation et amitié avecques un si preux et magnanime Roy. Si vous croyez Strabo, lib. 7, et Arrian, lib. 1.

Plutarche aussi, on livre qu'il a faict *de la face qui apparoist on corps de la Lune*, allegue un nommé Phenace[1], lequel grandement craignoit que la Lune tombast en terre; et avoit commiseration et pitié de ceulx qui habitent sous icelle, comme sont les Æthiopiens et Taprobaniens[2], si une tant grande masse tomboit sus eulx. Du ciel et de la terre avoit paour semblable, s'ilz n'estoient deuement fulciz[a] et appuyez sus les colunnes de Atlas, comme estoit l'opinion des anciens, scelon le tesmoingnage de Aristoteles, *lib. 5, Meta ta phys.*

Æschilus, ce non ostant, par ruine feut tué et cheute d'une caquerolle[b] de tortue, laquelle, d'entre les gryphes d'une aigle haulte en l'air tombant sus sa teste, luy fendit la cervelle.

Plus de Anacréon poëte, lequel mourut estranglé d'un pepin de raisin. Plus de Fabius preteur Romain, lequel mourut suffoqué d'un poil de chievre, mangeant une esculée[c] de laict. Plus de celluy honteux lequel, par retenir son vent et default de peter un meschant coup, subitement mourut en la presence de Claudius, empereur Romain. Plus de celluy qui, à Rome, est en la voye Flaminie enterré, lequel en son epitaphe se complainct estre mort par estre mords[d] d'une chatte au petit doigt. Plus de Q. Lecanius Bassus, qui subitement mourut d'une tant petite poincture[e] de aiguille au poulse de la main guausche qu'à peine la povoit on

---

a. soutenus. — *b.* carapace. — *c.* écuelle. — *d.* mordu. — *e.* piqûre.

1. Rabelais suit Érasme, *Adages*, I, 5, 64. Dans Plutarque le personnage s'appelle Pharnaces. — 2. Habitants de l'île de Ceylan.

veoir[1]. Plus de Quenelaut, medicin normant, lequel subitement à Monspellier trepassa, par de biès s'estre avecques un trancheplume tiré un ciron de la main[2].

Plus de Philomenes[3], auquel son varlet, pour l'entrée de dipner, ayant appresté des figues nouvelles, pendent le temps qu'il alla au vin, un asne couillart esguaré estoit entré on logis, et les figues apposées mangeoit religieusement. Philomenes survenent, et curieusement contemplant la grace de l'asne sycophage[a], dist au varlet qui estoit de retour : « Raison veult, puis qu'à ce devot asne as les figues abandonné, que pour boire tu luy produises de ce bon vin que as apporté. » Ces parolles dictes, entra en si excessive guayeté d'esprit, et s'esclata de rire tant enormement, continuement, que l'exercice de la ratelle luy tollut[b] toute respiration et subitement mourut.

Plus de Spurius Saufeius, lequel mourut humant un œuf mollet à l'issue du baing. Plus de celluy lequel dist Boccace estre soubdainement mort par s'escurer les dens d'un brin de saulge. Plus de Philippot Placut, lequel, estant sain et dru, subitement mourut, en payant une vieille debte, sans aultre precedente maladie. Plus de Zeuxis le painctre, lequel subitement mourut à force de rire, considerant le minoys et portraict d'une vieille par luy representée en paincture. Plus de nul aultres qu'on vous die, feust Verrius[4], feust Pline,

---

a. mangeur de figues. — *b.* enleva.

1. De ce catalogue de morts étranges, Rabelais tire les éléments d'un peu partout : de Fulgose, *De inusitatis mortis generibus*, 1507 (Anacréon, Fabius, Lecanius Bassus, Spurius Saufeius), de Suétone, *Claude*, 32 (Suétone dit seulement que le convive de Claude fut malade), de Valère Maxime, IX, 12 (Philémon), de Boccace, IV, 7, d'Érasme, *Adages*, III, v, 1 (Zeuxis).
2. *Var.* de la 1re édit. : « *Plus de Guignemauld, Normand medecin, grand avaleur de poix gris, et brelandier trèsinsigne : lequel subitement à Montpellier trespassa par faulte d'avoir payé ses debtes et pour avec un trancheplume de biès s'estre tiré* ».
3. Le poète comique Philémon.
4. Nommé par Pline l'Ancien (VII, 54) : auteur d'un recueil de morts singulières.

feust Valere[1], feust Baptiste Fulgose[2], feust Bacabery l'aisné[3].

Le bon Bringuenarilles (hélas) mourut estranglé, mangeant un coing de beurre frays à la gueule d'un four chauld, par l'ordonnance des medicins.

Là, d'abondant, nous feut dict que le roy de Cullan[4] en Bohu avoit deffaict les satrapes du roy Mechloth[5], et mis à sac les forteresses de Belima[6]. Depuys, passasmes les isles de Nargues et Zargues[7]. Aussi les isles de Teleniabin et Geneliabin[8], bien belles et fructueuses en matiere de clysteres. Les isles aussi de *Enig* et *Evig*[9], desquelles par avant estoit advenue l'estafillade[10] au Langrauff d'Esse.

Comment Pantagruel evada une forte tempeste en mer.

CHAPITRE XVIII

Au lendemain[11], rencontrasmes à poge[a] neuf orques[b] chargées de moines, Jacobins, Jesuites, Cappussins, Hermites, Augustins, Bernardins, Celestins, Théatins,

---

a. droite. — b. navires de charge.

1. Dont un chapitre a pour titre *De mortibus non vulgaribus*. — 2. Génois qui publia en 1507 à Milan un ouvrage *De dictis factisque memorabilibus* dont le XIIe livre *De inusitatis mortis generibus* a été cité à la note 1 de la page précédente. — 3. Personnage inconnu. M. Marichal voit en ce nom l'anagramme du nom de Rabelais : Rabelais cy en bas (c'est-à-dire le dernier). — 4. Village du Cher. — 5. En hébreu : extermination. — 6. En hébreu : néant. — 7. Noms de fantaisie. — 8. Mots arabes signifiant : *manne et miel*. — 9. Voir *Briefve Declaration*. Il y a là une allusion à un traité de Charles Quint avec le landgrave de Hesse où une substitution de mots permit à l'empereur d'emprisonner à tort le landgrave. Mais les traductions de Rabelais sont inexactes. En réalité on substitua à ohne *einige* Gefangnis, sans aucun emprisonnement, ohne *ewige* Gefangnis, sans emprisonnement perpétuel. — 10. Peut-être faut-il comprendre : affront. — 11. L'épisode de la tempête est un épisode classique dans les récits d'aventures. Rabelais pouvait en lire dans le *Roland furieux*, dans le *Morgante maggiore ;* il s'inspire ici du chap. XII des *Macaronées* de Folengo.

Egnatins[1], Amadeans[2], Cordeliers, Carmes, Minimes, et aultres saincts religieux, lesquelz alloient au concile de Chesil[3] pour grabeler les articles de la foy contre les nouveaulx hoereticques. Les voyant, Panurge entra en excès de joye, comme asceuré d'avoir toute bonne fortune pour celluy jour et aultres subsequens en long ordre. Et, ayant courtoisement salué les beatz peres et recommendé le salut de son ame à leurs devotes prieres et menuz suffraiges, feist jecter en leurs naufz soixante et dix-huict douzaines de jambons, nombre de caviatz, dizaines de cervelatz, centaines de boutargues[4] et deux mille beaulx angelotz pour les ames des tres-passez.

Pantagruel restoit tout pensif et melancholicque. Frere Jan l'apperceut, et demandoit dont luy venoit telle fascherie non acoustumée, quand le pilot, consy-derant les voltigemens du peneau[5] sus la pouppe, et prevoiant un tyrannicque grain et fortunal[a] nouveau, commenda tous estre à l'herte[b] tant nauchiers, fadrins[c] et mousses que nous aultres voyagiers; feist mettre voiles bas, mejane, contremejane, triou, maistralle, epagon, civadiere[6]; feist caller les boulingues[7], trin-quet de prore[8] et trinquet de gabie[9], descendre le grand artemon, et de toutes les antemnes ne rester que les grizelles et coustieres[10].

---

a. tempête. — *b.* en alerte. — *c.* mousses.

1. Ordre fondé par le Vénitien Egnace. — 2. Ordre fondé par le duc Amédée de Savoie. Ce nom et le précédent apparaissent dans l'édit. de 1554.

3. De l'hébreu *kessil*, fou. Allusion au concile de Trente.

4. Terme provençal : œufs de mulet confits.

5. Banderole flottant à la poupe et qui indique la direction du vent. — 6. Tous noms de voiles : voile de misaine et de contremi-saine, voile carrée, grand-voile, voile d'artimon, voile de beaupré. — 7. Petite voile au sommet du mât. — 8. Voile du mât de misaine. — 9. Voile de hune.

10. Enfléchures et cordages soutenant les mâts. La plupart des termes de ce paragraphe étaient usités au xvi[e] siècle par les marins de la Méditerranée : Rabelais a pu les entendre à Montpellier ou à Narbonne.

Soubdain la mer commença s'enfler et tumultuer du bas abysme; les fortes vagues batre les flans de nos vaisseaulx; le maistral[a], acompaigné d'un cole[b] effrené, de noires gruppades[c], de terribles sions[d], de mortelles bourrasques, siffler à travers nos antemnes; le ciel tonner du hault, fouldroyer, esclairer, pluvoir, gresler; l'air perdre sa transparence, devenir opacque, tenebreux et obscurcy, si que aultre lumiere ne nous apparoissoit que des fouldres, esclairs et infractions[e] des flambantes nuées; les categides, thielles, lelapes et presteres[f] enflamber tout au tour de nous par les psoloentes, arges, elicies[g] et aultres ejaculations etherées[1]: nos aspectz tous estres dissipez et perturbez; les horrificques typhones suspendre les montueuses vagues du courant. Croyez que ce nous sembloit estre l'antique Cahos, on quel estoient feu, air, mer, terre, tous les elemens en refraictaire confusion.

Panurge, ayant du contenu en son estomach bien repeu les poissons scatophages[h], restoit acropy sus le tillac, tout affligé, tout meshaigné[i], et à demy mort; invocqua tous les benoistz sainctz et sainctes à son ayde, protesta de soy confesser en temps et lieu[2], puys s'escria en grand effroy, disant: « Maigordome, hau, mon amy, mon pere, mon oncle, produisez un peu de sallé: nous ne boirons tantoust que trop, à ce que je voy. A petit manger bien boire, sera desormais ma devise. Pleust à Dieu et à la benoiste, digne et sacrée Vierge, que maintenant, je diz tout à ceste heure, je feusse en terre ferme[3] bien à mon ayse !

---

a. mistral. — *b.* ouragan. — *c.* grains. — *d.* trombes. — *e.* déchirements. — *f.* les vents, les bourrasques, les tourbillons, les météores. — *g.* les éclairs, les éclairs blancs, les éclairs en zigzag. — *g.* mangeurs d'excréments. — *i.* chagriné.

1. Rabelais emprunte ces termes (catégides, etc.) au *De Mundo* d'Aristote, où on les trouve au chap. IV, dans le même ordre.
2. Texte de 1548: « *invoca les deux enfens bessons de Leda et la cocque d'œuf dont ils feurent esclouz et s'escria* ».
3. Texte de 1548: « *Pleust à Dieu estre en terre ferme.* »

« O que troys et quatre foys heureulx sont ceulx qui plantent chous ! O Parces[a], que ne me fillastes vous pour planteur de chous ! O que petit est le nombre de ceulx à qui Juppiter a telle faveur porté qu'il les a destinez à planter chous ! Car ilz ont toujours en terre un pied, l'aultre n'en est pas loing. Dispute de felicité et bien souverain qui vouldra; mais quiconques plante choux est praesentement par mon decret declairé bien heureux, à trop meilleure raison que Pyrrhon, estant en pareil dangier que nous sommes, et voyant un pourceau près le rivaige qui mangeoit de l'orge espandu, le declaira bien heureux en deux qualitez, sçavoir est qu'il avoit orge à foison, et d'abondant estoit en terre[1].

« Ha ! pour manoir deificque et seigneurial, il n'est que le plancher des vaches. Ceste vague nous emportera, Dieu servateur ! O mes amys, un peu de vinaigre. Je tressue de grand ahan. Zalas, les vettes[b] sont rompues, le prodenou[c] est en pieces, les cosses[2] esclattent, l'arbre du hault de la guatte[d] plonge en mer, la carine est au soleil, nos gumenes[e] sont presque tous rouptz[f]. Zalas, zalas, où sont nos boulingues ? Tout est frelore bigoth[g]. Notre trinquet est avau l'eau. Zalas, à qui appartiendra ce briz[h] ? Amis, prestez moy ici darriere une de ces rambades[3]. Enfans, vostre landrivel[i] est tombé. Helas ! ne abandonnez l'orgeau[j], ne aussi le tirados[k]. Je oy l'aigueillot[4] fremir. Est il cassé ? Pour Dieu, saulvons la brague[5]; du fernel[6] ne vous

---

a. Parques. — *b.* drisses. — *c.* amarre de proue. — *d.* hune. — *e.* câbles. — *f.* rompus. — *g.* Tout est perdu, par Dieu (langage de lansquenets) ! — *h.* épave. — *i.* cordage pour touer. — *j.* barre. — *k.* cordage.

1. Cf. Érasme, *Apophtegmes*, VII, *Pyrrho Eliensis*, 18, d'après Plutarque, *de Profectibus in virtute*, XI *in fine ;* mais chez Plutarque comme chez Érasme le pourceau est sur le navire. — 2. Anneaux passés aux cordages pour leur éviter l'usure du frottement. — 3. Terme italien qui désignait le château d'avant des galères. — 4. Les gonds du gouvernail. — 5. Cordage maintenant en place un canon. — 6. Cordage manœuvrant le gouvernail.

souciez. Bebebe bous, bous, bous ! Voyez à la calamite [a]
de vostre boussole, de grace, maistre Astrophile, dont
nous vient ce fortunal. Par ma foy, j'ai belle paour.
Bou, bou bou, bous, bous. C'est faict de moy. Je me
conchie de male raige de paour. Bou, bou, bou, bou !
Otto to to to to ti ! Otto to to to to ti ! Bou bou bou,
ou ou ou bou bou bous bous ! Je naye [b], je naye,
je meurs. Bonnes gens, je naye. »

*Quelles contenences eurent Panurge et frere Jan
durant la tempeste.*

CHAPITRE XIX

Pantagruel, prealablement avoir imploré l'ayde du
grand Dieu Servateur et faicte oraison publicque en
fervente devotion, par l'advis du pilot tenoit l'arbre
fort et ferme. Frere Jan s'estoit mis en pourpoinct pour
secourir les nauchiers. Aussi estoient Epistemon,
Ponocrates et les aultres. Panurge restoit de cul sus le
tillac, pleurant et lamentant. Frere Jan l'apperceut,
passans sur la coursie [c], et luy dist :

— Par Dieu, Panurge le veau, Panurge le pleurart,
Panurge le criart, tu feroys beaucoup mieulx nous
aydant icy que là pleurant comme une vache, assis sus
tes couillons comme un magot.

— Be be be bous, bous, bous, respondit Panurge,
frere Jan mon amy, mon bon pere, je naye [b], je naye,
mon amy, je naye. C'est faict de moy, mon pere spirituel, mon amy, c'en est faict. Vostre bragmart ne m'en
sçauroit saulver. Zalas, zalas ! nous sommes au dessus

---

a. aiguille.— *b.* je me noie. — *c.* coursive.

de Ela[1], hors toute la gamme. Bebe be bous bous. Zalas ! à ceste heure sommes nous au dessous de Gamma ut[2]. Je naye. Ha mon pere, mon oncle, mon tout. L'eau est entrée en mes souliers par le collet. Bous, bous, bous, paisch, hu, hu, hu, ha, ha, ha, ha, ha, je naye. Zalas, zalas, hu, hu, hu, hu, hu, hu. Bebe bous, bous, bobous, bobous, ho, ho, ho, ho, ho ! Zalas, zalas ! A ceste heure foys bien à poinct l'arbre forchu, les pieds à mont, la teste en bas. Pleust à Dieu que præsentement je feusse dedans la orque des bons et beatz peres concilipetes[a], les quelz ce matin nous rencontrasmes, tant devotz, tant gras, tant joyeulx, tant douilletz, et de bonne grace. Holos, holos, holos, zalas, zalas, ceste vague de tous les Diables *(mea culpa, Deus)*, je diz ceste vague de Dieu enfondrera[b] nostre nauf. Zalas ! frere Jan, mon pere, mon amy, confession ! Me voyez cy à genoulx. *Confiteor*, vostre saincte benediction.

— Vien, pendu au Diable, dist frere Jan, icy nous ayder, de par trente legions de Diables, vien !... Viendra-il ?

— Ne jurons poinct, dist Panurge, mon pere, mon amy, pour ceste heure. Demain, tant que vouldrez. Holos, holos, Zalas ! nostre nauf prend eau. Je naye, zalas, zalas ! Be be be be be bous, bous, bous, bous. Or sommes nous au fond. Zalas, zalas ! Je donne dixhuict cens mille escuz de intrade[c] à qui me mettra en terre tout foireux et tout breneux comme je suy, si oncques home feut en ma patrie de bren. *Confiteor*. Zalas ! un petit mot de testament, ou codicille pour le moins.

— Mille diables, dist frere Jan, saultent on corps de ce coqu. Vertus Dieu ! parle tu de testament à ceste heure que sommes en dangier, et qu'il nous convient evertuer ou jamais plus ? Viendras tu, ho Diable ?

---

a. qui vont au concile. — b. écrasera. — c. rente.

1. Le son le plus élevé.
2. La note la plus grave.

Comite[1], mon mignon, o le gentil algousan[2] ! deça !
Gymnaste, icy sus l'estanterol[3]. Nous sommes par la
vertus Dieu troussez à ce coup. Voylà nostre phanal
extainct. Cecy s'en va à tous les millions de Diables.
— Zalas, zalas, dist Panurge, zalas ! Bou, bou, bou,
bous. Zalas, zalas ! Estoit ce icy que de perir nous estoit
prædestiné ? Holos, bonnes gens, je naye, je meurs.
Consummatum est[4]. C'est faict de moy.

— Magna, gna, gna, dist frere Jan. Fy ! qu'il est laid,
le pleurart de merde. Mousse, ho, de par tous les
Diables, guarde l'escantoula[a]. T'es tu blessé ? Vertus
Dieu, atache à l'un des bitous[5]. Icy, de là, de par le
Diable, hay ! Ainsi, mon enfant.

— Ha frere Jan, dist Panurge, mon pere spirituel,
mon amy, ne jurons poinct. V.ous pechez. Zalas, zalas !
Be, be, be, bous, bous, bous, je naye, je meurs, mes
amys. Je pardonne à tout le monde. Adieu, *in manus*[c].
Bous, bous, bouououous. Sainct Michel d'Aure[6],
sainct Nicolas, à ceste foys et jamais plus ! Je vous
foys icy bon veu et à Nostre Seigneur que, si à ce coup
m'estez aydans, j'entends que me mettez en terre hors
ce dangier icy, je vous edifieray une belle grande
petite chappelle ou deux,

> Entre Quande et Monssoreau[7],
> Et n'y paistra vache ne veau.

« Zalas, zalas ! Il m'en est entré en la bouche plus
de dixhuict seillaux[b] ou deux. Bous, bous, bous, bous.
Qu'elle est amere et sallée !

— Par la vertus, dist frere Jan, du sang, de la chair,

---

a. pompe. — *b.* seaux. — *c. in manus tuas commendo spiritum meum :*
je remets mon esprit entre vos mains. (Luc, XXIII, 46).

1. Nom de l'officier qui commande la chiourne. — 2. Argousin,
bas officier. — 3. Pilier sur la poupe où flottait le pavillon.
4. « Tout est consommé. » Derniers mots du Christ (Jean, XIX, 30).
5. Bitte : barre de bois où l'on fixe les amarres.
6. Chapelle de la vallée d'Aure dans les Pyrénées.
7. Les deux villages se touchaient.

BALDVS

La Tempête
Illustration des *Macaronées* de Folengo, Toscolano, 1521

du ventre, de la teste, si encores je te oy pioller^a, coqu
au diable, je te gualleray^b en loup marin : vertus Dieu !
que ne le jectons nous au fond de la mer ? Hespaillier^c,
ho gentil compaignon, ainsi mon amy. Tenez bien
lassus. Vrayement voicy bien esclairé, et bien tonné. Je
croy que tous les diables sont deschainez aujourd'huy
ou que Proserpine est en travail d'enfant. Tous les
Diables dansent aux sonnettes. »

Comment les nauchiers abandonnent les navires
au fort de la tempeste.

Chapitre XX

« Ha, dist Panurge, vous pechez, frere Jan, mon
amy ancien. Ancien, dis je, car de present je suys nul,
vous estes nul. Il me fasche le vous dire. Car je croy
que ainsi jurer vous face grand bien à la ratelle;
comme, à un fendeur de bois, fait grand soulaigement
celluy qui à chascun coup près de luy crie : Han ! à
haulte voix, et comme un joueur de quilles est mirifi-
quement soulaigé quand il n'a jecté la boulle droit, si
quelque homme d'esprit près de luy panche et con-
tourne la teste et le corps à demy, du cousté auquel
la boulle aultrement bien jectée eust faict rencontre
de quilles. Toutes foys vous pechez, mon amy doulx.
Mais, si præsentement nous mangeons quelque espece
de cabirotades^d serions nous en sceureté de cestuy
oraige ? J'ay leu que, sus mer, en temps de tempeste,
jamais n'avoient paour, tous jours estoient en sceureté les ministres des Dieux Cabires[1], tant celebrez

---

a. pleurer. — *b.* frapperai. — *c.* rameur. — *d.* grillades de chevreau.

1. Divinités mystérieuses d'origine phénicienne. Rabelais suit ici
Strabon, X, 472.

par Orphée, Apollonius, Pherecydes, Strabo, Pausanias, Herodote.

— Il radote, dist frere Jan, le paouvre Diable. A
mille et millions et centaines de millions de Diables
soit le coqu cornard au Diable ! Ayde nous icy, hau,
tigre[1] ! Viendra il ? Icy à orche[a]. Teste Dieu plene de
reliques, quelle patenostre de cinge est ce que tu mar-
mottez là entre les dens ? Ce Diable de fol marin est
cause de la tempeste, et il seul ne ayde à la chorme[b].
Par Dieu, si je voys là, je vous chastieray en diable
tempestatif. Icy, fadrin[c], mon mignon, tiens bien,
que je y face un nou gregeoys. O le gentil mousse !
Pleust à Dieu que tu feusses abbé de Talemouze[2], et
celluy qui de præsent l'est fust guardian du Croullay[3] !
Ponocrates, mon frere, vous blesserez là. Epistemon,
guardez vous de la jalousie[d], je y ay veu tomber un
coup de fouldre.

— Inse[e] !

— C'est bien dict. Inse, inse, inse. Vieigne esquif !
Inse. Vertus Dieu, qu'est cela ? Le cap[f] est en pieces.
Tonnez, Diables, petez, rottez, fiantez. Bren pour la
vague ! Elle a, par la vertus Dieu ! failly à m'emporter
soubs le courant. Je croy que tous les millions de
Diable tiennent icy leur chapitre provincial, ou bri-
guent pour election de nouveau recteur[4].

— Orche !

— C'est bien dict. Gare la caveche[g], hau, mousse,
de par le diable, hay ! Orche, orche[a].

— Bebebebous, bous, bous, dist Panurge, bous,
bous, bebe, be bous, bous, bous, je naye. Je ne voy

_____

a. à bâbord ! — b. chiourme. — c. mousse. — d. le bastingage. —
e. hisse ! — f. proue. — g. poulie.

1. Texte de 1548 : « o, Bougre, Bredache de tous les diables incubes,
succubes, et tout quand il y a ! Viendra il ? ».
2. Texte de 1548 : « Talemont ». Peut-être Saint-Hilaire-de-Talmont,
en Vendée.
3. Hameau près de Panzoult : il y avait un couvent de Cordeliers.
4. Allusion à l'élection du recteur de l'Université de Paris, parfois
fort tapageuse.

ne ciel ne terre. Zalas, zalas ! De quatre elemens ne nous reste icy que feu et eau. Bouboubous, bous, bous. Pleust à la digne vertus de Dieu que à heure presente je feusse dedans le clos de Seuillé, ou chez Innocent le pastissier, davant la cave paincte, à Chinon[1], sus poine de me mettre en pourpoinct pour cuyre les petits pastez ! Nostre home, sçauriez vous me jecter en terre ? Vous sçavez tant de bien, comme l'on m'a dict. Je vous donne tout Salmiguondinoys, et ma grande cacquerolliere[a], si par vostre industrie je trouve unes foys terre ferme. Zalas, zalas ! je naye. Dea, beaulx amys, puys que surgir ne povons à bon port, mettons nous à la rade, je ne sçay où. Plongez toutes vos ancres. Soyons hors ce dangier, je vous en prie. Nostre amé, plongez le scandal[b] et les bolides[b], de grace. Sçaichons la haulteur du profond. Sondez, nostre amé, mon amy, de par Nostre Seigneur ! Sçaichons si l'on boyroit icy aisement debout, sans soy besser. J'en croy quelque chose.

— Uretacque[c], hau ! cria le pilot, uretacque ! La main à l'insail[d]. Amene uretacque ! Bressine[e], uretacque, guare la pane[f] ! Hau amure[g], amure bas. Hau, uretacque, cap en houlle[2] ! Desmanche le heaulme[h]. Acappaye[1][3].

— En sommes nous là ? dist Pantagruel. Le bon Dieu servateur nous soyt en ayde !

— Acappaye, hau ! s'escria Jamet Brahier, maistre pilot. Acappaye ! Chascun pense de son ame, et se mette en devotion, n'esperans ayde que par miracle des Cieulx !

— Faisons, dist Panurge, quelque bon et beau veu :

---

a. escargotière. — *b.* sonde. — *c.* hisse la corde ! — *d.* drisse. — *e.* tire la drisse. — *f.* voilure. — *g.* cordage. — *h.* la barre. — *i.* mets à la cape.

1. Il s'agit de celliers taillés dans le tuf de la colline de Chinon où il existe encore une rue des Caves-peintes.

2. Face à la lame !

3. Mettre à la cape, c'est carguer la voilure et laisser le vent guider le navire.

Zalas, zalas, zalas, bou, bou, bebebebous, bous, bous.
Zalas, zalas ! faisons un pelerin. Cza, ça, chascun bour-
sille à beaulx liards[1]; cza !

— Deça, hau, dist frere Jan, de par tous les Diables !
A poge[a]. Acappaye, on nom de Dieu ! Desmanche le
heaulme, hau ! Acappaye, acappaye. Beuvons hau !
Je diz du meilleur et plus stomachal. Entendez vous,
hault, majour dome, produisez, exhibez. Aussi bien
s'en va cecy à tous les millions de Diables. Apporte cy,
hau, page, mon tirouoir (ainsi nommoit il son breviaire). Attendez ! tyre, mon amy, ainsi ! Vertus Dieu,
voicy bien greslé et fouldroié, vrayement. Tenez bien
là hault, je vous en prie. Quand aurons nous la feste
de tous Sainctz ? Je croy que aujourd'huy est l'infeste
feste de tous les millions de Diables.

— Helas ! dist Panurge, frere Jan se damne bien à
credit. O que je y perds un bon amy ! Zalas, zalas, voicy
pis que antan. Nous allons de Scylle en Caryde, holos,
je naye. *Confiteor*. Un petit mot de testament, frere
Jan, mon pere; monsieur l'abstracteur, mon amy,
mon Achates; Xenomanes, mon tout. Helas ! je naye,
deux motz de testament. Tenez icy sur ce transpontin[b].»

Continuation de la tempeste, et brief discours
sus testamens faictz sus mer.

Chapitre XXI

« Faire testament, dit Epistemon, à ceste heure qu'il
nous convient evertuer et secourir nostre chorme[c] sus
poine de faire naufraige, me semble acte autant impor-

---

a. à tribord ! — *b.* matelas. — *c.* chiourme.

1. Verse de l'argent... pour payer le voyage d'un pèlerin. Coutume
ancienne : on faisait faire un pèlerinage par un autre, quand on ne
pouvait le faire soi-même.

tun et mal à propous comme celluy des Lances pesades[1]
et mignons de Cæsar entrant en Gaule, les quelz
se amuseoient à faire testamens et codicilles, lamentoient
leur fortune, pleuroient l'absence de leurs femmes et
amys Romains, lorsque, par necessité, leur convenoit
courir aux armes et soy evertuer contre Ariovistus leur
ennemy. C'est sottize telle que du charretier, lequel sa
charrette versée par un retouble[a], à genoilz imploroit
l'aide de Hercules, et ne aiguillonnoit ses bœufz, et ne
mettoit la main pour soublever les roues[2]. De quoy
vous servira icy faire testament ? Car, ou nous eva-
derons ce dangier, ou nous serons nayez. Si evadons,
il ne vous servira de rien. Testamens ne sont valables,
ne auctorisez, sinon par mort des testateurs. Si sommes
nayez, ne nayera il pas comme nous ? Qui le portera
aux executeurs ?

— Quelque bonne vague, respondit Panurge, le
jectera à bourt comme feist Ulyxes ; et quelque fille de
Roy, allant à l'esbat sur le serain, le rencontrera, puis
le fera tresbien executer, et près le rivaige me fera
eriger quelque magnificque cenotaphe, comme feist
Dido à son mary Sychée ; Æneas, à Déiphobus, sus le
rivaige de Troie, près Rhoete ; Andromache, à Hector,
en la cité de Butrot ; Aristoteles, à Hermias et Eubu-
lus ; les Atheniens, au poete Euripides ; les Romains,
à Drusus en Germanie, et à Alexandre Severe,
leur empereur, en Gaulle ; Argentier, à Callaischre ;
Xenocrite, à Lysidices ; Timares, à son filz Teleutagores ; Eupolis et Aristodice, à leur filz Theotime ;
Onestes, à Timocles ; Callimache, à Sopolis, filz de
Dioclides ; Catulle, à son frere ; Statius, à son pere[3] ;

---

a. guéret.

1. Officiers subalternes. L'anecdote vient de César, *De bello gallico*,
I, 39. — 2. Cf. Ésope, 81. — 3. L'énumération ne comprenait pas, en
1548, les cénotaphes d'Euripide, de Callaischre, de Lysidices, de
Teleutagores, de Theotime, de Timocles, de Sopolis. Rabelais a
pris ces noms à Virgile (les trois premiers), Diogène Laërce, Pausanias, Suétone, Lampridius, Catulle, l'*Anthologie,* Callimaque et Stace.

Germain de Brie, à Hervé, le nauchier breton[1].

— Resvez tu ? dist frere Jan. Ayde icy, de part cinq cens mille millions de charretées de Diables, ayde ! que le cancre te puisse venir aux moustaches, et troys razes de anguonnages[2] pour te faire un hault de chausses et nouvelle braguette ! Nostre nauf est elle encarée[a] ? Vertus Dieu, comment la remolquerons[b] nous ? Que tous les Diables de coup de mer voicy ! Nous n'eschappons jamais, ou je me donne à tous les Diables. »

Alors feut ouye une piteuse exclamation de Pantagruel, disant à haulte voix : « Seigneur Dieu, saulve nous ; nous perissons. Non toutesfoys advieigne scelon nos affections, mais ta saincte volunté soit faicte.

— Dieu, dist Panurge, et la benoiste Vierge soient avecques nous ! Holos, holas ! je naye. Bebebebous, bebe, bous, bous. *In manus.* Vray Dieu, envoye moy quelque daulphin pour me saulver en terre comme un beau petit Arion[3]. Je sonneray bien de la harpe, si elle n'est desmanchée[c].

— Je me donne à tous les Diables, dist frere Jan (Dieu soit avecques nous, disoyt Panurge entre les dens[4]), si je descens là, je te monstreray par evidence que tes couillons pendent au cul d'un veau coquart[d], cornart, escorné. Mgnan, mgnan, mgnan ! Vien icy nous ayder, grand veau pleurart, de par trente millions de Diables qui te saultent au corps ! Viendras tu, ô veau marin ? Fy, qu'il est laid le pleurart ! — Vous ne

---

a. échouée. — *b.* remorquerons. — *c.* démolie. — *d.* benêt.

1. Hervé de Porzmoguer [Primauguet] qui périt sur son navire, la *Cordelière*, encerclé par douze vaisseaux anglais plutôt que de se rendre (1512). L'humaniste Germain Brice (ou de Brie) qui fut aumônier du roi, puis chanoine à Notre-Dame de Paris et mourut en 1538 près de Chartres, publia en vers latins une description du combat *(Chordigerae navis conflagratio,* Paris, Josse Bade, 1513) où se trouve un *Hervei Cenotaphium.*

2. Chancre vénérien. — 3. Hérodote, I, 24.

4. Texte de 1548 : « *Je me donne au Diable, dist frere Jean (Dieu soit avec nous, disoit Panurge entre les dents) si le clous de Seuillé ne fust ainsi perdu, si je n'eusse que chanter contra hostium insidias comme faisoient les autres Diables de moines, sans secourir la vigne contre les pillards de Lerné.* »

dictes aultre chose ? — Ça, joyeulx tirouoir[1] en avant que je vous espluche à contrepoil. *Beatus vir qui non abiit*[2]. Je sçay tout cecy par cœur. Voyons la legende de monsieur sainct Nicolas.

> *Horrida tempestas montem turbavit acutum*[3].

Tempeste feut un grand fouetteur d'escholiers au college de Montagu. Si, par fouetter paouvres petitz enfans, escholiers innocens, les pedagogues sont damnez, il est, sus mon honneur, en la roue de Ixion, fouettant le chien courtault qui l'esbranle; s'ilz sont par enfans innocens fouetter saulvez, il doibt estre au dessus des... »

Fin de la tempeste.

CHAPITRE XXII

« Terre, terre, s'escria Pantagruel, je voy terre ! Enfans, couraige de brebis ! Nous ne sommes pas loing de port. Je voy le ciel, du cousté de la Transmontane[4] qui commence s'esparer[a]. Advisez à Siroch[5].

— Couraige, enfans, dist le pilot, le courant est refoncé. Au trinquet de gabie. Inse, inse. Aux boulingues de contremejane. Le cable au capestan ! Vire, vire, vire. La main à l'insail. Inse, inse, inse. Plante le heaulme. Tiens fort à guarant[6]. Pare les couetz[6]. Pare les escoutes[6]. Pare les bolines. Amure babord. Le

---

a. s'éclaircir.

1. Il va boire à son flacon, qui a la forme d'un bréviaire, pour se mettre en appétit. Voir *Gargantua*, chap. XLI, t. I, p. 155, n. 4 et p. 156. — 2. *Psaumes*, I, 1. « Heureux l'homme qui n'est pas parti. » — 3. « Une tempête horrible a troublé Montaigu. » Plaisanterie dirigée contre Pierre Tempête, professeur au collège de Montaigu, célèbre pour sa sévérité. Voir *Gargantua*, chap. XXXVII. — 4. C'est-à-dire le nord. — 5. Vent du sud-est. Cf. ci-dessus p. 34, note 2. — 6. Il s'agit de divers cordages destinés à orienter les voiles.

heaulme soubs le vent. Casse[a] escoute de tribord, filz
de putain ! (Tu es bien aise, homme de bien, dist
frere Jan au matelot, d'entendre nouvelles de ta mere.)
Vien du lo ! Près et plain ! Hault la barre. (Haulte
est, respondoient les matelotz.) Taille vie[b]; le cap au
seuil[1] ! Malettes, hau ! que l'on coue bonnette[2]. Inse,
inse.

— C'est bien dict et advisé, disoit frere Jan. Sus,
sus, sus, enfans, diligentement. Bon. Inse, inse.

— A poge[c].

— C'est bien dict et advisé. L'orage me semble
critiquer[d] et finir en bonne heure[e]. Loué soit Dieu
pourtant. Nos Diables commencent escamper dehinch[f].

— Mole !

— C'est bien et doctement parlé. Mole, mole ! Icy,
de par Dieu, gentil Ponocrates, puissant ribauld ! Il
ne fera qu'enfans masles, le paillard. Eusthenes, guallant homme, au trinquet de prore !

— Inse, inse.

— C'est bien dict. Inse ! de par Dieu, inse, inse[g][3].

— Je n'en daignerois rien craindre, car le jour est
feriau. Nau, Nau, Nau[h] !

— Cestuy celeume[4], dist Epistemon, n'est hors de
propous, et me plaist, car le jour est feriau.

— Inse, inse, bon !

— Oh ! s'escria Epistemon, je vous commande tous
bien esperer. Je voy ça Castor à dextre.

— Be be bous bous bous, dist Panurge, j'ay grand
paour que soit Helene la paillarde.

— C'est vrayement, respondit Epistemon, Mixar-
chagevas, si plus te plaist la denomination des Argives[5].

---

a. serre. — *b.* Coupe la voie. — *c.* à droite. — *d.* approcher de la
fin. — *e.* heureusement. — *f.* d'ici. — *g.* hisse. — *h.* Noël.

1. Sur le goulet du port. — 2. La bonnette était une petite voile
qu'on ajoutait à une grande pour offrir au vent plus de surface. Les
malettes étaient des ouvertures dans lesquelles on passait les attaches
de la bonnette. — 3. On hisse à nouveau les voiles carguées pour
gagner le port. — 4. Voir *Briefve Declaration*, p. 254. — 5. Epistemon
a trouvé le nom argien de Castor dans Plutarque, *Quæst. Græc.*, 23.

Haye, haye, je voy terre, je voy port, je voy grand nombre de gens sus le havre. Je voy du feu sur un obeliscolychnie[1].

— Haye, haye, dist le pilot, double le cap et les basses[a].

— Doublé est, respondoient les matelotz.

— Elle s'en va, dist le pilot : aussi vont celles de convoy. Ayde au bon temps[2].

— Sainct Jan, dist Panurge, c'est parlé cela. O le beau mot.

— Mgna, mgna, mgna, dist frere Jan, si tu en taste goutte, que le Diable me taste. Entends tu, couillu au diable ? Tenez, nostre amé, plein tanquart[b] du fin meilleur. Apporte les frizons[c], hau, Gymnaste, et ce grand mastin de pasté Jambique, ou Jambonique, ce m'est tout un. Guardez de donner à travers.

— Couraige, s'escria Pantagruel; couraige, enfans. Soyons courtoys. Voyez cy près nostre nauf deux lutz, trois flouins, cinq chippes, huict volantaires[3], quatre gondoles et six freguates, par les bonnes gens de ceste prochaine isle envoyées à nostre secours. Mais qui est cestuy Ucalegon[4] là bas qui ainsi crie et se desconforte ? Ne tenoys je l'arbre[d] sceurement des mains, et plus droict que ne feroient deux cens gumenes[e] ?

— C'est, respondit frere Jan, le pauvre diable de Panurge, qui a fiebvre de veau. Il tremble de paour quand il est saoul.

— Si, dist Pantagruel, paour il a eu durant ce colle[f] horrible et perilleux fortunal[g], pourveu que au reste il se feust evertué, je ne l'en estime un pelet[h] moins. Car, comme craindre en tout heurt est indice de gros et lasche cœur, ainsi comme faisoit Agamemnon, et pour ceste cause le disoit Achilles en ses reproches ignomi-

---

a. les basses roches. — b. vase. — c. pots. — d. gouvernail. — e. gros câbles. — f. ouragan. — g. tempête. — h. poil.

1. Phare en forme d'obélisque. — 2. C'est-à-dire : Buvons. — 3. Tous noms de navires légers et rapides. — 4. Personnage de l'*Iliade*. Voir p. 254.

nieusement avoir œilz de chien et cœur de cerf[1]; aussi ne craindre, quand le cas est evidentement redoutable, est signe de peu ou faulte de apprehension[2]. Ores, si chose est en ceste vie à craindre, après l'offense de Dieu, je ne veulx dire que soit la mort. Je ne veulx entrer en la dispute de Socrates et des Academicques : mort n'estre de soy maulvaise, mort n'estre de soy à craindre[3]. Je diz ceste espece de mort par naufraige estre, ou rien n'estre à craindre. Car, comme est la sentence de Homere[4], chose griefve, abhorrente[a] et denaturée est perir en mer[5]. De faict, Æneas, en la tempeste de laquelle feut le convoy de ses navires près Sicile surprins, regrettoit n'estre mort de la main du fort Diomedes, et disoit ceulx estre troys et quatre foys heureux qui estoient mortz en la conflagration[b] de Troie[6]. Il n'est ceans mort persone : Dieu servateur en soit eternellement loué. Mais vrayement voicy un mesnage assez mal en ordre. Bien. Il nous fauldra reparer ce briz. Guardez que ne donnons par terre ! »

---

a. terrifiante. — b. incendie.

1. Souvenirs de l'*Iliade*, I, 225.
2. Il faut comprendre : intelligence.
3. Souvenirs de Platon, *Apologie de Socrate* 40 c et de Cicéron, *Tusculanes*, I, 8.
4. *Odyssée*, V, 312.
5. Texte de 1548 : « *perir en mer. La raison est baillée par les Pitagoriens pour ce que l'ame est feu et de substance ignée : mourant donc l'homme en eau, élément contraire, leur semble, toutesfois le contraire est verité, l'asme estre entierement esteinte* ».
6. *Énéide*, I, 94.

Comment, la tempeste finie,
Panurge faict le bon compaignon.

Chapitre XXIII

« Ha, ha, s'escria Panurge, tout va bien. L'oraige est passée. Je vous prie, de grace, que je descende le premier. Je vouldrois fort aller un peu à mes affaires. Vous ayderay je encores là ? Baillez que je vrilonne[a] ceste chorde. J'ay du couraige prou, voyre. De paour bien peu. Baillez ça, mon amy. Non, non, pas maille de craincte. Vray est que ceste vague d'ecumane[b], laquelle donna de prore en pouppe, m'a un peu l'artere alteré.

— Voile bas !

— C'est bien dict. Comment, vous ne faictez rien, frere Jan ? Est il bien temps de boire à ceste heure ? Que sçavons nous si l'estaffier de sainct Martin[1] nous brasse encores quelque nouvelle oraige ? Vous iray je encores ayder de là ? Vertus guoy ! je me repens bien, mais c'est à tard, que n'ay suivy la doctrine des bons philosophes, qui disent soy pourmener près la mer, et naviger près la terre estre chose moult sceure, et delectable,[2] comme aller à pied quand l'on tient son cheval par la bride. Ha, ha, ha, par Dieu, tout va bien. Vous aideray je encores là ? Baillez ça, je feray bien cela, ou le Diable y sera. »

Epistemon avoit une main toute au dedans escorchée et sanglante, par avoir en violence grande retenu un des gumenes[c], et, entendent le discours de Pantagruel, dist : « Croyez, seigneur, que j'ay eu de paour et de frayeur non moins que Panurge. Mais quoy ? Je ne me suys espargné au secours. Je consydere que si vrayement mourir est (comme est) de necessité fatale et

---

a. enroule. — b. violente (v. *Briefve Declaration*). — c. gros câbles.

1. Le Diable. — 2. Cf. Érasme, *Adages*, I, 2, 91, *Jucundissima navigatio juxta terram, ambulatio juxta mare.*

inevitable, en telle ou telle heure, en telle ou telle
façon mourir est en la saincte volunté de Dieu[1]. Pourtant[a], icelluy fault incessamment implorer, invocquer,
prier, requerir, supplier. Mais là ne fault faire but et
bourne : de nostre part, convient pareillement nous
evertuer, et, comme dict le sainct Envoyé, estre
cooperateurs avecques luy[2]. Vous sçavez que dist
C. Flaminius, consul, lors que, par l'astuce de Annibal,
il feut reserré près le lac de Peruse dict Thrasymene.
« Enfans (dist il à ses soubdards), d'icy sortir ne vous
fault esperer par veuz et imploration des Dieux. Par
force et vertus il nous convient evader, et à fil d'espée
chemin faire par le mylieu des ennemis[3]. » Pareillement, en Saluste, l'ayde (dist M. Portius Cato) des
Dieux n'est impetré par veuz ocieux, par lamentations
muliebres[b]. En veiglant, travaillant, soy evertuant,
toutes choses succedent à soubhayt et bon port. Si,
en necessité et dangier, est l'homme negligent, eviré[c]
et paresseux, sans propous il implore les Dieux : ils
sont irritez et indignez[4].

— Je me donne au Diable, dist frere Jan (Je en
suys de moitié, dist Panurge), si le clous de Seuillé ne
feust tout vendangé et destruict, si je ne eusse que
chanté *Contra hostium insidias* (matiere de breviaire),
comme faisoient les aultres Diables de moines, sans
secourir la vigne à coups de baston de la croix contre
les pillars de Lerné[5].

— Vogue la gualere, dist Panurge, tout va bien.
Frere Jan ne faict rien là. Il se appelle frere Jan faict-

---

a. C'est pourquoi... — *b.* de femmes. — *c.* sans courage.

1. *Var.* de 1548 : « *mourir est part en la volunté des Dieux, part en
nostre arbitre propre...* »
2. Saint Paul, *IIe Ép. aux Corinthiens*, VI, 1. Le texte de 1548 était
le suivant : « *evertuer et leur ayder au moyen et remede. Si je n'en parle
selon les decretz des Mateologiens, ilz me pardonneront : j'en parle par livre
et authorité. Vous sçavez...* ».
3. Tite-Live, XXII, 5.
4. Salluste, *Catilina*, LII, 29.
5. Cf. *Gargantua*, chap. XXVII, tome I, p. 108.

néant[1], et me reguarde icy suant et travaillant pour
ayder à cestuy home de bien Matelot premier de ce
nom. Nostre amé, ho, deux motz, mais que je ne vous
fasche. De quante espesseur sont les ais de ceste nauf ?

— Elles sont, respondit le pilot, de deux bons doigts
espesses, n'ayez paour.

— Vertus Dieu, dist Panurge, nous sommes
doncques continuellement à deux doigtz près de la
mort[2]. Est ce cy une des neuf joyes de mariage[3] ? Ha,
nostre amé, vous faictez bien, mesurant le peril à
l'aulne. De paour, je n'en ay poinct, quant est de moy :
je m'appelle Guillaume sans paour[4]. De couraige, tant
et plus. Je ne entends couraige de brebis; je diz
couraige de loup, asceurance de meurtrier. Et ne crains
rien, que les dangiers[5]. »

Comment, par frere Jan,
Panurge est declairé avoir eu peur sans cause durant l'oraige.

Chapitre XXIV

« Bon jour, messieurs, dist Panurge, bon jour trestous. Vous vous portez bien trestous ? Dieu mercy, et
vous ? Vous soyez les bien et à propous venuz. Descendons. Hespalliers[a], hau, jectez le pontal[b]; approche
cestuy esquif. Vous ayderay je encores là ? Je suis
allovy[c] et affamé de bien faire et travailler, comme
quatre bœufz. Vrayement voycy un beau lieu, et bonnes

---

a. mousses. — b. passerelle. — c. qui a une faim de loup.

1. Cette phrase manque dans le texte de 1548.
2. Érasme, *Apophtegmes*, VII, *Anacharsis Scytha*, 7.
3. La tradition voulait qu'il y en eût quinze...
4. Cf. *Pantagruel, Prologue*, tome I, p. 218.
5. Le mot est dans le *Monologue du Franc Archier de Bagnolet*. Voir
Pantagruel, chap. VII, p. 252, n. 3.

gens. Enfans, avez vous encores affaire de mon ayde ?
N'espargnez la sueur de mon corps, pour l'amour de
Dieu. Adam, c'est l'home, nasquit pour labourer et
travailler, comme l'oyseau pour voler[1]. Nostre Seigneur veult, entendez vous bien ? que nous mangeons
nostre pain en la sueur de nos corps[2], non pas rien ne
faisans, comme ce penaillon[a] de moine que voyez,
frere Jan, qui boyt, et meurt de paour. Voycy beau
temps. A ceste heure congnois je la response de Anacharsis le noble philosophe estre veritable et bien en
raison fondée, quand il, interrogé quelle navire luy
sembloit la plus sceure, respondit : celle qui seroit on
port[3].

— Encores mieulx, dist Pantagruel, quand il, interrogé des quelz plus grand estoit le nombre, des mors
ou des vivens, demanda : Entre les quelz comptez vous
ceux qui navigent sus mer ? Subtilement signifiant que
ceulx qui sus mer navigent tant près sont du continuel
dangier de mort qu'ilz vivent mourans et mourent
vivens[4]. Ainsi Portius Cato disoit de troys choses seulement soy repentir. Sçavoir est s'il avoit jamais son
secret à femme revelé; si en oiziveté jamais avoit un
jour passé et si par mer il avoit peregriné en lieu aultrement accessible par terre[5].

— Par le digne froc que je porte, dist frere Jan à
Panurge, couillon mon amy, durant la tempeste tu as
eu paour sans cause et sans raison. Car tes destinées
fatales ne sont à perir en eau. Tu seras hault en l'air
certainement pendu, ou bruslé guaillard comme un
Pere. Seigneur, voulez vous un bon guaban[b] contre
la pluie ? Laissez moy ces manteaulx de loup et de
bedouault[c]. Faictes escorcher Panurge et de sa peau

---

a. cette loque. — *b.* caban. — *c.* blaireau.

1. Le mot est de Job, V, 7. — 2. Genèse, III, 17.
3. Érasme, *Apophtegmes*, VII (*Anacharsis*, 13).
4. Érasme, *Apophtegmes*, VII, (*Anacharsis*, 15).
5. Plutarque, *Caton l'Ancien*, IX.

couvrez-vous. N'approchez pas du feu et ne passez par davant les forges des mareschaulx, de par Dieu : en un moment vous la voyriez en cendres; mais à la pluie exposez vous tant que vouldrez, à la neige et à la gresle. Voire, par Dieu, jectez vous au plonge dedans le profond de l'eau, ja ne serez pourtant mouillé. Faictez en bottes d'hyver, jamais ne prendront eau. Faictez en des nasses pour apprendre les jeunes gens à naiger : ilz apprendront sans dangier.

— Sa peau doncques, dist Pantagruel, seroit comme l'herbe dicte Cheveu de Venus[1], laquelle jamais n'est mouillée, ne remoytie[a], tous jours est seiche, encores qu'elle feust on profond de l'eau tant que vouldrez; pourtant, est dicte Adiantos[2].

— Panurge, mon amy, dist frere Jan, n'aye jamais paour de l'eau, je t'en prie. Par element contraire sera ta vie terminée.

— Voire, respondit Panurge; mais les cuisiniers des Diables resvent quelque foys et errent[b] en leur office; et mettent souvent bouillir ce qu'on destinoit pour roustir; comme, en la cuisine de ceans, les maistres queux souvent lardent perdris, ramiers et bizets[c], en intention (comme est vray semblable) de les mettre roustir. Advient toutes foys que les perdris aux choux, les ramiers aux pourreaulx, et les bizets ilz mettent bouillir aux naveaulx.

« Escoutez, beaulx amis : je proteste davant la noble compaignie que, de la chapelle vouée à monsieur S. Nicolas entre Quande et Monssoreau, j'entends que sera une chappelle d'eau rose[3], en laquelle ne paistra vache ne veau; car je la jetteray au fond de l'eau.

---

a. humide. — *b.* se trompent. — *c.* pigeons.

1. Cf. *Tiers Livre*, ch. L, t. I, p. 608. — 2. C'est-à-dire, en grec, qui ne peut se mouiller. V. t. I, p. 608. — 3. Il existait entre Quande et Monsoreau une chapelle dédiée à saint Nicolas, mais ici Rabelais fait allusion à un alambic à distiller les parfums.

— Voylà, dist Eusthenes, le guallant. Voylà le guallant, guallant et demy ! C'est verifié le proverbe Lom-
bardique :

> *Passato el pericolo, gabbato el santo*[1].

*Comment, après la tempeste, Pantagruel descendit
es isles des Macræons.*

Chapitre XXV

Sus l'instant nous descendismez au port d'une isle,
laquelle on nommoit l'isle des Macræons[2]. Les bonnes
gens du lieu nous repceurent honorablement. Un vieil
Macrobe[a] (ainsi nommoient ilz leur maistre eschevin)
vouloit mener Pantagruel en la maison commune de
la ville, pour soy refraischir à son aise et prandre sa
refection. Mais il ne voulut partir du mole que tous
ses gens ne feussent en terre. Après les avoir recon-
gneuz, commenda chascun estre mué de vestemens et
toutes les munitions des naufz estre en terre exposées,
à ce que toutes les chormes feissent chere lie. Ce que
feut incontinent faict. Et Dieu sçayt comment il y eut
beu et guallé[b]. Tout le peuple du lieu apportoit vivres
en abondance. Les Pantagruelistes leurs en donnoient
d'adventaige. Vray est que[3] leurs provisions estoient
aulcunement endommagées par la tempeste præce-
dente. Le repas finy, Pantagruel pria un chascun soy

---

a. Homme de longue vie. — *b.* et comme on y fit la noce.

1. Voir *Briefve Declaration*, p. 254. — 2. Ceux qui vivent longuement (grec, μαχραίων). Abel Lefranc identifie cette île à celle des
Démons, au nord de Terre-Neuve. André Thevet — que Rabelais
a rencontré à Rome — la décrit en 1573 dans sa *Cosmographie*.

3. Le texte de 1548 s'achevait sur ces mots : *Vray est que quia plus n'en
dict* où l'on voit deux formules de conclusion : *quia* mot par lequel
on s'avouait à bout d'arguments, *plus n'en dict* (le déposant) par quoi
se terminaient les interrogatoires.

mettre en office et debvoir pour reparer le briz. Ce que feirent et de bon hayt[a]. La reparation leur estoit facile, parce que tout le peuple de l'isle estoient charpentiers et tous artizans telz que voyez en l'arsenac[b] de Venise; et l'isle grande seulement estoit habitée en troys portz et dix parœces : le reste estoit boys de haulte fustaye, et desert comme si feust la forest de Ardeine.

A nostre instance, le vieil Macrobe monstra ce que estoit spectable et insigne en l'isle. Et par la forest umbrageuse et deserte, descouvrit plusieurs vieulx temples ruinez, plusieurs obelisces, pyramides, monumens et sepulchres antiques, avecques inscriptions et epitaphes divers. Les uns en letres Hieroglyphicques, les aultres en languaige Ionicque, les aultres en langue Arabicque, Agarene[c], Sclavonicque[d], et aultres. Des quelz Epistemon feist extraict curieusement. Ce pendent Panurge dist à frere Jan : « Icy est l'isle des Macræons. Macræon, en grec, signifie vieillart, home qui a des ans beaucoup.

— Que veulx tu, dist frere Jan, que j'en face ? Veulx tu que je m'en defface ? Je n'estoys mie on pays lors que ainsi feut baptisée.

— A propous, respondit Panurge, je croy que le nom de maquerelle en est extraict. Car maquerellaige ne compete que aux vieilles; aux jeunes compete culletaige. Pourtant seroit ce à penser que icy feust l'isle Maquerelle, original et prototype de celle qui est à Paris[1]. Allons pescher des huitres en escalle[e]. »

Le vieil Macrobe, en languaige Ionicque, demandoit à Pantagruel comment et par quelle industrie et labeur estoit abourdé à leur port celle journée, en laquelle avoit esté troublement de l'air et tempeste de mer tant horrificque. Pantagruel luy respondit que le hault Servateur avoit eu esguard à la simplicité et syncere affection de ses gens, les quelz ne voyageoient pour guain

---

a. bon cœur. — b. arsenal. — c. mauresque. — d. slave. — e. écaille.

1. Aujourd'hui l'île des Cygnes.

ne traficque de marchandise. Une et seule cause les
avoit en mer mis, sçavoir est studieux desir de veoir,
apprendre, congnoistre, visiter l'oracle de Bacbuc et
avoir le mot de la Bouteille, sus quelques difficultez
proposées par quelqu'un de la compaignie. Toutesfoys
ce ne avoit esté sans grande affliction et dangier evident
de naufraige. Puys luy demanda quelle cause luy sembloit estre de cestuy espouvantable fortunal[a], et si les
mers adjacentes d'icelle isle estoient ainsi ordinairement subjectes à tempeste, comme, en la mer Océane,
sont les Ratz de Sanmaïeu[1], Maumusson[2], et, en la mer
Mediterranée le gouffre de Satalie[3], Montargentan[4],
Plombin[5], Capo Melio[6] en Laconie, l'estroict de Gilba-
thar, le far[b] de Messine, et aultres.

Comment le bon Macrobe raconte à Pantagruel *le manoir et discession des Heroes.*

Chapitre XXVI

Adoncques respondit le bon Macrobe : « Amys
peregrins, icy est une des isles Sporades, non de vos
Sporades qui sont en la mer Carpathie[7], mais des
Sporades de l'Océan : jadis riche, frequente, opulente,
marchande, populeuse, et subjecte au dominateur de
Bretaigne; maintenant, par laps de temps et sus la

---

a. tempête. — *b.* détroit.

1. Le raz Saint-Mathieu, à l'extrémité du Finistère.
2. Entre l'île d'Oléron et la terre ferme.
3. Adalie, en Asie mineure.
4. Porto di Telamone, en Toscane.
5. Piombino, en face de l'île d'Elbe. — 6. Le cap Malia.
7. La mer de l'Archipel où se trouve l'île de Carpathos.

declination du monde, paouvre et deserte comme
voyez.

« En ceste obscure forest que voyez, longue et
ample plus de soixante et dixhuict mille parasanges[1],
est l'habitation des Dæmons et Heroes, les quelz sont
devenuz vieulx, et croyons, plus ne luysant le comete
præsentement, lequel nous appareut par trois entiers
jours præcedens, que hier en soit mort quelqu'un, au
trespas duquel soyt excitée celle horrible tempeste que
avez pati. Car, eulx vivens, tout bien abonde en ce lieu
et aultres isles voisines, et, en mer, est bonache[a] et
serenité continuelle. Au trespas d'un chascun d'iceulx
ordinairement oyons nous par la forest grandes et
pitoyables lamentations, et voyons en terre pestes,
vimeres[b] et afflictions; en l'air, troublemens et tenebres; en mer, tempeste et fortunal.

— Il y a, dist Pantagruel, de l'apparence en ce que
dictes. Car, comme la torche ou la chandelle, tout le
temps qu'elle est vivente et ardente, luist es assistans,
esclaire tout autour, delecte un chascun, et à chascun
expose son service et sa clarté, ne faict mal ne desplaisir
à persone; sus l'instant qu'elle est extaincte, par sa
fumée et evaporation elle infectionne l'air, elle nuist
es assistans, et à chascun desplaist; ainsi est il de ces
ames nobles et insignes. Tout le temps qu'elles habitent
leurs corps, est leur demeure pacificque, utile, delectable, honorable; sus l'heure de leur discession[c], communement adviennent par les isles et continent grands
troublemens en l'air, tenebres, fouldres, gresles; en
terre, concussions, tremblemens, estonnemens; en
mer, fortunal et tempeste, avecques lamentations des
peuples, mutations des religions, transpors des Royaulmes, et eversions des Republicques.

— Nous, dist Epistemon, en avons naguieres veu
l'experience on decès du preux et docte chevalier Guil-

a. bonace. — b. ouragans. — c. départ.

1. Voir *Briefve Declaration.*

CARTE COSMO
par Jean Cos

QUE UNIVERSELLE
inier en l'an 1570

laume du Bellay[1], lequel vivant, France estoit en telle felicité que tout le monde avoit sus elle envie, tout le monde se y rallioit, tout le monde la redoubtoit. Soubdain après son trespas, elle a esté en mespris de tout le monde bien longuement.

— Ainsi, dist Pantagruel, mort Anchises à Drepani en Sicile, la tempeste donna terrible vexation à Æneas[2]. C'est par adventure la cause pourquoy Herodes, le tyrant et cruel roy de Judée, soy voyant près de mort horrible et espovantable en nature (car il mourut d'une phthiriasis, mangé des verms et des poulx[3], comme paravant estoient morts L. Sylla, Pherecydes Syrien præcepteur de Pythagoras, le poète Gregeoys Alcman[4] et aultres), et prevoyant que à sa mort les Juifz feroient feuz de joye, feist en son serrail, de toutes les villes, bourgades, et chasteaulx de Judée, tous les nobles et magistratz convenir, soubs couleur et occasion fraudulente de leurs vouloir choses d'importance communicquer, pour le regime et tuition[a] de la province. Iceulx venuz et comparens en persones feist en l'hippodrome du serrail reserrer. Puys dist à sa sœur Salomé et à son mary Alexandre : « Je suis asceuré que de ma mort les Juifz se esjouiront; mais, si entendre voulez et executer ce que vous diray, mes exeques[b] seront honorables, et y sera lamentation publicque. Sus l'instant que seray trespassé, faictez, par les archiers de ma guarde, es quelz j'en ay expresse commission donné, tuer tous ces nobles et magistratz qui sont ceans reserrez. Ainsi faisans, toute Judée maulgré soy en deuil et lamentation sera, et semblera es estrangiers que ce soyt à cause de mon trespas, comme si quelque ame Heroïque feust decedée[5]. »

---

a. défense. — *b.* obsèques.

1. Il mourut à Saint-Symphorien-de-Lay (Rhône) le 9 janvier 1543, cf. *Tiers Livre*, chap. xxi, tome I, p. 489. — 2. *Énéide*, III, 708. — 3. *Actes des Apôtres*, XII, 23.

4. Pline l'Ancien, *Hist. Nat.*, XI, 39, et VII, 52 (Pherecydes Syrien). — 5. Emprunt à Josèphe, *Antiq. Judaïques*, XVIII, 6. Mais c'est Rabelais qui prête à Hérode le désir de passer aux yeux des étrangers pour une « âme héroïque ».

Autant en affectoit un desesperé tyran, quand il dict :
« Moy mourant, la terre soyt avecques le feu meslée » ;
c'est à dire perisse tout le monde. Lequel mot Neron le
truant changea, disant : « Moy vivent », comme atteste
Suetone. Ceste detestable parole, de laquelle parlent
Cicero, *lib.* 3, *de Finibus*, et Seneque, *lib.* 2, *de Clemence*,
est par Dion Nicæus et Suidas attribuée à l'empereur
Tibere[1]. »

Comment Pantagruel raisonne sus la discession des ames
Heroïcques et des prodiges horrificques qui præcederent
le trespas du feu seigneur de Langey.

Chapitre XXVII

« Je ne vouldroys (dist Pantagruel continuant)
n'avoir pati la tormente marine, laquelle tant nous a
vexez et travaillez, pour non entendre ce que nous
dict ce bon Macrobe. Encores suys je facilement induict
à croyre ce qu'il nous a dict du comete veu en l'air
par certains jours præcedens telle discession[a]. Car
aulcunes telles ames tant sont nobles, precieuses et
Heroïcques, que, de leur deslogement et trespas, nous
est certains jours davant donnée signification des cieulx.
Et, comme le prudent medicin, voyant par les signes
prognosticz son malade entrer en decours de mort,
par quelques jours davant advertist les femme, enfans,
parens et amis, du decès imminent du mary, pere, ou
prochain, affin, qu'en ce reste de temps qu'il a de
vivre, ilz l'admonnestent donner ordre à sa maison,
exhorter et benistre ses enfans, recommander la viduité

a. disparition.

1. Rabelais suit, dans ce paragraphe, Érasme, *Adages*, I, 3, 80. *Me*
mortuo terra misceatur incendio.

de sa femme, declairer ce qu'il sçaura estre necessaire
à l'entretenement des pupilles, et ne soyt de mort
surprins sans tester et ordonner de son ame et de sa
maison : semblablement les cieulx benevoles, comme
joyeulx de la nouvelle reception de ces beates ames,
avant leur decès semblent faire feuz de joye par telz
cometes et apparitions metéores, les quelles voulent
les cieulx estre aux humains pour prognostic certain
et veridicque prediction que, dedans peu de jours,
telles venerables ames laisseront leurs corps et la
terre.

« Ne plus ne moins que jadis, en Athenes, les juges
Areopagites, ballotans pour le jugement des criminelz
prisonniers, usoient de certaines notes scelon la varieté
des sentences, par θ signifians condemnation à mort;
par T, absolution; par A, ampliation[a] : sçavoir est
quand le cas n'estoit encores liquidé[b]. Icelles, publi-
quement exposées, houstoient d'esmoy et pensement
les parens, amis et aultres, curieulx d'entendre quelle
seroit l'issue et jugement des malfaicteurs detenuz
en prison[1]. Ainsi, par telz cometes, comme par notes
ætherées, disent les cieulx tacitement : Homes mortelz,
si de cestes heureuses ames voulez chose aulcune
sçavoir, apprandre, entendre, congnoistre, preveoir,
touchant le bien et utilité publicque ou privée, faictez
diligence de vous representer à elles, et d'elles response
avoir; car la fin et catastrophe[c] de la comœdie approche.
Icelle passée, en vain vous les regretterez.

« Font d'adventaige. C'est que, pour declairer la
terre et gens terriens n'estre dignes de la presence,
compaignie et fruition de telles insignes ames, l'eston-
nent et espovantent par prodiges, portentes, monstres,
et aultres precedens signes formez contre tout ordre
de nature. Ce que veismes plusieurs jours avant le
departement de celle tant illustre, genereuse et heroïque

---

a. supplément d'information. — b. jugé. — c. dénouement.

1. Érasme, *Adages*, I, 5, 56, θ *praefigere*.

ame du docte et preux chevalier de Langey, duquel vous avez parlé.

— Il m'en souvient, dist Epistemon, et encores me frissonne et tremble le cœur dedans sa capsule, quand je pense es prodiges tant divers et horrificques lesquelz vismes apertement cinq et six jours avant son depart. De mode que les seigneurs de Assier[1], Chemant[2], Mailly le borgne[3], Sainct Ayl[4], Villeneufve la Guyart[5], maistre Gabriel medicin de Savillan[6], Rabelays, Cohuau, Massuau[7], Maiorici[8], Bullou, Cercu dit Bourguemaistre, François Proust, Ferron, Charles Girad, François Bourré, et tant d'aultres amis, domesticques et serviteurs du deffunct, tous effrayez, se reguardoient les uns les aultres en silence, sans mot dire de bouche, mais bien tous pensans et prevoyans en leurs entendemens que de brief seroit France privée d'un tant perfaict et necessaire chevallier à sa gloire et protection, et que les cieulx le repetoient[a] comme à eulx deu par proprieté naturelle.

— Huppe de froc[b], dist frere Jan, je veulx devenir clerc sus mes vieulx jours. J'ay assez belle entendouoire[c], voire. Je vous demande en demandant,

　　　　Comme le roy à son sergent,
　　　　et la Royne à son enfant :

« Ces Heroes icy et Semidieux des quelz avez parlé

---

a. rappelaient. — b. Par le bout de mon froc ! — c. intelligence.

1. François de Genouillac, qui mourut à Cérisoles en 1544.
2. François Errault, sieur de Chemant, président au parlement de Turin.
3. Il fut commissaire de l'artillerie à l'état-major de Du Bellay.
4. Étienne Lorens, capitaine du château de Turin.
5. Neveu de Guillaume Du Bellay.
6. Gabriel Taphanon, Italien, médecin de Guillaume Du Bellay.
7. Il traduisit en français l'ouvrage écrit en latin par Rabelais sur les *Stratagèmes* de G. Du Bellay.
8. Ce personnage et ceux dont les noms suivent sont inconnus; mais ils figurent dans le testament de G. Du Bellay.

peuvent ilz par mort finir ? Par Nettre Dene[a] ! je pensoys en pensaroys[b] qu'ilz feussent immortelz, comme beaulx anges, Dieu me le veueille pardonner. Mais ce reverendissime Macrobe dict qu'ilz meurent finablement.

— Non tous, respondit Pantagruel. Les Stoïciens les disoient tous estre mortelz, un excepté, qui seul est immortel, impassible, invisible[1].

« Pindarus[2] apertement dict es deesses Hamadryades plus de fil, c'est à dire plus de vie n'estre fillé de la quenoille et fillasse des Destinées et Parces iniques que es arbres par elles conservées. Ce sont chesnes, des quelz elles nasquirent scelon l'opinion de Callimachus[3] et de Pausanias, *in Phoci*[4]. Es quelz consent Martianus Capella[5]. Quant aux Semidieux, Panes, Satyres, Sylvains, Folletz, Ægipanes, Nymphes, Heroes et Dæmons, plusieurs ont, par la somme totale resultante des aages divers supputez par Hesiode, compté leurs vies estre de 9.720 ans : nombre composé de unité passante en quadrinité, et la quadrinité entiere quatre foys en soy doublée, puys le tout cinq fois multiplié par solides triangles[6]. Voyez Plutarche on livre de la *Cessation des oracles*.

— Cela, dist frere Jan, n'est point matiere de breviaire. Je n'en croy si non ce que vous plaira.

— Je croy, dist Pantagruel, que toutes ames intellectives sont exemptes des cizeaulx de Atropos. Toutes sont immortelles : Anges, Dæmons et Humaines. Je vous diray toutes foys une histoire bien estrange, mais escripte et asceurée par plusieurs doctes et sçavans historiographes, à ce propous. »

---

a. Par Notre Dame. — *b.* en langage de penseur.

1. Inspiré de Plutarque, *De defectu oraculorum*, chap. xix.
2. *Ibid.*, chap. xi.
3. *A Délos*, 80-85. — 4. *Description de la Grèce, la Phocide*, X, 32, 9. — 5. *Les Noces de la philologie et de Mercure*, II, 167. — 6. Voir sur ce point dans *Bibliothèque d'humanisme et Renaissance*, t. XXI, 1959, un article de K. H. Francis, *Rabelais and Mathematics*, pp. 85 sqq.

Tombeau de Guillaume du Bellay
dans la cathédrale du Mans

*Comment Pantagruel raconte une pitoyable histoire
touchant le trespas des Heroes.*

Chapitre XXVIII

« Epitherses[1], pere de Æmilian rheteur, naviguant
de Grece en Italie[2] dedans une nauf chargée de diverses
marchandises et plusieurs voyagiers, sus le soir, ces-
sant le vent auprès des isles Echinades, les quelles sont
entre la Morée et Tunis, feut leur nauf portée près de
Paxes[3]. Estant là abourdée, aulcuns des voyagiers
dormans, aultres veiglans, aultres beuvans et souppans,
feut de l'isle de Paxes ouie une voix de quelqu'un
qui haultement appeloit *Thamoun*[4]. Auquel cry tous
feurent espovantez. Cestuy Thamous estoit leur
pilot, natif de Ægypte, mais non congneu de nom,
fors à quelques uns des voyagiers. Feut secondement
ouie ceste voix : laquelle appelloit *Thamoun* en cris
horrificque. Persone ne respondent, mais tous restans
en silence et trepidation, en tierce foys ceste voix
fut ouie plus terrible que davant. Dont advint que
Thamous respondit : « Je suis icy, que me demande
tu ? que veulx tu que je face ? » Lors feut icelle voix
plus haultement ouie, luy disant et commandant,
quand il seroit en Palodes[5], publier et dire que Pan
le grand Dieu estoit mort.

« Ceste parolle entendue, disoyt Epitherses tous les
nauchiers et voyaigiers s'estre esbahiz et grandement
effrayez; et entre eulx deliberans quel seroit meilleur

---

1. Plutarque, *De defectu oraculorum*, XVII. Guillaume Postel, dans
son *De orbis terrae concordia* (s. d. [1542 ?], l. I, chap. VII), et
Guillaume Bigot, danss on *Christianae philisophiae praeludium* (Toulouse,
1549, l. IV), avaient, entre autres, déjà repris l'anecdote. Rabelais
enrichit de certains détails le récit de Plutarque. — 2. Cette pré-
cision est de Rabelais ainsi que celle qui concerne la situation
des îles Eschinades « entre la Morée et Tunis ». — 3. Au sud-ouest
de Corfou, en face de l'Épire. — 4. Rabelais, qui suit Plutarque, écrit
Thamoun ou *Thamous,* suivant que le mot est à l'accusatif ou au nomi-
natif dans le texte grec. Plutarque ne dit rien des occupations des
passagers, mais Postel et Bigot en parlent. — 5. Au large de
Buthrote, en Épire.

ou taire ou publier ce que avoit esté commandé, dist
Thamous son advis estre, advenent que lors ilz eussent
vent en pouppe, passer oultre sans mot dire; advenent
qu'il feust calme en mer, signifier ce qu'il avoit ouy.
Quand doncques furent près Palodes advint qu'ilz
n'eurent ne vent ne courant. Adoncques Thamous
montant en prore[1], et en terre projectant sa veue, dist
ainsi que luy estoit commandé : que Pan le grand estoit
mort. Il n'avoit encores achevé le dernier mot quand
feurent entenduz grands souspirs, grandes lamentations et effroiz en terre, non d'une persone seule, mais
de plusieurs ensemble.

« Ceste nouvelle (parce que plusieurs avoient esté
præsens) feut bien toust divulguée en Rome.

« Et envoya Tibere Cæsar, lors empereur en Rome,
querir cestuy Thamous. Et, l'avoir entendu parler,
adjousta foy à ses parolles. Et se guementant[2] es gens
doctes qui pour lors estoient en sa court et en Rome
en bon nombre, qui estoit cestuy Pan, trouva par
leur raport qu'il avoit esté filz de Mercure et de Pene-
lope. Ainsi au paravant l'avoient escript Herodote, et
Ciceron on tiers livre *De la Nature des dieux*[3]. Toutes
foys je le interpreteroys de celluy grand Servateur des
fideles, qui feut en Judée ignominieusement occis par
l'envie et iniquité des Pontifes, docteurs, prebstres et
moines de la loy Mosaïcque[4]. Et ne me semble l'interpretation abhorrente : car à bon droict peut il estre en
languaige Gregoys dict Pan, veu que il est le nostre
Tout, tout ce que sommes, tout ce que vivons, tout ce
que avons, tout ce que esperons est luy, en luy, de luy,
par luy. C'est le bon Pan, le grand pasteur[5], qui,
comme atteste le bergier passionné Corydon, non
seulement a en amour et affection ses brebis, mais
aussi ses bergiers[6]. A la mort duquel feurent plaincts,

---

1. Sur la proue. — 2. S'informant. — 3. La remarque est deRabe-
lais. Voir Hérodote, II, 145 et Cicéron, *De natura deorum*, XXII.
— 4. Cette interprétation était aussi celle de Postel et de Bigot.
Voir article cité, p. 125, n. 2. — 5. Saint Jean, X, 11. — 6. Virgile,
Églogues, II, 33.

souspirs, effroys et lamentations en toute la machine de l'Univers, cieulx, terre, mer, enfers. A ceste miene interpretation compete[a] le temps, car cestuy tresbon, tresgrand Pan, nostre unique Servateur, mourut lez Hierusalem, regnant en Rome Tibere Cæsar. »

Pantagruel, ce propous finy, resta en silence et profonde contemplation. Peu de temps après, nous veismes les larmes decouller de ses œilz grosses comme œufz de austruche. Je me donne à Dieu[1], si j'en mens d'un seul mot[2].

Comment Pantagruel passa l'isle de Tapinois, en laquelle regnoit Quaresmeprenant.

Chapitre XXIX

Les naufz du joyeulx convoy refaictes et reparées, les victuailles refraischiz[b], les Macræons plus que contens et satisfaictz de la despense que y avoit faict Pantagruel, nos gens plus joyeulx que de coustume, au jour subsequent feut voile faicte au serain et delicieux Aguyon[c], en grande alaigresse. Sous le hault du jour, feut, par Xenomanes, monstré de loing l'isle de Tapinois[3], en laquelle regnoit Quaresmeprenant, duquel Pantagruel avoit aultre foys ouy parler, et l'eust voluntiers veu en persone, ne feut que Xenomanes l'en descouraigea, tant pour le grand destour du chemin que pour le maigre passetemps qu'il dist estre en toute l'isle et court du Seigneur. « Vous y voirez, disoit il, pour tout potaige un grand avalleur de poys gris[d], un grand cacquerotier[e], un grand preneur de taulpes, un grand

---

a. correspond. — *b.* renouvelées. — *c.* aquilon. (Voir p. 255). — *d.* pois secs. — *e.* mangeur d'escargots (?) *ou* de caques de harengs (?).

1. Le mot est curieux. On ne saurait penser à un lapsus pour : Je me donne au diable. — 2. Sur cet épisode, cf. M.-A. Screech, *The Death of Pan (Bibliothèque d'Humanisme et Renaissance,* 1955, pp. 36-55). — 3. Le pays des gens craintifs.

boteleur de foin, un demy geant à poil follet et double tonsure, extraict de Lanternoys, bien grand lanternier[a], confalonnier des Ichthyophages[b], dictateur de Moustardois[1], fouetteur de petitz enfans, calcineur de cendres[2], pere et nourrisson des medicins, foisonnant en pardons, indulgences et stations, homme de bien, bon catholic et de grande devotion. Il pleure les troys pars du jour. Jamais ne se trouve aux nopces. Vray est que c'est le plus industrieux faiseur de lardoueres et brochettes qui soit en quarante royaulmes. Il y a environ six ans que, passant par Tapinois, j'en emportay une grosse[c], et la donnay aux bouchiers de Quande. Ilz les estimerent beaucoup, et non sans cause. Je vous en monstreray à nostre retour deux attachées sus le grand portail[3]. Les alimens des quelz il se paist sont aubers sallez, casquets[d], morrions sallez et salades sallées. Dont quelque foys patit une lourde pissechaulde. Ses habillemens sont joyeulx, tant en façon comme en couleur, car il porte gris et froid : rien davant et rien darriere, et les manches de mesmes.

— Vous me ferez plaisir, dist Pantagruel, si, comme m'avez exposé ses vestemens, ses alimens, sa maniere de faire, et ses passetemps, aussi me exposez sa forme et corpulence en toutes ses parties.

— Je t'en prie, Couilette, dist frere Jan, car je l'ay trouvé dedans mon breviaire : et s'ensuyt après les festes mobiles[4].

— Voluntiers, respondit Xenomanes. Nous en oyrons par adventure plus amplement parler passans l'isle Farouche, en laquelle dominent les Andouilles farfelues[e], ses ennemies mortelles, contre lesquelles il a guerre sempiternelle. Et ne feust l'aide du noble Mardigras, leur protecteur et bon voisin, ce grand

---

a. chimérique. — *b.* mangeurs de poissons. — *c.* douze douzaines. — *d.* petits casques. — *e.* dodues.

1. On consommait beaucoup de moutarde en Carême. — 2. Allusion au jour des Cendres. — 3. Le portail de l'église de Candes est orné d'aiguilles de pierre. — 4. Qui, dans le bréviaire, sont en effet suivies des leçons du Carême.

COMBAT DE MARDIGRAS ET DE QUARESMESPRENANT
Gravure de Jaspar Isac

Lanternier Quaresmeprenant les eust ja piéça[a] exterminées de leur manoir.

— Sont elles, demandoit frere Jan, masles ou femelles ? anges ou mortelles ? femmes ou pucelles ?

— Elles sont, respondit Xenomanes, femelles en sexe, mortelles en condition : aulcunes pucelles, aultres non.

— Je me donne au Diable, dist frere Jan, si je ne suys pour elles. Quel desordre est ce en nature, faire guerre contre les femmes ? Retournons. Sacmentons[b] ce grand villain.

— Combattre Quaresmeprenant, dist Panurge, de par tous les Diables, je ne suys pas si fol et hardy ensemble. *Quid juris*[c], si nous trouvions envelopez entre Andouilles et Quaresmeprenant ? entre l'enclume et les marteaulx ? Cancre. Houstez vous de là. Tirons oultre. Adieu, vous diz, Quaresmeprenant. Je vous recommande les Andouilles, et n'oubliez pas les Boudins. »

Comment par Xenomanes est anatomisé
et descript Quaresmeprenant.

Chapitre XXX

« Quaresmeprenant, dist Xenomanes, quant aux parties internes[1], a (au moins de mon temps avoit) la cervelle en grandeur, couleur, substance et vigueur semblable au couillon gauche d'un ciron masle.
Les ventricules d'icelle, comme un tirefond.
L'excrescence vermiforme, comme un pillemaille[d].

---

a. il y a longtemps. — *b.* massacrons. — *c.* Quelle décision de droit. — *d.* maillet.

1. Il s'agit de présenter Quaresmeprenant comme un monstre. Les comparaisons qu'indique Rabelais correspondent soit à des possibilités réelles, soit à des extravagances voulues, soit simplement à des associations d'idées ou de sonorités.

Les membranes, comme la coqueluche[a] d'un moine.
L'entonnoir, comme un oiseau de masson.
La voulte, comme un gouimphe[b].
Le conare[c], comme un veze[d].
Le retz admirable, comme un chanfrain.
Les additamens[e] mammillaires, comme un bobelin[f].
Les tympanes, comme un moullinet.
Les os petreux, comme un plumail.
La nucque, comme un fallot.
Les nerfz, comme un robinet.
La luette, comme une sarbataine[g].
Le palat, comme une moufle.
La salive, comme une navette.
Les amygdales, comme lunettes à un œil.
Le isthme, comme une portouoire[h].
Le gouzier, comme un panier vendangeret.
L'estomac, comme un baudrier.
Le pylore, comme une fourche fiere.
L'aspre artere[i], comme un gouet[j].
Le guaviet[k], comme un peloton d'estouppes.
Le poulmon, comme une aumusse.
Le cœur, comme une chasuble.
Le mediastin, comme un guodet.
La plevre, comme un bec de corbin.
Les arteres, comme une cappe de Biart[l].
Le diaphragme, comme un bonnet à la coquarde.
Le foye, comme une bezagüe.
Les venes, comme un chassis.
La ratelle, comme un courquaillet[m].
Les boyaulx, comme un tramail[n].
Le fiel, comme une dolouoire.
La fressure, comme un guantelet.
Le mesantere, comme une mitre abbatiale.

---

a. capuchon. — *b.* bonnet de femme. — *c.* glande pinéale. — d. cornemuse. — *e.* tubercules. — *f.* gros soulier. — *g.* sarbacane. — *h.* hotte. — *i.* trachée artère. — *j.* petit couteau. — *k.* gosier. — *l.* Béarn. — *m.* instrument imitant le cri de la caille. — *n.* filet de pêche.

L'intestin jeun[1], comme un daviet[a].

L'intestin borgne[1], comme un plastron.

Le colon, comme une brinde[b].

Le boyau cullier, comme un bourrabaquin[c] monachal.

Les roignons, comme une truelle.

Les lumbes, comme un cathenat[d].

Les pores ureteres, comme une cramalliere.

Les veines emulgentes[e], comme deux glyphouoires[f].

Les vases spermatiques, comme un guasteau feueilleté.

Les parastates[g], comme un pot à plume.

La vessie, comme un arc à jallet[h].

Le coul d'icelle, comme un batail[i].

Le mirach[j], comme un chapeau Albanois.

Le siphach[k], comme un brassal[l].

Les muscles, comme un soufflet.

Les tendons, comme un guand d'oyseau.

Les ligamens, comme une escarcelle.

Les os, comme cassemuzeaulx[m].

La moelle, comme un bissac.

Les cartilages, comme une tortue de guarigues.

Les adenes[n], comme une serpe.

Les espritz animaulx, comme grands coups de poing.

Les esprits vitaulx, comme longues chiquenauldes.

Le sang bouillant, comme nazardes multipliées.

L'urine, comme un papefigue[2].

La geniture, comme un cent de clous à latte. Et me contoit sa nourrisse qu'il, estant marié avecques la Myquaresme, engendra seulement nombre de adverbes locaulx[3] et certains jeunes doubles.

---

a. pince. — *b.* verre. — *c.* grand verre. — *d.* cadenas. — *e.* rénales. — *f.* seringues. — *g.* prostate. — *h.* arbalète. — *i.* battant de cloche. — *j.* abdomen. — *k.* péritoine. — *l.* brassard. — *m.* gâteaux croquants. — *n.* glandes.

1. Le *jejunum* et le *cæcum*. — 2. Voir chap. XLV. — 3. Un ancien commentateur de Rabelais, Perreau, explique qu'entre la Mi-Carême et Pâques les adverbes de lieu étaient très employés, car, les indulgences étant alors établies en plusieurs lieux on demandait où et par où il fallait aller pour gagner les pardons. Voir Henri Clouzot, *Les Commentaires de Perreau et l'Alphabet de l'auteur français*, Revue des Études Rabelaisiennes, IV, pp. 59-72.

La memoire avoit comme une escharpe.
Le sens commun, comme un bourdon.
L'imagination, comme un quarillonnement de cloches.
Les pensées, comme un vol d'estourneaulx.
La conscience, comme un denigement de heronneaulx.
Les deliberations, comme une pochée d'orgues[a].
La repentence, comme l'équippage d'un double canon.
Les entreprinses, comme la sabourre[b] d'un gallion.
L'entendement, comme un breviaire dessiré[c].
Les intelligences, comme limaz sortans des fraires[d].
La volunté, comme troys noix en une escuelle.
Le desir, comme six boteaux de sainct foin.
Le jugement, comme un chaussepied.
La discretion, comme une mouffle.
La raison, comme un tabouret[e]. »

Anatomie de Quaresmeprenant quant aux parties externes.

Chapitre XXXI

« Quaresmeprenant, disoit Xenomanes continuant, quant aux parties externes, estoit un peu mieulx proportionné, exceptez les sept costes qu'il avoit oultre la forme commune des humains.
Les orteilz avoit comme une espinette[1] orguanisée.
Les ongles, comme une vrille.
Les pieds, comme une guinterne[f].
Les talons, comme une massue.
La plante, comme un creziou[g].
Les jambes, comme un leurre.
Les genoulz, comme un escabeau.

---

a. comme un sac d'orge. — *b.* le lest. — *c.* déchiré. — *d.* fraises. —
e. petit tambour. — *f.* guitare. — *g.* creuset.

1. C'est l'ancêtre, lointain, du piano.

Les cuisses, comme un crenequin[a].
Les hanches, comme un vibrequin.
Le ventre à poulaines, boutonné scelon la mode antique, et ceinct à l'antibust[1].
Le nombril, comme une vielle.
La penilliere, comme une dariolle[b].
Le membre, comme une pantouphle.
Les couilles, comme une guedoufle[c].
Les genitoires comme un rabbot.
Les cremasteres[d], comme une raquette.
Le perinæum comme un flageolet.
Le trou du cul, comme un mirouoir crystallin.
Les fesses, comme une herse.
Les reins, comme un pot beurrier.
L'alkatin[e], comme un billart.
Le dours, comme une arbaleste de passe.
Les spondyles[2], comme une cornemuse.
Les coustes, comme un rouet.
Le brechet, comme un baldachin.
Les omoplates, comme un mortier.
La poictrine, comme un jeu de regualles[3].
Les mammelles, comme un cornet à bouquin.
Les aisselles, comme un eschiquier.
Les espaules, comme une civiere à braz.
Les braz, comme une barbute[f].
Les doigts, comme landiers de frarie[4].
Les rasettes[g], comme deux eschasses.
Les fauciles[h], comme faucilles.
Les coubtes, comme ratouoires.
Les mains, comme une estrille.
Le col, comme une salverne[i].

---

a. arbalète. — *b.* flan. — *c.* bouteille. — *d.* muscles des testicules. — *e.* sacrum. — *f.* capuchon. — *g.* os du poignet. — *h.* os du bras. — *i.* écuelle.

1. Pourpoint boutonné sur le devant. — 2. C'est la colonne vertébrale.
3. « Instrument de fleustes en façon d'orgues » selon une définition contemporaine. — 4. C'est-à-dire froids comme les landiers (les chenêts) d'une salle de confrérie (où l'on se réunit rarement).

La guorge, comme une chausse d'hippocras[1].

Le nou[a], comme un baril auquel pendoient deux
    guoytrouz[b] de bronze bien beaulx et harmonieux,
    en forme d'une horologe de sable[c].

La barbe, comme une lanterne.

Le menton, comme un potiron.

Les aureilles, comme deux mitaines.

Le nez, comme un brodequin anté en escusson.

Les narines, comme un beguin.

Les soucilles, comme une lichefrete.

Sus la soucille guauche avoit un seing[d] en forme et
    grandeur d'un urinal.

Les paulpieres, comme un rebec,

Les œilz, comme un estuy de peignes.

Les nerfz opticques, comme un fuzil.

Le front, comme une retombe[e].

Les temples, comme une chantepleure.

Les joues, comme deux sabbotz.

Les maschoueres, comme un goubelet.

Les dents, comme un vouge. De ses telles dens de
    laict vous trouverez une à Colonges les Royaulx
    en Poictou[2], et deux à la Brosse en Xantonge[3],
    sus la porte de la cave.

La langue, comme une harpe.

La bouche, comme une housse.

Le visage historié[f], comme un bast de mulet.

La teste, contournée, comme un alambic.

Le crane, comme une gibbessiere.

Les coustures[g], comme un anneau de pescheur[4].

La peau, comme une gualvardine[h].

----

a. pomme d'Adam. — b. goitre. — c. sablier. — d. marque. —
e. vase rond. — f. difforme. — g. sutures. — h. cape.

1. Sorte de filtre où l'on passait le vin aromatisé. — 2. Coulonges-
sur-l'Autize, près de Niort, dont le château appartenait à Geoffroy
d'Estissac. — 3. On conservait au château de La Brousse, près de
Saint-Jean-d'Angély, propriété de Louis d'Estissac, une « dent »
(probablement un os) de baleine. — 4. Cachet où saint Pierre est
représenté en pêcheur et qui sert à sceller les brefs pontificaux.

L'epidermis, comme un beluteau[a].
Les cheveulx, comme une decrotouoire[1].
Le poil, tel comme a esté dict. »

Continuation des contenences de Quaresmeprenant.

CHAPITRE XXXII

« Cas admirable en nature, dist Xenomanes conti-
nuant, est veoir et entendre l'estat de Quaresmepre-
nant.
S'il crachoit, c'estoient panerées de chardonnette[b].
S'il mouchoit, c'estoient anguillettes salées.
S'il pleuroit, c'estoient canars à la dodine[2].
S'il trembloit, c'estoient grands patez de lievre.
S'il suoit, c'estoient moulues[c] au beurre frays.
S'il rottoit, c'estoient huytres en escalle.
S'il esternuoit, c'estoient pleins barilz de moustarde.
S'il toussoit, c'estoient boytes de coudignac[d].
S'il sanglouttoit, c'estoient denrées[3] de cresson.
S'il baisloit[e], c'estoient potées de poys pillez.
S'il souspiroit, c'estoient langues de bœuf fumées.
S'il subloit[f], c'estoient hottées de cinges verds.
S'il ronfloit, c'estoient jadaulx de febves frezes[g].
S'il rechinoit, c'estoient pieds de porc au sou[h].
S'il parloit, c'estoit gros bureau d'Auvergne, tant s'en
   falloit que feust saye cramoisie, de laquelle vouloit
   Parisatis estre les parolles tissues de ceulx qui par-
   loient à son filz Cyrus, roy des Perses[4].

a. crible. — b. artichauts. — c. morues. — d. cotignac. — e. bâillait.
— f. sifflait. — g. seaux de fèves décortiquées. — h. saindoux.

1. Une brosse à chaussures : donc des cheveux sales. — 2. Sauce au
blanc, épicée à l'oignon. — 3. Au sens propre : quantité de marchandise valant un denier. — 4. Cf. Érasme, *Apophtegmes*, V, *Parysatis*.

S'il souffloit, c'estoient troncs pour les Indulgences.
S'il guygnoit des œilz, c'estoient gauffres et obelies[a].
S'il grondoit, c'estoient chats de Mars[1].
S'il dodelinoit de la teste, c'estoient charrettes ferrées.
S'il faisoit la moue, c'estoient battons rompuz.
S'il marmonnoit, c'estoient jeuz de la bazoche.
S'il trepignoit, c'estoient respitz et quinquenelles[b].
S'il reculloit, c'estoient coquecigrues de mer[c].
S'il bavoit, c'estoient fours à ban.
S'il estoit enroué, c'estoient entrées de Moresques[d].
S'il petoit, c'estoient houzeaulx de vache brune.
S'il vesnoit, c'estoient botines de cordouan[e].
S'il se gratoit, c'estoient ordonnances nouvelles.
S'il chantoit, c'estoient poys en guousse.
S'il fiantoit, c'estoient potirons et morilles.
S'il buffoit[f], c'estoient choux à l'huille, *alias* caules amb'olif[g].
S'il discouroit, c'estoient neiges d'antan.
S'il se soucioit, c'estoit des rez et des tonduz.
Si rien donnoit, autant en avoit le brodeur.
S'il songeoit, c'estoient vitz volans et rampans contre une muraille.
S'il resvoit, c'estoient papiers rantiers.

« Cas estrange : travailloit rien ne faisant, rien ne faisoit travaillant. Corybantioit dormant, dormoit corybantiant[2], les œilz ouvers comme font les lievres de Champaigne, craignant quelque camisade[3] d'Andouilles, ses antiques ennemies. Rioit en mordant, mordoit en riant. Rien ne mangeoit jeusnant, jeusnoit

---

a. oublies. — *b.* délais de cinq ans accordés aux débiteurs pour payer leurs dettes. — *c.* coquilles. — *d.* danses mauresques. — *e.* cuir de Cordoue. — *f.* soufflait. — *g.* choux à l'huile.

1. Les chats nés en mars avaient la réputation d'être batailleurs. Cf. I, xiii, t. I, p. 55. — 2. D'après Pline l'Ancien, XI, 38. *Briefve Declaration* : « dormir les œilz ouvers », comme les Corybantes à qui avait été confiée la garde de Jupiter enfant. — 3. Le mot désignait une attaque nocturne où les assaillants, pour se reconnaître passaient une chemise sur leur armure.

rien ne mangeant. Grignotoit par soubson, beuvoit
par imagination. Se baignoit dessus les haulx clochers,
se seichoit dedans les estangs et rivieres. Peschoit en
l'air et y prenoit escrevisses decumanes[a]. Chassoit on
profond de la mer[1] et y trouvoit ibices[b], stamboucqs[c]
et chamoys. De toutes corneilles prinses en tapinois,
ordinairement poschoit les œilz[2]. Rien ne craignoit
que son umbre, et le cris des gras chevreaulx. Battoit
certains jours le pavé. Se jouoit es cordes des ceincts[3].
De son poing faisoit un maillet[4]. Escrivoit sus parchemin velu, avecques son gros gallimart[d], prognostications et almanachz.

— Voylà le guallant, dist frere Jan. C'est mon home.
C'est celuy que je cherche. Je luy voys mander un cartel[e].

— Voylà, dist Pantagruel, une estrange et monstrueuse membreure d'home, si home le doibs nommer.
Vous me reduisez en memoire la forme et contenence
de Amodunt[5] et Discordance.

— Quelle forme, demanda frere Jan, avoient ilz ?
Je n'en ouy jamais parler. Dieu me le pardoient.

— Je vous en diray, respondit Pantagruel, ce que
j'en ay leu parmy les apologues antiques[6]. Physis
(c'est Nature) en sa première portée enfanta Beaulté
et Harmonie sans copulation charnelle, comme de soy
mesmes est grandement feconde et fertile. Antiphysie,
laquelle de tout temps est partie adverse de Nature,
incontinent eut envie sus cestuy tant beau et honorable
enfantement : et au rebours enfanta Amodunt et
Discordance par copulation de Tellumon[7]. Ilz avoient

---

a. énormes. — *b.* bouquetins. — *c.* boucs. — *d.* étui à plumes. — *e.*
défi.

1. Érasme, *Adages*, I, 4, 74, *In œre piscari, venari in mare* — 2. *Ibid.*,
I, 3, 75, *Cornicum oculos configere.* — 3. Jeu de mots : se jouait des corps
saints. — 4. *Gargantua*, chap. XI, t. I, p. 49. — 5. C'est-à-dire : qui
manque de mesure. — 6. En réalité chez l'érudit ferrarais Cælius
Calcagninus dont les œuvres avaient paru en 1544, à Bâle. — 7. Nom
d'un Dieu romain qui personnifiait la force génératrice de la
terre.

la teste sphærique et ronde entierement, comme un
ballon; non doulcement comprimée des deux coustez,
comme est la forme humaine. Les aureilles avoient
hault enlevées, grandes comme aureilles d'asne; les
œilz hors la teste, fichez sur des os semblables aux
talons, sans soucilles[a], durs comme sont ceulx des
cancres[b]; les pieds ronds comme pelottes, les braz et
mains tournez en arriere vers les espaules. Et chemi-
noient sus leurs testes, continuellement faisant la roue,
cul sus teste, les pieds contremont. Et (comme vous
sçavez que es cingesses semblent leurs petits cinges
plus beaulx que chose du monde[1]) Antiphysie louoit
et s'efforçoit prouver que la forme de ses enfans plus
belle estoit et advenente que des enfans de Physis;
disant que ainsi avoir les pieds et teste sphæriques, et
ainsi cheminer circulairement en rouant, estoit la forme
competente et perfaicte alleure retirante à quelque
portion de divinité : par laquelle les cieulx et toutes
choses eternelles sont ainsi contournées. Avoir les
pieds en l'air, la teste en bas, estoit imitation du createur
de l'Univers : veu que les cheveulx sont en l'home
comme racines, les jambes comme rameaux. Car les
arbres plus commodement sont en terre fichées sus
leurs racines que ne seroient sus leurs rameaux. Par
ceste demonstration alleguant que trop mieulx, plus
aptement estoient ses enfans comme une arbre droicte,
que ceulx de Physis, les quelz estoient comme une
arbre renversée. Quant est des braz et des mains, prou-
voit que plus raisonnablement estoient tournez vers
les espaules, parce que ceste partie du corps ne doibvoit estre sans defenses : attendu que le davant estoit
competentement muny par les dens, des quelles la personne peut, non seulement user en maschant, sans l'ayde
des mains, mais aussi s'en defendre contre les choses
nuisantes. Ainsi, par le tesmoignage et astipulation[c]

a. sourcils. — b. crabes. — c. caution.

1. Érasme, *Adages*, III, 5, 89.

des bestes brutes, tiroit tous les folz et insensez en
sa sentence, et estoit en admiration à toutes gens
ecervelez et desguarniz de bon jugement et sens commun. Depuys elle engendra les Matagotz, Cagotz et
Papelars; les Maniacles[a] Pistoletz[1], les Demoniacles
Calvins, imposteurs de Geneve[2]; les enraigez Puther-
bes[3], Briffaulx[b], Caphars, Chattemittes, Canibales, et
aultres monstres difformes et contrefaicts en despit de
Nature. »

*Comment par Pantagruel feut un monstrueux Physetere
apperceu près l'isle Farouche.*

CHAPITRE XXXIII

Sus le hault du jour approchans l'isle Farouche,
Pantagruel de loing apperceut un grand et monstrueux
physetere[c], venent droict vers nous, bruyant, ronflant,
enflé, enlevé plus hault que les hunes des naufz[4] et
jectant eaulx de la gueule en l'air davant soy, comme
si feust une grosse riviere tombante de quelque montaigne. Pantagruel le monstra au pilot et à Xenomanes. Par le conseil du pilot feurent sonnées les trompettes de la thalamege en intonation de Guare ! Serre !
A cestuy son, toutes les naufz, guallions, ramberges,
liburnicques (scelon qu'estoit leur discipline navale)
se mirent en ordre et figure telle qu'est le Y gregeois,

---

a. insensés. — *b.* gloutons. — *c.* baleine.

1. Le mot signifie une petite arquebuse, puis un petit homme.
M. Alban J. Krailsheimer a suggeré que Rabelais pouvait désigner
par ce mot Postel *(Rabelais et Postel,* dans *Bibliothèque d'Humanisme
et Renaissance,* t. XII, 1951 pp. 187-190).
2. Réplique de Rabelais à Calvin qui l'avait attaqué en 1550 dans
son *De Scandalis.*
3. Gabriel de Puy-Herbaut, moine de Fontevrault, qui reprochait à
Rabelais son paganisme. Voir t. I. *Introduction,* p. XI.
4. Pline l'Ancien, IX, 4.

letre de Pythagoras; telle que voyez observée par les
grues en leur vol; telle qu'est en un angle acut[a]; on
cone et base de laquelle estoit ladicte thalamege en
equippage de vertueusement combatre. Frere Jan,
on chasteau guaillard monta, guallant et bien deliberé avecques les bombardiers. Panurge commença
crier et lamenter plus que jamais. « Babillebabou,
disoit il, voicy pis qu'antan. Fuyons. C'est, par la mort
bœuf, Leviathan descript par le noble prophete Moses
en la vie du sainct home Job[1]. Il nous avallera tous, et
gens et naufz, comme pillules. En sa grande gueule
infernale nous ne luy tiendrons lieu plus que feroit
un grain de dragée musquée en la gueule d'un asne.
Voyez le cy. Fuyons, guaignons terre. Je croy que c'est
le propre monstre marin qui feut jadis destiné pour
devorer Andromeda[2]. Nous sommes tous perduz. O
que pour l'occire præsentement feust icy quelque
vaillant Perseus !

— Persé jus[b] par moy sera, respondit Pantagruel.
N'ayez paour.

— Vertus Dieu, dist Panurge, faictes que soyons
hors les causes de paour. Quand voulez vous que
j'aye paour, sinon quand le dangier est evident ?

— Si telle est, dist Pantagruel, vostre destinée fatale,
comme naguieres esposoit frere Jan, vous doibvez
paour avoir de Pyrœis, Heoüs, Aethon, Phlegon[3],
celebres chevaulx du Soleil flammivomes[c], qui rendent
feu par les narines; des physeteres, qui ne jettent qu'eau
par les ouyes et par la gueule, ne doibvez paour aulcune
avoir. Ja par leur eaue ne serez en dangier de mort.
Par cestuy element plus toust serez guaranty et conservé que fasché ne offensé.

— A l'aultre, dist Panurge. C'est bien rentré de

---

a. aigu. — *b.* le dos à la renverse (Rabelais joue sur Perseus et
Persé jus). — *c.* qui vomit des flammes.

1. Job. XL-XLI. — 2. Ovide, *Métamorphoses*, IV, 663-738.
3. Noms donnés par Ovide aux chevaux du Soleil, *Métamorphoses*,
II, 153-154.

picques noires[a]. Vertus d'un petit poisson ! ne vous ay je assez exposé la transmutation des elemens et le facile symbole[b] qui est entre roust et bouilly, entre bouilly et rousty ? Halas ! Voy le cy. Je m'en voys cacher là bas. Nous sommes tous mors à ce coup. Je voy sus la hune Atropos la felonne avecques ses cizeaulx de frays esmouluz preste à nous tous coupper le filet de vie. Guare ! Voy le cy. O que tu es horrible et abhominable ! Tu en as bien noyé d'aultres, qui ne s'en sont poinct vantez. Dea, s'il jectast vin bon, blanc, vermeil, friant, delicieux, en lieu de ceste eau amere, puante, sallée, cela seroit tollerable aulcunement; et y seroit aulcune occasion de patience, à l'exemple de celluy milourt Anglois[1], auquel estant faict commendement, pour les crimes des quelz estoit convaincu, de mourir à son arbitrage, esleut mourir nayé dedans un tonneau de Malvesie[c]. Voy le cy. Ho, ho, Diable Sathanas, Leviathan ! Je ne te peuz veoir, tant tu es hideux et detestable. Vestz[d] à l'audience, vest aux Chiquanous ! »

Comment par Pantagruel feut deffaict le monstrueux Physetere.

CHAPITRE XXXIV

Le physetere, entrant dedans les brayes[e] et angles des naufz et guallions, jectoit eau sus les premières à pleins tonneaulx, comme si fussent les Catadupes[f] du Nil en Æthiopie. Dards, dardelles, javelotz, espieux,

---

a. C'est parler mal à propos. — *b.* rapport. — *c.* malvoisie. — *d.* allez. — *e.* bastions. — *f.* cataractes (voir *Briefve Declaration*).

1. Le frère d'Édouard IV, cf. Commynes, I, 7.

corsecques[a], partuisanes, voloient sus luy de tous
coustez. Frere Jan ne se y espargnoit. Panurge mouroit de paour. L'artillerie tonnoit et fouldroyoit en
Diable, et faisoit son debvoir de le pinser sans rire.
Mais peu profitoit, car les gros boulletz de fer et de
bronze entrans en sa peau sembloient fondre à les
veoir de loing, comme font les tuilles au soleil. Allors,
Pantagruel, considerant l'occasion et necessité, des-
ploye ses braz et monstre ce qu'il sçavoit faire.

Vous dictes, et est escript, que le truant Commodus;
empereur de Rome, tant dextrement tiroit de l'arc que
de bien loing il passoit les fleches entre les doigts des
jeunes enfans levans la main en l'air, sans aulcunement
les ferir[1].

Vous nous racontez aussi d'un archier Indian, on
temps que Alexandre le Grand conquesta Indie, lequel
tant estoit de traire perit[b], que de loing il passoit ses
fleches par dedans un anneau, quoy qu'elles feussent
longues de troys coubtées et feust le fer d'icelles tant
grand et poisant, qu'il en persoit brancs[c] d'assier, boucliers espoys, plastrons asserez[d], tout generalement qu'il
touchoit, tant ferme, resistant, dur et valide feust,
que sçauriez dire[2].

Vous nous dictez aussi merveilles de l'industrie des
anciens François, les quelz à tous estoient en l'art
sagittaire preferez, et les quelz en chasse de bestes
noires et rousses frotoient le fer de leurs fleches avecques ellebore, pource que de la venaison ainsi ferue
la chair plus tendre, friande, salubre et delicieuse estoit :
cernant toutesfoys et houstant la partie ainsi attaincte
tout autour[3].

Vous faictez pareillement narré des Parthes[4] qui par

----

a. javelines. — b. habile à tirer. — c. épées. — d. d'acier.

1. Ce n'est pas Commode, mais Domitien qui était capable de
cet exploit. Cf. Suétone, *Domitien,* XIX, Ravisius Textor, *Officina,*
Sagittarii et Jaculatores peritissimi. — 2. Arrien, *De l'Inde,* XVI. —
3. Ravisius Textor, *Officina, Populorum diversi mores et ritus varii.* —
4. *Ibid. Sagittarii et Jaculatores peritissimi.*

BALEINE
Gravure allemande du XVIᵉ siècle

darriere tiroient plus ingenieusement que ne faisoient
les aultres nations en face. Aussi celebrez vous les
Scythes en ceste dexterité; de la part des quelz jadis un
ambassadeur[1] envoyé à Darius, Roy des Perses, luy
offrit un oyseau, une grenoille, une souriz, et cinq
fleches, sans mot dire. Interrogé que prætendoient[a]
telz præsens, et s'il avoit charge de rien dire, respondit
que non. Dont restoit Darius tout estonné et hebeté
en son entendement, ne fust que l'un des sept capitaines qui avoient occis les Mages, nommé Gobryes,
luy exposa et interpreta, disant : « Par ces dons et
offrandes vous disent tacitement les Scythes : si les
Perses comme oyseaulx ne volent au ciel, ou comme
souriz ne se cachent vers le centre de la terre, ou ne se
mussent on profond des estangs et paluz comme grenoilles, tous seront à perdition mis par la puissance
et sagettes des Scythes. »

Le noble Pantagruel en l'art de jecter et darder estoit
sans comparaison plus admirable. Car avecques ses
horribles piles[b] et dards (les quelz proprement res-
sembloient aux grosses poultres sus les quelles sont
les pons de Nantes, Saulmur, Bregerac[2], et à Paris
les pons au Change et aux Meusniers soustenuz, en
longueur, grosseur, poisanteur et ferrure) de mil pas
loing il ouvroit les huytres en escalle sans toucher les
bords; il esmouchoit une bougie sans l'extaindre;
frappoit les pies par l'œil; dessemeloit les bottes sans
les endommaiger; deffourroit les barbutes[c] sans rien
guaster; tournoit les feuilletz du breviaire de frere
Jan, l'un l'aultre, sans rien dessirer.

Avecques telz dards, des quelz estoit grande munition dedans sa nauf, au premier coup il enferra le
physetere sus le front, de mode qu'il luy transperça
les deux machouoires et la langue, si que plus ne ouvrit
la gueule, plus ne puysa, plus ne jecta eau. Au second

---

a. représentaient. — *b*. javelots. — *c*. enlevait leur fourrure aux
capuchons.

1. Hérodote, IV, 131-132. — 2. Bergerac.

coup il luy creva l'œil droict; au troysieme, l'œil
guausche. Et feut veu le physetere, en grande jubilation de tous, porter ces troys cornes au front quelque
peu penchantes davant, en figure triangulaire æquilaterale, et tournoyer d'un cousté et d'aultre, chancellant
et fourvoyant comme estourdy, aveigle et prochain de
mort.

De ce non content, Pantagruel luy en darda un aultre
sus la queue, panchant pareillement en arriere; puys
troys aultres sus l'eschine en ligne perpendiculaire, par
equale distance de queue et bac[a] troys foys justement
compartie[b]. Enfin luy en lança sus les flancs cinquante
d'un cousté et cinquante de l'aultre. De maniere que le
corps du physetere sembloit à la quille d'un guallion
à troys gabies[c], emmortaisée[d] par competente dimension
de ses poultres, comme si feussent cosses[e] et porte-
hausbancs de la carine. Et estoit chose moult plaisante
à veoir. Adoncques mourant, le physetere se renversa
ventre sus dours, comme font tous poissons mors; et
ainsi renversé, les poultres contre bas en mer, ressembloit au scolopendre, serpent ayant cent pieds comme
le descript le saige ancien Nicander[1].

*Comment Pantagruel descend en l'isle Farouche,
manoir antique des Andouilles.*

CHAPITRE XXXV

Les hespailliers[f] de la nauf Lanterniere[2] amenerent
le physetere lié en terre de l'isle prochaine, dicte
Farouche, pour en faire anatomie et recueillir la gresse

---

a. avant d'un navire. — *b.* répartie. — *c.* hunes. — *d.* où il y a des
mortaises. — *e.* anneaux. — *f.* rameurs.

1. Naturaliste grec du II[e] siècle avant J.-C.
2. La seconde de la flotte, cf. ci-dessus, p. 32.

des roignons, laquelle disoient estre fort utile et necessaire à la guerison de certaine maladie qu'ilz nommoient
Faulte d'argent. Pantagruel n'en tint compte, car aultres
assez pareilz, voyre encores plus enormes, avoit veu
en l'Océan Gallicque[1]. Condescendit toutesfoys descendre en l'isle Farouche pour seicher et refraischir
aulcuns de ses gens mouillez et souillez par le vilain
physetere, à un petit port desert vers le midy, situé
lez une touche[a] de boys haulte, belle et plaisante, de
laquelle sortoit un delicieux ruisseau d'eaue doulce,
claire et argentine. Là, dessoubs belles tentes feurent
les cuisines dressées, sans espargne de boys. Chascun
mué[b] de vestemens à son plaisir, feut par frere Jan la
campanelle sonnée. Au son d'icelle feurent les tables
dressées et promptement servies.

Pantagruel, dipnant avecques ses gens joyeusement,
sus l'apport de la seconde table, apperceut certaines
petites andouilles affaictées[c] gravir et monter sans mot
sonner sus un hault arbre, près le retraict du guoubelet[2]; si demanda à Xenomanes : « Quelles bestes sont
ce là ? » pensant que feussent escurieux[d], belettes,
martres ou hermines. « Ce sont Andouilles, respondit
Xenomanes. Icy est l'isle Farouche, de laquelle je vous
parlois à ce matin; entre les quelles et Quaresmeprenant leur maling et antique ennemy est guerre mortelle
de long temps. Et croy que par les canonades tirées
contre le physetere ayent eu quelque frayeur et doub-
tance que leur dict ennemy icy feust avecques ses
forces pour les surprendre, ou faire le guast[e] parmy
ceste leur isle, comme ja plusieurs foys s'estoit en vain
efforcé, et à peu de profict, obstant[f] le soing et vigi-
lance des Andouilles, les quelles (comme disoit Dido

---

a. bosquet. — b. ayant changé. — c. apprivoisées. — d. écureuils. —
e. une razzia. — f. faisant obstacle.

1. On voyait encore des baleines sur les côtes de France au
XVIIIe siècle.
2. L'endroit où l'on mettait le vin à rafraîchir.

aux compaignons d'Æneas voulens prendre port
en Cartage sans son sceu et licence[1]) la malignité
de leur ennemy et vicinité de ses terres contraingnoient
soy continuellement contreguarder et veigler.

— Dea, bel amy, dist Pantagruel, si voyez que par
quelque honeste moyen puissions fin à ceste guerre
mettre, et ensemble les reconcilier, donnez m'en advis.
Je me y emploiray de bien bon cœur et n'y espargneray
du mien pour contemperer et amodier[a] les conditions
controverses entre les deux parties.

— Possible n'est pour le præsent, respondit Xenomanes. Il y a environ quatre ans que, passant par cy
et Tapinois[2], je me mis en debvoir de traicter paix
entre eulx, ou longues treves pour le moins : et ores
feussent bons amis et voisins, si tant l'un comme les
aultres soy feussent despouillez de leurs affections[b]
en un seul article. Quaresmeprenant ne vouloit on
traicté de paix comprendre les Boudins saulvaiges, ne
les Saulcissons montigenes[3] leurs anciens bons comperes et confœderez. Les Andouilles requeroient que la
forteresse de Cacques[4] feust par leur discretion, comme
est le chasteau de Sallouoir, regie et gouvernée, et
que d'icelle feussent hors chassez ne sçay quelz puans,
villains, assassineurs, et briguans qui la tenoient. Ce
que ne peut estre accordé, et sembloient les conditions
iniques à l'une et à l'aultre partie. Ainsi ne feut entre
eulx l'apoinctement conclud. Resterent toutesfoys
moins severes et plus doulx ennemis que n'estoient
par le passé. Mais depuys la denonciation du concile
national de Chesil[5], par laquelle elles feurent farfouil-
lées[c], guodelurées[d] et intimées[e]; par laquelle aussi

---

a. régler. — b. prétentions. — c. remuées. — d. persécutées. —
e. citées.

1. *Énéide*, I, 563.
2. Voir *supra* p. 125, n. 3.
3. Allusion probable aux Suisses calvinistes.
4. Les barils où l'on mettait les harengs à saler.
5. Cf. ci-dessus, p. 93.

feut Quaresmeprenant declairé breneux, hallebrené[a]
et stocfisé[b] en cas que avecques elles il feist alliance
ou appoinctement aulcun, se sont horrificquement
aigriz, envenimez, indignez et obstinez en leurs
couraiges; et n'est possible y remedier. Plus toust
auriez vous les chatz et rats, les chiens et lievres
ensemble reconcilié. »

*Comment, par les Andouilles farouches, est dressée
embuscade contre Pantagruel.*

CHAPITRE XXXVI

Ce disant Xenomanes, frere Jan aperceut vingt et
cinq ou trente jeunes Andouilles de legiere taille sus
le havre, soy retirantes le grand pas vers leur ville,
citadelle, chasteau et rocquette[c] de Cheminées, et dist
à Pantagruel : « Il y aura icy de l'asne[1], je le prevoy.
Ces Andouilles venerables vous pourroient, par adventure, prendre pour Quaresmeprenant, quoy qu'en rien
ne luy sembliez. Laissons ces repaissailles icy, et nous
mettons en debvoir de leur resister.

— Ce ne seroit, dist Xenomanes, pas trop mal faict.
Andouilles sont andouilles, tous jours doubles et
traistresses. »

Adoncques se lieve Pantagruel de table pour descouvrir[d] hors la touche[e] de boys; puys soubdain retourne, et nous asceure avoir à guausche descouvert
une embuscade d'Andouilles farfelues[f], et du cousté
droict, à demie lieue loing de là, un gros bataillon
d'aultres puissantes et gigantales Andouilles, le long

---

a. excédé de fatigue. — *b.* desséché. — *c.* fort. — *d.* faire une
reconnaissance. — *e.* bosquet. — *f.* dodues.

1. On fera quelque sottise... Locution proverbiale.

d'une petite colline, furieusement en bataille mar-
chantes vers nous, au son des vezes et piboles[a], des
guogues[b] et des vessies, des joyeulx pifres[c] et tabours,
des trompettes et clairons.

Par la conjecture de soixante et dixhuict enseignes
qu'il y comptoit, estimions leur nombre n'estre moindre
de quarante et deux mille. L'ordre qu'elles tenoient,
leur fier marcher et faces asceurées nous faisoient
croire que ce n'estoient Friquenelles[1], mais vieilles
Andouilles de guerre. Par les premières fillieres[d]
jusques près les enseignes, estoient toutes armées à
hault appareil, avecques picques petites, comme nous
sembloit de loing : toutesfoys bien poinctues et asserées. Sur les æsles estoient flancquegées[e] d'un grand
nombre de Boudins sylvaticques[f], de Guodiveaux[g]
massifz et Saulcissons à cheval, tous de belle taille,
gens insulaires, bandouilliers[h] et farouches.

Pantagruel feut en grand esmoy, et non sans cause,
quoy que Epistemon luy remonstrast que l'usance et
coustume du pays Andouillois povoit estre ainsi
charesser[i] et en armes recepvoir leurs amis estrangiers,
comme sont les nobles roys de France par les bonnes
villes du royaulme repceuz et saluez à leurs premieres
entrées après leur sacre et nouvel advenement à la
couronne. « Par adventure, disoit-il, est ce la guarde
ordinaire de la Royne du lieu, laquelle advertie par les
jeunes Andouilles du guet que veistes sus l'arbre,
comment en ce port surgeoit[j] le beau et pompeux
convoy de vos vaisseaulx, a pensé que là doibvoit
estre quelque riche et puissant Prince, et vient vous
visiter en persone. » De ce non satisfaict, Pantagruel
assembla son conseil pour sommairement leur advis

---

a. des cornemuses et des flûtes. — b. boyaux. — c. fifres. — d.
rangs. — e. flanquées. — f. sauvages. — g. andouillettes. — h. brigands. — i. accueillir avec bienveillance. — j. abordait.

1. Sens propre : boulettes de hachis. Au figuré : femmes galantes.

entendre sus ce que faire debvoient en cestuy estrif[a]
d'espoir incertain et craincte evidente.

Adoncques, briefvement leurs remonstra comment
telles manieres de recueil en armes avoit souvent porté
mortel prejudice, soubs couleur de charesse et amitié.
« Ainsi, disoit-il, l'empereur Antonin Caracalle, à
l'une foys occist les Alexandrins; à l'autre, desfist
la compaignie de Artaban, roy des Perses, soubs
couleur et fiction de vouloir sa fille espouser[1]. Ce que
ne resta impuny; car peu après il y perdit la vie.
Ainsi les enfans de Jacob pour vanger le rapt de leur
sœur Dyna, sacmenterent[b] les Sichimiens[2]. En ceste
hypocritique façon, par Galien, empereur Romain,
feurent les gens de guerre desfaicts dedans Constantinople[3]. Ainsi, soubs espece d'amitié, Antonius attira
Artavasdes, roy de Armenie, puys le feist lier et enferrer
de grosses chaisnes; finablement le feist occire[4]. Mille
aultres pareilles histoires trouvons nous par les antiques monumens. Et à bon droict est, jusques à præsent,
de prudence grandement loué Charles, roy de France
sixieme de ce nom, lequel retournant victorieux des
Flamens et Gantois en sa bonne ville de Paris[5] et,
au Bourget en France, entendent que les Parisiens
avecques leurs mailletz (dont feurent surnommés
Maillotins) estoient hors la ville issuz en bataille jusques
au nombre de vingt mille combatans, n'y voulut entrer
(quoy qu'ilz remonstrassent que ainsi s'estoient mis
en armes pour plus honorablement le recuillir sans
aultre fiction ne mauvaise affection) que premierement
ne se feussent en leurs maisons retirez et desarmez. »

---

a. difficulté. — *b.* massacrèrent.

1. Hérodien, *Vie de Caracalla,* 9-10.
2. *Genèse*, XXXIV, cf. *Tiers Livre*, chap. xlviii.
3. Trebellius Pollion, *Gallien*, 7.
4. Tacite, *Annales*, II, 3.
5. En 1383, lors de la révolte des Maillotins.

Comment Pantagruel manda querir
les capitaines Riflandouille et Tailleboudin ;
avecques un notable discours
sus les noms propres des lieux et des persones.

Chapitre XXXVII

La resolution du conseil feut qu'en tout evenement ilz se tiendroient sus leurs guardes. Lors par Carpalim et Gymnaste, au mandement[1] de Pantagruel, feurent appellez les gens de guerre qui estoient dedans les naufz Brindiere[2] (des quelz coronel estoit Riflandouille) et Portoueriere[2] (des quelz coronel estoit Tailleboudin le jeune). « Je soulaigeray, dist Panurge, Gymnaste de ceste poine. Aussi bien vous est icy sa praesence necessaire. — Par le froc que je porte, dist frere Jan, tu te veulx absenter du combat, couillu, et jà ne retourneras, sus mon honneur. Ce n'est mie grande perte. Aussi bien ne feroit il que pleurer, lamenter, crier, et· descouraiger les bons soubdars. — Je retourneray, certes, dist Panurge, frere Jan, mon pere spirituel, bien toust. Seulement donnez ordre à ce que ces fascheuses Andouilles ne grimpent sus les naufz. Ce pendent que combaterez, je priray Dieu pour vostre victoire, à l'exemple du chevalereux capitaine Moses, conducteur du peuple Israelicque[3].

— La denomination, dist Epistemon à Pantagruel, de ces deux vostres coronelz Riflandouille[4] et Tailleboudin en cestuy conflict nous promect asceurance, heur et victoire, si, par fortune, ces Andouilles nous vouloient oultrager. — Vous le prenez bien, dist Pantagruel, et me plaist que par les noms de nos coro-

---

1. Sur l'ordre de. — 2. V. *supra*, chap. i, p. 33. — 3. *Exode,* XVII, 8-11. Moïse priait pendant une bataille que livrait Josué. — 4. V. chap. xli, p. 161 : *Riflandouilles rifloit Andouilles* et note *d*. Rabelais a déjà employé ce nom dans *Pantagruel* (xxix, p. 365).

nelz vous prævoiez et prognosticquez la nostre victoire. Telle maniere de prognosticquer par noms n'est
moderne. Elle feut jadis celebrée et religieusement
observée par les Pythagoriens[1]. Plusieurs grands
seigneurs et empereurs en ont jadis bien faict leur
profict. Octavian Auguste, second empereur de Rome,
quelque jour rencontrant un paysan nommé Euthyche,
c'est à dire bien fortuné, qui menoit un asne nommé la
Nicon, c'est en langue grecque Victorien, meu de la
signification des noms, tant de l'asnier que de l'asne,
se asceura de toute prosperité, felicité et victoire[2].
Vespasian, empereur pareillement de Rome, estant un
jour seulet en oraison on temple de Serapis, à la veue
et venue inopinée d'un sien serviteur, nommé Basi-
lides, c'est à dire Royal, lequel il avoit loing darriere
laissé malade, print espoir et asceurance de obtenir l'empire Romain[3]. Regilian, non pour aultre
cause ne occasion, feut par les gens de guerre eslu
empereur, que par signification de son propre nom[4].
Voyez le *Cratyle*[5] du divin Platon. — Par ma soif, dist
Rhizotome, je le veulx lire : je vous oy souvent le
alleguant. — Voyez comment les Pythagoriens, par
raison des noms et nombres, concluent que Patroclus
doibvoit estre occis par Hector, Hector par Achilles,
Achilles par Paris, Paris par Philoctetes[6]. Je suys tout
confus en mon entendement quand je pense en l'invention admirable de Pythagoras, lequel, par le nombre
par ou *impar* des syllabes d'un chascun nom propre,
exposoit de quel cousté estoient les humains boy-
teulx, bossus, borgnes, goutteux, paralytiques, pleu-
ritiques, et aultres telz malefices en nature : sçavoir
est, assignant le nombre *par* au cousté guausche du
corps, le *impar* au dextre[7].

---

1. H. Corneille Agrippa, *De vanitate scientiarum,* 15, *De Sorte pytha-
gorica.* — 2. Suétone, *Auguste,* 96. — 3. Suétone, *Vespasien,* 7. —
4. Cf. Trebellius Pollion, *Triginta tyranni,* IX. — 5. Il est question
de savoir dans le *Cratyle* si les noms sont donnés arbitrairement ou
s'ils dérivent de la nature des choses qu'ils désignent. — 5. H. C.
Agrippa, *op. cit.,* 15. — 7. Pline l'Ancien, *Hist. nat.* XXVII.

— Vrayement, dist Epistemon, j'en veids l'experience à Xainctes, en une procession generale, præsent
le tant bon, tant vertueux, tant docte et equitable præ-
sident Briend Valée, seigneur du Douhet[1]. Passant un
boiteux ou boiteuse, un borgne ou borgnesse, un bossu
ou bossue, on luy rapportoit son nom propre. Si les
syllabes du nom estoient en nombre *impar*, soubdain,
sans veoir les personnes, il les disoit estre maleficiez[a],
borgnes, boiteux, bossus du cousté dextre. Si elles
estoient en nombre *par*, du cousté guausche. Et ainsi
estoit la verité, oncques n'y trouvasmes exception.

— Par ceste invention, dist Pantagruel, les doctes
ont affermé que Achilles, estant à genoulx, feut par
la fleiche de Paris blessé on talon dextre : car son nom
est de syllabes *impares* (icy est à noter que les anciesn
se agenoilloient du pied dextre); Venus[2] par Diomedes,
davant Troie, blessée en la main guausche, car son
nom en Grec est de quatre syllabes; Vulcan boiteux
du pied guausche, par mesmes raisons; Philippe, roy
de Macedonie, et Hannibal, borgnes de l'œil dextre[3].
Encores pourrions nous particularizer des ischies,
hernies, hemicraines[b], par ceste raison Pythagorique.

« Mais, pour retourner aux noms, consyderez
comment Alexandre le Grand, filz du roy Philippe,
duquel avons parlé, par l'interpretation d'un seul
nom parvint à son entreprinse[4]. Il assiegeoit la forte
ville de Tyre, et la battoit de toutes ses forces par
plusieurs sepmaines; mais c'estoit en vain. Rien ne
profitoient ses engins et molitions[c]. Tout estoit soubdain demoli et remparé par les Tyriens. Dont print
phantasie de lever le siege avecques grande melancholie, voyant en cestuy departement perte insigne de sa

---

a. difformes. — b. voir *Briefve Declaration*. — c. machines.

1. Président au présidial de Saintes, puis conseiller au parlement
de Bordeaux. Voir tome I, p. 272, n. 3 et *infra*, p. 560, *Francisci
Rabelæsi Allusio.* — 2. Plutarque, *Propos de table*, IX, 4, Servius
(*Commentaire à l'Énéide*, XI, v. 277), cités par Cælius Calcagninus
(*Dialogui quorum titulus Equitatio*, 1544). — 3. Strabon, VII, 22. —
Cornelius Nepos, *Hannibal*, 4. — 4. Plutarque. *Vie d'Alexandre*, 24.

reputation. En tel estrif[a] et fascherie se endormit.
Dormant, songeoit qu'un Satyre estoit dedans sa
tente, dansant et sautelant avecques ses jambes bou-
quines[b]. Alexandre le vouloit prendre; le Satyre tousjours luy eschappoit. En fin, le roy le poursuivant en
un destroict, le happa. Sus ce point se esveigla et racontant
son songe aux philosophes et gens sçavans de sa court,
entendit que les dieux luy promettoient victoire, et
que Tyre bien toust seroit prinse. Car ce mot *Satyros*,
divisé en deux, est *Sa Tyros*, signifiant : *Tienne est
Tyre*. De faict, au premier assault qu'il feist, il emporta
la ville de force, et en grande victoire subjuga
ce peuple rebelle.

« Au rebours, consyderez comment, par la signification d'un nom, Pompée se desespera[1]. Estant
vaincu par Cæsar en la bataille Pharsalique, ne eut
moyen aultre de soy saulver que par fuyte. Fuyant par
mer, arriva en l'isle de Cypre. Près la ville de Paphos,
apperceut sus le rivage un palais beau et sumptueux.
Demandant au pilot comment l'on nommoit cestuy
palais, entendit qu'on le nommoit Κακοβασιλέα, c'est
à dire *Malroy*. Ce nom luy feut en tel effroy et abomination qu'il entra en desespoir, comme asceuré de ne
evader que[c] bien toust ne perdist la vie. De mode que
les assistans et nauchiers ouïrent ses cris, souspirs et
gemissemens. De faict, peu de temps après, un nommé
Achillas, paisant incongneu, luy trancha la teste.

« Encores pourrions nous, à ce propous, alléguer ce
que advint à L. Paulus Æmylius, lors que, par le senat
Romain, feut esleu Empereur, c'est à dire chef de
l'armée qu'ilz envoyoient contre Perses, roy de Macedonie. Icelluy jour, sus le soir, retournant en sa maison
pour soy aprester au deslogement, baisant une siene
petite fille nommée Tratia, advisa qu'elle estoit aulcunement triste. « Qui a il, dist il, ma Tratia ? Pour-

---

a. difficulté. — *b.* de bouc. — *c.* éviter que.

1. Valère Maxime, I, 5, 6; et Plutarque, *Vie de Pompée*, 79.

quoy es tu ainsi triste et faschée ? — Mon pere, respondit elle, Persa est morte. » Ainsi nommoit elle une
petite chiene qu'elle avoit en delices. A ce mot print
Paulus asceurance de la victoire contre Perses[1].

« Si le temps permettoit que puissions discourir par
les sacres bibles des Hebreux, nous trouverions cent
passages insignes, nous monstrans evidemment en
quelle observance et religion leurs estoient les noms
propres avecques leurs significations. »

Sus la fin de ce discours, arriverent les deux coron-
nelz, accompaignez de leurs soubdars, tous bien armez
et bien deliberez. Pantagruel leur feist une briefve
remonstrance, à ce qu'ilz eussent à soy monstrer vertueux au combat, si par cas estoient contraincts (car
encores ne povoit il croire que les Andouilles feussent
si traistresses), avecques defense de commencer le
hourt[a] : et leurs bailla *Mardigras* pour mot du guet.

Comment Andouilles ne sont à mespriser
entre les humains.

CHAPITRE XXXVIII

Vous truphez[b] ici, beuveurs, et ne croyez que ainsi
soit en verité comme je vous raconte. Je ne sçaurois
que vous en faire. Croyez le, si voulez; si ne voulez,
allez y veoir. Mais je sçay bien ce que je veidz. Ce feut
en l'isle Farouche. Je la vous nomme. Et vous reduisez
à memoire la force des Geants antiques, les quelz entreprindrent le hault mons Pelion imposer sus Osse, et

---

a. combat. — b. riez.

1. Rabelais suit ici le compilateur Cælius Calcagninus, plutôt que
Cicéron (*De Divinatione*, I, 46) et Valère Maxime, I, 5, 3. Il est en
effet question d'une chienne chez Calcagninus alors qu'il s'agit d'un
chien chez les auteurs anciens.

l'umbrageux[a] Olympe avecques Osse envelopper, pour combatre les dieux, et du ciel les deniger[b]. Ce n'estoit force vulgaire ne mediocre. Iceulx toutesfoys n'estoient que andouilles pour la moitié du corps, ou serpents que je ne mente.

Le serpens qui tenta Eve estoit andouillicque : ce nonobstant est de luy escript qu'il estoit fin et cauteleux sus tous aultres animans[1]. Aussi sont andouilles.

Encores maintient on en certaines Academies que ce tentateur estoit l'andouille nommée Ithyphalle[2], en laquelle feut jadis transformé le bon messer Priapus, grand tentateur des femmes par les paradis en Grec, ce sont jardins en François. Les Souisses, peuples maintenant hardy et belliqueux, que sçavons nous si jadis estoient saulcisses ? Je n'en vouldroys pas mettre le doigt on feu. Les Himantopodes, peuple en Æthiopie bien insigne, sont andouilles, scelon la description de Pline[3], non autre chose.

Si ces discours ne satisfont à l'incredulité de vos seigneuries, præsentement (j'entends après boyre) visitez Lusignan, Partenay, Vovant, Mervant, et Pouzauges[4], en Poictou. Là trouverrez tesmoings vieulx de renom et de la bonne forge, les quelz vous jureront sus le braz sainct Rigomé[5] que Mellusine, leur premiere fondatrice, avoit corps feminin jusques aux boursavitz[c], et que le reste en bas estoit andouille serpentine, ou bien serpent andouillicque. Elle, toutesfoys, avoit alleures braves et guallantes, lesquelles encores aujourdhuy sont imitées par les Bretons balladins dansans leurs trioriz[6] fredonnizez[d].

---

a. sombre. — b. dénicher. — c. bourse à vit. — d. accompagnés de chants.

1. Genèse, III, 9.
2. C'était l'avis de H. C. Agrippa dans son *De originali peccato*.
3. *Hist. Nat.*, V, 8.
4. Tous châteaux construits, disait la légende, par la fée Mélusine.
5. Cf. *Tiers Livre*, chap. XXVII. tome I, p. 516, n. 2.
6. Danse de basse Bretagne accompagnée de chants. Noël du Fail la mentionne dans ses *Contes d'Eutrapel*, XIX.

Quelle fut la cause pourquoy Erichthonius premier inventa[1] les coches, lectieres, et charriotz ? C'estoit parce que Vulcan l'avoit engendré avecques jambes de andouilles; pour lesquelles cacher, mieulx aima aller en lectiere que à cheval[2]. Car encores de son temps ne estoient Andouilles en reputation. La nymphe Scythique Ora avoit pareillement le corps my party en femme et en andouilles. Elle toutesfoys tant sembla belle à Juppiter qu'il coucha avecques elle et en eut un beau filz nommé Colaxes[3].

Cessez pourtant icy plus vous trupher et croyez qu'il n'est rien si vray que l'Evangile.

Comment frere Jan se rallie avecques les cuisiniers pour combatre les Andouilles.

Chapitre XXXIX

Voyant frere Jan ces furieuses Andouilles ainsi marcher dehayt[a], dist à Pantagruel : « Ce sera icy une belle bataille de foin[b], à ce que je voy. Ho le grand honneur et louanges magnifiques qui seront en nostre victoire ! Je vouldrois que dedans vostre nauf feussiez de ce conflict seulement spectateur, et au reste me laissiez faire avecques mes gens. — Quelz gens ? demanda Pantagruel. — Matiere de breviaire, respondit frere Jan. Pourquoy Potiphar, maistre queux des cuisines de Pharaon, celluy qui achapta Joseph, et lequel Joseph eust faict coqu s'il eust voulu, feut maistre de la cavallerie de tout le royaulme d'Ægypte[4] ? Pourquoy Nabu-

---

a. joyeusement. — b. pour rire.

1. *Géorgiques*, III, 113. — 2. Anecdote mentionnée par Servius dans son commentaire de Virgile. — 3. Valerius Flaccus, *Argonautiques*, VI, 48. — 4. *Genèse* XXXIX, 1, où Putiphar est appelée *princeps exercitus*.

zardan, maistre cuisinier du Roy Nabugodonosor, feut entre tous aultres capitaines esleu pour assieger et ruiner Hierusalem[1] ? — J'escoute, respondit Pantagruel. — Par le trou Madame ! dist frere Jan, je auserois jurer qu'ilz austres foys avoient Andouilles combattu, ou gens aussi peu estimez que Andouilles, pour les quelles abatre, combatre, dompter et sacmenter[a], trop plus sont sans comparaison cuisiniers idoines et suffisans que tous gendarmes, estradiotz[b], soubdars et pietons du monde.

— Vous me refraischissez la memoire, dist Pantagruel, de ce que est escript entre les facecieuses et joyeuses responses de Ciceron[2]. On temps des guerres civiles à Rome entre Cæsar et Pompée, il estoit naturellement plus enclin à la part[c] Pompeiane, quoy que de Cæsar feust requis et grandement favorisé. Un jour entendent que les Pompeians à certaine rencontre avoient faict insigne perte de leurs gens, voulut visiter leur camp. En leur camp apperceut peu de force, moins de couraige, et beaucoup de desordre. Lors prævoyant que tout iroit à mal et perdition, comme depuis advint, commença trupher et mocquer maintenant les uns, maintenant les aultres, avecques brocards aigres et picquans, comme très bien sçavoit le style. Quelques capitaines, faisans des bons compaignons comme gens bien asceurez et deliberez, luy dirent : « Voyez vous combien nous avons encore d'aigles ? » C'estoit lors la devise[d] des Romains en temps de guerre. « Cela, respondit Ciceron, seroit bon et à propous si guerre aviez contre les pies. » Doncques veu que combattre nous fault Andouilles, vous inferez[e] que c'est bataille culinaire, et voulez aux cuisiniers vous rallier. Faictes

---

a. massacrer. — *b.* cavaliers légers. — *c.* parti. — *d.* enseigne. — *e.* concluez.

1. *Rois*, IV, 25, 8. Les auteurs de sermons joyeux citaient souvent Nabuzardan comme symbole de la gourmandise.
2. Érasme, *Apophtegmes,* IV, M. *Tullius Cicero*, 19.

comme l'entendez. Je resteray icy attendant l'issue de ces fanfares[a]. »

Frere Jan de ce pas va es tentes des cuisines, et dict en toute guayeté et courtoisie aux cuisiniers : « Enfans, je veulx huy vous tous veoir en honneur et triumphe. Par vous seront faictes apertises[b] d'armes non encores veues de nostre memoire. Ventre sus ventre, ne tient on aultre compte des vaillans cuisiniers ? Allons combatre ces paillardes Andouilles. Je seray vostre capitaine. Beuvons, amis. Çza, couraige ! — Capitaine, respondirent les cuisiniers, vous dictez bien. Nous sommes à vostre joly commandement. Soubs vostre conduicte nous voulons vivre et mourir. — Vivre, dist frere Jan, bien; mourir, poinct : c'est à faire aux Andouilles. Or donc mettons nous en ordre. *Nabuzardan* vous sera pour mot du guet. »

Comment par frere Jan est dressée la Truye,
et les preux cuisiniers dedans enclous.

CHAPITRE XL

Lors, au mandement de frere Jan, feut par les maistres ingenieux[c] dressée la grande Truye, laquelle estoit dedans la nauf Bourrabaquiniere[1]. C'estoit un engin mirificque, faict de telle ordonnance que, des gros couillarts[d] qui par rancs estoient autour, il jectoit bedaines[e] et quarreaux[f] empenez d'assier : et dedans la quadrature duquel povoient aisement combattre et à couvert demourer deux cens homes et plus; et estoit faict au patron de la Truye de la Riole, moyennant laquelle feut Bergerac prins sur les Anglois,

---

a. rodomontades. — *b.* faits. — *c.* ingénieurs. — *d.* gros canons. — *e.* pierres. — *f.* traits d'acier.

1. Voir *supra*, chap. I, p. 33.

regnant en France le jeune roy Charles sixieme[1].

Ensuyt le nombre et les noms des preux et vaillans cuisiniers, les quelz, comme dedans le cheval de Troye, entrerent dedans la Truye.

Saulpicquet,	Maistre Hordoux[i],
Ambrelin[a],	Grasboyau,
Guavache[b],	Pillemortier,
Lascheron,	L'eschevin,
Porcausou[c],	Saulgrenée,
Salezart[d],	Cabirotade,
Maindegourre[e],	Carbonnade,
Paimperdu,	Fressurade,
Lasdaller[f],	Hoschepot,
Pochecuilliere,	Hasteret,
Moustamoulue[g],	Balafré,
Crespelet[h],	Gualimafré.

Tous ces nobles Cuisiniers portoient en leurs armoiries en champ de gueulle, lardouoire de sinople, fessée[j] d'un chevron argenté, penchant à guausche.

Lardonnet,	Rondlardon,
Lardon,	Antilardon,
Croquelardon,	Frizelardon,
Tirelardon	Lacelardon,
Graslardon,	Grattelardon,
Saulvelardon,	Marchelardon.
Archilardon,	

Guaillardon, par syncope, natif près de Rambouillet. Le nom du docteur culinaire estoit Guaillartlardon. Ainsi dictes vous idolatre pour idololatre.

---

a. charlatan d'un monologue du xve s. — *b.* lâche. — *c.* porc au saindoux. — *d.* salaud. — *e.* mandragore. — *f.* las d'aller. — *g.* moût à morue. — *h.* crépelé. — *i.* sale. — *j.* fascée.

---

1. En 1378 et, en réalité, sous le règne de Charles V. Le fait est rapporté par Froissart, II, 5, qui décrit un engin identique.

Roiddelardon,	Bellardon,
Aftolardon,	Neuflardon,
Douxlardon,	Aigrelardon,
Maschelardon,	Billelardon,
Trappelardon[a],	Guignelardon,
Bastelardon,	Poyselardon,
Guyllevardon[b],	Vezelardon,
Mouschelardon,	Myrelardon.

Noms incongneuz entre les Maranes et Juifz[1].

Couillu,	Jusverd,
Salladier,	Marmitige,
Cressonnadière,	Accodepot[e],
Raclenaveau,	Hoschepot,
Cochonnier,	Brizepot,
Peaudeconnin,	Guallepot,
Apigratis[c],	Frillis[f],
Pastissandiere,	Guorgesalée,
Raslard,	Escarguotandière,
Francbeuignet,	Bouillonsec,
Moustardiot,	Souppimars,
Vinetteux,	Eschinade,
Potageouart,	Prezurier,
Frelault[d],	Macaron,
Benest,	Escarsaufle.

Briguaille[g]. Cestuy feut de cuisine tiré en chambre pour le service du noble cardinal le Veneur[2].

Guasteroust,	Vitet[h],
Escouvillon,	Vitault,
Beguinet,	Vitvain,
Escharbottier,	Jolivet,

---

a. *trappe:* trapu. — b. aiguillette de lard. — c. cf. *appigret :* assaisonnement. — d. bon vivant. — e. appuie-pot. — f. *friller:* trembler. — g. miette. — h. *de* vit.

1. Parce qu'ils ne mangent pas de porc. — 2. Fait cardinal en 1535 par Clément VII, il était célèbre par sa gourmandise.

Vitneuf,
Vistempenard [a],
Victorien,
Vitvieulx,
Vitvelu,
Hastiveau,
Alloyaudiere,
Esclanchier [b],
Guastelet,

Rapimontes [c],
Soufflemboyau,
Pelouze [d],
Gabaonite,
Bubarin,
Crocodillet,
Prelinguant [e],
Balafré,
Maschouré [f].

Mondam, inventeur de la saulse *Madame*, et pour telle invention feut ainsi nommé en languaige Escosse-François.

Clacquedens,
Badiguoincier,
Myrelanguoy,
Becdassée [g],
Rincepot,
Urelelipipingues,
Maunet [h],
Guodepie,

Guauffreux,
Saffranier,
Malparouart,
Antitus [i],
Navelier,
Rabiolas,
Boudinandiere,
Cochonnet.

Robert. Cestuy feut inventeur de la saulse *Robert*, tant salubre et necessaire aux Connilz roustiz, Canars, Porcfrays, Œufz pochez, Merluz sallez et mille aultres telles viandes.

Froiddanguille,
Rougenraye,
Guourneau,
Gribouillis [j],
Sacabribes,
Olymbrius,
Foucquet [k],

Dalyqualquain,
Salmiguondin,
Gringualet,
Aransor,
Talemouse,
Grosbec,
Frippelippes [l],

---

a. plumeau. — *b*. *esclanche:* gigot. — *c*. passant rapidement les monts. — *d*. poisson-raie. — *e*. pimpant. — *f*. souillé. — *g*. *assée:* bécasse. — *h*. mal net. — *i*. type de niais. — *j*. gribouille. — *k*. écureuil. — *l*. goinfre.

Friantaures [a],	Brenous,
Guaffelaze [b],	Mucydan, [e]
Saulpouddré,	Matatruys [f],
Paellefrite,	Cartevirade,
Landore [c],	Cocqueçygrue,
Calabre,	Visedecache [g],
Navelet,	Badelory [h],
Foyrart,	Vedel [i],
Grosguallon [d],	Braguibus [j].

Dedans la Truye entrerent ces nobles cuisiniers guaillars, guallans, brusquetz [k], et prompts au combat. Frere Jan avecques son grand badelaire [l] entre le dernier et ferme les portes à ressort par le dedans.

Comment Pantagruel rompit les Andouilles aux genoulx.

Chapitre XLI

Tant approcherent ces Andouilles que Pantagruel apperceut comment elles desployoient leurs braz, et ja commençoient besser boys [m]. Adoncques envoye Gymnaste entendre qu'elles vouloient dire, et sus quelle querelle elles vouloient sans defiance guerroyer contre leurs amis antiques, qui rien n'avoient mesfaict ne mesdict.

Gymnaste au davant des premieres fillieres [n] feist une grande et profonde reverence, et s'escria tant qu'il peut, disant : « Vostres, vostres, vostres sommes nous trestous, et à commandement. Tous tenons de Mardigras, vostre antique confœderé. » Aulcuns depuys me ont raconté qu'il dist Gradimars, non Mardigras.

---

a. génisse friande. — b. chardon. — c. paresseux. — d. gallon: onglon de porc. — e. visqueux. — f. tue-truie. — g. tête de niais. — h. sot. — i. veau. — j. élégant. — k. allègres. — l. épée en forme de cimeterre. — m. le bois des lances. — n. rangs.

Quoy que soit, à ce mot un gros cervelat saulvaige et farfelu,[a] anticipant davant le front de leur bataillon, le voulut saisir à la guorge. « Par Dieu, dist Gymnaste, tu n'y entreras qu'à taillons[b]; ainsi entier ne pourrois-tu. » Si sacque[c] son espée Baise mon cul (ainsi la nommoit il) à deux mains, et trancha le cervelat en deux pièces.

Vray Dieu, qu'il estoit gras ! Il me soubvint du gros Taureau de Berne, qui feut à Marignan tué à la defaicte des Souisses[1]. Croyez qu'il n'avoit gueres moins de quatre doigts de lard sus le ventre.

Ce cervelat ecervelé[2], coururent Andouilles sus Gymnaste, et le terrassoient vilainnement, quand Pantagruel avecques ses gens acourut le grand pas au secours. Adoncques commença le combat martial pelle melle. Riflandouille rifloit[d] Andouilles, Tailleboudin tailloit boudins. Pantagruel rompoit les Andouilles au genoil[3]. Frere Jan se tenoit quoy dedans sa Truye, tout voyant et considerant, quand les Guodiveaulx, qui estoient en embuscade, sortirent tous en grand effroy[e] sus Pantagruel.

Adoncques voyant frere Jan le desarroy et tumulte ouvre les portes de sa Truye, et sort avecques ses bons soubdars, les uns portant broches de fer, les aultres tenens landiers, contrehastiers[f], paelles[g], pales[h], cocquasses[i], grisles, fourguons[j], tenailles, lichefretes, ramons[k], marmites, mortiers, pistons[l], tous en ordre comme brusleurs de maisons : hurlans et crians tous ensemble espovantablement : *Nabuzardan ! Nabuzardan ! Nabuzardan !* En tel cris et esmeute chocquerent les Guodiveaulx, et à travers les Saulcissons. Les Andouilles soubdain apperceurent ce nouveau renffort, et se mirent

---

a. dodu. — b. par morceaux. — c. tire. — d. tuait. — e. vacarme. — f. chenets. — g. poêle. — h. pelles. — i. chaudrons. — j. tisonniers. — k. balais. — l. pilons.

1. Cf. *Pantagruel*, chap. 1, t. I, p. 227, n. 4, — 2. Vidé de sa cervelle. 3. Dicton populaire : entreprendre une chose impossible avec des moyens extraordinaires.

en fuyte le grand gallot, comme s'elles eussent veu tous les Diables. Frere Jan à coups de bedaines[a] les abbatoit menu comme mousches; ses soubdars ne se y espargnoient mie. C'estoit pitié. Le camp estoit tout couvert d'Andouilles mortes ou navrées. Et dict le conte que si Dieu n'y eust pourveu, la generation Andouillicque eust par ces soubdars culinaires toute esté exterminée. Mais il advint un cas merveilleux. Vous en croyrez ce que vouldrez.

Du cousté de la Transmontane advola un grand, gras, gros, gris pourceau, ayant æsles longues et amples, comme sont les æsles d'un moulin à vent. Et estoit le pennaige[b] rouge cramoisy, comme est d'un Phœnicoptere, qui en Languegoth est appellé Flammant. Les œilz avoit rouges et flamboyans, comme un pyrope[c], les aureilles verdes comme une esmeraulde prassine[d]; les dens jaulnes comme un topaze; la queue longue, noire comme marbre Lucullian[1]; les pieds blancs, diaphanes et transparens comme un diamant, et estoient largement pattez, comme sont les oyes, et comme jadis à Tholose les portoit la royne Pedaucque[2]. Et avoit un collier d'or au coul, autour duquel estoient quelques lettres Ionicques, des quelles je ne peuz lire que deux mots : ΥΣ ΑΘΗΝΑΝ, pourceau Minerve enseignant[3].

Le temps estoit beau et clair. Mais à la venue de ce monstre il tonna du cousté guausche[4] si fort que nous restames tous estonnez. Les Andouilles, soubdain que l'apperceurent, jecterent leurs armes et bastons[e], et à terre toutes se agenoillerent, levantes hault leurs mains joinctes, sans mot dire, comme si elles le adorassent.

---

a. boulets de pierre. — b. plumage. — c. escarboucle. — d. verte. — e. armes.

1. Marbre d'Égypte introduit à Rome par Lucullus.
2. La reine aux pieds d'oie, célèbre dans la vallée de la Garonne.
3. Érasme, *Adages*, I, i, 40, *Sus Minervam*. — 4. Heureux présage pour les Dieux seulement au dire de Servius (*Commentaire à l'Énéide*, II, 54).

Détail de *la Tentation de saint Antoine* par Jérôme Bosch

Frere Jan, avecques ses gens, frappoit tousjours, et embrochoit Andouilles. Mais par le commendement de Pantagruel fut sonnée retraicte, et cesserent toutes armes. Le monstre, ayant plusieurs foys volé et revolé entre les deux armées, jecta plus de vingt et sept pippes[a] de moustarde en terre, puys disparut volant par l'air et criant sans cesse : « Mardigras, Mardigras, Mardigras ! »

Comment Pantagruel parlemente avecques Niphleseth, royne des Andouilles.

CHAPITRE XLII

Le monstre susdict plus ne apparoissant, et restantes les deux armées en silence, Pantagruel demanda parlementer avecques la dame Niphleseth[1] (ainsi estoit nommée la Royne des Andouilles), laquelle estoit près les enseignes dedans son coche. Ce que feut facilement accordé.

La Royne descendit en terre, et gratieusement salua Pantagruel, et le veid voluntiers. Pantagruel soy complaignoit de ceste guerre. Elle luy feist ses excuses honestement, alleguant que par faulx rapport avoit esté commis l'erreur, et que ses espions luy avoient denoncé que Quaresmeprenant, leur antique ennemy, estoit en terre descendu, et passoit temps à veoir l'urine[2] des physeteres. Puys le pria vouloir de grace leur pardonner ceste offense, alleguant qu'en Andouilles plus toust l'on trouvoit merde que fiel : en ceste condition, qu'elle et toutes ses successitres Niphleseth à jamais tiendroient de luy et ses successeurs toute l'isle

---

a. demi-muids.

1. Mot hébreu désignant le membre viril *(Briefve Declaration).*
2. Cf. *Gargantua,* chap. xxxiii, t. I, p. 127, n. 3.

et pays à foy et hommaige, obéiroient en tout et par tout à ses mandemens, seroient de ses amis amies et de ses ennemis ennemies; par chacun an, en recognoissance[a] de ceste feaulté[b], luy envoyroient soixante et dixhuict mille Andouilles royalles pour à l'entrée de table le servir six moys l'an.

Ce que feust par elle faict; et envoya au lendemain dedans six grands briguantins le nombre susdict d'Andouilles royalles au bon Gargantua, soubs la conduicte de la jeune Niphleseth, Infante de l'isle. Le noble Gargantua en feist præsent et les envoya au grand Roy de Paris. Mais au changement de l'air, aussi par faulte de moustarde (baume naturel et restaurant d'andouilles) moururent presque toutes. Par l'oltroy et vouloir du grand Roy feurent par monceaulx en un endroict de Paris enterrées, qui jusques à præsent est appelé la rue Pavée d'Andouilles[1].

A la requeste des dames de la court royalle feut Niphleseth la jeune saulvée et honorablement traictée. Depuis feut mariée en bon et riche lieu, et feist plusieurs beaulx enfans, dont loué soit Dieu.

Pantagruel remercia gracieusement la Royne, pardonna toute l'offense, refusa l'offre qu'elle avoit faict, et luy donna un beau petit cousteau parguoys[c]. Puys curieusement l'interrogea sus l'apparition du monstre susdict. Elle respondit que c'estoit l'Idée[d] de Mardigras, leur dieu tutellaire en temps de guerre, premier fondateur et original de toute la race Andouillicque. Pourtant[e] sembloit il à un pourceau, car Andouilles furent de pourceau extraictes. Pantagruel demandoit à quel propous et quelle indication curative il avoit tant de moustarde en terre projecté. La royne respondit que moustarde estoit leur Sangreal[f] et Bausme celeste : duquel mettant quelque peu dedans les playes des

---

a. preuve. — *b.* fidélité. — *c.* du Perche. — *d.* l'image. — *e.* C'est pourquoi. — *f.* Saint Graal.

1. Probablement l'actuelle rue Séguier.

Andouilles terrassées, en bien peu de temps les navrées guerissoient, les mortes resuscitoient.

Aultres propous ne tint Pantagruel à la Royne, et se retira en sa nauf. Aussi feirent tous les bons compaignons avecques leurs armes et leur Truye.

Comment Pantagruel descendit en l'isle de Ruach.

CHAPITRE XLIII

Deux jours après arrivasmes en l'isle de Ruach[1], et vous jure, par l'estoile Poussiniere[2], que je trouvay l'estat et la vie du peuple estrange plus que je ne diz. Ils ne vivent que de vent. Rien ne beuvent, rien ne mangent, sinon vent. Ilz n'ont maisons que de gyrouettes. En leurs jardins ne sement que les troys especes de anemone[3]. La rue[4] et aultres herbes carminatives ilz en escurent[a] soingneusement. Le peuple commun, pour soy alimenter, use de esvantoirs de plumes, de papier, de toille, selon leur faculté et puissance. Les riches vivent de moulins à vent. Quant ilz font quelque festin ou banquet, on dresse les tables soubs un ou deux moulins à vent. Là, repaissent, aises comme à nopces. Et durant leur repas, disputent de la bonté, excellence, salubrité, rarité des vens, comme vous, beuveurs, par les banquetz philosophez en matiere de vins. L'un loue le Siroch[b]; l'aultre, le Besch[c]; l'aultre, le Guarbin[d]; l'aultre, la Bize[e]; l'aultre, Zephyre[f];

---

a. nettoyer. — *b.* vent du sud-est. — *c.* vent du sud-ouest. — *d.* vent du sud-ouest. — *e.* vent du nord-est. — *f.* vent d'ouest.

1. Mot hébreu : l'île des Vents *(Briefve Declaration)*. — 2. La constellation des Pléiades qui, disaient les Anciens, provoquait les tempêtes. — 3. C'est-à-dire de vents, anémone venant du grec ἄνεμος, vent. — 4. Plante qui chasse les vents intestinaux (Pline l'Ancien, *Hist. Nat.,* XX, 13). Voir *Briefve Declaration.*

l'aultre Gualerne[a][1]. Ainsi des aultres. L'aultre, le vent
de la chemise[2], pour les muguetz[b] et amoureux. Pour
les malades ilz usent de vens couliz, comme de couliz
on nourrist les malades de nostre pays. « O, me disoyt
un petit enflé, qui pourroyt avoir une vessye de ce
bon vent de Languegoth, que l'on nomme Cyerce[3] !
Le noble Scurron[4], medicin, passant un jour par ce
pays, nous contoit qu'il est si fort qu'il renverse les
charrettes chargées. O le grand bien qu'il feroit à ma
jambe Œdipodicque[c] ! Les grosses ne sont les meilleures. — Mais, dist Panurge, une grosse botte[d] de
ce bon vin de Languegoth, qui croit à Mirevaulx,
Canteperdris et Frontignan[5] ! »

Je y veiz un homme de bonne apparence bien ressemblant à la ventrose[e], amerement courroussé contre
un sien gros, grand varlet et un petit paige, et les battoit en Diable à grands coups de brodequin. Ignorant la
cause du courroux pensois que feust par le conseil des
medicins, comme chose salubre au maistre soy cour-
rousser et battre, aux varletz estre battuz. Mais je ouy
qu'il reprochoit aux varletz luy avoir esté robbé à
demy une oyre[f] de vent Guarbin, laquelle il guardoit
cherement, comme viande rare pour l'arriere saison.
Ilz ne fiantent, ilz ne pissent, ilz ne crachent en ceste
isle. En recompense, ilz vesnent, ilz pedent, ilz rottent
copieusement. Ilz patissent toutes sortes et toutes
especes de maladies. Aussi toute maladie naist et procede de ventosité, comme deduyt Hippocrates, *lib.
de Flatibus*. Mais la plus epidemiale est la cholicque ven-
teuse. Pour y remedier, usent de ventoses[g] amples, et

---

a. vent du nord-ouest. — b. élégants. — c. enflée (V. *Briefve Declaration*). — d. tonne. — e. hydropisie. — f. outre. — g. ventouses.

1. Cf. ci-dessus p. 34, note 2.
2. Cf. *Gargantua*, chap. xxxix, tome I, p. 148, n. 4.
3. Nom languedocien du vent du nord-ouest : Rabelais a pu
l'entendre à Narbonne. — 4. Jean Schyron, patron de Rabelais à
Montpellier et médecin de Marguerite de Navarre.
5. Tous vins de la région de Montpellier.

y rendent forte ventositez. Ilz meurent tous hydropicques, tympanites[1]; et meurent les hommes en
pedent, les femmes en vesnent. Ainsi leur sort l'ame
par le cul.

Depuis, nous pourmenans par l'isle, rencontrasmes
trois gros esventez, les quelz alloient à l'esbat veoir les
pluviers[2], qui là sont en abondance, et vivent de
mesme diete. Je advisay que ainsi, comme vous, beuveurs, allans par pays portez flaccons, ferrieres[a] et bouteilles; pareillement chascun à sa ceincture portoit un
beau petit soufflet. Si par cas vent leur failloit, avecques
ces joliz souffletz ilz en forgeoient de tout frays, par
attraction et expulsion reciprocque, comme vous sçavez que vent, en essentiale definition, n'est aultre chose
que air flottant et undoyant.

En ce moment, de par leur Roy, nous feut faict
commandement que de troys heures n'eussions à retirer
en nos navires home ne femme du pays. Car on luy
avoit robbé une veze[b] plene du vent propre que jadis
à Ulysses donna le bon ronfleur Æolus[3], pour guider
sa nauf en temps calme; lequel il guardoit religieusement, comme un autre Sangreal, et en guerissoyt plusieurs enormes maladies, seulement en laschant, et
eslargissant es malades autant qu'en fauldroit pour
forger un pet virginal : c'est ce que les Sanctimoniales[c]
appellent *sonnet*[d][4].

---

a. gourdes. — *b.* vessie. — *c.* religieuses (voir *Briefve Declaration*). —
d. petit son.

1. Malades d'un gonflement de l'intestin par accumulation des vents.
2. Ces oiseaux, croyait-on, se nourrissaient de vents (cf. *Heptaméron*, nouv. 32).
3. Voir *Briefve Declaration*. Cf. Odyssée, X, v. 19 et suivants.
4. Jeu de mots. D'origine italienne, introduit en France par Marot
en 1536, le sonnet était déjà en vogue à l'époque du *Quart Livre*.

Comment petites pluyes abattent les grans vents.

Chapitre XLIV

Pantagruel louoyt leur police et maniere de vivre, et dist à leur potestat Hypenemien[a] : « Si repcevez l'opinion de Epicurus, disant le bien souverain consister en volupté (volupté, diz je, facile et non penible), je vous repute bien heureux. Car vostre vivre, qui est de vent, ne vous couste rien, ou bien peu : il ne fault que souffler.

— Voyre, respondit le potestat. Mais en ceste vie mortelle, rien n'est beat de toutes pars[1]. Souvent, quand sommes à table, nous alimentans de quelques bon et grand vent de Dieu, comme de Manne celeste, aises comme peres, quelque petite pluye survient, laquelle nous le tollist et abat. Ainsi sont maints repas perduz par faulte de victuailles.

— C'est, dist Panurge, comme Jenin de Quinquenays[2], pissant sus le fessier de sa femme Quelot, abatit le vent punays qui en sortoit comme d'une magistrale Æolopyle[3]. J'en feys nagueres un dizain jolliet :

Jenin, tastant un soir ses vins nouveaulx,
Troubles encor et bouillans en leur lie,
Pria Quelot apprester des naveaulx,
A leur soupper, pour faire chere lie.
Cela feut faict. Puys, sans melancholie,
Se vont coucher, belutent, prennent somme.
Mais ne pouvant Jenin dormir en somme,
Tant fort vesnoit Quelot, et tant souvent,
La compissa. Puys : « Voylà, dist il, comme
Petite pluie abat bien un grand vent. »

---

a. venteux (voir *Briefve Declaration*).

1. Horace, *Odes*, II, 16, 27.
2. Hameau près de Chinon.
3. Porte d'Éole, cf. ci-dessous *Briefve Declaration*, p. 257.

— Nous d'adventaige, disoit le potestat, avons une annuelle calamité bien grande et dommaigeable. C'est qu'un geant, nommé Bringuenarilles, qui habite en l'isle de Tohu[1], annuellement, par le conseil de ses medicins, icy se transporte à la prime vere[a] pour prendre purgation, et nous devore grand nombre de moulins à vent, comme pillules, et de souffletz pareillement, des quelz il est fort friant : ce que nous vient à grande misere, et en jeusnons troys ou quatre quaresmes par chascun an, sans certaines particulières rouaisons[b] et oraisons.

— Et n'y sçavez vous, demandoit Pantagruel, obvier ?

— Par le conseil, respondit le potestat, de nos maistres Mezarims[2], nous avons mis, en la saison qu'il a de coustume icy venir, dedans les moulins force coqs et force poulles[3]. A la premiere foys qu'il les avalla, peu s'en fallut qu'il n'en mourust. Car ilz luy chantoient dedans le corps, et luy voloient à travers l'estomach, dont tomboit en lipothymie[c], cardiacque passion et convulsion horrificque et dangereuse, comme si quelque serpens lui feust par la bouche entré dedans l'estomach.

— Voilà, dist frere Jan, un *comme*[d] mal à propous et incongru. Car j'ay aultrefoys ouy dire que le serpens entré dedans l'estomach ne faict desplaisir aulcun, et soubdain retourne dehors si par les pieds on pend le patient, luy præsentant près la bouche un paeslon[e] plein de laict chauld.

— Vous, dist Pantagruel, l'avez ouy dire : aussi avoient ceulx qui vous l'ont raconté[4]. Mais tel remede ne feut oncques veu ne leu. Hippocrates (*lib.* 5, *Epid.*)

---

a. printemps. — *b.* rogations. — *c.* défaillance de cœur *(Briefve Declaration).* — *d.* comparaison. — *e.* poêlon.

1. Cf. ci-dessus, chap. XVII, p. 88.
2. Mot inconnu qui doit signifier : médecins. — 3. Emprunt aux *Navigations de Panurge*, chap. VII, (voir ci-dessus, p. 88, n. 5.)
4. Ainsi Érasme dans un de ses *Colloques (Amicitia).*

escript le cas estre de son temps advenu, et le patient subit estre mort par spasme et convulsion.

— Oultre plus, disoit le potestat, tous les renards du pays lui entroient en gueule, poursuyvans les galines, et trespassoit à tous momens, ne feust que par le conseil d'un badin[a] enchanteur, à l'heure du paroxysme, il escorchoit un renard[b] pour antidote et contrepoison.

Depuys eut meilleur advis, et y remedie moyennant un clystere qu'on luy baille, faict d'une decoction de grains de bled et de millet, es quelz accourent les poulles : ensemble de fayes[c] d'oysons, es quelz accourent les renards. Aussi des pillules qu'il prend par la bouche, composées de levriers et de chiens terriers. Voyez là nostre malheur.

— N'ayez paour, gens de bien, dist Pantagruel, desormais. Ce grand Bringuenarilles, avalleur de moulins à vent, est mort. Je le vous asceure. Et mourut suffocqué et estranglé, mangeant un coin de beurre frays à la gueule d'un four chault, par l'ordonnance des Medicins[1].

Comment Pantagruel descendit en l'isle des Papefigues.

Chapitre XLV

Au lendemain matin, rencontrasmes l'isle des Papefigues[2], les quelz jadis estoient riches et libres, et les nommoit on Guaillardetz. Pour lors estoient paouvres, malheureux et subjectz aux Papimanes[3]. L'occasion avoit esté telle.

---

a. niais. — *b.* vomissait. — *c.* foies.

1. Cf. ci-dessus, chap. xvii.
2. Ceux qui se moquent du Pape en lui « faisant la figue », cf. ci-dessous.
3. Les partisans du Pape.

Un jour de feste annuelle à bastons[1], les Bourgue-maistre, Syndicz et gros Rabiz[a] Guaillardetz, estoient allez passer temps, et veoir la feste en Papimanie, isle prochaine. L'un d'eulx, voyant le protraict Papal (comme estoit de louable coustume publicquement le monstrer es jours de feste à doubles bastons), luy feist la figue[2], qui est, en icelluy pays, signe de contempne-ment[b] et derision manifeste. Pour icelle vanger, les Papimanes, quelques jours après, sans dire guare, se mirent tous en armes, surprindrent, saccaigerent et ruinerent toute l'isle des Guaillardetz, taillerent à fil d'espée tout home portant barbe. Es femmes et jou-venceaulx pardonnerent, avecques condition semblable à celle dont l'empereur Federic Barbarousse jadis usa envers les Milanois.

Les Milanois s'estoient contre luy absent rebellez et avoient l'Imperatrice sa femme chassé hors la ville, ignominieusement montée sus une vieille mulle nom-mée Thacor[3], à chevauchons de rebours : sçavoir est, le cul tourné vers la teste de la mule et la face vers la croppiere. Federic, à son retour, les ayant subjuguez et resserrez, feist telle diligence qu'il recouvra la celebre mule Thacor. Adoncques, on mylieu du grand Brouet[4], par son ordonnance, le bourreau mist es membres honteux de Thacor une figue, præsens et voyans les citadins captifz; puys crya, de par l'empereur, à son de trompe, que quiconques d'iceulx vouldroit la mort evader, arrachast publicquement la figue avecques les dens, puys la remist on propre lieu sans ayde des mains. Quiconque en feroit refus seroit sus l'instant pendu et estranglé. Aulcuns d'iceulx eurent honte et horreur de

a. docteurs. — b. mépris.

1. Fête où les confréries défilaient en portant au bout d'un bâton l'image de leur patron.

2. Faire la figue à quelqu'un, c'est montrer à quelqu'un le bout du pouce en le mettant entre l'index et le médius. Symbole obscène d'origine italienne, dont le sens atténué marque une moquerie gail-larde. — 3. Cf. ci-dessous, *Briefve Declaration* p. 257. — 4. La grande halle de Milan.

telle tant abhominable amende, la postpouserent à la
craincte de mort, et feurent penduz. Es aultres la
craincte de mort domina sus telle honte. Iceulx, avoir
à belles dens tiré la figue, la monstroient au boye[a],
apertement, disans : *Ecco lo fico*[b][1].

En pareille ignominie, le reste de ces paouvres et
desolez Guaillardetz feurent de mort guarantiz et
saulvez. Feurent faicts esclaves et tributaires, et leur
feust imposé nom de *Papefigues*, parce qu'au protraict
Papal avoient faict la figue. Depuys celluy temps, les
paouvres gens n'avoient prosperé. Tous les ans avoient
gresle, tempeste, famine et tout malheur, comme
eterne punition de peché de leurs ancestres et parens.

Voyans la misere et calamité du peuple, plus avant
entrer ne voulusmes. Seulement pour prendre de l'eaue
beniste et à Dieu nous recommander, entrasmes dedans
une petite chapelle près le havre, ruinée, desolée et
descouverte, comme est à Rome le temple de sainct
Pierre[2]. En la chapelle entrez et prenens de l'eau
beniste, apperceusmes dedans le benoistier un home
vestu d'estolles et tout dedans l'eaue caché, comme un
canard au plonge, excepté un peu du nez pour respirer.
Au tour de luy estoient trois prebstres bien ras et
tonsurez, lisans le grimoyre et conjurans les Diables.

Pantagruel trouva le cas estrange, et demandant
quelz jeux c'estoient qu'ilz jouoient là, feut adverty
que depuys troys ans passez avoit en l'isle regné une
pestilence tant horrible que pour la moitié et plus le
pays estoit resté desert et les terres sans possesseurs.
Passée la pestilence, cestuy home caché dedans le
benoistier aroyt[c] un champ grand et restile[d], et le
semoyt de touzelle[3] en un jour et heure qu'un petit

---

a. bourreau. — *b.* Voilà la figue. — *c.* labourait. — *d.* fructifiant
tous les ans.

1. L'histoire se lit dans l'ouvrage de Paradin *De antiquo Burgundiae
statu*, paru à Lyon en 1542. — 2. La basilique de Saint-Pierre, commencée en 1506, ne fut terminée qu'en 1626. Elle n'avait alors pas
encore de toit. — 3. Variété de blé méridionale.

Diable (lequel encores ne sçavoit ne tonner ne gresler, fors seulement le persil et les choux, encor aussi ne sçavoit ne lire n'escrire) avoit de Lucifer impetré venir en ceste isle des Papefigues soy recreer et esbatre, en la quelle les Diables avoient familiarité grande avecques les homes et femmes, et souvent y alloient passer temps.

Ce Diable, arrivé au lieu, s'adressa au laboureur et luy demanda qu'il faisoit. Le paouvre homme luy respondit qu'il semoit celluy champ de touzelle pour soy ayder à vivre l'an suyvant. « Voire mais, dist le diable, ce champ n'est pas tien, il est à moy, et m'appartient. Car depuys l'heure et le temps qu'au Pape vous feistez la figue, tout ce pays nous feut adjugé, proscript[a] et abandonné. Bled semer, toutesfoys, n'est mon estat. Pourtant je te laisse le champ; mais c'est en condition que nous partirons[b] le profict. — Je le veulx, respondit le laboureur. — J'entens, dist le Diable, que du profit advenent nous ferons deux lotz. L'un sera ce que croistra sus terre, l'aultre ce que en terre sera couvert. Le choix m'apartient, car je suys Diable extraict de noble et antique race : tu n'es qu'un villain. Je choizis ce que sera en terre, tu auras le dessus. En quel temps sera la cuillette ? — A my Juillet, respondit le Laboureur. — Or, dist le Diable, je ne fauldray me y trouver. Fays au reste comme est le doibvoir : travaille, villain, travaille. Je voys tenter du guaillard peché de luxure les nobles nonnains de Pettesec, les Cagotz et Briffaulx[1] aussi. De leurs vouloirs je suys plus que asceuré. Au joindre sera le combat. »

---

a. vendu. — *b.* partagerons.

1. Les Briffaulx (sens propre : gloutons) étaient les frères lais qui quêtaient pour des religieuses.

*Comment le petit diable feut trompé par un laboureur
de Papefiguiere.*

Chapitre XLVI

La my Juilet venue, le Diable se representa au lieu,
acompaigné d'un escadron de petitz Diableteaux de
cœur. Là rencontrant le laboureur, luy dist : « Et
puys, villain, comment t'es tu porté depuys ma departie ? Faire icy convient nos partaiges. — C'est, respondit le laboureur, saison. »

Lors commença le laboureur avecques ses gens seyer[a]
le bled. Les petitz Diables de mesme tiroient le chaulme
de terre. Le laboureur battit son bled en l'aire, le
ventit[b], le mist en poches[c], le porta au marché pour
vendre. Les Diableteaux feirent de mesmes, et au
marché près du laboureur, pour leur chaulme vendre,
s'assirent. Le laboureur vendit tresbien son bled, et de
l'argent emplit un vieulx demy brodequin, lequel il
portoit à sa ceincture. Les Diables ne vendirent rien :
ains au contraire les paizans en plein marché se moc-
quoient d'eulx.

Le marché clous, dist le Diable au laboureur : « Villain, tu me as à ceste foys trompé, à l'aultre ne me
tromperas. — Monsieur le Diable, respondit le laboureur, comment vous auroys je trompé, qui premier avez
choysi ? Vray est qu'en cestuy choys me pensiez tromper, esperant rien hors terre ne yssir pour ma part, et
dessoubs trouver tout entier le grain que j'avois semé,
pour d'icelluy tempter les gens souffreteux[d], cagotz, ou
avares, et par temptation les faire en vos lacz tres-
bucher. Mais vous estez bien jeune au mestier. Le
grain que voyez en terre est mort et corrumpu, la
corruption d'icelluy a esté generation de l'aultre que

---

a. couper. — *b.* vanna. — *c.* sacs. — *d.* indigents.

me avez veu vendre. Ainsi choisissiez vous le pire. C'est pourquoy estez mauldict en l'Evangile. — Laissons, dist le Diable, ce propous : de quoy ceste année sequente pourras tu nostre champ semer ? — Pour profict, respondit le laboureur, de bon mesnagier, le conviendroit semer de raves.

— Or, dist le Diable, tu es villain de bien : seme raves à force, je les guarderay de la tempeste et ne gresleray poinct dessus. Mais, entends bien, je retiens pour mon partaige ce que sera dessus terre, tu auras le dessoubs. Travaille, villain, travaille. Je voys tenter les hereticques, ce sont ames friandes en carbonnade[a]; monsieur Lucifer a sa cholicque, ce luy sera une guorge chaulde[b]. »

Venu le temps de la cuillette, le Diable se trouva au lieu, avecques un esquadron de Diableteaux de chambre. Là rencontrant le laboureur et ses gens, commença seyer et recuillir les feuilles des raves. Après luy le Laboureur bechoyt et tiroyt les grosses raves, et les mettoit en poches. Ainsi s'en vont tous ensemble au marché. Le laboureur vendoit tresbien ses raves. Le diable ne vendit rien. Que pis est, on se mocquoit de luy publicquement. « Je voy bien, villain, dist adoncques le Diable, que par toy je suys trompé. Je veulx faire fin du champ entre toy et moi. Ce sera en tel pact que nous entregratterons l'un l'autre, et qui de nous deux premier se rendra, quittera sa part du champ. Il entier demourera au vaincueur. La journée sera à huytaine. Va, villain, je te gratteray en Diable. Je alloys tenter les pillars chiquanous, desguyseurs de procès, notaires faulseres, advocatz prevaricateurs; mais ilz m'ont faict dire par un truchement qu'ilz estoient tous à moy. Aussi bien se fasche[c] Lucifer de leurs ames. Et les renvoye ordinairement aux Diables souillars de cuisine, sinon quand elles sont saulpouldrées. Vous dictez qu'il n'est desjeuner que de escho-

---

a. grillade. — b. régal. — c. se dégoûte.

liers, dipner que d'advocatz, ressiner[a] que de vinerons,
soupper que de marchans, reguoubillonner[b] que de
chambrieres, et tous repas que de farfadetz[c]. Il est
vray; de faict, monsieur Lucifer se paist à tous ses repas
de Farfadetz pour entrée de table. Et se souloit desjeuner de escholiers. Mais (las !) ne sçay par quel malheur,
depuys certaines années, ilz ont avecques leurs estudes
adjoinct les sainctz Bibles. Pour ceste cause plus n'en
pouvons au Diable l'un tirer. Et croy que si les Caphards ne nous y aident, leurs oustans par menaces,
injures, force, violence et bruslements leur sainct Paul
d'entre les mains, plus à bas n'en grignoterons. De
advocatz pervertisseurs de droict et pilleurs des
paouvres gens, il se dipne ordinairement et ne luy
manquent. Mais on se fasche de tous jours un pain
manger. Il dist nagueres en plein chapitre qu'il mangeroit voluntiers l'ame d'un caphard, qui eust oublié
soy en son sermon recommander. Et promist double
paye et notable appoinctement[d] à quiconques luy en
apporteroit une de broc en bouc[e]. Chascun de nous
se mit en queste. Mais rien n'y avons proficté. Tous
admonnestent les nobles dames donner à leur convent.
De ressieuner[f] il s'est abstenu, depuys qu'il eut sa forte
colicque provenente à cause que es contrées Boréales
l'on avoit ses nourrissons, vivandiers, charbonniers et
chaircuitiers oultragé villainement. Il souppe tresbien
de marchans usuriers, apothecaires, faulsaires, billon-
neurs, adulterateurs de marchandises. Et quelques foys
qu'il est en ses bonnes, reguobillonne[g] de chambrieres,
les quelles, avoir beu le bon vin de leurs maistres, rem-
plissent le tonneau d'eaue puante. Travaille, villain,
travaille. Je voys tenter les escholiers de Trebizonde[1]
laisser peres et meres, renoncer à la police commune,

---

a. goûter. — b. souper. — c. moines. — d. arrangement. — e. de
la broche à la bouche. — f. goûter. — g. soupe.

1. Port sur la mer Noire. Rabelais désigne-t-il par ce nom une ville
de France ? L'allusion reste obscure.

soy emanciper des edictz de leur Roy, vivre en liberté soubterraine, mespriser un chascun, de tous se mocquer, et, prenans le beau et joyeulx petit beguin d'innocence poëticque, soy tous rendre farfadetz[a] gentilz. »

Comment le diable feut trompé par une Vieille de Papefiguiere.

CHAPITRE XLVII

Le laboureur retournant en sa maison estoit triste et pensif. Sa femme, tel le voyant, cuydoit qu'on l'eust au marché desrobbé. Mais entendant la cause de sa melancholie, voyant aussi sa bourse pleine d'argent, doulcement le renconforta et l'asceura que de ceste gratelle[b] mal aulcun ne luy adviendroit. Seulement que sus elle il eust à se poser et reposer. Elle avoit ja pourpensé bonne yssue. « Pour le pis (disoit le laboureur) je n'en auray qu'une esrafflade[c]. Je me rendray au premier coup et luy quitteray[d] le champ. — Rien, rien, dist la vieille ; posez vous sus moy et reposez : laissez moy faire. Vous m'avez dict que c'est un petit Diable : je le vous feray soubdain rendre, et le champ nous demourera. Si c'eust esté un grand Diable, il y auroit à penser. »

Le jour de l'assignation estoit lorsqu'en l'isle nous arrivasmes. A bonne heure du matin, le laboureur s'estoit tresbien confessé, avoit communié, comme bon catholicque, et par le conseil du curé s'estoit au plonge caché dedans le benoistier, en l'estat que l'avions trouvé.

Sus l'instant qu'on nous racontoit ceste histoire, eusmez advertissement que la vieille avoit trompé le

---

a. esprits. — *b.* grattement. — *c.* éraflure. — *d.* abandonnerai.

Diable et guaingné le champ. La maniere feut telle.
Le Diable vint à la porte du laboureur, et, sonnant,
s'escria : « O villain, villain ; çza, ça à belles gryphes ! »
Puys, entrant en la maison guallant et bien deliberé, et
ne y trouvant le laboureur, advisa sa femme en terre
pleurante et lamentante. « Qu'est cecy ? demandoit le
Diable. Où est il ? Que faict il ? — Ha, dist la vieille,
où il est le meschant, le bourreau, le briguant ? Il m'a
affolée[a], je suis perdue, je meurs du mal qu'il m'a faict.
— Comment, dist le Diable, qu'i a il ? Je le vous gual-
leray[b] bien tantoust. — Ha, dist la vieille, il m'a dict,
le bourreau, le tyrant, l'esgratineur de Diables, qu'il
avoit huy assignation de se gratter avecques vous ; pour
essayer ses ongles il m'a seulement gratté du petit
doigt icy entre les jambes et m'a du tout affollée. Je
suys perdue, jamais je n'en gueriray, reguardez. Encores est il allé chès le mareschal soy faire esguizer et
apoincter les gryphes. Vous estez perdu, monsieur le
Diable, mon amy. Saulvez vous, il n'arrestera poinct.
Retirez vous, je vous en prie. »

Lors se descouvrit jusques au menton en la forme
que jadis les femmes Persides se præsenterent à leurs
enfans fuyans de la bataille[1], et luy monstra son comment a nom. Le Diable, voyant l'enorme solution de
continuité en toutes dimentions, s'escria : « Mahon[2],
Demiourgon, Megere, Alecto, Persephone ! il ne me
tient pas ! Je m'en voys bel erre[c]. Cela ! Je luy quitte
le champ. »

Entendens la catastrophe et fin de l'histoire, nous
retirasmes en nostre nauf. Et là ne feismes aultre
sejour. Pantagruel donna au tronc de la fabricque de
l'Ecclise dixhuyt mille royaulx d'or en contemplation
de la paouvreté du peuple et calamité du lieu.

---

a. blessée. — b. ferai danser. — c. grand train.

1. Érasme, *Apophtegmes*, VI, *Varie Mixta*, 90, qui utilise Plutarque,
De virtutibus mulierum. — 2. Mahomet.

Comment Pantagruel descendit en l'isle des Papimanes.

Chapitre XLVIII

Laissans l'isle desolée des Papefigues, navigasmes par un jour en serenité et tout plaisir, quand à nostre veue se offrit la benoiste isle des Papimanes. Soubdain que nos ancres feurent au port jectées, avant que nous eussions encoché nos gumenes[a], vindrent vers nous en un esquif quatre persones diversement vestuz; l'un en moine enfrocqué, crotté, botté; l'aultre en faulconnier, avecques un leurre[b] et guand de oizeau; l'aultre en solliciteur de procès, ayant un grand sac plein d'informations, citations, chiquaneries et adjournemens en main; l'aultre en vigneron d'Orléans, avecques belles guestres de toille, une panouere[c] et une serpe à la ceincture[1].

Incontinent qu'ilz feurent joinctz à nostre nauf, s'escrierent à haulte voix tous ensemble demandans : « Le avez vous veu, gens passagiers ? l'avez vous veu ?

— Qui ? demandoit Pantagruel.

— Celluy là, respondirent ilz.

— Qui est il ? demanda frere Jan. Par la mort beuf, je l'assommeray de coups », pensant qu'ilz se guementassent[d] de quelque larron, meurtrier ou sacrilege. « Comment, dirent ilz, gens peregrins, ne congnoissez vous l'Unicque ?

— Seigneurs, dist Epistemon, nous ne entendons telz termes. Mais exposez nous, s'il vous plaist, de qui entendez, et nous vous en dirons la vérité sans dissimulation.

---

a. fixé nos câbles. — *b.* appât. — *c.* panetière. — *d.* s'informaient.

1. Ce sont les représentants des quatre classes : le clergé, la noblesse, la bourgeoisie, le peuple.

— C'est, dirent ilz, celluy qui est. L'avez vous
jamais veu ?

— Celluy qui est, respondit Pantagruel, par nostre
Théologicque doctrine, est Dieu. Et en tel mot se
declaira à Moses[1]. Oncques certes ne le veismes, et
n'est visible à œilz corporelz.

— Nous ne parlons mie, dirent ilz, de celluy hault
Dieu qui domine par les Cieulx. Nous parlons du Dieu
en terre[2]. L'avez vous onques veu ?

— Ilz entendent, dist Carpalim, du Pape, sus mon
honneur.

— Ouy, ouy, respondit Panurge, ouy dea, messieurs,
j'en ay veu troys[3], à la veue desquelz je n'ay gueres
profité.

— Comment, dirent ilz, nos sacres Decretales
chantent qu'il n'y en a jamais qu'un vivent.

— J'entends, respondit Panurge, les uns successive-
ment après les aultres. Aultrement n'en ay je veu qu'un
à une foys.

— O gens, dirent ilz, troys et quatre foys heureux,
vous soyez les bien et plus que tresbien venuz ! »

Adoncques se agenoillerent davant nous, et nous
vouloient baiser les pieds. Ce que ne leurs volusmes
permettre, leurs remontrans que au Pape, si là de
fortune en propre persone venoit, ilz ne sçauroient
faire d'adventaige. « Si ferions, si, respondirent ilz. Cela
est entre nous ja resolu. Nous luy baiserions le cul sans
feuille, et les couilles pareillement. Car il a couilles le
pere sainct, nous le trouvons par nos belles Decretales,
aultrement ne seroit il Pape. De sorte qu'en subtile
philosophie Decretaline ceste consequence est neces-

---

1. Cf. *Exode*, III, 14. Dieu dit à Moïse : « *Ego sum qui sum* ».
2. Allusion aux excès hyperboliques de certains théologiens —
Alvarez, Zenzelinus — qui n'hésitaient pas à croire que le Pape
était l'image de Dieu ou que qui voyait le Pape voyait Dieu.
3. On a soutenu que c'est Rabelais qui parle ici. Mais s'il a vu à
Rome Clément VII en février-avril 1534 et Paul III en 1535-1536,
il ne semble pas qu'il se soit rendu avec Jean du Bellay dans cette
ville pour le conclave qui devait élire, le 7 février 1550, le pape Jules III.

saire : il est Pape, il a doncques couilles. Et quand couilles faudroient on monde, le monde plus Pape n'auroit[1]. »

Pantagruel demandoit ce pendent à un mousse de ſeur esquif qui estoient ces personaiges. Il luy feist response que c'estoient les quatre estatz de l'isle : adjousta d'adventaige que serions bien recuilliz et bien traictez, puys qu'avions veu le Pape. Ce que il remonstra à Panurge, lequel luy dist secretement. « Je foys veu à Dieu, c'est cela. Tout vient à poinct, qui peult attendre. A la veue du Pape jamais n'avions proficté ; à ceste heure, de par tous les Diables ! nous profitera comme je voy. »

Allors descendismes en terre, et venoient au davant de nous comme en procession tout le peuple du pays, homes, femmes, petitz enfanz. Nos quatre estatz leurs dirent à haulte voix : « Ilz le ont veu ! Ilz le ont veu ! Ilz le ont veu ! »

A ceste proclamation tout le peuple se agenoilloit davant nous, levans les mains joinctes au ciel, et cryans : « O gens heureux ! O bien heureux ! » Et dura ce crys plus d'un quart d'heure. Puys y accourut le maistre d'escholle avecques tous ses pedagogues, grimaulx[a] et escholiers, et les fouettoit magistralement, comme on souloit fouetter les petitz enfans en nos pays, quand on pendoit quelque malfaicteur, affin qu'il leurs en soubvint. Pantagruel en feut fasché et leurs dist : « Messieurs, si ne desistez[b] fouetter ces enfans, je m'en retourne. » Le peuple s'estonna, entendent sa voix Stentorée[c] et veiz un petit bossu à longs doigtz demandant au maistre d'eschole : « Vertus de *Extravaguantes*[2] !

---

a. petits écoliers. — *b.* cessez. — *c.* de Stentor (V. *Briefve Declaration*).

1. Allusion à l'examen que, dit la légende, subissaient les papes lors de leur élection. Cf. t. I, p. 450. — 2. Les *Extravagantes* constituent la dernière partie des *Décrétales*. Celles-ci sont des lettres par lesquelles les papes répondaient aux questions qui leur étaient posées : on en connaît cinq livres donnés par Grégoire IX (1234), que suivent un sixième livre, le *Sexte*, puis les *Clémentines*, donnés l'un par Boniface VIII (1298), les autres par Clément V (1313). Les *Extravagantes* rassemblent

ceulx qui voyent le Pape deviennent ilz ainsi grands comme cestuy cy qui nous menasse ? O qu'il me tarde merveilleusement que je ne le voy, affin de croistre et grand comme luy devenir. »

Tant grandes feurent leurs exclamations que Home-naz[1] y accourut (ainsi appellent ilz leur evesque) sus une mule desbridée, caparassonnée de verd, acompaigné de ses appous[a] (comme ilz disoient), de ses suppos aussi, portans croix, banieres, confalons, baldachins, torches, benoistiers.

Et nous vouloit pareillement les pieds baiser à toutes forces (comme feist au pape Clement le bon Christian Valfinier[2]) disant qu'un de leurs hypophetes[b], degresseur et glossateur de leurs sainctes Decretales, avoit par escript laissé que, ainsi comme le Messyas, tant et si long temps des Juifz attendu, en fin leurs estoit advenu, aussi en icelle isle, quelque jour, le Pape viendroit; attendens ceste heureuse journée, si là arrivoit personne qui l'eust veu à Rome ou aultre part, qu'ilz eussent à bien le festoyer, et reverentement traicter.

Toutesfoys nous en excusasmez honestement.

Comment Homenaz, evesque des Papimanes, nous monstra les uranopetes[c] Decretales.

CHAPITRE XLIX

Puys nous dist Homenaz : « Par nos sainctes Decretales nous est enjoinct et commendé visiter premier les ecclises que les cabaretz. Pourtant[d], ne declinans

---

a. vassaux. — b. devins (voir *Briefve Declaration*). — c. descendues du ciel (voir *Briefve Declaration*). — d. aussi.

en 1500 des textes postérieurs à 1313. Elles furent l'objet de critiques violentes de la part des théologiens gallicans.

1. Terme languedocien désignant un homme fort, grand et bête.
2. Nous ne savons rien de ce personnage.

de ceste belle institution, allons à l'ecclise; après, irons
bancqueter.

— Home de bien, dist frere Jan, allez davant, nous
vous suivrons. Vous avez parlé en bons termes et en
bon Christian. Ja long temps a que n'en avions veu.
Je m'en trouve fort resjouy en mon esprit, et croy que
je n'en repaistray que mieulx. C'est belle chose rencontrer gens de bien. »

Approchans de la porte du temple, apperceusmez un
gros livre doré, tout couvert de fines et precieuses
pierres, balais[a], esmeraludes, diamans et unions[b] plus
ou autant que pour le moins excellentes que celles que
Octavian consacra à Juppitter Capitolin[1]. Et pendoit en
l'air ataché à deux grosses chaines d'or au zoophore[2]
du portal. Nous le reguardions en admiration. Pantagruel le manyoit et tournoyt à plaisir, car il y povoit
aizement toucher. Et nous affermoit que au touchement d'icelles, il sentoit un doulx prurit des ongles et
desgourdissement de bras, ensemble temptation vehemente en son esprit de battre un sergent ou deux,
pourveu qu'ilz n'eussent tonsure[3].

Adoncques nous dict Homenaz : « Jadis feut aux
Juifz la loy par Moses baillée escripte des doigts propres de Dieu[4]. En Delphes davant la face du temple
de Apollo fut trouvée ceste sentence divinement
escripte : ΓΝΩΘΙ ΣΕΑΥΤΟΝ[5]. Et par certain laps de
temps après feut veue EI, aussi divinement escripte et
transmise des Cieulx[6]. Le simulachre de Cybele feut des
Cieulx en Phrygie transmis on champ nommé Pesinunt[7].

---

a. rubis. — b. perles.

1. Suétone, *Vie d'Auguste*, 30. — 2. Terme emprunté à Vitruve,
désignant une frise sculptée. Voir *Briefve Declaration*. — 3. Les Décrétales protégeaient les clercs et certains laïcs contre les sanctions du
pouvoir civil. — 4. *Exode*, XXXII, 16. — 5. Connais-toi toi-même.
Pline l'Ancien, *Hist. nat.*, VII, 32, ou Macrobe, *Saturnales*, I, 6, 1. —
6. C'est-à-dire : *Tu es*. Inscription gravée au fronton du temple de
Delphes. Cf. Plutarque, *Sur le EI du temple de Delphes*. Voir *Briefve
Declaration*. — 7. Tite-Live, XXIX, 10.

Aussi feut en Tauris le simulachre de Diane, si croyez
Euripides[1]. L'oriflambe[a] feut des Cieulx transmise aux
nobles et treschristians Roys de France, pour combatre les infideles. Regnant Numa Pompilius, Roy
second des Romains en Rome, feut du Ciel veu descendre le tranchant bouclier, dict Ancile[2]. En Acropolis
de Athenes jadis tomba du ciel empiré[b] la statue de Minerve[3]. Icy semblablement voyez les sacres Decretales
escriptes de la main d'un ange Cherubin. Vous aultres gens
Transpontins[c], ne le croirez pas. — Assez mal, respondit
Panurge. — Et à nous icy miraculeusement du Ciel
des Cieulx transmises, en façon pareille que par Homere,
pere de toute Philosophie (exceptez tous jours les
dives Decretales), le fleuve du Nile est appelé Diipetes[d].
Et parce qu'avez veu le Pape, evangeliste d'icelles et
protecteur sempiternel, vous sera de par nous permis
les veoir et baiser au dedans, si bon vous semble.
Mais il vous conviendra, par avant, trois jours jeuner
et regulierement confesser, curieusement espluchans
et inventorizans vos pechez tant dru qu'en terre ne
tombast une seule circonstance, comme divinement
nous chantent les dives Decretales que voyez. A cela
fault du temps.

— Home de bien, respondit Panurge, Decrotoueres,
voyre, diz je, Decretales avons prou veu en papier, en
parchemin lanterné, en velin, escriptes à la main, et
imprimées en moulle[e]. Ja n'est besoing que vous
penez à cestes cy nous monstrer. Nous contentons du
bon vouloir et vous remercions autant. — Vraybis,
dist Homenaz, vous n'avez mie veu cestes cy angelicque-
ment escriptes. Celles de vostre pays ne sont que
transsumpts[f] des nostres, comme trouvons escript par

---

a. oriflamme. — *b.* l'empyrée. — *c.* d'au-delà de la mer. — *d.* qui
tombe du ciel[4]. — *e.* en caractères d'imprimerie. — *f.* transcriptions.

1. *Iphigénie en Tauride*, 85-88.
2. Ovide, *Fastes*, III, 357 sqq.
3. Pausanias, *Attica*, XXVI, 6. — 4. *Odyssée*, IV, 477.

un de nos antiques Scholiastes Decretalins. Au reste vous pry n'y espargner ma peine. Seulement advisez si voulez confesser et jeuner les troys beaulx petitz jours de Dieu. — De cons fesser, respondit Panurge, très bien, nous consentons. Le jeune seulement ne nous vient à propous, car nous avons tant et trestant par la marine jeuné que les araignes ont faict leurs toilles sus nos dens. Voyez icy ce bon frere Jan des Entommeures (à ce mot Homenaz courtoisement luy bailla la petite accollade), la mousse luy est creue on gouzier par faulte de remuer et exercer les badiguoinces[a] et mandibules. — Il dict vray, respondit frere Jan. J'ay tant et trestant jeuné que j'en suys devenu tout bossu.

— Entrons, dist Hommenas, doncques en l'Ecclise, et nous pardonnez si præsentement ne vous chantons la belle messe de Dieu. L'heure de myjour est passée, après laquelle nous defendent nos sacres Decretales messe chanter, messe, diz je, haulte et legitime. Mais je vous en diray une basse et seiche[1].

— J'en aimeroys mieulx, dist Panurge, une mouillée de quelque bon vin d'Anjou. Boutez doncq, boutez bas et roidde[2].

— Verd et bleu[b] ! dist frere Jan, il me desplaist grandement qu'encores est mon estomach à jeun. Car ayant tresbien desjeuné et repeu à usaige monachal, si d'adventure il nous chante ce *Requiem*, je y eusse porté pain et vin[3] par les traicts passez[4]. Patience ! Sacquez, chocquez, boutez, mais troussez la court, de paour que ne se crotte, et pour aultre cause aussi, je vous en prye. »

---

a. lèvres. — b. Vertu Dieu !

1. C'est-à-dire : sans communion. — 2. Expression de jeu de paume qui permet une équivoque.

3. On portait du pain et du vin comme offrande aux messes d'enterrement, probablement à cause de *Tobie*, IV, 18 : Mets ton pain et ton vin sur la tombe du juste.

4. Jeu de mots sur *trépassés* et *traits* (de vin) *passés* (par le gosier).

Comment, par Homenaz, nous feut monstré
l'archetype d'un Pape.

CHAPITRE L

La messe parachevée, Homenaz tira d'un coffre près le grand aultel un gros faratz[a] de clefz, des quelles il ouvrit à trente et deux claveures[b] et quatorze cathenatz, une fenestre de fer bien barrée, au dessus dudict aultel; puys, par grand mystere, se couvrit d'un sac mouillé[1]; et, tirant un rideau de satin cramoisy, nous monstra une imaige paincte assez mal, scelon mon advis, y toucha un baston longuet, et nous feist à tous baiser la touche[c]. Puys nous demanda : « Que vous semble de ceste imaige ? — C'est, respondit Pantagruel, la ressemblance d'un pape. Je le congnois à la thiare, à l'aumusse, au rochet, à la pantophle. — Vous dictez bien, dist Homenaz. C'est l'idée[d] de celluy Dieu de bien en terre, la venue duquel nous attendons devotement, et lequel esperons une foys veoir en ce pays. O l'heureuse et desirée et tant attendue journée ! Et vous, heureux et bienheureux, qui tant avez eu les astres favorables que avez vivement en face veu et realement celluy bon Dieu en terre, duquel voyant seulement le portraict, pleine remission guaingnons de tous nos pechez memorables, ensemble la tierce partie avecques dix-huict quarantaines des pechez oubliez ! Aussi ne la voyons nous qu'aux grandes festes annueles. »

Là, disoit Pantagruel que c'estoit ouvraige tel que les faisoit Dædalus[2]. Encores qu'elle feust contrefaicte

---

a. tas. — b. serrures. — c. bâton. — d. image.

1. Proverbe populaire : « Fol est qui se couvre d'un sac mouillé. » Geste de naïveté... — 2. Il passait pour avoir été le premier sculpteur cf. Érasme, *Adages*, II, 3, 62.

et mal traicte, y estoit toutesfoys latente et occulte quelque divine energie en matiere de pardons.

« Comme, dist frere Jan, à Seuillé les coquins[a] souppans un jour de bonne feste à l'hospital et se vantans l'un avoir celluy jour guaingné six blancs, l'aultre deux soulz, l'aultre sept carolus, un gros gueux se ventoit avoir guaingné troys bons testons. Aussi (luy respondirent ses compaignons) tu as une jambe de Dieu[1]. Comme si quelque divinité feust absconse en une jambe toute sphacelée[b] et pourrye.

— Quand, dist Pantagruel, telz contes vous nous ferez, soyez records[c] d'apporter un bassin[2]. Peu s'en fault que ne rende ma guorge. User ainsi du sacre nom de Dieu en choses tant hordes[d] et abhominables ! Fy, j'en diz fy ! Si dedans vostre moynerie est tel abus de parolles en usaige, laissez le là; ne le transportez hors les cloistres.

— Ainsi, respondit Epistemon, disent les medicins estre en quelques maladies certaine participation de divinité. Pareillement Neron louoit les champeignons, et en proverbe grec les appelloit « viande des Dieux », pource qu'en iceulx il avoit empoisonné son prædecesseur Claudius, empereur Romain[3].

— Il me semble, dist Panurge, que ce portraict fault[e] en nos derniers Papes : car je les ay veu non aumusse, ains armet[f] en teste porter, thymbré d'une thiare persicque; et tout l'empire christian estant en paix et silence, eulx seulz guerre faire felonne et trescruelle[4].

— C'estoit, dist Homenas, doncques contre les rebelles, hereticques, protestans desesperez, non obéissans à la saincteté de ce bon Dieu en terre. Cela luy est non seulement permis et licite, mais commendé par

---

a. mendiants. — b. corrompue (Briefve Declaration). — c. souvenez-vous. — d. sales. — e. manque. — f. casque.

1. Expression d'argot qui n'a rien de blasphématoire : les gueux entretenaient les plaies de leurs membres pour inspirer la pitié.
2. Pour pouvoir vomir. Expression proverbiale. Cf. Érasme, Adages, III, 1, 78, Date mihi pelvim. — 3. Érasme, ibid., I, 8, 88, Deorum cibus — et Suétone, Néron, I, 33. — 4. Rabelais vise ici le pape Jules II.

les sacres Decretales, et doibt à feu incontinent Empereurs, Roys, Ducz, Princes, Republicques, et à sang
mettre, qu'ilz[a] transgresseront un *iota* de ses mandemens; les spolier[b] de leurs biens, les depposeder de
leurs royaulmes, les proscrire, les anathematizer, et non
seulement leurs corps, et de leurs enfans et parens
aultres occire, mais aussi leurs ames damner au par-
fond de la plus ardente chauldiere qui soit en Enfer.

— Icy, dist Panurge, de par tous les Diables, ne
sont ilz hæreticques comme fut Raminagrobis, et
comme ilz sont parmy les Almaignes et Angleterre.
Vous estez Christians triez sus le volet.

— Ouy, vraybis, dist Hommenaz; aussi serons nous
tous saulvez. Allons prendre de l'eaue beniste, puys
dipnerons. »

*Menuz devis durant le dipner, à la louange
des Decretales.*

Chapitre LI

Or, notez, beuveurs, que durant la messe seche de
Hommenaz, troys manilliers[c] de l'ecclise, chascun
tenant un grand bassin en main, se pourmenoient par
my le peuple, disans à haulte voix : « N'oubliez les
gens heureux qui le ont veu en face. » Sortans du temple,
ilz apporterent à Homenaz leurs bassins tous pleins de
monnoye papimanicque. Homenaz nous dist que c'estoit pour faire bonne chere; et que de ceste contribu-
tion et taillon[d], l'une partie seroit employée à bien
boyre, l'aultre à bien manger, suivant une mirificque
glose cachée en un certain coingnet de leurs sainctes
Decretales.

Ce que feut faict, et en beau cabaret assez retirant à

---

a. s'ils. — *b.* dépouiller. — *c.* sonneurs de cloche. — *d.* impôt.

celluy de Guillot en Amiens[1]. Croyez que la repaissaille
feut copieuse et les beuvettes numereuses[a]. En cestuy
dipner je notay deux choses memorables : l'une, que
viande ne feut apportée, quelle que feust, feussent
chevreaulx, feussent chappons, feussent cochons (des
quelz y a foyson en Papimanie), feussent pigeons,
connilz[b], levraulx, coqs de Inde, ou aultres, en laquelle
n'y eust abondance de farce magistrale; l'aultre, que
tous le sert et dessert[c] feut porté par les filles pucelles
mariables du lieu, belles, je vous affie[d], saffrettes[e],
blondelettes, doulcettes et de bonne grace; lesquelles
vestues de longues, blanches et deliées aubes à doubles
ceintures, le chef ouvert[f], les cheveux instrophiez[g] de
petites bandelettes et rubans de saye[h] violette, semez
de roses, œilletz, marjolaine, aneth, aurande[i] et aultres
fleurs odorantes, à chascune cadence nous invitoient à
boyre avecques doctes et mignonnes reverences. Et
estoient voluntiers veues de toute l'assistence. Frere
Jan les reguardoit de cousté, comme un chien qui
emporte un plumail[j]. Au dessert du premier metz feut
par elles melodieusement chanté un epode à la louange
des sacrosainctes Decretales.

Sus l'apport du second service, Homenaz, tout
joyeulx et esbaudy, adressa sa parolle à un des maistres
sommeliers, disant : « *Clerice*[2], esclaire icy. » A ces mots,
une des filles promptement luy præsenta un grand
hanat plein de vin extravaguant[3]. Il le tint en main,
et, soupirant profondement, dist à Pantagruel : « Mon
Seigneur, et vous, beaulx amis, je boy à vous tous de
bien bon cœur. Vous soyez les tresbien venuz. » Beu
qu'il eust et rendu le hanat à la bachelette gentile,

---

a. nombreuses. — *b*. lapins. — *c*. service. — *d*. assure. — *e*. frétil-
lantes. — *f*. découvert. — *g*. enroulés. — *h*. soie. — *i*. citronnelle. —
j. aileron garni de plumes.

1. Cabaret célèbre, situé rue du Beffroi, à l'enseigne du Dauphin
d'argent. Montaigne le mentionne dans son *Journal de voyage*.
2. En latin, clerc. Jeu de mots avec « esclaire icy ».
3. Allusion aux *Extravagantes* (voir n. 2, p. 181).

feist une lourde exclamation, disant : « O dives Decretales ! tant par vous est le vin bon bon trouvé !

— Ce n'est, dist Panurge, pas le pis du panier.

— Mieulx seroit, dist Pantagruel, si par elles le
mauvais vin devenoit bon.

— O seraphicque *Sixiesme !* dist Homenaz continuant, tant vous estes necessaire au saulvement des
paouvres humains ! O cherubicques *Clementines*[1] ! comment en vous est proprement contenue et descripte
la perfaicte institution du vray Christian ! O *Extravaguantes* angelicques, comment sans vous periroient les
paouvres ames, les quelles, ça bas, errent par les corps
mortelz en ceste vallée de misere ! Helas, quand sera
ce don de grace particuliere faict es humains, qu'ilz
desistent de toutes aultres estudes et neguoces pour
vous lire, vous entendre, vous sçavoir, vous user,
praticquer, incorporer, sanguifier et incentricquer[a] es
profonds ventricules de leurs cerveaulx, es internes
mouelles de leurs os, es perples[b] labyrintes de leurs
arteres ? O lors et non plus toust, ne aultrement,
heureux le monde ! »

À ces mots, se leva Epistemon, et dist tout bellement
à Panurge : « Faulte de selle persée me contrainct d'icy
partir. Ceste farce me a desbondé le boyau cullier : je
ne arresteray gueres.

— O lors, dist Homenaz continuant, nullité de
gresle, gelée, frimatz, vimeres[c] ! O lors abondance de
tous biens en terre ! O lors paix obstinée, infringible
en l'Univers : cessation de guerres, pilleries, angua-
ries[d], briguanderies, assassinemens, exceptez contre les
hereticques et rebelles mauldicts ! O lors joyeuseté,
alaigresse, liesse, soulas, deduictz, plaisirs, delices
en toute nature humaine ! Mais, o grande doctrine,
inestimable erudition, preceptions deificques, emmor-
taisées[e] par les divins chapitres de ces eternes Decre-

a. faire entrer au centre. — *b.* confus. — *c.* ouragan. — *d.*
vexations. — *e.* fixées par une mortaise.

1. Voir *supra*, p. 181, n. 2.

tales ! O comment, lisant seulement un demy canon,
un petit paragraphe, un seul notable[a] de ces sacrosainctes Decretales, vous sentez en vos cœurs enflam-
mée la fournaise d'amour divin; de charité envers
vostre prochain, pourveu qu'il ne soit hereticque;
contemnement asceuré de toutes choses fortuites et
terrestres; ecstatique elevation de vos espritz voire
jusques au troizieme ciel; contentement certain en
toutes vos affections ! »

Continuation des miracles advenuz par les Decretales.

CHAPITRE LII

« Voicy, dist Panurge, qui dict d'orgues[b]. Mais j'en
croy le moins que je peuz. Car il me advint un jour
à Poictiers, chez l'Escossoys[1] docteur Decretalipotens[c]
d'en lire un chapitre; le Diable m'emport si, à la
lecture d'icelluy, je ne feuz tant constipé du ventre que
par plus de quatre, voyre cinq jours je ne fiantay qu'une
petite crotte. Sçavez vous quelle ? Telle, je vous jure,
que Catulle dict estre celles de Furius, son voisin :

En tout un an tu ne chie dix crottes :
Et, si des mains tu les brises et frottes,
Ja n'en pourras ton doigt souiller de erres[d],
Car dures sont plus que febves et pierres[2].

— Ha, ha ! dist Homenaz, Inian[e], mon amy, vous,
par adventure, estiez en estat de peché mortel.
— Cestuy là, dist Panurge, est d'un aultre tonneau.
— Un jour, dist frere Jan, je m'estois, à Seuillé,

_a_. sentence. — _b_. qui parle aussi bien que les orgues. — _c_. fort sur
les Décrétales. — _d_. excréments. — _e_. saint Jean !

1. Robert Irland, professeur à la Faculté de droit de Poitiers de
1502 à 1561. — 2. Catulle, *Ad Furium*, (XXIII).

torché le cul d'un feueillet d'unes meschantes *Clementines*, les quelles Jean Guymard, nostre recepveur[1], avoit jecté on preau du cloistre : je me donne à tous les Diables si les rhagadies[a] et hæmorrutes[b] ne m'en advindrent si très horribles que le paouvre trou de mon clous bruneau[2] en fut tout dehinguandé.

— Inian, dist Homenaz, ce feut evidente punition de Dieu, vengeant le peché qu'aviez faict incaguant[c] ces sacres livres, les quelz doibviez baiser et adorer, je diz d'adoration de latrie, ou de hyperdulie[3] pour le moins. Le Panormitan[4] n'en mentit jamais.

— Jan Chouart, dist Ponocrates, à Monspellier, avoit achapté des moines de Sainct Olary unes belles Decretales escriptes en beau et grand parchemin de Lamballe[5], pour en faire des velins pour batre l'or. Le malheur y feut si estrange que oncques piece n'y fut frappée qui vint à profict. Toutes furent dilacerées et estrippées[d].

— Punition, dist Homenas, et vengeance divine.

— Au Mans, dist Eudemon, François Cornu, apothecaire, avoit en cornetz emploicté unes *Extravaguantes* frippées; je desadvoue le Diable si tout ce qui dedans feut empacqueté ne feut sus l'instant empoisonné, pourry, et guasté : encent, poyvre, gyrofle, cinnamome, saphran, cire, espices, casse, reubarbe, tamarins : generalement tout, drogues, guogues et senogues[6].

— Vengeance, dist Homenaz, et divine punition. Abuser en choses prophanes de ces tant sacres escriptures !

— A Paris, dist Carpalim, Groignet, cousturier,

---

a. gerçures. — *b.* hémorroïdes. — *c.* salissant d'excréments. — *d.* déchirées.

1. Le mot avait le sens d'intendant.
2. Il y avait à Paris dans le quartier de l'Université un *Clos Bruneau*.
3. Le culte de *latrie*, culte d'adoration, s'adresse à Dieu seul; celui de *dulie* consiste dans les marques d'honneur accordées aux saints.
4. Nicolas Tedesco surnommé le Panormitain, né à Catane, professeur de droit canonique, cf. livre II, chap. x, t. I, p. 274. — 5. Ville célèbre pour ses parchemins. — 6. Termes de pharmacopée.

avoit emploicté unes vieilles *Clementines* en patrons et mesures. O cas estrange ! Tous habillemens taillez sus telz patrons, et protraictz sus telles mesures, feurent guastez et perduz : robbes, cappes, manteaulx, sayons, juppes, cazaquins, colletz, pourpoincts, cottes, gonnelles[a], verdugualles. Groignet, cuydant tailler une cappe, tailloit la forme d'une braguette. En lieu d'un sayon, tailloit un chappeau à prunes succées[b]. Sus la forme d'un cazaquin tailloit une aumusse. Sus le patron d'un pourpoinct tailloit la guise d'une paele[c]. Ses varletz, l'avoir cousue, la deschicquetoient par le fond, et sembloit d'une paele à fricasser chastaignes. Pour un collet faisoit un brodequin. Sus le patron d'une verdugualle tailloit une barbutte[d]. Pensant. faire un manteau, faisoit un tabourin de Souisse. Tellement que le paouvre home par justice fut condemné à payer les estoffes de tous ses challans, et de present en est au saphran[1].

— Punition, dist Homenaz, et vengeance divine.

— A Cahusac, dist Gymnaste, feut, pour tirer à la butte[e], partie faicte entre les seigneurs d'Estissac et vicomte de Lausun[2]. Perotou avoit depecé unes demies Decretales du bon canonge[f] La Carte et des feueilletz avoit taillé le blanc[g] pour la butte. Je me donne, je me vends, je me donne à travers tous les Diables, si jamais harbelestier du pays (les quelz sont suppellatifz en toute Guyenne) tira traict dedans. Tous feurent coustiers[h]. Rien du blanc sacrosainct barbouillé ne feut, depucellé ne entommé. Encores Sansornin l'aisné[3], qui guardoit les guaiges, nous juroit *Figues*

---

a. manteaux de cavalier. — b. en forme d'amande. — c. dais. — d. capuchon. — e. cible. — f. chanoine. — g. espace blanc au milieu de la cible. — h. tirèrent à côté.

1. On peignait de couleur jaune le comptoir des banqueroutiers.

2. Cahuzac, près de Villeneuve-sur-Lot, appartenait à Louis d'Estissac, neveu du protecteur de Rabelais. Le vicomte de Lauzun était alors Charles de Caumont.

3. Probablement le seigneur de Saint-Sernin, ami des Estissac.

dioures[a] (son grand serment) qu'il avoit veu apertement, visiblement, manifestement le pasadouz[b] de Carquelin droict entrant dedans la grolle[1] on mylieu du blanc, sus le poinct de toucher et enfoncer, s'estre escarté loing d'une toise, coustier[c], vers le fournil.

— Miracle, s'escria Homenaz, miracle, miracle ! Clerice, esclaire icy. Je boy à tous. Vous me semblez vrays Christians. »

À ces motz les filles commencerent ricasser[d] entre elles. Frere Jan hannissoit du bout du nez comme prest à roussiner ou baudouiner pour le moins et monter dessus, comme Herbault[2] sus paouvres gens. « Me semble, dist Pantagruel, que en telz blancs l'on eust contre le dangier du traict plus sceurement esté que ne feut jadis Diogenes.

— Quoy ? demanda Homenaz. Comment ? Estoit il Decretaliste ?

— C'est, dist Epistemon retournant de ses affaires, bien rentré de picques noires.

— Diogenes, respondit Pantagruel, un jour s'esbattre voulent, visita les archiers qui tiroient à la butte[3]. Entre iceulx un estoit tant faultier, imperit et mal adroict, que lors qu'il estoit en ranc de tirer, tout le peuple spectateur s'escartoit de paour d'estre par luy feruz. Diogenes, l'avoir un coup veu si perversement tirer que sa fleche tomba plus d'un trabut[4] loing de la butte, au second coup le peuple loing d'un cousté et d'aultre s'escartant, accourut et se tint en pieds jouxte le blanc : affermant cestuy lieu estre le plus sceur, et que l'archier plus toust feriroit tout aultre lieu que le blanc, le blanc seul estre en sceureté du traict.

— Un paige, dist Gymnaste, du seigneur d'Estissac,

---

a. Foi d'or ! — b. flèche. — c. sur le côté. — d. rire.

1. Le point noir qui marque le milieu de la cible.
2. Personnification de la misère.
3. Érasme, *Adages*, II, 6, 78, qui suit Diogène Laërce, VI, *Diogène*. — 4. Mesure agraire équivalant à une perche, soit le cinquième d'un arpent.

nommé Chamouillac, aperceut le charme. Par son advis Perotou changea de blanc, et y employa les papiers du procès de Pouillac[1]. Adoncques tirerent très bien et les uns et les aultres.

— A Landerousse, dist Rhizotome, es nopces de Jan Delif, feut le festin nuptial notable et sumptueux, comme lors estoit la coustume du pays. Après soupper feurent jouées plusieurs farces, comedies, sornettes plaisantes; feurent dansées plusieurs moresques aux sonnettes et timbous[a]; feurent introduictes diverses sortes de masques et mommeries[b]. Mes compaignons d'eschole et moy pour la feste honorer à nostre povoir (car, au matin, nous tous avions eu de belles livrées blanc et violet), sus la fin feismes un barboire[c] joyeulx avecques force coquilles de sainct Michel et belles caquerolles de limaçons. En faulte de colocasie, bardane, personate[2] et de papier, des feueilletz d'un vieil *Sixiesme*, qui là estoit abandonné, nous feismes nos faulx visaiges[d], les descouppans un peu à l'endroict des œilz, du nez et de la bouche. Cas merveilleux : nos petites caroles[e] et pueriles esbatemens achevez, houstans nos faulx visaiges, appareusmes plus hideux et villains que les Diableteaux de la passion de Doué[3] : tant avions les faces guastées aux lieux touchéz par lesditz feueilletz. L'un y avoit la picote[f], l'autre le tac[4], l'aultre la verolle, l'aultre la rougeolle, l'aultre gros froncles[g]. Somme, celluy de nous tous estoit le moins blessé à qui les dens estoient tombées.

— Miracle, s'escria Homenaz, miracle !

— Il n'est, dist Rhizotome, encores temps de rire. Mes deux sœurs, Catherine et Renée, avoient mis dedans ce beau *Sixiesme*, comme en presse (car il estoit couvert

---

a. tambours. — *b*. mascarades. — *c*. mascarades où l'on se mettait de fausses barbes. — *d*. masques. — *e*. danses. — *f*. petite vérole. — *g*. furoncles.

1. Allusion demeurée inexpliquée. — 2. Les feuilles de ces plantes sont assez larges pour servir de masques. — 3. Cf. *Tiers Livre*, chap. III, t. I, p. 419. — 4. Cf. *Quart Livre*, p. 27.

de grosses aisses[a] et ferré à glaz[1]), leurs guimples, man-
chons et collerettes savonnées de frais, bien blanches,
et empesées. Par la vertus Dieu...

— Attendez, dist Homenaz, du quel Dieu entendez-vous ?

— Il n'en est qu'un, respondit Rhizotome.

— Ouy bien, dist Homenaz, es cieulx. En terre,
n'en avons nous un aultre ?

— Arry avant[b], dist Rhizotome, je n'y pensois, par
mon ame, plus. Par la vertus doncques du Dieu Pape
terre, leurs guimples, collerettes, baverettes, couvre-
chefz et tout aultre linge y devint plus noir qu'un sac
de charbonnier.

— Miracle, s'escria Homenaz; Clerice, esclaire icy,
et note ces belles histoires.

— Comment, demanda frere Jan, dit on doncques :

Depuis que Decretz eurent ales[c],
Et gens d'armes porterent males[d],
Moines allerent à cheval,
En ce monde abonda tout mal[2].

— Je vous entens, dist Homenaz. Ce sont petitz
quolibetz des hereticques nouveaulx. »

Comment, par la vertus des Decretales,
est l'or subtilement tiré de France en Rome.

Chapitre LIII

« Je vouldroys, dist Epistemon, avoir payé chopine
de trippes à embourser[e], et que eussions à l'original

---

a. ais. — *b.* Hue donc ! — *c.* ailes. — *d.* malles. — *e.* avaler.

1. Couvert de clous commes les souliers ferrés à glace. — 2. Dicton
souvent cité au XVIe s. On le trouve, par exemple, à la fin de la 67e nouvelle de Bonaventure des Périers.

collationné les terrificques chapitres, *Execrabilis*, *De
multa*, *Si plures*, *De Annatis per totum*, *Nisi essent*, *Cum
ad Monasterium*, *Quod dilectio*, *Mandatum*[1] et certains
aultres, lesquelz tirent par chascun an de France en
Rome quatre cens mille ducatz, et d'adventaige.

— Est ce rien cela ? dist Homenaz; me semble toutesfoys estre peu, veu que France la Treschristiane est
unicque nourrice de la court Romaine. Mais trouvez
moy livres on monde, soient de philosophie, de medicine, des Loigs, des Mathematicques, des lettres humaines, voyre (par le mien Dieu) de la saincte Escripture, qui en puissent autant tirer ? Poinct. Nargues[a],
nargues ! Vous n'en trouverez poinct de ceste auriflue[b]
energie, je vous en asceure. Encores ces diables hæreticques ne les voulent aprendre et sçavoir. Bruslez,
tenaillez, cizaillez, noyez, pendez, empallez, espaultrez[c],
demembrez, exenterez[d], decouppez, fricassez, grislez,
transonnez, crucifiez, bouillez, escarbouillez, escar-
telez, debezillez[e], dehinguandez, carbonnadez ces mes-
chans Hereticques Decretalifuges, Decretalicides, pires
que homicides, pires que parricides, Decretalictones[f]
du Diable.

« Vous aultres gens de bien, si voulez estre dictz et
reputez vrais Christians, je vous supplie à joinctes mains
ne croire aultre chose, aultre chose ne penser, ne dire,
ne entreprendre, ne faire, fors seulement ce que contiennent nos sacres Decretales et leurs corollaires : ce
beau *Sixiesme*, ces belles *Clementines*, ces belles *Extravaguantes*. O livres deifiques ! Ainsi serez en gloire,
honneur, exaltation, richesses, dignitez, prelations[g] en

---

a. non. — b. qui apporte de l'or. — c. brisez. — d. étripez. — e.
mettez en pièces. — f. meurtriers des Décrétales. — g. supériorités.

1. Ces attaques contre les *Décrétales* s'expliquent par la crise gallicane
de 1551. Tous les textes cités par Rabelais sont attaqués parce que, de
manière directe ou indirecte, — sous forme de taxes ecclésiastiques,
ou de frais judiciaires, — ils provoquaient la sortie de sommes
considérables qui s'en allaient à Rome, ce qui suscitait l'irritation du
pouvoir royal.

ce monde; de tous reverez, d'un chascun redoubtez, à tous preferez, sus tous esleuz et choisiz. Car il n'est soubs la chappe du ciel estat du quel trouviez gens plus idoines à tout faire et manier que ceulx qui, par divine prescience et eterne predestination, adonnez se sont à l'estude des sainctes Decretales.

« Voulez vous choisir un preux empereur, un bon capitaine, un digne chef et conducteur d'une armée en temps de guerre, qui bien sçaiche tous inconveniens prevoir, tous dangiers eviter, bien mener ses gens à l'assault et au combat en alaigresse, rien ne hazarder, tous jours vaincre sans perte de ses soubdars et bien user de la victoire ? Prenez moy un Decretiste. Non; non, je diz un Decretaliste.

— O le gros rat[1] ! dist Epistemon.

— Voulez vous en temps de paix trouver home apte et suffisant à bien gouverner l'estat d'une republicque, d'un royaulme, d'un empire, d'une monarchie; entretenir l'ecclise, la noblesse, le senat et le peuple en richesses, amitié, concorde, obéissance, vertus, honesteté ? Prenez moy un Decretaliste.

« Voulez vous trouver home qui par vie exemplaire, beau parler, sainctes admonitions, en peu de temps, sans effusion de sang humain, conqueste la terre saincte, et à la saincte foy convertisse les mescreans Turcs, Juifs, Tartares, Moscovites, Mammeluz et Sarrabovites[2] ? Prenez moy un Decretaliste.

« Qui faict en plusieurs pays le peuple rebelle et detravé[a], les paiges frians et mauvais, les escholiers badaulx et asniers ? Leurs gouverneurs, leurs escuiers, leurs precepteurs n'estoient Decretalistes.

---

a. déréglé.

1. Le mot signifiait alors : *lapsus*. Confusion ici entre *Décrétiste*, interprète du *Décret* de Gratien, et *Décrétaliste*, spécialiste des *Décrétales*. Le *Décret*, première partie du droit canon, n'était pas attaqué par les gallicans.

2. Les *Mammeluz* sont les *Mameluks*; les *Sarrabovites*, des moines égyptiens débauchés.

« Mais qui est ce (en conscience) qui a estably, confirmé, authorisé, ces belles religions[a], des quelles en tous endroictz voyez la Christianté ornée, decorée, illustrée, comme est le firmament de ses claires estoilles ? Dives Decretales.

« Qui a fondé, pillotizé[b], talué[c], qui maintient, qui substante, qui nourrit les devots religieux par les convens, monasteres et abbayes, sans les prieres diurnes, nocturnes, continuelles des quelz seroit le monde en dangier evident de retourner en son antique Cahos ? Sacres Decretales.

« Qui faict et journellement augmente en abondance de tous biens temporelz, corporelz et spirituelz le fameux et celebre patrimoine de sainct Pierre ? Sainctes Decretales.

« Qui faict le sainct Siege apostolicque en Rome de tout temps et au jourd'huy tant redoubtable en l'Univers qu'il fault, ribon ribaine[d], que tous roys, empereurs, potentatz et seigneurs pendent de luy, tieignent de luy, par luy soient couronnez, confirmez, authorisez, vieignent là boucquer[e] et se prosterner à la mirificque pantophle, de la quelle avez veu le protraict ? Belles Decretales de Dieu.

« Je vous veulx declarer un grand secret. Les Universités de vostre monde, en leurs armoiries et divises ordinairement portent un livre, aulcunes ouvert, aultres fermé. Quel livre pensez vous que soit ?

— Je ne sçay certes, respondit Pantagruel. Je ne leuz oncques dedans.

— Ce sont, dist Homenaz, les Decretales, sans les quelles periroient les privileges de toutes Universités. Vous me doibvez ceste là ! Ha, ha, ha, ha, ha ! »

Icy commença Homenaz rocter, peter, rire, baver et suer; et bailla son gros, gras bonnet à quatre braguettes[f] à une des filles, laquelle le posa sus son beau chef en grande alaigresse, après l'avoir amoureusement

---

a. ordres religieux. — *b.* affermi. — *c.* fortifié. — *d.* bon gré mal gré. — *e.* baiser. — *f.* lobes.

baisé, comme guaige et asceurance qu'elle seroit premiere mariée.

« *Vivat !* s'escria Epistemon, *vivat, fifat, pipat, bibat !* O secret Apocalyptique !

— Clerice, dist Homenaz, Clerice, esclaire icy à doubles lanternes. Au fruict, pucelles ! Je disois doncques que ainsi vous adonnans à l'estude unicque des sacres Decretales, vous serez riches et honorez en ce monde. Je dis consequemment qu'en l'aultre vous serez infailliblement saulvez on benoist royaulme des Cieulx, du quel sont les clefz baillées à nostre bon Dieu Decretaliarche. O mon bon Dieu, lequel je adore, et ne veids oncques, de grace speciale ouvre nous en l'article de la mort pour le moins ce tressacré thesaur de nostre mere saincte Ecclise, du quel tu es protecteur, conservateur, promeconde ᵃ, administrateur, dispensateur. Et donne ordre que ces precieux œuvres de supererogation, ces beaulx pardons au besoing ne nous faillent. A ce que les Diables ne trouvent que mordre sus nos paouvres ames, que la gueule horrificque d'Enfer ne nous engloutisse. Si passer nous fault par Purgatoire, patience ! En ton pouvoir est, et arbitre, nous en delivrer, quand vouldras. »

Icy commença Homenaz jecter grosses et chauldes larmes, batre sa poictrine, et baiser ses poulces en croix [1].

Comment Homenaz donna à Pantagruel des poires de bon Christian.

CHAPITRE LIV

Epistemon, frere Jan et Panurge, voyans ceste facheuse catastrophe ᵇ, commencerent, au couvert de leurs serviettes, crier : Myault, myault, myault, faignans

---

a. gardien (voir *Briefve Declaration*). — b. dénouement.

1. Pratique de certains dévôts qui, pour pouvoir baiser à tout

ce pendent de s'essuer les œilz, comme s'ilz eussent ploré. Les filles feurent bien aprises et à tous præsenterent pleins hanatz de vin Clementin avecques abondance de confictures. Ainsi feut de nouveau le bancquet resjouy.

En fin de table Homenaz nous donna grand nombre de grosses et belles poyres, disant : « Tenez, amis : poires sont singulieres, lesquelles ailleurs ne trouverez. Non toute terre porte tout. Indie seule porte le noir ebene. En Sabée provient le bon encens[1]. En l'isle de Lemnos, la terre Sphragitide[2]. En ceste isle seule naissent ces belles poires. Faictez en, si bon vous semble, pepinieres en vos pays.

— Comment, demanda Pantagruel, les nommez vous ? Elles me semblent tresbonnes, et de bonne eau. Si on les cuisoit en casserons[a] par quartiers avecques un peu de vin et de sucre, je pense que seroit viande tressalubre tant es malades comme es sains.

— Non aultrement, respondit Homenaz. Nous sommes simples gens, puys qu'il plaist à Dieu. Et appelons les figues figues, les prunes prunes, et les poires poires.

— Vrayement, dist Pantagruel, quand je seray en mon mesnaige (ce sera, si Dieu plaist, bien toust), j'en affieray[b] et hanteray[c] en mon jardin de Touraine sus la rive de Loyre, et seront dictes poires de bon Christian. Car oncques ne veiz Christians meilleurs que ces bons Papimanes.

— Je trouveroys, dist frere Jan, aussi bon qu'il nous donnast deux ou trois chartées de ses filles.

— Pourquoy faire ? demandoit Homenaz.

— Pour les saigner, respondit frere Jan, droict entre les deux gros horteilz avecques certains pistolandiers[d]

a. casseroles. — b. planterai. — c. grefferai. — d. poignards.

instant la croix, en formaient une avec leurs pouces.

1. Géorgiques, II, 109-116.
2. Terre rouge dont se servaient les médecins et les peintres. Cf. Pline l'Ancien, Hist. Nat., XXXV, 6, 14.

de bonne touche. En ce faisant, sus elles nous hante-
rions[a] des enfans de bon Christian, et la race en nos
pays multiplieroit : es quelz ne sont mie trop bons.

— Vraybis, respondit Homenaz, non ferons, car
vous leurs feriez la follie aux guarsons : je vous
congnoys à vostre nez[1], et si, ne vous avois oncques
veu. Halas, halas, que vous estes bon fils ! Vouldriez
vous bien damner vostre ame ? Nos Decretales le
defendent. Je vouldrois que les sceussiez bien.

— Patience ! dist frere Jan. Mais, *si tu non vis dare,
præsta quæsumus*[b]. C'est matiere de breviaire. Je n'en
crains home portant barbe, feust il docteur de Chrys-
tallin (je dis Decretalin) à triple bourlet. »

Le dipner parachevé, nous prinsmes congié de
Homenaz et de tout le bon populaire, humblement les
remercyans, et pour retribution de tant de biens leur
promettans que, venuz à Rome, ferions avecques le
Pere sainct tant qu'en diligence il les iroyt veoir en
persone. Puys retournasmes en nostre nauf. Pantagruel,
par liberalité et recongnoissance du sacre protraict
Papal donna à Homenaz neuf pieces de drap d'or frizé
sus frize, pour estre appousées au davant de la fenestre
ferrée ; feist remplir le tronc de la reparation et fabricque
tout de doubles escuz au sabot, et feist delivrer à
chascune des filles, les quelles avoient servy à table
durant le dipner, neuf cent quatorze salutz[2] d'or, pour
les marier en temps oportun.

---

a. grefferions. — *b.* si tu ne veux nous les donner, prête-les, je
t'en prie.

1. Croyance populaire. Cf. *Gargantua*, chap. xl, tome I, p. 154.
2. Rabelais s'amuse à rapprocher une monnaie qu'il invente (les
écus au sabot, comme les écus au soleil) d'une monnaie réelle, les
saluts où était représentée la Vierge recevant la salutation angélique.

Comment, en haulte mer, Pantagruel ouyt diverses parolles degelées[1].

Chapitre LV

En pleine mer nous banquetans, gringnotans, divisans et faisans beaulx et cours discours, Pantagruel se leva et tint en pieds pour discouvrir à l'environ. Puys nous dist : « Compaignons, oyez vous rien ? Me semble que je oy quelques gens parlans en l'air, je n'y voy toutesfoys personne. Escoutez. » A son commandement nous feusmes attentifz, et à pleines aureilles humions l'air, comme belles huytres en escalle, pour entendre si voix ou son aulcun y seroit espart : et pour rien n'en perdre, à l'exemple de Antonin[2] l'Empereur, aulcuns oppousions nos mains en paulme darriere les aureilles. Ce neantmoins protestions voix quelconques n'entendre.

Pantagruel continuoit affermant ouyr voix diverses en l'air, tant de homes comme de femmes, quand nous feut advis, ou que nous les oyons pareillement, ou que les aureilles nous cornoient. Plus perseverions escoutans, plus discernions les voix, jusques à entendre motz entiers. Ce que nous effraya grandement, et non sans cause, personne ne voyans et entendens voix et sons tant divers, d'homes, de femmes, d'enfans, de chevaulx : si bien que Panurge s'escria : « Ventre bieu, est ce mocque[a] ? nous sommes perdus. Fuyons. Il y a embusche autour. Frere Jan, es tu là, mon amy ? Tiens toy près de moy, je te supply. As tu ton bragmart ? Advise qu'il ne tienne au fourreau. Tu ne le desrouille poinct à demy. Nous sommes perduz. Escoutez : ce sont, par Dieu ! coups de canon. Fuyons. Je ne diz de piedz et de

---

a. moquerie.

1. Épisode emprunté à Guillaume Postel, *De orbis concordia* (1543).
2. Antonin Caracalla. Si nous en croyons Dion Cassius (77, 17, 1) il avait à son service une police secrète très importante.

mains, comme disoit Brutus en la bataille Pharsalicque[1];
je diz à voiles et à rames. Fuyons ! Je n'ay poinct
de couraige sur mer. En cave et ailleurs j'en ay tant
et plus. Fuyons ! Saulvons nous ! Je ne le diz pour
paour que je aye, car je ne crains rien fors les dangiers. Je le diz toujours[2]. Aussi disoit le Franc archier
de Baignolet. Pourtant n'hazardons, rien, à ce que ne
soyons nazardez. Fuyons ! Tourne visaige. Vire la
peautre[a], filz de putain ! Pleust à Dieu que præsentement je feusse en Quinquenoys[3], à peine de jamais
ne me marier ! Fuyons, nous ne sommes pas pour eulx.
Ilz sont dix contre un, je vous en asceure. D'adventaige
ilz sont sus leurs fumiers[b], nous ne congnoissons le pays.
Ilz nous tueront. Fuyons, ce ne nous sera deshonneur.
Demosthenes dist que l'home fuyant combattra de
rechief[4]. Retirons nous pour le moins. Orche, poge[c],
au trinquet, aux boulingues[d]. Nous sommes mors.
Fuyons de par tous les Diables, fuyons ! »

Pantagruel, entendent l'esclandre que faisoit Panurge,
dist : « Qui est ce fuyart là bas ? Voyons premierement
quelz gens sont. Par adventure sont ilz nostres. Encores
ne voy je persone ? Et si voy cent mille à l'entour.
Mais entendons. J'ay leu[5] qu'un Philosophe, nommé
Petron[6], estoyt en ceste opinion que feussent plusieurs
mondes soy touchans les uns les aultres en figure
triangulaire æquilaterale, en la pate[e] et centre des
quelz disoit estre le manoir de Verité, et là habiter lès
Parolles, les Idées, les Exemplaires et protraictz de

---

a. gouvernail. — b. sur leur terrain. — c. à bâbord, à tribord. —
d. aux voiles de misaine, aux petites voiles. — e. base.

1. C'est à Philippes, non à Pharsale que, selon Plutarque (*Vies
parallèles*, *Brutus*, 52) cité par Érasme (*Apophtegmes*, V, *M. Brutus*, 2)
Brutus déclara qu'il lui fallait fuir non avec les pieds, mais avec les
mains, c'est-à-dire par le suicide. — 2. Cf. *supra* p. 111. — 3. Propriété de la famille de Rabelais, près de Chinon. — 4. Érasme, *Adages*,
I, 10, 40 *Vir fugiens et denuo pugnabit*. — 5. Dans Plutarque, *De defectu
oraculorum*, XXII. — 6. Philosophe pythagoricien qui imaginait
l'univers sous la forme d'un triangle équilatéral sur les côtés duquel
étaient répartis 186 mondes.

toutes choses passées et futures : autour d'icelles estre le Siecle. Et en certaines années, par longs intervalles, part d'icelles tomber sus les humains comme catarrhes, et comme tomba la rousée sus la toison de Gedéon[1]; part là rester reservée pour l'advenir, jusques à la consommation du Siecle.

« Me souvient aussi que Aristoteles[2] maintient les parolles de Homere estre voltigeantes, volantes, moventes, et par consequent animées.

« D'adventaige Antiphanes[3] disoit la doctrine de Platon es parolles estre semblable, lesquelles en quelque contrée, on temps du fort hyver, lors que sont proferées, gelent et glassent à la froydeur de l'air, et ne sont ouyes. Semblablement ce que Platon enseignoyt es jeunes enfans, à peine estre d'iceulx entendu lors que estoient vieulx devenuz.

« Ores seroit à philosopher et rechercher si forte fortune[a] icy seroit l'endroict on quel telles parolles degelent. Nous serions bien esbahiz si c'estoient les teste et lyre de Orpheus. Car après que les femmes Threisses[b] eurent Orpheus mis en pieces, elles jecterent sa teste et sa lyre dans le fleuve Hebrus[4]. Icelles par ce fleuve descendirent en la mer Pontique[5], jusques en l'isle de Lesbos[6] tousjours ensemble sus mer naigeantes. Et de la teste continuellement sortoyt un chant lugubre, comme lamentant la mort de Orpheus; la lyre à l'impulsion des vents mouvens les chordes accordoit harmonnieusement avecques le chant. Reguardons si les voirons cy autour[7]. »

----

a. par hasard. — b. thraces.

1. *Juges*, VI, 37. — 2. Au fragment 151.
3. Cf. Plutarque, *De profectibus in virtute*, VII.
4. *Géorgiques*, IV, 523.
5. Le Pont-Euxin.
6. Ovide, *Métamorphoses*, XI, 50.
7. Sur l'épisode des paroles gelées, voir V. L. Saulnier, *Le Silence de Rabelais et le Mythe des paroles gelées,* dans *François Rabelais, ouvrage publié...* pp. 233-247 et Robert Marichal, *Postel, Cartier, Rabelais et les « Paroles gelées »,* dans *Études Rabelaisiennes,* t. I, 1956, pp. 181-182.

Comment, entre les parolles gelées,
Pantagruel trouva des motz de gueule.

Chapitre LVI

Le pillot feist responce : « Seigneur, de rien ne vous effrayez. Icy est le confin de la mer glaciale, sus laquelle feut, au commencement de l'hyver dernier passé, grosse et felonne bataille, entre les Arismapiens et les Nephelibates[1]. Lors gelerent en l'air les parolles et crys des homes et femmes, les chaplis[a] des masses, les hurtys des harnois, des bardes[b], les hannissemens des chevaulx et tout aultre effroy de combat. A ceste heure la rigueur de l'hyver passée, advenente le serenité et temperie[c] du bon temps, elles fondent et sont ouyes.

— Par Dieu, dist Panurge, je l'en croy. Mais en pourrions nous veoir quelqu'une. Me soubvient avoir leu que, l'orée de la montaigne en laquelle Moses receut la loy des Juifz, le peuple voyoit les voix sensiblement[2].

— Tenez, tenez, dist Pantagruel, voyez en cy qui encores ne sont degelées. »

Lors nous jecta sus le tillac plenes mains de parolles gelées, et sembloient dragée perlée de diverses couleurs. Nous y veismes des motz de gueule, des motz de sinople, des motz de azur, des motz de sable[3], des motz dorez. Les quelz, estre quelque peu eschauffez entre nos mains, fondoient comme neiges, et les oyons realement, mais ne les entendions, car c'estoit languaige barbare. Exceptez un assez grosset, lequel ayant frere

---

a. chocs. — *b.* armures des chevaux. — *c.* douceur.

1. Les Arismapiens sont un peuple scythe nommé par Hérodote, IV, 27, et Pline, VII, 2; les Nephelibates sont une création de Rabelais : le peuple qui marche sur les nuages.
2. *Exode*, XX, 18. — 3. Dans la langue du blason de gueules signifie rouge, de sinople vert, de sable noir.

Jan eschauffé entre ses mains, feist un son tel que font les chastaignes jectées en la braze sans estre entonmées[a], lors que s'esclattent, et nous feist tous de paour tressaillir. « C'estoit, dist frere Jan, un coup de faulcon[b] en son temps. »

Panurge requist Pantagruel luy en donner encores. Pantagruel luy respondit que donner parolles estoit acte des amoureux[1]. « Vendez m'en doncques, disoit Panurge. — C'est acte de advocatz, respondit Pantagruel, vendre parolles. Je vous vendroys plus tost silence et plus cherement, ainsi que quelques foys la vendit Demosthenes, moyennant son argentangine[2]. »

Ce nonobstant il en jecta sus le tillac trois ou quatre poignées. Et y veids des parolles bien picquantes, des parolles sanglantes, les quelles le pillot nous disoit quelques foys retourner on lieu duquel estoient proferées, mais c'estoit la guorge couppée; des parolles horrificques, et aultres assez mal plaisantes à veoir. Lesquelles ensemblement fondues, ouysmes hin, hin, hin, hin, his, ticque, torche, lorgne, brededin, brededac, frr, frrr, frrrr, bou, bou, bou, bou, bou, bou, bou, bou, tracc, tracc, trr, trr, trr, trrr, trrrrrr, on, on, on, on, on, ououououon, goth, magoth, et ne sçay quelz aultres motz barbares; et disoyt que c'estoient vocables du hourt et hannissement des chevaulx à l'heure qu'on chocque. Puys en ouysmes d'aultres grosses, et rendoient son en degelant, les unes comme de tabours et fifres, les aultres comme de clerons et trompettes. Croyez que nous y eusmez du passetemps beaucoup. Je vouloys quelques motz de gueule mettre en reserve dedans de l'huille, comme l'on garde la neige et la glace, et entre du feurre[c] bien nect. Mais Pantagruel ne le voulut, disant estre follie faire reserve de ce dont jamais l'on n'a faulte et que tous jours on a en main,

---

a. fendues. — *b.* pièce d'artillerie. — *c.* paille.

1. Érasme, *Adages*, I, 5, 49. — 2. Cf. Érasme, *Adages*, I, 7, 19 et ci-dessous, *Briefve Declaration*, p. 259.

comme sont motz de gueule entre tous bons et joyeulx
Pantagruelistes.

Là, Panurge fascha quelque peu frere Jan, et le feist
entrer en resverie, car il le vous print au mot sus l'instant qu'il ne s'en doubtoit mie, et frere Jan menassa
de l'en faire repentir, en pareille mode que se repentit
G. Jousseaulme vendant à son mot le drap au noble
Patelin[1], et advenent qu'il feust marié le prendre aux
cornes, comme un veau, puys qu'il l'avoit prins au
mot comme un home[2]. Panurge luy feist la babou[a], en
signe de derision. Puys s'escria, disant : « Pleust à Dieu
que icy, sans plus avant proceder, j'eusse le mot de la
dive Bouteille ! »

Comment Pantagruel descendit on manoir de messere Gaster,
premier maistre es ars du monde.

Chapitre LVII

En icelluy jour, Pantagruel descendit en une isle
admirable entre toutes aultres, tant à cause de l'assiete
que du gouverneur d'icelle. Elle de tous coustez pour
le commencement estoit scabreuse, pierreuse, montueuse, infertile, mal plaisante à l'œil, tresdifficile aux
pieds et peu moins inaccessible que le mons du Daulphiné, ainsi dict pource qu'il est en forme d'un potiron,
et de toute memoire personne surmonter ne l'a peu,
fors Doyac, conducteur de l'artillerie du Roy Charles
huyctieme[3], lequel avecques engins mirificques y
monta, et au dessus trouva un vieil belier. C'estoit à
diviner qui là transporté l'avoit. Aucuns le dirent,

---

a. moue.

1. *Farce de Maître Pierre Pathelin*, v. 236. — 2. A rapprocher du
brocard de droit : *Verba ligant homines, taurorum cornua funes.* — 3.
Il s'agit d'une montagne du Vercors, le mont Aiguille, qu'on appelait
le Mont Inaccessible. La première ascension en fut faite non pas
par l'ingénieur Doyac, mais par le seigneur de Dompjulien, Antoine

estant jeune aignelet, par quelque aigle ou duc chaüant là ravy, s'estre entre les buissons saulvé.

Surmontans la difficulté de l'entrée, à peine bien grande et non sans suer, trouvasmes le dessus du mons tant plaisant, tant fertile, tant salubre et delicieux, que je pensoys estre le vray Jardin et Paradis terrestre : de la situation duquel tant disputent et labourent les bons Theologiens[1]. Mais Pantagruel nous affermoit là estre le manoir de *Areté* (c'est vertu) par Hesiode descript[2], sans toutesfoys prejudice de plus saine opinion.

Le gouverneur d'icelle estoit messere Gaster, premier maistre es ars de ce monde. Si croyez que le feu soit le grand maistre des ars, comme escript Cicero[3], vous errez et vous faictez tord. Car Cicero ne le creut oncques. Si croyez que Mercure soit premier inventeur des ars, comme jadis croyoient nos antiques Druides[4], vous fourvoyez grandement. La sentence du Satyricque[5] est vraye, qui dict messere Gaster estre de tous ars le maistre.

Avecques icelluy pacifiquement residoit la bonne dame Penie[6] aultrement dite Souffrete, mere des neuf Muses; de laquelle jadis en compagnie de Porus, seigneur de Abondance, nous nasquit Amour le noble enfant mediateur du Ciel et de la Terre, comme atteste Platon *in Symposio*[7].

A ce chevalereuz Roy force nous feut faire reverence, jurer obéissance et honneur porter. Car il est imperieux, rigoureux, rond, dur, difficile, inflectible. A luy on ne peut rien faire croyre, rien remonstrer, rien persuader.

---

de Ville qui y monta sur l'ordre de Charles VIII et trouva au sommet des chamois.

1. Certains théologiens croyaient que le péché d'Adam n'avait pas entraîné la disparition du Paradis terrestre, et qu'il demeurait situé en Orient, entre les tropiques. — 2. *Travaux et Jours*, 289; cf. *Tiers Livre*, chap. III, t. I, p. 417. — 3. *De natura deorum*, III, 14. Cicéron rapportait l'opinion d'Héraclite sans la prendre à son compte. — 4. Cf. ci-dessous *Briefve Declaration*, p. 259. — 5. Perse, *Choliambi*, 8 et suiv. — 6. La déesse de la pauvreté, un des personnages du Ploutos d'Aristophane. C'est Rabelais qui lui attribue les muses pour filles. — 7. Cf. *Le Banquet*, 203 B.

Il ne oyt poinct. Et comme les Ægyptiens disoient Harpocras[1], Dieu de silence, en grec nommé Sigalion, estre *astomé*, c'est à dire sans bouche, ainsi Gaster sans aureilles feut créé[2]; comme en Candie le simulachre de Juppiter estoit sans aureilles[3]. Il ne parle que par signes. Mais à ses signes tout le monde obeist plus soubdain qu'aux edictz des Præteurs, et mandemens des Roys. En ses sommations, delay aulcun et demeure aulcune il ne admect. Vous dictez que au rugissement du lyon toutes bestes loing à l'entour fremissent, tant (sçavoir est) que estre peult sa voix ouye. Il est escript. Il est vray. Je l'ay veu. Je vous certifie que au mandement de messere Gaster tout le ciel tremble, toute la terre bransle. Son mandement est nommé : faire le sault sans delay, ou mourir.

Le pillot nous racontoit comment un jour, à l'exemple des membres conspirans contre le ventre[4], ainsi que descript Æsope, tout le royaume des Somates[a] contre luy conspira et conjura soy soubstraire de son obeissance. Mais bien toust s'en sentit, et s'en repentit, et retourna en son service en toute humilité. Aultrement tous de male famine perissoient.

En quelques compaignies qu'il soit, discepter[b] ne fault de superiorité et præference : toujours va davant, y feussent Roys, Empereurs, voire certes le Pape. Et au concile de Basle[5], le premier alla, quoy qu'on vous die que ledict concile fut sedicieux, à cause des contentions et ambitions des lieux premiers. Pour le servir tout le monde est empesché, tout le monde labeure. Aussi pour recompense il fait ce bien au monde qu'il

---

a. membres. — *b.* disputer.

1. Fils d'Isis et d'Osiris, cf. Érasme, *Adages*, IV, 1, 52.
2. Érasme, *ibid.,* II, 8, 84, *Venter auribus caret.*
3. Rabelais suit Plutarque, *d'Isis et d'Orisis,* 75.
4. *Cf. Tiers Livre,* chap. III, tome I, p. 420.
5. De 1431 à 1449, où le protocole joua un grand rôle : on discuta de la supériorité du concile sur le Pape et, au concile même, du mode de votation favorable au bas clergé.

luy invente toutes ars, toutes machines, tous metiers, tous engins et subtilitez. Mesmes es animans brutaulx il apprend ars desniées de Nature. Les corbeaulx, les gays, les papeguays, les estourneaulx, il rend poëtes; les pies il faict poëtrides[a], et leurs aprent languaige humain proferer, parler, chanter[1]. Et tout pour la trippe !

Les aigles, gerfaulx, faulcons, sacres, laniers, autours, esparviers, esmerillons[2]; oizeaux aguars[b], peregrins, essors[c], rapineux, sauvaiges, il domesticque et apprivoise, de telle façon que, les abandonnant en pleine liberté du Ciel, quand bon luy semble, tant hault qu'il vouldra, tant que luy plaist, les tient suspens, errans, volans, planans, le muguetans[d], luy faisans la cour au dessus des nues; puys soubdain les fait du ciel en terre fondre. Et tout pour la trippe !

Les elephans, les lyons, les rhinocerotes, les ours, les chevaulx, les chiens il faict danser, baller, voltiger, combatre, nager, soy cacher, aporter ce qu'il veult, prendre ce qu'il veult. Et tout pour la trippe !

Les poissons tant de mer comme d'eaue doulce, balaines et monstres marins, sortir il faict du bas abisme, les loups jecte hors des boys[3], les ours hors les rochiers, les renards hors les tesnieres, les serpens lance hors la terre. Et tout pour la trippe !

Brief, est tant enorme que en sa rage il mange tous, bestes et gens, comme feut veu entre les Vascons, lors que Q. Metellus les assiegeoit par les guerres Sertorianes, entre les Saguntins assiegez par Hannibal, entre les Juifz assiegez par les Romains[4]; six cens aultres. Et tout pour la trippe !

Quand Penie sa regente se mect en voye, la part

---

a. poëtesses. — b. farouches. — c. qui n'ont pas mué. — d. courtisant.

1. Cf. Perse, *Choliambi,* 8 et suiv.
2. Ce sont les oiseaux que l'on employait à chasser.
3. Le proverbe est ancien. Villon, déjà, le citait (*Testament,* XXI).
4. Allusion aux sièges de Calagurris, en Espagne (73 av. J.-C.), — cf. Valère Maxime, VII, 6, — de Sagonte (Tite-Live, XXI, 11), — et de Jérusalem (Josèphe, *De bello judaïco,* VI, 3).

qu'elle va, tous parlemens sont clous, tous edictz mutz, toutes ordonnances vaines. A loy aulcune n'est subjecte, de toutes est exempte. Chacun la refuyt en tous endroictz, plus toust se exposans es naufrages de mer, plus toust eslisans par feu, par mons, par goulphres passer, que d'icelle estre apprehendez.

Comment, en la court du maistre ingenieux, Pantagruel detesta les Engastrimythes et les Gastrolatres.

CHAPITRE LVIII

En la court de ce grand maistre Ingenieux, Pantagruel apperceut deux manieres de gens, appariteurs importuns et par trop officieux, les quelz il eut en grande abhomination. Les uns estoient nommés Engastrimythes[a], les aultres Gastrolaltres[b].

Les Engastrimythes soy disoient estre descenduz de l'antique race de Eurycles[1], et sus ce alleguoient le tesmoingnaige de Aristophanes, en la comedie intitulée *les Tahons, ou Mousches guespes.* Dont anciennement estoient dictz Eurycliens, comme escript Plato, et Plutarche on livre *De la cessation des oracles.* Es sainctz Decrets, 26, *quest.* 3, sont appellez Ventriloques : et ainsi les nomme, en langue Ionicque, Hippocrates, *lid.* 5. *Epid.*, comme parlans de ventre. Sophocles les appelle *Sternomantes*[c]. C'estoient divinateurs, enchanteurs et abuseurs du simple peuple, semblans, non de la bouche, mais du ventre parler et respondre à ceulx qui les interrogeoient[2].

---

a. ventriloques. — *b.* adorateurs du ventre. — *c.* « divinans par la poitrine *(Briefve Declaration)* ».

1. Devin athénien qui était ventriloque. Cf. Aristophane, *Les Guèpes* (1017-1020), Platon, *Sophiste,* 252, c, Plutarque, *De la cessation des Oracles,* IX.

2. Ce paragraphe et le paragraphe suivant sont traduits de Cælius Rhodiginus, *Antiquae lectiones,* (Paris, 1517), V, 10.

Telle estoit, environ l'an de nostre benoist Servateur 1513, Jacobe Rodogine, Italiane, femme de
basse maison. Du ventre de laquelle nous avons
souvent ouy[1], aussi ont aultres infiniz en Ferrare et
ailleurs, la voix de l'esprit immonde, certainement
basse, foible et petite, toutesfoys bien articulée,
distincte et intelligible, lorsque, par la curiosité des
riches seigneurs et princes de la Guaulle Cisalpine,
elle estoit appellée et mandée. Les quelz, pour houster
tout doubte de fiction et fraulde occulte, la faisoient
despouiller toute nue et luy faisoient clourre la bouche
et le nez. Cestuy maling esprit se faisoit nommer
Crespelu ou *Cincinnatule*, et sembloit prendre plaisir
estant ainsi appellé. Quand ainsi on l'appelloit, soubdain aux propous respondoit. Si on l'interrogeoit
des cas præsens ou passez, il en respondoit pertinem-
ment, jusques à tirer les auditeurs en admiration. Si
des choses futures, toujours mentoit; jamais n'en
disoit la vérité. Et souvent sembloit confesser son
ignorance, en lieu de y respondre, faisant un gros
pet, ou marmonnant quelques motz non intelligibles
et de barbare termination.

Les Gastrolatres, d'un aultre cousté, se tenoient
serrez par trouppes et par bandes, joyeulx, mignars,
douilletz aulcuns, aultres tristes, graves, severes, rechi-
gnez, tous ocieux[a], rien ne faisans, poinct ne travaillans,
poys et charge inutile de la Terre, comme dict Hesiode[2]; craignans (scelon qu'on povoit juger) le Ventre
offenser et emmaigrir. Au reste, masquez, desguisez
et vestuz tant estrangement que c'estoit belle chose.

Vous dictez, et est escript par plusieurs saiges et
antiques Philosophes[3], que l'industrie de Nature
appert[b] merveilleuse en l'esbatement qu'elle semble

---

a. oisifs. — *b.* se révèle.

1. En 1513 Rabelais n'était pas en Italie. — 2. Fausse référence;
l'expression se trouve dans Homère, *Iliade,* XVIII, 104 : ἐτώσιον
ἄχθος ἀρούρης. — 3. Pline, *Hist. Nat.,* IX, 52; Érasme, *Adages,*
V, 2, 20, *Conchas legere.*

avoir prins formant les coquilles de mer : tant y veoyd
on de varieté, tant de figures, tant de couleurs, tant
de traictz et formes non imitables par art. Je vous
asceure qu'en la vesture de ces Gastrolatres coquillons[a]
ne veismes moins de diversité et desguisement. Ilz
tous tenoient Gaster pour leur grand Dieu, le adoroient
comme Dieu, luy sacrifioyent comme a leur Dieu
omnipotens, ne recongnoissoient aultre Dieu que luy;
le servoient, aymoient sus toutes choses, honoroient
comme leur Dieu. Vous eussiez dict que proprement
d'eulx avoit le sainct Envoyé escript, *Philippens*. 3 :
« Plusieurs sont des quelz souvent je vous ay parlé
(encores præsentement je le vous dis les larmes à
l'œil) ennemis de la croix du Christ, des quelz Mort
sera la consommation, des quelz Ventre est le Dieu[1]. »

Pantagruel les comparoit au Cyclope Polyphemus,
lequel Euripides faict parler comme s'ensuyt[2] : « Je
ne sacrifie que à moy (aux dieux poinct) et à cestuy
mon ventre, le plus grand de tous les Dieux. »

De la ridicule statue appellée Manduce,
et comment et quelles choses
sacrifient les Gastrolatres à leur Dieu Ventripotent.

Chapitre LIX

Nous consyderans le minoys et les gestes de ces
poiltrons magnigoules[b] Gastrolatres, comme tous
estonnez, ouymes un son de campane[c] notable, auquel
tous se rangerent comme en bataille, chascun par son
office, degré et antiquité. Ainsi vindrent devers

---

a. portant un capuchon en forme de coquille. — *b.* à la grande
gueule. — *c.* cloche.

1. Paul, *Ad Philipp.*, III, 18. — 2. Dans le *Cyclope,* 335.

La Grasse Cuisine
Gravure de Brueghel le Vieux

messere Gaster, suyvans un gras, jeune, puissant
Ventru, lequel sus un long baston bien doré portoit
une statue de boys, mal taillée et lourdement paincte,
telle que la descrivent Plaute, Juvenal et Pomp.
Festus[1]. A Lyon, au carneval, on l'appelle *Masche-
croutte* ; ilz la nommoient *Manduce*. C'estoit une effigie
monstrueuse, ridicule, hydeuse, et terrible aux petitz
enfans, ayant les œilz plus grands que le ventre, et
la teste plus grosse que tout le reste du corps, avecques
amples, larges et horrificques maschoueres bien enden-
telées, tant au dessus comme au dessoubs ; les quelles,
avecques l'engin d'une petite chorde cachée dedans
le baston doré, l'on faisoit l'un contre l'aultre terrific-
quement clicquetter, comme à Metz l'on faict du
dragon de sainct Clemens[2].

Approchans les Gastrolatres, je veids qu'ilz estoient
suyviz d'un grand nombre de gros varletz chargez de
corbeilles, de paniers, de balles, de potz, poches et
marmites. Adoncques, soubs la conduite de Manduce,
chantans ne sçay quelz Dithyrambes, Cræpalocomes[a],
Epænons[b], offrirent à leur Dieu, ouvrans leurs corbeilles et marmites, Hippocras blanc, avec la tendre
roustie seiche.

Pain blanc,
Pain mollet,
Choine[c],
Pain bourgeoys,
Carbonnades de six sortes,
Cabirotades[d],
Coscotons[e],

---

a. chants d'ivresse. — *b.* chants de louange (v. p. 259). — *c.* pain
de qualité. — *d.* grillades de chevreau. — *e.* couscous.

1. Que Rabelais cite d'après Cælius Rodiginus. Cf. Plaute, *Le
Cable,* 535, Juvénal III, 174, Pompéius Festus, *De significatione verbo-
rum,* XI. — 2. Que Rabelais avait pu voir quand il séjourna à Metz.
C'était le *Graulli.* On le promenait dans les rues à la saint Marc ou aux
Rogations en souvenir d'un monstre noyé par saint Clément dans la
Seille.

Longes de veau rousty froides, sinapisées de pouldre
  Zinziberine [a],
Fressures,
Fricassées, neuf especes,
Pastez d'assiette,
Grasses souppes de prime [1],
Souppes de Levrier [2],
Souppes Lionnoises,
Chous cabutz [b] à la mouelle de bœuf,
Hoschepotz [c],
Salmiguondins.

Breuvaige eternel parmy, precedent le bon et friant
vin blanc, suyvant vin clairet et vermeil frays : je vous
diz froyd comme la glace, servy et offert en grandes
tasses d'argent. Puys offroient :

Andouilles capparassonnées de moustarde fine,
Saulcisses,
Langues de bœuf fumées,
Saumates [d],
Eschinées [e] aux poys,
Fricandeaux,
Boudins,
Cervelatz,
Saulcissons,
Jambons,
Hures de sangliers,
Venaison sallée aux naveaulx,
Hastereaux [f],
Olives colymbades [g],

Le tout associé de breuvaige sempiternel.
Puis luy enfournoient en gueule :

---

a. de gingembre. — *b.* pommés. — *c.* ragoûts. — *d.* salaisons. — *e.* dos
de porc. — *f.* tranches de foie rôties. — *g.* conservées dans la saumure.

1. Cf. *Tiers Livre,* tome I, p. 465. — 2. Cf. *Tiers Livre,* tome I,
p. 465.

Eschanches[a] à l'aillade,
Patés à la saulse chaulde,
Coustelettes de porc à l'oignonnade,
Chappons roustiz avecques leur degout[b],
Hutaudeaux[c],
Becars, Cabirotz[d],
Bischars[e], Dains,
Lievres, Levraux,
Perdris, Perdriaux,
Faisans, Faisandeaux,
Pans, Panneaux,
Ciguoignes, Ciguoineaux,
Becasses, Becassins,
Hortolans,
Cocqs, poulles et poulletz d'Inde,
Ramiers, Ramerotz,
Cochons au moust,
Canars à la dodine,
Merles, Rasles,
Poulles d'eau,
Tadournes[f],
Aigrettes,
Cercelles[g],
Plongeons,
Butors, palles,
Courlis,
Gelinotes de boys,
Foulques aux pourreaux,
Risses[h], chevreaulx,
Espaulles de mouton aux cappres,
Pieces de bœuf royalles,
Poictrines de veau,
Poulles bouillies et gras chappons au blanc manger,
Gelinottes,
Poulletz,
Lappins, Lappereaux;

---

a. gigots. — *b.* jus. — *c.* chapons. — *d.* chevreaux. — *e.* faons. —
f. canes. — *g.* sarcelles. — *h.* rouges-gorges.

Cailles, Cailleteaux,
Pigeons, Pigeonneaux,
Herons, Heronneaux,
Otardes, Otardeaux,
Becquefigues,
Guynettes [a],
Pluviers,
Oyes, Oyzons,
Bizets [b],
Hallebrans [c],
Maulvys [d],
Flamans, Cignes,
Pochecuillieres [e],
Courtes [f], Grues,
Tyransons,
Corbigeaux [g],
Francourlis,
Tourterelles,
Connilz,
Porcespicz,
Girardines [h].

Ranffort de vinaigre parmy.
Puis grands

Pastez de Venaison,
D'Allouettes,
De Lirons,
De Stamboucqs [i],
De Chevreuilz,
De Pigeons,
De Chamoys,
De Chappons,
Pastez de lardons,
Pieds de porc au sou [j],

a. pintades. — b. pigeons. — c. canards sauvages. — d. mauviettes.
— e. spatules. — f. bécassines. — g. courlis. — h. râles d'eau. — i.
bouquetins des Alpes. — j. saindoux.

Croustes de pastez fricassées,
Corbeaux de Chappons,
Fromaiges,
Pesches de Corbeil,
Artichaulx,
Guasteaux feueilletez,
Cardes,
Brides à veaux[1],
Beuignetz,
Tourtes de seize façons,
Guauffres, Crespes,
Patez de coings,
Caillebottes,
Neige de Creme[a],
Myrobalans[b] confictz,
Gelée,
Hippocras rouge et vermeil,
Poupelins, Macarons,
Tartres, vingt sortes,
Creme,
Confictures seiches et liquides, soixante et dixhuyt
   especes,
Dragées, cent couleurs,
Jonchées[c],
Mestier[d] au sucre fin.

Vinaige suyvoit à la queue, de paour des esqui-
nanches[e]. *Item* rousties.

---

a. œufs à la neige. — *b.* fruits des Indes. — *c.* lait caillé. — *d.* oublies. — *e.* maux de gorge.

1. Pâte de farine avec jaunes d'œufs, beurre, sucre, etc.

Comment, es jours maigres entrelardez, à leur Dieu
sacrifioient les Gastrolatres.

Chapitre LX

Voyant Pantagruel ceste villenaille de sacrificateurs,
et multiplicité de leurs sacrifices, se fascha, et feust
descendu, si Epistemon ne l'eust prié veoir l'issue de
ceste farce. « Et que sacrifient, dist il, ces maraulx, à
leur dieu Ventripotent es jours maigres entrelardez[a] ?

— Je vous le diray, respondit le pilot. D'entrée de
table il luy offrent :

Caviat[b],
Boutargues[c],
Beurre frays,
Purées de poys,
Espinars,
Arans blans bouffiz[1],
Arans sors[d],
Sardaines,
Anchoys,
Tonnine[e],
Caules emb'olif[f],
Saulgrenées de febves[2],
Sallades cent diversitez, de cresson, de obelon[g], de
    la couille à l'evesque[h], de responses[i], d'aureilles de
    Judas (c'est, une forme de funges[j] issans des vieux
    suzeaulx[k]), de aspergez, de chevrefeuel[l] : tant
    d'aultres.

---

a. mêlés aux jours gras. — *b.* caviar. — *c.* sorte de caviar. —
d. salés et fumés. — *e.* thon mariné. — *f.* choux à l'huile. — *g.*
houblon. — *h.* cresson sauvage. — *i.* raiponce. — *j.* champignons.
— *k.* sureaux. — *l.* cerfeuil.

1. Harengs salés non mis en caque, ce qui les laissait gonflés.
2. Fèves bouillies assaisonnées d'oignons hachés et macérées
dans le beurre et l'huile.

Saulmons sallez,
Anguillettes sallées,
Huytres en escalles.

« Là fault boyre, ou le Diable l'emporteroit. Ilz y donnent bon ordre, et n'y a faulte; puys luy offrent :

Lamproyes à saulce d'Hippocras.
Barbeaulx,
Barbillons,
Meuille,
Meuilletz[a],
Rayes,
Casserons[b],
Esturgeons,
Balaines,
Macquereaulx,
Pucelles[c],
Plyes,
Huytres frittes,
Pectoncles[d],
Languoustes,
Espelans,
Guourneaulx[e],
Truites,
Lavaretz[1],
Guodepies[f],
Poulpres,
Limandes,
Carreletz,
Maigres,

Pageaux[2],
Gougeons,
Barbues,
Cradotz[g],
Carpes,
Brochetz,
Palamides[2],
Roussettes,
Oursins,
Vielles[h],
Ortigues[1],
Crespions,
Gracieuxseigneurs,
Empereurs[j],
Anges de mer,
Lempreons[k],
Lancerons[l],
Brochetons,
Carpions,
Carpeaulx,
Saulmons,
Saulmonneaux,
Daulphins,
Porcilles[m],
Turbotz,

---

a. muges ou mulets. — b. seiches. — c. limandes. — d. coquilles Saint-Jacques. — e. grondins. — f. morues. — g. éperlans. — h. carpes de mer. — i. orties de mer. — j. espadons. — k. lamproies. — l. brochets. — m. marsouins.

1. Poisson qui vit dans les lacs de Savoie.
2. Poisson de la Méditerranée.

Pocheteau [a],
Soles,
Poles [1],
Moules,
Homars,
Chevrettes [b],
Dards,
Ablettes,
Tanches,
Umbres [c],
Merluz frays,
Seiches,
Rippes [d],
Tons,
Guoyons [e],
Meusniers,
Escrevisses,
Palourdes,
Liguombeaulx [f],
Chatouilles [g],

Congres,
Oyes,
Lubines [h],
Aloses,
Murenes,
Umbrettes [i],
Darceaux [j],
Anguilles,
Anguillettes,
Tortues,
Serpens, *id est* Anguilles
de boys,
Dorades,
Poullardes,
Perches,
Realz [k],
Loches,
Cancres,
Escargotz,
Grenoilles.

« Ces viandes devorées, s'il ne beuvoit, la Mort l'attendoit à deux pas près. L'on y pourvoyoit tresbien. Puys luy estoient sacrifiez :

Merluz salez,
Stocficz [1],
Œufs fritz, perduz, suffoc-
quez, estuvez, trainnez
par les cendres, jectez par
la cheminée, barbouillez,
gouildronnez, *et cet.*

Moulues [m],
Papillons,
Adotz [n],
Lancerons [o] marinez,

---

a. raies blanches. — *b.* crevettes. — *c.* ombres. — *d.* épinoches. — *e.* goujons. — *f.* homards. — *g.* lamproies. — *h.* bars. — *i.* ombrines. — *j.* petits dards. — *k.* esturgeons. — *l.* morue séchée. — *m.* morues. — *n.* haddock. — *o.* brochets.

1. Nom normand d'un poisson semblable à la sole.

pour lesquelz cuyre et digerer facilement vinaige estoit multiplié. Sus la fin offroient :

Riz,	Escherviz[b],
Mil,	Millorque[c],
Gruau,	Fromentée[d],
Beurre d'amendes	Pruneaulx,
Neige de beurre,	Dactyles[e],
Pistaces,	Noix,
Fisticques[a],	Noizilles[f],
Figues,	Pasquenades[g],
Raisins,	Artichaulx.

« Perennité d'abrevement parmy.

« Croyez que par eulx ne tenoit que cestuy Gaster, leur dieu ne feust aptement, precieusement et en abondance servy en ses sacrifices, plus certes que l'idole de Heliogaballus[1], voyre plus que l'idole Bel en Babilone, soubs le roy Balthazar[2]. Ce non obstant, Gaster confessoit estre, non dieu, mais paouvre, vile, chetifve creature. Et comme le roy Antigonus, premier de ce nom, respondit à un nommé Hermodotus (lequel, en ses poësies, l'appelloit Dieu et filz du Soleil), disant : « Mon Lasanophore le nie » (Lasanon estoit une terrine et vaisseau approprié à recepvoir les excremens du ventre[3]), ainsi Gaster renvoyait ces Matagotz à sa scelle persée veoir, considerer, philosopher et contempler quelle divinité ils trouvoient en sa matiere fecale. »

---

a. pistaches. — *b.* chervis. — *c.* farine de maïs. — *d.* bouillie de farine. — *e.* dattes. — *f.* noisettes. — *g.* panais.

1. Héliogabale fit offrir par le sénat à sa statue des sacrifices coûteux, Hérodien, V, Dion Cassius, 77.
2. Daniel, XIV. Les prêtres de Bel dévoraient en secret les offrandes qui lui étaient faites. Daniel les démasqua. L'événement eut lieu non pas sous Balthazar mais sous Cyrus.
3. Rabelais tire ce détail de Plutarque, *De Iside et Osiride,* XXIV; peut-être à travers les *Apophtegmes* d'Érasmes, IV, *Antigonus rex,* 7.

Comment Gaster inventa les moyens d'avoir
et conserver grain.

Chapitre LXI

Ces diables Gastrolatres retirez, Pantagruel feut
attentif à l'estude de Gaster, le noble maistre des ars.
Vous sçavez que par institution de Nature, pain
avecques ses apennaiges luy a esté pour provision
adjugé et aliment, adjoincte ceste benediction du ciel
que pour pain trouver et guarder rien ne luy defaul-
droit.

Dès le commencement, il inventa l'art fabrile[a] et
agriculture pour cultiver la terre, tendant à fin qu'elle
luy produisist grain. Il inventa l'art militaire et armes
pour grain defendre; medicine et Astrologie, avecques
les mathematicques necessaires, pour grain en saulveté
par plusieurs siècles guarder et mectre hors les cala-
mités de l'air, deguast des bestes brutes, larrecin des
briguans. Il inventa les moulins à eau, à vent, à bras,
à aultres mille engins, pour grain mouldre et reduire
en farine; le levain pour fermenter la paste; le sel pour
luy donner saveur (car il eust ceste congnoissance que
chose au monde plus les humains ne rendoit à maladies
subjectz que de pain non fermenté, non salé user), le
feu pour le cuire, les horologes et quadrans pour entendre le temps de la cuycte de pain, créature de grain.

Est advenu que grain en un pays defailloit[b] : il
inventa art et moyen de le tirer d'une contrée en aultre.
Il, par invention grande, mesla deux especes des animans, asne et jumens, pour production d'une tierce,
laquelle nous appellons muletz, bestes plus puissantes,
moins delicates, plus durables[c] au labeur que les aultres.
Il inventa chariotz et charettes pour plus commode-

---

a. du forgeron. — *b.* manquait. — *c.* endurantes.

ment le tirer. Si la mer ou rivieres ont empesché la
traicte[a], il inventa basteaulx, gualeres et navires (chose
de laquelle se sont les elemens esbahiz) pour, oultre
mer, oultre fleuves et rivieres naviger et de nations
barbares, incongneues et loing separées, grain porter
et transporter.

Est advenu depuys certaines années que, la terre cul-
tivant, il n'a eu pluye à propous et en saison, par
default de laquelle grain restoit en terre mort et perdu.
Certaines années la pluye a esté excessive, et nayoit le
grain. Certaines aultres années la gresle le guastoit, les
vents l'esgrenoient, la tempeste le renversoit. Il ja
davant nostre venue, avoit inventé art et moyen de
evocquer la pluye des cieulx; seulement une herbe
decouppant, commune par les praeries, mais à peu de
gens congneue, laquelle il nous monstra. Et estimoys
que feust celle de laquelle une seule branche, jadis,
mectent le pontife Jovial[b] dedans la fontaine Agrie sus
le mont Lycien en Arcadie, on temps de seicheresse,
excitoit les vapeurs; des vapeurs estoient formées
grosses nuées, les quelles dissolues en pluye, toute la
region estoit à plaisir arrousée[1]. Inventoit art et moyen
de suspendre et arrester la pluye en l'air, et sus mer la
faire tomber. Inventoit art et moyen d'aneantir la
gresle, supprimer les vents, destourner la tempeste,
en la manière usitée entre les Methanensiens de
Trezenie[2].

Aultre infortune est advenu. Les pillars et bringuans
desroboient grain et pain par les champs. Il inventa
art de bastir villes, forteresses et chasteaulx pour le
reserrer et en sceureté conserver. Est advenu que par

---

a. les transports. — *b.* de Jupiter.

1. Cela vient de Pausanias, VIII, 38. — 2. Pausanias raconte que
les habitants de Méthane, près de Trézène, portaient un coq blanc
autour de leurs terres, puis l'enterraient, — ce qui les protégeaient
du vent (II, 34). Mais Rabelais utilise ici, comme pour l'anecdote
précédente, Nicolas Leonicenus, *De varia historia libri tres,* I, 67, et
II, 38. Dans Pausanias la source que Leonicenus nomme Agrie s'appelle
Agnô.

les champs ne trouvant pain, entendit qu'il estoit dedans les villes, forteresses et chasteaulx reserré, et plus curieusement par les habitans defendu et guardé que ne feurent les pommes d'or des Hesperides par les dracons. Il inventa art et moyen de bastre et desmolir forteresses et chasteaulx par machines et tormens bellicques[a], beliers, balistes, catapultes, des quelles il nous monstra la figure, assez mal entendue des ingenieux architectes, disciples de Victruve, comme nous a confessé Messere Philebert de l'Orme, grand architecte du roy Megiste[1]. Les quelles, quand plus n'ont proficté, obstant[b] la maligne subtilité et subtile malignité des fortificateurs, il avoit inventé recentement canons, serpentines, coulevrines, bombardes, basilics[2], jectans boullets de fer, de plomb, de bronze, pezans plus que grosses enclumes, moyennant une composition de pouldre horrificque, de laquelle Nature mesmes s'est esbahie, et s'est confessée vaincue par art, ayant en mespris l'usaige des Oxydraces, qui, à force de fouldres, tonnoires, gresles, esclairs, tempestes, vaincoient et à mort soubdaine mettoient leurs ennemis en plain camp de bataille[3]. Car plus est horrible, plus espouvantable, plus diabolicque, et plus de gens meurtrist, casse, rompt et tue; plus estonne les sens des humains; plus de muraille demolist un coup de basilic, que ne feroient cent coups de fouldre.

---

a. machines de guerre (latin *tormenta*). — b. faisant obstacle.

1. Le roi Henri II. Philibert de l'Orme fut l'intendant de ses bâtiments. Rabelais l'avait connu en Italie.

2. Pièces de gros calibre qui, croyait-on, faisaient plus de mal que le venin des basilics — d'où leur nom.

3. Peuple qui vivait au bord du Gange — et que le tonnerre et les éclairs protégeaient les jours de bataille. (Philostrate, *Vie d'Apollonius de Tyane*, II, 33.)

Comment Gaster inventoit art et moyen
de non estre blessé ne touché par coups de Canon.

Chapitre LXII

Est advenu que Gaster retirant grain es forteresses
s'est veu assailly des ennemis, ses forteresses demolies,
par ceste triscaciste[a] et infernale machine, son grain
et pain tollu[b] et saccaigé par force Titanique : il inventoit lors art et moyen non de conserver ses rempars,
bastions, murailles et defenses de telles canonneries, et
que les boulletz ou ne les touchassent et restassent coy
et court en l'air, ou touchans ne portassent nuisance,
ne es defenses, ne aux citoyens defendens.

A cestuy inconvenient ja avoit ordre tresbon donné,
et nous en monstra l'essay; duquel a depuys usé
Frontin[1], et est de præsent en usaige commun, entre
les passetemps et exercitations honestes des Telemites.
L'essay estoit tel. (Et dorenavant soiez plus faciles à
croire ce que asceure Plutarche avoir experimenté :
si un trouppeau de chevres s'en fuyoit courant en toute
force, mettez un brin de erynge[c] en la gueule d'une
derniere cheminante[2], et soubdain toutes s'arresteront.)
Dedans un faulconneau de bronze il mettoit sus la
pouldre de canon curieusement[d] composée, degressée
de son soulfre et proportionnée avecques camphre fin
en quantité competente, une ballotte[e] de fer bien
qualibrée, et vingt et quatre grains de dragée de fer, uns
ronds et sphericques, aultres en forme lachrymale. Puys
ayant prins sa mire contre un sien jeune paige, comme

---

a. trois fois très mauvaise *(Briefve Declaration).* — *b.* enlevé. —
c. chardon. — *d.* avec soin. — *e.* cartouche.

1. Sextus Julius Frontinus (40-103), auteur des *Stratagèmes,* ne
mentionne pas le fait qui suit.
2. Recette tirée de Plutarque, *Des délais de la justice divine,* XIV.

s'il le voulust ferir parmy l'estomach, en distance de
soixante pas, au mylieu du chemin entre le paige et le
faulconneau en ligne droicte suspendoit sus une potence
de bois à une chorde en l'air une bien grosse pierre
siderite[a], c'est à dire ferriere[a], aultrement appelée
Herculiane, jadis trouvée en Ide[b] on pays de Phrygie
par un nommé Magnes, comme atteste Nicander[1].
Nous vulgairement l'appellons aymant. Puys mettoit le
feu on faulconneau par la bouche du pulverin. La
pouldre consommée, advenoit que pour eviter vacuité
(laquelle n'est tolerée en Nature ; plus toust seroit
la machine de l'Univers, Ciel, Air, Terre, Mer reduicte
en l'antique Chaos, qu'il advint vacuité en lieu du
monde) la ballotte et dragées estoient impetueusement
hors jectez par la gueule du faulconneau, affin que l'air
penetrast en la chambre d'icelluy, laquelle aultrement
restoit en vacuité, estant la pouldre par le feu tant
soubdain consommée. Les ballote et dragées, ainsi
violentement lancées, sembloient bien debvoir ferir le
paige ; mais sus le poinct qu'elles approchoient de la
susdicte pierre, se perdoit leur impetuosité et toutes
restoient en l'air flottantes et tournoyantes autour de
la pierre, et n'en passoit oultre une, tant violente
feust elle, jusques au paige.

Mais[c] il inventoit l'art et maniere de faire les boulletz
arriere retourner contre les ennemis, en pareille furie
et dangier qu'ilz seroient tirez et en propre parallele.
Le cas ne trouvoit difficile ; attendu que l'herbe nommée
Æthiopis ouvre toutes les serrures qu'on luy præsente[2],
et que Echineis[d], poisson tant imbecille, arreste contre
tous les vens, et retient en plein fortunal[e] les plus
fortes navires qui soient sus mer[3], et que la chair de
icelluy poisson, conservée en sel, attire l'or hors les

---

a. aimant. — b. le mont Ida. — c. bien plus. — d. rémora. —
e. tempête.

1. Emprunté à Pline, *Hist. Nat.*, XXXVI, 25.
2. Pline l'Ancien, *Hist. Nat.*, XXVI, 9.
3. *Ibid.*, IX, 41.

puyz, tant profonds soyent ilz qu'on pourroit sonder,

Attendu que Democritus escript, Theophraste l'a creu et esprouvé, estre une herbe, par le seul atouchement de laquelle un coin de fer profondement et par grande violence enfoncé dedans quelque gros et dur boys, subitement sort dehors[1]. De laquelle usent les pics mars (vous les nommez pivars[a]), quand de quelque puissant coin de fer l'on estouppe[b] le trou de leur nidz[2] : les quelz ilz ont accoustumé industrieusement faire et caver dedans le tronc des fortes arbres;

Attendu que les cerfz et bisches navrez profondement par traictz de dars, fleches ou guarrotz[c], s'ilz rencontrent l'herbe nommée Dictame, frequente en Candie, et en mangent quelque peu, soubdain les fleches sortent hors et ne leurs en reste mal aulcun[3]. De laquelle Venus guarit son bien aymé filz Æneas, blessé en la cuisse dextre d'une fleche tirée par la sœur de Turnus Juturna[4];

Attendu qu'au seul flair issant des lauriers[5], figuiers[6], et veaulx marins[d][7], est la fouldre détournée, et jamais ne les ferit;

Attendu que au seul aspect d'un belier les elephans enraigez retournent à leur bon sens; les taureaux furieux et forcenez approchans des figuiers saulvaiges, dicts Caprifices, se apprivoisent, et restent comme grampes[e] et immobiles; la furie des viperes expire par l'attouchement d'un rameau de fouteau[f][8];

Attendu aussi qu'en l'isle de Samos, avant que le temple de Juno y feust basty, Euphorion[9] escript avoir veu bestes nommées Néades, à la seule voix des quelles la terre fondoit en chasmates[g] et en abysme;

---

a. piverts. — *b.* bouche. — *c.* traits d'arbalète. — *d.* phoques. —
e. saisis d'une crampe. — *f.* hêtre. — *g.* précipices.

1. Pline, *Hist. Nat.,* XXV, 5. — 2. *Ibid.,* X, 20.
3. *Ibid.,* VIII, 41. — 4. *Énéide,* XII, 410. — 5. Pline, XV, 40. —
6. Plutarque, *Propos de table,* V, 9. — 7. Pline, II, 56. — 8. *Ibid.,* XXIII, 64 et Plutarque, *Propos de table,* II, 7.
9. Élien, *Historia animalium,* XVII, 28.

Attendu pareillement que le suzeau[a] croist, plus canore[b] et plus apte au jeu des flustes, en pays on quel le chant des coqs ne sera ouy, ainsi qu'ont escript les anciens sages, scelon le rapport de Theophraste, comme si le chant des coqs hebetast, amolist et estonnast la matiere et le boys du suzeau[1]; au quel chant pareillement ouy, le lion, animant[c] de si grande force et constance, devient tout estonné et consterné[2].

Je sçay que aultres ont ceste sentence entendu du suzeau saulvaige, provenent en lieux tant esloignez de villes et villages que le chant des coqs n'y pourroit estre ouy. Icelluy sans doubte doist pour flustes et aultres instrumens de musicque estre esleu et preferé au domesticque, lequel provient autour des chesaulx[d] et masures. Aultres l'ont entendu plus haultement, non selon la lettre, mais allegoricquement scelon l'usaige des Pythagoriens. Comme quand il a esté dict que la statue de Mercure ne doibt estre faicte de tous boys indiferentement, ilz l'exposent que Dieu ne doibt estre adoré en façon vulgaire, mais en façon esleue et religieuse[3]. Pareillement en ceste sentence nous enseignent que les gens saiges et studieux ne se doibvent adonner à la musique triviale et vulgaire, mais à la celeste, divine, angelique, plus absconse et de plus loing apportée : sçavoir est d'une region en laquelle n'est ouy des coqs le chant. Car, voulans denoter quelque lieu à l'escart et peu frequenté, ainsi disons nous en icelluy n'avoir oncques esté ouy coq chantant[4].

---

a. sureau. — b. sonore. — c. animal. — d. cabanes.

1. Pline, *Hist. Nat.,* XVI, 71. — 2. *Ibid.,* VIII, 19. — 3. Apulée *De Magia,* I, 43, Athénée, V, 215. — 4. Sur l'épisode de Gaster on lira une longue note de M. R. Marichal, *Études rabelaisiennes,* 1956, t. I, p. 183.

*Comment, près de l'isle de Chaneph, Pantagruel sommeilloit,
et les problemes propousez à son reveil.*

CHAPITRE LXIII

Au jour subsequent, en menuz devis suyvans
nostre routte, arrivasmes près l'isle de Chaneph[1]. En
laquelle abourder ne peut la nauf de Pantagruel, parce
que le vent nous faillit, et feut calme en mer. Nous ne
voguions que par les valentiennes[2], changeans de tribort en babort, et de babort en tribort, quoy qu'on
eusts es voiles adjoinct les bonnettes[3] trainneresses[a].
Et estions tous pensifz, matagrabolisez, sesolfiez[b] et
faschez sans mot dire les uns aux aultres.

Pantagruel tenent un Heliodore Grec[4] en main sus
un transpontin[c] au bout des escoutilles[5] sommeilloit.
Telle estoit sa coustume, que trop mieulx par livre
dormoit que par cœur.

Epistemon reguardoit par son Astrolabe en quelle
elevation nous estoit le Pole.

Frere Jan s'estoit en la cuisine transporté, et en
l'ascendent des broches et horoscope des fricassées
consyderoit quelle heure lors pouvoit estre.

Panurge avecques la langue parmy un tuyau de
Pantagruelion[6] faisoit des bulles et guargoulles.

Gymnaste apoinctoit des curedens de lentisce[d].

Ponocrates resvant resvoit, se chatouilloit pour se
faire rire, et avecques un doigt la teste se grattoit.

---

a. qui traînent. — *b.* confondus. — *c.* matelas. — *d.* lentisque.

1. L'île des Hypocrites (voir *Briefve Declaration*).
2. Cordages qui servent à « balancer » les vergues.
3. Petites voiles en forme de bonnet.
4. Peut-être *les Amours de Théagène et Chariclée ?*
5. Ouvertures par lesquelles le pont d'un navire communique
avec les soutes. — 6. Voir *Tiers Livre*, XLIX et suivants.

Carpalim d'une coquille de noix grosliere[1] faisoit un beau, petit, joyeulx, et harmonieux moulinet à æsle de quatre belles petites aisses[a] d'un tranchouoir de vergne.

Eusthenes sus une longue coulevrine jouoit des doigtz, comme si feust un monochordion[b].

Rhizotome de la coque d'une tortue de guarrigues compousoit une escarcelle veloutée.

Xenomanes avecques des jectz[2] d'esmerillon repetassoit une vieille lanterne.

Nostre pillot tiroit les vers du nez à ses matelotz; quand frere Jan, retournant de la cabane, apperceut que Pantagruel estoit resveiglé.

Adoncques rompant cestuy tant obstiné silence, à haulte voix, en grande alaigresse d'esprit, demanda : « Maniere de haulser le temps[3] en calme ? » Panurge seconda soubdain, demandant pareillement : « Remede contre fascherie ? » Epistemon tierça en guayeté de cœur, demandant : « Maniere de uriner ? la personne n'en estant entalentée[c]. » Gymnaste, soy levant en pieds, demanda : « Remede contre l'esblouyssement des yeulx ? » Ponocrates, s'estant un peu frotté le front et sescoué les aureilles, demanda : « Maniere de ne dormir poinct en chien ? »

« Attendez, dist Pantagruel. Par le decret des subtilz philosophes Peripateticques nous est enseigné que tous problemes, toutes questions, tous doubtes propousez doibvent estre certains, clairs et intelligibles. Comment entendez vous dormir en chien ?

— C'est, respondit Ponocrates, dormir à jeun en hault soleil, comme font les chiens. »

Rhizotome estoit acropy sus le coursouoir[d]. Adoncques levant la teste et profondement baislant[e], si bien

_____

a. planches. — b. vielle. — c. n'en ayant pas envie. — d. coursive. — e. bâillant.

1. Voir *Gargantua,* XXXVIII, tome I, p. 144.
2. Lanières de cuir par lesquelles on tenait les oiseaux de volerie.
3. C'est-à-dire : de bien boire, en attendant que le vent se lève.

qu'il, par naturelle sympathie, excita tous ses compaignons à pareillement baisler, demanda : « Remede
contre les oscitations[a] et baislements ? ».

Xenomanes, comme tout lanterné[b] à l'accoustrement
de sa lanterne, demanda : « Maniere de æquilibrer et
balancer la cornemuse de l'estomach, de mode qu'elle
ne panche poinct plus d'un cousté que d'aultre ? »

Carpalim, jouant de son moulinet, demanda :
« Quants mouvemens sont præcedens en Nature,
avant que la persone soit dicte avoir faim ? »

Eusthenes, oyant le bruyt, acourut sus le tillac, et
dès le capestan s'escria, demandant : « Pourquoy en
plus grand dangier de mort est l'home mords à jeun
d'un serpent jeun, qu'après avoir repeu, tant l'home
que le serpent ? pourquoy est la sallive de l'home jeun
veneneuse à tous serpens et animaulx veneneux[1] ? »

« Amis, respondit Pantagruel, à tous les doubtes
et quæstions par vous propousées compete une seule
solution, et à tous telz symptomates[c] et accidens une
seule medicine. La response vous sera promptement
expousée, non par longs ambages et discours de
parolles : l'estomach affamé n'a poinct d'aureilles, il
n'oyt goutte. Par signes, gestes et effectz serez satis-
faicts et aurez resolution à vostre contentement.
Comme jadis, en Rome, Tarquin l'orgueilleux, Roy
dernier des Romains (ce disant, Pantagruel toucha la
chorde de la campanelle, frere Jan soubdain courut à
la cuisine), par signes respondit à son filz Sex. Tarquin
estant en la ville des Gabins, lequel luy avoit envoyé
home exprès pour entendre comment il pourroit les
Gabins du tout subjuguer et à perfaicte obéissance
reduyre. Le Roy susdict, soy defiant de la fidelité du
messaigier, ne luy respondit rien. Seulement le mena
en son jardin secret[d] : et en sa veue et præsence avecques son bracquemart couppa les haultes testes des

---

a. bâillements. — b. occupé. — c. accidents. — d. privé.

1. Pline, *Hist. Nat.*, VII, 2 et XXVIII, 7.

pavotz là estans. Le messaigier retournant sans response et au filz racontant ce qu'il avoit veu faire à son pere, feut facile par telz signes entendre qu'il luy conseilloit trancher les testes aux principaulx de la ville, pour mieulx en office et obéissance totale contenir le demourant du menu populaire[1]. »

Comment, par Pantagruel,
ne feut respondu aux problemes propousez.

CHAPITRE LXIV

Puys demanda Pantagruel : « Quelz gens habitent en ceste belle isle de chien ?

— Tous sont, respondit Xenomanes, hypocrites, hydropicques, patenostriers[a], chattemites, santorons[b], cagotz, hermites. Tous paouvres gens, vivans (comme l'hermite de Lormont[2], entre Blaye et Bourdeaux) des aulmosnes que les voyagiers leurs donnent.

— Je n'y voys pas, dist Panurge, je vous affie. Si je y voys, que le Diable me souffle au cul ! Hermittes, santorons, chattemites, cagotz, hypocrites, de par tous les Diables, oustez vous de là ! Il me souvient encores de nos gras Concilipetes de Chesil[3] : que Belzebuz et Astarotz les eussent conciliés avecques Proserpine ! tant patismes, à leur veue, de tempestes et diableries. Escoute, mon petit bedon, mon caporal Xenomanes, de grace : ces hypocrites, hermites, marmiteux[c] icy, sont ilz vierges ou mariez ? Y a il du feminin genre ? En tireroyt on hypocriticquement le petit traict hypocriticque ?

---

a. diseurs de patenôtres. — *b.* qui fait le saint. — *c.* hypocrites.

1. Tite-Live, I, 54. — 2. Le personnage est inconnu.
3. Cf. chap. XVIII.

— Vrayement, dist Pantagruel, voylà une belle et joyeuse demande.

— Ouy dea, respondit Xenomanes. Là sont belles et joyeuses hypocritesses, chattemitesses, hermitesses, femmes de grande religion. Et y a copie[a] de petits hypocritillons, chattemitillons, hermitillons...

— Oustez cela, dist frere Jan interrompant. De jeune hermite, vieil Diable. Notez ce proverbe autenticque[1].

— ... Aultrement sans multiplication de lignée feust, longtemps y a, l'isle de Chaneph deserte et desolée. »

Pantagruel leurs envoya par Gymnaste dedans l'esquif son aulmosne : soixante et dixhuict mille beaulx petitz demys escuz à la lanterne[2]. Puys demanda : « Quantes heures sont ?

— Neuf et d'adventaige, respondit Epistemon.

— C'est, dist Pantagruel, juste heure de dipner. Car la sacre ligne tant celebrée par Aristophanes en sa comœdie intitulée *Les Predicantes*[3] approche, laquelle lors eschoit quand l'umbre est decempedale[4]. Jadis entre les Perses l'heure de prendre refection estoit es Roys seulement præscripte : à un chascun aultre estoit l'appetit et le ventre pour horologe. De faict, en Plaute, certain parasite soy complainct et deteste furieusement les inventeurs d'horologes et quadrans, estant chose notoire qu'il n'est horologe plus juste que le ventre[5]. Diogenes, interrogé à quelle heure doibt l'homme repaistre, respondit : le riche, quand il aura faim; le paouvre, quand il aura de quoy[6]. Plus proprement disent les medicins l'heure canonicque estre :

Lever à cinq, dipner à neuf;
Soupper à cinq, coucher à neuf[7].

---

a. abondance.

1. Érasme, *Colloquia, Confab. pia.* — 2. Monnaie de l'invention de Rabelais. — 3. *L'Assemblée des Femmes.* — 4. Cf. ci-dessous, p. 260. — 5. La source, comme pour ce qui précède, est Érasme, *Adages,* III, 4, 70. — 6. Érasme, *Apophtegmes,* III (*Diogenes,* 60). — 7. Dicton dont Pantagruel supprime le dernier vers :
Fait vivre d'ans nonante neuf.

« La Magie du celebre Roy Petosiris[1] estoit aultre. »

Ce mot n'estoit achevé, quand les officiers de gueule dresserent les tables et buffetz; les couvrirent de nappes odorantes, assietes, serviettes, salieres; apporterent tanquars[a], frizons[b], flaccons, tasses, hanatz, bassins, hydries[c]. Frere Jan, associé des maistres d'hostel, escarques[d], panetiers, eschansons, escuyers tranchans, couppiers, credentiers[2], apporta quatre horrificques pastez de jambons si grands qu'il me soubvint des quatre bastions de Turin[3]. Vray Dieu, comment il y feut beu et guallé[e] ! Ilz n'avoient encores le dessert, quand le vent Ouest Norouest commença enfler les voiles, papefilz[f], morisques[g] et trinquetz. Dont tous chanterent divers cantiques à la louange du treshault Dieu des Cielz.

Sus le fruict, Pantagruel demanda : « Advisez, amis, si vos doubtes sont à plein resoluz. — Je ne baisle plus, Dieu mercy, dist Rhizotome. — Je ne dors plus en chien, dist Ponocrates. — Je n'ay plus les yeulx esblouiz, respondit Gymnaste. — Je ne suys plus à jeun, dist Eusthenes. Pour tout ce jourd'huy seront en sceureté de ma salive

Aspicz,	Alhatrabans,
Amphisbenes,	Aractes,
Anerudutes,	Astérions,
Abedissimons,	Alcharates,
Alhartafz,	Arges,
Ammobates,	Araines,
Apimaos,	Ascalabes,

---

a. vases. — *b.* pots. — *c.* cruches. — *d.* maîtres d'hôtel. — *e.* festoyé. — *f.* grandes voiles. — *g.* voiles mauresques.

1. Prêtre égyptien cité par Pline, *Hist. nat.,* II, 21 et VII, 50.
2. Ceux qui font l'essai de la nourriture et de la boisson pour les princes.
3. Construits par Guillaume du Bellay.

Attelabes,
Ascalabotes,
Æmorrhoides,
Basilicz,
Belettes ictides,
Boies,
Buprestes,
Cantharides,
Chenilles,
Crocodiles,
Crapaulx,
Catoblepes,
Cerastes,
Cauquemares,
Chiens enraigez,
Colotes,
Cychriodes,
Cafezates,
Cauhares,
Couleffres,
Cuharsces,
Chelhydres,
Chroniocolaptes,
Chersydres,
Cenchrynes,
Coquatris,
Dipsades,
Domeses,
Dryinades,
Dracons,
Elopes,
Enhydrides,
Fanuises,
Galeotes,
Harmenes,
Handons,
Icles,
Jarraries,
Ilicines,

Ichneumones,
Kesudures,
Lievres marins,
Lizars chalcidiques,
Myopes,
Manticores,
Molures,
Myagres,
Musaraines,
Miliares,
Megalaunes,
Ptyades,
Porphyres,
Pareades,
Phalanges,
Penphredones,
Pityocampes,
Ruteles,
Rimoires,
Rhagions,
Rhaganes,
Salamandres,
Scytales,
Stellions,
Scorpenes,
Scorpions,
Selsirs,
Scalavotins,
Solofuidars,
Sourds,
Sangsues,
Salfuges,
Solifuges,
Sepes,
Stinces,
Stuphes,
Sabtins,
Sangles,
Sepedons,

Scolopendres,   Tetragnaties,
Tarantoles,   Teristales,
Typholopes,   Viperes[1].

*Comment Pantagruel haulse le temps
avecques ses domesticques.*

CHAPITRE LXV

« En quelle hierarchie, demanda frere Jan, de telz animaux veneneux mettez vous la femme future de Panurge ?

— Diz tu mal des femmes, respondit Panurge, ho guodelureau, moine culpelé ?

— Par la guogue[a] Cenomanique[b], dist Epistemon, Euripides escript et le prononce Andromache[2], que contre toutes bestes veneneuses a esté par l'invention des humains et instruction des Dieux, remede profitable trouvé. Remede jusques à præsent n'a esté trouvé contre la male femme.

— Ce guorgias Euripides, dist Panurge, tous jours a mesdict des femmes. Aussi feut il par vengeance divine mangé des chiens, comme luy reproche Aristophanes[3]. Suivons[c]. Qui ha, si parle[4].

— Je urineray præsentement, dist Epistemon, tant qu'on vouldra.

— J'ay maintenant, dist Xenomanes, mon estomach sabourré à profict de mesnaige[d]. Jà ne panchera d'un cousté plus que l'aultre.

---

a. boudin. — *b.* du Mans. — *c.* continuons. — *d.* empli copieusement.

1. Cette liste est prise au *Canon* d'Avicenne dont une nouvelle édition avait paru en 1527. — 2. *Andromaque,* 269-273. — 3. Ce grammairien byzantin écrivit une vie d'Euripide. Cf. Érasme, *Adages,* I, 7, 47 *Canis vindictam* — 4. Qu'il parle. Nom d'un jeu de cartes. Cf. I, xxii, t. I, p. 83.

— Il ne me faut, dist Carpalim, ne vin ne pain.

Trefves de soif, trefves de faim.

— Je ne suys plus fasché, dist Panurge. Dieu mercy et vous. Je suys guay comme un papeguay, joyeux comme un esmerillon, alaigre comme un papillon; veritablement il est escript par vostre beau Euripides[1], et le dict Silenus, beuveur memorable :

> Furieux est, de bon sens ne jouist,
> Quiconques boyt et ne s'en resjouist.

« Sans poinct de faulte nous doibvons bien louer le bon Dieu nostre createur, servateur, conservateur, qui par ce bon pain, par ce bon vin et frays, par ces bonnes viandes nous guerist de telles perturbations, tant du corps comme de l'ame, oultre le plaisir et volupté que nous avons beuvans et mangeans. Mais vous ne respondez poinct à la question de ce benoist venerable frere Jan, quand il a demandé : maniere de haulser le temps ?

— Puys, dist Pantagruel, que de ceste legiere solution des doubtes proposez vous contentez, aussi foys je. Ailleurs, et en aultre temps, nous en dirons d'adventaige, si bon vous semble. Reste doncques à vuider ce que a frere Jan proposé: maniere de haulser le temps ? Ne l'avons nous à soubhayt haulsé ? Voyez le guabet[a] de la hune. Voyez les siflemens des voiles. Voyez la roiddeur des estailz[b], des utacques[c] et des scoutes[d]. Nous haulsans et vuidans les tasses, s'est pareillement le temps haulsé par occulte sympathie de Nature. Ainsi le haulserent Athlas et Hercules, si croyez les saiges mythologiens. Mais ilz le haulserent trop d'un demy degré : Athlas, pour plus alaigrement festoyer Her-

---

a. girouette. — *b.* étais. — *c.* cordages. — *d.* écoutes.

1. Dans *le Cyclope*, 168.

cules, son hoste; Hercules, pour les alterations precedentes par les desers de Libye[1].

— Vray bis, dist frere Jan interrompant le propous,
j'ay ouy de plusieurs venerables docteurs que Tirelupin,
sommelier de vostre bon pere, espargne par chascun
an plus de dixhuyct cens pippes de vin, par faire les survenens et domesticques boyre avant qu'ilz ayent soif.

— Car, dist Pantagruel continuant, comme les cha-
meaulx et dromodaires en la caravane boyvent pour
la soif passée, pour la soif præsente et pour la soif
future, ainsi feist Hercules. De mode que par cestuy
excessif haulsement de temps advint au Ciel nouveau
mouvement de titubation et trepidation, tant controvers et debatu entre les folz astrologues[2].

— C'est, dist Panurge, ce que l'on dict en proverbe
commun :

> Le mal temps passe, et retourne le bon,
> Pendent qu'on trinque autour de gras jambon.

— Et non seulement, dist Pantagruel, repaissans et
beuvans avons le temps haulsé, mais grandement des-
chargé le navire : non en la façon seulement que feut
deschargée la corbeille de Æsope[3], sçavoir est, vuidans
les victuailles, mais aussi nous emancipans de jeusne.
Car, comme le corps plus est poisant mort que vif,
aussi est l'home jeun plus terrestre et poisant que quand
il a beu et repeu[4]. Et ne parlent improprement ceulx
qui par long voyage au matin beuvent et desjeu-
nent, puys disent : nos chevaulx n'en iront que mieulx.
Ne sçavez vous que jadis les Amycleens sus tous
Dieux reveroient et adoroient le noble pere Bacchus,
et le nommoient *Psila* en propre et convenente deno-

---

1. Rabelais utilise le *Charon* de Lucien, qui conte comment Hercule
vint aider Atlas à soutenir le fardeau du ciel. — 2. Voir t. I, p. 222,
n. 2. — 3. En voyage avec son maître et devant prendre sa part des
bagages, Ésope eut l'habileté de se charger du panier à provisions
qui, très pesant au départ, devint moins lourd après chaque repas et
finit par être vide. — 4. Cf. Érasme, *Colloques, Problema.*

mination ? *Psila*, en langue doricque, signifie æsles.
Car comme les oyzeaulx par ayde de leurs æsles volent
hault en l'air legierement, ainsi par l'ayde de Bacchus
(c'est le bon vin friant et délicieux) sont hault eslevez
les espritz des humains, leurs corps evidentement alai-
griz, et assouply ce que en eulx estoit terrestre[1]. »

*Comment, près l'isle de Ganabin, au commendement
de Pantagruel, feurent les Muses saluées.*

CHAPITRE LXVI

Continuant le bon vent et ces joyeulx propous, Pantagruel descouvrit au loing et apperceut quelque terre
montueuse, laquelle il monstra à Xenomanes, et luy
demanda : « Voyez vous cy davant, à orche ce hault
rochier à deux crouppes bien ressemblant au mons
Parnasse en Phocide ?

— Tresbien, respondit Xenomanes. C'est l'isle
de Ganabim[2]. Y voulez vous descendre ?

— Non, dist Pantagruel.

— Vous faictez bien, dist Xenomanes. Là n'est
chose aulcune digne d'estre veue. Le peuple sont tous
voleurs et larrons. Y est toutesfoys vers ceste crouppe
dextre la plus belle fontaine du monde, et autour
une bien grande forest. Vos chormes[a] y pourront
faire aiguade et lignade[b].

— C'est, dist Panurge, bien et doctement parlé.
Ha, da da ! Ne descendons jamais en terre des voleurs
et larrons. Je vous asceure que telle est ceste terre icy,
quelles aultres foys j'ay veu les isles de Cerq et Herm

---

a. chiourmes. — *b*. provision d'eau et de bois.

1. Pausanias, *Laconica*, 19, 6.
2. L'île des Voleurs. Sur ce chapitre, cf. V. L. Saulnier, *Pantagruel
au large de Ganabim et la peur de Panurge (Bibliothèque d'Humanisme et
Renaissance,* 1954, p. 58).

entre Bretaigne et Angleterre[1]; telle que la Pone-
rople de Philippe[2], en Thrace, isles des forfans[a],
des larrons, des briguans, des meurtriers et assassineurs, tous extraictz du propre original des basses
fosses de la Conciergie[3]. Ne y descendons poinct,
je vous en prie. Croyez, si non moy, au moins le
conseil de ce bon et sage Xenomanes. Ilz sont, par
la mort bœuf de boys ! pires que les Caniballes. Ilz
nous mangeroient tous vifz. Ne y descendez pas,
de grace ! Mieulx vous seroit en Averne descendre.
Escoutez : je y oy, par Dieu, le tocqueceinct horrificque, tel que jadis souloient les Guascons en Bour-
deloys faire contre les guabelleurs et commissaires[4].
Ou bien les aureilles me cornent. Tirons vie[b] de long.
Hau ! Plus oultre !

— Descendez y, dist frere Jan, descendez y. Allons,
allons, allons tous jours. Ainsi ne poyrons nous
jamais de giste. Allons. Nous les sacmenterons[c] trestous.
Descendons !

— Le diable y ait part, dist Panurge. Ce Diable de
moine icy, ce moine de Diable enraigé ne crainct rien.
Il est hazardeux comme tous les Diables, et poinct des
aultres ne se soucie. Il luy est advis que tout le monde
est moine comme luy.

— Va, ladre verd[5], respondit frere Jan, à tous les
millions de Diables, qui te puissent anatomizer la
cervelle et en faire des entommeures[d]. Ce Diable de
fol est si lasche et meschant qu'il se conchie à toutes
heurtes[e] de male raige de paour. Si tant tu es de vaine

---

a. pendards. — b. passons. — c. massacrerons. — d. tranches.
— e. à chaque instant.

1. Les îles de Sercq et de Herm, près de Guernesey, abritaient
des pilleurs d'épaves.
2. La ville des Méchants, dont parle Plutarque, De Curiositate, 10.
Cf. Érasme, Adages, II, 9, 22.
3. La conciergerie du Châtelet de Paris, — l'Enfer de Marot.
4. En 1548, cf. Prologue, p. 17.
5. Le ladre vert était le vrai lépreux; la maladie du ladre blanc était
moins grave.

paour consterné, ne y descens pas, reste icy avecques le baguaige. Ou bien te va cacher soubs la cotte hardie[1] de Proserpine, à travers tous les millions de Diables. »

A ces motz Panurge esvanouyt de la compaignie et se mussa au bas, dedans la soutte, entre les croutes, miettes et chaplys[a] du pain. « Je sens, dist Pantagruel, en mon ame retraction urgente, comme si feust une voix de loing ouye, laquelle me dict que ne y doibvons descendre. Toutes et quantes foys qu'en mon esprit j'ay tel mouvement senty, je me suis trouvé en heur, refusant et laissant la part dont il me retiroit : au contraire en heur pareil me suys trouvé, suivant la part qu'il me poulsoit; et jamais ne m'en repenty.

— C'est, dist Epistemon, comme le Dæmon de Socrates, tant celebré entre les Academicques[2].

— Escouttez doncques, dist frere Jan, ce pendent que les chormes y font aiguade. Panurge là bas contrefaict le loup en paille[3]. Voulez vous bien rire ? Faictez mettre le feu en ce basilic que voyez près le chasteau guaillard. Ce sera pour saluer les Muses de cestuy mons Antiparnasse. Aussi bien se guaste la pouldre dedans.

— C'est bien dict, respondit Pantagruel. Faictez moy icy le maistre bombardier venir. »

Le bombardier promptement comparut. Pantagruel luy commenda mettre feu on Basilic et de fraisches pouldres en tout evenement le recharger. Ce que feut sus l'instant faict. Les bombardiers des aultres naufz, ramberges, guallions et gualleaces du convoy, au premier deschargement du basilic qui estoit en la nauf de Pantagruel, mirent pareillement feu chascun en une de leurs grosses pieces chargées. Croyez qu'il y eut beau tintamarre.

---

a. débris.

1. Robe serrée à la taille et dont la jupe était flottante.
2. Cf. Platon, *Apologie de Socrate*, 40 A.
3. C'est-à-dire le loup qui, caché dans la paille, n'a pas peur.

*Comment Panurge, par male paour, se conchia et du grand
chat Rodilardus pensoit que feust un Diableteau.*

Chapitre LXVII

Panurge, comme un boucq estourdy, sort de la
soutte en chemise, ayant seulement un demy bas de
chausses en jambe, sa barbe toute mouschetée de
miettes de pain, tenent en main un grand chat soube-
lin[a], attaché à l'aultre demy bas de ses chausses. Et
remuant les babines comme un cinge qui cherche
poulz en teste, tremblant et clacquetant des dens,
se tira vers frere Jan, lequel estoit assis sus le porte-
haubant de tribort, et devotement le pria avoir de luy
compassion, et le tenir en saulveguarde de son bragmart; affermant et jurant, par sa part de Papimanie,
qu'il avoit à heure præsente veu tous les diables
deschainez.

« Agua, men emy[b] ! disoit il, men frere, men pere
spirituel, tous les Diables sont au jourd'huy de nopces.
Tu ne veids oncques tel apprest de bancquet infernal.
Voy tu la fumée des cuisines d'Enfer ? (Ce disoit, monstrant la fumée des pouldres à canon dessus toutes les
naufz.) Tu ne veids oncques tant d'ames damnées.
Et sçaiz tu quoy ? Agua, men amy ! elles sont tant
douillettes, tant blondelettes, tant delicates que tu
diroys proprement que ce feust Ambrosie Stygiale[c].
J'ay cuydé (Dieu me le pardoient !) que feussent
ames Angloyses. Et pense que ce matin ayt esté l'isle
des Chevaulx, pres Escosse, par les seigneurs de
Termes et Dessay saccagée et sacmentée avecques
tous les Angloys qui l'avoient surprinse[1]. »

---

a. à fourrure de zibeline. — b. Regarde, mon ami (dans la langue
parisienne). — c. viande d'enfer (voir *Briefve Declaration*).

1. En juillet 1548 l'île d'Inch Keith ou des Chevaux avait été
enlevée aux Anglais par des troupes que Henri II avait envoyées au
secours de ses alliés les Écossais.

Frère Jan à l'approcher sentoit je ne sçay quel odeur aultre que de la pouldre à canon. Dont il tira Panurge en place, et apperceut que sa chemise estoit toute foyreuse et embrenée de frays. La vertus retentrice du nerf qui restrainct le muscle nommé sphincter (c'est le trou du cul) estoit dissolue par la vehemence de paour qu'il avoit eu en ses phantasticques visions. Adjoinct le tonnoire de telles canonnades, lequel plus est horrificque par les chambres basses que n'est sus le tillac. Car un des symptomes et accidens de paour, est que par luy ordinairement se ouvre le guischet du serrail on quel est à temps la matiere fecale retenue.

Exemple en messere Pantolfe de la Cassine, Senoys[a], lequel, en poste passant par Chambery et ches le saige mesnagier Vinet descendent, print une fourche de l'estable, puys luy dist : *Da Roma in qua io non son andato del corpo. Di gratia, piglia in mano questa forcha, et fa mi paura*[1]. Vinet, avecques la fourche, faisoit plusieurs tours d'escrime, comme faignant le vouloir à bon essyant frapper. Le Senoys luy dist : *Se tu non fai altramente, tu non fai nulla. Pero sforzati di adoperarli più guagliardamente*[1]. Adoncques Vinet de la fourche luy donna un si grand coup entre col et collet qu'il le jecta par terre à jambes rebidaines[b]. Puys, bavant et riant à pleine gueule, luy dist : « Feste Dieu Bayart[2], cela s'appelle *Datum Camberiaci*[3]. » A bonne heure avoit le Senoys ses chausses destachées, car soubdain il fianta plus copieusement que n'eussent faict neuf beufles et quatorze archiprebstres de Hostie[4]. En fin, le Senoys gracieusement remercia Vinet, et luy dist : *Io ti ringratio, bel messere. Cosi facendo tu m'hai esparmiata la speza d'un servitiale*[1].

Exemple aultre on roy d'Angleterre, Edouart le

---

a. Siennois. — *b*. les quatre fers en l'air.

1. V. *Briefve Declaration,* p. 260. — 2. Juron de Bayard. — 3. « Donné à Chambéry. » Formule finale des actes officiels. — 4. Allusion obscure.

Quint[1]. Maistre François Villon, banny de France, s'estoit vers luy retiré. Il l'avoit en si grande privaulté repceu que rien ne luy celoit des menues negoces de sa maison. Un jour le Roy susdict, estant à ses affaires, monstra à Villon les armes de France en painctures, et luy dist : « Voyds tu quelle reverence je porte à tes roys François ? Ailleurs n'ay je leurs armoyries que en ce retraict icy, près ma scelle persée.

— Sacre Dieu, respondit Villon, tant vous estez saige, prudent, entendu et curieux de vostre santé, et tant bien estez servy de vostre docte medicin, Thomas Linacer[2]. Il, voyant que naturellement, sus vos vieulx jours, estiez constipé du ventre et que journellement vous falloit au cul fourrer un apothecaire, je diz un clystere, aultrement ne povyez vous esmeutir[a], vous a faict icy aptement, non ailleurs, paindre les armes de France par singuliaire et vertueuse providence. Car seulement les voyant, vous avez telle vezarde[b] et paour si horrificque que soubdain vous fiantez comme dixhuyct bonases de Pæonie[3]. Si painctes estoient en aultre lieu de vostre maison, en vostre chambre, en vostre salle, en vostre chapelle, en vos gualleries, ou ailleurs, sacre Dieu ! vous chiriez partout sus l'instant que les auriez veues. Et croy que si d'abondant vous aviez icy en painctures la grande Oriflambe de France, à la veue d'icelle vous rendriez les boyaulx du ventre par le fondement. Mais, hen, hen, *atque iterum*[c] *hen !*

---

a. soulager. — *b.* peur. — *c.* et de nouveau.

1. Faut-il signaler que Villon, banni de Paris pour dix ans en 1463, ne put se retirer auprès d'Édouard V qui devint roi à douze ans en 1483 et périt assassiné la même année ? L'anecdote figure déjà dans un manuscrit du xiii[e] siècle conservé à la bibliothèque de Tours, *Compilatio singularis exemplorum :* le héros en serait le jongleur Hugues le Noir. — 2. Médecin et humaniste anglais mort en 1524; il enseigna à Oxford et à Londres et traduisit Galien. Il fut le médecin de Henri VII et de Henri VIII.

3. Cf. ci-dessous p. 260, la *Briefve declaration.*

Ne suis je badault de Paris ?
De Paris, dis je, auprès Pontoise,
Et d'une chorde d'une toise
Sçaura mon coul que mon cul poise[1]...

« Badault, diz je, mal advisé, mal entendu, mal
entendant, quand, venent icy avecques vous, m'esba-
hissoys de ce qu'en vostre chambre vous estez faict
vos chausses destacher. Veritablement je pensoys
qu'en icelle, darriere la tapisserie, ou en la venelle
du lict, feust vostre scelle persée. Aultrement, me
sembloit le cas grandement incongru, soy ainsi destacher en chambre pour si loing aller au retraict ligna-
gier[2]. N'est ce un vray pensement de badault ? Le
cas est faict par bien aultre mystere, de par Dieu.
Ainsi faisant, vous faictez bien. Je diz si bien que
mieulx ne sçauriez. Faictez vous à bonne heure,
bien loing, bien à poinct destacher. Car à vous
entrant icy, n'estant destaché, voyant cestes armoyries,
notez bien tout, sacre Dieu ! le fond de vos chausses
feroit office de lazanon, pital[a], bassin fecal et de scelle
persée. »

Frere Jan estouppant[b] son nez avecques la main
guauche, avecques le doigt indice[c] de la dextre monstroit à Pantagruel la chemise de Panurge. Pantagruel,
le voyant ainsi esmeu, transif, tremblant, hors de
propous, conchié, et esgratigné des gryphes du celebre
chat Rodilardus, ne se peut contenir de rire et luy
dist : « Que voulez vous faire de ce chat ?

— De ce chat ? respondit Panurge ; je me donne
au Diable si je ne pensoys que feust un Diableteau à
poil follet, lequel nagueres j'avois cappiettement[d]

---

a. V. *Briefve Declaration.* — b. bouchant. — c. index. — d. sous cape.

1. Vers composés par Villon, lors de sa condamnation à mort. Le
texte véritable est : *Je suis Françoys, dont il me poise, | Né de Paris emprès
Pontoise, | Et de la corde,* etc. — 2. Juridiquement, droit pour un parent
du lignage du vendeur de reprendre, contre remboursement du prix,
un héritage aliéné. Rabelais joue sur le mot *retrait* qui signifie aussi
lieu d'aisance.

happé en tapinois, à belles mouffles d'un bas de chausses, dedans la grande husche d'Enfer. Au Diable soyt le Diable ! Il m'a icy deschicqueté la peau en barbe d'escrevisse. » Ce disant, jecta bas son chat.

« Allez, dist Pantagruel, allez, de par Dieu, vous estuver[a], vous nettoyer, vous asceurer, prendre chemise blanche, et vous revestir.

— Dictez vous, respondit Panurge, que j'ay paour ? Pas maille. Je suys, par la vertus Dieu, plus couraigeux que si j'eusse autant de mousches avallé[1] qu'il en est mis en paste dedans Paris, depuys la feste S. Jan jusques à la Toussains. Ha, ha, ha ! Houay ! Que diable est cecy ? Appelez vous cecy foyre, bren, crottes, merde, fiant, dejection, matiere fecale, excrement, repaire[b], laisse[c], esmeut[d], fumée, estron, scybale ou spyrathe[2] ? C'est, croy je, sapphran d'Hibernie. Ho, ho, hie ! C'est sapphran d'Hibernie ! Sela[e] ! Beuvons. »

Fin du Quatrieme Livre des faicts et dicts héroïcques du noble Pantagruel.

---

a. baigner. — b. fiente des loups, des lièvres, des lapins. — c. fiente. — d. fiente d'oiseau de proie. — e. certainement (*Briefve Declaration*).

1. Un proverbe disait que tout homme ayant avalé une mouche devenait courageux.
2. Voir la *Briefve Declaration*, p. 260.

BRIEFVE DECLARATION
D'AUCUNES DICTIONS PLUS OBSCURES
contenues on quatriesme livre des
FAICTS ET DICTS HEROICQUES
DE PANTAGRUEL[1]

Mithologies, fabuleuses narrations. C'est une diction grecque.

Prosopopée, desguisement, fiction de personne.

Tetricque, rebours, rude, maussade, aspre.

Catonian, severe, comme feut Caton le Censorin.

Catastrophe, fin, issue.

Canibales, peuple monstrueux en Africque, ayant la face comme chiens, et abbayant en lieu de rire.

Misanthropes, haïssans les homes, fuyans la compaignie des homes. Ainsi feut surnommé Timon Athenien. Cic., 4, *Tuscul.*

Agelastes, poinct ne rians, tristes, fascheux. Ainsi feut surnommé Crassus, oncle de celluy Crassus qui feut occis des Parthes, lequel en sa vie ne feut veu rire qu'une foys, comme escripvent Lucillius, Cicero, 5, *de Finibus ;* Pline, *lib.* 7.

Iota, un poinct. C'est la plus petite letre des Grecs : Cic., 3, *de Orat. ;* Martial, *lib.* 2, 92; en l'Évangile, Matth. 5.

Theme, position, argument. Ce que l'on propouse à discuter, prouver et deduire.

Anagnoste, lecteur.

Evangile, bonne nouvelle.

---

1. Cette déclaration où est donné le sens d'un certain nombre de termes jugés particulièrement difficiles figure dans quelques exemplaires de l'édition de 1552 et dans tous ceux de 1553. Elle est vraisemblablement de Rabelais ou, si elle n'est pas de lui, elle dut avoir son approbation. A cette époque où les écrivains avaient l'ambition d'enrichir la langue, plus d'une œuvre est ainsi suivie d'une « déclaration » ou d'une « exposition » où sont expliqués les néologismes que l'auteur s'était permis. Nous suivons le texte de 1552.

Hercules Gaulloys, qui par son eloquence tira à soy les nobles François, comme descript Lucian. *Alexicacos,* defenseur, aydant en adversité, destournant le mal. C'est un des surnoms de Hercules : Pausanias, *in Attica.* En mesmes effect est dict Apopompæus, et Apotropæus.

ON PROLOGUE

Sarcasme, mocquerie poignante et amere.

Satyricque mocquerie, comme est des antiques Satyrographes Lucillius, Horatius, Persius, Juvenalis. C'est une maniere de mesdire d'un chascun à plaisir, et blasonner les vices, ainsi qu'on faict es jeux de la Bazoche, par personnaiges desguisez en Satyres.

Ephemeres fiebvres, lesquelles ne durent plus d'un jour naturel, sçavoir est 24 heures.

Dyscrasié, mal tempéré, de mauvaise complexion. Communement on dict *biscarié* en languaige corrompu.

ἄβιος βίος etc., vie non vie, vie non vivable.

Musaphiz, en langue Turque et Sclavonicque, docteurs et prophetes.

Cahu, caha, motz vulgaires en Touraine. Tellement quellement; que bien que mal.

Vertus de Styx. C'est un paluz en Enfer, scelon les poëtes, par lequel jurent les dieux, comme escript Virgile, 6, *Æneid.,* et ne se perjurent. La cause est pour ce que Victoire, fille de Styx, feut à Jupiter favorable en la bataille des Geantz, pour laquelle recompenser Juppiter olctroya que les Dieux jurans par sa mere jamais ne fauldroient, etc. Lisez ce qu'en escript Servius on lieu dessus allegué.

Categoricque, plene, aperte et resolue.

Solæcisme, vicieuse maniere de parler.

Periode, résolution, clausule, fin de sentence.

Aber Keids, en allemand, vilifiez. Bisso.

Nectar, vin des dieux, celebre entre les poëtes.

Metamorphose, transformation.

Figure trigone aequilaterale, ayant troys angles en eguale distance un de l'autre.

Cyclopes, forgerons de Vulcan.

Tubilustre, on quel jour estoient en Rome benistes les tromppettes dediées aux sacrifices, en la basse court des tailleurs.

Olympiades, maniere de compter les ans entre les Grecs, qui estoient de cinq en cinq ans.

An intercalare, on quel escheoit le Bissexte, comme est ceste
  presente année 1552. Plinius, *lib.* 2, *cap.* 47.
Philautie, amour de soy.
Olympe, le ciel. Ainsi dict entre les poëtes.
Mer Tyrrhene, près de Rome.
Appennin, les Alpes de Boloigne.
Tragœdies, tumultes et vacarmes excitez pour chose de petite
  valeur.
Pastophores, pontifes entre les Aegiptiens.
Dodrental, long d'une demie coubdée, ou de neuf poulsées
  Romaines.
Microcosme, petit monde.
Marmes, merdigues, juremens de gens villageoys en Touraine.
Ides de May, esquelles nasquit Mercure.
Massorethz, interpretes et glossateurs entre les Hebrieux.
St, St, St, une voix et sifflement par lequel on impose silence.
  Terence en use *in Phorm.*, et Ciceron, *De Oratore*.

<h2 style="text-align:center">Chapitre Premier [1]</h2>

Bacbouc, bouteille, en hebrieu, ainsi dicte du son qu'elle faict
  quand on la vuide.
Vestales, festes en l'honneur de la déesse Vesta en Rome. C'est
  le septiesme jour de juin.
Thalasse, mer.
Hydrographie, charte marine.
Pierre sphengitide, transparente comme verre.
Ceincture ardente, zone torride.
L'aisseuil septentrional, pole Arctique.
Parallele, line droicte imaginée on ciel, egualement distante de
  ses voisines.

<h2 style="text-align:center">Chapitre II</h2>

Medamothi, nul lieu, en grec.
Phares, haultes tours sus le rivaige de la mer, esquelles on allume
  une lanterne on temps qu'est tempeste sus mer pour addroisser

---

1. Au lieu de ces mots l'original porte ici : *Feuillet premier du livre*,
page seconde. C'est nous qui introduisons les indications de chapitres.
Elles ne figurent pas dans l'original. En revanche celui-ci, à partir
d'*hydrographie*, donne une indication de page sur la même ligne à
gauche que le premier des mots appartenant à une même page. Nous
la supprimons.

les mariniers, comme vous pouvez veoir à la Rochelle et Aigues-Mortes.

Philophanes, convoiteux de veoir et estre veu.

Philothéamon, convoiteux de veoir.

Engys, auprés.

Megiste, tres grand.

Idées, especes et formes invisibles, imaginées par Platon.

Atomes, corps petitz et indivisibles, par la concurrence desquelz Epicurus disoit toutes choses estre faictes et formées.

Unicores, vous les nommez Licornes.

Chapitre III

Celoces, vaisseaulx legiers sus mer.

Gozal, en hebrieu : pigeon, colombe.

Chapitre IV

Posterieur ventricule du cerveau, c'est la memoire.

Chapitre VI

Deu Colas, faillon, sont motz lorrains : De par sainct Nicolas, compaignon.

Chapitre VII

Si Dieu y eust pissé. C'est une manière de parler vulgaire en Paris et par toute France, entre les simples gens, qui estiment tous les lieux avoir eu particuliere benediction, esquelz Nostre Seigneur avoit faict excretion de urine ou autre excrement naturel, comme de la salive est escript Joannis, 9 : *Lutum fecit ex sputo*.

Le mal sainct Eutrope, maniere de parler vulguaire, comme le mal sainct Jehan, le mal de sainct Main, le mal sainct Fiacre. Non que iceulx benoists saincts ayent eu telles maladies, mais pour ce qu'ilz en guerissent.

Chapitre VIII

Cenotaphe, tombeau vuide, onquel n'est le corps de celuy pour l'honneur et memoire duquel il est erigé. Ailleurs est dict Sepulchre honoraire et ainsi le nomme Suetone.

Ame moutonniere, mouton vivant et animé.

Chapitre IX

Pantophle. Ce mot est extraict du grec παντόφελλος,, tout de liege.

Chapitre XII

Rane gyrine, Grenoille informe. Les Grenoilles en leur premiere
generation sont dictes Gyrins, et ne sont qu'une chair petite,
noire, avecques deux grands œilz et une queue. Dont estoient
dictz les sotz Gyrins. Plato, in *Theæteto ;* Aristoph.; Pline,
lib. 9, *cap.* 51; Aratus.
Tragicque comœdie, farce plaisante au commencement, triste en
la fin.

Chapitre XIII

Croix osanière, en poictevin, est la croix ailleurs dicte Boysseliere
prés laquelle au dimanche des Rameaux l'on chante : *Osanna
filio David*, etc.
Ma dia est une maniere de parler vulgaire en Touraine; est
toutesfoys grecque : Mὰ Δία non par Juppiter[1]; comme *Ne dea:*
Νὴ Δία, ouy par Juppiter.
L'or de Tholose, duquel parle Cic., *lib.* 3, *de Nat. deorum ;* A.
Gellius, *lib.* 3; Justi., *lib.* 22 : Strabo, *lib.* 4, porta malheur
à ceulx qui l'emporterent, sçavoir est Q. Cepio, consu,
Romain, et toute son armée, qui tous, comme sacrilegesl
perirent malheureusement.
Le cheval Sejan, de Cn. Seius, lequel porta malheur à tous ceulx
qui le possederent. Lisez A. Gellius, *lib.* 3, *cap.* 9.

Chapitre XVI

Comme Sainct Jan de la Palisse, maniere de parler vulgaire par
syncope, en lieu de l'Apocalypse; comme Idolatre pour
Idololatre.
Les ferremens de la messe, disent les Poictevins villageoys ce que
nous disons ornemens, et le manche de la parœce ce que nous
disons le clochier, par metaphore assez lourde.

Chapitre XVII

Tohu et Bohu, hebrieu : deserte et non cultivée.
Sycophage, maschefigue.

---

1. Cette étymologie fantaisiste était généralement admise au xvie siècle.

Nargues et Zargues, noms faicts à plaisir.

Teleniabin et Geleniabin, dictions arabicques : Manne et miel rosat.

Enig et Evig, motz alemans, sans, avecques. En la composition et appoinctement du langrauff d'Esse avecques l'empereur Charles cinquiesme, on lieu de *Enig :* sans detention de sa personne, feut mis *Evig :* avecques detention.

Chapitre XVIII

Scatophages, maschemerdes, vivens de excremens. Ainsi est de Aristophanes *in Pluto* nommé Aesculapius, en mocquerie commune à tous medicins.

Chapitre XIX

Concilipetes, comme Romipetes : allans au concile.

Chapitre XX

Teste Dieu pleine de reliques : C'est un des sermens du seigneur de la Roche du Maine [1].

Chapitre XXI

Trois rases d'angonnages, tuscan. Trois demies aulnes de bosses chancreuses.

Chapitre XXII

Celeusme, chant pour exhorter les mariniers, et leurs donner couraige.

Ucalegon, non aydant. C'est le nom d'un viel Troian, celebré par Homere, 3, *Iliad.*

Chapitre XXIII

Vague decumane, grande, forte, violente. Car la dixiesme vague est ordinairement plus grande en la mer Océane que les aultres. Ainsi sont par cy après dictes Escrevisses Decumanes, grandes; comme Columella dict Poyres Decumanes, et Fest. Pomp. : œufz decumans. Car le dixiesme est tousjours le plus grand. Et, en un camp, porte Decumane.

---

1. Jacques Tiercelin, seigneur de la Roche du Mayne, maréchal de camp. Cf. Brantôme, *Vies des grands capitaines français*, I, 2, 23.

Chapitre XXIV

Passato, etc. Le dangier passé est le sainct mocqué.

Chapitre XXV

Macraeons, gens qui vivent longuement.

Macrobe, home de longue vie.

Hieroglyphicques, sacres sculptures. Ainsi estoient dictes les letres des antiques saiges Aegyptiens, et estoient faictes des images diverses de arbres, herbes, animaulx, poisons, oiseaulx, instrumens, par la nature et office desquelz estoit representé ce qu'ilz vouloient désigner. De icelles avez veu la divise de mon seigneur l'Admiral [1] en une ancre, instrument très poisant, et un daulphin, poisson legier sus tous animaulx du monde : laquelle aussi avoit porté Octavian Auguste, voulant designer : *Haste toy lentement ; fays diligence paresseuse ;* c'est à dire expedie, rien ne laissant du necessaire. D'icelles entre les Grecs a escript Orus Apollon. Pierre Colonne en a plusieurs exposé en son livre tuscan intitulé *Hypnerotomachia Polyphili* [2].

Obelisces, grandes et longues aiguilles de pierre, larges par le bas et peu à peu finissantes en poincte par le hault. Vous en avez à Rome près le temple de Sainct Pierre une entiere, et ailleurs plusieurs aultres. Sus icelles prés le rivage de la mer lon allumoit du feu pour luyre aux mariniers on temps de tempeste, et estoient dictes Obeliscolychnies, comme cy dessus.

Pyramides, grands bastimens de pierre ou de bricque quarrez, larges par le bas et aiguz par le hault, comme est la forme d'une flambe de feu, πῦρ. Vous en pourrez veoir plusieurs sus le Nil, prés le Caire.

Prototype, premiere forme, patron, model.

Chapitre XXVI

Parasanges, entre les Perses estoit une mesure des chemins contenente trente stades. Herodotus, *lib.* 2.

Chapitre XXIX

Aguyon, entre les Bretons et Normans mariniers est vent doulx, serain et plaisant, comme en terre est Zephyre.

---

1. L'amiral de Bonnivet, favori de François Ier.
2. Cf. *Gargantua,* chap. ix, tome I, p. 42, n. 3.

Confallonnier, porte-enseigne. Tuscan.
Ichthyophages, gens vivans de poissons, en Æthiopie interieure près l'Océan occidental. Ptolemé, *libro* 4, *capite*. 9 ; Strabo, *lib.* 15.

CHAPITRE XXXII

Corybantier, dormir les œilz ouvers.
Escrevisses decumantes, grandes. Cy dessus a esté exposé.

CHAPITRE XXXIII

Atropos, la Mort.
Symbole, conference, collation.

CHAPITRE XXXIV

Catadupes du Nil, lieu en Æthiopie onquel le Nil tombe de haultes montaignes en si horrible bruyt que les voisins du lieu sont presque tous sours, comme escript Claud. Galen. L'evesque de Caramith[1], celluy qui en Rome feut mon praecepteur en langue arabicque, m'a dict que l'on oyt ce bruyt à plus de troys journées loing, qui est autant que de Paris à Tours. Voyez Ptol.; Ciceron, *in Som. Scipionis ;* Pline, *libr.* 6, *cap.* 9, et Strabo.
Line perpendiculaire, les architectes disent tombante à plomb, droictement pendente.

CHAPITRE XXXV

Montigenes, engendrez es montaignes.

CHAPITRE XXXVI

Hypocriticque, faincte, desguisée.

CHAPITRE XXXVII

Venus en Grec a quatre syllabes, Ἀφροδίτη. Vulcan en a trois : Hyphaistos.
Ischies, vous les appellez sciaticques, hernies, ruptures du boyau devallant en la bourse, ou par aiguosité, ou carnosité, ou varices, etc.
Hemicraines, vous les appelez migraines : c'est une douleur comprenente la moytié de la teste.

---

1. Ville d'Arménie.

Chapitre XLII

Niphleseth, membre viril. Hebr.

Chapitre XLIII

Ruach, vent ou esprit. Hebr.

Herbes carminatives, lesquelles ou consomment ou vuident les ventositez du corps humain.

Jambe œdipodicque, enflée, grosse, comme les avoit Œdipus le divinateur, qui en grec signifie *Pied enflé*.

Aeolus, Dieu des vents, scelon les Poëtes.

Sanctimoniales, a present sont dictes nonnains.

Chapitre XLIV

Hypenemien, venteux. Ainsi sont dictz les œufz des poulles et autres animaulx faicts sans copulation du masle; desquelz jamais ne sont esclouz poulletz, etc., Arist., Pline, Columella.

Æolipyle, porte d'Æolus. C'est un instrument de bronze clous, onquel est un petit pertuys, par lequel si mettez eaue, et l'approchez du feu, vous voirez sortir vent continuellement. Ainsi sont engendrez les vents en l'aïr et les ventositez es corps humains, par eschauffemens ou concoction commencée non perfaicte, comme expose Cl. Galen. Voyez ce que en a escript nostre grand amy et seigneur Monsieur Philander [1] sus le premier livre de Victruve.

Bringuenarilles, nom faict à plaisir comme grand nombre d'aultres en cestuy livre.

Lipothymie, defaillance de cœur.

Paroxysme, accès.

Chapitre XLV

Tachor, un fyc [2] au fondement. Hebr.

Brouet, c'est la grande halle de Millan.

Ecco lo fico, voylà la figue.

Champ restile, portant fruict tous les ans.

---

1. Guillaume Philandrier, commentateur de Vitruve, protégé du cardinal Georges d'Armagnac, évêque de Rodez, que Rabelais a pu rencontrer à Rome lors de son dernier voyage.

2. Figue.

Chapitre XLVIII

Voix Stentorée, forte et haulte comme avoit Stentor, duquel escript Homere, 5, *Iliad.* ; Juvenal, *lib.* 13.

Hypophetes, qui parlent des choses passées comme prophetes parlent des choses futures.

Chapitre XLIX

Uranopetes, descendues du ciel.

Zoophore, portant animaulx. C'est en un portal et aultres lieux ce que les architectes appellent frize, entre l'architrave et la coronice, onquel lieu l'on mettoit les manequins, sculptures, escriptures et autres divises à plaisir.

ΓΝΩΘΙ ΣΕΑΥΤΟΝ, congnois toy mesmes.

EI, tu es. Plutarche a faict un livre singulier de l'exposition de ces deux letres.

Diipetes, descendens de Jupiter.

Scholiastes, expositeurs.

Chapitre L

Archetype, original, protraict.

Sphacelée, corrompue, pourrie, vermoulüe. Diction frequente en Hippocrates.

Chapitre LI

Epode, une espece de vers, comme en a escript Horace.

Paragraphe, vous dictes parrafe, corrompans la diction, laquelle signifie un signe ou note posée près l'escripture.

Ecstase, ravissement d'esprit.

Chapitre LIII

Auriflue energie, vertus faisante couller l'or.

Decretalictonez, meurtriers des Decretales. C'est une diction monstrueuse, composée d'un mot Latin et d'un autre Grec.

Corollaires, surcroistz, le parsus. Ce que est adjoinct.

Promeconde, despensier, celerier, guardian, qui serre et distribue le bien du seigneur.

Chapitre LIV

Terre sphragitide, *terra sigillata* est nommée des apothecaires.

Chapitre LVI

Argentangine, esquinance d'argent. Ainsi feut dict Demosthenes l'avoir quand pour ne contredire à la requeste des ambassadeurs Milesiens, desquelz il avoit resceu grande somme d'argent, il se enveloppa le coul avecques gros drappeaulx et de laine, pour se excuser d'opiner, comme s'il eust eu l'esquinance. Plutarche et Gelli.

Chapitre LVII

Gaster, ventre.

Druydes, estoient les pontifes et docteurs des anciens François, desquelz escript Cæsar, *lib.* 6, *de Bello Gallico ;* Cicer., *lib.* 1, *de Divinat. ;* Pline, *lib.* 16, etc.

Somates, corps, membres.

Chapitre LVIII

Engastrimythes, parlans du ventre.

Gastrolatres, adorateurs du ventre.

Sternomantes, divinans par la poitrine.

Gaule cisalpine, partie ancienne de Gaule entre le mons Cenis et le fleuve Rubicon, près Rimano, comprenente Piedmont, Montferrat, Astisane, Vercelloys, Millan, Mantoue, Ferrare, etc.

Chapitre LIX

Dithyrambes, cræpalocomes, epaenons, chansons de yvroignes en l'honneur de Bacchus.

Olives colymbades, confictes.

Chapitre LX

Lasanon, ceste diction est là exposée.

Chapitre LXII

Triscaciste, troys foys très maulvaise.

Force Titanicque, des geants.

Chapitre LXIII

Chaneph, hypocrisie. Hebr.

Sympathie, compassion, consentement, semblable affection.

Symptomates, accidens survenens aux maladies, comme mal de cousté, toux, difficulté de respirer; pleurésie.

Chapitre LXIV

Umbre decempedale, tombante sus le dixieme poinct en un quadrant.

Parasite, bouffon, causeur, jangleur, cherchant ses repües franches.

Chapitre LXVI

Ganabim, larron. Hebr.

Poneropie, ville des meschants.

Chapitre LXVII

Ambrosie, viande des Dieux.

Stygiale, d'enfer, dict du fleuve Styx, entre les poëtes.

Da Roma, etc. Depuys Rome jusques icy je n'ay esté à mes affaires. De graces, prens en main ceste fourche et me fais paour.

Si tu non fay, etc. Si tu ne fais autrement, tu ne fays rien. Pourtant efforce toy de besoigner plus guaillardement.

Datum Camberiaci, donné à Chambery.

Io ti ringratio, etc. Je te remercie, beauseigneur. Ainsi faisant tu me as espargné le coust d'un clystere.

Bonases, animal de Paeonie, de la grandeur d'un taureau, mais plus trappe, lequel, chassé et pressé, fiante loing de quatre pas et plus. Par tel moyen se saulve, bruslant de son fiant le poil des chiens qui le prochassent.

Lazanon, cette diction est exposée chap. LX.

Pital, terrine de scelle persée. Tuscan. Dont sont dicts *Pitalieri* certains officiers à Rome, qui escurent les scelles persées des reverendissimes cardinaux estans on conclave resserrez pour election d'un nouveau Pape.

Par la vertus Dieu. Ce n'est jurement; c'est assertion : moyennante la vertus de Dieu. Ainsi est-il en plusieurs lieux de ce livre. Comme à Tholose preschoit frere Quambouis : « Par le sang Dieu nous feusmes rachetez. Par la vertus Dieu nous serons saulvez. »

Scybale, estront endurcy.

Spyrathe, crotte de chevre ou de brebis.

Sela, certainement. Hebr.

LE CINQUIESME ET DERNIER LIVRE

LIVRE

DES FAICTS ET DICTS HEROÏQUES

DU BON PANTAGRUEL

LE PROBLÈME
DE L'AUTHENTICITÉ
DU CINQUIÈME LIVRE

L ES *faits indiscutables ? Le* Cinquième Livre *nous est parvenu sous trois formes : deux éditions et un manuscrit.*

Les deux éditions portent toutes deux, de manière explicite, le nom de Rabelais. La première parut sous le titre de l'Isle Sonante [1]. *Elle est datée de 1562, est dépourvue de prologue et comprend seize chapitres. La seconde est intitulée* Le Cinquiesme et dernier livre des faicts et dicts heroïques du bon Pantagruel [2] *et datée de 1564. A l'exception du chapitre* XVI, *celui des* Apedeftes, *qu'elle laisse de côté, elle reprend, avec des variantes,* l'Isle Sonante *et y ajoute trente-deux chapitres. Elle a un prologue.*

Le manuscrit est conservé à la Bibliothèque Nationale (ms. fr. 2156). Il compte 145 ff. Il a un titre de départ : Cinquième Livre de Pantagruel, fragment du Prologue. *Il ne porte pas de signature, ni le nom de Rabelais. Il n'est pas daté, mais à en juger par l'écriture il est de la*

---

1. L'Isle Sonante, *par M. Françoys Rabelays, qui n'a point encores esté imprimée ne mise en lumière : en laquelle est continuée la navigation faicte par Pantagruel, Panurge et autres ses officiers. Imprimé nouvellement* 1562. Le nom de Rabelais est répété en titre de départ. A la fin du volume on lit : Fin du voyage de l'Isle Sonante.

2. Le Cinquiesme et dernier livre des faicts et dicts heroïques du bon Pantagruel, *composé par M. Françoys Rabelais, Docteur en Medecine...* 1564.

fin du XVIe *siècle. Il ne donne qu'un fragment du prologue et ne contient ni le chapitre* XVI *de* l'Isle Sonante, *absent également de l'édition de 1564, ni les chapitres* XXIII *et* XXIV *de celle-ci, respectivement intitulés* Comment fut, en presence de la Quinte, faict un bal joyeux en forme de tournay *et* Comment les trente deux personnages du bal combatent [1]. *On y lit, en revanche, un chapitre inédit,* Comment furent les dames Lanternes servies à soupper, *qui est le chapitre* XXXII *bis de la présente édition [2]. Ce manuscrit n'est pas de l'auteur du* Cinquième Livre, *mais d'un copiste fort peu lettré comme le prouvent les mots laissés en blanc parce qu'on n'a pu les déchiffrer, et les mauvaises lectures [3].*

Dans les chapitres qu'ils possèdent en commun, l'Isle Sonante, *l'édition de 1564 et le manuscrit présentent de nombreuses variantes. Aucun d'eux n'offre d'ailleurs un texte sûr. Tous trois, également médiocres, contiennent plus d'un passage obscur.*

* * *

Dès le XVIe *siècle le bibliographe Du Verdier [4] et le médecin Louis Guyon [5] doutèrent de l'authenticité*

---

1. *Infra.* p. 363 et p. 366.

2. *Infra* p. 406.

3. Telle est la conclusion de Jacques Boulenger qui écrit : « Le manuscrit n'est pas un original... C'est une copie, une mise au net faite par un scribe qui n'est pas le même que l'auteur de l'ouvrage. » (*L'Isle Sonante* par M. Françoys Rabelais réimprimée pour la première fois par Abel Lefranc, professeur au Collège de France, et Jacques Boulenger, de la Bibliothèque Sainte-Geneviève, Paris, Honoré Champion, 1905, p. III.)

4. Il écrit dans sa *Prosopographie ou description des hommes illustres et autres, depuis la création du monde jusqu'à ce temps,* Lyon, P. Frelon, 1604 : « Son malheur [*à Rabelais*] est que chacun s'est voulu mesler de Pantagruelliser, et sont sortis plusieurs livres soubs son nom adjoustez à ses œuvres, qui ne sont pas de luy, comme l'Isle sonante faicte par un Escholier de Valence, et autres » (t. III, p. 2452).

5. « Quant au livre dernier qu'on met entre ses œuvres, qui est

du Cinquième Livre. *On n'a cessé, depuis, d'en discuter. Nous résumons ici l'état actuel du problème.*

Il est normal d'admettre que Rabelais, le Quart Livre *publié, a voulu donner une conclusion à son œuvre et conduire Pantagruel jusqu'à l'oracle. Il est normal de penser qu'il a pu travailler à cette conclusion avant de disparaître (en avril 1553). On peut supposer qu'il a laissé des brouillons voire un manuscrit qui demandait à être plus ou moins mis au point, arrangé et complété* [1]. *L'hypothèse est plausible.*

Mais une objection se présente aussitôt. Si les onze premiers chapitres du Quart Livre *ont paru, en édition partielle, sous la date de 1548, le* Quart Livre *en son entier n'a paru qu'en janvier 1552. Était-il achevé en 1548 ? Rien ne le prouve. Et l'on en doute :* « Rabelais n'avait évidemment pas achevé son livre », *écrit Robert Marichal qui ajoute :* « [Rabelais] n'avait même pas pris le temps de le revoir sérieusement [2] ». *Il l'a donc terminé entre 1548 et janvier 1552. Il paraît difficile de supposer que Rabelais, de la fin de 1547 à 1552, soit allé à Rome, ait suivi le cardinal Du Bellay, écrit* la Sciomachie, *soit revenu en France, ait terminé, fait imprimer et corrigé le* Quart Livre *et que, de surcroît, — même en admettant sa merveilleuse facilité !*
— il ait pu rédiger un Cinquième Livre *qu'il aurait laissé inédit* [3].

---

intitulé l'Isle Sonante, qui semble à bon escient blasmer et se mocquer des gens et officiers de l'Église catholique je proteste qu'il ne l'a pas composé, car il se fit longtemps après son decez, j'estoy à Paris lorsqu'il fut fait, et scay bien qui en fut l'autheur, qui n'estoit Medecin. » (*Les Diverses Leçons de Loys Guyon...* Lyon, C. Morillon, 1604, livre II, chap. xxx.)

1. Il est vraisemblable qu'en 1562 seuls les seize chapitres de *l'Isle Sonante* pouvaient être publiés. Sans cela pourquoi l'éditeur n'aurait-il pas donné la suite ?

2. *Le Quart Livre,* édition critique, Giard-Droz, 1947, p. X.

3. Quelques critiques admettent que la rédaction du *Cinquième Livre* a précédé celle du *Quatrième.* L'hypothèse paraît indéfendable.

Restent les quelques mois de février *1552* à avril *1553* qui sont les derniers mois de Rabelais et desquels, à l'heure actuelle, on ignore tout. L'intervalle est assez long pour permettre une rédaction du Cinquième Livre. Mais peut-on en dire plus ? Hypothèse, encore.

On maintient donc que Rabelais a pu l'écrire (on n'en est pas à une hypothèse près) sans le publier, le gardant, par prudence, par-devers lui. Ce n'est pas impossible, étant donné le ton violent que prend ici la narration. Mais aucun argument ne permet, en l'état actuel de la question, d'affirmer l'exactitude de cette hypothèse.

On ne saurait donc, sur ce premier point, conclure. Les arguments s'équilibrent. Il est impossible de s'appuyer sur la critique externe.

* * *

L'Isle Sonante *paraît en 1562, près de dix ans après* la mort de Rabelais[1].

On a le droit de penser qu'il a pu se trouver quelqu'un pour exploiter le succès de l'œuvre rabelaisienne, et publier sous le nom de Rabelais un pamphlet trop violent pour que l'auteur osât le signer en un temps où la censure — politique ou religieuse — ne badinait pas. On a attribué plus tard à Mme de Duras un Olivier assez scabreux, à Moréas un livre de Stances inédit, hier encore à Rimbaud un écrit absolument inconnu. Pourquoi ne pas admettre qu'il a pu en être de même environ *1560* ? Le succès constant des pastiches est un argument à l'appui de cette hypothèse.

On imagine le processus : un ennemi de Rome et du catholicisme, adversaire, de surcroît, des gens de justice, a pu

---

[1]. Si le livre est bien de Rabelais, pourquoi pareil délai ? On peut se poser la question...

concevoir l'idée de terminer le récit des aventures de Pantagruel et de le conduire jusqu'à la Dive Bouteille, en usant
du thème pour s'en prendre à l'Église et aux Chats fourrés.
Hypothèse pour hypothèse, celle-ci vaut celle-là.

On notera pourtant un argument que Jacques Boulenger
formule contre elle. Le fait que l'Isle Sonante paraît inachevée serait une preuve qu'elle a Rabelais pour auteur,
car l'auteur vivant — écrit Jacques Boulenger[1] — aurait-il
laissé paraître une œuvre inachevée ? Mais la chose est arrivée
à Rabelais, et de sa propre volonté ! Qu'on en juge : si
Rabelais était mort en 1550, on devrait, à ce compte, lui
refuser la paternité de l'édition incomplète du Quart Livre
parue en 1548. L'argument, donc, ne vaut pas.

* * *

Force est d'étudier le texte en soi, le texte seul.

Quels caractères en dégager pour affirmer l'authenticité
du livre ? On en propose couramment quatre.

En premier lieu, la vaste érudition que l'on constate d'un
bout à l'autre de ce livre comme dans les autres. Comme
si l'érudition était l'apanage du seul Rabelais ! On citerait
dix de ses contemporains capables, sur ce point, de lui
tenir tête, et l'on a pensé, par exemple, qu'Henri Estienne
pouvait être l'auteur caché du Cinquième Livre.

En second lieu, prétend-on, l'auteur fait preuve d'une
connaissance précise de la région de Chinon. Était-il impossible à un « pasticheur » habile et décidé à plagier son modèle
de se promener entre la Devinière et Panzoust ? D'autant
que les allusions géographiques et topographiques sont ici
moins nombreuses et moins précises que dans Gargantua.
Parler de Chinon et de la Touraine, n'était-ce pas au contraire donner à une contrefaçon un air d'authenticité ?

---

1. *Op. cit.*, p. XIX.

On décèle dans le texte du Cinquième Livre *plus d'un emprunt à ce volume intitulé* le Disciple de Pantagruel *qui ne laissa pas d'avoir du succès, et auquel Rabelais en personne avait emprunté, pour le* Quart Livre, *quelques détails. Comme si Rabelais seul au* XVIe *siècle pouvait avoir l'idée de copier un livre qui déjà le copiait lui-même ! Comme si l'accès à une source déjà connue n'était permis qu'au seul premier inventeur ! Mais, précisément, un pasticheur qui sait son métier doit puiser aux mêmes sources que l'auteur qu'il pastiche.*

Enfin, dit-on, le vocabulaire est d'une technicité comparable à celle des premiers livres et l'on y relève nombre d'emprunts à Pline l'Ancien *dont l'œuvre était familière à Rabelais* [1]. *L'argument aurait du poids s'il s'appuyait sur des statistiques. Ce n'est pas le cas. On négligera ce dernier argument, car quel est le savant du* XVIe *siècle qui n'a pas lu* Pline l'Ancien *?*

* * *

Contre l'authenticité du livre on utilise quelques arguments de fait — ou d'impression.

Arguments de fait : on ne peut pas ne pas constater que les caractères des compagnons de Pantagruel ne sont plus exactement ce qu'ils étaient. Ils ne sont plus pareils à eux-

---

1. Cf. Lazare Sainéan, *l'Histoire naturelle dans l'œuvre de Rabelais*, dans *Revue du XVIe siècle*, 1915, p. 211. Sainéan s'appuie surtout sur le chapitre XXX. Sainéan a consacré à la question de l'authenticité du *Cinquième Livre* un chapitre rapide et un peu superficiel de ses *Problèmes littéraires du XVIe siècle*, Paris, de Boccard, 1927, chapitre où il reprend cet argument comme il reprend celui des emprunts au *Disciple de Pantagruel*. Sa discussion n'enlève pas la conviction. Un examen sérieux de ce travail conduit à constater que Sainéan affirme, parfois, plus qu'il ne le prouve, ainsi lorsqu'il écrit, après une analyse discutable : « Cet épisode de la Quinte est ainsi une création rabelaisienne » (p. 34). Rabelaisienne ? Peut-être. De Rabelais ? C'est autre chose...

mêmes. Frère Jean n'a plus la verve qu'il déployait aux premiers livres et n'invoque plus la « rethorique ciceroniane [1] *».
Panurge n'est plus le joyeux farceur ni le dialecticien subtil que nous connaissions. Pantagruel lui-même, moins débonnaire que par le passé, paraît moins vivant.*

Il est curieux, de même, de constater que les Chats fourrés ne sont pas aussi armés de références juridiques que les Bridoye. Ils mentionnent moins souvent Digeste *ou* Insti-tutes. *Ils ne déploient pas, quand ils parlent, la même science de la logique formelle dont Rabelais s'était gaussé.*

Faudra-t-il accuser un certain vieillissement de la verve rabelaisienne ? C'est possible. Mais tout de même la différence est frappante. Et faut-il admettre qu'après la publication de l'édition complète du Quart Livre *maître François a vu pareillement tiédir sa fantaisie ?*

Il y a aussi des différences de texte qu'il convient de souligner et que présente le tableau suivant :

	Isle Sonante	Cinquième Livre	Ms
Prologue	*Absent*	*Complet*	*Incomplet*
Chapitre des Apedeftes	*Présent*	*Absent*	*Absent*
Chapitres du Bal de la Quinte [2]	*Absents*	*Présents*	*Absents*
Chapitre du Soupper des Dames lanternes	*Absent*	*Absent*	*Présent*

Comment expliquer de pareilles différences ? La présence ici d'un chapitre ? et, là, son absence ? Il y a là un fait qui laisse incertain et sur lequel on épiloguerait...

---

1. *Gargantua,* chap. XXXIX, t. I, p. 150
2. Chap. XXIII et XXIV.

Arguments d'impression. On en retiendra deux. Le ton, ni l'art ne sont plus les mêmes.

La satire prend dans ces pages un air de violence qu'elle n'a jamais eu encore, et où l'on hésite à reconnaître un « *style* » rabelaisien, au moins en ce qui concerne l'Église : la différence entre l'épisode de l'Isle des Papimanes et l'Isle Sonante *est grande...* L'acidité, la virulence, la hargne de certaines critiques sont surprenantes. Maître François gardait jusque dans le Quart Livre *plus de mesure, et surtout plus de jovialité.*

Et le récit n'a plus l'allant, le mouvement, la fantaisie à quoi l'on était habitué. Il se traîne. Certains de ses épisodes constituent des redites : Rabelais a conduit Pantagruel dans l'île de Papimanie ; il a longuement parlé des Chicqanous [1]. A quoi bon reparler, même sous une autre forme, de l'Église et de la Justice ? L'erreur de composition n'est pas de Rabelais. On constate par contre l'emploi mécanique de certains procédés ; le style paraît lourd, pâteux, sans verve, et presque toujours dépourvu de comique. Rabelais nous avait accoutumés à plus d'aisance et de diversité. Mais il se prive, si c'est lui qui écrit, de certains effets sûrs, telles les plaisanteries médicales. En plus d'un endroit on dirait d'un premier jet, d'une esquisse encore incertaine, ou, pourquoi pas ? d'un pastiche maladroit.

Si vifs enfin que fussent les griefs de l'auteur — Rabelais ou un inconnu — contre la Papauté et contre la Justice, la violence mise à les présenter surprendrait un peu si le livre a été écrit en 1552, beaucoup moins en 1560 à l'heure où la guerre civile ravage la France. A un lecteur attentif il paraît assez vite qu'il s'agit ici moins de terminer

---

1. Pierre Villey note, p. 294 de son *Marot et Rabelais* (Paris, Librairie Ancienne Honoré Champion, Édouard Champion, 1923), qu'il est étrange que Rabelais — qui a dû écrire le *Cinquième Livre* en 1552 — revienne sur des sujets traités dans le *Quart Livre*, paru en 1552. Pareille répétition serait moins surprenante chez un imitateur.

*le récit des aventures de Pantagruel et de formuler une réponse
à la question posée par Panurge au* Tiers Livre *que de déve-
lopper une attaque sanglante contre les adversaires de la
Réforme : qu'importe à l'auteur du* Cinquième Livre —
*s'il n'est pas Rabelais — de savoir si Panurge doit ou non
se marier ! Mais, si cet auteur était Rabelais, il serait
surprenant de constater que le conteur avisé de la Guerre
Picrocholine, le dialecticien plein de gaieté du* Tiers Livre,
*le narrateur truculent des navigations de Pantagruel ait à
ce point oublié le fil directeur de son récit, le lien réel, si
lâche fût-il, qui constitue la ligne maîtresse et l'unité de
son œuvre. On conçoit fort bien au contraire qu'un pamphlé-
taire obscur et prudent, mais désireux de crier sa colère,
ait tenté de publier sa prose en utilisant, même mal, les
données d'un récit déjà connu, et en attribuant son livre
à un écrivain illustre.*

* * *

*Mais que valent des impressions ? Pierre Villey s'est
plu à opposer les admirations contradictoires des partisans
de l'authenticité ; il ajoute :* « Le pauvre instrument que
notre critique impressionniste[1] ! » *Et qu'il a raison !*
On a donné le Cinquième Livre *à Henri Estienne
(sans doute à cause de l'Apologie pour Hérodote) et au
médecin Turquet ; on a écrit qu'il avait été arrangé et con-
tinué par Jean Quentin* [2] *ou Quintin (1500-1561) qui fut
professeur de Droit Canon à la Faculté de Droit de Paris
et orateur du clergé aux états généraux d'Orléans en
1560* [3]. *Aucune de ces attributions n'est plus admise. De*

---

1. *Op. cit.* p. 301.
2. Voir *Tiers Livre*, XXXIV.
3. Voir l'article de L. Cons, *Le Problème du Cinquième Livre. Le*

sorte que si l'on refuse de reconnaître dans le Cinquième
Livre *la conclusion de l'œuvre de Rabelais, on ne sait non
plus et l'on ne peut dire qui, dès lors, en serait responsable.*

Tel est l'état actuel de la question. *A moins d'une mira-
culeuse, mais improbable, découverte, le problème doit demeurer
insoluble* — *et irrésolu.* On ne saurait s'appuyer sur de
simples probabilités *(elles restent discutables)*, ni sur des
impressions personnelles *(toutes sujettes à caution)*, et l'on
n'a aucune certitude.

A chacun donc de se former, librement, une opinion.

Continuateur, paru dans la *Revue Bleue* du 25 avril 1914. L. Cons voyait
dans le nom de la reine Quinte la signature déguisée de Jean Quentin
et dans les mots *Nature Quite* qui suivent l'épigramme figurant à la
fin du *Cinquième Livre* (*infra*, p. 464) l'anagramme d'Auteur Quinte
(= Auteur Quintin). Cette hypothèse dont Jean Plattard a fait justice
(*Revue du XVI*e *siècle*, II, pp. 279-282) n'a plus été défendue.

NOTRE TEXTE

Lᴇ *texte du* Cinquième Livre *que nous proposons est un texte composite. Nous suivons d'abord* l'Isle sonante. *S'il y a du Rabelais dans le* Cinquième Livre, *il semble qu'il faille le chercher dans ces chapitres parus en* 1562 *et qui, probablement, représentaient à cette date tout ce qui était en état d'être publié. Nous reproduisons ensuite les chapitres XVI à XLVII de l'édition de* 1564.

Jacques Boulenger dans son édition de la Bibliothèque de la Pléiade a d'abord donné l'Isle sonante *et, pour la fin, le manuscrit. Nous préférons, quant à nous, nous en tenir aux deux imprimés. Rien, à notre avis, ne permet d'affirmer l'autorité du manuscrit dont on ignore l'origine et qui n'est qu'une copie.*

Comme nous l'avons dit ci-dessus, le texte du Cinquième Livre *est, dans ses trois états, peu sûr et, en certains endroits, incompréhensible. Nous avons, quand cela était possible, corrigé les passages inintelligibles de* l'Isle sonante *au moyen de l'édition de* 1564 *et du manuscrit, ceux des chapitres XVI à XLVII de l'édition de* 1564 *au moyen du manuscrit* [1]. *Toutes les fois que nous avons fait une correction nous l'avons signalée dans le texte par des crochets et d'autre part nous avons, dans les notes, donné la leçon que nous croyions devoir abandonner et indiqué l'origine de celle que nous adoptions.*

---

1. Nous insérons entre les chapitres XXXII et XXXIII de l'édition de 1564 le chapitre *Comment furent les dames Lanternes servies à soupper,* qui, rappelons-le, ne figure que dans le manuscrit.

LE CINQVIESME ET DERNIER LIVRE

DES FAICTS ET DICTS HEROÏQUES

DU BON PANTAGRUEL

composé par

M. FRANÇOIS RABELAIS

Docteur en Medecine.

AUQUEL EST CONTENU LA VISITATION DE L'ORACLE
DE LA DIVE BACBUC,
ET LE MOT DE LA BOUTEILLE : POUR LEQUEL AVOIR
EST ENTREPRIS TOUT CE LONG VOYAGE.

NOUVELLEMENT MIS EN LUMIERE.

───────────

M.D.LXIIII

PROLOGUE DE M. FRANÇOIS RABELAIS

pour le cinquiesme livre des faicts et dicts heroïques de Pantagruel.

BEUVEURS infatigables, et vous, verollez trespre-
cieux, pendant qu'estes de loisir, et que n'ay
autre plus urgent affaire en main, je vous demande en
demandant[a], pourquoy est-ce qu'on dit maintenant en
commun proverbe : le monde n'est plus fat ? Fat est
un vocable de Languedoc et signifie non sallé, sans
sel, insipide, fade; par metaphore, signifie fol, niais,
despourveu de sens, esventé de cerveau[b]. Voudriez
vous dire, comme de faict on peult logicalement inferer[c], que par cy devant le monde eust esté fat, maintenant seroit devenu sage? Par quantes[d] et quelles conditions estoit-il fat ? Quantes et quelles conditions
estoient requises à le faire sage ? Pourquoy estoit-il
fat ? Pourquoy seroit-il sage ? Enquoy congnoissez-
vous la folie antique ? Enquoy cognoissez vous la
sagesse presente ? Qui le fist fat ? qui t'a fait sage ?
Le nombre desquels est plus grand, ou de ceux qui
l'aymoient fat, ou de ceux qui l'ayment sage ? Quant
de temps fut-il fat ? Quant de temps fut-il sage ? Dont
procedoit la folie antecedente ? dont procede la sagesse
subsequente ? Pourquoy, en ce temps, non plus tard,
prins fin l'antique folie ? Pourquoy, en ce temps, non
plustost, commença la sagesse presente ? Quel mal

---

a. en vous questionnant. — *b.* extravagant. — *c.* conclure. —
d. combien de.

nous estoit de la folie precedente ? Quel bien nous est de la sagesse succedente ? Comment seroit la folie antique abolie ? Comment seroit la sagesse presente restaurée ?

Respondez, si bon vous semble : d'autre adjuration n'useray-je envers vos reverences, craignant alterer vos paternitez. N'ayez honte, faictes confession à Her del Tyflet[a], ennemy de Paradis, ennemy de verité. Courage, enfans ! si estes des miens, beuvez trois ou cinq fois pour la premiere partie du sermon, puis respondez à ma demande; si estes de l'Autre[b], avalisque Sathanas[c] ! Car je vous jure mon grand hurluburlu[1] que si autrement ne m'aydez à la solution du problesme susdit, desja, et n'y a gueres, je me repens vous l'avoir proposé. Pourtant que[d] ce m'est pareil estrif[e] comme si le loup tenois par les aureilles[2], sans espoir de secours.

Plaist ? J'entends bien : vous n'estes deliberez[f] de respondre. Non feray-je, par ma barbe : seulement vous allegueray ce qu'en avoit predit en esprit prophetique un venerable docteur, autheur du livre intitulé *La Cornemuse des prelats*[3]. Que dit-il, le paillart ? Escoutez, vietz d'azes[g], escoutez.

> L'an Jubilé, que tout le monde raire[h]
> Fadas[4] se feist, est supernumeraire
> Au dessus trente. O peu de reverence !
> Fat il sembloit; mais en perseverance
> De longs brevets, fat plus, ne gloux[i] sera :
> Car le doux fruict de l'herbe esgoussera,
> Dont tant craignoit la fleur en prime vere.

---

a. Monsieur le Diable (langage de lansquenet). — *b.* du diable. — *c.* disparais, Satan ! — *d.* quoique. — *e.* difficulté. — *f.* disposés à. — *g.* imbéciles (*au propre :* vits d'âne). — *h.* raser. — *i.* glouton.

1. Au propre : tumulte. Mot anglais — hurly-burly — importé en France par les soldats au temps des guerres, ou par des mercenaires.
2. Proverbe ancien; cf. Érasme, *Adages*, I, 5, 25.
3. On le trouve dans la bibliothèque de Saint-Victor, cf. *Pantagruel*, tome I, p. 251.
4. Mot inconnu, s'il ne vient pas du provençal *fada*, fou.

Vous l'avez oy, l'avez vous entendu ? Le docteur est antique, les paroles sont Laconiques, les sentences Scotines[1] et obscures. Ce nonobstant, qu'il traitast matiere de soy profonde et difficile, les meilleurs interpretes d'iceluy bon pere exposent[a], l'an Jubilé passant le trentiesme, estre les années encloses entre[2] ceste aage courante l'an mil cinq cens cinquante. Onques ne craindra la fleur d'icelle. Le monde plus fat ne sera dit, venant la prime saison. Les fols, le nombre desquels est infiny, comme atteste Salomon[3], periront enragez, et tout espece de folie cessera : laquelle est pareilement innombrable, comme dit Avicenne, *maniæ infinitæ sunt species*. Laquelle durant la rigueur hibernale estoit au centre repercutée, apparoist en la circonferance, et est en cesves comme les arbres. L'experience nous le demonstre, vous le savez, vous le voyez. Et fut jadis exploré par le grand bon homme Hipocrates, *Aphor. Veræ etenim maniæ*[4], etc. Le monde donques ensagissant, plus ne craindra la fleur des febves en la prime vere, c'est à dire (comme pouvez le voirre[b] au poing et les larmes à l'œil pitoiablement croire), en caresme, un tas de livres qui sembloient florides, florulens, floris comme beaux papillons, mais au vray estoient ennuyeux, fascheux, dangereux, espineux et tenebreux, comme ceux d'Heraclitus[5], obscurs comme les nombres de Pythagoras[6] (qui fut roy de la febve, tesmoin Horace[7]). Iceux periront, plus ne viendront en main, plus ne seront leuz ne veuz. Telle estoit leur destinée et là fut leur fin predestinée.

----

a. expliquent. — *b.* verre.

1. Dignes de Scot. Cf. *Tiers Livre*, chap. XVII, t. I, p. 471.
2. Le *prologue* s'arrête sur ce mot dans le manuscrit de la Bibliothèque Nationale.
3. *Ecclésiaste*, I, 15.
4. *Aphorismes*, III, 20.
5. Cf. *Tiers Livre*, ch. XVII, t. I, p. 471 : « Heraclitus grand scotiste et tenebreux philosophe ».
6. Cf. *Ibid.*, ch. XXIX, t. I, p. 527.
7. *Satires*, II, 6.

Au lieu d'iceux ont succedé les febves en gousse. Ce sont ces joyeux et fructueux livres de pantagrue-lisme, lesquels sont pour ce jourd'huy en bruit de bonne vente, attendant le periode du Jubilé subsequent, à l'estude desquels tout le monde s'est adonné; aussi est il sage nommé. Voilà vostre problesme solu et resolu; faictes vous gens de bien là dessus. Toussez icy un bon coup ou deux et en beuvez neuf d'arrache pied, puis que les vignes sont belles et que les usuriers se pendent; ils me cousteront beaucoup en cordeaux si bon temps dure : car je proteste leur en fournir libe-ralement sans payer, toutes et quantes fois que pendre ils se voudront, espargnant le gain du bourreau.

A fin donques que soyez participans de ceste sagesse advenente, emanpcipez de l'antique folie, effacez moy presentement de vos pancartes le Symbole du vieil philosophe à la cuysse dorée[1], par lequel il vous inter-dissoit l'usage et mangaille des febves[2], tenans pour chose vraye et confessée entre tous bons compagnons qu'il les vous interdisoit en pareille intention que le medecin d'eaue douce[a] feu Amer, nepveu de l'advocat, seigneur de Camelotiere, deffendoit aux malades l'aisle de perdrix, le cropion de gelines et le cul de pigeon, disant : *alla mala, croppium dubium, colum bonum pelle remota*[3], les reservans pour sa bouche, et laissant aux malades seulement les osselets à ronger. A luy ont succedé certains Caputions[b] nous deffendant les febves, c'est à dire livres de pantagruelisme, et à l'imitation de Philoxenus [et][4] Gnato Siciliens[5], anciens architecques

---

a. peu expert. — *b.* porteurs de capuches, moines.

1. Pythagore, à qui la légende attribuait une cuisse d'or. Voir Diogène Laërce, *Pythagore*.

2. Cf. Érasme (*Adages* 1, 2, 2), qui rapporte ce trait.

3. Cf. *Ancien prologue du Quart Livre* : " Presque pareille, non tou-tesfois tant abominable histoire nous conte l'on du medicin d'eau doulce... lequel disoit l'aele du chapon gras estre mauvaise et le croppion redoutable, le col assez bon, pourveu que la peau fust ostée. " (P. 575.)

4. Le mot manque dans l'édition de 1564.

5. Anecdote empruntée à Plutarque, *De latenter vivendo*, 1.

de leur monachale et ventrale volupté, lesquels en plains banquets, lors qu'estoient les frians morceaux servis, crachoient sur la viande afin que par horreur autres qu'eux n'en mangeassent. Ainsi ceste hideuse, morveuse, catherreuse, vermoluë cagotaille en public et privé deteste ces livres frians et dessus vilainement crachent par leur impudence. Et combien que maintenant nous lisons en nostre langue Gallique, tant en vers qu'en oraison soluë[a], plusieurs excellens escripts, et que peu de reliques restent de capharderie et siecle Gottis[b], ay neantmoins esleu gasouiller et siffler oye[1], comme dit le proverbe, entre les Cygnes, plustost que d'estre entre tant de gentils poëtes et facons orateurs mut[c] du tout estimé : jouer aussi quelque villageois personnage entre tant disers joueurs de ce noble acte, plustost qu'estre mis au rang de ceux qui ne servent que d'ombre et de nombre, seulement baaillans aux mousches, chovans des aureilles[d] comme un asne d'Arcadie au chant des musiciens, et par signe, en silence, signifians qu'ils consentent à la prosopopée[2].

Prins ce chois et election, ay pensé ne faire œuvre indigne si je remuois mon tonneau Diogenic, afin que ne me dissiez ainsi vivre sans exemple[3].

Je contemple un grand tas de Collinets, Marots, Drouets, Saingelais, Sallels, Masuels[4] et une longue centurie d'autres poëtes et orateurs Galliques.

---

a. prose. — *b.* gothiques. — *c.* muet. — *d.* dressant les oreilles.

1. Proverbe cité par Érasme, *Adages*, 1, 7, 22.
2. Cf *Tiers Livre, Prologue,* t. I, p. 398.
3. *Ibid.* p. 398.
4. L'auteur énumère des écrivains du temps de François Ier. On pense que *Collinet* est Jacques Colin d'Auxerre qui fut lecteur de François Ier, contribua à la fondation du Collège de France et dont le plus solide titre de gloire est d'avoir donné en 1537 une traduction du *Courtisan* de Baldassare Castiglione. *Drouet* semble être Antoine Héroet, auteur de *la Parfaicte Amye* (voir t. I, p. 20). Sur *Salel* voir t. I, p. 213, n. 1. *Masuel* est probablement le Claude Massuau dont il est question au chap. XXVII du *Quart Livre (supra,* p. 121 et n. 7).

Et voy que, par long temps avoir en mon Parnase
versé à l'escole d'Apollo et du fons Cabalin[1] beu à
plein godet entre les joyeuses Muses, à l'eternelle
fabrique de nostre vulgaire ils ne portent que marbre
Parien[a], Alebastre, Porphire, et bon ciment Royal;
ils ne traittent que gestes heroïques, choses grandes,
matieres ardues, graves et difficiles, et le tout en rethorique armoisine, cramoisine[2]; par leurs escrits ne produisent que nectar divin, vin precieux, friand, riant,
muscadet, delicat, delicieux. Et n'est ceste gloire en
hommes toute consommée, les dames y ont participé,
entre lesquelles une extraite du sang de France[3], non
allegable sans insigne pr[éfa]tion[b][4] d'honneurs, tout ce
siecle [a][5] estonné tant par ses escripts, inventions trans-
endentes, que par ornement de langage, de stile mirifique. Imitez les, si sçavez; quant est de moy, imiter
je ne les scaurois : à chacun n'est octroyé henter et
habiter Corinthe[6]. A l'edification du temple de Salomon chacun un siecle d'or offrir à plaines poignées ne
pouvoit[7]. Puis donques qu'en nostre faculté n'est en
l'art d'architecture tant promouvoir comme ils font, je
suis deliberé faire ce que fist Regnault de Montauban,
servir les massons, mettre bouillir pour les massons[8];
et m'auront, puis que compagnon ne puis estre,
pour auditeur, je dis infatigable, de leurs trescelestes
escripts.

Vous mourez de peur, vous autres les Zoiles emu-

---

a. de Paros. — b. préface, discours.

1. La fontaine d'Hippocrène, qui jaillit d'un coup de pied de Pégase.
Cf. *Pantagruel*, chap. v, t. I, p. 239.
2. Deux adjectifs difficiles à expliquer mais qui marquent la légèreté
et la couleur.
3. Marguerite d'Angoulême, reine de Navarre, auteur de l'*Heptaméron*.
4. Nous corrigeons le texte de l'édition de 1564 qui donne :
profanation.
5. Le mot manque dans l'édition de 1564.
6. Cf. *Tiers Livre, Prologue*, t. I, p. 399.
7. Cf. *Exode*, XXX, 13.
8. Cf. *Tiers Livre, Prologue*, t. I, p. 399.

lateurs et envieux; allez vous pendre, et vous mesmes choisissez arbre pour pendages; la hart ne vous faudra mie. Protestant icy devant mon Helicon, en l'audience des divines Muses, que si je vis encores l'aage d'un chien, ensemble de trois corneilles[1], en santé et intégrité, telle que vescut le sainct capitaine Juif[2], Xenophile musicien[3], et Demonax philosophe[4], par argumens non impertinans et raisons non refusables je prouveray en barbe de je ne scay quels centonifiques[a] botteleurs[b] de matieres cent et cent fois gabelées[c], rappetasseurs de vieilles ferrailles latines, revandeurs de vieux mots latins tous moisis et incertains, que nostre langue vulgaire n'est tant vile, tant inepte, tant indigente et à mespriser qu'ils l'estiment[5]. Aussi en toute humilité supplians que de grace speciale, ainsi comme jadis estans par Phebus tous les tresors es grands poëtes departis, trouva toutesfois Esope lieu et office d'apologue[6], semblablement veu qu'à degré plus haut je n'aspire, ils ne desdaignent en estat me recepvoir de petit riparographe[d], sectateur de Pyreicus[7]; ils le feront, je m'en tiens pour asseuré : car ils sont tous tant bons, tant humains, gracieux et debonnaires que rien plus. Parquoy, beuveurs; parquoy, gouteurs, iceux en veullent avoir fruition totale; car, les recitans parmy

---

a. faiseurs de centons. — *b.* amasseurs. — *c.* passées au crible. — *d.* peintre de raves.

1. Elles passaient pour vivre fort âgées.
2. Moïse, mort à 120 ans.
3. Pline l'Ancien dit qu'il vécut 105 ans sans être malade (*Hist. Nat.*, VII, 51).
4. Démonax, dit Lucien, vécut, au 1er siècle après J.-C., plus de cent ans ! (*Démonax*, 63.)
5. On retrouve ici l'écho de la *Deffense et Illustration de la langue françoise* (1549).
6. Une légende rapportée par Philostrate disait qu'Hermès (et non pas Phébus) distribuant aux hommes tous les biens possibles n'avait pu donner à Ésope que l'art d'écrire des fables (*Vie d'Apollonius, IV*).
7. C'était, dit Pline (*Hist. Nat.*, XXXV, 37), un peintre de natures mortes, d'où le surnom de rhyparographe (peintre de choses grossières).

leurs conventicules, cultans les haulx misteres en
iceulx comprins, entrent en possession et reputation
singuliere, comme en cas pareil feist Alexandre le
Grand des livres de la prime philosophie composez
par Aristoteles.

Ventre sur ventre, quels trinquenailles[1], quels gallefretiers[a] !

Pourtant, beuveurs, je vous advise en heure oportune, faictes d'iceux bonne provision soudain que
les trouverez par les officines des libraires ; et non
seulement les egoussez, mais devorez, comme opiatte[b]
cordialle et les incorporez en vous mesmes : lors
cognoistrez quel bien est d'iceux preparé à tous
gentils egousseurs de febves. Presentement je vous
en offre une bonne et belle pannerée, cueillie on propre
jardin que les autres precedentes, vous suppliant au
nom de reverence qu'ayez le present en gré, attendant
mieulx à la prochaine venue des arondelles.

Fin du prologue.

a. vauriens. — b. opiats.

1. Mot composé de *trinques* et de *canaille*.

L'ISLE
Sonante, par M.
FRANCOYS RABE-
LAYS, QVI N'A POINT EN-
cores esté imprimee ne mise en lumiere:
en laquelle est continuee la nauiga-
tion faicte par Pantagruel,
Panurge & autres
ses officiers.

Imprimé nouuellement.

M. D. LXII.

Comment Pantagruel arriva en l'Isle Sonante
et du bruit qu'entendismes[1].

Chapitre Premier[2]

CESTUY jour et les deux aultres subsequens ne leur apparut terre ou autre chose nouvelle : car autrefois avoyent erré ceste couste. Au quatrième jour, commençans tournoier[a] le Pôle, nous esloignans de l'equinoctial nous apperceumes terre[3] et nous fut dict par nostre Pilote que c'estoit l'isle des Triphes[b], entendismes[4] un son de loing venant, frequent et tumultueux, et nous sembloit à l'ouyr que fussent cloches petites, grosses, mediocres ensemble sonantes comme l'on fait à Paris, Jergueau[c], Medon et autres, es jours des grands festes. Plus approchans, plus entendions ceste sonnerie se renforcer. Nous doubtions que ce fust Dodonne avec ses chauderons, ou le Portique Heptaphone en Olympie[5], comme en la terre des

a. tourner autour du. — b. des Délices (grec, τρυφή). — c. Jargeau.

1. Titre de l'édition de 1564. Le premier chapitre n'a pas de titre dans *l'Isle sonante*.
2. Contrairement à ce qui a été écrit les chapitres de *l'Isle sonante* sont numérotés. Ils portent un simple numéro en chiffres arabes sans le mot chapitre. Ce numéro est seul en tête du chapitre premier qui, comme nous venons de le dire, n'a pas de titre; dans les autres chapitres il est placé au-dessous du titre.
3. On trouve ici des phrases prises au *Quart Livre*, cf. pp. 36 et 47.
4. Ce début de chapitre se lit ainsi dans l'édition de 1564 : « *Continuant nostre route, navigasmes par trois jours sans rien descouvrir ; au quatriesme, aperceusmes terre et nous fut dit par nostre pillot que c'estoit l'isle Sonnante et entendismes* ».
5. Cf. Érasme, *Adages*, I, I, 7. Sur les *chaudrons de Dodonne* voir t. I, p. 517, n. 4. Plutarque *(Œuvres morales*, 502 d) raconte qu'il y avait

Elyens, ou bien le bruit sempiternel du colosse erigé sur la sepulture de Memmon en Thebes d'Egypte[1] ou les tintamarres que jadis on oyoit au tour du sepulchre en l'isle de Lipare[2], [l'une] des A[e]olides[3] mais la cosmographie n'y consentoit. « Je doubte, dist Pantagruel, que là quelque compagnie d'abeilles ayt commencé prendre vol en l'air, pour lesquelles revocquer ce voisinage fait ce tremblement de poilles, chauderons, bassins et cymballes [corybantiques[4]] de Cybelle, mere grand des dieux[5]. » Approchans davantage, entendismes, entre la perpetuelle sonnerie de cloches, chans infatigables d'hommes là residens. Comme estoit nostre advis ce fut la cause pourquoy avant que aborder en l'isle Sonante, Pantagruel fut d'opinion que descendissions avec nostre equif en un petit roq auprès duquel recognoissions un hermitage en quelque petit jardinet.

Là trouvasmes un petit bonhommet d'hermite, nommé Braguibus, natif de Glatigny[6], lequel nous donna pleine instruction de toute la sonnerie, et nous festoya d'une estrange facon. Il nous feist quatre jours subsequens jeusner, affermant qu'en l'isle Sonante autrement receuz ne serions, parce que lors estoit le jeusne des Quatre Temps. « Je n'entens point, dist Panurge, cestuy enigme : ce seroit plustost le temps des quatre vents, car, jeunans, ne sommes farciz que du

---

à Olympie un portique à plusieurs échos que, pour cette raison, on appelait heptaphone (qui répercute sept fois le son).

1. Cf. Pline, *Hist. Nat.*, XXXVI, 11. La statue de Memnon chantait, dit-on, lorsque les rayons du soleil levant la frappaient.

2. Près de la Sicile. Là se trouvaient, dit-on, les forges de Vulcain. On ne voit pas de quel sépulcre il est question.

3. Texte du manuscrit et de l'édition de 1564. Celui de *l'Isle sonante* est : *autour des Arolides*.

4. Le texte de *l'Isle sonante* est : *coribautregues*.

5. Souvenir des *Géorgiques*, IV, 63.

6. Dans le Perche près de Vendôme. Braguibus est le nom d'un des cuisiniers qui entrent dans la Truie au chap. XL du *Quart Livre* (p. 160).

vent. Et quoy, si vous n'avez autre passetemps que de jeusner ? Me semble qu'il doibt estre bien maigre. Nous passerions bien de tant de festes du palais.

— En mon Donet[1], dist frere Jehan, je ne trouve que trois temps, le present, preterit et futur : icy doit le quatriesme estre pour le vin du vallet[2].

— Il est, dist Epistemon, Auriste en preterit plus que parfait des Grecs et des Latins, en temps garré et bigarré receu[3]. Patience, disent les ladres[4].

— Il est, dist l'hermite, fatal, ainsi comme je vous ay dict : qui contredit est heretique et ne luy faut que le feu.

— Sans faute, pater, dist Panurge, estant sur mer, je crains beaucoup plus estre mouillé que chauffé et estre noyé que bruslé. [Bien, jeusnons][5] de par Dieu; mais j'ay par cy devant tant jeusné que les jeusnes me ont sappé toute la chair, et crains beaucoup que les bastions de mon corps viennent en decadence. Autre peur ay-je davantage, c'est de vous fascher en jeusnant, car je n'y scay rien, et y ay mauvaise grace, comme plusieurs m'ont affermé : et je les croy de ma part. Bien peu me soucie-je de jeusner : il n'est chose tant facile et tant à main; bien plus me soucie-je de ne jeusner point à l'avenir, car là il faut avoir de quoy mettre au moulin. Jeusnons, de par Dieu, puis que entrez sommes es feries esuriales[6]; ja long temps a que je les recognoissois.

— Si jeusner faut, dist Pantagruel, expedient n'est

---

1. Manuel de grammaire, cf. *Gargantua*, t. I, p. 60.

2. Pour le pourboire.

3. Le manuscrit porte : *Aoriste, yssu en Prétérit très imparfait* [...] *receu*, l'édition de 1564 : *Aorist yssu de preterit très imparfaict* [...] *temps guerre et bizart receu.*

4. Les lépreux. La plante appelée patience était considérée comme un remède contre leur maladie.

5. Texte du manuscrit et de l'édition de 1564. *L'Isle sonante* imprime : *Beuvons tousjours* qui rompt la suite des idées.

6. Souvenir de Plaute, *Les Captifs*, v. 468. Il s'agit des « fêtes de la faim ».

autre fors nous en depescher[a] comme d'un mauvais chemin. Aussi bien veux-je un peu revisiter mes papiers et entendre si l'estude marine est aussi bonne que la terrienne; parce que Platon, voulant descrire un homme nyais, imparfaict et ignorant, le compare à gens nourris en mer dedans les navires[1], comme nous dirions de gens nourris dedans un baril[2], qui onques ne regarderent que par un trou. »

Noz jeusnes furent terribles et espouventables, car le premier jour nous jeusnasmes à bastons rompuz; le second, à espées rabatues[b]; le tiers, à fer esmolu[c]; et le quart, à feu et à sang. Telle estoit l'ordonnance des Faées.

Comment l'Isle Sonante avoit esté habitée des Siticines, lesquels estoyent devenuz oyseaux.

CHAPITRE II

Noz jeusnes parachevez, l'hermite nous baille unes lettres à un qu'il nommoit maistre Editus[3] de l'isle Sonante; mais Panurge, le saluant, l'appelle maistre Anthitus[4]. C'estoit un petit bonhomme vieulx, chanu, à museau bien enluminé, à face bien cramoisie et nous feit très bon recueil, à la recommandation de l'hermite, entendant que nous avions jeusné comme

---

a. se tirer de. — *b.* qui n'ont ni pointe ni tranchant et sont destinées aux exercices d'escrime. — *c.* avec des armes affilées, non émoussées et rabattues.

1. Érasme, *Adages*, IV, 7, 92. Cf. *Phèdre*, 243 c.
2. Érasme, *Adages*, I, 8, 61.
3. C'est-à-dire : Sacristain (latin : ædituus). Le manuscrit porte après *nommait : Abihen Camar*, et l'édition de 1564 : *Albian Camat*, mots hébreux signifiant : prêtre païen.
4. Cf. Livre II, ch. IX, t. II, p. 277, n. 3.

dessus a esté declairé. Après avoir tresbien repeu, nous monstra les singularitez de l'isle, affermant qu'elle avoit esté premièrement habitée par les Siticines[1]; mais par l'ordre de nature (comme toutes choses varient), estoyent devenuz oyseaulx.

Là j'eu pleine intelligence de ce que Atteus Capito[2], Paulus[3] Marcellus, A. Gellius, Atheneus[4], Suidas, Amonius[5] et autres, avoyent escript des Siticines et des Sicinnistes, et difficiles ne nous semblerent les transformations de [Progne][6], Itis, Alcione, Alcithœ, Antigone[7], [Terreus][8] et autres, en oyseaulx. Peu de difficulté aussi feismes nous des enfans de Matabonne[9] convertis en Signes, et des hommes [de Pallene][10] en Thrace, lesquels soubdain que par neuf fois se baignent ou palud [Tritonique][11], sont en oyseaux transformez.

Depuis, autres propos ne nous tint que de caiges et oyseaux. Les caiges estoyent grandes, riches, et somptueuses, et faictes par merveilleuse architecture. Les oyseaulx estoyent beaux, grans et petis, aucunement

---

1. Le mot est dans Aulu-Gelle (XX, 2, 3), où il signifie chantre des funérailles.

2. Juriste latin du temps d'Auguste (Aulu-Gelle, *ibidem*).

3. Peut-être le rhéteur Julius Pollux qui mentionne la danse *sikinnis* dans son *Onomasticon* (IV, 99).

4. Athénée écrit que les *Sicinnistes* étaient des danseurs qui exécutaient une danse inventée par Sikinnos (I, 20).

5. Grammairien grec.

6. Texte du manuscrit et de l'édition de 1564. L'*Isle sonante* imprime *Proque* qui est une coquille probable.

7. Progné fut changée en hirondelle (Ovide, *Métamorphoses,* VI, 669-670), Itys en ramier (Servius, *Commentaires aux Églogues de Virgile*, VI, v. 78), Alcyone en alcyon (Ovide, *Métamorphoses*, XI, 731-748), Alcithoé en chauve-souris (*ibid.* IV, 389-415), Antigone en cigogne (*ibid.* VI, 93-97).

8. Texte du manuscrit et de l'édition de 1564. L'*Isle sonante* porte : *Thibeus*. Sur Térée transformé en huppe voir Ovide, *Métamorphoses*, VI, 671-674.

9. Le manuscrit porte *Matebrance*, l'édition de 1564 *Matrobrine*. Il s'agit de Matabrune. Cf. *Prologue* de *Pantagruel*, t. I, p. 218, n. 2.

10. Texte de l'édition de 1564. L'*Isle sonante* porte : *des Phaluces*.

11. Texte de l'édition de 1564. L'*Isle sonante* porte : *Tritomen*. Pour l'anecdote voir Ovide, *Métamorphoses*, XV, 356.

ressemblans les hommes de ma patrie; beuvoyent, mangeoyent comme hommes et emeutissoyent[a] comme hommes, dormoyent et roussinoyent[b] comme hommes; bref, à les veoir, eussiez dit que c'estoyent hommes; hommes toutesfois n'estoyent mye, selon l'institution de maistre Editus, nous protestant qu'ils n'estoyent ny seculiers, ny mondains. Aussi leur pennage nous mettoit en resverie, lequel aucuns avoyent tout blanc, autres tout noir, autres tout gris, autres mypartis de blanc et de noir, autres tout rouge, autres mypartis de blanc et de bleu : c'estoit belle chose que de les veoir. Les masles ils nommoyent Clercygaulx, Monesgaux, Prestresgaulx, Abbegaulx, Evesquegaulx, Cardingaulx et Papegault, qui est unique en son espece. Les femelles ils nommoyent Clercigesses, Monegesses, Prestregesses, Evesgesses, Cardingesses, Papegesses. Tout ainsi toutesfois, nous dist il, qu'entre les abeilles hantent les frellons, qui rien ne font fors tout manger et tout gaster, ainsi depuis trois cens ans, ne scay comment, entre ces oyseaulx, estoit par chacune quinte lune advolé grand nombre de Cagotz, lesquels avoyent honny et conchié toute l'isle, tant hideux et monstrueux que de tous estoyent fuiz. Car tous avoient le col tors, les pattes pelues, les griffes et ventres de Herpies, et les culz de Stymphalides[c], et n'estoit possible les exterminer[1] : pour un mort en advolent vingt et quatre. Je y soubhaitte quelque Hercules, parce que frere Jehan y perdit le sens par vehemence de contemplation[2].

---

a. fientaient. — *b.* saillissaient. — *c.* oiseaux du lac Stymphale.

1. Cf. Virgile, *Énéide*, III, 214.
2. Addition de 1564 : « *et à Pantagruel advint ce qu'estoit advenu à Messire Priapus contemplant les sacrifices de Ceres par faute de peau* ». Souvenir d'Ovide, *Fastes,* VI, 321 et suiv. Mais chez Ovide ce qui arrive ici à Pantagruel arrive à Priape tandis qu'il regarde Vesta endormie.

Comment en l'Isle Sonante n'est qu'un Papegault.

Chapitre III

Lors demandasmes à maistre Editus, veu la multiplication de ses venerables oiseaulx en toutes leurs especes, pourquoy là n'estoit qu'un Papegault. Il nous respondit que telle estoit l'institution première et fatale destinée des astres : que des Clersgaulx naissent les Prestresgaulx et Monegaulx, sans compagnie charnelle, comme se faict entre les abeilles. Des Prestresgaulx naissent Evesquesgaulx; d'iceux les Cardingaux, et les Cardingaux, si de mort n'estoient prevenuz, finiroient en Papegaut; et n'en est ordinairement qu'un, comme par les ruches des abeilles il n'y a qu'un roy, et au monde n'est qu'un soleil.

Iceluy decedé, en naist un autre de toute la race des Cardingaulx : sans copulation charnelle, entendez tousjours. De sorte qu'il y a en ceste espece unité individue, avecques perpetuité de succession, ne plus ne moings qu'un Phœnix d'Arabie. Vray est qu'il y a environ deux mil sept cens soixantes lunes que furent en nature deux Papegaulx produictz[1]; mais ce fut la plusgrande calamité qu'on vid onques en cette Isle. « Car, disoit Editus, tous ces oiseaux se pillerent les uns les autres, et s'entre-pelauderent[a] si bien ce temps durant, que l'Isle periclita[b] d'estre spoliée de ses habitans, part d'iceux adherans à un et le soustenant; part à autre et le deffendant; demourerent part d'iceux muetz comme poissons et oncques ne chanterent, et part de ces cloches, comme interdites, coup ne sonnerent. Ce seditieux temps durant, à leur secours

---

a. s'écorchèrent la peau. — *b.* fut en danger.

1. Allusion au Grand Schisme du xive siècle. Faut-il souligner que le nombre des lunes est inexact ?

evocquerent Empereurs, Rois, Ducs, Marquis, Contes, Barons et communautez du monde qui habitent ou contiennent en terre ferme; et n'eut fin ce chisme et sedition que l'un d'iceux ne fust tollu[a] de vie, et la pluralité reduicte à unité. »

Puis demandasmes que mouvoit ces oiseaux ainsi sans cesse chanter. Editus nous respond que c'estoient les cloches pendantes au dessus de leurs caiges[1]. Puis nous dist : « Voullez vous que presentement je face chanter ces oiseaux bardocuculéz d'une chausse d'ipocras[2], comme une allouette sauvage ? — De grace », respondismes nous. Lors sonna une cloche six coups seulement : et Moinesgaulx d'acourir, et Moinesgaulx de chanter. Dist Panurge, « si je sonpois ceste cloche la, ferois-je pareillement chanter ceux-cy qui ont le pennage en couleur de haran soret ? — Pareillement », respondit Editus.

Panurge sonna, soudain arriverent ces oiseaux enfumez, et chantoient ensemble; mais ils avoyent les voix ra[u]ques[3] et malplaisantes. Aussi nous remonstra Editus qu'ils ne vivoient que de poisson, comme les hayrons et cormorannes du monde, et que c'estoit une quinte espece de Cagotz imprimez nouvellement. Adjousta d'avantage[b] qu'ils avoient eu advertissement par Robert Valbrun[4], qui par là, nàgueres, estoit passé, comment du païs d'Aphrique bien tost y devoit advoller une sexte espece, lesquels ils nommoient Caputragaulx[5], plus tristes, plus maigres et plus fas-

---

a. arraché à. — b. en outre.

1. Les clochers au-dessus des églises.
2. Coiffés d'un capuchon en forme de chausse à filtrer l'hypocras. *Bardocuculus* désigne en latin un manteau d'étoffe grossière avec capuchon.
3. Le texte de *l'Isle sonante* porte : *ranques ;* nous donnons celui du manuscrit et de l'édition de 1564.
4. L'édition de 1564 porte : *Valbringue*, le manuscrit : *Rembert Wabring*. Il s'agit de Roberval, qui fut compagnon de Jacques Cartier et vice-roi du Canada.
5. L'édition de 1564 et le manuscrit ont la forme *Capucingaulx*. Les

cheux qu'espece qui y fust. « Aphricque, dist Pantagruel, est coustumiere de produire choses nouvelles
et monstrueuses[1]. »

*Comment les oiseaux de l'Isle Sonante
estoient tous passagers.*

CHAPITRE IV

« Mais, dist Pantagruel, veu qu'exposé nous avez que
des Cardingaux naist Papegault, les Cardingaulx
des Evesquesgaulx, les Evesquesgaulx des Prestresgaulx, et les Prestresgaulx des Clerczgaulx, [je voudrois
bien entendre dont vous naissent ces Clergaux[2].]

— Ils sont, dit Editus, tous oyseaulx de passaige,
et nous viennent de l'autre monde : part, d'une contrée
grande à merveille, laquelle on nomme Jour-sans-pain[3],
part, d'une autre vers le Ponant, laquelle on nomme
Trop-d'iceulx. De ces deux contrées avons à boutées[a].
Ces Clerczgaulx icy nous viennent, laissans pere et mere
et tous amys et parens. La maniere est telle : quant
en ceste contrée derniere y a trop d'iceulx enfans,
soyent masles, soyent femelles : de sorte que, qui à
tous part feroit de l'héritage (comme raison le veult,
nature l'ordonne, et Dieu le commande) la maison
seroit dissipée. C'est l'occasion pourquoy les parens
s'en deschargent en ceste isle, mesmement[b] s'ils sont
des appennaiges[c] de l'isle Bossart.

---

a. en masse. — *b.* surtout. — *c.* apanages.

capucins, dont l'ordre fut fondé en 1525, arrivèrent en France au temps
de Charles IX.

1. *Gargantua*, chap. XVI, t. I, p. 65, n. 2.
2. Texte du manuscrit et de l'édition de 1564. La phrase est omise
dans *l'Isle sonante*.
3. Jour-sans-pain désigne la pauvreté et Trop-d'iceulx le trop grand
nombre d'enfants.

— C'est, dist Panurge, l'Isle Bouchart lez Chinon[1].

Je diz Bossart, respondit Editus : car ordinairement ils sont bossuz, borgnes, boiteux, manchotz, podagres, contrefaicts et maleficiez, poix inutile de la terre[2].

— C'est, dist Pantagruel, coustume du tout contraire es institutions jadis observées à la reception des pucelles Vestalles, par lesquelles, comme atteste Antistius Laber[3], estoit deffendu à ceste dignité eslire fille qui eust vice aucun en l'ame, ou en ses sens diminution, ou en son corps tache quelconque, tant fust elle occulte ou petite.

— Je m'esbahis (dist Editus) comment les meres de par delà les portent neuf moys en leurs flancs veu qu'en leur maison elles ne les peuvent porter, ny pastir[a] neuf ans, non pas sept le plus souvent, en leur mettant une chemise seulement sur la robbe et sur le sommet de la teste, leur couppant je ne sçay quants[b] cheveulx avecques je ne sçay quelles parolles apotrophées[c] et expiatoires, comme entre les Ethiopiens, certaines linoscolies[d] et rasures, estant crees les Isiacques[e], visiblement, appertement et manifestement, par metamorphose Pythagoricque, visiblement sans lesion ny blesseure aucune, les font oyseaulx tels que presentement les voyez. Ne sçay toutesfois, beaux amys, que peut estre et d'où vient que les femelles, soyent Clergesses, Monagesses ne Abbegesses, ne chantent motets plaisans et ch[a]risteres[4],

---

a. supporter. — *b.* combien de. — *c.* propres à détourner le malheur. — *d.* robes de lin. — *e.* prêtres d'Isis.

1. Cf. *Gargantua*, chap. XLIX, t. I, p. 180.

2. Voir *Quart Livre*, chap. LVIII, p. 213, n. 2.

3. Le manuscrit et l'édition de 1564 donnent : *Labeo Antistius*. Il s'agit d'un jurisconsulte romain du 1er siècle après J.-C. Voir Aulu-Gelle, I, 12.

4. *L'Isle sonante* orthographie *choristeres*. Le mot qui vient du grec χαριστήριος signifie : *d'actions de grâces*.

comme on souloit faire à Horomages[1], par l'institution de Zoroaster, mais catarates[2] et sythrophées, comme on faisoit au demon [Arimanian][3]; et font continuelle devotion de[a] leurs parens et amys, qui en oyseaulx les transformerent, je dis autant vieilles que jeunes.

« Plus grand nombre nous en vint de Jour-sans-pain, qui est excessivement long. Car les Asaphsars[4b] habitans d'icelle contrée, quand sont en danger de [patir] mallesuade[c] [famine][5] par non avoir de quoy soy alimenter, et ne sçavoir ou vouloir rien faire, ne travailler en quelque honneste art ou mestier, ne aussi feablement[d] à gens de bien soy asservir; ceulx aussi qui n'ont peu jouir de leurs amours, qui ne sont parvenus à leurs entreprinses en sont desesperez; ceux pareillement qui meschantement ont commis quelque cas de crime et lesquels [on cerche][6] pour à mort ignominieusement mettre, tous advolent icy; icy ont leur vie assignée, icy demeurent gras comme glirons[e] qui paravant estoient maigres comme pies; icy ont parfaicte seureté, indamnité[f] et franchise.

— Mais, demandoit Pantagruel, ces beaux oiseaux

---

a. imprécations contre. — b. rassemblés. — c. mauvaise conseil-
lère. — d. loyalement. — e. loirs. — f. absence de dommages.

1. Le manuscrit porte *Horomazes*, l'édition de 1564 *Oromasis*. Il s'agit d'Ormuz, principe du bien et de la lumière dans la religion des anciens Perses.

2. Leçon de 1564. Le sens est maudits (κατάρατος). *L'Isle sonante* donne *cataractes*. Le mot suivant vient de σκυθρωπός et signifie lugubres. Le manuscrit porte *scythropes*, l'éd. de 1564 *sytorphées*.

3. *L'Isle sonante* porte *Aemomem* qui ne signifie rien. Nous suivons le texte de l'édition de 1564. Il s'agit d'Ahriman, principe du mal et des ténèbres chez les anciens Perses.

4. L'édition de 1564 a la leçon *Assaphis*. Le sens est : rassemblés (hébreu : *oussaph*).

5. Texte du manuscrit. *L'Isle sonante* porte : *de partir mallesuade de faim*, l'édition de 1564 : *de patir malesuade*. Cf. Virgile, *Énéide*, VI, 276, *malesuada fames*.

6. Texte du manuscrit et de l'édition de 1564. *L'Isle sonante* donne : *ont cerché*.

icy une fois advolez retournent ils jamais plus au monde
ouquel ils furent pounuz[a] ? — Quelques uns, respondit
Editus; quelquesfois, jadis bien peu, bien à tard et à
regret. Depuis certaines eclipses[1], s'en est vollé une
grande mouée[b] par vertu de certaines constellations
celestes. Cela de rien ne nous melancollie, le demourant
n'en a que plus grande pitance. Et lors, avant que
revoller, ont leur pennaige laissé parmy ces orties et
espines. »

Nous en trouvasmes quelques uns reallement, et,
en recherchant, d'aventure trouvasmes un pot aux
roses descouvert.

Comment les oyseaulx gourmandeurs sont muets[2]
en l'Isle Sonante.

Chapitre V

Il n'avoit ces motz achevez quand près nous
advolerent vingtcinq ou trente oyseaulx de couleur
et pennaige qu'encores n'avions veuz en l'Isle. Leur
pennaige estoit changeant d'heure en heure, comme
la peau d'un chamaleon, ou comme la fleur de tripolion
ou [teucrion][3]. Et tous avoyent au-dessoubs de l'aille
gauche une merque, comme [de deux][4] diametres my

---

a. pondus. — b. foule.

1. Allusion à la Réforme qui entraîna nombre de moines hors des
couvents.
2. Leçon du manuscrit et de l'édition de 1564. *L'Isle sonante* porte :
nulz.
3. Texte du manuscrit. *L'Isle sonante* porte *tenation*, l'édition de 1564
tencrion. Cf. Pline, *Hist. Nat.*, XXI, 21. Cette herbe, blanche le matin,
devenait rouge à midi, bleue le soir.
4. Texte du manuscrit et de l'édition de 1564. *L'Isle sonante* porte :
un diamètre.

partissant un cercle[1], ou d'une ligne parpendiculaire [tombante sur une ligne][2] droicte. À tous estoit presque d'une forme, mais non à tous d'une couleur : es uns estoit bleue, es autres verde, es autres rouge, es autres violette, et es autres blanche[3]. « Qui sont, demanda Panurge, ceulx cy, et comment les nommez ?

— Ils sont, respondit Editus, metiz[a]; et les appellons gourmandeurs[b][4], et ont grand nombre de riches gourmanderies[4] en vostre monde.

— Je vous prie, dis je, faites les un peu chanter, afin qu'entendions leur voix.

— Ils ne chantent jamais; mais ils repaissent au double en recompense[c].

— Où sont, demandois-je, les femelles ?

— Ils n'en ont point, respondit-il.

— Comment doncques, infera Panurge, sont-ils ainsi crouste [levez][d][5] et tous mangez de grosse verolle ?

— Elle est propre à ceste espece d'oyseaulx, à cause de la marine[e] qu'ils hantent quelques fois. »

Plus nous dist : « Le motif de leur venue icy prés de vous est pour veoir si parmy vous recognoistront une [magnifique][6] espece de gaulx et de gotz, oyseaulx de proye terribles, non toutesfois venans au leurre, ny recongnoissans le gand, lesquels ils disent estre en vostre monde; et d'iceulx les uns portent gectz aux

---

a. métis. — *b.* gourmands, dissipateurs. — *c.* compensation. — *d.* couverts de croûtes. — *e.* mer.

1. Soit une croix grecque.

2. Ces mots manquent dans *l'Isle sonante*. Nous donnons le texte de l'édition de 1564. Celui du manuscrit est : ... *perpendiculaire et tombante...*

3. Ce sont les couleurs des croix d'ordres religieux : l'ordre de Saint-Antoine avait pour insigne une croix bleue, l'ordre de Saint-Lazare une croix verte, l'ordre de Saint-Jacques de l'Épée une croix rouge en Espagne, violette au Portugal, l'ordre de Malte une croix blanche.

4. Traduire : commandeurs et commanderies. L'allusion est claire.

5. Texte du manuscrit et de l'édition de 1564. *L'Isle sonante* imprime : *crousteleurs*.

6. Texte du manuscrit et de l'édition de 1564. *L'Isle sonante* porte *manifreque*.

jambes bien beaux et précieux, avecques inscription aux varvelles[1], par laquelle *qui mal y pensera*[2] est condamné d'estre soubdain[a] [conchié][3], autres au devant de leur pennaige portent le trophée d'un calomniateur[4], et autres y portent une peau de belier[5].

— Maistre Anthitus, dist Panurge, il peut bien estre, mais nous ne les congnoissons mye.

— Ores[b], dist Editus, c'est assez parlamenté, allons boyre.

— Mais[c] repaistre, dist Panurge.

— Repaistre, dist Editus, ou bien boyre, moictié au pair et moictié à la couche[6] : allons rien n'est si cher ne si précieux que le temps; employons-le à bonnes œuvres.»

Mener il nous voulut premierement dans les thermes des Cardingaulx, belles et delicieuses souverainement, puis yssans des baings nous feist par les [Aliptes][7] oindre de precieux basmes[d].

Mais Pantagruel dist qu'il ne boiroit que trop sans cela. Adonc nous conduisit en un grand et delicieux refrechissoir, et nous dist : « Je sçay bien que l'hermite Braguibus vous a faict jeusner quatre jours; quatre jours serez icy, à contrepoinct, sans cesser de boire et de repaistre. — Dormirons-nous point ce pendant ? demanda Panurge. — A vostre liberté, respondit Editus, car qui dort, si boit. » Vray Dieu, quelle chere nous feismes ! O le grand homme de bien !

---

a. immédiatement. — b. maintenant. — c. et aussi. — d. parfums.

1. Les anneaux qui permettaient d'attacher les *jects*, lanières destinées à retenir les oiseaux de chasse.

2. Allusion à la devise de l'ordre de la Jarretière.

3. Texte du manuscrit et de l'édition de 1564. *L'Isle sonante* porte : *rouchee*.

4. Diable (διάβολος, calomniateur). Le collier de l'ordre de Saint-Michel représentait saint Michel triomphant de Satan.

5. Allusion à la Toison d'or.

6. Expression de jeux de cartes signifiant : moitié sur parole, moitié au comptant.

7. Texte du manuscrit et de l'édition de 1564. *L'Isle sonante* porte : *Alaptles*. Les aliptes sont des esclaves chargés de parfumer les baigneurs à la sortie de la piscine.

Comment les oyseaulx de l'Isle Sonante sont alimentez.

CHAPITRE VI

Pantagruel monstroit face triste, et sembloit non contant du sejour [quatridien][a][1] que nous terminoit[b] Editus; ce qu'aperceut Editus, et dist : « Seigneurs, vous sçavez que sept jours devant et sept jours en après la bruine[c], jamais n'y a sur mer tempeste. C'est pour faveur que les elements portent aux Alciones, oyseaulx sacrez à Thetis, qui pour lors ponnent et esclouent[d] leurs petits lez le rivage[2]. Icy la mer se revenche de ce long calme et par quatre jours ne cesse de tempester enormement, quant quelques voyageurs y arrivent. La cause nous estimons afin que ce temps durant, necessité les contraigne y demourer pour estre bien festoyez des revenuz de sonnerie. Partant n'estimez icy temps ocieusement perdre. Force forcée vous y retiendra, si ne voulez combattre Juno, Neptune, Doris[3], [Aeolus][4] et tous les [Vejoves][5]. Seulement deliberez vous[e] de faire chere lye. »

Après les premieres baufres[f], frere Jehan demandoit à Editus : « En ceste Isle vous n'avez que caiges et oyseaux; ils ne labeurent, ne cultivent la terre; toute leur occupation est à gaudir[g], gazoiller et chanter. De quel pais vous vient ceste corne d'abondance, et copie[h] de tant de biens et frians morceaulx ?

---

a. de quatre jours. — *b*. fixait. — *c*. le solstice d'hiver. — *d*. pondent et font éclore. — *e*. décidez. — *f*. ripailles. — *g*. s'amuser. — *h*. abondance.

1. Texte de l'édition de 1564. *L'Isle sonante* donne : *cotidian.*
2. Souvenir de Pline, *Hist. Nat.*, X, 47.
3. Mère des Néréides.
4. Texte de l'édition de 1564. *L'Isle sonante* porte : *Atlas.*
5. Texte de l'édition de 1564. *L'Isle sonante* et le manuscrit portent : *verones.* Sur les Véjoves voir *Gargantua*, chap. XLV, t. I, p. 168, n. 3.

— De tout l'autre monde, respondit Editus :
exceptez moy quelque contrée des regions Aquilo-
naires[1], lesquels depuis certaines années ont mué la
Camarine[2].

— Chou, ils s'en repentiront, dondonne,
Chou, ils s'en repentiront, dondon.
Beuvons, amys.

— Mais de quel pays estes vous, amys ?

— De Touraine, respondit Panurge.

— Vrayement vous ne fustes oncques de mauvaise
pie couvez, puis que estes de la benoiste Touraine.
De Touraine, tant et tant de bien annuellement nous
en vient qu'en sommes tous resjouiz. Nous dist un
jour[3], par cy passant, que le Duc de Touraine n'a
en tout son revenu de quoy, le saoul de lard manger,
par l'excessif legz que ses predecesseurs ont faict
à ses sacrosaincts oyseaulx, pour icy de faisans nous
saouller, perdriaux, gelinottes, poulles d'Inde[a], gros
chappons de Lodunois[b], venaisons de toutes sortes,
et toutes sortes de gibier.

« Beuvons, mes amys : voyez ceste perchée d'oyseaulx, comme ils sont douillets et en bon poinct,
des rentes qui nous en viennent : aussi chantent-ils
bien pour eulx. Vous ne veistes oncques mieulx grin-
goter[c] qu'ils font quant en place ils voyent ces deux
bastons dorez...

— C'est, dist frere Jehan, festes à bastons[4].

— ... Et quand je leur sonne ces grosses cloches

---

a. dindes. — b. du pays de Loudun. — c. fredonner.

1. Où souffle l'aquilon — c'est-à-dire l'Angleterre et l'Allemagne,
pays septentrionaux, donc froids, d'où l'adjectif, — pays gagnés par
la Réforme.

2. Expression proverbiale signifiant éveiller le chat qui dort. Voir
t. I, p. 462, n. 3.

3. Tel est le texte de *l'Isle sonante*. L'édition de 1564 porte au lieu
de ce texte : *annuellement nous viennent, que nous fut dit un jour par gens du
lieu.*

4. Fêtes où bannières et croix sont nombreuses.

que voyez pendantes aux tours de leurs caiges. Beuvons, amys, il faict certes huy beau boyre, aussi faict il tous les jours. Beuvons ! je boy de bien bon cœur, et soyez les tresbien venuz. N'ayez peur que vin et vivres icy faillent, car quand le ciel seroit d'airain et la terre de fer[1], encore vivres ne nous faudroyent, fussent par sept, voire par huict ans, plus long temps que ne dura la famine en Egypte[2]. Beuvons ensemble par bon accord, en charité.

— Diable, s'escria Panurge, tant vous avez d'aises en ce monde !

— En l'autre, dist Editus, en aurons nous bien d'avantage. Les champs Elysiens ne nous manqueront, pour le moins. Beuvons, amys, je boy à vous.

— Tout ce a esté, dis je, esprit moult divin et parfaict à voz premiers Siticines avoir le moyen inventé par lequel vous avez ce que tous humains appetent[a] naturellement, ou à peu d'eulx, ou à proprement parler, à nulz est octroyé : paradis en ceste vie, et en l'autre pareillement avoir.

O gens heureux ! O semi-dieux !
Pleust au Ciel qu'il m'advint ainsi[3]. »

---

a. désirent.

1. Cf. *Deutéronome*, XXVIII, 23.
2. Cf. *Genèse* XLI, 30.
3. Souvenir d'une épigramme de Victor Brodeau publiée dans les œuvres de Marot, *A deux frères Mineurs : Mes beaux pères religieux, Vous disnez pour un Grammercy. | O gens heureux, O demi dieux, | Pleust à Dieu que je fusse ainsi.*

*Comment Panurge racompte à maistre Editus
l'apologue du Roussin et de l'Asne.*

CHAPITRE VII

Après avoir bien repeu, Editus nous mena en une chambre bien garnye, bien tappissée, toute dorée. Là nous feist apporter mirabolins [1] et gingembre verd confict, force hipocras et vin delicieux; et nous invitoit par ses antidotes, comme par breuvage du fleuve de Lethé, mettre en oubly et nonchalance les fatigues qu'avions paty sur la marine [a]; feit aussi porter vivres en abondance en noz navires qui surgirent [b] au port. Mais ne pouvions dormir à cause du sempiternel [trimballement] [2] des cloches.

A mynuict, Editus nous esveilla pour boyre; et mesmes il beut le premier, disant : « Vous autres de l'autre monde, dictes que ignorance est mere de tous maulx, et dictes vray; mais toutesfois vous ne la bannissez mye de voz entendemens, et vivez avecques elle et par elle. C'est pourquoy tant de maulx vous meinent de jour en jour; tousjours vous pleignez, tousjours lamentez, jamais n'estes assouvis. Je le considere presentement; car ignorance vous tient icy au lict liez, comme le dieu des batailles par l'art Vulcain [3], et n'entendez que le devoir vostre estoit espargner de vostre sommeil, point n'espargner les biens de ceste fameuse Isle. Vous deviez avoir ja fait trois repas, et tenez cela de moy que pour manger les biens de l'isle Sonante se faut lever bien matin : les mangeant, ils multiplient; les espergnant, ils vont

---

a. mer. — *b.* abordaient.

1. Cf. *Quart Livre*, chap. VII, p. 53, n. b.
2. Nous corrigeons le texte de *L'Isle sonante* qui porte en réalité *trimballe element*. L'édition de 1564 donne, elle : *brimballement*.
3. Cf. *Odyssée*, VIII, 266 et suiv.

en diminution. Fauchez le pré en sa saison, l'herbe y reviendra plus drue et de meilleure emploicte[a]; ne le fauchez point, en peu d'années il ne sera tapissé que de mousse. Beuvons, amys, beuvons trestous : les plus meigres de nos oyseaulx chantent maintenant tous à nous, nous beurons à eulx s'il vous plaist. Beuvons de grace : vous n'en cracherez tantost que mieulx. Beuvons, une fois, deux fois, trois fois, neuf fois, *non cibus, sed charitas*[1]. »

Et au poinct du jour pareillement, nous esveilla pour manger souppe de prime[2]. Depuis ne feismes qu'un repas, qui dura tout le jour; et ne sçavions si c'estoit disner ou soupper, gouster ou regobillonner[b]. Seulement par forme d'esbat nous pourmenasmes quelque peu par l'Isle pour veoir le joyeux chant de ces beaux oyseaulx.

Au soir, Panurge dist à Editus : « Seigneur, ne vous desplaise, si je vous racompte une histoire joyeuse, laquelle advint au pais de Chastelleraudois[3] depuis vingt et trois lunes. Le palefrenier du seigneur de Harenganois au moys d'Avril, promenoit à un matin ses grands chevaulx parmy les guerestz. Là rencontra une gaye bergeronnette, laquelle
à l'orée d'un buissonnet
ses brebiettes gardoit,
ensemble un asne et quelque chevre. Divisant avecques elle, luy persuade monter derrière luy en crouppe, visiter son escuyrie, et faire là un tronçon de chere lie[c] à la rustique. Durant leurs propos, le cheval s'addressa à l'asne et luy dist en l'oreille (car les bestes parloyent toute icelle année en divers lieux) : « Pauvre et chetif baudet, j'ay de toy pitié et compassion. Tu travailles journellement beaucoup, je l'apperçoy à

---

a. usage. — *b.* réveillon. — *c.* de prendre un moment de plaisir.

1. « Ce n'est pas de la nourriture, mais de la charité. » L'édition de 1564 porte : *Non zelus...*, ce n'est pas du zèle, mais...
2. Cf. *Gargantua*, chap. XXI, t. I, p. 81, n. 1.
3. Le pays de Châtellerault.

l'usure de ton [bas-cul][1]. C'est bien faict, puis que
Dieu t'a creé pour le service des humains. Tu es
baudet de bien. Mais de n'estre autrement torchonné,
estrilié, phaleré[a] et allimenté que je te voy, cela me
semble un peu tyrannique, et hors les mettes[b] de
raison. Tu es tout herissonné[c], tout hallebranné[d],
tout lanterné[e], et ne manges icy que de rudes espines
et durs chardons. C'est pourquoy je te semonds,
baudet, ton petit pas avecques moy venir, et veoir
comment nous autres, que nature a produicts pour
la guerre, sommes traictez et nourris. Ce ne sera sans
toy resentir de mon ordinaire. — Vrayement, respondit
l'asne, j'iray bien volontiers, monsieur le cheval. —
Il y a, dist le roussin, bien monsieur le Roussin pour
toy[f], baudet. — Pardonnez moy, respondit l'asne,
monsieur le Roussin; ainsi sommes en nostre langage
incorrects et mal appris, nous autres villageois et
rustiques. A propos, je vous obéiray bien volontiers
et de loing vous suivray, de peur des coups (j'en ay
la peau toute contrepoincetée), puis que vous plaist
me faire tant de bien et d'honneur. »

« La bergere montée, l'asne suyvoit le cheval, en
deliberation de bien repaistre. Advenans au logis,
le pallefrenier l'apperceut et commanda es garsons
d'estable le traicter à la fourche[g], et l'erner[h] à coups
de baston. L'asne, entendant ce propos, se recommande au Dieu Neptune[2], et commençoit à escamper[i]
du lieu à grand erre[j], pensant en soymesme, et [syllo]-
gisant[3] : « Il dict bien : aussi n'est ce mon estat suyvre
les courts des grands seigneurs; nature ne m'a produit

---

a. caparaçonné. — b. bornes. — c. hérissé. — d. excédé de fatigue. —
e. décharné. — f. tu pourrais bien m'appeler monsieur le Roussin.
— g. traiter durement. — h. rompre les reins. — i. s'échapper. — j. à
toute allure.

1. Texte du manuscrit et de l'édition de 1564. L'Isle sonante porte :
battreul. Le bas-cul est une pièce du harnais.

2. Il avait créé le cheval : il devait protéger tous les équidés !

3. Texte du manuscrit et de l'édition de 1564. Celui de L'Isle sonante
est : solligisant.

que pour l'ayde des pauvres gens. Esope me en avoit
bien adverty par un sien apologue[1]; ce a esté outrecuidance à moy : remede n'y a que escamper de hait[a],
je dis plustost que ne sont cuicts asperges[2].» Et l'asne
au trot, à petz, à bonds, à ruades, au galop, à petarrades.

« La bergere, voyant l'asne desloger, dist au pallefrenier qu'il estoit sien, et pria qu'il fust bien traicté,
autrement elle vouloit departir, sans plus avant entrer.
Lors commanda le pallefrenier que plustost les chevaulx n'eussent de huict jours avoine que l'asne n'en
eust tout son saoul. Le pis fut de le revocquer[b], car
les garsons avoyent beau l'appeller : « Truuz, truuz,
baudet. — A je n'y vois pas, dist l'asne, je suis honteux[c]. » Plus amyablement l'appelloyent, plus rudement s'escarmouchoit, et à saultz et à petarrades. Ils y
fussent encores, ne fust la bergere qui les advertit cribler l'avoine haut en l'air en l'appellant; ce qui fut
faict. Soubdain[d] l'asne tourna visage, disant : « Avoine,
bien, *adveniat*[3] ; non la fourche; je ne diz : qui ne dict,
passe sans flus[4]. » Ainsi à eulx se rendit, chantant melodieusement, comme vous sçavez qu'il faict bon ouyr
la voix et musicque de ces bestes Arcadicques[5].

« Arrivé qu'il fut, on le mena à l'estable près du
grand cheval; frotté, torchonné, estrillé, litiere fresche
jusques au ventre, plein rattelier de foing, pleine
mangeouere d'avoine, laquelle, quand les garsons
cribloyent, il leur chauvissoit des oreilles[e], leur signifiant qu'il ne la mangeroit que trop sans cribler,
et que tant d'honneur ne luy appartenoit.

---

a. de bon cœur. — *b.* rappeler. — *c.* timide. — *d.* aussitôt. —
e. dressait les oreilles.

1. Il peut s'agir de la fable *l'Ane et le Petit Chien ou le Chien et son
Maître.*
2. Expression employée par Auguste, au dire de Suétone (Auguste,
87), et citée par Érasme, *Adages*, III, 7, 5.
3. Advienne. Il y a un jeu de mots sur *avoine* et *adveniat* (avoine y a).
4. Expression tirée d'un jeu de cartes.
5. Les ânes d'Arcadie étaient réputés (cf. Pline, *Hist. Nat.*, VIII, 68).

« Quand ils eurent bien repeu, le cheval interrogoit l'asne, disant : « Et puis, pauvre baudet, comment t'en va ? Que te semble de ce traictement ? Encores n'y voulois tu pas venir. — Par la figue, respondit l'asne, laquelle un de noz ancestres mangeant, mourut Philemon de rire[1], voicy basme, monsieur le roussin. Mais quoy, ce n'est que demye chere ? Baudouinez vous[a] rien ceans, vous autres, messieurs les chevaulx ? — Quel baudouinnaige me dis-tu, baudet ? ce disoit le cheval; tes malles avivres[2] me prens-tu pour un asne ? — Ha, ha, respondit l'asne, je suis un peu dur pour apprendre le langage courtisan des chevaulx. Je demande : Roussinez-vous rien ceans, messieurs les roussins ? — Parlez bas, baudet, dist le cheval, car si les garsons t'entendent, à grands coups de fourche ils te pelauderont si dru qu'il ne te prendra volonté de baudouyner. Nous n'osons ceans seulement roidir le bout, voire fusse pour [uriner][3], de peur des coups; au reste, aises comme roys. — Par l'aube[b] du bast que je porte, dist l'asne, je te renonce, et d'y fy de ta litiere, fy de ton foin, et fy de ton avoine : vive les chardons des champs, puisqu'à plaisir l'on y roussine; manger moins, et tousjours roussiner son coup est ma devise : de ce nous autres faisons foing et pitance. O monsieur le roussin, mon amy, si tu nous avois veuz en foires quand nous tenons nostre chapitre provincial, comment nous baudouynons à gogo pendant que noz maistresses vendent leurs oysons et poussins ! Telle fut leur departie. J'ay dict. »

A tant[c] se teut Panurge et plus mot ne sonnoit.

---

a. vous accouplez-vous ? — b. arçon. — c. alors.

1. Voir *Quart Livre*, XVII, p. 91, n. 1 et 3.
2. Les *avives* sont des glandes placées dans le cou des chevaux. Le même mot désigne une maladie de ces glandes. Il constitue ici une imprécation.
3. Texte du manuscrit et de l'édition de 1564. *L'Isle sonante* porte ici une coquille : *bruier*.

Pantagruel l'admonnestoit conclurre le propos. Mais Editus respondit : « A bon entendeur ne faut qu'une parolle... J'entends fort bien ce que par cest apologue de l'asne et du cheval voudriez dire et inferer, mais vous estes honteux. Sachez qu'icy n'y a rien pour vous; n'en parlez plus. — Si[a] ay-je, dist Panurge, n'agueres icy veu une Abbegesse à blanc pennaige, laquelle mieux vaudroit chevaucher que mener en main. Et si les autres sont damps[b] oyseaulx, elle me sembleroit dame oyselle. Je diz cointe[c] et jolye, bien vallant un peché ou deux. Dieu me le pardoint, pourtant je n'y pensois point en mal : le mal que je y pense me puisse soubdain advenir ! »

Comment nous fut monstré Papegault à grand difficulté.

CHAPITRE VIII

Le tiers jour continua en festins et mille banquets comme les deux precedens. Auquel jour Pantagruel requeroit instamment veoir Papegault; mais Editus respondit qu'il ne se laissoit ainsi veoir facilement. « Comment, dist Panurge[1], a-il l'armet de Pluton[2] en teste, l'aneau de Giges[3] en griffe, ou un chemeleon[4] ou seing, pour se rendre invisible au monde ? — Non, repondit Editus, mais il, par nature, est encores,

---

a. cependant. — *b.* seigneurs. — *c.* agréable.

1. Texte de l'édition de 1564 : *Pantagruel.*
2. Ce casque rendait invisible. Cf. *Iliade*, V, 844-5.
3. Gygès n'avait qu'à tourner vers la paume de sa main le chaton de son anneau pour échapper aux regards. Cf. Platon, *République*, 359 d, Cicéron, *De officiis*, III, 9.
4. Soumise à toute une préparation sa patte gauche rendait invisible. Cf. Pline, XXVIII, 29.

un peu difficile. Je donneray toutesfois ordre que le puissiez veoir, si faire se peut. » Ce mot parachevé, nous laissa au lieu gringotant un quart d'heure. Retourné, nous dist Papegault estre pour icelle heure visible; et nous mena en tapinois et silence droit en la caige en laquelle il estoit acoué[a], accompagné de deux petits Cardingaulx et six gros et gras Evesquaulx. Panurge curieusement considera sa forme, ses gestes et son maintien. Puis s'escria : « En mal an soit la beste ! il semble une duppe[b]. »

— Parlez bas, dist Editus, car il a aureilles, comme sagement nota Michel de Malisconne[c] [1].

— Si a bien une duppe, dist Panurge.

— Si une fois il vous entend ainsi blasphemant, vous estes perduz, bonnes gens : voyez vous là dans sa caige un bassin ? D'icelluy sortira fouldre, esclers, diables et tempestes, par lesquels serez en un moment cent pieds soubz terre abysmez.

— Mieulx seroit, dist frere Jehan, boyre et banqueter. »

Panurge r'estoit en vehemente contemplation de ce Papegault et de sa compaignie, quand il apperceut au dessoubs une chevesche[d]; adonc il s'escria en disant : « Par la vertu Dieu, nous sommes icy pippez[e] à pleines pippées[f] [2], malequippez. Il y a, par Dieu, de la pipperie, ripperie et fripperie tant et plus en ce manoir. Regardez là ceste cheveche ! nous sommes, par Dieu, assessinez.

---

a. accroupi. — b. huppe. — c. Mâcon. — d. chouette. — e. trompés. — f. tromperies.

1. Le manuscrit porte *Matisconis* et l'édition de 1564 *Matiscones*, c'est-à-dire *Mâcon* (latin *Matisco*). On a proposé de voir dans ce personnage Charles Hémard de Denonville qui fut évêque de Mâcon et ambassadeur à Rome où Rabelais le connut en 1535-1536 (cf. *Lettres écrites de Rome*, p. 535 et *passim*), ou le lecteur de François Ier Pierre du Châtel qui fut nommé évêque de Mâcon en 1544, ou encore au canoniste du début du XVIe s., Jean de Mâcon.

2. L'édition de 1564 et le manuscrit portent : *à pleines pippes* (à pleins tonneaux).

Un pape
Gravure de Holbein, *Danse des Morts*

Un cardinal
Gravure de Holbein, *Danse des Morts*

— Parlez bas, dist Editus; par Dieu, ce n'est mye une chevesche[1]; c'est un noble chevecier[2].

— Mais, dist Pantagruel, faites icy un peu Papegault chanter, afin que oyons son armonie.

— Il ne chante, dist Editus, qu'à ses jours, et ne mange qu'à ses heures.

— Non fais-je, dist Panurge, mais toutes les heures sont miennes. Allons doncques boyré d'autant[a].

— Vous, dist Editus, parlez à ceste heure correct : ainsi parlant, jamais ne serez hereticque. Allons, j'en suis [d'opinion][3]. »

Retournans à beuverie, aperceusmes un vieil Evesquault à teste verde, lequel estoit acoué[b], accompaigné d'un Soufflegan[c] et trois Ocrotales[d][4], oyseaulx joyeulx, et romfloit soubs une feuillade[e]. Près luy estoit une jolie Abbegesse, laquelle joyeusement chantoit, et y prenions plaisir si grand que desirions noz membres estre en oreilles convertiz pour rien ne perdre de son chant, et du tout, sans ailleurs estre distraicts, y vacquer. Panurge dist : « Ceste belle Abbegesse se rompt la teste à force de chanter et ce gros villain Evesquaulx ronfle ce pendant. Je le feray bien tantost chanter de par le diable. » Lors sonna une cloche pendant sur sa caige; mais quelque sonnerie qu'il feist, plus fort ronfloit Evesquegault, point ne chantoit. « Par Dieu, dist Panurge, vieille buze, par moyen autre bien chanter vous feray. »

Adoncques print une grosse pierre, le voulant frapper par la mittre. Mais Editus s'escria, disant : « Homme de bien, [frappe, feris, tue et meurtris] tous Roys et

---

a. boire beaucoup. — b. accroupi. — c. suffragant. — d. protonotaires. — e. feuillée.

1. On se servait d'une chevêche pour prendre les oiseaux à la pipée.
2. Le chevecier était chargé de la garde du trésor d'une église.
3. L'Isle sonante porte ici une coquille : oppion. Nous suivons le texte du manuscrit et de l'édition de 1564.
4. Le manuscrit et l'édition de 1564 portent : onocrotales. Le mot signifie au propre pélicans. Sur le jeu de mots voir Pantagruel, Prologue, t. I, p. 218, n. 3.

princes du monde, en trahison, par venin ou autrement, quand tu vouldras; [denige] des cieulx les anges[1]; de tout auras pardon du Papegault. A ces sacrez oyseaulx ne touche, d'autant qu'aymes la vie, le proffit et le bien, tant de toy que tes parens et amys, vifz et trepassez; encores ceulx qui d'après d'eulx naistroyent en sentiroyent infortune. Considere bien ce bassin.

— Mieulx doncques vault, dist Panurge, boire d'autant et banqueter.

— Il dit bien, monsieur Anthitus, dist frere Jehan : car voyant ces diables d'oyseaulx, ne faisons que blasphemer; vuydans vos bouteilles et pots, ne faisons que Dieu louer. Allons doncques boire d'autant. O le beau mot ! »

Le quatriesme jour, après boyre (comme entendez), nous donna Editus congé. Nous luy feismes present d'un beau petit cousteau pergoys[a], lequel il print plus à gré que ne feist Ataxerxes le verre d'eau froide que luy presenta un paisant en Scythie[2]. Et nous remercia courtoisement; envoya en noz navires refreschissement de toutes munitions[b]; si nous soubhaitta bon voyage et venir à sauvement de noz personnes et fin de noz entreprinses, et nous feit promettre et jurer par Juppiter[3] que nostre retour seroit par son territoire. En fin nous dist : « Amys, vous notterez que par le monde y a beaucoup plus de couillons que d'hommes, et de ce vous souvienne. »

---

a. du Perche. — b. provisions.

1. Nous donnons le texte du manuscrit et de l'édition de 1564. L'*Isle sonante* porte : *frappé serois tu et meurtry* [...] *denigé des cieulx les anges*.
2. Cf. Plutarque, *Artaxerxès :* Artaxerxès aurait remercié le paysan en lui donnant une coupe d'or et mille dariques.
3. L'édition de 1564 porte : *par Jupiter pierre*. Les Latins juraient par Jupiter pierre : « Jovem lapidem, inquit, quod sanctissimum jusjurandum est habitum, paratus sum ego jurare », Aulu-Gelle, I, 21. Mais il s'agit ici du successeur de Pierre.

Comment nous descendismes en l'Isle des Ferremens.

CHAPITRE IX

Nous estans bien à point sabourré[a] l'estomach, eusmes vent en pouppe : et fut levé nostre grand artemon, dont advint que en moins de deux jours arrivasmes en l'Isle des Ferremens[1], deserte et inhabitée. Et y veismes grand nombre d'arbres portans pioches, escouvettes[b], faulx, faucilles, besques[c], besches, truelles, coignées, serpes, sies, doloueres, forces[d], ciseaux, tenailles, palles, virolets[e], vibrequins.

Autres portans daguenets[f], poignars, sangdedez[g], gannivets[h], [poinsons][2], espées, verduns, braquemars, symeterres, estocs taillans et cousteaux.

Quiconques en vouloit avoir, ne falloit que crouller[i] l'arbre : soubdain tomboyent comme prunes; d'avantage, tombans en terre, rencontroyent une espece d'herbes, laquelle on nommoit fourreau, et s'engaynoyent là dedans. A la cheutte se falloit bien garder qu'ils ne tombassent sur la teste, sur le pied, ou sur quelque autre partie du corps : car il tomboit de poincte (c'estoit pour droict engayner), et eussent affolé[j] la personne. Dessoubs ne sçay quels arbres, je veiz certaines especes d'herbes, lesquelles croissoyent comme picques, lances, javelines, hallebardes, voulges, pertuisannes, ramons[3], fourches, espiez, croissans

---

a. lesté. — *b.* balais. — *c.* bêches. — *d.* ciseaux. — *e.* vrilles. — *f.* petites dagues. — *g.* épées courtes. — *h.* canifs. — *i.* secouer. — *j.* blessé.

1. Outils de fer. Épisode emprunté aux *Navigations de Pantagruel*, chap. XXIV.
2. Texte du manuscrit et de l'édition de 1564. *L'Isle sonante* porte : *pomeons.*
3. Telle est la leçon de *l'Isle sonante.* Le mot signifiait : *balai* et *lance pour les tournois.* L'édition de 1564 porte *rancons ;* ce terme désignait une hallebarde à fer courbé.

en hault, ainsi qu'elles touchoyent à l'arbre, rencontroyent leurs fers et allumelles[a], chacune competente[b]
à sa sorte. Les arbres superieurs ja les avoyent apprestéz
à leur venue et croissance, comme vous apprestez les
robbes des petits enfans quand les voulez desmailloter.
Plus y a, afin que desormais n'abhorrez l'opinion de
Platon[1], Anaxagoras Democritus[2] (furent-ils petits
philosophes ?), ces arbres nous sembloyent hommeaux
terrestres, non en ce differentes des bestes que elles
n'eussent cœur, gresse[3], chair, veines, arteres, ligamens, nerfs, cartilages et mouelles, humeurs, matrice,
cerveau et articulations congrues, car elles en ont,
comme bien deduict Theophraste[4]; mais en ce qu'elles
ont la teste, c'est le tronc, en bas; les cheveux, ce sont
les racines, en terre; et les pieds, sont les rameaux,
contremont[c] : comme si un homme faisoit le chesne
fourchu[5].

Et ainsi comme vous, verolez, de loing à voz jambes
sciaticques et à vos omoplattes sentez la venue des
pluyes, des vents, du serain, et de tout changement de
temps : ainsi à leurs racines, caudices[d], [gommes], nodulles[6], elles presentent quelles sortes de bastons
soubs elles croissent et leur preparent fers et allumelles[e]
convenantes. Vray est comme en toutes choses (Dieu
excepté) advient quelquesfois erreur. Nature mesmes
n'en est exempte quand elle produict choses monstrueuses et animaux difformes. Pareillement en ces

---

a. lames. — *b.* convenant. — *c.* en l'air. — *d.* queues. — *e.* lames.

1. D'après Plutarque, *Questions naturelles*, I, 1.
2. D'après Aristote, *Des plantes*, I, 1.
3. Le texte de *l'Isle sonante* est : ... n'eussent *cœur gressé*, chair... Le
manuscrit et l'édition de 1564 portent : ... n'eussent *cuir, graisse,*
chair...
4. *Histoire des Plantes*, I, 2.
5. Ce jeu où l'on se tient les pieds en l'air et écartés est un des jeux
de Gargantua. Voir t. I, p. 85.
6. *L'Isle sonante* porte : *gommées nodulles*, le manuscrit : *gommes,*
medules, l'édition de 1564 : *gommes, modulles.*

[arbres]¹ je notay quelque faute : car une demye picque croissant haut en l'air soubs ces arbres ferrimentiportesᵃ, et en [touchant]² les rameaulx, en lieu de fer rencontra un balay : bien, ce sera pour ramonner les cheminées. Une pertuisanne en lieu de fer rencontra des cisailles; tout est bon : ce sera pour oster les chenilles des jardins. Une hampe de hallebarde rencontra le fer d'une faulx, et sembloit hermaphrodite; c'est tout un : ce sera pour quelque faucheur. C'est belle chose croire en Dieu ! Nous retournans à noz navires, je veids arriere je ne sçay quel buisson, je ne sçay quelles gens faisans je ne sçay quoy, comme aguysans je ne sçay quels ferrements, que ils avoyent, et ne sçay où, en ne sçay quelle braveté³.

Comment Pantagruel arriva en l'Isle de Cassade.

CHAPITRE X

Le tiers jour subsequent entrasmes en l'Isle de Cassadeᵇ, vraye idéeᶜ de Fontainebleau⁴, car la terre est si meigre que les os (ce sont rocz) luy persent la peau, areneuseᵈ, sterile, mal saine et mal plaisante. Là nous monstra nostre pilote deux petits rochers à

---

a. portant des ferrements. — *b.* Tromperie. — *c.* au sens platonicien de *modèle*. — *d.* pleine de sable.

1. Texte du manuscrit et de l'édition de 1564. *L'Isle sonante* porte : *arteres*.

2. Texte du manuscrit et de l'édition de 1564. *L'Isle sonante* imprime : *attachant*.

3. Le manuscrit donne *en quelle bra[g]uette*, l'édition de 1564 : *et ne scay en quelle manière*. Cf. III, chap. xxvii où Panurge a déclaré : « *mais je veulx qu'on saiche que de mesmes qualibre j'ay le ferrement infatiguable* » (t.I, p. 518).

4. La forêt de Fontainebleau est pleine de grès et de sables.

huict egales poinctes en cube, lesquels à l'apparence de leur blancheur sembloyent estre d'albastre, ou bien couvers de neige; mais il nous asseura estre osseletz. Et en lieux estoit à six estaiges le [manoir][1] des vingt diables de hazart tant redoutez en noz pays, desquels les plus grands beçons[a] et accouplez ils nomment[2] *Sennes*[3], les plus petits *Ambesars*[4], les autres moiens *Quines, Quadernes, Ternes*[5], *Double deux*; les autres escartelets ils nomment[6] *Six et cinq, Six et quatre, Six et trois, Six et deux, Six et az, Cinq et quatre, Cinq et trois,* et ainsi consecutifvement. Lors je notté que par le monde peu de joueurs sont qui ne soient invocateurs des diables : car jettans deux dez sur table, quant en devotion, ils s'escrient : « *Sennes*, mon amy », c'est le grand diable; « *Ambesars*, mon mignon », c'est le petit diable; « *Quatre et deux*, mes enfans », et ainsi des autres, ils invocquent les diables par leurs noms et surnoms. Et non seulement les invoquent, mais d'iceux se disent amis et familliers. Vray est que ces diables ne viennent tousjours à soubhait sur l'instant; mais en ce sont ils excusables. Ils estoient ailleurs selon le dacte et priorité des invocans. Pourtant ne faut dire qu'ils n'ayent sens et oreilles. Ils en ont, je vous diz, belles.

Puis nous dist qu'autour et à bord de ces rochers carrez plus a esté faict de briz, de naufrage, de pertes de biens et de vie, qu'autour de toutes les [Syrtes][7]

---

a. jumeaux.

1. Le manuscrit et l'édition de 1564 portent ici : *En iceux* [Ms : *et en iceux*] *disoit estre à six estages le manoir...* L'Isle sonante donne à la place de *manoir : movoir.*

2. Le manuscrit et l'édition de 1564 portent : *il nommoit.*

3. Terme du jeu de dés : six.

4. Coup de dés qui amène deux as.

5. Tous termes du jeu de dés : deux cinq, deux quatre, deux trois.

6. Le manuscrit porte : *aultres escoulettez il nommoit,* l'édition de 1564 : *aultres il nommoit.*

7. Texte du manuscrit et de l'édition de 1564. *L'Isle sonante* porte : *Scyttes.*

Charibdes, Syrenes, Scilles, Strophades[1] et gouffres de
toute la mer. Je le creuz facillement, me recordant[a] que
jadis, entre les saiges Egiptiens, Neptune estoit designé
par le premier cube es lettres hierogliphites, comme
Apollo [par *as*][2], Diane par *deux*, Minerve par *sept*[3].

Là aussi nous dist estre un flasque[b] du Sang greal[c],
chose divine et à peu de gens congneue. Panurge
feist tant par belles prieres avec les Scindicz du lieu
que ils nous le monstrerent; mais ce fut avec plus de
cerimonies et solennité troys fois qu'on ne monstre à
Florence les *Pandettes* de Justinian[4], ny la Veronicque
à Romme[5]. Je ne viz oncques tant de scindaulx[d], tant
de flambeaux, de torches, de guymples[6] et agios[e].
Finalement ce que nous fut monstré estoit le visage
d'un connin[f] rosty. Là ne veismes autre chose memorable fors Bonne Myne, femme de Mauvais Jeu[7], et
les cocques de deux œufz jadis ponnus[g] et esclos
par Leda, desquels nasquirent Castor et Pollux, freres
d'Heleine la belle. Les Scindicz nous en donnerent
une petite piece[h] pour du pain. Au departir, achep-
tasmes une botte[i] de chappeaux et bonnetz de Cassade,
à la vente desquels je doubte que peu ferons de proffit.
Je croy qu'à l'usage encores moins en feront ceux qui
de nous l'achapteront.

---

a. rappelant. — *b.* bouteille. — *c.* Saint Graal. — *d.* étoffes légères
servant à envelopper les reliques. — *e.* cérémonies. — *f.* lapin. —
g. pondus. — *h.* morceau. — *i.* paquet.

1. L'île des Harpies.
2. Texte du manuscrit et de l'édition de 1564, l'*Isle sonante* imprime :
Apollo, Pallas, erreur évidente que nous corrigeons.
3. Emprunt à Plutarque, *D'Isis et d'Osiris*, X.
4. Le manuscrit des *Pandectes* conservé à Florence n'était montré
que rarement et en grande cérémonie.
5. Le voile avec lequel sainte Véronique essuya, dit-on, la sueur de
Jésus marchant au supplice. Il est encore conservé à Rome.
6. Le sens de ce mot est obscur : il s'agit, sans doute, d'une étoffe
ou d'une tapisserie décorative. Cf. V, chap. xxxii bis : « *c'estoit ung
plat plain de miel blanc, couvert d'une guimple de soye cramoisine* » (*infra*,
p. 411).
7. Cf. « *De bonne mine... à mauvais jeu n'est alliance impertinente* ».
Quart Livre, IX, p. 62.

Comment nous passasmes le Guischet
habité par Grippeminault, archiduc des Chatz fourrez.

CHAPITRE XI

Ayant autresfois eu Procuration, la laissasmes et passasmes Condemnation[1], qui est une Isle toute deserte; passasmes aussi le Guichet, auquel lieu Pantagruel ne voulut descendre, et feit tresbien, car nous y fusmes faicts prisonniers, et arrestez de fait par Grippeminault[2], archiduc des Chatz fourrez, par ce que quelcun de nostre bande avoit bastu un chicanoux passant Procuration.

Les Chats fourrez sont bestes moult horribles et espouventables : ils mengent des petits enfans et paissent sur des pierres de marbre[3]. Advisez, beuveurs, s'ils ne doivent bien estre camus ! Ils ont le poil hors de la peau non hors sortant, mais au dedans caché, et portent pour leur simbolle et devise tous et chacun d'eux une gibbeciere ouverte, mais non tous en une maniere : car aucuns la portent attachée au col en escharpe, autres sur le cul, autres sur la bedaine, autres sur le costé, et le tout par raison et misteres. Ont aussi les griphes tant longues, fortes et asserées, que rien ne leur eschappe, depuis qu'une fois l'ont mise entre leurs serres. Et se couvrent les testes, aucuns, de bonnets à quatre goutieres ou brayettes; autres, de bonnetz à trefves de cul; autres, de mortiers; autres, de caparassons mortiffiez[a].

Entrans en leur Tapaudiere[4], nous dist un gueux de

---

a. en forme de mortier.

1. Cf. *Quart Livre*, XII.
2. Cf. *Gargantua*, chap. LIV, t. I, p. 195.
3. Allusion à la table de marbre du Palais de Justice.
4. Le manuscrit et l'édition de 1564 portent : *tapinaudiere*. Le sens est : repaire.

l'ostiere[a], auquel avions donné un demy teston[1] :
« Gens de bien, Dieu vous doinct bien tost de leans
à sauveté sortir. Considerez bien le mynois de ces villains
arczboutans pilleurs de justice Grippeminaudiere. Et
nottez que si vivez encores six Olympiades[2] et l'aage
de deux chiens, vous verrez ces Chatzfourrez seigneurs
de toute l'Europe et possesseurs pacificques de tout le
bien et dommaine qui est en icelle, si en leurs hoirs
soubdain ne deperissoit le bien et revenu par eux
injustement acquis[3]; tenez le d'un gueux de bien.
Parmy eux regne la sexte essence[4] par laquelle ils
grippent tout, devorent tout et couchent[5] tout. Ils
pendent, bruslent, escartellent, decapitent, meurdris-
sent, emprisonnent, mynent et ruynent tout, sans
discretion[b] de bien ou de mal. Car parmy eulx vice
est vertu appellée; meschanceté est bonté surnommée; trahison a nom de feaulté[c]; larrecin est dicte
liberalité; pillerie est leur devise, et, par eulx faicte,
est trouvée bonne de tous humains, exceptez moy les
heretiques; et le tout font avecques souveraine et
irrefragable authorité.

Pour le signe de mon pronosticq, advisez que ceans
sont les mangeries[6] au dessus des rastelliers[7]. De ce,
quelque jour, vous souvienne. Et si jamais pestes au
monde, famines, guerres, horraiges, cataglismes, con-
flagrations, ou autre malheur advient, ne l'attribuez, ne
le referez aux conjonctions des planettes maleficques,

---

a. hospice. — b. distinction. — c. loyauté.

1. Voir *Pantagruel*, chap. xii, t. I, p. 281, n. 3.

2. Vingt-quatre ans.

3. Cf. le proverbe cité au chap. 1 du *Tiers Livre* : « Des choses mal
acquises le tiers hoir ne jouira » (tome I, p. 409).

4. Les alchimistes n'atteignaient que la « quinte essence » !

5. Tel est le texte de *l'Isle sonante*. Le manuscrit et l'édition de 1564
portent : *conchient*.

6. Le manuscrit et l'édition de 1564 portent : *mangeoires*.

7. L'auteur compare la table du greffier, couverte des dossiers des
plaideurs, à un râtelier que dominerait la mangeoire, — le banc des
juges.

aux abus de la court Rommaine, aux tyrannies des Roys et Princes terriens, à l'imposture des caphars, hereticques, faulx prophetes, à la malignité des usuriers, faulx monnoyeurs, rogneurs de testons, à l'ignorance, imprudence des medecins, chirurgiens, apoticaires, à la perversité des femmes adulteres, venefiques[a], infanticides : attribuez le tout à l'énorme, indicible, incroyable et inestimable meschanceté, laquelle est continuellement forgée et exercée en l'officine des Chats fourrez. Et ne est du monde congnue, non plus que la caballe des Juifs[1]; pour autant n'est elle corrigée, detestée et reprimée, comme seroit de raison. Mais si elle est quelque jour mise en évidence et manifestée au peuple, il n'est, et ne fut Orateur tant eloquent, qui par son art le retint, ny loy tant rigoreuse et draconique qui par crainte de peine le gardast; ne magistrat tant puissant qui par force l'empeschast de les faire tous vifs dedans leurs raboutieres[2] felonnement brusler. Leurs enfans propres, Chatz fourrillons[3] et autres parens les auroient en horreur et abomination. C'est pourquoy comme Annibal eut de son pere Amilcar, soubz solennelle et religieuse admonition, commandement de persecuter les Romains tant qu'il vivroit[4], aussi ay-je eu de feu mon pere injonction icy hors demourer, attendant que là dedans tombe la fouldre du Ciel, et en cendre les reduise, comme autres [Titanes, prophanes et théomaches[b]][5], puis que les humains ou tant sont es coups endurciz que le mal par iceux advenu, et à advenir ne sentent, ne prevoyent, ou le

---

a. empoisonneuses. — *b.* ennemis des Dieux.

1. Cf. *Pantagruel, Prologue,* t. I, p. 216.
2. Raboulière, terrier.
3. Diminutif de Chats fourrés.
4. Cf. Tite-Live, XXI, 1.
5. *L'Isle sonante* imprime ici : *Cytanes pro. et Ther.* Le texte du manuscrit est : *Titans prophanes et theomathes,* celui de l'édition de 1564 : *Titanes, prophanes et termaches.*

sentans n'osent, ne peuvent les exterminer. « Cela ?
dist Panurge; ha, non, par Dieu je n'y vois pas.

> Ce noble gueux m'a plus fort estonné
> Que si du Ciel en automne eust tonné[1]. »

Retournans, trouvasmes la porte fermée; et nous fut
dict que là facillement on entroit, comme en Averne[2];
à yssir[a] estoit la dificulté, et ne sortirions hors en
maniere que ce fust, sans bulletin et descharge de
l'assistance, pour ceste seule raison qu'on ne s'en va
poinct de foire comme de marché[3] et qu'avions les
pieds pouldreux[4].

Le pis fut, quant entrasmes le Guischet. Car nous
fusmes presentez, pour avoir nostre bulletin et descharge, devant un monstre le plus hideux que jamais
fut descript. On le nommoit Grippeminault. Je ne le
vous saurois mieux comparer qu'à Chimere, à [Sphinx][5],
à Cerberus, ou bien au simulachre d'Oziris, ainsi que
le figuroient les Egyptiens, par trois testes ensemble joinctes : sçavoir est d'un lyon rugiant[b], d'un
chien flattant et d'un loup beslant, entortillées d'un
dragon soy mordant la queue et des rayons scintillans
à l'entour[6]. Les mains avoit pleines de sang, les
griphes, comme d'une harpie, le museau à bec de
corbin, les dens d'un sanglier quatrannier[c], les yeulx
d'une gueule d'enfer[7], tout couvert de mortiers
entrelassez de pillons[d]; seullement apparoissoient

---

a. sortir. — b. rugissant. — c. de quatre ans. — d. pompons.

1. Peut-être y a-t-il ici un souvenir de deux vers de Marot :
   Incontinent qui fut bien estonné ?
   Ce fut Marot, plus que s'il eust tonné...
                              (Au Roy pour le délivrer de prison.)
2. Lac de Campanie où on plaçait une entrée des enfers.
3. Proverbe.
4. L'expression signifie *être vagabond, insolvable.* Il faut noter qu'on
appelait *pieds poudreux* les petits marchands qui couraient les marchés
et les foires.
5. *L'Isle sonante* a la forme : *Sphenix.*
6. Le conteur traduit ici un passage de Macrobe, I, 20.
7. Comme celle qui figurait sur la scène des mystères.

les griffes. Le siege d'iceluy et de tous ces collateraulx
Chatz garenniers[a] estoit d'un long rastellier tout neuf
au dessus duquel par forme de revers installées estoient
mengeries fort amples et belles, selon l'advertissement
du gueux. A l'endroit du siege estoit l'image d'une
vieille femme, tenant en main dextre un fourreau
de faucille[1], en senestre une balance, et portoit besicles
au nez. Les couppes[b] de balance estoient deux vieilles
gibbessieres veloutées[c], l'une pleine de billon et pen-
dante, l'autre vuide et loing enlevée au dessus du
tresbuchet. Et suys d'oppinion que c'estoit le pour-
traict de justice Grippeminaudiere, bien abhorrent
l'institution des antiques Thebains, qui erigeoient
les statues de leurs Dicastes[d] et juges après leur mort,
en or, en argent, en marbre, selon leurs merites, toutes
sans mains[2].

Quant fusmes devant luy presentez, je ne sçay quelles
sortes de gens, tous vestus de gibbessieres et de sayes, à
grans lambeaux d'escriptoires[3], nous feirent sur une
sellette asseoir. Panurge disoit : « Gallefrotiers[e], mes
amis, je ne suys que trop bien ainsi : aussi bien elle est
trop basse pour homme qu'a chausses neufves et
court pourpoinct. — Asseez vous, dirent ils, et que
plus on ne le vous die. La terre presentement s'ouvrira
pour tous vifz vous engloutir, si faillez à bien
respondre. »

---

a. sauvages. — b. plateaux. — c. de velours. — d. juges (δικασ-
τής en grec). — e. hommes de rien (au propre : *calfats*).

1. La Justice, dans l'imagerie traditionnelle, tient une épée droite.
2. Cf. Plutarque, *D'Isis et d'Osiris,* 20.
3. A la place de ce mot le manuscrit et l'édition de 1564 portent :
escritures.

Comment par Grippeminault fut proposé un enygme[1].

CHAPITRE XII

Quand fusmes assis, Grippeminault, ou millieu de ses Chatz fourrez nous dist en parolle furieuse : « Or sà[2], or sà, or sà. — A boyre, à boyre, à boyre ça, disoit Panurge entre les dents. »

Une bien jeune et toute blondelette
Conceut un fils Egyptien, sans pere,
Puis l'enfanta sans douleur la doulcette,
Quoy que sortist comme fait la vipere,
L'ayant rongé, en moult grand vitupere[a],
Tout l'un des flancz, par son impatience.
Depuis passa monts et vaulx sans fiance[b],
Par l'aer volant, en terre cheminant :
Tant qu'estonna l'amy de Sapience[3],
Qui l'estima estre humain animant[c].

« Or sà, [respons moy][4] me dist Grippeminault, à cest Enygme, et nous resoulds presentement que c'est, or sà.

— Or de par Dieu, respondis-je, si j'avois Sphinx en ma maison, or de par Dieu, comme avoit Verres[5],

---

a. blâme. — b. confiance. — c. être animé.

1. Sur ce chapitre lire une note de V.-L. Saulnier dans *Bibliothèque d'Humanisme et Renaissance*, 1953, p. 306.
2. Jeu de mots : *or çà* est une formule qui introduit une question. Grippeminault fait d'*or* un substantif : *aurum*. « Donnez-moi de l'or... »
3. Pythagore, comme l'expliquera tout à l'heure Panurge (voir *infra* p. 324).
4. Texte de l'édition de 1564. Ces mots manquent dans *l'Isle sonante*. Le manuscrit porte : *orçà respondz me dist grippemynault*.
5. Verrès avait donné un sphinx de bronze à son avocat Hortensius. Pendant le procès celui-ci ayant déclaré à Cicéron, qui interrogeait un témoin : « Je ne comprends pas ces énigmes » s'entendit répondre : « C'est étonnant puisque tu as le sphinx chez toi ». (Quintilien, VI, 98.)

un de voz precurseurs, or de par Dieu, resouldre pourrois l'enygme, or de par Dieu; mais certes je n'y estois mye, et suis, or de par Dieu, innocent du faict.

— Or sà, dist Grippeminault, par Stix[1] puis que autre chose ne veulx dire, or sà, je te monstreray, or sà, que meilleur te seroit estre tombé entre les pattes de Lucifer, or sà, qu'entre noz griphes, or sà. Les voy tu bien ? Or sà, malotru, nous allegues tu innocence, or sà, comme chose digne d'eschapper noz tortures. Or sà, noz loix sont comme toilles d'airaignes[2] : or sà, les petits mouscherons et petits papillons y sont prins; or sà, les gros [taons][3] les rompent, or sà, et passent à travers, or sà. Semblablement nous ne cherchons les gros larrons et tyrans; or sà, ils sont de trop dure digestion, or sà, ils nous affoleroyent[a] or sà. Vous autres gentils innocens, or sà, le grand diable, or sà, vous chantera messe, or sà. »

Frere Jehan des Enlumineures[4] impatient de ce qu'avoit dict Grippeminault, luy dist : — « O monsieur le diable engipponné, comment veulx tu qu'il responde d'un cas qu'il ignore ? Ne te contente tu de vérité ?

— Or sà, dist Grippeminault, encores n'estoit de mon regne advenu, or sà, qui en personne sans premier estre interrogé parlast, or sà. Qui nous a deslié ce fol enraigé icy ?

— Tu as menty, disoit frere Jehan, sans les levres mouvoir.

— Or sà, quand seras en reng de respondre, or sà, tu auras prou à faire, or sà, marault.

— Tu as menty, disoit frere Jehan en silence.

---

a. assommeraient.

1. Voir *Briefve Declaration*, p. 250.
2. Cf. Érasme, *Adages*, III, 5, 73.
3. Texte du manuscrit et de l'édition de 1564. *L'Isle sonante* porte : *tharus.*
4. Le manuscrit porte : *frère Jehan des Antonneures*, l'édition de 1564 : *frère Jean.*

— Pense tu estre en la forest Academicque[1] avecques les ocieux veneurs[a] et inquisiteurs de vérité ? Or sà, nous avons bien icy autre chose à faire, or sà : icy on respond, je dy, or sà, categoricquement, de ce qu'on ignore. Or sà, on confesse avoir faict, or sà, ce qu'on ne feit oncques. Or sà, on proteste sçavoir ce que jamais on n'apprint. Or sà, on faict prendre patience en enrageant. Or sà on plume l'oye sans la faire crier. Or sà, tu parles sans procuration, or sà, que je te voy bien, or sà, tes fortes fievres quartaines, or sà, qui te puissent espouser, or sà !

— Diable, s'escria frere Jehan, archidiable, panthodiable[b], tu veulx doncques marier les moynes ? Ho ho, hau, je te prens pour heretique. »

Comment Panurge expose[c] l'enygme de Grippeminault.

Chapitre XIII

Grippeminault, semblant n'entendre ce propos, s'addresse à Panurge, disant : « Or sà, or sà, or sà, et toy, goguelu[d], n'y veulx tu riens dire ? » Respondit Panurge : « Or de par le diable, je voy clairement que la peste est icy pour le moins, or de par le diable là, veu que innocence n'y est en seureté, et que le diable y chante messe, or de par le diable là. Je vous prie que pour tous je la paye et nous laissez aller. Il ne pleut plus, or de par le diable là.

— Aller ! dist Grippeminault, or sà encores ne

---

a. oisifs chasseurs. — *b.* tout à fait diable. — *c.* explique. — *d.* farceur.

1. Il s'agit des jardins d'Academus à Athènes, lieu de rencontre des philosophes.

advint depuis trois cens ans que personne eschappast de ceans sans y laisser du poil, or sà, ou la peau pour le plus souvent, or sà. Car, quoy ? or sà, ce seroit à dire que par devant nous icy serois injustement traicté, or sà. Malheureux es tu bien, or sà ; mais encores plus le seras, or sà, si ne responds à l'Enygme proposé. Or sà, que veult il dire ? or sà ?

— C'est, Midas[1], or de par le diable là, respondit Panurge, un cosson[2] noir nay d'une febve blanche, or de par le diable là, là par le trou qu'il avoit faict la rongeant, or de par le diable là ; lequel aucunesfois volle, aucunesfois chemine en terre, or de par le diable là : dont fut estimé de Pithagoras, premier amateur de Sapience[3], ce est en Grec *philosophie*, or de par le diable là, avoir d'ailleurs par metempsichosie [ame][4] humaine receu or de par le diable là. Si vous autres estiez hommes, or de par le diable là, après vostre mort, selon son opinion, voz ames entreroyent en corps de cossons, or de par le diable là : car en ceste vie vous rongez et mangez tout ; en l'autre,

> Vous rongeriez comme viperes[5],
> Les costez propres de voz meres,
> Or de par le diable là.

— Cordieu, dist frere Jehan, de bien bon cœur je souhaitte que le trou de mon cul devienne febvre, et autour soit de ces cossons rongé. »

Panurge, ces motz achevez, jecta au meillieu du

---

1. Le mot *Midas*, qui se lit dans le manuscrit, ne figure pas dans l'édition de 1564.
Cf. Érasme, *Adages*, II, 9,86 :... Est enim Midas vermiculus quidam qui fabis innascitur.

2. Puceron qui mange les fèves.

3. Voir p. 321 l'avant-dernier vers de l'énigme.

4. Texte du manuscrit et de l'édition de 1564. *L'Isle sonante* porte une coquille grossière : *ains* humaine.

5. Les anciens, dit Servius au commentaire des *Géorgiques*, III, 416, croyaient que les vipères mouraient à la naissance de leurs petits.

Illustration pour Rabelais, *Œuvres,*
Paris, F. Bastien, an VI

parquet une grosse bourse Monsieur[1] pleine d'escuz au soleil[2]. Au son de la bourse commencerent tous les Chatzfourrez jouer des griphes, comme s'il fussent viollons desmanchez. Et tous s'escrierent à haute voix, disans : « Ce sont les espices; le procès fut bien bon, bien friant et bien espicé. — C'est or, dist Panurge, je dis escus au soleil. — La court, dist Grippeminault, l'entend, or bien, or bien, or bien. Allez, enfans, or bien, passez oultre : or bien, nous ne sommes tant diables, que nous sommes noirs, or bien, or bien, or bien. »

Yssans[a] du Guichet, feusmes conduicts jusques au port par certains griffons de montaignes[3]. Avant rentrer en noz navires, feusmes par iceulx advertiz que n'eussions à chemin prendre sans premierement avoir faict presens seigneuriaux, tant à la dame Grippeminaudiere qu'à toutes les Chattes fourrées; autrement, auroyent commission nous ramener au guischet. « Bien, respondit frere Jehan; nous icy à l'escart visiterons le fond de noz deniers, et donnerons à tous consentement[4]. — Mais, dirent les griphons, n'oubliez le vin[b] des pauvres diables. — Des pauvres diables, dist frere Jehan, jamais n'est en oubly le vin, il nous est memorial en tout temps et en toute saison. »

---

a. sortant. — *b.* pourboire.

1. Le mot *Monsieur* manque dans l'édition de 1564. *Bourse Monsieur* désigne peut-être une bourse d'homme.

2. Voir *Gargantua*, chap. LIII, t. I, p. 191, n. 2.

3. C'était le nom des guides, en Savoie. Il y a un jeu de mots, une allusion aux greffiers.

4. Le manuscrit et l'édition de 1564 donnent : *contentement*.

Comment les Chatz fourrez vivent de corruption.

Chapitre XIV

Ces parolles n'estoient achevées, quand frere Jehan apperceut soixante et huict cohuz barguettes[1] et fregates arrivantes au port; là, soudain courut demander nouvelles; ensemble, de quelle marchandise estoient les vaisseaux chargez, et veid que tous chargez estoient de venaison, levraux, chappons, palumbes, cochons, chevreux[a], vanneaux, poullets, canars, allerans[2], oisons, et autre sorte de gibbier. Parmy aussi apperceut quelques pieces de velours, satin, damars. Adoncques, interrogea les voyagers où et à qui ils portoient ces frians morceaux. Ils luy respondirent que c'estoit à Grippeminault, aux Chatz fourrez et Chates fourrées.

« Comment, dist frere Jehan, appellez vous ces drogues ? — Corruptions, respondirent les voyagers. — Ilz doncques, dist frere Jehan, de corruptions vivent, en generation periront[3]. Par la vertu Dieu, c'est cela : leurs peres mangerent les bons gentils-hommes qui, par raison de leur estat, s'exerseoient à la vollerie et à la chasse pour plus estre en temps de guerre escors[b] et ja endurciz au travail. Car venation[c] est un simulachre de bataille et oncques n'en mentit Xenophon escrivant estre de la vennerie, comme du cheval de Troye, yssus tous bons chefs de guerre[4]. Je ne suys pas clerc; mais on me l'a dict, et je le croy. Les ames d'iceux, selon l'oppinion de Grippeminault,

---

a. chevreuils. — b. habiles. — c. chasse.

1. Le manuscrit donne : *tahuz, barquettes et fregattes,* l'édition de 1564 : *galleres et fregades.*
2. Albrans : jeunes canards sauvages.
3. Saint Paul, 1ʳᵉ Ép. aux Corinthiens, XV, 42. *Sic et resurrectio mortuorum. Seminatur in corruptione, surget in incorruptione.*
4. Xénophon, *De la Chasse,* I, *in fine.*

après leur mort sont entrées es sangliers, cerfs, chevreux, hayrons, perdrix et autres tels animaux, lesquels
ils avoient, leur premiere vie durante, tousjours
aymé et cherché. Orez ces Chatz fourrez, avoir[a]
leurs chasteaux, terres, dommaines, possessions, rentes
et revenuz destruit et devoré, encores leur cherchent-
ils le sang et l'ame en l'autre vie. O le gueux de bien,
qui nous en donna l'advertissement à l'enseigne de la
mengeoire installée au dessus du ratelier ! — Voire
mais, dist Panurge, on a faict crier, de par le grand
Roy, que personne n'eust, sur peine de la hart, à
prendre cerfz ne bisches, sangliers ne chevreux. —
Il est vray, respondit un pour tous. Mais le grand Roy
est tout bon et benin. Ces Chatz fourrez sont tant
enragez et affamez de sang chrestien que moins de
peur avons nous, offençans le grand Roy, que d'espoir
ne entretenans ces Chatz fourrez par corruptions;
mesmement que demain Grippeminault marie une
sienne Chatte fourrée avecques un gros Mitouart[b],
chat bien fourré. Ou le temps passé, on les appelloit
Machefoings[c]; mais las ! ils n'en machent plus.
Nous, de present, les nommons machelevreaux, mache-
perdrix, machebeccasses, machefaisans, machepouletz,
machechevreux, macheconnins, machecochons; d'autre
viande ne sont alimentez. — Bren, bren, dist frere
Jehan : l'année prochaine nous les appellerons mache-
estrons, machefoire, machemerde. Me voulez-vous
croire ? — Ouy dea, respondit la brigate[d]. — Faisons,
dist il, deux choses : premierement, saisissons nous de
tout ce gibbier que voyez. Aussi bien suis-je fasché[e]
de salleures[f] : elles me eschauffent les hipo[c]ondres[1].
J'entends bien le payant. Secondement, retournons
au Guischet et mettons à sac tous ces Chatz fourrez.
Sans faute, dist Panurge, je n'y vois pas : je suis un
peu couart de ma nature. »

---

a. après avoir. — *b.* chat. — *c.* hommes avides. — *d.* troupe. —
e. dégoûté. — *f.* salaisons.

1. *L'Isle sonante* a l'orthographe *hypotondres*.

Comment Frere Jehan delibere
mettre à sac les Chatz fourrez.

CHAPITRE XV

« Vertu de froc, dist frere Jehan, quel voyage icy
faisons nous ? C'est un voyage de foirards : nous ne
faisons que vessir, que peter, que fianter, que ravasser,
que rien ne faire. Cap[a] de Dieu, ce n'est mon naturel :
si tousjours quelque acte heroicque ne faicts, la nuict
je ne puis bien dormir. Donques vous m'avez compaignon pris pour en cestuy voyage messe chanter et
confesser ? Pasques de soles[1], le premier qui n'y
viendra, aura en penitence soy comme lasche et meschant jecté au profond de la mer, en deduction des
peines de purgatoire[2]; je dis la teste la premiere. Qui
a mis Hercules en bruit et renommée sempiternelle ?
n'est-ce qu'il[3], peregrinant par le monde, [mettoit][4] les
peuples hors de tyrannie, hors d'erreur, des dangers et
angaries[b] ? Il mettoit à mort tous les brigands, tous
les monstres, tous les serpens veneneux et bestes
malfaisantes. Pourquoy ne suyvons nous son exemple,
et comme il faisoit, ne faisons nous en toutes les
contrées que passons ? Il deffit les Stymphalides[c],
[l'Hydre][5] de Lerne, Cachus, Antheus; les Centaures.
Je ne suis pas clerc, les clercs le disent. A son imitation
deffaisons et mettons à sac ces Chats fourrez : ce sont

---

a. tête. — *b.* tourments. — *c.* oiseaux du lac Stymphale.

1. Juron atténué : Pâques Dieu !
2. Cf. *Pantagruel*, chap. xxii (t. I, p. 333) et *Tiers Livre*, chap. xlvi
in fine (t. I, p. 593).
3. *L'Isle sonante* porte : *n'est-ce ce qu'il.*
4. Texte du manuscrit et de l'édition de 1564. *L'Isle sonante* porte :
mettre.
5. Texte du manuscrit et de l'édition de 1564. *L'Isle sonante* donne :
Thidée de Lerne.

tiercelets de diables[1] et delivrons le pais de leur tyrannie. Je renye Mahom[a], si j'estois aussi fort et puissant qu'il estoit, je ne vous demanderois ne ayde ne conseil. Or sà, irons nous ? Je vous asseure que aisement nous les occirons et ils l'endureront patiemment; je n'en doubte, veu que de nous ont patiemment enduré d'injures, plus que dix truyes ne beuroyent de lavailles[b]. Allons !

« D'injures, dis je, et de deshonneur ils ne se soucient, pourveu qu'ils ayent escuz en gibessiere, voire fussent ils tous breneux; et les defferons peut estre, comme Hercules, mais icy nous deffault le commandement d'Euristeus[2]; et rien plus pour ceste heure, fors que je souhaitte parmy eulx Juppiter se promener deux petites heures en telle forme que jadis visita Semelé, mere du bon Bacchus[3].

— Dieu, dist Panurge, nous a faict belle grace d'eschapper de leurs griffes; je n'y retourne pas, quant est de moy : je me sens encores esmeu et alteré de l'ahan[c] que je y pastiz. Et y fuz grandement fasché pour trois causes : la premiere, pour ce que j'y estois fasché; la seconde, pour ce que j'y estois fasché et la tierce, pour ce que je restois fasché. Escoute ce de ton aureille dextre, frere Jehan, mon coullon gauche : toutes et quantes fois que vouldras aller à tous les diables, devant le tribunal de Minos, [Æacus][4] Radamentus et Dites[5], je suis prest te faire compagnie indissoluble, avecques toy passer Acheron, Stix, Gocyte, boyre plain godet du fleuve de Lethé, payer pour nous deux à Charon le naule[d] de sa barque; pour retourner au Guischet, si seul n'y veux retourner,

---

a. Mahomet. — b. eaux de vaisselle. — c. souffrance. — d. péage.

1. Cf. *Tiers Livre*, chap. ix, t. I, p. 439, n. 1.
2. Demi-frère d'Hercule, il imposa à celui-ci les fameux travaux.
3. C'est-à-dire : en lançant sa foudre.
4. Texte du manuscrit et de l'édition de 1564. *L'Isle sonante* porte : *Cacus*.
5. Dieu gaulois qui régnait aux enfers.

saisis-toy d'autre compagnie, je n'y retourne pas; ce mot te soit une muraille d'airain[1]. Si par force et violence je n'y suis mené, je n'en aprocheray, tant que ceste vie je vivray, en plus que Calpe et Abyla[2]. Ulisses retourna-il querir son espée en la caverne du Ciclope ? Madia[a], non : au Guischet je n'ay riens oublié, je n'y retourneray pas.

— O, dist frere Jehan, bon cœur et franc, accompagné de paraliticques ! Mais parlons un peu par escot[3], docteur subtil : pourquoy est-ce, et qui vous meut leur jetter la bourse pleine de escuz; en avions nous trop ? n'eusse pas assez esté leur jetter quelques testons rongnez ?

— Parce, respondit Panurge, qu'à tous propos Grippeminault ouvroit sa gibbessiere de velours, exclamant : Or sà, or sà, or sà ! Je conjecturay que pouvions francs et delivres evader, leur jettant or là, or là, de par Dieu, or là, or là de par tous les diables. Car gibbessiere de velours n'est reliquaire de testons et menue monnoye; c'est bissac receptable[4] de escuz au soleil, entens-tu, frere Jehan mon petit coullard ? Quand tu auras autant rosty comme j'ay, et esté, comme j'ay esté, rosty[5], tu parleras autrement latin. Mais par leur injonction, il nous convient passer outre. »

Les gallefretiers[b] tousjours au port attendoient en expectation de quelque somme de deniers. Et voyans que voulions faire voille, s'addressoient à frere Jehan, l'advertissans qu'outre n'eust à passer sans payer le vin[c] des appariteurs, selon la taxation des espices.

---

a. par Dieu ! (Voir *Briefve Declaration*, p. 253.) — *b.* vauriens. — *c.* pourboire.

1. Cf. *Tiers Livre*, chap. xxvii, t. I, p. 517, n. 6.
2. L'édition de 1564 porte : *que calpe d'Abila*. Ce sont deux montagnes séparées par le détroit de Gibraltar.
3. Jeu de mots sur le nom du docteur subtil, *Duns Scott* l'Écossais, — donc « l'Escot » — et sur écho.
4. Le texte de *l'Isle sonante* est : *a bissac receptable*. L'édition de 1564 donne : *un receptacle d'escus au soleil.*
5. Cf. *Pantagruel*, chap. xiv, t. I, p. 289.

« Feste de sainct Baletrou[1], estes-vous encores icy,
dist frere Jehan, griffons de tous les diables ? Ne suis je
icy assez fasché sans m'importuner davantage ? Le
corps Dieu, vous aurez vostre vin à ceste heure,
je le vous promets seurement. » Lors desgaignant
son braquemart, sortit hors la navire, en deliberation[a] de felonneusement les occire; mais ils gaignoient
au pied le grand galot, et plus ne les apperceusmes.

Non pourtant feusmes nous hors de fascherie; car
aucuns de nos mariniers, par congé de Pantagruel, le
temps pendant qu'estions devant Grippeminaut, se
estoient retirez en une hostellerie pour banqueter et
soy quelque peu de temps refreschir. Je ne sçay s'ils
avoient bien ou non payé l'escot; si est ce qu'une
vieille hotesse, voyant frere Jehan en terre, luy faisoit
grandes complainctes, present un serre argent[2], gendre
d'un des Chatz fourrez et deux records[3] de tesmoins.
Frere Jehan impatient de leur long discours et alle-
gations demanda : « Gallefretiers, mes amys, voullez vous icy dire en somme que noz mathelotz ne sont
gens de bien ? Je maintiens le contraire; par Justice,
et le prouveray : c'est ce maistre braquemart icy. »
Ce disant, s'escrimoit de son bracquemart. Les paisans
se myrent en fuitte au trot; restoit seullement la vieille,
laquelle protestoit à frere Jehan que ses mathelotz
estoient gens de bien; se complaignoit qu'ils n'avoient
riens payé du lict, auquel après disner ils avoient
reposé, et pour le lict, demandoit cinq sols tournois.
« Vrayement, dist frere Jehan, c'est bon marché, ils
sont ingratz et n'en auront tousjours à tel pact[b] :
je le payeray volontiers, mais je le voudrois bien
veoir. » La vieille le mena au logis luy monstra le
lict, et l'ayant loué en toutes ses qualitez, dist qu'elle
ne faisoit l'encherie[c] si en demandoit cinq solz. Frere

a. avec l'intention. — b. condition. — c. un prix trop élevé.

1. Cf. *Pantagruel*, chap. xxvi, t. I, p. 349, n. 2.
2. Jeu de mots sur *sergent* et *serre-argent*.
3. Ce mot désignait de bas officiers de justice.

Jehan lui bailla cinq sols. Puis avec son bracquemart fendit couette et coussin[a] en deux et par les fenestres mectoit la plume au vent. Adonc la vieille descendit criant : à l'ayde ! au meurtre ! et soy amusant à recueillir la plume. Frere Jehan, de ce non contant, emporta la couverture, le matraz[b] et deux linceux[c] en nostre nauf, sans estre veu de personne, car l'air estoit plein et obscurcy de plume, et les donna aux mathelotz. Puis dist à Pantagruel les lictz estre à beaucoup meilleur marché qu'en Chinonnois, quoy qu'eussions les [celebres][1] oyes de Panthilé[2]. Car pour le lict la vieille ne luy avoit demandé que cinq douzains[3], lequel en Chinonnois ne vauldroit moings que douze francs[4].

Si tost que frere Jehan et les autres de la compagnie furent dans le navire, Pantagruel fist voile; mais il s'esleva un syroch[d] si vehement qu'ils perdirent route, et quasi reprenans les erres[e] du pays des Chats fourrez, ils entrerent en un grand gouffre duquel, la mer estant fort haute et terrible, un mousse, qui estoit au haut du trinquet[f], cria qu'il voyoit encores les fascheuses demeures de Grippeminault. Dont Panurge forcené de peur s'escrioit : « Patron, mon amy, maugré les vents et les vagues, tourne bride ! O mon amy, ne retournons point en ce meschant pais, où j'ay laissé ma bource. » Ainsi le vent les porta près d'une isle à laquelle toutesfois ils n'oserent aborder de prime face, et entrerent à bien un mille de là, près de grans rochers.

---

a. oreiller. — *b.* matelas. — *c.* draps. — *d.* sirocco. — *e.* chemin. — *f.* mât de misaine.

1. Texte du manuscrit et de l'édition de 1564. L'*Isle sonante* porte : *calabres.*
2. Cf. *Gargantua,* chap. VII, t. I, p. 33, n. 2.
3. Monnaie qui valait douze deniers.
4. Le chapitre s'arrête ici dans le manuscrit et dans l'édition de 1564. Le chapitre suivant ne se trouve que dans *l'Isle sonante.*

Comment Pantagruel arriva en l'isle des Apedeftes à longs doigs es mains crochues, et des terribles aventures et monstres qu'il y trouva.

CHAPITRE XVI
[*de l'Isle sonante*]

Si tost que les ancres furent jectées, et le vaisseau asseuré, l'on descendit l'esquif. Après que le bon Pantagruel eut fait les prieres et remercié le Seigneur de l'avoir sauvé de si grand danger, il entra et toute sa compagnie dans l'esquif, pour prendre terre; ce qui leur fut fort aisé, car la mer estant calme et les vents baissez, en peu de temps ils furent au rochiers. Comme ils eurent prins terre, Epistemon qui admiroit l'assiette du lieu et l'estrangeté des rochiers advisa quelques habitans du pays. Le premier à qui il s'addressa estoit vestu d'une robbe gocourte[a], de couleur de roy[1], avoit le pourpoint de demy ostade[2] à bas de manches de satin, et le hault de chamois, le bonnet à la coquarde[b] : homme d'assez bonne façon, et, comme depuis nous sçeumes, il avoit nom Gangnebeaucoup. Epistemon luy demanda comme s'appelloyent ces rochiers et vallées si estranges. Gangnebeaucoup luy dist que le pays des rochiers qui estoit une [co]lonie[3] tirée du pays de Procuration, l'appelloyent les Cahiers; et qu'au delà des rochiers, passant un petit quay[4], nous trouverions l'isle des Apedeftes[c]. « Vertu des

---

a. courte. — *b.* ayant un ornement en forme de crête de coq. — *c.* les Igorants (ἀπαίδευτοι en grec).

1. Le pourpre.
2. Étoffe de serge fabriquée en Angleterre à Worsted.
3. Nous corrigeons le texte de *l'Isle sonante* qui porte *relonie*.
4. Guay, gué.

Extravagantes[1], dist frere Jehan ! Et vous autres gens de bien, dequoy vivez vous icy ? Sçaurions nous boyre en vostre voirre[a] ? car je ne vous voy aucuns oultils que parchemins, cornets et plumes[2].

— Nous ne vivons, respondit Gangnebeaucoup, que de cela aussi : car il fault que tous ceulx qui ont affaire en l'isle passent par noz mains. — Pourquoy ? dist Panurge, estes vous barbiers ? qu'il fault qu'ils soyent testonnez[b]. — Ouy, dist Gangnebeaucoup, quant aux testons de leur bourse. — Par Dieu, dist Panurge, vous n'aurez de moy denier ny maille; mais je vous prie, beau sire, menez nous à ces Apedeftes, car nous venons du pays des sçavans[3], où je n'ay gueres gangné. »

En divisant[c], ils arriverent en l'isle des Apedeftes; car l'eau fut tantost passée. Pantagruel fut en grande admiration de la structure de la demeure et habitation des gens du pays; car ils demeurent en un grand pressouer, auquel on monte près de cinquante degrez; et avant que d'entrer au maistre pressouer (car leans y en a de petits, grands, secrets, moyens, et de toutes sortes) vous passez par un grand Peristile, où vous voiez en paysayge les ruynes presque de tout le monde, tant de potences, de grands larrons, tant de gibbets, de questions, que cela vous faict peur. Voyant Gangnebeaucoup que Pantagruel s'admusoit à cela : « Monsieur, dist il, allons plus avant; cecy n'est rien. — Comment, dist frere Jehan, ce n'est rien. Par l'ame de ma braguette eschauffée, Panurge et moy tremblons de belle faim. J'aymerois mieux boire que veoir ces ruynes icy. — Venez », dist Gangnebeaucoup.

Lors nous mena à un petit pressouer qui estoit caché sur le derriere, que l'on appelloit, en langage de

---

a. verre. — b. coiffés. — c. devisant.

1. Cf. *Quart Livre*, chap. XLVIII, p. 181, n. 2.
2. Le chapitre veut être une description allégorique de la Cour des Comptes, symbolisée par d'énormes pressoirs.
3. Ils viennent du pays des Chats fourrés.

l'isle, Pithies[1]. Là ne demandez pas si maistre Jehan se traicta, et Panurge : car saulcisons de Millan, cocqs d'Inde, chappons, autardes, malvoysie, et toutes bonnes viandes[a] estoient prestes et bien accoustrées[b]. Un petit boutiller voyant que frere Jehan avoit donné une œillade amoureuse sur une bouteille qui estoit près d'un buffet, separée de la trouppe boutillique, dist à Pantagruel : « Monsieur, je voy que l'un de voz gens faict l'amour à ceste bouteille; je vous supplie qu'il n'y soit touché, car c'est pour Messieurs. — Comment, dist Panurge, il y a donc des messiers[c] ceans ? L'on y vendange à ce que je voy. » Alors Gangnebeaucoup nous fist monter par un petit degré caché, en une chambre par laquelle il nous monstra les Messieurs qui estoyent dans le grand pressouer, auquel il nous dist qu'il n'estoit licite à homme d'y entrer sans leur congé, mais que nous les verrions bien par ce petit goulet de fenestre, sans qu'ils nous vissent.

Quand nous y fusmes, nous advisasmes dans un grand pressouer vingt ou vingtcinq gros pendards à l'entour d'un grand bourreau[2] tout habillé de verd qui s'entreregardoyent, ayans les mains longues comme jambe de grue et les ongles de deux pieds pour le moins : car il leur est défendu de ne les rongner jamais, de sorte qu'ils leur deviennent croches comme rancons[d] ou rivereaulx[e]; et sur l'heure fut amenée une grosse grappe des vignes qu'on vendange en ce pays là, du plan de l'Extraordinaire[3], qui souvent pend à Eschalats[4]. Si tost que la grappe fut là, ils la meirent

---

a. aliments. — *b*. préparées. — *c*. gardes champètres qui veillaient sur les moissons et les vendanges. — *d*. piques ayant de chaque côté un crochet recourbé. — *e*. perches à crochets dont se servaient les bateliers de la Loire.

1. Outres. Le mot est probablement formé sur le grec πίθος qui signifie tonneau. La buvette de la Cour des Comptes était célèbre. Il se peut qu'il y soit fait ici allusion.

2. Jeu de mots sur *bourreau* et *bureau*.

3. Allusion aux comptes de l'Extraordinaire des guerres.

4. Allusion possible au supplice de Jean Poncher, trésorier de

au pressouer et n'y eut grain dont pas un ne pressurast de l'huyle d'or; tant que la povre grappe fut remportée si seiche et espluchée qu'il n'y avoit plus just ne liqueur du monde. Or, nous comptoit Gangnebeaucoup qu'ils n'ont pas souvent ces grosses grappes là; mais qu'ils en ont tousjours d'autres sur le pressouer. « Mais, mon compere, dist Panurge, en ont ils de beaucoup de plants ? — Ouy, dist Gangnebeaucoup. Voyez vous bien ceste là petite que voyez qui s'en va remettre au pressouer ? elle est du plan des Décimes[1] : ils en tirerent desjà l'autre jour jusques au pressurage; mais l'huile sentoit le coffre au prestre, et Messieurs n'y trouverent pas grand appigrets[a]. — Pourquoy doncq, dist Pantagruel, la remettent ils au pressouer ? — Pour veoir, dist Gangnebeaucoup, s'il y a point quelque omission de jus ou recepte dans le marc. — Et vertu Dieu, dist frere Jehan, appelez vous ces gens là ignorans ? Comme, diable ! ils tireroyent de l'huyle d'un mur. — Aussi font-ils, dist Gangnebeaucoup : car souvent ils mettent au pressouer des chasteaulx, des parcqs, des forets, et de tout en tirent l'or potable[2]. — Vous voulez dire portable. dist Epistemon. — Je dy potable, dist Gaignebeauc[oup][3] : car l'on en boit ceans mainte bouteille que l'on ne bevroit pas. Il y en ha de tant de plants que l'on n'en sçait le nombre. Passez jusques icy, et voyez dans ce courtil[b] : en voylà plus de mille qui n'attendent que l'heure de estre pressurez. En voylà du plan general; voylà du particulier, des fortifications, des emprunts, des dons, des casuels, des dommaines, des menuz plaisirs, des postes, des offrandes, de la

---

a. assaisonnements. — *b.* petit enclos.

l'Extraordinaire qui fut pendu en 1535 à cause de ses malversations et dont les biens furent confisqués.

1. Taxe que payait le clergé.
2. Allusion aux comptes du Domaine.
3. Le texte de *l'Isle sonante* est *Gaignebeauc.*

Maison[1]. — Et qui est ceste grosse là, à qui toutes ces petites sont à l'environ ? — C'est, dist Gaignebeaucoup, de l'Espargne[2], qui est le meilleur plan de tout ce pays. Quand on en pressure de ce plan, six moys après il n'y a pas un de Messieurs qui ne s'en sente. »

Quand ces Messieurs furent levez, Pantagruel pria Gangnebeaucoup qu'il nous menast en ce grand pressouer; ce qu'il fist volontiers. Si tost que fusmes entrez, Epistemon, qui entendoit toutes langues, commença à monstrer à Pantagruel les devises du pressouer, qui estoit grand et beau, faict, à ce que nous dist Gangnebeaucoup, du boys de la croix : car sur chacun ustencile estoyent escripts les noms de chacune chose en langue du pays. La viz du pressouer s'appeloit *recepte ;* la mets[3], *despense ;* l'escroue, *estat ;* le tesson, *deniers comptez et non receuz ;* les futs, *souffrance ;* les belliers, *radiatur ;* les jumelles, *recuperetur ;* les cuves, *plus valleur ;* les ansées, *roolés ;* les foullouaires, *acquits ;* les hottes, *validation ;* les portoires, *ordonnance vallable ;* les seilles, *le pouvoir ;* l'entonnoir, *le quittus.*

« Par la royne des Andouilles, dist Panurge, toutes les hiéroglyfiques d'Égypte n'approcherent jamais de ce jargon. Que diable, ces mots là rencontrent de picques[a] comme crottes de chevre. Mais pourquoy, mon compere, mon amy, appelle-on ces gens icy ignorans ? — Par ce, dist Gangnebeaucoup, qu'ils ne

---

a. tombent mal.

1. Énumération des différents impôts levés par le roi : la *Maison* désigne la *Maison du Roi*, c'est-à-dire l'ensemble des officiers attachés à sa personne.
2. Le Trésor de l'Épargne avait été établi au Louvre en 1531.
3. Le conteur accumule ici des termes techniques empruntés à la langue des vignerons et des comptables : la *maie* est le bassin où coule le vin du pressoir, l'*escrouë*, l'écrou qui fixe le *tesson* ou arbre du pressoir; les *jumelles* sont des pièces de bois montantes qui entrent dans la composition du pressoir; les *ansées*, des cuves à deux anses destinées à recevoir le vin; les *foullouaires* désignent le fouloir où l'on écrase le raisin, les *portoueres*, les comportes où l'on vide les hottes, les *seilles*, les seaux.

sont et ne doyvent nullement estre clercs, et que ceans, par leur ordonnance, tout se doibt manier par ignorance et n'y doibt avoir raison, sinon que : Messieurs l'ont dit; Messieurs le veulent; Messieurs l'ont ordonné. — Par le vray Dieu, dist Pantagruel, puisqu'ils gangnent tant aux grappes, le serment[1] leur peut beaucoup valloir. — En doubtez vous ? dist Gangneb[eaucoup][2]. Il n'est moys qu'ils n'en ayent. Ce n'est pas comme en voz pays, où le serment ne vous vault rien qu'une fois l'année. »

De là, pour nous mener par mille petits pressouers, en sortant nous advisasmes un autre petit bourreau, à l'entour duquel estoyent quatre ou cinq de ces ignorants, crasseux, choleres comme asne à qui l'on a attaché une fusée aux fesses, qui, sur un petit pressouer [qu'ils] avoyent[3] là, repassoyent encores le marc des grappes après les autres; l'on les appelloit, en langage du pays, *Courracteurs*[4]. « Ce sont les plus rebarbatifs villains à les voir, dist frere Jehan, que j'aye point apperceu. »

De ce grand pressouer nous passasmes par infiniz petits pressouers, tous pleins de vendangeurs qui espluchent les grains avec des ferrements[a] qu'ils appellent *articles de compte* ; et finablement arrivasmes en une basse salle où nous veismes un grand dogue à deux testes de chien, ventre de loup, griffé[b] comme un diable de Lamballe[5], qui estoit là nourry de laict d'amendes, et estoit ainsi delicatement par l'ordonnance de Messieurs, parce qu'il n'y avoit celuy à qui

---

a. outils. — *b.* qui avait des griffes.

1. Jeu de mots sur *serment* et *sarment*.
2. Le texte de *l'Isle sonante* est : *Gangneb.*
3. *L'Isle sonante* porte : *qui l'avoyent.*
4. Les correcteurs étaient des officiers de finances chargés de vérifier les comptes. Leur ordre avait été créé en 1410.
5. Allusion probable à une diablerie comme celles dont il a été question au *Tiers Livre*, chap. iii, t. I, p. 419 et au *Quart Livre*, chap. xiii, *supra*, p. 77.

il ne valust bien la rente d'une bonne mestairie; ils l'appelloyent en langue d'Ignorance, *Dupple*[1]. Sa mere estoit auprès, qui estoit de pareil poil et forme, hors mis qu'elle avoit quatre testes, deux masles et deux femelles, et elle avoit nom *Quadruple*[2], laquelle estoit la plus furieuse beste de leans et la plus dangereuse après sa grande mere, que nous veismes enfermée en un cachot qu'ils appelloient *Omission de recepte*.

Frere Jehan, qui avoit tousjours vingt aulnes de boyaulx vuydes pour avaller une saugrenée[3] d'advocats, se commençant à fascher, pria Pantagruel de penser du disner et de mener avecques luy Gangnebeaucoup; de sorte qu'en sortant de leans par la porte de derriere, nous rencontrasmes un vieil homme enchesné, demy ignorant, demy savant, comme un Androgyne de diable, qui estoit de lunettes caparassonné comme une tortue d'ecailles et ne vivoit que d'une viande[a] qu'ils appellent en leur pattois *Appellations*[b]. Le voyant, Pantagruel demanda à Gangnebeaucoup de quelle race estoit ce portenotaire[4] et comme il s'appelloit. Gangnebeaucoup nous compta comme de toute ancienneté il estoit leans au grand regret de Messieurs enchesné, qui le faisoyent presque mourir de faim, et qu'il se appelloit *Revisit*.

« Par les saincts coullons du Pape, dist frere Jehan, voyla un beau danseur, et je ne m'esbahis pas si Messieurs les ignorans d'icy font grand cas de ce papelard là. Par Dieu, il m'est advis, amy Panurge, si tu y regardes bien, qu'il a le minois de Grippeminault; ceulx cy, tous ignorans qu'ils sont, en savent autant que les autres. Je le renvoyrois bien d'où il est venu, à grans coups d'anguillade[c]. — Par mes lunettes

---

a. aliment. — *b.* révisions des comptes. — *c.* fouet de peaux d'anguille.

1. Amende du double.
2. Amende du quadruple.
3. Ragoût de pois et de fèves.
4. Protonotaire.

orientales[1], dist Panurge, frere Jehan, mon amy, tu as
raison : car, à veoir la trongne de ce faulx villain
Revisit, il est encores plus ignorant et meschant que ces
pauvres ignorans icy, qui grappent[a] au moins mal qu'ils
peuvent, sans long proces, et qui, en trois petits mots,
vendangent le clos sans tant d'interlocutoires ny
decrotoyres[b], dont ces Chats fourrez en sont bien
faschez[2]. »

Comment nous passasmes Outre,
et comment Panurge y faillit d'estre tué.

CHAPITRE XVI
[de l'édition de 1564]

Sus l'instant nous prinsmes la routte d'Outre, et
contasmes nos adventures à Pantagruel[3], qui en eut
commiseration bien grande, et en fist quelques elegies
par passe-temps. Là arrivez, nous refraischismes un
peu et puisasmes eau fresche, prinsmes aussi du bois
pour nos munitions[c]. Et nous sembloient les gens du
païs à leur phisionomie bons compagnons, et de
bonne chère. Ils estoient tous oultrés[d] et tous pedoient
de graisse; et apperceusmes (ce que n'avois encores

---

a. grappillent. — b. brosses à chaussures. — c. provisions. —
d. gonflés comme des outres.

1. Cf. « *non pour toutes les bezicles d'Afrique* », *Quart Livre*, v, *supra*,
p. 48.
2. *L'Isle sonante* s'achève ici sur la mention : *Fin du voyage de l'Isle
sonante.*
3. Pantagruel, descendu à l'île des Apedeftes, a refusé de descendre
à l'île du Guichet (cf. chap. XI) : ce sont les aventures arrivées dans
cette île qui lui sont contées dans ce chapitre. Il se peut que le
chapitre XVI, sur lequel finit *l'Isle sonante* et qui manque dans le manuscrit et l'édition de 1564, soit mal placé.

LE
CINQVIESME
ET DERNIER LIVRE

DES FAICTS ET DICTS

Heroïques du bon Pantagruel,
compofé par M. François
Rabelais, Docteur en
Medecine.

*Auquel eſt contenu la viſitation de l'Oracle
de la Diue Bacbuc, & le mot de la Bouteille: pour lequel auoir, eſt entrepris tout ce
long voyage.*

Nouuellement mis en lumiere.

M. D. LXIIII.

veu en païs autre) qu'ils deschiquetoient leur peau pour y faire bouffer la graisse, ne plus ne moins que les sallebrenaux[a] de ma patrie descouppent le hault de leurs chausses pour y faire bouffer le taffetas. Et disoient ce ne faire pour gloire et ostentation, mais autrement ne pouvoient en leur peau. Ce faisant aussi, plus soudain devenoient grands, comme les jardiniers incisent la peau des jeunes arbres pour plustost les faire croistre.

Près le havre estoit un cabaret beau et magnifique en exterieure apparence, auquel accourir voyans nombre grand de peuple Outré, de tous sexes, toutes aages et tous estats, pensions que là fut quelque notable festin et banquet. Mais nous fut dit qu'ils estoient invitez aux crevailles[b] de l'hoste et y alloient en diligence proche parens et alliez. N'entendans ce gergon, et estimans qu'en iceluy pays le festin on nommast crevailles, comme deça nous appellons enfiansailles, espousailles, velenailles[1], tondailles[c], mestivales[d], fusmes advertis que l'hoste en son temps avoit esté bon raillard, grand grignoteur, beau mangeur de souppes Lionnoises[2], notable compteur de horloge, eternellement disnant, comme l'hoste de Rouillac[3], et ayans ja par dix ans pedé graisse en abondance, estoit venu en ses crevailles, et selon l'usage du pays finoit[e] ses jours en crevant, plus ne pouvant le perytoine et peau par tant d'années deschiquetée clorre et retenir ses trippes qu'elles ne effondrassent par dehors, comme d'un tonneau deffoncé. « Et quoy, dist Panurge, bonnes gens, ne luy sauriez vous bien appoinct avecques bonnes grosses sangles ou bons gros cercles

---

a. élégants. — b. repas où l'on mange à en crever. — c. repas donnés lors de la tonte des moutons. — d. repas donnés pour les moissons. — e. achevait.

1. Il doit s'agir d'un repas donné pour la naissance d'un veau. Le manuscrit donne : *relevailles*.

2. Soupes gratinées à l'oignon et au fromage.

3. Près d'Angoulème.

de cormier, voire de fer, si besoin est, le ventre relier ?
Ainsi lié ne jetteroit si aisément ses fons hors, et si tost
ne creveroit. » Ceste parolle n'estoit achevée quant
nous entendismes en l'air un son haut et strident,
comme si quelque gros chesne esclatoit en deux pieces;
lors fut dit par les voisins que ses crevailles estoient
faictes et que cestuy esclat estoit le ped de la mort.

Là me souvint du venerable Abbé de Castilliers[1],
celuy qui ne daignoit biscoter ses chambrieres *nisi in
Pontificalibus*[2], lequel importuné de ses parens et amis
de resigner sur ses vieux jours son Abbaye, dist et protesta que point ne se despouilleroit devant soy coucher,
et que le dernier ped que feroit sa paternité seroit un
ped d'Abbé.

*Comment nostre nauf fut encarrée[a], et feusmes aidez
d'aucuns voyagiers qui tenoient de la Quinte[3].*

Chapitre XVII

Ayans serpé[b] nos ancres et gumenes[c], feismes voile
au doux Zephyre. Environ 222 mile, se leva un
furieux turbillon de vens divers, autour duquel avec
le trinquet et boulingues quelque peu temporisasmes,
pour seulement n'estre dicts mal obeissans au Pilot,
lequel nous asseuroit, veuë la douceur d'iceux vens,
veu aussi leur plaisant combat, ensemble la serenité de
l'air et tranquilité du courant, n'estre ny en espoir de

---

a. échouée. — *b.* levé. — *c.* câbles.

1. Il y avait une abbaye cistercienne à Chastelliers dans les Deux-
Sèvres. On ne sait à qui il est fait allusion ici.
2. Si ce n'est vêtu de ses habits pontificaux.
3. Des sujets de la Quinte Essence, des coupeurs de cheveux en
quatre.

grand bien, ny en crainte de grand mal : partant[a] à propos nous estre la sentence du philosophe[1], qui commendoit soustenir et abstenir, c'est à dire temporiser. Tant toutesfois dura ce turbillon qu'à nostre requeste importune, le Pilot essaya le rompre et suivre nostre routte premiere. De faict, levant le grand artemon, et à droitte calamite[b] du Boussole dressant le gouvernail, rompit, moyennant un rude cole[c] survenant, le turbillon susdict. Mais ce feut en pareil desconfort, comme si evitans Charybde, feussions tombez en Scylle. Car à deux mile du lieu, feurent nos naufs encarrées[d] par-my les arenes[e], telles que sont les Rats Sainct-Mathieu[2].

Toute nostre chorme[f] grandement se contristoit, et force vent à travers les mejanes[g]; mais frere Jean onques ne s'en donna melancholie, ains consoloit maintenant l'un, maintenant l'autre par douces parolles; leur remonstrant que de brief aurions secours du Ciel et qu'il avoit veu Castor sus le bout des antennes[3]. « Plust à Dieu, dist Panurge, estre à ceste heure à terre, et rien plus, et que chascun de vous autres, qui tant aimez la marine, eussiez deux cens mille escus; je vous mettrois un veau en muë et refraischirois un cent de fagots pour vostre retour. Allez, je consens jamais ne me marier; faictes seulement que je sois mis en terre, et que j'aie cheval pour m'en retourner : de valet, je me passeray bien. Je ne suis jamais si bien traité que quand je suis sans valet. Plaute jamais n'en mentit disant le nombre de nos croix, c'est à dire afflictions, ennuits, fascheries, estre selon le nombre de nos valets[4], voire

---

a. et que, dès lors... — b. au droit de l'aiguille. — c. tourmente. — d. échouées. — e. sables. — f. chiourme. — g. misaines.

1. Épictète (Ἀνέχου καὶ ἀπέχου).
2. En Bretagne. Cf. IV, 25, p. 116. Le texte imprimé porte : *Saint-Maixant* qui est absurde. Nous suivons le manuscrit.
3. Il s'agit du feu Saint-Elme.
4. Le mot, cité par Érasme, *Adages*, II, 3, 31, n'est pas dans Plaute, mais dans Sénèque, *Épîtres*, 47. On l'attribue à Caton l'Ancien.

fussent-ils sans langue, qui est la partie plus dangereuse et male qui soit à un valet[1] et pour laquelle seule furent inventées les tortures, questions et gehennes sur les valets : ailleurs non, combien que les cotteurs[2] de Droict en ce temps, hors ce Royaume, le ayent tiré à consequence alogique, c'est à dire desraisonnable. »

En icelle heure, vint vers nous droit aborder une navire chargée de tabourins, en laquelle je recognu quelques passagers de bonne maison, entre autres Henry Cotiral[3], compaignon vieux, lequel à sa ceinture un grand viet-d'aze[a] portoit, comme les femmes portent patenostres[4], et en main senestre tenoit un gros, gras, vieux et salle bonnet d'un taigneux; en sa dextre tenoit un gros trou[b] de chou. De prime face qu'il me recognut s'escria de joye, et me dist : « En ay-je[5] ? voyez-cy (monstrant le viet-d'aze) le vray Algamana[6] : cestuy bonnet doctoral est nostre unique Elixo[7] et cecy (monstrant le trou de chou) c'est *Lunaria major*[8]. Nous la[9] ferons à vostre retour. — Mais, di-je, d'où venez ? où allez ? qu'apportez ? avez senty la marine ? » [Il me respond][10] : « De la Quinte[c], en Touraine, Alchimie, jusques au cul. — Et quels gens, di-je, avez là avec vous sus le tillac ? — Chantres, respondit-il, Musiciens, Poëtes, Astrologues, Rimasseurs, Géomantiens, Alchimistes, Horlogiers : tous tiennent de la Quinte; ils en ont lettres d'avertissement belles et amples. »

---

a. vit d'âne. — *b.* tronc. — *c.* la Quinte essence.

1. Formule empruntée à Juvénal, *Satires*, IX, 121.
2. Peut-être une plaisanterie sur *docteurs ?*
3. On suppose qu'il s'agit ici de Corneille Agrippa. Voir t. I, p. 505, n. 2.
4. Voir *Pantagruel*, chap. XXI, t. I, p. 329, n. 1.
5. Voir *Prologue* du *Quart Livre*, p. 25, n. 1.
6. Mélange de mercure et d'un autre métal.
7. Pour les alchimistes nom du mercure et du soleil.
8. Plante crucifère, la grande lunaire.
9. Le mot désigne probablement la pierre philosophale.
10. L'édition de 1564 imprime : *Je lui responds*. Nous adoptons la leçon du manuscrit.

Il n'eut achevé ce mot, quant Panurge, indigné et fasché, dist : « Vous donques qui faictes tout jusques au beau temps et petits enfans, pourquoy icy ne prenez le Cap[a] et, sans delay, en plain courant nous revoquez[b] ? — J'y allois, dist Henry Cotiral: à ceste heure, à ce moment, presentement serez hors du fond. » Lors feist deffoncer 7.532.810 gros tabourins d'un costé, cestuy costé dressa vers le guillardet[1], et estroitement lierent en tous les endroits les gumenes; print nostre Cap en pouppe et l'attacha aux bitons[c]. Puis en premier hourt[d] nous serpa des arenes avec facilité grande, et non sans esbattement. Car le son des tabourins, adjoint le doux murmur du gravier et le celeusme[e] de la Chorme, nous rendoient harmonie peu moindre que celle des astres rotans[f], laquelle dit Platon avoir par quelques nuicts ouye dormant[2].

Nous abhorrans d'estre envers eux ingrats pour ce bienfait reputez, leur departions de nos andouilles, emplissions leurs tabourins de saucisses, et tirions sur le tillac soixante et deux aires[g] de vin, quant deux grans Physiteres[h] impetueusement aborderent leur nauf, et leur jetterent dedans plus d'eau que n'en contient la Vienne depuis Chinon jusques à Saulmur[3], et en emplirent tous leurs tabourins, et mouillerent toutes leurs antennes, et leurs baignoient les chausses par le collet. Ce que voyant, Panurge entra en joye tant excessive, et tant exerça sa ratelle qu'il en eut la colique plus de deux heures. « Je leur voulois, dit-il, donner leur vin[i], mais ils ont eu leur eau bien à propos. D'eaue douce ils n'ont cure et ne s'en servent qu'à laver

---

a. proue. — b. ramenez. — c. bittes. — d. du premier coup. — e. chant. —f. tournant. — g. outres. — h. baleines. — i. pourboire.

1. Gaillardet, pavillon échancré arboré sur le mât de misaine.
2. Voir *Tiers Livre*, chap. IV, t. I, p. 421, n. 1.
3. La Vienne se jette dans la Loire avant Saumur à Candes qui est à une quinzaine de kilomètres de Chinon. Le ms. porte *Sainlouand*, petit village près de Chinon.

les mains. De bourach[a] leur servira ceste belle eau
sallée, de nitre et sel Ammoniac en la cuisine de
Geber[1]. »

Autre propos ne nous fut loisible avec eux tenir,
le tourbillon premier nous tollissant[b] liberté de timon.
Et nous pria le Pilot que laississions[c] d'orenavant la
mer nous guider, sans d'autre chose nous empescher
que de faire chere lie : et pour l'heure nous convenoit costoyer cestuy turbillon et obtemperer au
courant, si sans danger voulions au royaume de la
Quinte parvenir.

Comment nous arrivasmes
au Royaume de la Quinte Essence, nommée Entelechie.

CHAPITRE XVIII

Ayans prudemment coustoyé le turbillon par l'espace
d'un demy jour, au troisieme suivant nous sembla l'air
plus serain que de coustume et en son sauvement descendismes au port de [Mateothechnie[d]][2], peu distant du
palais de la Quinte Essence. Descendans au port,
trouvasmes en barbe[e] grand nombre d'archiers et gens
de guerre, lesquels gardoient l'Arsenac. De prime
arrivée, ils nous feisrent quasi peur, car ils nous
feisrent à tous laisser nos armes, et roguement nous
interroguerent, disans : « Comperes, de quel païs est
la venue ? — Cousins, respondit Panurge, nous
sommes Tourengeaux. Ores venons de France, convoi-

---

a. borax. — b. enlevant. — c. laissions. — d. Science vaine (grec,
ματαιοτεχνία). — e. en face de nous.

1. Alchimiste né à Séville au VIIIe siècle. Au chapitre 89 de son
De vanitate Scientiarum Corneille Agrippa emploie l'expression « cuisine
de Geber » pour désigner l'alchimie.

2. Texte du manuscrit. L'édition de 1564 donne : *Matrotehcne*.

teux de faire reverence à la dame Quinte Essence et
visiter ce trescelebre royaume d'Entelechie[a].

— Que dites vous ? interroguent-ils; dites vous
Entelechie, ou Endelechie[b][1] ? — Beaux cousins, respondit Panurge, nous sommes gens simples et idiots[c];
excusez la rusticité de nostre langage, car au demourant
les cœurs sont francs et loyaux. — Sans cause, dirent
ils, nous vous avons sus ce different interrogez : car
grand nombre d'autres ont icy passé de vostre païs
de Touraine, lesquels nous sembloient bons lourdaux
et parloient correct; mais d'autre païs sont icy venus,
ne sçavons quels outrecuidez, fiers comme Escossois,
qui contre nous à l'entrée vouloient obstinément
contester; ils ont esté bien frottez, quoy qu'ils mons-
trassent visaige rubarbatif[2]. En vostre monde avez
vous si grande superfluité de temps que ne sçavez
en quoy l'employer, fors ainsi de nostre dame Royne
parler, disputer, et impudentement escrire ? Il estoit
bien besoin que [Cicéron][3] abandonnast sa *Republique*
pour s'en empescher[4], et Diogenes Laërtius[5], et Theo-
dorus Gaza[6], et Argyropile[7], et Bessarion[8], et Poli-
tian[9], et Budé[10], et Lascaris[11], et tous les diables de

---

a. Perfection. — *b.* Persévérance dans l'être. — *c.* ignorants.

1. Après les anciens, les humanistes du xvie siècle discutèrent sur
le sens des deux mots ἐντελέχεια et ἐνδελέχεια qui ne diffèrent
que par une lettre.

2. Jeu de mots sur *rhubarbe* et *rébarbatif.*

3. Texte du manuscrit. L'édition de 1564 porte une coquille évidente :
Cicbon. — 4. Voir les *Tusculanes,* I, 10.

5. Cf. sa *Vie d'Aristote,* XIV, 32.

6. Prêtre grec du xve siècle.

7. Jean Argyropoulos savant grec du xve siècle qui enseigna le,
grec et la philosophie à Padoue, à Florence où les Médicis le protégè-
rent, et enfin à Rome.

8. Célèbre humaniste du xve siècle qui fut nommé cardinal en 1439,
puis patriarche de Constantinople en 1463. Entre autres travaux, il
traduisit la *Métaphysique* d'Aristote, écrivit une défense de Platon, et
une explication des *Lois* de Platon.

9. Voir *Gargantua,* t. I, p. 8, n. 4.

10. Il parle de l'Entéléchie dans le *De Asse.*

11. Humaniste renommé, cf. *Gargantua,* chap. xxiv, t. I, p. 97, n. 2.

sages fols : le nombre desquels n'estoit assez grand, s'il n'eust esté recentement accreu par Scaliger[1], Brigot[2], Chambrier[3], François Fleury[4], et ne sçay quels autres tels jeunes haires esmouchetez[5]. Leur male angine, qui leur suffocast le gorgeron avec l'epiglotide ! Nous les... — Mais quoy, diantre, ils flattent les diables, disoit Panurge entre les dens. — Vous icy n'estes venus pour en leur folie les soustenir, et de ce n'avez procuration : plus aussi d'iceux ne vous parlerons. Aristoteles, prime homme et paragon de toute philosophie, fut parrin de nostre dame Royne; il tresbien et proprement la nomma Entelechie[6]. Entelechie est son vray nom : s'aille chier, qui autrement la nomme ! Qui autrement la nomme, erre par tout le Ciel. Vous soyez les tresbien venus. »

Nous presenterent l'accollade; nous en feusmes tous resjouys. Panurge me dist en l'aureille : « Compagnon, as tu rien eu peur en ceste premiere boutée[a] ? — Quelque peu, respondy-je. — J'en ay, dist-il, plus eu que jadis n'eurent les soldats d'Ephrain, quand par les Galaadites feurent occis et noyez pour en lieu de Schibboleth dire Sibboleth[7]. Et n'y a homme, pour tous taire, en Beauce, qui bien ne m'est avec une charrete de foin estouppé[b] le trou du cul. »

Depuis nous mena le Capitaine au Palais de la Royne en silence et grandes ceremonies. Pantagruel luy vouloit tenir quelque propos; mais, ne pouvant monter

---

a. sortie. — b. bouché.

1. Dont les *Exercitationes adversus Cardanum* n'ont paru qu'en 1557 après la mort de Rabelais : il y a là un argument pour refuser à Rabelais la paternité du *Cinquième Livre*.

2. Guillaume Bigot, humaniste qui enseigna à Tübingen et à Nîmes, auteur d'un *Christianae philosophiae praeludium* (1548).

3. Il parla de l'Entéléchie dans son commentaire des *Tusculanes*.

4. Juriste italien du XVIe siècle qui avait publié en France une défense de la langue latine (Gryphe, 1537).

5. Voir *Pantagruel*, chap. XIV, t. I, p. 293, n. 3.

6. Dans le *De Anima*, II, I.

7. Allusion à un passage des *Juges*, XII, 5-6.

si haut qu'il estoit, souhaitoit une eschelle, ou des eschasses bien grandes. Puis dist : « Baste ! si nostre dame Royne vouloit, nous serions aussi grans comme vous. Ce sera quant il luy plaira. » Par les premieres galleries rencontrasmes grand tourbe[a] de gens malades, lesquels estoient installez diversement, selon la diversité des maladies : les ladres à part, les empoisonnez en un lieu, les pestiferez ailleurs, les verolez en premier rang; ainsi de tous autres.

Comment la Quinte Essence guarissoit les malades par chansons.

Chapitre XIX

En la seconde gallerie nous feut par le Capitaine monstré la dame jeune, (et si avoit dixhuict cens ans pour le moins[1]), belle, delicate, vestue gorgiasement, au milieu de ses damoiselles, gentils-hommes. Le Capitaine nous dit : « Heure n'est de parler à elle, soyez seulement spectateurs attentifs de ce qu'elle faict. Vous, en vostre Royaume, avez quelques Roys, lesquels phantastiquement guarissent d'aucunes maladies[2], comme scrophule, mal-sacré[b], fiebvres quartes, par seule apposition des mains. Ceste nostre Royne de toutes maladies guarist sans y toucher, seulement leur sonnant une chanson selon la competence[c] du mal. » Puis nous monstra les orgues, desquelles sonnant, faisoit ces admirables guarisons. Icelles estoient de façon bien estrange : car les tuyaux estoient de casse en canon[3],

---

a. foule. — *b.* épilepsie. — *c.* ce qui convient au.

1. Puisqu'elle est née au temps d'Aristote, au iv[e] siècle avant J.-C.
2. Les rois de France et d'Angleterre.
3. C'est-à-dire : fruits de casse purgative en forme de canon.

le sommier^a de gaiac[1], les marchettes^b de rubarbe, le suppied^c de turbith[2], le clavier de scammonie[3].

Lors que considerions ceste admirable et nouvelle structure d'orgues, par ses Abstracteurs, Spodizateurs^d, Massiteres^e, Pregustes^f, Tabachins[4], Chachanins, Neemanins, Rabrebans, Nereins, Rozuins, Nedibins, Nearins, Segamions, Perazons, Chesinins, Sarins, Sotrins, Aboth, Enilins, Archasdarpenins, Mebins, Giborins, et autres siens officiers, furent les lepreux introduits; elle leur sonna une chanson, je ne sçay quelle; soudain furent et parfaictement guaris. Puis furent introduits les empoisonnez; elle leur sonna une autre chanson, et gens debout. Puis les aveugles, les sourds, les muets, leurs appliquant de mesme. Ce que nous espouvanta, non à tord, et tombasmes en terre, nous prosternans comme gens ecstatiques et ravis en contemplation excessive et admiration des vertus qu'avons veu proceder de la dame; et ne fut en nostre pouvoir mot aucun dire. Ainsi restions en terre, quant elle, touchant Pantagruel d'un bouquet de rose franche, lequel elle tenoit en main, nous restitua le sens et fist tenir en pieds. Puis nous dist en parolles byssines^g, telles que vouloit Parysitis qu'on proferast parlant à Cyrus son fils[5], ou pour le moins de taffetas armoisi^h :

« L'honesteté scintilante en la circonferance[6] jugement certain me fait de la vertu latente au ventre[7]

---

a. caisse. — b. touches. — c. pédales. — d. ceux qui calcinent les métaux. — e. pétrisseurs. — f. dégustateurs. — g. très fines. — h. léger.

1. On se servait de la résine de gaïac contre la syphilis.
2. Plante asiatique de nature purgative.
3. Purgatif.
4. Ce nom et ceux qui suivent sont des noms hébreux. Ils signifient : cuisiniers, sages, féaux, notables, illuminés princes, nobles, domestiques, satrapes, chefs, robustes, princes, scribes, maîtres, supérieurs, satrapes, professeurs, géants.
5. Cf. *Quart Livre*, chap. XXXII, p. 133, n. 4.
6. Le texte du manuscrit est ici : *circonference de voz personnes*.
7. Le manuscrit a ici : *on centre*.

de vos esprits; et voyant la suavité melliflue de vos disertes reverences, facilement me persuade le cœur vostre ne patir vice aucun, n'aucune sterilité de savoir liberal et hautain, ains abonder en plusieurs peregrines et rares disciplines; lesquelles à present plus est facile, par les usages communs du vulgaire imperit[a], desirer que rencontrer. C'est la raison pourquoy, je, dominante par le passé à toute affection privée, maintenant contenir ne me peux vous dire mot trivial au monde, c'est que soyez les bien, les plus, les tresques[1] bien venus. »

« Je ne suis point clerc, me disoit secretement Panurge; respondez si voulez. » Je toutesfois ne respondis; non fist Pantagruel, et demeurions en silence.

Adonques dist la Royne : « En ceste vostre taciturnité congnoy-je que, non seulement estes issus de l'eschole Pythagorique, de laquelle print racine en successive propagation l'antiquité de mes progeniteurs, mais aussi que en Egypte, celebre officine de haute philosophie, mainte lune retrograde, vos ongles mords avez et la teste d'un doigt grattée. En l'eschole de Pythegoras, taciturnité de congnoissance estoit symbole, et silence des Egyptiens recongnu estoit en louange deifique; et sacrifioient les Pontefes, en Hieropolis, au grand Dieu en silence, sans bruit faire, ne mot sonner[2]. Le dessein mien est n'entrer vers vous en privation de gratitude; ains, par vive formalité, encores que matiere se voulust de moy abstraire, vous excentriquer[b] mes pensées. »

Ces propos achevez, dressa sa parolle vers ses officiers, et seulement leur dist : « Tabachins, à Panaciée. » Sus ce mot les Tabachins nous dirent qu'eussions la dame Royne pour excusée, si avec elle ne disnions :

---

a. ignorant. — b. communiquer.

1. Tournure superlative fréquente en languedocien : « Los tras que ben venguts », les plus que bien venus.
2. Le narrateur s'inspire de Macrobe, Saturnales, I, 23.

car à son disner rien ne mangeoit, fors quelques Cathegories, Jecabots[1], Eminins[a], Dimions[b], Abstractions, Harborins[c], Chelimins[d], Secondes Intentions[e], Caradoth[f], .Antitheses, Metempsichosies, transcendentes Prolepsies[g][2].

Puis nous menerent en un petit cabinet tout contrepointé d'allarmes. Là, fusmes traictez, Dieu sçait comment. On dict que Jupiter, en la peau diphtere[h] de la chevre qui l'allaicta en Candie, de laquelle il usa comme de pavois, combatans les Titanes, pourtant est-il surnommé Eginchus[i], escrit tout ce que l'on fait au monde[3]. Par ma foy, Beuveurs, mes amis, en dixhuict peaux de chevres on ne sauroit les bonnes viandes qu'on nous servit, les entremets et bonne chere qu'on nous fist, descrire, voire fust-ce en lettres aussi petites que dit Ciceron avoir veu l'*Iliade* d'Homere, tellement qu'on la couvroit d'une coquille de noix[4]. De ma part, encores que j'eusse cent langues, cent bouches et la voix de fer[5], la copie[j], melliflue de Platon, je ne saurois en quatre livres vous en exposer la tierce d'une seconde. Et me disoit Pantagruel que, selon son imagination, la dame à ses Tabachins, disant : « A Panacée », leur donnoit le mot symbolique entre eux de chere souveraine, comme : « En Apollo », disoit Luculle, quant festoyer vouloit ses amis singulierement, encores qu'on le print à l'improviste, ainsi que quelques fois faisoient Ciceron et Hortensius[6].

---

a. vérités. — *b.* images. — *c.* concepts. — *d.* songes. — *e.* idées abstraites. — *f.* visions effrayantes. — *g.* anticipations. — *h.* apprêtée (διφθέρα). — *i.* porteur de l'égide (*grec* : αἰγίοχος). — *j.* abondance.

1. On a plus loin (*infra* p. 357) la leçon *Sechaboth*. Le sens du mot qui vient de l'hébreu *sekhaboth* est *abstraction*.
2. Le narrateur mêle ici des mots empruntés à l'hébreu et à la scolastique.
3. Cf. Érasme, *Adages*, I, 5, 24.
4. Anecdote rapportée par Pline, *Hist. nat.*, VII, 21.
5. *Énéide*, VI, 625.
6. Souvenir de Plutarque, *Vie de Lucullus*, 41.

Comment la Royne passoit temps après disner.

CHAPITRE XX

Le disner parachevé, fusmes par un Chachanin menez en la salle de la Dame, et veismes comment, selon sa coustume, après le past[a], elle, accompagnée de ses damoiselles et princes de sa Cour, sassoit, tamisoit, belutoit[b] et passoit le temps avec un beau et grand sas[c] de soye blanche et bleue. Puis apperçeu que, revoquans l'antiquité en usage, ils jouerent ensemble aux

Cordace,	Calabrisme,
Emmelie,	Molossicque,
Sicinnie,	Cernophore,
Iambicques,	Mongas,
Persicque,	Thermanstrie,
Phrygie,	Florule,
Nicatisme,	Pyrrhicque[1],
Thracie,	Et mille autres danses.

Depuis, par son commandement, visitasmes le Palais, et vismes choses tant nouvelles, admirables et estranges, qu'y pensant suis encores tout ravy en mon esprit. Rien toutesfois plus, par admiration, ne subvertit nos sens que l'exercice des gentils-hommes de sa maison, Abstracteurs, Perazons, Nedibins, Spodizateurs et autres, lesquels nous dirent franchement, sans dissimulation, que la dame Royne faisoit tout impossible, et guarissoit les incurables seulement; eux, ses officiers, faisoient et guarissoient le reste.

---

a. repas. — *b.* bluter. — *c.* tamis.

1. Énumération de danses pratiquées durant l'antiquité et de nous mal connues.

Là, je vy un jeune Parazon guarir les verolez, je dy de la bien fine, comme vous diriez de Rouen[1], seulement leur touchant la vertebre dentiforme d'un morceau de sabot par trois fois.

Un autre je vy hydropique parfaitement guarir, tympanistes[a], ascites[b] et hyposargues[2], leur frappant par neuf fois sur le ventre d'une [bezague][3] Tenedie[4], sans solution de continuité.

Un guarissoit de toutes fiebvres sur l'heure, seulement leurs pendant à la cinture, sus le costé gauche, une queuë de renard.

Un, du mal des dents, seulement lavant, par trois fois, la racine de la dent affligée avec vinaigre suzat[c] et au soleil par demye heure la laissant desseicher.

Un autre, toute espece de goutte, fust chaude, fust froide, fust pareillement naturelle, fust accidentalle : seulement faisant es goutteux clorre la bouche et ouvrir les yeux.

Un autre, je vy, lequel, en peu d'heure, guarist neuf bons gentilshommes du mal sainct François[5], les ostant de toutes debtes et à chascun d'eux mettant une corde au col, à lequelle pendoit une boitte pleine de dix mille escus au soleil.

Un autre, par engin mirifique, jettoit les maisons par

---

a. malades atteints de la tympanite[6]. — *b.* hydropiques. — *c.* de sureau.

1. « N'y a-t-il pas un adage qui dit que vérole de Rouen et crotte de Paris ne s'en vont jamais qu'avec la pièce ? » C. Sorel, *Histoire comique de Francion*, X (édition Adam, Bibliothèque de la Pléiade, p. 415).

2. Terme difficile à interpréter ; il dérive d'un mot grec signifiant : qui se trouve sous la peau (ὑποσαρκίδιος).

3. Nous remplaçons ici le texte de 1564, *besasse Tenedie*, inexplicable, par celui du manuscrit.

4. D'une hache de Ténès. Cf. Erasme, *Adages*, I, 9, 29. Ténès donna des lois à Ténédos : il exigeait que, derrière chaque juge, se trouvât un homme armé d'une hache.

5. La pauvreté.

6. C'est la « quarte espèce de ydropisie » dit J. Corbichon, caractérisée par un gonflement dû à l'accumulation des gaz.

les fenestres : ainsi restoient emundées[a] d'air pestilent.

Un autre guarissoit toutes les trois manieres d'hetiques, atrophes, tabides, emaciees[1], sans bains, sans laict Tabian[2], sans dropace, pication[3], n'autre medicament : seulement les rendant moyennes par trois mois. Et m'affermoit que, si en estat monachal ils n'engraissoient, ne par art, ne par nature, jamais n'engresseroient.

Un autre vy accompagné de femmes en grand nombre, par deux bandes : l'une estoit de jeunes fillettes saffrettes[b], tendrettes, blondettes, gratieuses et de bonne volonté, ce me sembloit; l'autre, de vieilles edentées, chassieuses, riddées, bazanées, cadavéreuses. Là, fut dit à Pantagruel qu'il refondoit les vieilles, les faisant ainsi rejeunir, et telles par son art devenir qu'estoient les fillettes là presentes, lesquelles il avoit cestuy jour reffondues et entierement remises en pareille beauté, forme, elegance, grandeur et composition des membres, comme estoient en l'aage de quinze et seize ans, excepté seulement les talons, lesquels leur restoient trop plus courts que n'avoyent en leur premiere jeunesse. Cela estoit la cause pourquoy elles d'orenavant, à toutes rencontres d'hommes, seront mout subjettes et faciles à tomber à la renverse.

La bande des vieilles attendoit l'autre fournée en grande devotion et l'importunoient en toute instance, alleguans que chose est en nature intolerable quant beauté faut à cul de bonne volonté[4]. Et avoit en son art pratique continuelle, et gain plus que mediocre. Pantagruel interroguoit, si par fonte pareillement faisoit les hommes vieux rejeunir : respondu

---

a. nettoyées. — *b.* appétissantes.

1. C'étaient les trois formes de fièvre hectique que connaissait la médecine ancienne.

2. De Strabies. C'est dans cette petite ville de Campanie, renommée par son air pur et par la bonté de son lait, que Galien envoyait se soigner les phtisiques.

3. Il s'agit de deux sortes d'emplàtres recommandés par Galien.

4. Cf. Marot, *Deuxième Épître du coq à l'âne.*

luy fut que non; mais la maniere d'ainsi rejeunir estre
par habitation avec femme refondue, car là on prenoit ceste quinte espece de verole, nommée la Pellade,
en grec *Ophiasis*, moyennant laquelle on change de
poil et de peau, comme font annuellement les serpens,
et en eux est jeunesse renouvellée, comme au Phenix
d'Arabie. C'est la vraye Fontaine de Jeunesse. Là,
soudain, qui vieux estoit et decrepit, devient jeune,
alaigre et dispos, comme dit Euripides estre advenu à
Iolaus[1]; comme advint au beau Phaon, tant aimé de
Sappho, par le benefice de Venus[2]; à Thithone, par le
moyen d'Aurore[3]; à Eson, par l'art de Medée[4], et à
Jason pareillement, qui selon le tesmoignage de Phere-
cides et de Simonides, fut par icelle reteint et rejeuny;
et comme dit Eschi[l]us[5] estre advenu es nourrices du
bon Bacchus et à leurs maris aussi[6].

*Comment les officiers de la Quinte diversement s'exerçent,
et comment la Dame nous retint en estat d'Abstracteurs.*

Chapitre XXI

Je vy après grand nombre de ses officiers susdits[7],
lesquels blanchissoient les Ethiopiens[8] en peu d'heure,
du fond d'un panier leur frottant seulement le ventre.

---

1. *Les Héraklides*, v. 849-863.
2. Cf. Lucien, *Dialogues des Morts*, IX, 2.
3. Cf. l'Hymne homérique à Vénus, v. 219 et suiv.
4. Cf. Ovide, *Métamorphoses*, VII, 251 et suiv.
5. Le texte de 1564 porte : *Eschinus*.
6. Les deux derniers cas sont empruntés à l'argument de la *Médée*
d'Euripide.
7. L'auteur du *Cinquième Livre* s'amuse à montrer les officiers de la
Quinte Essence faisant ce que le bon sens populaire considère comme
impossible. Gargantua enfant s'était livré à des occupations semblables
(voir *Gargantua*, chap. XI).
8. Érasme, *Adages*, I, 4, 50 : *Æthiopem lavas*.

Autres à[a] trois couples de regnards souz un joug[1] aroient[b] le rivage areneux[c][2], et ne perdoient leur semence.

Autres lavoient les tuiles[3], et leur faisoient perdre couleur.

Autres tiroient eau des pumices, que vous appellez pierre-ponce, la pillant long temps en un mortier de marbre, et luy changeoient substance[4].

Autres tondoient les asnes[5], et y trouvoient toison de laine bien bonne.

Autres cueilloient des espines raisins, et figues des chardons[6].

Autres tiroient laict des boucs[7], et dedans un crible le recevoient, à grand profit de mesnage.

Autres lavoient les têtes des asnes, et n'y perdoient la laixive[8].

Autres chassoient aux vents avèc des rets[9], et y prenoient Escrevisses Decumanes[d].

Je vis un jeune Spodizateur[e], lequel artificiellement tiroit des pets d'un asne mort, et en vendoit l'aune cinq sols.

Un autre putrefioit des Sechaboth[f]. O la belle viande !

Mais Panurge rendit vilainement sa gorge, voyant un Archasdarpenim, lequel faisoit putrefier grande doye[g] d'urine humaine en fiant[h] de cheval, avec force merde chrestienne. Fy le vilain ! Il toutesfois nous res-

---

a. avec. — *b.* labouraient. — *c.* sablonneux. — *d.* énormes. — *e.* voir note *d* p. 350. — *f.* voir note 1 p. 352. — *g.* baquet. — *h.* excrément.

1. Érasme, *Adages*, I, 3, 50, *Jungere vulpes.*
2. *Ibid.* I, 4, 51, *Arare littus.*
3. *Ibid.* I, 4, 48, *Laterem lavas.*
4. *Ibid.* I, 4, 75, *Aquam e pumice postulas.*
5. *Ibid.* I, 4, 79, *Ab. asino lanam,* et I, 4, 80, *Asinum tondes.*
6. Matthieu, VII, 16, « *Numquid colligunt* de *spinis uvas, aut* de *tribulis ficus* ».
7. Érasme, *Adages*, I, 3, 51, *Mulgere hircum.*
8. *Ibid.* III, 3, 39, *Asini caput ne laves nitro.*
9. *Ibid.* I, 4, 63, *Reti ventos venaris.*

pondit que d'icelle sacrée distilation abbreuvoit les Roys et grands Princes, et par icelle leur allongeoit la vie d'une bonne toise ou deux.

Autres rompoient les andouilles au genoil[1].

Autres escorchoient les anguilles par la queuë, et ne crioient lesdictes anguilles avant que d'estre escorchées, comme font celles de Melun[2].

Autres de neant faisoient choses grandes, et grandes choses faisoient à neant retourner.

Autres coupoient le feu avec un cousteau[3], et puisoient l'eau avec un rets[4].

Autres faisoient de vessies lanternes, et de nues poisles d'airain[5].

Nous en veismes douze autres banquetans souz une fueillade[a], et beuvans en belles et amples retumbes[6] vins de quatre sortes, frais et delicieux, à tous et à toute reste[b], et nous fut dit qu'ils haulsoient le temps[7] selon la maniere du lieu, et qu'en ceste maniere Hercules jadis haulsa le temps avec Atlas[8].

Autres faisoient de necessité vertu, et me sembloit l'ouvrage bien beau et à propos.

Autres faisoient alchimie avec les dens[c]; en ce faisant emplissoient assez mal les selles percées.

Autres dedans un long parterre songneusement mesuroient les saux des pusses et cestuy acte m'affermoient estre plus que necessaire au gouvernement des Royaumes, conduictes des guerres, administrations des Republiques, allegant que Socrates, lequel premier avoit des cieux en terre tiré la Philosophie, et d'oisive

---

a. feuillée. — *b.* largement. — *c.* se curaient les dents à jeun.

1. Cf. *Quart Livre*, chap. xli, p. 161, n. 3.
2. Cf. *Gargantua*, chap. xlvii, t. I, p. 177.
3. Érasme, *Adages*, I, 4, 55, *Ignem dissecare*.
4. *Ibid.* I, 4, 60, *Cribr aquam haurire*.
5. Cf. *Gargantua*, chap. xi, p. 49.
6. Vase en forme de coupole renversée.
7. Voir *Quart Livre*, chap. lxii, p. 232, n. 3.
8. Cf. *Quart Livre*, chap. lxv, p. 240.

et curieuse, l'avoit rendue utile et profitable[1], employoit la moitié de son estude à mesurer le saux des pusses, comme atteste Aristophanes le Quintessential[2].

Je vy deux Giborins à part sur le haut d'une tour, lesquels faisoient sentinelle; et nous fut dit qu'ils gardoient la Lune des loups.

J'en rencontray quatre autres en un coin de jardin amerement disputans et prests à se prendre au poil l'un l'autre; demandant dont sourdoit leur different, entendy que jà quatre jours estoient passez depuis qu'ils avoient commencé disputer de trois hautes et plus que phisicales propositions, à la resolution desquelles ils se promettoient montaignes d'or. La premiere estoit de l'ombre d'un asne couillard[3]; l'autre de la fumée d'une lanterne[4]; la tierce, du poil de chevre[5], sçavoir si c'estoit laine. Puis nous fut dit que chose estrange ne leur sembloit estre deux contradictoires vrayes en mode, en forme, en figure et en temps. Chose pour laquelle les Sophistes de Paris plustost se feroient desbaptiser que la confesser.

Nous curieusement considerans les admirables operations de ces gens, survint la Dame avec sa noble compagnie, jà reluisant le clair Hesperus. A sa venue, fusmes derechef en nos sens espouventez et esblouys en nostre veuë. Incontinent nostre effray apperceut et nous dist : « Ce que fait les humains pansemens esgarer par les abismes d'admiration n'est la souveraineté[a] des effects, lesquels apertement ils esprouvent naistre des causes naturelles, moyennent l'industrie des sages artisans; c'est la nouveauté de l'experience entrant en leurs sens, non prevoyans la facilité de l'œuvre, quand jugement serain associe estude diligent. Pourtant

---

a. perfection.

1. Souvenir de Cicéron, *Tusculanes*, V, 4.
2. Aux vers 144 et suiv. des *Nuées*.
3. Érasme, *Adages*, I, 3, 52, *De asini umbra*.
4. *Ibid.* I, 3, 54, *De fumo disceptare*.
5. *Ibid.* I, 3, 53, *De lana caprina*.

soyez en cerveau[a], et de toute frayeur vous despouillez, si d'aucune estes saisis à la consideration de ce
que voyez par mes officiers estre fait. Voyez, entendez, contemplez à vostre libre arbitre, tout ce que ma
maison contient; vous peu à peu emancipans du servage
d'ignorance. Le cas bien me siet en volonté. Pour de
laquelle vous donner enseignement non feint, en contemplation des studieux desirs desquels me semblez
avoir en vos cœurs fait insigne mont-joye et suffisante
preuve, je vous retiens presentement en estat et office
de mes abstracteurs. Par Geber[1], mon premier Taba-
chin, y serez descris au partement de ce lieu. »

Nous la remerciasmes humblement sans mot dire,
acceptasmes l'offre du bel estat qu'elle nous donnoit.

*Comment fut la Royne à soupper servie
et comment elle mangeoit.*

CHAPITRE XXII

La dame, ces propos achevez, se retourna vers ses
gentilshommes, et leur dist :

« L'orifice du stomach, commun ambassadeur
pour l'avitaillement de tous membres, tant inférieurs
que supérieurs, nous importune le leur restaurer, par
apposition de idoines alimens, ce que leur est descheut
par action continue de la naïfve chaleur en l'humidité
radicale. Spodizateurs, Cesinins, Nemains et Perazons,
par vous ne tienne que promptement ne soient tables
dressées, foisonnantes de toute legitime espece de res-
taurans. Vous aussi, nobles Pregustes[b], accompagnez

---

a. ayez l'esprit lucide. — *b.* dégustateurs.

1. Voir chap. XVII, p. 346, n. 1.

de mes gentils Massiteres, l'espreuve de vostre industrie passementée de soin et diligence, fait que ne
vous puis donner ordre que de sorte ne soyez en vos
offices et vous teniez tousjours suz vos gardes. Seulement vous ramente[a] faire ce que faictes. »

Ces mots achevez, se retira avec part de ses damoiselles quelque peu de temps, et nous fut dict que
c'estoit pour soy baigner, comme estoit la coustume
des anciens autant usitée comme est entre nous, de present, laver les mains avant le past[b]. Les tables feurent
promptement dressées, puis feurent couvertes de nappes
tresprecieuses. L'ordre du service fut tel que la dame
ne mangea rien, fors celeste ambrosie; rien ne beut que
nectar divin. Mais les seigneurs et dames de sa maison
furent, et nous avec eux, serviz de viandes rares,
friandes et precieuses, si onques en songea Appicius[1].

Sus l'issue de table fut apporté un pot pourry, si
par cas famine n'eust donné trefves; et estoit de telle
amplitude et grandeur que la platane d'or, laquelle
Pythius Bith[yn]us[2] donna au roy Daire[3], à peine l'eust
couvert. Le pot pourry estoit plain de potages d'especes diverses, sallades, fricassées, saulgrenées[c], cabirotades[d], rousty, boully, carbonnades[e], grandes pieces
de bœuf sallé, jambons de antiquailles[f], saulmates[g] deifiques, pastisseries, tarteries, un monde de coscotons[h]
à la moresque, formages, joncades[i], gelées, fruicts de
toutes sortes. Le tout me sembloit bon et friant; je toutefois n'y tasté, pour estre bien remply et refait.
Seulement ay vous advertir que là vy des pastez en
paste, chose asses rare, et les pastez en paste estoient

---

a. je vous rappelle. — *b*. repas. — *c*. ragoût de pois et de fèves.
— *d*. grillades de chevreau. — *e*. viandes grillées. — *f*. excellent. —
g. viandes salées. — *h*. couscous. — *i*. lait caillé.

1. Gourmet célèbre dont parlent Sénèque et Pline l'Ancien. Il vivait
au temps d'Auguste.
2. L'édition de 1564 porte : *Bithius*.
3. Darius. Cf. Pline, *Hist. Nat.*, XXXIII, 47.

pastez en pot[1]. Au fond d'iceluy j'apperceu forces dez, cartes, tarots, luettes[a], eschets et tabliers[b] avec plaine tasse d'escu au soleil pour ceux qui jouer voudroient.

Au dessous finablement j'advisay nombre de mulles bien phalerées[c], avec housses de velours, haquenées de mesme à usance d'hommes et femmes, lectieres[d] bien veloutées pareillement ne sçay combien, et quelques coches à la ferraroise pour ceux qui voudroient aller hors à l'esbat.

Cela ne me sembla estrange, mais je trouvay bien nouvelle la maniere comment la dame mangeoit. Elle ne maschoit rien, non qu'elle n'eust dens fortes et bonnes, non que ses viandes ne requissent mastication ; mais tel estoit son usage et coustume. Les viandes, desquelles ses Pregustes avoient fait essay, prenoient ses Massiteres et noblement les luy maschoient, ayans le gosier doublé de satin cramoisi, à petites nerveures et canetille d'or, et les dens d'ivoire bel et blanc : moyennent lesquelles, quant ils avoient bien à poinct masché les viandes, il les luy coulloient par un embut[e] d'or fin jusques dedens l'estomach. Par mesme raison nous fut dict qu'elle ne fiantoit, sinon par procuration.

---

a. sorte de jeu de cartes venu d'Espagne. — *b.* damiers, échiquiers. — *c.* harnachées. — *d.* litières. — *e.* entonnoir.

1. Plaisanterie : un pâté en pâte (en croûte) ne saurait être un pâté en pot (terrine).

*Comment fut, en presence de la Quinte, faict
un bal joyeux en forme de tournay[1].*

CHAPITRE XXIII

Le soupper parfait[a], fut en presence de la dame fait
un bal en mode de tournay, digne non seulement
d'estre regardé, mais aussi de memoire eternelle. Pour
iceluy commencer fut le pavé de la salle couvert d'une
ample piece de tapisserie veloutée, faite en forme
d'eschiquier, savoir est à carreaux, moitié blanc, moitié
jaulne, chascun large de trois palmes, et tous carrez
coustés. Quant en la salle entrerent trente deux jeunes
personnages[2], desquels seize estoient vestus de drap
d'or, savoir est : huict jeunes Nymphes[3], ainsi que les
peignoient les Anciens en la compagnie de Diane, un
Roy, une Royne, deux Custodes de la Rocque[4], deux
Chevaliers et deux Archiers. En semblable ordre
estoient seize autres vestus de drap d'argent. Leur
assiette[b] sus la tapisserie fut telle : les Roys se tindrent
en la dernière ligne, sus le quatriesme carreau, de sorte
que le Roy Auré[c] estoit sus le carreau blanc, le Roy
Argenté sus le carreau jaulne; les Roynes à costé de
leurs Roys : la dorée sus le carreau jaulne, l'argentée
sus le carreau blanc; deux archiers auprès de chascun
costé comme gardes de leurs Roys et Roynes. Auprès
des Archiers deux Chevaliers; auprès des Chevaliers
deux Custodes. Au ran prochain devant eux estoient

---

a. terminé. — *b.* disposition. — *c.* doré.

1. Les chapitres XXIII et XXIV manquent dans le manuscrit. Ils parais-
sent dans l'édition de 1564. Ils sont imités du *Songe de Poliphile*, de
Francesco Colonna, que Jan Martin avait traduit en 1546.
2. Ce sont les pièces d'un jeu d'échecs : rois, reines, cavaliers, etc.
3. Les pions.
4. Deux gardiens de la tour.

les huict Nymphes. Entre les deux bandes des Nymphes restoient vuides quatre rancs de carreaux.

Chascune bande avoit de sa part ses musiciens vestus de pareille livrée, uns de damas orengé, autres de damas blanc, et estoient huict de chascun costé avec instrumens tous divers, de joyeuse invention, ensemble mout concordans et melodieux à merveilles, varians en tons, en temps et mesure, comme requeroit le progrez du bal : ce que je trouvois admirable, attendu la numereuse diversité de pas, de desmarches, de saux, sursaux, retours, fuites, embuscades, retraictes et surprinses.

Encore plus transcendoit opinion humaine, ce me sembloit, que les personnages du bal tant soudain entendoient le son qui competoit[a] à leurs desmarche ou retraicte, que plustost n'avoit signifié le ton la musique, qu'ils se poussoient en place designée, nonobstant que leur procedure[b] fust toute diverse. Car les Nymphes, qui sont en premiere filliere[c], comme prestes d'exciter le combat, marchent contre leurs ennemis droit en avant, en forme d'un carreau en outre : exceptée la premiere desmarche, en laquelle leur est libre passer deux carreaux; elles seulles jamais ne reculer. S'il advient qu'une d'entr'elles passe jusques à la filiere de son roy ennemy, elle est couronnée Royne de son Roy, et prend et desmarche[d] dorenavant en mesme privilege que la Royne; autrement jamais ne ferissent les ennemis que en ligne diagonale obliquement, et devant seulement. Ne leur est toutesfois, n'a autres, loisible prendre aucuns de leurs ennemis, si, le prenant, elles laissoient leur Roy descouvert et en prinse.

Les Roys marchent et prennent leurs ennemis de toutes faces en carré, et ne passent que de carreau blanc et prochain au jaulne, et au contraire : exceptez qu'à la première desmarche, si leur filliere estoit trouvée

---

a. correspondait. — b. démarche. — c. ligne. — d. se déplace.

vuide d'autres officiers, fors les Custodes, ils le peuvent mettre en leur siège, et a costé de luy se retirer.

Les Roynes desmarchent et prennent en plus grande liberté que tous autres : savoir est en tous endroits et en toutes manieres, en toutes sortes, en ligne directe, tant loing que leur plaist pourveu que ne soit des siens occupé, et diagonale aussi, pourveu que soit en couleur de son assiette.

Les Archiers marchent tant en avant comme en arriere, tant loing que près. Aussi jamais ne varient la couleur de leur premiere assiette.

Les Chevaliers marchent et prenent en forme ligneare[a], passans un siege franc, encores qu'il fust occupé, ou des siens, ou des ennemis : et au second soy posans à dextre ou à senestre, en variation de couleur, qui est sault grandement dommageable à partie adver[s]e[1], et de grande observation : car ils ne prenent jamais à face ouverte.

Les Custodes marchent et prenent à face tant à dextre qu'à senestre, tant arriere que devant, comme les Roys, et peuvent tant loing marcher qu'ils voudront en siege vuide : ce que ne font les Roys.

La loy commune es deux parties estoit en fin dernier du combat assieger et clorre le Roy de part adverse, en maniere qu'evader ne peust de costé quelconque. Iceluy ainsi clos, fuir ne pouvant, ny des siens estre secouru, cessoit le combat et perdoit le Roy assiegé. Pour donques de cestuy inconvenient le guarentir, il n'est celuy ne celle de sa bande qui n'y offre sa vie propre; et se prenent les uns les autres de tous endroicts, advenant le son de la musique. Quant aucun prenoit un prisonnier de part contraire, luy faisant la reverance, luy frappoit doucement en main dextre, le mettoit hors ce parquet et succedoit en sa place. S'il advenoit qu'un des Roys fust en prise, n'estoit licite à

---

a. en forme de potence.

1. Nous corrigeons le texte de l'édition de 1564 : *adverie.*

partie adverse le prandre : ains estoit fait rigoreux commandement à celuy qui l'avoit descouvert ou le tenoit en prise, luy faire profonde reverance, et l'advertir, disant : « Dieu vous gard ! » afin que de ses officiers fust secouru et couvert, ou bien qu'il changeast de place, si par malheur ne pouvoit estre secouru. N'estoit toutesfois prins de partie adverse, mais saluë le genoil gauche en terre luy disant : « Bon jour ». Là estoit fin du tournay.

Comment les trente deux personnages du bal combatent[1].

CHAPITRE XXIV

Ainsi posées en leurs assiettes les deux compagnies, les musiciens commencent ensemble sonner en intonation martiale, assez espouventablement comme à l'assault. Là voyons les deux bandes fremir, et soy affermer pour bien combatre, venant l'heure du hourt[a], qu'ils seront evoquez[b] hors leur camp. Quand soudain les musiciens de la bande argentée cesserent, seulement sonnoient les organes de la bande aurée. En quoy il nous estoit signifié que la bande aurée assailloit. Ce que bien tost advint, car à un ton nouveau veismes que la Nymphe parquée devant la Royne fist un tour entier à gausche vers son Roy, comme demandant congé d'entrer en combat, ensemble aussi saluant toute sa compagnie. Puis desmarcha deux carreaux avant en bonne modestie et fist d'un pied reverence à la bande adverse, laquelle elle assailloit. Là cesserent les musiciens aurez, commencerent les argentez. Icy

---

a. choc. — b. appelés.

1. Cf. *Revue du* XVI[e] *siècle*, 1928, tome I, p. 151., G. Legrain, *Rabelais et les échecs.*

n'est à passer en silence que la Nymphe avoit en tour salué son Roy et sa compagnie, afin qu'eux ne restassent ocieux[a]; pareillement la resaluerent en tour entier gyrans[b] à gausche : exceptée la Royne, laquelle vers son Roy se destourna à dextre; et fut ceste salutation de tous desmarchans observée, en tout le discours[c] du bal le ressaleument aussi, tant d'une bande comme de l'autre.

Au son des musiciens argentez desmarcha la Nymphe argentée laquelle estoit parquée devant sa Royne, son Roy saluant gratieusement, et toute sa compagnie, eux de mesme la resaluans, comme a esté dict des aurées, excepté qu'ils tournoient à dextre et leur Royne à senestre; se posa sur le second carreau avant, et faisant reverence à son adversaire, se tint en face de la premiere Nymphe aurée sans distance aucune, comme prestes à combattre, ne fust qu'elles ne frappent que des costez. Leurs compagnes les suyvent, tant aurées comme argentées, en figure intercalaire, et là font comme apparence de escarmoucher, tant que la nymphe aurée, laquelle estoit premiere en camp entrée, frappant en main une Nymphe argentée à gausche, la mist hors du camp et occupa son lieu; mais bien tost, à son nouveau des musiciens, fut de mesme frappée par l'Archer argenté. Une Nymphe aurée le fist ailleurs serrer; le Chevalier argenté sortit en camp : la Royne aurée se parqua devant son Roy.

Adonc le Roy argenté change place, doutant[d] la furie de la Royne aurée, et se retira au lieu de son Custode à dextre, lequel lieu sembloit tres bien muny et en bonne defense.

Les deux Chevaliers qui tenoient à gausche, tant aurez qu'argentez, desmarchent et font amples prinses des Nymphes adverses, lesquelles ne pouvoient arriere soy retirer, mesmement[e] le Chevalier auré, lequel met toute sa cure[f] à prinse de Nymphes. Mais le Cheva-

---

a. inactifs. — b. tournant. — c. cours. — d. craignant. — e. surtout. — f. son activité.

lier argenté pense chose plus importante, dissimulant
son entreprinse, et quelquefois qu'il a peu prendre
une Nymphe aurée, il la laisse et passe outre, et a tant
faict qu'il s'est posé près ses ennemis, en lieu auquel
il a salué le Roy advers, et dit : « Dieu vous gard ! » La
bande aurée, ayant cestuy advertissement de secourir
son Roy, fremist toute, non que facilement elle ne
puisse au Roy secours soudain donner, mais que, leur
Roy salvant, ils perdoient leur custode dextre, sans
y pouvoir remedier. Adonques se retira le Roy auré à
gausche, et le Chevalier argenté print le Custode auré :
ce que leur fut en grande perte. Toutesfois la bande
aurée delibere de s'en venger et l'environnent de tous
costez à ce que reffuir il ne puisse, ny eschapper de
leurs mains ; il fait mille efforts de sortir, les siens font
mille ruses pour le garentir, mais en fin la Royne aurée
le print.

La bande aurée, privée d'un de ses supposts, s'es-
vertue, et à tors et à traver cherche moyen de soy
venger assez incautement[a] et fait beaucoup de dommage
parmy l'osts des ennemis. La bande argentée dissimule et
attend l'heure de revanche, et presente une de ses
Nymphes à la Royne aurée, luy ayant dressé une embuscade secrette, tant qu'à la prinse de la Nymphe peu
s'en faillit que l'Archer auré ne surprint la Royne
argentée. Le Chevalier auré intente[b] prinse de Roy et
Royne argentée, et dit : « Bon jour. » L'Archer
argenté les salvë ; il fut prins par une Nymphe aurée,
icelle fut prinse par une Nymphe argentée. La bataille
est aspre. Les Custodes sortent hors de leurs sieges au
secours. Tout est en meslée dangereuse. Enyo[1] encores
ne se declare[c]. Aucunefois tous les argentez enfoncent
jusques à la tante du Roy auré, soudain sont repoussez.
Entre autres la Royne aurée fait grandes prouesses et
d'une venue prent l'Archer, et, costoyant, prent la

---

a. imprudemment. — b. tente. — c. prononce.

1. Déesse de la guerre.

Custode argentée. Ce que voyant, la Royne argentée se met en avant et foudroye de pareille hardiesse : et prent le dernier Custode auré et quelque Nymphe pareillement.

Les deux Roynes combatirent longuement, par[a] taschant de s'entresurprendre, par[a] pour soy sauver et leurs Roys contregarder. Finalement la Royne aurée print l'argentée, mais soudain après elle fut prinse par l'Archer argenté. Là seulement au Roy auré resterent trois Nymphes, un Archer et un Custode. A l'argenté restoient trois Nymphes et le Chevalier dextre : ce que fut cause qu'au reste plus cautement et lentement ils combatirent.

Les deux Roys sembloient dolens d'avoir perdu leurs dames Roynes tant aimées et est tout leur estude et tout leur effort d'en recevoir d'autres, s'ils peuvent, de tout le nombre de leurs Nymphes, à ceste dignité et nouveau mariage, les aimer joyeusement, avec promesses certaines d'y estre receues, si elles penetrent jusques à la derniere filliere du Roy ennemy. Les aurées anticipent et d'elles est créé une Royne nouvelle, à laquelle on impose une couronne en chef, et baille l'on nouveaux accoustremens.

Les argentées suyvent de mesme : et plus n'estoit qu'une ligne que d'elles ne fust Royne nouvelle créé; mais en cestuy endroit le Custode auré la guettoit : pourtant[b] elle s'arresta quoy[d].

La nouvelle Royne aurée voulut, à son advenement, forte, vaillante et belliqueuse se monstrer. Fist grans faicts d'armes parmy le camp. Mais en ces entrefaictes le Chevalier argenté [print][1] le Custode auré, lequel gardoit la mete[c] du camp; par ce moyen fut faicte nouvelle Royne argentée, laquelle se voulut semblablement vertueuse monstrer à son nouveau advenement.

---

a. tantôt... tantôt... — *b.* c'est pourquoi. — *c.* tranquillement. — *d.* limite.

1. Nous corrigeons le texte de l'édition de 1564 : *pour*, qui est incompréhensible.

Fut le combat renouvellé plus ardent que devant. Mille ruses, mille assaulx, mille desmarches furent faictes, tant d'un costé que d'autre : si bien que la Royne argentée clandestinement entra en la tante du Roy auré disant : « Dieu vous gard ! » Et ne peust estre secouru que par sa nouvelle Royne. Icelle ne fist difficulté de soy opposer pour le sauver. Adonques le Chevalier argenté, voltigeant de tous costez, se rendoit près sa Royne, et misrent le Roy auré en tel desarroy que pour son salut luy convint perdre sa Royne. Mais le Roy auré print le Chevalier argenté. Ce nonobstant l'Archer auré avec deux Nymphes qui restoient, à toutes leurs puissances defendoient leur Roy, mais en fin tous furent prins et mis hors le camp et demeura le Roy auré seul. Lors de toute la bande argentée luy fut dit en profonde reverence : « Bon jour », comme restant le Roy argenté vainqueur. A laquelle parolle les deux compagnies des musiciens commencerent ensemble sonner, comme victoire. Et print fin ce premier bal en tant grande allegresse, gestes tant plaisans, maintien tant honneste, graces tant rares, que nous fusmes tous en nos esprits rians comme gens ecstatiques, et non à tord nous sembloit que nous fussions transportez es souveraines delices et derniere felicité du ciel Olimpe.

Fini le premier tournay, retournerent les deux bandes en leur assiette premiere, et comme avoient combatu paravant, ainsi commencerent à combattre pour la seconde fois, excepté que la musique fut en sa mesure serrée d'un demy temps plus que la precedente ; les progrez aussi totalement differens du premier. Là je vy que la Royne aurée, comme despitée de la route[a] de son armée, fut par l'intonation de la musique evoquée et se mist des premieres en camp avec un Archer et un Chevalier, et peu s'en faillit qu'elle ne surprint le Roy argenté en sa tante au millieu de ses

---

a. débandade.

officiers. Depuis, voyant son entreprinse descouverte, s'escarmoucha parmy la trouppe et tant desconfit de Nymphes argentées et autres officiers que c'estoit cas pitoiable les voir. Vous eussiez dit que ce fut une autre Panthasilée Amazone foudroyante par le camp des Gregeois[1]; mais peu dura cestuy esclandre, car les argentées, fremissans à la perte de leurs gens, dissimulans toutefois leur dueil, luy dresserent occultement en embuscade un Archer en angle lointain, et un Chevalier errant, par lesquels elle fut prinse et mise hors le camp. Le reste fut bien tost deffait. Elle sera une autrefois mieux advisée, près de son Roy se tiendra, tant loin ne s'escartera, et ira, quand aller faudra, bien autrement accompagnée. Là donques resterent les argentez vainqueurs, comme devant.

Pour le tiers et dernier bal, se tindrent en pieds les deux bandes, comme devant, et me semblerent porter visage plus gay et deliberé qu'es deux precedens. Et fut la musique serrée en la mesure plus que de hemiole[a], et intonation Phrygienne et bellique[b], comme celle qu'inventa jadis Marsyas[2]. Adonques commencerent tournoyer et entrer en combat, avec telle legereté qu'en un temps de la musique ils faisoient quatre desmarches, avec les reverences de tours competans, comme avons dit dessus : de mode que ce n'estoient que saux, gambades et voltigemens petauristiques[c] entrelassez les uns parmy les autres. Et les voyans sus un pied tournoyer après la reverence faite, les comparions au mouvement d'une rhombe[d] girante au jeu des petis enfans moyennant les coups de fouet, lors que tant subit est son tour que son mouvement est

---

a. de quinte. — *b.* martiale. — *c.* de danseurs de corde (grec, πεταυριστήρ). — *d.* toupie[3].

1. Au siège de Troie.
2. Ovide, *Métamorphoses*, VI, 382 sqq. Rabelais ou son successeur suit ici littéralement *le Songe de Poliphile.*
3. Le mot dérive du grec, sans doute, mais peut-être aussi du languedocien où il est couramment employé.

repos, elle semble quiete, non soy mouvoir, ains dormir, comme ils le nomment. Et y figurant un point de quelque couleur, semble à nostre veuë non point estre, mais ligne continue, comme sagement l'a noté Cusane[1], en matiere bien divine.

Là nous n'oyons que frappemens de mains et episemasies[a] à tous destroits reiterez tant d'une bande que d'autre. Il ne fut onques tant severe Caton, ne Crassus[2] l'ayel tant agelaste[b], ne Timon Athenien tant misanthrope, ne Heraclitus[3] tant abhorrant du propre humain, qui est rire[4], qui n'eust perdu contenance, voyant au son de la musique tant soudaine, en cinq cens diversitez si soudain se mouvoir, desmarcher, sauter, voltiger, gambader, tournoyer, ces jouvenceaux avecq' les Roynes et Nymphes, en telle dexterité qu'onques l'un ne fist empeschement à l'autre. Tant moindre estoit le nombre de ceux qui restoient en camp, tant estoit le plaisir plus grand, veoir les ruses et destours, desquels ils usoient pour surprendre l'un l'autre, selon que par la musique leur estoit signifié. Plus vous diray, si ce spectacle plus qu'humain nous rendoit confus en nos sens, estonnez en nos esprits et hors de nous-mesmes, encores plus sentions nous nos cœurs esmeus et effrayez à l'intonation de la musique; et croyrois facilement que par telle modulation Ismanias excita Alexandre le Grand, estant à table, et disnant en repos, à soy lever et armes prendre[5]. Au tiers tournay fut le Roy auré vainqueur.

Durant lesquelles dances la dame invisiblement se disparut, et plus ne la vismes. Bien fusmes menez par

---

a. acclamations. — *b.* qui ne riait jamais.

1. Nicolas de Cusa. Cf. *Pantagruel*, chap. xiv, tome I, p. 288.
2. Voir *Gargantua*, chap. xx, t. I, p. 76, n. 2.
3. Cf. *Quart Livre*, chap. i, p. 33.
4. Cf. *Gargantua*, *Aux lecteurs*.
5. L'auteur rapporte à Alexandre une anecdote dont le héros fut, d'après Suidas, Timothée.

les michelots[a] de Geber et là fusmes inscripts en l'estat
par elle ordonné. Puis descendans au port, [Mateothe-
chnie][1] entrasmes en nos navires, entendans qu'avions
vent en pouppe, lequel si refusions sur l'heure, à peine
pourroit estre recouvert[b] de trois quartiers brisans[c].

*Comment nous descendismes en l'isle d'Odes, en laquelle
les chemins cheminent.*

CHAPITRE XXV

Avoir[d] par deux jours navigé, s'offrit à nostre veuë
l'Isle d'Odes[e], en laquelle vismes une chose memorable.
Les chemins y sont animaux, si vraye est la sentence
d'Aristoteles, disant argument invincible d'un animant,
si se meut de soymesme[2]. Car les chemins cheminent
comme animaux et sont les uns chemins errans, à la
semblance des planetes; autres chemins passans, chemins croisans, chemins traversans. Et vy que les voyagiers, servans et habitans du païs demandoient : « Où
va ce chemin ? et cestuy-cy ? » On leur respondoit :
« Entre Midy et Fevrolles[3], à la parroisse, à la ville, à
la rivière. » Puis se guindans[f] au chemin oportun,
sans autrement se peiner ou fatiguer, se trouvoient au
lieu destiné : comme vous voyez advenir à ceux qui de
Lyon en[g] Avignon et Arles se mettent en basteau sur

---

a. guides[4]. — *b*. retrouvé. — *c*. au bout de trois quartiers de lune. —
d. après avoir. — *e*. du grec ὁδός, chemin. — *f*. se mettant sur. —
g. vers.

1. Voir p. 346, n. *d*.
2. Cf. *Physica*, VIII, 1-6. La sentence est déjà citée au *Tiers Livre*,
chap. XXXII, t. I, p. 540.
3. Voir *Ancien Prologue du Quart Livre*, p. 578.
4. Le nom désignait ceux qui accompagnaient les pèlerins de Saint-
Michel.

le Rosne. Et comme vous savez qu'en toutes choses il y a de la faute et rien n'est en tous endroits heureux, aussi là nous fut dict estre une maniere de gens, lesquels ils nommoient guetteurs de chemins et batteurs de pavez; et les pauvres chemins les craignoient et s'esloignoient d'eux comme de brigans. Ils les guettoient au passage, comme on fait les loups à la trainée[1], et les becasses au fillet. Je vy un d'iceux, lequel estoit apprehendé de la justice, pour ce qu'il avoit prins injustement, malgré Pallas[2], le chemin de l'escole, c'estoit le plus long; un autre se ventoit avoir prins de bonne guerre le plus court, disant luy estre tel advantage à ceste rencontre que premier venoit à bout de son entreprinse.

Aussi dist Carpalim à Epistemon, quelque jour le rencontrant, sa pissotiere au poing, contre une muraille pissant, que plus ne s'esbahissoit si tousjours premier estoit au lever du bon Pantagruel, car il tenoit le plus court et le moins chevauchant.

Je y recongnu le grand chemin de Bourges[3], et le vy marcher à pas d'Abbé[a] et le vy aussi fuir à la venue de quelques charretiers qui le menassoient fouller avec les pieds de leurs chevaux et luy faire passer les charrettes dessus le ventre, comme Tullia fist passer son charriot dessus le ventre de son pere Servius Tullius, sixiesme roy des Romains[4].

Je y recongnu pareillement le vieu quemin[b] de Peronne à Sainct Quentin, et me sembloit quemin de bien de sa personne.

Je y recongnu entre les rochers le bon vieux chemin de la Ferrate sus le mont d'un grand ours[5]. Le voyant

---

a. lentement. — *b.* chemin (en picard).

1. Sorte de filet qui sert de piège.
2. Cf. *Invita Minerva.*
3. C'était l'ancienne voie romaine de Bourges à Orléans. Elle était très mal entretenue.
4. Cf. Tite-Live, I, 48.
5. Le chemin de la Ferrate, sur la route de Limoges à Tours, traversait le mont du Grand Ours.

de loing me souvint de sainct Hierosme en peinture, si
son ours eust esté lyon : car il estoit tout mortifié,
avoit la longue barbe toute blanche et mal peignée;
vous eussiez proprement dit que fussent glassons;
avoit sur soy force grosses patenostres de pinastre[a]
mal rabottées, et estoit comme à genoillons, et non
debout, ne couché du tout, et se battoit la poitrine
avec grosses et rudes pierres. Il nous fist peur et pitié
ensemble. Le regardant nous tira à part un bachelier
courant du païs, et, monstrant un chemin bien licé,
tout blanc et quelque peu feustré de paille[1], nous dist :
« Dòrenavant ne desprisez l'opinion de Thales Mile-
sien, disant l'eau estre de toutes choses le commencement[2], ne la sentence d'Homere[3], affermant toute
chose prendre naissance de l'Ocean. Ce chemin que
voyez nasquit d'eau et s'y en retournera : devant deux
mois les basteaux par-cy passoient, à ceste heure y
passent les charrettes.

— Vrayement, dist Pantagruel, vous nous la baillez
bien piteuse ! En nostre monde nous en voyons tous
les ans de pareille transformation cinq cens et davantage. »

Puis considerans les alleures de ces chemins mou-
vans, nous dist que, selon son jugement, Philolaus,
Aristarchus[4] avoient en icelle isle philosophé, Seleucus[5] prins opinion d'affermer la terre veritablement
autour des poles se mouvoir, non le Ciel[6], encores
qu'il nous semble le contraire estre verité; comme

---

a. pin.

1. Il s'agit d'une rivière couverte de glace et jonchée de paille.
2. Plutarque, *De Placitis philosophorum*, I, 3.
3. *Ibid.* XIV, 246.
4. Philolaüs de Tarente (ve siècle avant J.-C.) et Aristarque de
Samos (iiie siècle avant J.-C.) avaient l'un défini et l'autre reconnu la
théorie du mouvement de la Terre autour du Soleil.
5. Mathématicien du i[er] siècle après J.-C.
6. L'hypothèse de Philolaüs, reprise au xve siècle par le cardinal
Nicolas de Cusa, fut démontrée par Copernic en 1543, sans être pour
cela connue du grand public avant le xviie siècle.

estans sur la riviere de Loire, nous semblent les arbres prochains se mouvoir, toutesfois ils ne se mouvent, mais nous par le decours du batteau.

Retournans à nos navires, vismes que près le rivage on mettoit sus la rouë trois guetteurs de chemins qui avoient esté prins en embuscade, et brusloit à petit feu un grand paillard, lequel avoit battu un chemin et luy avoit rompu une coste, et nous fut dict que c'estoit le chemin des aggeres[a] et levées du Nil en Egypte.

Comment passasmes l'isle des Esclots et de l'ordre des Freres Fredons.

Chapitre XXVI

Depuis passasmes l'Isle des Esclots[1], lesquels ne vivent que de souppes de merlus; fusmes toutesfois bien recuillis et traitez du Roy de l'Isle, nommé Benius, tiers de ce nom, lequel, après boire, nous mena voir un monastere nouveau, fait, erigé et basty par son invention pour les Freres Fredons : ainsi nommoit il ses religieux, disant qu'en terre ferme habitoient les Freres petits Serviteurs et Amis de la douce dame[2]; *item*, les glorieux et beaux Freres Mineurs[3], qui sont semibriefs[4] de bulles; les Freres Minimes[5] haraniers[b]

---

a. digues. — b. Vivant de harengs.

1. C'est-à-dire « des sabots », cf. *Tiers Livre*, chap. xvii, t. I, p. 472.
2. Les Servites ou Serviteurs de la Vierge, ordre fondé à Florence en 1232 et constitué en 1239 sous la règle de saint Augustin. Ils avaient une dévotion particulière pour la Vierge.
3. Les Franciscains.
4. Il y a dans ce passage une suite de jeu de mots sur des termes de musique. *Mineurs* amène *semibriefs*. On appelait semi-brève une note valant une mesure.
5. Les Minimes avaient été fondés par saint François de Paule. Ils

« ... *nous mena voir un monastere nouveau, fait, erigé
et basty par son invention...* »

Illustration de G. Doré, *Œuvres* de Rabelais, Paris, Garnier, 1873

enfumez; aussi les[1] Freres Minimes crochus, et que du nom plus diminuer ne pouvoit qu'en Fredons. Par les status et bulle pattente obtenue de la Quinte, laquelle est de tous bons accords[2], ils estoient tous habillez en brusleurs de maisons[a], excepté qu'ainsi que les couvreurs de maisons en Anjou ont les genoux contrepointez[b], ainsi avoient ils les ventres carrelez[3], et estoient les carreleurs de ventre en grande reputation parmy eux. Ils avoient la braguette de leurs chausses à forme de pantoufle, et en portoient chascun deux, l'une devant et l'autre derriere cousue, affermans, par ceste duplicité braguatine, quelques certains et horrifiques misteres estre duement representez. Ils portoient souliers ronds comme bassins, à l'imitation de ceux qui habitent la mer areneuse[c] : du demourant avoient barbe rase et pieds ferrats[d]. Et pour monstrer que de Fortune ils ne se soucient, il les faisoit raire[e] et plumer, comme cochons, la partie posterieure de la teste, depuis le sommet jusques aux omoplates. Les cheveux en devant depuis les os bregmatiques[f], croissoient en liberté. Ainsi contrefortunoient, comme gens aucunement ne se soucians des biens qui sont au monde. Deffians davantage Fortune la diverse, portoient, non en main comme elle, mais à la ceincture, en guise de patenostres, chascun un rasouer tranchant, lequel ils esmouloient[g] deux fois de jour et affiloient trois fois de nuict.

---

a. comme des brigands. — *b.* garnis d'un rembourrage. — *c.* pleine de sables (Arabie Pétrée). — *d.* ferrés. — *e.* raser. — *f.* pariétaux. — *g.* aiguisaient.

devaient observer tout au long de l'année le jeûne du carême et portaient une robe de laine gris foncé. En musique les minimes étaient des notes qui valaient la moitié d'une mesure. Munies de crochets, elles avaient une valeur plus faible au-dessous de laquelle on ne pouvait plus que fredonner.

1. Le texte du manuscrit et de l'édition de 1564 est : *les aussi.*
2. L'auteur joue sur les deux termes d'harmonie *quinte* et *accord.*
3. Jeu de mots sur carreler qui signifie au propre *garnir* de semelles et ici *remplir.*

Dessus les pieds chascun portoit une boulle ronde, parce qu'est dit Fortune en avoir une soubs ses pieds. Le cahuet[a] de leurs caputions[b] estoit devant attaché, non derriere; en ceste façon avoient le visaige caché, et se moquoient en liberté, tant de Fortune comme des fortunez, ne plus ne moins que font nos damoiselles quand c'est qu'[elles][1] ont leur cache-laid, que vous nommez touret de nez[2] (les anciens le nomment chareté, parce qu'il couvre en elles de pechez grande multitude[3]). Avoient aussi tousjours patente[c] la partie posterieure de la teste, comme nous avons le visaige : cela estoit cause qu'ils alloient de ventre ou de cul, comme bon leur sembloit. S'ils alloient de cul, vous eussiez estimez estre leur alleure naturelle, tant à cause des souliers ronds que de la braguette precedente, la face aussi derriere rase et peinte rudement[d], avec deux yeux, une bouche comme vous voyez es nois indiques[e]. S'ils alloient de ventre, vous eussiez pensé que fussent gens jouans au chapifou[f]. C'estoit belle chose de les voir.

Leur maniere de vivre estoit telle. Le clair Lucifer commençant apparoistre sus terre, ils s'entrebottoient et esperonnoient l'un l'autre par charité. Ainsi bottez et esperonnez dormoient ou ronfloient pour le moins; et dormans, avoient bezicles au nez, ou lunettes pour pire.

Nous trouvions ceste façon de faire estrange; mais ils nous contenterent en la response, nous remonstrans que, le jugement final lors que seroit, les humains prendroient repos et sommeil. Pour donques evidentement monstrer qu'ils ne reffusoient y comparoistre, ce que font les fortunez, ils se tenoient bottez, esperonnez, et prests à monter à cheval quand la trompette sonneroit.

Midy sonnant (notez que leurs cloches estoient, tant

---

a. houppe. — b. capuchons. — c. visible. — d. grossièrement. — e. noix de coco. — f. colin-maillard.

1. Texte du manuscrit. Celui de l'édition de 1564 porte : *ils.*
2. Sorte de loup que portaient couramment les femmes de la noblesse, au XVIe siècle.
3. Saint Pierre, *Ire Épître*, IV, 8.

de l'horloge que de l'Eglise[1] et refectoir, faictes selon la divise Pontiale[a][2], savoir est, de fin dumet contrepointé, et le batail[b] estoit d'une queuë de renard), midy donques sonnant, ils s'eveilloient et desbottoient; pissoient qui vouloit, et esmoutissoient[c] qui vouloit; esternuoient, qui vouloit. Mais tous, par contrainte, statut rigoureux, amplement et copieusement baisloient, se desjeunoient de baisler[d][3]. Le spectacle me sembloit plaisant; car, leurs bottes et esperons mis sus un rastelier, ils descendoient aux cloistres : là se lavoient curieusement les mains et la bouche, puis s'asseoient sus une longue selle, et se curoient les dens jusques à ce que le Prevost fist signe, sifflant en paume; lors chascun ouvroit la gueule tant qu'il pouvoit, et bailloient aucunefois demie heure, aucunefois plus, aucunefois moins, selon que le Prieur jugeoit le desjuner estre proportionné à la feste du jour. Après cela faisoient une belle procession, en laquelle ils portoient deux bannieres, en l'une desquelles estoit en belle peinture le pourtrait de Vertu, en l'autre, de Fortune. Un Fredon premier portoit la banniere de Fortune; après luy marchoit un autre portant celle de Vertu, en main tenant un aspersoir mouillé en eau mercuriale[4], descrite par Ovide en ses *Fastes*, duquel continuellement il comme sonettoit[5] le precedent Fredon, portant Fortune.

« C'est ordre, dist Panurge, est contre la sentence de Ciceron et des Academiques, lesquels veulent Vertu

---

a. de Pontanus. — *b.* battant. — *c.* fientait. — *d.* bâiller.

1. Texte du manuscrit. L'édition de 1564 porte : *tant de l'horloge que du batail de l'Église.*
2. Cf. *Gargantua*, chap. xix, t. I, p. 75, n. 1.
3. Cf. *Gargantua*, chap. xvii, t. I, p. 67.
4. Eau lustrale puisée à la fontaine de Mercure, cf. *Fastes*, V, 673 et suiv.
5. Tel est le texte de l'édition de 1564. Il y a une lacune après *comme.* Le texte du manuscrit, qui présente un blanc après ce mot, est : *il comme foittoit le precedent Fredon.*

preceder, suyvre Fortune[1]. » Nous fut toutesfois remonstré qu'ainsi leur convenoit il faire, puis que leur intention estoit fustiguer Fortune.

Durant la procession, ils fredonnoient entre les dents melodieusement ne scay quelles antiphones[a], car je n'entendois leur patelin[2] : et ententivement escoutant, apperçeu qu'ils ne chantoient que des aureilles. O la belle armonie, et bien concordante au son de leurs cloches ! Jamais ne les voirrez discordans. Pantagruel fist un notable[b] mirifique sus leur procession, et nous dist : « Avez vous veu et noté la finesse de ces Fredons icy ? Pour parfaire leur procession, ils sont sortis par une porte de l'eglise, et sont entrez par l'autre. Ils se sont bien gardez d'entrer par où ils sont yssus. Sus mon honneur, ce sont quelques fines gens : je dy fins à dorer, fins comme une dague de plomb[3], fins non affinez, mais affinans, passez par estamine fine.

— Ceste finesse, dist frere Jehan, est extraicte d'occulte Philosophie, et n'y entends, au diable le rien.

— D'autant, respondit Pantagruel, est-elle plus redoutable que l'on n'y entend rien. Car finesse entendue, finesse preveuë, finesse descouverte, perd de finesse et l'essence et le nom : nous la nommons lourderie. Sur mon honneur, qu'ils en savent bien d'autres ! »

La procession achevée comme pourmenement[c] et exercitation salubre, ils se retiroient en leur refectoir, et dessous les tables se mettoient à genoux, s'appuyans la poictrine et stomach chascun sus une lanterne. Eux estans en cest etat, entroit un grand Esclot, ayant une fourche en main, et là les traitoit à la fourche : de sorte qu'ils commençoient leur repas par fourmage, et l'achevoient par moustarde et laictue, comme tesmoigne

---

a. antiennes. — *b.* un mot mémorable. — *c.* promenade.

1. Cicéron, *Ad Familiar.*, X, 3.
2. Allusion aux jargons dont se sert Patelin quand, devant le drapier, il feint la folie. Cf. *Pantagruel*, chap. IX, t. I, p. 266.
3. Cf. *Pantagruel*, chap. XVI, t. I, p. 300.

Martial avoir esté l'usage des Anciens[1]. En fin on leur presentoit à chascun d'eux une platelée de moustarde et estoient servis de moustarde après disner.

Leur diette[a] estoit telle : au dimanche ils mangeoient boudins, andouilles, saucissons, fricandeaux, hastereaux[b], caillettes, exceptez tousjours le fourmage d'entrée et moustarde pour l'issue. Au lundy, beaux pois au lard, avec ample comment[2] et glose interlineare. Au mardy, force pain benist, fouaces, gasteaux, galettes biscuites. Au mercredy, rustrerie[c] : ce sont belles testes de mouton, teste de veau, teste de bedouaux[d], lesquelles abondent en icelle contrée. Au jeudy, potages de sept sortes et moustarde eternelle parmy. Au vendredy, rien que cormes[e], encores n'estoient elles trop meures, selon que juger je pouvois à leur couleur. Au samedy, rongeoient les os. Non pourtant estoient ils pauvres ne souffreteux, car un chascun d'eux avoit benefice de ventre bien bon. Leur boire estoit un antifortunal : ainsi appelloient-ils ne sçay quel bruvage du pays. Quand ils vouloient boire ou manger, ils rabbatoient leurs cahuets[f] de leurs scaputions par le devant, et leur servoit de baviere[g].

Le disner parachevé, ils prioient Dieu tresbien et tout par fredons; le reste du jour, attendans le jugement final, ils s'exerçoient à œuvre de charité : au dimanche, se pelaudans[h] l'un l'autre; au lundy, s'entrenarzardans; au mardy, s'entresgratignans; au mercredy, s'entremouchans; au jeudy, s'entretirans les vers du nez; au vendredy, s'entrechatouillans; au samedy, s'entrefouettans.

Telle estoit leur diette quand ils residoient en couvent. Si, par commandement du Prieur claustral, ils

---

a. régime. — b. tranches de foie rôties. — c. mets commun. — d. blaireaux. — e. fruits du cormier. — f. houppes. — g. bavoir. — h. étrillant.

1. Cf. *Épigram.*, XIII, 14 (où il n'est question que de la laitue).
2. Commentaire. Cf. *Pantagruel*, chap. VII, t. I, p. 252.

issoient hors, defense rigoureuse, sur peine horrifique, leur estoit faite, poisson lors ne toucher ne manger qu'ils seroient sur mer ou riviere; ne chair, telle qu'elle fust, lors que ils seroient en terre ferme; afin qu'à un chascun fust evident qu'en jouyssans de l'objet ne jouyssoient de la puissance et concupiscence, et ne s'en esbranloient non plus que le roc Marpesian[1] : le tout faisoient avec antiphones competentes et à propos, tousjours chantans des aureilles, comme avons dit. Le soleil soy couchant en l'Ocean, ils bottoient et esperonnoient l'un l'autre comme devant, et bezicles au nez, se composoient[a] à dormir. A la minuit, l'Esclot entroit, et gens debout : là esmailloient[2] et affiloient leurs rasouers, et la procession faite, mettoient les tables sus eux, et repaissoient comme devant.

Frere Jehan des Antomeures, voyans ces joyeux freres Fredons, et entendant le contenu de leurs statuts, perdit toute contenance, et, s'escriant hautement, dist : « O le gros rat[3] à la table ! Je romps cestuy là, et m'en vois par Dieu de pair. O que n'est icy Priapus, aussi bien que fust aux sacres nocturnes de Candie[4], pour le veoir à plein fond peder[b], et contrepedant fredonner ! A ceste heure congnois-je, en verité, que sommes en terre Anticthone[5] et Antipode. En Germanie l'on demolist monasteres et deffroque-on les Moynes; icy on les erige[c] à rebours et à contrepoil. »

---

a. disposaient. — b. péter. — c. dresse.

1. Marbre de Paros. Cf. Virgile, *Énéide*, VI, 470-1.
2. Tel est le texte de l'édition de 1564. Le manuscrit porte *esmouloient*, c'est-à-dire : aiguisaient.
3. Jeu de mots sur *rat* et *ras* (rasé).
4. Il faut lire Canidie. Allusion à la Satire I, 8 d'Horace où la statue de Priape est le témoin des gestes maléfiques de la sorcière Canidie.
5. A le même sens que Antipode.

*Comment Panurge, interroguant un Frere Fredon,
n'eust response de luy qu'en monosillabes.*

Chapitre XXVII

Panurge, depuis nostre entrée, n'avoit autre chose
que profondement contemplé les minois de ces royaux
Fredons; adonc tira par la manche un d'iceux, maigre
comme un diable soret[1], et luy demanda : « Frater,
fredon, fredon, fredondille, où est la garse ? »

Le Fredon luy respondit : « Bas[2].

Pan. — En avez vous beaucoup céans ? — Fr. —
Peu.

Pan. — Combien au vray sont-elles ? — Fr. —
Vingt.

Pan. — Combien en voudriez vous ? — Fr. —
Cent.

Pan. — Où les tenez vous cachées ? — Fr. — Là.

Pan. — Je suppose qu'elles ne sont toutes d'un
aage[a], mais quel corsage ont-elles ? — Fr. — Droit.

Pan. — Le taint, quel ? — Fr. — Lys.

Pan. — Les cheveux ? — Fr. — Blonds.

Pan. — Les yeux, quels ? — Fr. — Noirs.

Pan. — Les tetins ? — Fr. — Ronds.

Pan. — Le minois ? — Fr. — Coinct[b].

Pan. — Les sourcils ? — Fr. — Mols.

Pan. — Leurs attraicts ? — Fr. — Meurs.

Pan. — Leur regard ? — Fr. — Franc.

Pan. — Les pieds, quels ? — Fr. — Plats.

Pan. — Les talons ? — Fr. — Courts[3].

---

a. du même âge. — *b.* joli.

1. Saur. L'expression habituelle était comme un *hareng soret*.

2. Il est possible que le conteur ait emprunté à la 58e « récréation »
de Bonaventure des Périers l'idée de ce dialogue où l'un des interlo-
cuteurs répond par monosyllabes.

3. Cf. chap. xx, p. 355.

Pan. — Le bas, quel ? — Fr. — Beau.

Pan. — Et les bras ? — Fr. — Longs.

Pan. — Que portent-elles aux mains ? — Fr. — Gands.

Pan. — Les anneaux du doigt, quoy ? — Fr. — D'or.

Pan. — Qu'employez à les vestir ? — Fr. — Drap.

Pan. — De quel drap les vestez vous ? — Fr. — Neuf.

Pan. — De quelle couleur est-il ? — Fr. — Pers.

Pan. — Leur chapperonnage, quel ? — Fr. — Bleu.

Pan. — Leur chaussure, quelle ? — Fr. — Brun.

Pan. — Tous les susdits draps, quels sont-ils ? — Fr. — Fins.

Pan. — Qu'est-ce de leurs soulliers ? — Fr. — Cuir.

Pan. — Mais quels sont-ils volontiers ? — Fr. — Ords[a].

Pan. — Ainsi marchent en place ? — Fr. — Tost.

Pan. — Venons à la cuisine, je dis des garses; et sans nous haster espluchons bien tout par le menu. Qui a il en cuisine ? — Fr. — Feu.

Pan. — Qui entretient ce feu là ? — Fr. — Bois.

Pan. — Ce bois icy, quel est-il ? — Fr. — Sec.

Pan. — De quels arbres le prenez ? — Fr. — D'If.

Pan. — Le menu et les fagots ? — Fr. D'houst[b].

Pan. — Quel bois bruslez en chambre ? — Fr. — Pins.

Pan. — Et quels arbres encores ? — Fr. — Teils[c].

Pan. — Des garses susdites, j'en suis de moitié; comment les nourrissez vous ? — Fr. — Bien.

Pan. — Que mangent-elles ? — Fr. — Pain.

Pan. — Quel ? — Fr. — Bis.

Pan. — Et quoy plus ? — Fr. — Chair.

Pan. — Mais comment ? — Fr. — Rost.

Pan. — Mangent-elles point souppes ? — Fr. — Point.

---

a. sales. — b. aune. — c. tilleuls.

PAN. — Et de patisserie ? — FR. — Prou.

PAN. — J'en suis; mangent-elles point poisson ? — FR. — Si.

PAN. — Comment ? Et quoy plus ? — FR. — Œufs.

PAN. — Et les aiment ? — FR. — Cuits.

PAN. — Je demande comment cuits ? — FR. — Durs.

PAN. — Est-ce tout leur repas ? — FR. — Non.

PAN. — Quoy donc, qu'ont-elles d'avantage ? — FR. — Bœuf.

PAN. — Et quoy plus ? — FR. — Porc.

PAN. — Et quoy plus ? FR. — Oys.

PAN. — Quoy d'abondant[a] ? — FR. — Jars.

PAN. — Item ? — FR. — Coqs.

PAN. — Qu'ont-elles pour leur saulce ? — FR. — Sel.

PAN. — Et pour les friandes[b] ? — FR. — Mout.

PAN. — Pour l'issue du repas ? — FR. — Ris.

PAN. — Et quoy plus ? — FR. — Laict.

PAN. — Et quoy plus ? — FR. — Pois.

PAN. — Mais quels pois entendez vous ? — FR. — Vers.

PAN. — Que mettez vous avec ? — FR. — Lard.

PAN. — Et des fruits ? — FR. — Bons.

PAN. — Quoy ? — FR. — Cruds.

PAN. — Plus ? — FR. — Noix.

PAN. — Mais comment boivent-elles ? — FR. — Net.

PAN. — Quoy ? — FR. — Vin.

PAN. — Quel ? — FR. — Blanc.

PAN. — En hyver ? — FR. — Sain.

PAN. — Au printemps ? — FR. — Brusq[c].

PAN. — En esté ? — FR. — Frais.

PAN. — En automne et vendange ? — FR. — Doux.

---

a. outre cela. — *b.* gourmandes. — *c.* âpre.

— Pote[1] de froc, s'escria frere Jehan, comment ces mastines icy fredonniques devroient estre grosses, et comment elles devroient aller au trot, veu qu'elles repaissent si bien et copieusement !

— Attendez, dist Panurge, que j'achève. Quelle heure est quant se couchent ? — FR. — Nuict.

PAN. — Et quant elles se levent ? — FR. — Jour.

— Voicy, dist Panurge, le plus gentil Fredon que je chevauchay de cest an : pleust à Dieu et au benoist sainct Fredon, et à la benoiste et digne vierge saincte Fredonne, qu'il fust premier President de Paris ! Vertu goy[a], mon amy, quel expediteur de causes, quel abreviateur de procès, quel vuydeur de debats, quel esplucheur de sacs, quel fueilleteur de papiers, quel minuteur d'escritures ce seroit ! Or maintenant venons sur les autres vivres, et parlons à traits[b] et à sens rassis de nosdictes sœurs en charité. — Quel est le formulaire ? — FR. — Gros.

PAN. — A l'entrée ? — FR. — Frais.

PAN. — Au fond ? — FR. — Creux.

PAN. — Je disois qu'il y faict ? — FR. Chaud.

PAN. — Qui a il au bord ? — FR. — Poil.

PAN. — Quel ? — FR. — Roux.

PAN. — Et celuy des plus vieilles ? — FR. Gris.

PAN. — Le sacquement[c] d'elles, quel ? — FR. — Prompt.

PAN. — Le remuement des fesses ? — FR. — Dru.

PAN. — Toutes sont voltigeantes ? — FR. — Trop.

PAN. — Vos instrumens, quels sont-ils ? — FR. — Grands.

PAN. — En leur marge, quels ? — FR. — Ronds.

PAN. — Le bout, de quelle couleur ? — FR. — Bail[d].

PAN. — Quant ils ont fait, quels sont-ils ? — FR. — Coys.

---

a. Vertu Dieu ! — *b.* longuement. — *c.* saccade. — *d.* rouge foncé.

1. De l'italien *potta* qui désigne le sexe de la femme.

PAN. — Les genitoires, quels sont ? — FR. — Lourds.

PAN. — En quelle façon troussez ? — FR. — Près.

PAN. — Quand c'est faict, quels deviennent ? — FR. — Mats[a].

PAN. — Or, par le serment qu'avez faict, quant voulez habiter, comment les projettez vous ? — FR. — Jus[b].

PAN. — Que disent-elles en culletant ? — FR. — Mot.

PAN. — Seulement elles vous font bonne chere; au demourant elles pensent au joly cas ? — FR. — Vray.

PAN. — Vous font-elles des enfans ? — FR. — Nuls.

PAN. — Comment couchez ensemble ? — FR. — Nuds.

PAN. — Par ledit serment qu'avez faict, quantes fois de bon compte ordinairement le faictes vous par jour ? — FR. — Six.

PAN. — Et de nuict ? — FR. — Dix.

— Cancre[c], dist frere Jehan, le paillard ne daigneroit passer seize; il est honteux[d].

PAN. — Voire, le ferois tu bien autant, frere Jehan ? Il est, par Dieu, ladre verd[1]. Ainsi font les autres ? FR. — Tous.

PAN. — Qui de tous le plus galland ? — FR. — Moy.

PAN. — N'y faictes vous onques faute ? — FR. — Rien.

PAN. — Je perds mon sens en ce poinct. Ayans vuydé et espuysé en ce jour precedent tous vos vases spermatiques, au jour subsequant y en peut-il tant avoir ? — FR. — Plus.

PAN. — Ils ont, ou je resve, l'herbe de l'Indie celebrée par Theophraste[2]. Mais si par empeschement

---

a. affaiblis. — *b.* en bas. — *c.* lui vienne le chancre ! — *d.* timide.

1. Ils passaient pour particulièrement vigoureux (cf. *Quart Livre*, chap. LXVI, p. 242, n. 5).
2. Cf. *Tiers Livre*, chap. XXVII, t. I, p. 518.

legitime, ou autrement, en ce deduit advient quelque diminution de membre, comment vous en trouvez vous ? — Fr. — Mal.

Pan. — Et lors que font les garses ? — Fr. — Bruit.

Pan. — Et si cessiez un jour ? — Fr. — Pis.

Pan. — Alors que leur donnez vous ? — Fr. — Trunc[a].

Pan. — Que vous font-elles pour lors ? — Fr. — Bren.

Pan. — Que dis-tu ? — Fr. — Peds.

Pan. — De quel son ? — Fr. Cas[b].

Pan. — Comment les chastiez vous ? — Fr. — Fort.

Pan. — Et en faictes quoy sortir ? — Fr. — Sang.

Pan. — En cela devient leur tain ? — Fr. — Tainct.

Pan. — Mieux pour vous il ne seroit ? — Fr. — Painct.

Pan. — Aussi restez vous tousjours ? — Fr. — Craints.

Pan. — Depuis elles vous cuident[c] ? — Fr. — Saincts.

Pan. — Par ledit serment de bois qu'avez fait, quelle est la saison de l'année quand plus lasches le faictes ? — Fr. — Aoust.

Pan. — Celle quant plus brusquement[d] ? — Fr. — Mars.

Pan. — Au reste vous le faictes ? — Fr. — Gay. »
Alors dist Panurge en sousriant : « Voici le pauvre Fredon du monde : avez vous entendu comment il est resolu, sommaire et compendieux[e] en ses responses ? Il ne rend que monosyllabes. Je croy qu'il feroit d'une cerize trois morceaux[1].

— Corbieu, dist frere Jehan, ainsi ne parle il mie avec ses garses, il y est bien polysyllabe ; vous parlez de trois morceaux d'une cerise : par sainct Gris, je

---

a. sornettes. — *b.* cassé. — *c.* croient. — *d.* gaillardement. — *e.* court.

1. Proverbe populaire.

jurerois que d'une espaule de mouston il ne feroit que deux morceaux, et d'une quarte de vin qu'un traict. Voyez comment il est hallebrené[a].

— Ceste, dist Epistemon, meschante feraille[1] de moines sont par tout le monde ainsi aspres sus les vivres, et puis nous disent qu'ils n'ont que leur vie en ce monde. Que diable ont les Roys et grans Princes ? »

Comment l'institution de Quaresme desplaist à Epistemon.

CHAPITRE XXVIII

« Avez vous, dist Epistemon, noté comment ce meschant et malautru Fredon nous a allégué Mars comme mois de ruffiennerie ?

— Ouy, respondit Pantagruel; toutesfois il est tousjours en quaresme, lequel a esté institué pour macerer la chair, mortifier les appetits sensuels, et reserrer les furies veneriennes.

— En ce, dist Epistemon, pouvez vous juger de quel sens estoit celuy Pape qui premier l'institua, que ceste vilaine savatte de Fredon confesse soy n'estre jamais plus embrené en paillardise qu'en la saison de quaresme : aussi par les evidentes raisons produites de tous bons et sçavans medecins, affermans en tout le decours[b] de l'année n'estre viandes mangées plus excitantes la personne à lubricité qu'en cestuy temps : febves, poix, phaseols[c], chiches, oignons, noix, huytres, harans, saleures, garon[2], salades, toutes composées d'herbes veneriques, comme eruce[d], nasitord[e], targon[f],

---

a. épuisé de fatigue. — *b.* cours. — *c.* haricots. — *d.* roquette. — *e.* cresson alénois. — *f.* estragon.

1. Terme de mépris.
2. Le garum était une saumure à base d'anchois dont Rabelais, à en croire Dolet, aurait retrouvé l'antique recette. Voir p. 562.

cresson, berle[a], response[b], pavot cornu[1], haubelon[c], figues, ris, raisins.

— Vous, dist Pantagruel, seriez bien esbahy, si voyant le bon Pape, instituteur du Sainct quaresme, estre lors la saison quand la chaleur naturelle sort du centre du corps, auquel c'estoit contenue durant les froidures de l'hyver, et si dispert par la circonference des membres comme la sesve faict es arbres, auroit ces viandes[d], qu'avez dictes, ordonnées pour aider à la multiplication de l'humain lignage. Ce que me l'a faict penser est qu'au papier baptistere[e] de Touars[2], plus grand est le nombre des enfans en octobre et novembre nez, qu'es dix autres mois de l'année, lesquels selon la supputation retrograde, tous estoient faits, conceus et engendrez en quaresme.

— Je, dist frere Jean, escoute vos propos, et y prens plaisir non petit; mais le Curé de Jambet[3] attribuoit ce copieux engrossissement de femmes, non aux viandes de quaresme, mais aux petits questeurs voultés, aux petits prescheurs bottés, aux petits confesseurs crottés, lesquels damnent, par cestuy temps de leur empire, les ribaulx mariez trois toises au dessoubs des grifes de Lucifer. A leur terreur les mariez plus ne biscotent[4] leurs chambrieres, se retirent à leurs femmes. J'ay dict.

— Interpretez, dist Epistemon, l'institution de quaresme à vostre phantasie : chascun abonde en son sens ; mais à la suppression d'iceluy, laquelle me semble estre impendente[f 5], s'opposeront tous les medecins, je le sçay, je leur ay ouy dire. Car sans le quaresme, seroit

---

a. cresson de rivière. — *b.* raiponce. — *c.* houblon. — *d.* nourriture. — *e.* registre des baptêmes. — *f.* proche.

1. Toutes ces plantes étaient réputées pour leurs vertus aphrodisiaques rapportées par Pline (*Hist. Nat.*, XX et XXII).
2. Près de Bressuire dans les Deux-Sèvres.
3. Rabelais fut curé de Saint-Christophe-du-Jambet, près du Mans.
4. Sens libre.
5. Soit en raison des progrès de la Réforme, soit parce que l'on croyait que le concile de Trente allait le supprimer.

QVARESIMA

Petri de Nobilibus Formis

Caresme, par Branbilla

leur art en mespris, rien ne gaigneroient, personne ne seroit malade. En quaresme sont toutes maladies semées : c'est la vraye pepiniere, la naifve couche et promocondeª de tous maux. Encores ne considerez que si quaresme faict les corps pourrir, aussi faict il les ames enrager. Diables à lors font leurs efforts ; Caffards alors sortent en place ; Cagots tiennent leurs grands jours, forces sessions, stations, perdonnancesᵇ, confessions, fouettements, anathematisations. Je ne veux pourtant inferer que les Arimaspians[1] soient en cela meilleurs que nous, mais je parle à propos.

— Orçà, dist Panurge, couillon cultant et fredonnant, que vous semble de cestuy-cy ? Est-il pas heretique ? — Fʀ. — Très.

Pᴀɴ. — Doibt il pas estre bruslé ? — Fʀ. — Doibt.

Pᴀɴ. — Et le plustost qu'on pourra ? — Fʀ. — Soit.

Pᴀɴ. — Sans le faire pourboullirᶜ ? — Fʀ. — Sans.

Pᴀɴ. — En quelle maniere donques ?— Fʀ. — Vif.

Pᴀɴ. — Si qu'en fin s'en ensuyve ? — Fʀ. — Mort.

Pᴀɴ. — Car il vous a trop fasché ? — Fʀ. — Las !

Pᴀɴ. — Que vous sembloit il estre ? — Fʀ. — Fol.

Pᴀɴ. — Vous dictes fol ou enragé ? — Fʀ. — Plus.

Pᴀɴ. — Que voudriez vous qu'il fust ? — Fʀ. — Arsᵈ.

Pᴀɴ. — On en a bruslé d'autres ? — Fʀ. — Tant.

Pᴀɴ. — Qui estoient heretiques ? — Fʀ. — Moins.

Pᴀɴ. — Encores en bruslera on ? — Fʀ. — Maints.

Pᴀɴ. — Les rachepterez vous ? — Fʀ. — Grainᵉ.

Pᴀɴ. — Les faut il pas tous brusler ? — Fʀ. — Faut.

— Je ne sçay, dist Epistemon, quel plaisir vous prenez raisonnant avecques ce meschant penaillon ꜰ de

---

a. l'économe (voir *Briefve Declaration, supra,* p. 258). — *b.* distributions de pardons. — *c.* bouillir complètement. — *d.* brûlé. — *e.* non. — *f.* haillon.

[1]. Ce nom qui, pour les Anciens, était celui d'un peuple nordique, désigne peut-être ici les pays qui, en acceptant la Réforme, ont renoncé au carême.

moyne; mais si d'ailleurs ne m'estiez congnu, vous me creeriez en l'entendement opinion de vous peu honorable.

— Allons de par Dieu, dist Panurge, je l'emmenerois volontiers à Gargantua tant il me plaist; quand je seray marié il serviroit à ma femme de foul.

— Voire : *teur*, dist Epistemon, par la figure de Tmesis[1].

— A ceste heure, dist frere Jehan en riant, as tu ton vin[2], pauvre Panurge; tu n'eschappe jamais que tu ne sois cocu jusques au cul. »

Comment nous visitasmes le pays de Satin.

CHAPITRE XXIX

Joyeux d'avoir veu la nouvelle religion des freres Fredons, navigasmes par deux jours : au troisiesme, descouvrit nostre Pilot une Isle belle et delicieuse sur toutes autres; on l'appelloit l'Isle de Frize, car les chemins estoient de frize[3]. En icelle estoit le pays de Satin[4], tant renommé entre les pages de Cour : duquel les arbres et herbe jamais ne perdoient fleur ne feuilles et estoient de damas et velous figuré. Les bestes et oiseaux estoient de tapisserie.

Là nous vismes plusieurs bestes, oiseaux et arbres, tels que les avons de par deçà, en figure, grandeur, amplitude et couleur : excepté qu'ils ne mangeoient rien, et point ne chantoient, point aussi ne mordoient

---

1. La *tmèse* est une figure de rhétorique. Elle consiste en une coupure, telle — ici — celle du mot *fouteur*.
2. Cf. *Pantagruel*, chap. XVIII, t. I, p. 317, n. *d*.
3. Étoffe de laine à poil frisé.
4. Cf. *Quart Livre*, chap. VIII, p. 58.

ils, comme font les nostres. Plusieurs aussi y vismes que n'avions encores veu : entre autres y vismes divers elephans[1] en diverse contenance; sur tous j'y notay les six masles et six femelles presentez à Rome, en theatre, par leur instituteur[a], au temps de Germanicus, nepveu de l'empereur Tibere, elephans doctes, musiciens, philosophes, danseurs, pavaniers[b], baladins[2], et estoient à table assis en belle composition, beuvans et mangeans en silence comme beaux peres au refectouer. Ils ont le museau long de deux coudées, et le nommons proboscide, avec lequel ils puisent eau pour boire, prennent palmes, prunes, toutes sortes de mangeaille, s'en deffendent et offendent[c] comme d'une main; et au combat jettent les gens haut en l'air, et à la cheute les font crever de rire. Ils ont joinctures et articulations es jambes; ceux qui ont escrit le contraire[3] n'en veirent jamais qu'en peinture. Entre leurs dents ils ont deux grandes cornes : ainsi les appeloit Juba[4], et dit Pausanias estre cornes, non dents. Philostrate tient que soient dents, non cornes[5] : ce m'est tout un; pourveu qu'entendiez que c'est le vray yvoire, et sont longues de trois ou quatre coudées, et sont en la mandibule superieure, non inferieure. Si croyez ceux qui disent le contraire, vous en trouverez mal, voire fust-ce Elian[6], tiercelet de menterie[7]. Là, non ailleurs, en avoit veu Pline, dansans aux sonnettes sus cordes, et funambules : passans aussi sus les tables en plain banquet, sans offenser les beuveurs beuvans[8].

J'y vy un rhinoceros du tout semblable à celuy que

---

a. dresseur. — *b.* dansant la pavane. — *c.* attaquent.

1. L'éléphant était très rare en Europe au XVIe siècle encore.
2. Emprunt à Pline (*Hist. Nat.*, VIII).
3. Tel Aristote (*Histoire des animaux,* II, 4).
4. Cf. Pline (*Hist. Nat.*, VIII).
5. Cf. Pausanias, V, 12, et Philostrate, *Vie d'Apollonius,* II, 13.
6. Cf. *Histoire des Animaux,* IV, 31.
7. Petit menteur. Cf. *Tiers Livre,* chap. IX, t. I, p. 439, n. 1.
8. Pline (*Hist. nat.*, VIII, 2).

Henry Clerberg[1] m'avoit autrefois monstré et peu differoit d'un verrat qu'autrefois j'avois veu à Limoges : excepté qu'il avoit une corne au mufle, longue d'une coudée et pointue, de laquelle il osoit entreprendre contre un elephant en combat, et d'icelle le poignant sous le ventre (qui est la plus tendre et debile partie de l'elephant) le rendoit mort par terre[2].

J'y vy trente deux unicornes[a]; c'est une beste felonne[b] à merveilles, du tout semblable à un beau cheval, excepté qu'elle a la teste comme un cerf, les pieds comme un elephant, la queuë comme un sanglier, et au front une corne aigue, noire et longue de six ou sept pieds[3], laquelle, ordinairement, luy pend en bas comme la creste d'un coq d'Inde; elle, quand veut combattre ou autrement s'en ayder, la leve roide et droite. Une d'icelles je vy accompagnée de divers animaux sauvages, avec sa corne emunder une fontaine. Là me dist Panurge que son courtaut ressembloit à ceste unicorne, non en longueur du tout, mais en vertu et en proprieté : car ainsi comme elle purifioit l'eau des mares et fontaines d'ordure ou venin aucun qui y estoit, et ces animaux divers, en seureté, venoient boire après elle, ainsi seurement on pouvoit après luy fatrouiller[c] sans danger de chancre, verole, pissechaude, poullains [grenés][4], et tels autres menus suffrages; car si mal aucun estoit au trou mephitique, il esmondoit tout avec sa corne nerveuse. — Quant, dist frere Jehan, vous serez marié, nous ferons l'essay sur vostre femme. Pour l'amour de Dieu soit, puis que

---

a. licornes. — b. sauvage. — c. farfouiller.

1. Négociant allemand établi à Lyon et célèbre pour ses charités comme pour sa fortune.
2. Cf. Pline, *Hist. Nat.*, VIII, 29.
3. Cf. *ibid.*, VIII, 31. Pline décrit un animal des Indes, qu'il appelle monocéros.
4. Le texte de l'édition de 1564 porte : *greves*, coquille probable. Les *poullains grenés* sont des bubons inguinaux. Cf. *Pantagruel*, chap. XXI, t. I, p. 327.

nous en donnez instruction fort salubre. — Voire, respondit Panurge, et soudain en l'estomac la belle petite pilulle agregative de Dieu[1], composée de vingt-deux coups de pongnart à la Cesarine. — Mieux vaudroit, disoit frere Jehan, une tasse de quelque bon vin frais. »

J'y vy la toison d'or, conquise par Jason. Ceux qui ont dit n'estre toison, mais pomme d'or, parce que μῆλα signifie pomme et brebis, avoient mal visité le pays de Satin.

J'y vy un chameléon, tel que le descrit Aristoteles[2], et tel que me l'avoit quelquefois monstré Charles Marais, medecin insigné en la noble cité de Lyon sur le Rosne[3], et ne vivoit que d'air non plus que l'autre[4].

J'y vy trois Hidres, telles qu'en avois ailleurs autrefois veu. Ce sont serpens, ayans chascun sept testes diverses.

J'y vy quatorze Phœnix. J'avois leu en divers autheurs qui n'en estoit qu'un en tout le monde, pour un aage; mais, selon mon petit jugement, ceux qui en ont escrit n'en veirent onques ailleurs qu'au pays de tapisserie, voire fust-ce Lactance Firmian[5].

J'y vy la peau de l'asne d'or d'Apulée[6].

J'y vy trois cens et neuf Pelicans, six mille et seize oiseaux Seleucides, marchans en ordonnance, et devorans les sauterelles parmy les bleds; des Cynamolges, des Argathiles, des Caprimulges, des Thynnuncules[7], des Crotenotaires, voire, dis-je, des Onocrotales[8] avec

---

1. … qui vous « agrège » à Dieu — par la mort. D'après Plutarque (*Vie de César*, LXVII) César fut tué de vingt-trois coups de poignard.

2. Cf. *Histoire des animaux*, II, 11.

3. Voir *supra*, p. 39, n. 1.

4. Pline, *Hist. nat.*, VIII, 51.

5. On attribue à Lactance, rhéteur chrétien, né à Firmium (d'où *Firmian*) au IVe siècle ap. J.-C. un poème sur le phénix.

6. *Métamorphoseos sive de asino aureo*.

7. Tous oiseaux fabuleux mentionnés, avec leurs particularités, par Pline au livre X.

8. Pélicans. Cf. *Pantagruel, Prologue*, t. I, p. 218.

leur grand gosier, des Stymphalides[a], Harpies[1], Pantheres, Dorcades[b], Cemades[c], Cynocephales, Satyres, Cartasonnes[d][2], Tarandes[e], Ures[f], Monopes[g], Pephages[h][3], Cepes[i], Nea[d]es[4], Stéres[j][5], Cercopitèques[6], Bisons, Musimones[k], Bytures[7], Ophyres[j], Stryges[8], Gryphes[l].

J'y vy la My-caresme à cheval (la My-aoust et la My-mars luy ·tenoient l'estaphe[m]), Loups-garoux, Centaures, Tygres, Léopards, Hyènes, Cameleopardales[n], Origes[o][9].

J'y vy une Remore[10], poisson petit, nommé Echeneis des Grecs, auprès d'une grande nauf, laquelle ne se mouvoit, encores qu'elle eust pleine voile en haute mer : je croy bien que c'estoit celle de Periander, le tyran, laquelle un poisson tant petit arrestoit contre le vent. Et en ce pays de Satin, non ailleurs, l'avoit veuë Mutianus[11]. Frere Jehan nous dist que par les Cours de Parlement, souloient jadis regner deux sortes de poisson, lesquels faisoient de tous poursuyvans,

---

a. oiseaux du lac Stymphale. — *b*. gazelles. — *c*. antilopes. — *d*. licornes. — *e*. rennes. — *f*. aurochs. — *g*. buffles. — *h*. chevaux cornus. — *i*. singes. — *j*. serpents. — *k*. moutons de Sardaigne. — *l*. griffons. — *m*. étrier. — *n*. girafes. — *o*. licornes.

1. Le texte de l'édition de 1564 est : ... *des Stymphalides harpies*,...

2. Élien, *Histoire des animaux*, XVI, 20.

3. Tel est le texte. Il convient peut-être de lire *Pégases*, c'est-à-dire chevaux cornus d'Éthiopie. Cf. Pline, VIII, 30.

4. Texte du manuscrit. L'édition de 1564 porte : *Neares* qui est probablement une coquille. Les Neades sont mentionnés par Rabelais au *Quart Livre*. Cf. *supra*, p. 229.

5. Tel est le texte. Il est possible qu'il faille lire *Prestères*, mot qui chez Élien (VI, 51) désigne une sorte de serpent.

6. Singes à longue queue.

7. Insecte qui, au dire de Pline (XXX, 52), dévorait les vignes en Campanie.

8. Il s'agit de vampires monstrueux, dont parle Pline (*Hist. nat.*, XI).

9. Le manuscrit présente une liste de monstres assez différente.

10. Cf. *supra*, *Quart Livre*, chap. LXII, p. 228.

11. Selon Pline (IX, 41) Mucianus rapportait que le vaisseau de Périandre avait été arrêté par des murex.

nobles, roturiers, pauvres, riches, grands, petits, pourrir les corps et enrager les ames. Les premiers estoient poissons d'avril : ce sont maquereaux[1]; les seconds benefiques[2] remores : c'est sempiternité de procès sans fin de jugement.

Icy vy des Sphynges[a], des Raphes[b], des Oinces[c], des Cephes, lesquels ont les pieds de devant comme les mains, et ceux de derriere, comme les pieds d'un homme; des Crocutes, des Eales[3], lesquels sont grands comme hippopotames, la queuë comme elephans, les mandibules comme sangliers, les cornes mobiles comme sont les aureilles d'asnes. Des Cucrocutes[4] bestes trèslegeres, grande comme asnes de Mirebalais[5], ont le col, la queuë et poitrine comme un lyon, les jambes comme un cerf, la gueule fendue jusques aux aureilles, et n'ont autres dents qu'une dessus et une autre dessous : elles parlent de voix humaine, mais lors mot ne sonnerent.

Vous dites qu'on ne vit onques aire[d] de sacre[6] ; vrayement j'y en vy onze, et le notez bien.

J'y vy des hallebardes gaucheres, ailleurs n'en avois veu.

J'y vy des Menthicores[7], bestes bien estranges : elles ont le corps comme un lion, le poil rouge, la face et les aureilles comme un homme, trois rangs de dens, entrant les unes dedans les autres comme si vous entre-

---

a. sphinx. — b. chacals. — c. lynx. — d. nid.

1. Ils abondent en avril. Leur nom était déjà péjoratif.
2. Le manuscrit porte ici *veneficques* c'est-à-dire empoisonneuses.
3. L'auteur suit Pline pour les Cephes (VIII, 28), comme pour les Crocutes (VIII, 45) et les Eales (VIII, 30). Il s'agit d'animaux extraordinaires créés par l'imagination populaire.
4. Il doit s'agir des *Leucrocotes* de Pline, autres animaux fantastiques (VIII, 30).
5. Cf. *Gargantua*, chap. XI, t. I, p. 50, n. 2.
6. Oiseau de proie du genre faucon.
7. Le manuscrit porte : *mantichores*. Les menticores sont des dragons dont parle Pline (VIII, 30). Rabelais les cite au *Quart Livre*, chap. LXII (*supra*, p. 237).

lassiez les doigts des deux mains les uns dedans les autres; en la queuë elles ont un aiguillon, duquel elles poignent comme font les scorpions, et ont la voix fort melodieuse.

J'y vy des Catoblepes[1], bestes sauvages, petites de corps, mais elles ont les testes grandes sans proportion; à peine les peuvent lever de terre; elles ont les yeux tant veneneux que quiconques les voit meurt soudainement, comme qui verroit un basilic.

J'y vy des bestes à deux dos[2], lesquelles me sembloient joyeuses à merveilles et copieuses en culetis, plus que n'est la mocitelle[a], aveques sempiternel remuement de cropions.

J'y vy des escrevisses laictées[b], ailleurs jamais n'en avois veu, lesquelles marchoient en mout belle ordonnance, et les· faisoit mout bon veoir.

Comment au pays de Satin nous veismes Ouy-dire,
tenant escole de tesmoignerie.

Chapitre XXX

Passans quelque peu avant en ce pays de tapisserie, vismes la mer Mediterranée ouverte et descouverte jusques aux abismes, tout ainsi comme au gouffre Arabic[c] se descovrit la mer Erithrée, pour faire chemin aux Juifs issans d'Egypte. Là je recongnu Triton sonnant de sa grosse conche, Glaucus, Proteus, Nereus et mille autres dieux et monstres marins. Vismes aussi nombre infiny de poissons en especes diverses, dansans,

---

a. le hochequeue. — b. ayant du lait. — c. golfe Persique.

1. Pline, *Hist. Nat.*, VIII, 21.
2. Cf. *Gargantua*, chap. III, t. I, p. 19.

Musée de Lisbonne   Panneau central de *la Tentation de saint Antoine* de Jérôme Bosch

Cl. Giraudon

volans, voltigeans, combatans, mangeans, respirans, belutans[a], chassans, dressans escarmouches, faisans embuscades, composans trefves, marchandans, jurans, s'esbatans.

En un coing là près, vismes Aristoteles tenant une lanterne, en semblable contenance que l'on peint l'hermite près sainct Christophle[1], espiant, considerant, le tout redigeant par escrit. Derriere luy estoient, comme records de sergents, plusieurs autres philosophes : Appianus, Heliodorus, Atheneus, Porphirius, Pancrates Archadian, Numenius, Possidonius, Ovidius, Oppianus, Olympius, Seleucus, Leonides, Agathocles, Theophraste, Damostrate, Mutianus, Nymphodorus, Elianus[2], cinq cens autres gens aussi de loisir, comme fut Chrysippus[3] ou Aristharchus de Sole[4], lequel demeura cinquante huit ans à contempler l'estat des abeilles, sans autre chose faire. Entre iceux j'y advisay Pierre Gylles[5], lequel tenoit un urinal en main, considerant en profonde contemplation l'urine de ces beaux poissons.

Avoir[b] longuement consideré ce pays de Satin, dist Pantagruel : « J'ay icy longuement repeu mes yeux, mais je ne m'en peux en rien saouler; mon estomach brait de male rage de faim. — Repaissons, repaissons, di-je, et tastons de ces anacampserotes[6] qui pendent

---

a. s'accouplant. — b. après avoir.

1. La légende disait que lorsque saint Christophe porta l'enfant Jésus à travers un fleuve impétueux, sa marche fut guidée par un ermite porteur d'une lanterne.

2. Le conteur mêle des noms très connus à des noms obscurs. Numenius et Possidonius sont des philosophes du IIe siècle, le premier néoplatonicien, le second stoïcien. Sur Porphyre, Oppien et Elien voir t. I, p. 90, n. 1.

3. Naturaliste dont le nom est cité par Pline (XXIX).

4. Il s'agit d'Aristomachus, dont Pline cite le nom, XI, 9.

5. Gilles d'Albi (1450-1555), naturaliste, auteur d'un traité sur les poissons.

6. Plante qui, au dire de Pline (XXIV), par son contact réconciliait les amoureux brouillés.

la dessus. Fy, ce n'est rien qui vaille. » Je donques prins quelques mirobalans[1] qui pendoient à un bout de tapisserie; mais je ne les peu mascher, n'avaller, et les goustans eussiez proprement dict et juré que fust soye retorsse, et n'avoient saveur aucune. On penseroit qu'Heliogabalus là eust prins, comme transsump[a] de bulle, forme de festoyer ceux qu'il avoit long temps fait jusner, leur promettant en fin banquet somptueux, abondant, imperial; puis les paissoit de viandes en cire, en marbre, en potterie, en peintures et nappes figurées[2].

Cerchans donques par ledit pays si viandes aucunes trouverions, entendismes un bruit strident et divers, comme si fussent femmes lavant la buée[b] ou traquets de moulins du Bazacle lez Tolose[3]. Sans plus sejourner nous transportasmes au lieu où c'estoit, et vismes un petit vieillard bossu, contrefait et monstrueux; on le nommoit *Ouy-dire* : il avoit la gueule fendue jusques aux aureilles, et dedans la gueule sept langues, et la langue fendue en sept parties; quoy que ce fust, de toutes sept ensemblement parloit divers propos et langages divers; avoit aussi parmy la teste et le reste du corps autant d'aureilles comme jadis eut Argus d'yeux; au reste estoit aveugle et paralitique des jambes.

Au tour de luy je vy nombre innumerable d'hommes et de femmes escoutans et attentifs et en recongnu aucuns parmy la trouppe faisans bon minois, d'entre lesquels un pour lors tenoit une mappemonde, et la leur exposoit sommairement par petites aphorismes, et y devenoient clercs et scavans en peu d'heure, et par-

---

a. résumé. — *b*. lessive.

1. Voir *supra*, p. 53, n. *b*.
2. *Vie d'Héliogabale* de Lampridius, 25.
3. Cf. *Pantagruel*, chap. XXII, t. I, p. 335. Le traquet est une pièce de bois qui traverse la trémie et par son mouvement fait tomber le blé sous la meule.

loient de prou de choses prodigieuses elegantement et par bonne memoire, pour la centiesme partie desquelles scavoir ne suffiroit la vie de l'homme : des Pyramides, du Nil, de Babylone, des Troglodites, des Hymatopodes, des Blemmies[1], des Pygmées, des Canibales[2], des monts Hyperborées, des Egipanes[3], de tous les diables, et tout par *Ouy-dire*.

Là je vy, selon mon advis, Herodote, Pline, Solin[4], Berose[5], Philostrate, Mela, Strabo, et tant d'autres antiques, plus Albert le Jacobin grand[6], Pierre Tesmoin[7], Pape Pie second[8], Volateran[9], Paulo Jovio le vaillant homme[10], Jacques Cartier[11], Charton Armenian[12], Marc Paule Venitien[13], Ludovic Romain[14], Pietre Aliares[15], et ne scay combien d'autres modernes historiens cachez derriere une piece de tapisserie, en tapinois escrivans de belles besongnes, et tout par *Ouy-dire*.

Derriere une piece de velours figuré à feuilles de menthe, près d'*Ouy-dire*, je vy nombre grand de Per-

---

1. Tous peuples prodigieux, mentionnés par Pline (*Hist. Nat.*, V, 8.)
2. Cf. *Briefve Declaration*, p. 249.
3. Pline, V, 8.
4. C. Julius Solinus vécut au iiie siècle. Son traité d'ethnographie et d'histoire naturelle intitulé *Polyhistor* doit beaucoup à l'*Histoire Naturelle* de Pline.
5. Astrologue de Babylone : on lui attribuait un livre apocryphe publié en 1498.
6. Philostrate, sophiste du iiie siècle ap. J.-C., auteur de la *Vie d'Apollonius de Tyane ;* Pomponius Mela, géographe latin (ier siècle ap. J.-C.); Albert le Grand (1193-1280), philosophe aristotélicien.
7. Pierre Martyr d'Anguiera, historien et géographe italien (1455-1526).
8. Il publia sous le nom d'Æneas Sylvius Piccolomini une cosmographie renommée (1405-1464).
9. Raphaël Maffeï, de Volterra (1450-1521).
10. Paul Jove (1483-1552), évêque et célèbre historien italien.
11. Qui découvrit le Canada.
12. Hayton l'Arménien, voyageur du xiiie siècle, auteur d'une *Historia orientalis*.
13. L'illustre Marco Polo.
14. Louis de Verthema, lui aussi auteur d'un voyage en Orient (1520).
15. Pedro Alvarez Cabral, marin portugais qui découvrit le Brésil en 1500.

cherons et Mançeaux[1], bons estudians, jeunes assez ; et
demandans en quelle faculté ils appliquoient leur estude,
entendismes que là de jeunesse ils apprenoient estre
tesmoins, et en cestuy art proufitoient si bien que, par-
tans du lieu et retournez en leur province, vivoient
honnestement du mestier de tesmoignerie, rendans seur
tesmoignage de toutes choses à ceux qui plus donne-
roient par journée, et tout par *Ouy-dire*. Dictes-en ce
que voudrez, mais ils nous donnerent de leurs chan-
teaux[a], et beusmes à leurs barils à bonne chere. Puis
nous advertirent cordialement, qu'eussions à espargner
verité, tant que possible nous seroit, si voulions parvenir en Court de grans seigneurs.

Comment nous fut descouvert le païs de Lanternois.

Chapitre XXXI

Mal traictez et mal repeus au païs de Satin navigasmes par trois jours ; au quatriesme en bon heur
approchasmes de Lanternois[2]. Approchans voyons sur
mer certains petits feuz volans : de ma part je pensois que
fussent, non lanternes, mais poissons, qui de la langue
flamboyans, hors la mer fissent feu[3], ou bien Lampy-
rides[b], vous les appelez Cicindeles, là reluisans comme
au soir font en ma patrie, l'orge venant à maturité[4].
Mais le Pilot nous advertit que c'estoient lanternes
des guets, lesquelles autour de la banlieue descou-
vroient[c] le païs, et faisoient escorte à quelques lanternes

---

a. tranches de pain. — b. vers luisants. — c. reconnaissaient.

1. Les Manceaux étaient réputés comme faux témoins.
2. Cf. *Tiers Livre*, chap. xlvii, t. I, p. 595, n. *b*.
3. Cf. Pline, *Hist. Nat.*, IX, qui parle de poissons lumineux.
4. Cf. *ibid.*, XVIII.

estrangeres, qui, comme bons Cordeliers et Jacobins, alloient là comparoistre au chapitre Provincial. Doutans[a] toutesfois que fust quelque prognostic de tempeste, nous asseura qu'ainsi estoit.

Comment nous descendismes au port des Lichnobiens et entrasmes en Lanternois.

CHAPITRE XXXII

Sus l'instant entrasmes au port de Lanternois[1]. Là sus une haute tour recongnut Pantagruel la lanterne de la Rochelle, laquelle nous fist bonne clarté. Vismes aussi la lanterne de Pharos, de Nauplion, et d'Acropolis en Athenes sacrée à Pallas[2]. Près le port est un petit village habité par les Lychnobiens[3], qui sont peuples vivans de lanternes (comme en nos païs les freres briffaux[4] vivent de nonnains), gens de bien et studieux. Demosthenes y avoit jadis lanterné[5]. De ce lieu jusques au palais fusmes conduicts par trois Obeliscolychnies[6], gardes militaires du havre, à haux bonnets, comme Albanois, esquels exposasmes les causes de nos voyage et deliberation[b], laquelle estoit

---

a. craignant. — *b.* dessein.

1. Dans ce chapitre, Rabelais ou son successeur s'inspire de l'*Histoire véritable* de Lucien, I, et du *Disciple de Pantagruel*.

2. Le conteur cite quelques phares célèbres : celui de La Rochelle bâti au xve siècle, celui d'Alexandrie, celui de Nauplie port d'Argos, celui d'Athènes appelé lanterne de Callimaque.

3. Le mot, qui signifie *gens vivant à la lumière des lanternes*, est dans Sénèque (lettre 122) et Érasme (*Adages*, IV, 4, 51).

4. Il s'agit de frères lais nourris par des religieuses à charge de quêter pour elles. Cf. *Tiers Livre*, xx, t. I, p. 482.

5. La tradition voulait que Démosthène ait beaucoup travaillé la nuit. Cf. *Gargantua, Prologue*, t. I, p. 9.

6. Voir *Quart Livre*, chap. xxii, p. 107, n. 1.

là impetrer de la Royne de Lanternois une lanterne pour nous esclairer et conduire par le voyage que faisions vers l'oracle de la Bouteille. Ce que nous promisrent faire, et volontiers, adjoustans qu'en bonne occasion et oportunité estions là arrivez, et qu'avions beau faire chois de lanternes, lors qu'elles tenoient leurs chapitre Provincial.

Advenans au palais royal, fusmes par deux lanternes d'honneur, savoir est, la lanterne d'Aristophanes et la lanterne de Cleanthes[1], presentez à la Royne, à laquelle Panurge en langage Lanternois exposa briefvement les causes de nostre voyage. Et eusmes d'elle bon recueil, et commandement d'assister à son soupper, pour plus facilement choisir celle que voudrions pour guide. Ce que nous pleut grandement et ne fusmes negligens bien tout noter et tout considerer, tant en leurs gestes, vestemens et maintien, que aussi en l'ordre du service.

La Royne estoit vestuë de cristallin[a] vierge, de touchie[2], ouvrage damasquin, passementé de gros diamens. Les lanternes du sang estoient vestues, aucunes de strain[b], autres de pierres phengites[c]; le demourant estoit de corne, de papier, de toille cirée. Les fallots pareillement selon leurs estats d'antiquité de leurs maisons. Seulement j'en advisay une de terre comme un pot, en rang des plus gorgiases; de ce m'esbahissant, entendy que c'estoit la lanterne d'Epictetus, de laquelle on avoit autrefois refusé trois mile dragmes[3].

---

a. cristal. — b. strass. — c. pierres transparentes (Pline, XXXVI).

1. Les lanternes d'Aristophane le grammairien et de Cléanthe le stoïcien étaient célèbres dans l'antiquité. Cf. Érasme, *Adages*, I, 7, 72.
2. Ou *tauchie*, damasquinure. Cf. III, 7 (t. I. p. 430), III, 38 (t. I, p. 564), IV, 1 (*supra*, p. 33). La phrase se lit ainsi dans le manuscrit : *La Royne estoit vestue de cristallin vergé par art de tauchye et augeminé à ouvraige Damasquin, passementé de gros diamantz.*
3. Un Grec avait offert ce prix de la lampe d'argile d'Épictète, croyant acheter ainsi la sagesse du philosophe; cf. Lucien, *Contre un ignorant bibliomane*, 13.

J'y consideray diligentement la mode et accoustrement de la lanterne Polymixe[a] de Martial[1], encore
plus de l'[Icosimixe][2], jadis consacrée par Canope, fille
de Tisias. J'y noté tresbien la lanterne Pensile[b], jadis
prinse de Thebes au temple d'Apollo Palatin, et depuis
transportée en la ville de Cyme Aolique par Alexandre
le Conquerant[3]. J'en notay une autre insigne, à cause
d'un beau floc de soye cramoisine qu'elle avoit sus la
teste[4]. Et me fut dit que c'estoit Bartole, lanterne de
droit[5]. J'en notay pareillement deux autres insignes, à
cause des bourses de clystere, qu'elle portoient à la
ceincture, et me fut dit que l'une estoit le grand,
l'autre le petit Luminaire des apoticaires[6].

L'heure du soupper venue, la Royne s'assit en premier lieu, consequemment les autres selon leur degré et
dignité. D'entrée de table toutes furent servies de
grosses chandelles de moulle, excepté que la Royne
fut servie d'un gros et roidde flambeau flamboyant de
cire blanche, un peu rouge par le bout; aussi furent les
lanternes du sang exceptées du reste, et la lanterne
provinciale de Mirebalais[7], laquelle fut servie d'une
chandelle de noix[8]; et la provinciale du bas Poitou,
laquelle je vis estre servie d'une chandelle armée[c];
et Dieu sçait quelle lumiere après elles rendoient avec
leur mecherons. Exceptez icy un nombre de jeunes

---

a. aux mèches nombreuses (*grec :* πολύμυξος). — *b.* — suspendue.
— *c.* ornée d'armoiries.

1. *Lucerna polymyxos* titre d'une épigramme de Martial (XIV, 41).
2. Nous corrigeons le texte de l'édition de 1564 qui porte : *de la
l'Icosimire.* Cf. *Anthologie palatine*, VI, 148, où il s'agit d'une lampe à
vingt mèches (icosimixe) dédiée par la fille de *Critias* au dieu de
Canope.
3. Pline, XXXIV, 8.
4. La houppe du bonnet des docteurs.
5. Il avait pour surnom : *lucerna juris civilis.*
6. Ce sont les titres, *Luminare majus* et *Luminare apothecariorum*, de
deux traités de pharmacie fort usités au xvie siècle.
7. Le pays de Mirebeau où se trouvait un couvent de Cordeliers.
Cf. *Gargantua*, chap. XI, t. I, p. 50.
8. Faites de pâte de noix pilées. Cf. *Pantagruel*, chap. XIII, t. I, p. 286.

lanternes, du gouvernement d'une grosse lanterne.
Elles ne luisoient comme les autres, mais me sembloient avoir les paillardes couleurs.

Après soupper nous retirasmes pour reposer. Le
lendemain matin la Royne nous fist choisir une lanterne, pour nous conduire, des plus insignes. Et ainsi
prinsmes congé.

Comment furent les dames Lanternes servies a soupper.

[Chapitre XXXII *bis*[1]]

[*du manuscrit*]

Les vezes[a], bouzines[b] et cornemuses sonnerent har-
monieusement, et leurs furent les viandes apportées. A
l'entrée du premier service, la Royne print en guise de
pillules qui sentent si bon (je dis *ante cibum*[2]) pour soy
desgresser l'estonmath, une cuillerée de petasinne[3].
Puys furent servies :

(S'ensuyt ce qui estoit en marge et non comprins au
present livre.)

Servato in-4 libr. Panorgum[c] ad nuptias.

Les quatre quartiers du mouton que porta Hellé et
Frixus au destroit de Propontide[4].

Les deux chevreaulx de la celebre chèvre Amaltée[5],
nourrisse de Jupiter.

---

a. cornemuses. — *b.* musettes. — *c.* Panurge.

1. Ce chapitre ne figure que dans le ms. de la Nationale. Peut-être
est-ce un fragment réservé du *Quart Livre*. Voir plus bas les mots :
servato in-4 libr...

2. Jeu de mots sur : qui *sentent si bon...*

3. Mon collègue Charles Camproux me suggère que ce mot serait
une déformation intentionnelle du mot languedocien *perasine-résine*. La
résine était très employée par les médecins de l'école de Montpellier.

4. Ovide, *Fastes*, III, 851-876.

5. *Ibid.*, V, 111-128.

Les fans[a] de la cerfve bische Egerye, consellere de Numa Pompillius[1].

Six oysons couvez par la digne oye Ilmaticque laquelle par son champt saulva la rocque Tarpée de Rome[2].

Les cochons de la truye...

Le veau de la vache Ino mal jadis gardée par Argus[3].

Le poulmon du regnard que Neptune et Julius Pollux in canibus[4].

Le cigne auquel se convertit[b] Jupiter pour l'amour de Leda[5].

Le beuf Apis de Menphes en Egipte qui reffusa sa pitance de la main de Germanicus Cezar[6] et six beufz desrobez par Cacus recouvertz[c] par Hercules[7].

Les deux chevreaulx que Coridon rescovrit pour Alexis[8].

Le sanglier Herimentien[9], Olimpicque et Calidonien[10].

Les Cramasteres du toreau tant aymé de Pasiphe[11].

Le cerf auquel fut transformé Actheon[12].

Le foye de l'ourse Calixto[13].

Des corquignolles savoreuses[14].

---

a. faons. — *b.* changea. — *c.* recouvrés.

1. Tite-Live, I, 19.
2. *Ibid.* V, 47.
3. C'est Io, qui, métamorphosée en génisse, fut confiée par Junon à la garde d'Argus et délivrée de celui-ci par Mercure. Cf. Ovide, *Métamorphoses*, I, 600 sqq.
4. Tel est le texte du manuscrit. L'auteur devait vouloir faire allusion à la légende du renard fée que Rabelais a utilisée dans le *Prologue* du *Quart Livre* (voir *supra*, pp. 18-19).
5. Ovide, *Métamorphoses*, VI, 109, *Amours,* I, 10, 4-5.
6. Pline, VIII, 46.
7. Virgile, *Énéide*, VIII, 193-267.
8. Virgile, *Églogues*, II, 40-42.
9. Capturé par Hercule.
10. Ovide, *Métamorphoses*, VIII, 260 sqq.
11. Virgile, *Églogues*, VI, 45-60.
12. Ovide, *Métamorphoses*, III, 193 sqq.
13. *Ibid.,* II, 476 sqq.
14. Un grand nombre des mets qui vont maintenant être énumérés sont désignés par des mots tirés des premiers livres et intentionnelle-

Des happelourdes.
Des badigonyeuses.
Des cocquemares à la vinaigrette.
Des cocquecigrues.
Des etangourres,
De ballivarnes en paste.
Des estr[o]ncs fins à la nasardine.
Des aucbares de mer.
Des godiveaulx de levrier bien bons.
Du promerdis grand viande.
Des bourbelettes.
Primeronges.
Des bregizollons.
Des lansbregotz.
Des freleginingues.
De la bistroye.
Des brigailles mortiffiées.
Des genabins de haulte fustaye.
Des starabillatz.
Des cormecabotz.
Des cornameuz revestuz de bize.
De la gendarmenoyre.
Des jerangoys.
De la trismarmaille.
Des ordisopiratz.
De la mopsopige.
Des brebasenas.
Des fundrilles.
Des chinfreneaulx.
Des bubagotz.
Des volepupinges.
Des gafelages.
Des brenouzetz.
De la mirelaridaine.
De la croquepye.

---

ment déformés. Sur ce chapitre on lira un article de L. Sainéan, *Le chapitre XXXIII du manuscrit du Ve livre*, dans la *Revue des Études rabelaisiennes*, t. VIII, pp. 191-199.

En second service furent servies :

Des ondrespondredetz.

Des entreduchz.

De la friande vestanpenarderye.

Des baguenauldes.

Des dorelotz de liepvre.

Des bandyelivagues, viande rare.

Des manigoulles de levant.

Des brinborions de ponnent.

De la petaradine.

Des notrodilles.

De la vesse couliere.

De la foyre en braye.

Du suif d'asnon.

De la crotte en poil.

Du moinascon.

Des fanfreluches.

Des spopondrilloches.

Du laisse-moy en paix.

Du tire toy là.

Du boute luy toy mesmes.

De la clacquemain.

Du sainct balleran.

Des epiboches.

Des ivrichaulx.

Des giboullées de mars.

Des tricquebilles.

De la bandaille.

Des smubrelotz.

Des je reny ma vie.

Des hurtalis.

De la patissandrye.

Des ancrastabotz.

Des babillebabous.

De la marabire.

Des sinsanbregoys.

Des quaisse quesse.

Des cocquelicous.

Des maralipes.

Du brochancultis.

Des hoppelatz.

De la marmitaudaille avec beau pissefort.

Du merdiguon.

Des croquinpedaigues.

Des tintaloyes.

Des piedz à boulle.

Des chinfreneaulx.

Des nez d'as de treffles en paste.

De pasque de solles.

Des estafillades.

Du guyacoux.

Pour le dernier service furent presentées :

Des drogues sernogues.

Des tricquedandaines.

Des gringuenauldes à la joncade.

Des brededins brededas.

De la galimaffrée à l'escafignade.

Des barabin barabas.

Des mocquecroquettes.

De la hucquemasche.

De la tirelytantaine.

Des neiges d'antan, desquelles ilz ont en abondance en Lanternois.

Des gringaletz.

Du sallehort.

Des mirelaridaines.

Des mizenas.

Des gresamines, fruict delicieulx.

Des marioletz.

Des fricquenelles.

De la piedebillorie.

De la mouchenculade.

Du souffle au cul myen.

De la menigance.

Des tritrepoluz.

Des besaibenis.

Des aliborrins.

Des tirepetadans.

Du coquerin.

Des coquilles betissons.

Du croquignologe.

Des tinctamarrois.

Pour descerte apporterent ung plain plat de merde couvert d'estrongs fleuris : c'estoit ung plat plain de miel blanc, couvert d'une guimple de soye cramoisine.

Leur boitte[a] feut en tirelarigotz, vaisseaulx beaulx et anticques, et rien ne beuvoient fors Eliaodes[b], breuvaige assez mal plaisant en mon goust; mais en Lanternois c'est boitte déifficque; et s'envyrent comme gens, si bien que je veiz une vieille lanterne edentée revestue de parchemin, lanterne corporalle[c] d'aultres jeunes lanternes, laquelle criant aux semetieres[d] : *Lampades nostræ estinguntur*[1], fut tant ivre du breuvaige qu'elle, sur l'heure, y perdit vye et lumiere; et feut dict à Pantagruel que souvent en Lanternois ainsi perissoient les lanternes lanternées, mesmes[e] au temps qu'elles tenoient chappitre.

Le soupper finy, furent les tables levées. Lors, les menestriers plus que devant melodieusement sonnantz, fut par la Royne commancé ung bransle double, auquel tous et falotz et lanternes ensemble danserent. Depuys se retira la Royne en son siege; les aultres aux dives sons des bouzines dansarent diversement comme vous pourrez dire[2] :

Serre Martin.

C'est la belle franciscane.

Dessus les marches d'Arras.

Bastienne.

Le trihorry de Bretaigne.

---

a. boisson. — *b.* de l'huile. — *c.* caporale — *d.* sommelières [3]. — *e.* principalement.

1. «Nos lampes s'éteignent !» Ce sont, selon saint Matthieu (XXV, 8), les paroles des vierges folles.

2. L'énumération de chansons à danser qui suit est à peu près entièrement copiée du *Disciple de Pantagruel* (chapitre XVI).

3. *Semetieres*, en ancien français doublet de *soumetières*, doublet lui-même de *sommelier*. En occitan : *saumalier* et *saumatier*.

Hely, pourtant si estes belle.
Les sept visaiges.
La gaillarde.
La revergasse.
Les crappaulx et les grues.
La marquise.
Si j'ay mon joly temps perdu.
L'espine.
C'est à grand tort.
La frisque.
Par trop je suys brunette.
De mon dueil triste.
Quand m'y souvient.
La galliotte.
La goutte.
Marry de par sa femme.
La gaye.
Malemaridade.
La pamine.
Catherine.
Saint Roc.
Sanxerre.
Nevers.
Picardie la jolye.
La doulourouze.
Sans elle ne puys.
Curé, venez donc.
Je demeure seulle.
La mousque de Biscaye.
L'entrée du fol.
A la venue de Noël.
La peronnelle.
Le gouvernal.
A la bannye.
Foix.
Verdure.
Princesse d'amours.
Le cueur est myen.
Le cueur est bon.

Jouyssance.
Chasteaubriant.
Beure fraiz.
Elle s'en va.
La ducate.
Hors de soulcy.
Jacqueline.
Le grand helas.
Tant ay d'ennuy.
Mon cueur sera.
La seignore.
Beauregard.
Perrichon.
Maulgré danger.
Les grandz regretz.
A l'ombre d'un buissonnet.
La douleur qui au cueur me blesse.
La fleurye.
Frere Pierre.
Va-t'en, regretz.
Toute noble cité.
N'y boutes pas tout.
Les regretz de l'aignau.
Le bail d'Espaigne.
C'est simplement donné congé.
Mon con est devenu sergent.
Expect ung poc ou pauc.
Le renom d'un esgaré.
Qu'est devenu, ma mignonne.
En attendant la grace.
En elle n'ay plus de fiance.
En plainctz et pleurs je prens congé.
Tire-toy là, Guillot.
Amours m'ont faict desplaisir. La patiance du Maure.
Les souspirs du polin.
Je ne sçay pas pourquoy.
Faisons la, faisons.
Noire et tannée.
La belle Françoise.

C'est ma pensée.

O loyal espoir.

C'est mon plaisir.

Fortune.

L'alemande.

Les pensées de ma dame.

Penses tous la peur.

Belle, à grand tort.

Je ne sçay pas pourquoy.

Helas, que vous a faict mon cueur.

Hé Dieu ! quelle femme j'avoye !

L'heure est venue de me plaindre.

Mon cueur sera d'aymer.

Qui est bon à ma semblance.

Il est en bonne heure né.

De doleur de l'escuyer.

La douleur de la charte.

Le grand Alemant.

Pour avoir faict au gré de mon amy.

Les manteaulx jaulnes.

Le mout de la vigne.

Toute semblable.

Cremonne.

La merciere.

La trippiere.

Mes enffans.

Par faulx semblant.

La valantinoise.

Fortune à fort.

Testimonium.

Calabre.

L'estrac.

Amours.

Esperance.

Robinet.

Triste plaisir.

Rigoron Pirouy.

L'oyselet.

Biscaye.

La doulourouse.
Ce que sçavez.
Qu'il est bon.
Le petit helas.
A mon retour.
Je ne fay plus.
Paouvres gensdarmes.
Le faulcheron.
Ce n'est pas jeu.
Breaulté.
Te grati, roine.
Patience.
Navarre.
Jac Bourdaing.
Rouhault le fort.
Noblesse.
Tout au rebours.
Cauldas.
C'est mon mal.
Dulcis amica.
Le chault.
Les chasteaulx.
La girofflée.
Vaz en moy.
Jurez le prix.
La nuyt.
A Dieu m'envoys.
Bon gouvernement.
Mi sonnet.
Pampelune.
Ilz ont menti.
Ma joye.
Ma cousine.
Elle revient.
A la moictié.
Tous les biens.
Ce qu'il vous plairra.
Puysqu'en amour suys malhereux.
A la verdure.

Sus toutes les couleurs.
En la bonne heure.
Or faict il bon aymer.
Mes plaisantz champtz.
Mon joly cueur.
Bon pied bon œil.
Hau, bergere, mamye.
La tisserande.
La pavane.
Hely, pourtant si estes belle.
La marguerite.
Or faict il bon.
La laine.
Le temps passé.
Le joly boys.
L'heure vient.
Le plus dolent.
Touche luy l'anticaille.
Les hayes.

Encores les veiz je danser aux chansons de Poictou[1]
dictes par ung fallot de Sainct Messant, or ung grand
baislant[a] de Partenay le Vieil[2].

Notez, beuveurs, que tout alloit de hait[b]; et se faisoient bien valoir les gentils fallotz avecques leurs
jambes de boys. Sus la fin fut apporté vin de coucher
avecques belle mouscheenculade, et fut cryé largesse de
par La Royne, moyennant une boette de petasinne. Lors
la Royne nous octroya le choix d'une de ses lanternes
pour nostre conduicte, telle qu'il nous plairoit. Par
nous fut esleue et choisie la mye du grand M. P. Lamy[3],
laquelle j'avois autresfoys congneue à bonnes enseignes.
Elle pareillement me recongnoissoit, et nous sembla

---

a. bâilleur — *b.* de bon cœur.

1. Les Poitevins étaient connus pour leur goût de la danse.
2. Village et prieuré près de Parthenay, dans les Deux-Sèvres.
3. La lanterne de Pierre Amy, le compagnon de cloître de Rabelais.
Voir *Introduction*, t. I, p. III.

plus divine, plus hilique[1], plus docte, plus saige, plus diserte, plus humaine, plus debonnaire et plus ydoine, que autre qui fut en la compaignye pour nostre conduicte. Remercians bien humblement la dame Royne, feusmes accompaignez jusques à nostre nauf par sept jeunes fallotz balladins, ja luysant la claire Diane.

Au departir du palais, je ouys la voix d'un grand fallot à jambe torte, disant qu'un bon soir vault mieulx que aultant de bons mastins qu'il y a eu de chastaignes en farce d'oye depuis le déluge de Ogiges[2], voulant donner entendre qu'il n'est bonne chere que de nuyt, lorsque lanternes sont en place, accompagnées de leurs gentilz fallotz. Telles cheres le soleil ne peult veoir de bon œil, tesmoing Jupiter : lorsqu'il coucha avecques Alcmene mere d'Hercules, il la feit cacher deux jours, car peu devant il avoit descouvert le larcin de Mars et de Venus.

Comment nous arrivasmes à l'oracle de la Bouteille

CHAPITRE XXXIII

Nostre noble Lanterne nous esclairant, et conduisant en toute joyeuseté, arrivasmes en l'isle desirée, en laquelle estoit l'oracle de la Bouteille. Descendant Panurge en terre fist sur un pied la gambade en l'air gaillardement, et dist à Pantagruel : « Aujourd'huy avons nous ce que cerchons avecques fatigues et labeurs tant divers. » Puis se recommanda courtoisement à nostre Lanterne. Icelle nous commanda tous

---

1. Mot inconnu. Peut-être s'agit-il d'une coquille d'imprimerie ? Peut-être dérive-t-il du grec Ἵλεος, favorable ?

2. Qui fut roi de Thèbes. Ce fut un premier déluge que suivit celui de Deucalion.

bien esperer, et, quelque chose qui nous apparust, n'estre aucunement effrayez.

Approchans au temple de dive Bouteille[1], nous convenoit passer parmy un grand vinoble faict de toutes especes de vignes, comme Phalerne[2], Malvoisie, Muscadet, Taige[3], Beaune, Mirevaux[4], Orléans, Picardent[5], Arbois[6], Coussi, Anjou, Grave, Corsicque, Vierron[7], Nerac et autres. Le dit vinoble fut jadis par le bon Bacchus planté avec telle benediction que tous temps il portoit feuille, fleur et fruict, comme les orangiers de Suraine[8]. Nostre Lanterne magnifique nous commanda manger trois raisins par homme, mettre du pampre en nos souliers et prendre une branche verde en main gauche. Au bout du vinoble passasmes dessous un arc antique, auquel estoit le trophée d'un beuveur bien mignonnement insculpé[a], sçavoir est, en un lieu, long ordre de flaccons, bourraches[b], bouteilles, fiolles, barils, barraux[c], pots, pintes, semaises[d] antiques, pendentes d'une treille ombrageuse; en autre, grande quantité d'ails, oignons, eschalottes, jambons, boutargues[e], parodelles[f], langues de bœuf fumées, formages vieux, et semblable confiture entrelassée de pampre, et en semble par grande industrie fagottées avecques des seps; en autre, cent formes de voerres comme voerres à pied et voerres à cheval[9], cuveaux, retombes[g], hanaps, jadaux[h], sal-

---

a. sculpté. — b. flacons de cuir. — c. petits barils. — d. amphores. — e. voir t. I, p. 18, n. 2. — f. gâteaux au fromage. — g. vases à boire ronds. — h. petites jattes.

1. Cf. E. V. Telle, *la Situation géographique de la Dive Bouteille* (*Bibliothèque d'Humanisme et Renaissance*, 1952, p. 329).
2. Le vin de Falerne en Campanie était réputé dans l'Antiquité.
3. On croit que l'auteur cite ici le vignoble de Tabbia, près de Gênes.
4. Voir *Pantagruel*, chap. v, t. I, p. 241, n. 4.
5. Il s'agit d'un plant cultivé en Languedoc.
6. Vignoble de la Franche-Comté.
7. Cf. *Gargantua*, chap. xiii, t. I, p. 58, n. 2.
8. A la place de ce mot le manuscrit porte : *Sam-Rame*.
9. Plaisanterie après « verres à pied ».

vernes[a], taces, gobelets, et telle semblable artillerie
Bacchique. En la face de l'arc, dessous le zoophore[b],
estoient ces deux vers inscripts :

> Passant icy ceste poterne
> Garny toy de bonne lanterne.

« A cela, dist Pantagruel, avons nous pourveu. Car
en toute la region de Lanternois, n'y a Lanterne meilleure et plus divine que la nostre. »

Cestuy arc finissoit en une belle et ample tonnelle,
toute faicte de seps de vignes, aornez de raisins de cinq
cens couleurs diverses, et cinq cens diverses formes
non naturelles, mais ainsi composées par art d'agriculture, jaunes, bleus, tanez, azurez, blancs, noirs,
verds, violets, riolez[c], piolez[d], longs, ronds, torangles,
couillonnez, couronnez, barbus, cabus[e], herbus. La
fin d'icelle estoit close de trois antiques lierres, bien
verdoyans et tous chargez de bagues[f]. Là nous commanda nostre illustrissime Lanterne, de ce lierre chascun de nous se faire un chappeau albanois[1] et s'en
couvrir toute la teste. Ce que fut faict sans demeure.
« Dessous, dist lors Pantagruel, ceste treille n'eust
ainsi jadis passé la Pontife de Jupiter[2].

— La raison, dist nostre preclare[3] Lanterne, estoit
mystique. Car y passant auroit le vin, ce sont les raisins, au dessus de la teste, et sembleroit estre comme
maistrisée et dominée du vin, pour signifier que les
Pontifes et tous personnages qui s'addonnent et dedient
à contemplation des choses divines doivent en tran-
quillité leurs esprits maintenir, hors toute perturbation
de sens : laquelle plus est manifestée en yvrognerie
qu'en autre passion, quelle que soit.

---

a. écuelles. — b. frise. — c. bigarrés. — d. bariolés. — e. pommés.
— f. baies.

1. Voir Pantagruel, chap. XXXI, t. I, p. 375, n. 2.
2. Plutarque, Questions romaines, 112.
3. Illustre et aussi très claire ; jeu de mots.

« Vous pareillement au temple ne seriez receus de la dive Bouteille, estans par cy dessous passez, sinon que Bacbuc la noble Pontife vist de pampre vos souliers plains : qui est acte du tout, et, par entier diametre contraire au premier, et signification evidente, que le vin vous est en mespris, et par vous conculqué[a] et subjugué.

— Je, dist frere Jean, ne suis point clerc, dont me desplaist; mais je treuve dedans mon breviaire que en la Revelation[1] fut, comme chose admirable, veuë une femme ayant la lune sous les pieds : c'estoit, comme m'a exposé Bigot[2], pour signifier qu'elle n'estoit de la race et nature des autres, qui toutes ont à rebours la lune en teste et par consequent le cerveau tousjours lunatique; cela m'induit facilement à croire ce que dites, madame Lanterne ma mie. »

Comment nous descendismes soubs terre
pour entrer au Temple de la Bouteille, et comment
Chinon est la premiere ville du monde.

Chapitre XXXIV

Ainsi descendismes sous terre par un arceau incrusté de plastre, peint au dehors rudement[b] d'une danse de femmes et Satyres, accompagnans le vieil Silenus riant sus son asne. Là je disois à Pantagruel : « Ceste entrée me revoque en souvenir la Cave peinte[3] de la premiere ville du monde : car là sont peinctures pareilles, en pareille fraischeur, comme icy.

---

a. foulé aux pieds. — *b.* grossièrement.

1. *Apocalypse*, XII, 1.
2. Voir *supra*, p. 348, n. 2.
3. Cf. *Gargantua*, chap. XII, t. I, p. 52, et *Quart Livre*, chap. XX, p. 101.

— Où est, demanda Pantagruel; qui est ceste première ville que dites ?

— Chinon, dis-je, ou Caynon[1] en Touraine.

— Je sçay, respondit Pantagruel, où est Chinon, et la Cave peinte aussi, j'y ay beu maints verres de vin frais, et ne fais doute aucune que Chinon ne soit ville antique, son blason l'atteste, auquel est dit :

« deux ou trois fois Chinon,
Petite ville, grand renom[2],
Assise sus pierre ancienne
Au haut le bois, au pied Vienne.

« Mais comment seroit elle ville premiere du monde ? Où le trouvez vous par escrit ? Quelle conjecture en avez ?

— Je, dy, trouve en l'Escriture sacrée que Cayn fut premier bastisseur de villes[3]. Vray donques semblable est que la premiere il de son nom nomma Caynon, comme depuis ont, à son imitation, tous autres fondateurs et instaurateurs de villes, imposé leurs noms à icelles : Athene (c'est en grec Minerve), à Athènes; Alexandre, à Alexandrie; Constantin, à Constantinople; Pompée, à Pompeiopolis en Cilicie; Adrian, à Adrianople[4], Canaan[5], aux Cananeens; Saba, aux Sabeians; Assur, aux Assyriens; Ptolemaïs[6], Cesarea[7], Tiberium[8], Herodium[9], en Judée. »

Nous tenans ces menus propos, sortit le grand

---

1. Grégoire de Tours (Histoire des Francs, V, 17) désigne Chinon sous le nom de Caïno, qu'explique la suite de ce chapitre.
2. On lisait ces quatre mots dans les armes de la ville.
3. Cf. Genèse, IV, 17.
4. Andrinople.
5. Canaan, fils de Cham.
6. Nom de plusieurs villes fondées ou agrandies par les Ptolémées.
7. Plusieurs villes fondées par les empereurs romains portèrent ce nom.
8. Tiberiopolis.
9. Fondée par Hérode le Grand à cinq kilomètres au S.-E. de Bethléem.

flasque[a] (nostre Lanterne l'appeloit phlosque[1]) gouverneur de la dive Bouteille, accompagné de la garde du temple et estoient tous Bouteillons François. Iceluy nous voyant Tyrsigeres[b], comme j'ay dit, et couronnez de Lierre, recognoissant aussi nostre insigne Lanterne, nous fist entrer en seureté, et commanda que droit on nous menast à la princesse Bacbuc, dame d'honneur de la Bouteille et Pontife de tous les mysteres. Ce que fut fait.

Comment nous descendismes les degrez tetradiques, et de la peur qu'eut Panurge.

CHAPITRE XXXV

Depuis descendismes un degré marbrin sous terre; là estoit un repos[c]; tournans à gauche en descendismes deux autres, là estoit un pareil repos; puis trois à destour, et repos pareil, et quatre autres de mesme. Là demanda Panurge : « Est-ce icy ? — Quant[d] degrez, dist nostre magnifique Lanterne, avez compté ? — Un, respondit Pantagruel, deux, trois, quatre. — Quants sont ce ? demanda elle. — Dix, respondit Pantagruel. — Par, dist elle, mesme tetrade Pythagorique[2], multipliez ce qu'avez resultant. — Ce sont, dist Pantagruel, dix, vingt, trente, quarante. — Combien fait le tout ? dist elle. — Cent, respondit Pantagruel. — Adjoustez, dist elle, le cube premier[e], ce sont huit; au bout de ce

---

a. flacon. — *b.* porteurs de thyrses. — *c.* palier. — *d.* combien de. — *e.* le cube de deux.

1. C'est-à-dire (du mot grec φλόξ) : *la flamme.*
2. Le nombre quatre était, au dire de Plutarque et de Lucien, le nombre parfait pour les pythagoriciens. Cf. *Tiers Livre,* chap. xxix, t. I, p. 527.

nombre fatal trouverons la porte du temple. Et y notez prudentement que c'est la vraye Psycogonie de Platon, tant celebrée par les Academiens, et tant peu entendue[1] : de laquelle la moictié est composée d'unité, des deux premiers nombres plains, de deux quadrangulaires et de deux cubiques[2].

Descendus ces degrez numereux sous terre, nous furent bien besoin premierement nos jambes, car sans icelles ne descendions qu'en roullant comme tonneaux en cave basse; secondement nostre preclare Lanterne, car en ceste descente ne nous apparoissoit autre lumiere non plus que si nous fussions au trou de sainct Patrice en Hybernie[3] ou en la fosse de Trophonius en Boëtie[4]. Descendus environ septante et huit degrez, s'escria Panurge, addressant sa parolle à nostre luysante lanterne : « Dame mirifique, je vous prie de cœur contrit, retournons arriere. Par la mort bœuf, je meurs de malle peur. Je consens jamais ne me marier. Vous avez prins de peine et fatiguez beaucoup pour moy; Dieu vous le rendra en son grand rendouer; je n'en seray ingrat issant hors ceste caverne des Troglodites. Retournons de grace. Je doubte[a] fort que soit icy Tenare[5], par lequel on descend en Enfer, et me semble que j'oy Cerberus abbayant. Escoutez, c'est luy, ou les aureilles me cornent : je n'ay à luy devotion aucune, car il n'est mal des dens si grand que quant les chiens nous tiennent aux jambes. Si c'est icy la fosse de Trophonius, les Lemures et Lutins nous mangeront tous vifs, comme jadis ils mangerent un des hallebardiers

---

a. crains.

1. La théorie de la génération de l'âme du monde est exposée dans le *Timée* (35) et résumée par Plutarque dans sa *Psychogonie du Timée*.

2. Soit 54 : 1 (l'unité) + 2 et 3 (nombres pleins), + 4 et 9 (nombres quadrangulaires = carrés), + 8 et 27 (nombres cubiques).

3. Cf. *Gargantua*, chap. ii, t. I, p. 15, n. 1.

4. Cf. *Tiers Livre*, chap. xxiv, t. I, p. 504.

5. Le promontoire du Ténare (c'est le cap Matapan) abritait une caverne par où Hercule aurait pénétré aux Enfers.

de Demetrius[1], par faute de bribes[a]. Es tu-là, frere Jean ? Je te prie, mon bedon, tien toy près de moy, je meurs de peur. As-tu ton bragmard ? Encores n'ay-je armes aucunes, n'offensives, ne defensives. Retournons.

— J'y suis, dist frere Jean; j'y suis, n'ayes peur, je te tien au collet, dix-huit diables ne t'emporteront de mes mains, encores que sois sans armes. Armes jamais au besoin ne faillirent, quant bon cœur est associé de bon bras; plustost armes du Ciel pleuveroient comme au champs de la Crau, près les fosses Mariannes[2] en Provence, jadis pleurent cailloux (ils y sont encores) pour l'aide d'Hercules, n'ayant autrement dequoy combatre les deux enfans de Neptune[3]. Mais quoy ? descendons nous icy es limbes des petits enfans (par Dieu, ils nous conchieront tous), ou bien en Enfer à tous les diables ? Cor Dieu, je les vous galleray[b] bien à ceste heure, que j'ay du pampre en mes souliers. O que je me batray verdement ! Où est-ce ? où sont-ils ? Je ne crains que leurs cornes. Mais les deux cornes que Panurge marié portera m'en garantiront entierement. Je le voy jà, en esprit prophetique, un autre Acteon cornant, cornu, cornancul.

— Garde, frater, dist Panurge, attendant qu'on marira les Moines, que n'espouse la fiebvre quartaine. Car je puisse donc, sauf et sain, retourner de cestuy Hypogée, en cas que je ne te la beline[c], pour seulement te faire cornigere[d], cornipetant : autrement, pense-je bien que la fiebvre quarte est assez mauvaise bague[e].

---

a. miettes. — b. frapperais. — c. s'accoupler avec. — d. cornu. — e. ribaude.

1. Il était entré sans le gâteau rituel dans l'antre de Trophonius pour y dérober de l'or et de l'argent (Pausanias, IX, 39, 12).

2. Marius, d'après Plutarque (*Marius*, 15), fit creuser un canal dans la Crau.

3. Anecdote rapportée par Pomponius Méla, II, 5. Jupiter aida Hercule dépourvu de traits par une pluie de pierres qui encombrent encore la Crau.

Il me souvient que Grippe-minaud te la voulut donner pour femme, mais tu l'appellas heretique[1]. »

Icy fut le propos interrompu par nostre splendide Lanterne, nous remonstrant que là estoit le lieu auquel convenoit favorer[a], et par suppression de parolles, et taciturnité de langues; du demourant, fist response peremptoire que de retourner sans avoir le mot de la Bouteille n'eussions d'espoir aucun, puis qu'une fois avions nos souliers feustrez de pampre.

« Passons donques, dist Panurge, et donnons de la teste à travers tous les diables. A perir n'y a qu'un coup. Toutesfois je me reservois la vie pour quelque bataille. Boutons[b], boutons, passons outre. J'ay du courage tant et plus : vray est que le cœur me tremble; mais c'est pour la froideur et relenteur[c] de ce cavayn[d][2]. Ce n'est de peur, non, ne de fiebvre. Boutons, boutons, passons, poussons, pissons : je m'appelle Guillaume sans peur[3]. »

*Comment les portes du Temple par soy-mesme
admirablement s'entr'ouvrirent.*

CHAPITRE XXXVI

En fin des degrez rencontrasmes un portal de fin Jaspe, tout compassé[e] et basty à ouvrage et forme Dorique, en la face duquel estoit en letres Ioniques, d'or trespeur, escrite cette sentence, ἐν οἴνῳ ἀλήθεια

---

a. se taire avec respect (latin : *favere linguis*). — *b.* allons. — *c.* les relents. — *d.* souterrain. — *e.* façonné.

1. Cf. ci-dessus, chap. XII, p. 323.
2. L'édition de 1564 porte : *canayn.*
3. C'est le héros d'un roman de chevalerie qui a été cité dans le *Prologue* de *Pantagruel* (t. I, p. 218).

c'est à dire : *en vin verité*[1]. Les deux parties estoient
d'arain, comme Corinthian[2], massives, faites à petites
vinettes[a], enlevées[b] et esmaillées mignonnement, selon
l'exigence de la sculpture, et estoient ensemble jointes
et refermées esgalement en leur mortaise, sans clavier[c],
et sans catenat, sans lyaison aucune : seulement y pendoit
un diamant Indique, de la grosseur d'une febve
Egyptiatique[3], enchassé en or [obrizé][d][4] à deux pointes,
en figure exagone, et en ligne directe ; à chascun costé
vers le mur pendoit une poignée de scordeon[e].

Là nous dist nostre noble Lanterne qu'eussions son
excuse pour legitime si elle desistoit plus avant nous
conduire ; seulement qu'eussions à obtemperer ès ins-
tructions de la Pontife Bacbuc : car entrer dedans ne
luy estoit permis, pour certaines causes, lesquelles taire
meilleur estoit à gens vivans vie mortelle, qu'exposer.
Mais, en tout evenement, nous commanda estre en
cerveau[f], n'avoir frayeur ne peur aucune et d'elle se
confier pour la retraite. Puis tira le Diamant pendant
à la commissure des deux portes, et à dextre le jetta
dedans une capse[g] d'argent, à ce expressement ordon-
née ; tira aussi de l'essueil de chascune porte un cordon
de soye cramoisine longue d'une toise et demie, auquel
pendoit le scordon ; l'attacha à deux boucles d'or,
expressement pour ce pendantes aux costez et se retira
à part.

Soudainement[5] les deux portes, sans que personne
y touchast, de soy-mesme s'ouvroient, et, s'ouvrant,
firent non bruit strident, non fremissement horrible,
comme font ordinairement portes de bronze rudes et

------

a. ornements représentant des feuilles de vigne. — *b.* en relief. —
c. serrure. — *d.* épuré. — *e.* ail. — *f.* lucides. — *g.* boîte.

1. Cf. Érasme, *Adages*, I, 7, 17.
2. L'airain de Corinthe provenait, selon la légende, de la fusion
des métaux précieux lors de l'incendie de la ville (148 av. J.-C.).
3. Décrite par Pline, XVIII.
4. Texte du manuscrit. L'édition de 1564 porte : *or brisé.*
5. La fin du chapitre n'est qu'une traduction du *Songe de Poliphile.*

pesantes, mais doux et gratieux murmur, retentissant par la voulte du temple duquel soudain Pantagruel entendit la cause, voyant sous l'extremité de l'une et l'autre porte un petit cylindre, lequel par sus l'essueil joignoit la porte, et, se tournant selon qu'elle se tiroit vers le mur, dessus une dure pierre d'Ophytes[a], bien t[e]rse[b][1] et esgalement polie par son frottement, faisoit ce doux et harmonieux murmur.

Bien je m'esbahissois comment les deux portes, chascune par soy, sans l'oppression[c] de personne, estoient ainsi ouvertes. Pour cestuy cas merveilleux entendre, après que tous fusmes dedans entrez, je projettay ma veuë entre les portes et le mur, convoiteux de sçavoir par quelle force et par quel instrument estoient ainsi refermées, doutant que nostre amiable Lanterne eust, à la conclusion[d] d'icelles apposé l'herbe dite Ethiopis[2], moyennant laquelle on ouvre toutes choses fermées; mais j'apperçeu que la part en laquelle les deux portes se fermoient en la mortaise interieure estoit une lame de fin acier, enclavée sur la bronze Corinthiane.

J'apperceu d'avantage deux tables[e] d'Aimant Indique[3], amples et espoisses de demye paume, à couleur cerulée[f], bien licées et bien polies; d'icelles toute l'espoisseur estoit dedans le mur du temple engravée, à l'endroit auquel les portes, entierement ouvertes, avoient le mur pour fin d'ouverture.

Par donques la rapacité et violence de l'Aimant, les lames d'acier, par occulte et admirable institution de nature, patissoient[g] cestuy mouvement; consequemment les portes y estoient lentement ravies et portées, non tousjours toutesfois, mais seulement l'Aimant susdit osté, par la prochaine session duquel l'acier estoit

---

a. sorte de porphyre. — *b.* nette. — *c.* poussée. — *d.* fermeture. — *e.* plaques. — *f.* bleue. — *g.* subissaient.

1. L'édition de 1564 porte : *torse.*
2. Voir *Quart Livre,* LXII, *supra,* p. 228.
3. Sa puissance était prodigieuse. Cf. Ptolémée, VII, 2.

de l'obéissance qu'il a naturellement à l'Aimant absout et dispensé, ostées aussi les deux poignées de scordeon, lesquelles nostre joyeuse Lanterne avoit par le cordon cramoisin eslongnées et suspendues, parce qu'il mortifie l'Aimant et despouille de ceste vertu attractive[1].

En l'une des tables susdites, à dextre, estoit exquisitement insculpé[a], en lettres Latines antiquaires[b], ce vers iambique, senaire[2] :

Ducunt volentem fata, nolentem trahunt.

"Les destinées meuvent celuy qui consent, tirent celuy qui refuse."

En l'autre je vois à senestre, en majuscules lettres, elegantement insculpé ceste sentence :

TOUTES CHOSES CE MEUVENT A LEUR FIN[3]

Comment le pavé du Temple estoit faict par emblemature admirable.

CHAPITRE XXXVII

Leuës ces inscriptions, jettay mes yeux à la contemplation du magnifique temple, et considerois l'incredible compacture[c] du pavé[4], auquel, par raison, ne peut estre ouvrage comparé quiconque, soit ou ait esté dessous le firmament, fust-ce celuy du temple de Fortune en Preneste, au temps de Sylla; ou le pavé des Grecs,

---

a. gravé avec soin. — *b.* antiques. — *c.* fabrication.

1. Plutarque, *Propos de table*, II, 7.
2. *Lettres à Lucilius*, 107. Sénèque traduit en vers latins des ïambes du philosophe stoïcien Cléanthe (cf. *Manuel* d'Épictète, LIII).
3. Rabelais ou son successeur traduit une sentence grecque : Πρὸς τέλος αὐτῶν πάντα κινεῖται.
4. Ici encore le texte suit le *Songe de Poliphile*.

appellé *Asserotum*, lequel fist Sosistratus[1] en Pergame. Car il estoit à ouvrage tesseré[a], en forme de petits carreaux, tous de pierres fines et polies, chascune en sa couleur naturelle : l'une de jaspe rouge, tainct plaisamment de diverses macules; l'autre, d'ophite[2]; l'autre, de porphyre; l'autre, de licoptalmie[3], semé de scintiles[b] d'or, menues comme atomes; l'autre, d'agathe, à onde de petis flammeaux confus et sans ordre, de couleur laictée; l'autre, de calcedoine trescher; l'autre, de jaspe verd, avec certaines veines rouges et jaunes, et estoient en leur assiete departies par ligne diagonale.

Dessus le portique, la structure du pavé estoit une emblemature[c] à petites pierres rapportées, chascune en sa naïfve couleur, servans au dessain des figures, et estoit comme si par dessus le pavé susdit on eust semé une jonchée de pampre, sans trop curieux agensement. Car, en un lieu, sembloit estre espandu largement; en l'autre, moins. Et estoit ceste infoliature[d] insigne en tous endroits, mais singulierement y apparoissoient, au demy-jour, aucuns limassons, en un lieu, rampans sus les raisins; en autre, petis lisars[e] courans à travers le pampre; en autre apparoissoient les raisins à demy et raisins totalement meurs, par tel art et engin de l'architecte composez et formez qu'ils eussent aussi facilement deceu les estourneaux et autres petits oiselets que fist la peincture de Xeuxis Heracleotain[4]; quoy que soit, ils nous trompoient tresbien, car, à l'endroit auquel l'architecte avoit le pampre bien espois semé, craignans

---

a. en mosaïque. — *b.* étincelles. — *c.* marqueterie. — *d.* incrustation représentant des feuilles. — *e.* lézards.

1. Le manuscrit donne : *Sosus.* Pline parle d'un Sosus qui construisit à Pergame une mosaïque appelée *asarotos oecos* (XXXVI, 60). On notera que dans le *Songe de Poliphile* le pavé est attribué à un nommé Zenodoro.
2. Voir p. 427, n. *a.*
3. Pline, XXXVII, 62.
4. Zeuxis. Cf. Pline, *Hist. Nat.*, XXXV, 36.

nous offenser les pieds, nous marchions haut à grandes enjambées, comme on fait passant quelque lieu inegal et pierreux. Depuis, jetay mes yeux à contempler la voulte du temple avec les parois, lesquels estoient tous incoustez de marbre et porphire, à ouvrage mosayque, avec une mirifique emblemature depuis un bout jusques à l'autre, en laquelle estoit, commençant à la par senestre de l'entrée, en elegance incroiable, representée la bataille que le bon Bacchus gagna contre les Indians, en la maniere que s'ensuit.

Comment en l'ouvrage mosayque du Temple estoit representée la bataille que Bacchus gagna contre les Indians.

Chapitre XXXVIII

Au commencement[1] estoient en figure[a] diverses villes, villages, chasteaux, forteresses, champs et forests toutes ardentes en feu. En figure aussi estoient femmes diverses forcenées et dissolues, lesquelles metoient furieusement en pieces veaux, moutons et brebis toutes vives, et de leur chair se paissoient[2]. Là nous estoit signifié comme Bacchus entrant en Indie mettoit tout à feu et à sang.

Ce nonobstant, tant fut des Indians desprisé[b] qu'ils ne daignerent luy aller encontre, ayans advertissement certain par leurs espions qu'en son ost n'estoient gens aucuns de guerre, mais seulement un petit bonhomme

---

a. représentés. — b. méprisé.

1. Les chapitres xxxviii et xxxix s'inspirent du *Dionysos* de Lucien qu'ils traduisent en grande partie.
2. Euripide, *Bacchantes*, 735-742.

vieux, effeminé et tousjours yvre, accompagné de jeunes gens agrestes, tous nuds, tousjours dansans et sautans, ayans queuës et cornes comme ont les jeunes chevreaux, et grand nombre de femmes yvres. Dont se resolurent les laisser outre passer, sans y resister par armes : comme si à honte non à gloire, deshonneur et ignominie leur revint, non à honneur et prouesse, avoir de telles gens victoire. En cestuy despris, Bacchus tousjours gagnoit païs et metoient tout à feu, pour ce que feu et foudre sont de Bacchus les armes paternelles, et avant naistre au monde fut par Jupiter salué de foudre (sa mere Semelé et sa maison maternelle arse[a] et destruite par feu[1]), et sang pareillement, car naturellement il en faict au temps de paix et en tire au temps de guerre. En tesmoignage sont les champs en l'Isle de Samos dits [Panaima][2], c'est à dire *tout sanglant*, auquel Bacchus les Amazones acconçeut[b], fuyantes de la contrée des Ephesians, et les mist toutes à mort par phlebotomie, de mode que ledit champs estoit de sang tout embeu[c] et couvert. Dont pourrez doresnavant entendre, mieux que n'a descrit Aristoteles en ses *Problemes*, pourquoy jadis on disoit en proverbe commun : « En temps de guerre ne mange et ne plante manthe. » La raison est : car en temps de guerre sont ordinairement departis coups sans respect; donques l'homme blessé, s'il a celuy jour manié ou mangé manthe, impossible est, ou bien difficile, luy restreindre le sang[3].

Consequemment[d] estoit en la susdite emblemature figuré comment Bacchus marchoit en bataille, et estoit

---

a. brûlée. — *b.* atteignit. — *c.* imprégné. — *d.* ensuite.

1. Euripide, *Bacchantes,* 1-9.
2. Texte du manuscrit. L'édition de 1564 porte *Paneca* qui est probablement une coquille. Cf. Plutarque, *Questions grecques,* 56.
3. C'est Hippocrate pour qui manger de la menthe avait pour effet de rendre le sang plus liquide *(De dieta, II)*. Pour Aristote cette plante, en abaissant la température et en réduisant la sécrétion génitale, empêchait d'être courageux (*Problèmes*, XX, 2.)

sur un char magnifique tiré par trois coubles de jeunes pards[a] joints ensemble; sa face estoit comme d'un jeune enfant, pour enseignement que tous bons beuveurs jamais n'envieillissent, rouge comme un cherubin, sans un poil de barbe au manton; en teste portoit cornes aigues; au dessus d'icelles une belle couronne faicte de pampre et de raisins, avec une mitre rouge cramoisine, et estoit chaussé de brodequins dorez.

En sa compagnie n'estoit un seul homme; toute sa garde et toutes ses forces estoient de Bassarides, Evantes, Euhyades, Edonides, Trietherides, Ogygies, Mimallones, Menades, Thyades et Bacchides[1], femmes forcenées, furieuses, enragées, ceinctes de dragons et serpens vifs en lieu de ceinctures, les cheveux voletans en l'air, avecques frontaux de vignes; vestues de peaux de Cerfs et de Chevres, portans en main petites haches, tyrses, rancons[2], et hallebardes en forme de noix de pin, et certains petits boucliers legers sonnans et bruyans quant on y touchoit, tant peu feust, desquels elles usoient, quant besoin estoit, comme de tabourins et de tymbons[b]. Le nombre d'icelles estoit septante et neuf mille deux cens vingt sept.

L'avantgarde estoit menée par Silenus, homme auquel il avoit sa fiance[c] totalle, et duquel par le passé avoit la vertu et magnanimité de courage et prudence en divers endroits congneu. C'estoit un petit vieillard tremblant, courbé, gras, ventru à plain basts; et les aureilles avoit grandes et droictes, le nez pointu et aquilin et les sourcilles rudes et grandes; estoit monté sus un asne couillard; en son poing tenoit pour soy appuyer un baston, pour aussi gallentement combatre, si par cas convenoit descendre en pieds; et estoit vestu

---

a. léopards. — *b.* tambours. — *c.* en qui il avait confiance.

1. Ces noms qui désignent des Bacchantes ne sont pas dans Lucien. Le conteur a dû les trouver chez un compilateur. Cf. Cælius Rhodiginus, *Antiquae Lectiones*, XVI, 2.

2. Hallebardes dont le fer avait la forme d'une faucille.

d'une robbe jaulne à usage de femme. Sa compagnie estoit de jeunes gens champestres, cornus comme chevreaux et cruels comme lions, tous nuds, tousjours chantans et dansans les cordaces[1] : on les appelloit Tityres et Satyres. Le nombre estoit octante cinq mille six vingts et treize.

Pan menoit l'arrieregarde, homme horifique et monstrueux. Car, par les parties inferieures du corps, il ressembloit à un bouc, les cuisses avoit velues, portoit cornes en teste, droictes contre le Ciel. Le visage avoit rouge et emflambé, et la barbe bien fort longue, homme hardy, courageux, hazardeux, et facile à entrer en courroux; en main senestre portoit une fluste, en dextre un baston courbé; ses bandes estoient semblablement composées de Satyres, Hemipans, Ægipans, Sylvains, Faunes, Lemures, Lares, Farfadets et Lutins, en nombre de soixante et dixhuit mille cens et quatorze. Le signe commun à tous estoit ce mot : *Evohé.*

Comment en l'emblemature estoit figuré le hourt[2]
et l'assaut
que donnoit le bon Bacchus contre les Indians.

CHAPITRE XXXIX

Consequemment[a] estoit figuré le hou[r]t[3] et l'assaut que donnoit le bon Bacchus contre les Indians. Là considerois que Silenus, chef de l'avantgarde, suoit à grosses gouttes et son asne aigrement tourmentoit;

---

a. ensuite.

1. Il s'agit d'une danse licencieuse de l'Antiquité.
2. L'édition de 1564 porte : *hourt.* Dans le manuscrit le titre se termine ainsi : ... *figuré le combat de Bacchus contre les Indiens.*
3. Texte du manuscrit. L'édition de 1564, ici encore, porte *hourt.*

l'asne de mesme ouvroit la gueule horriblement, s'esmouchoit, desmarchoit, s'escarmouchoit, en façon espouvantable, comme s'il eust un freslon au cul.

Les Satyres, Capitaines, Sergens de bandes, Caps d'Escadre[a], Corporals[b], avec cornaboux[c] sonnant les orties[d], furieusement tournoyoient autour de l'armée à saux de chevres, à bonds, à pets, à ruades et penades[e], donnans courage aux compagnons de vertueusement combatre. Tout le monde en figure cryoit *Evohé*. Les Menades premieres faisoient incursion sur les Indians avec cris horribles et sons espouvantables de leurs tymbons et boucliers; tout le Ciel en retentissoit, comme designoit l'emblemature, à fin que plus tant n'admirez l'art d'Apelles, Aristides Thebain et autres, qui ont painct les tonnerres, esclairs, foudres, vents, paroles, meurs et les esprits.

Consequemment estoit l'ost des Indians comme adverty que Bacchus mettoit leur pays en vastation[f]. En front estoient les elephans, chargez de tours, avec gens de guerre en nombre infiny; mais toute l'armée estoit en routte[g] et contre eux, et sus eux se tournoient et marchoient leurs elephans par le tumulte horrible des Bacchides, et la terreur Panique qui leur avoit le sens tollu[h]. Là eussiez veu Silenus son asne aigrement talonner et s'escrimer de son baston à la vieille escrime[i], son asne voltiger après les elephans la gueule bée, comme s'il brailloit, et braillant martiallement (en pareille braveté que jadis esveilla la nymphe Lotis[1] en plains Bacchanales, quant Priapus plein de Priapisme la vouloit dormant Priapiser sans la prier) sonnast l'assaut.

Là eussiez veu Pan sauteler avec ses jambes tortes autour des Menades, avec sa fluste rustique les exciter

---

a. chefs d'escouade. — *b.* caporaux. — *c.* cornets. — *d.* chants de guerre. — *e.* piaffements. — *f.* dévastation. — *g.* déroute. — *h.* ravi. — *i.* à tort et à travers (voir t. I, p. 109, n. 1).

1. Cf. Ovide, *Fastes*, I, 415, et *Métam.*, IX, 340.

Silène entouré d'Amours
par G. A. de Brescia

à vertueusement combatre. Là eussiez aussi veu en après un jeune Satyre mener prisonniers dixsept Roys, une Bacchide tirer avec ses serpens quarante et deux Capitaines, un petit Faune porter douze enseignes prinses sur les ennemis, et le bon homme Bacchus sur son char se pourmener en seureté parmy le camp[a], riant, se gaudissant et beuvant d'autant[b] à un chascun. En fin estoit representé, en figure emblematique, le trophée de la victoire et triomphe du bon Bacchus.

Son char triomphant estoit tout couvert de lierre, prins et cueily en la montagne Meros, et ce pour la rarité (laquelle hausse le pris de toutes choses), en Indie expressement, d'icelles herbes[1]. En ce depuis l'imita Alexandre le Grand en son triomphe Indique. Et estoit le char tyré par elephans joints ensemble. En ce depuis l'imita Pompée le Grand à Rome, en son triomphe Aphricain[2]. Dessus estoit le noble Bacchus beuvant en un canthare[c]. En ce depuis l'imita Caius Marius, après la victoire des Cymbres, qu'il obtint près Aix en Provence[3]. Toute son armée estoit couronnée de lierre; leurs tyrses, boucliers et tymbons[d] en estoient couvers. Il n'estoit l'asne de Silenus qui n'en fust capparaçonné.

Es costez du char estoient les Roys Indians, prins et liez à grosses chaisnes d'or; toute la brigade marchoit avec pompes divines, en joye et liesse indicible, portant infinis trophées, fercules[4] et despouilles des ennemis, en joyeux Epinicies[e] et petites chansons villatiques[f] et dithyrambes resonnans. Au bout estoit descript le pays d'Egipte, avec le Nil et ses Crocodiles, Cercopi-

---

a. champ de bataille. — b. faisant raison. — c. coupe à anses. — d. tambours. — e. chants de victoire. — f. rustiques.

1. Théophraste (*Histoire des plantes*, IV, 4) et Pline (XVI, 62) affirmaient qu'aux Indes le lierre ne poussait que sur le mont Héros.
2. Cf. Pline, *Hist. Nat.*, VIII, 2.
3. Cf. *ibid.*, XXXIII, 53.
4. Brancards dont on se servait dans les triomphes pour porter le butin, les dépouilles opimes, les trophées.

theces, Ibides[a], Singes, Trochiles, Ichneumones, Hipopotames[1], et autres bestes à luy domestiques. Et Bacchus marchoit en icelle contrée à la conduite de[b] deux bœufs, sus l'un desquels estoit escript en lettres d'or : *Apis*, sus l'autre : *Osyris*, pource qu'en Egipte, avant la venue de Bacchus, n'avoit esté veu beuf ny vache.

Comment le temple estoit esclairé
par une Lampe admirable.

CHAPITRE XL

Avant qu'entrer à l'exposition de la Bouteille, je vous descriray la figure admirable d'une lampe, moyennant laquelle estoit eslargie[c] lumiere par tout le temple, tant copieuse qu'encor qu'il fust subterrain, on y voyoit comme en plein midy nous voyons le soleil cler et serain luysant sus terre.

Au milieu de la voulte estoit un anneau d'or massif attaché, de la grosseur de plein poing, auquel pendoient, de grosseur peu moindre, trois chesnes bien artificiellement faites, lesquelles de deux pieds et demy en l'air comprenoient en figure triangle une lame de fin or, ronde, de telle grandeur que le diametre excedoit deux coudées et demye palme. En icelle estoient quatre boucles ou pertuys, en chascune desquelles estoit fixement retenue une boule vuyde, cavée[d] par le dedans, ouverte du dessus, comme petite Lampe ayant

---

a. ibis. — b. conduit par. — c. répandue. — d. creusée.

1. Noms empruntés à Pline, VIII, 30 sqq. Le *trochile* est un roitelet qui, croyait-on, curait les dents du crocodile; l'*ichneumon,* au contraire, était un rat qui lui rongeait le ventre.

en circonferance environ deux palmes, et estoient, toutes de pierres bien precieuses : l'une d'amethyste, l'autre de carboucle[a] Lybien[1], la tierce d'opalle, la quarte d'Anthracite[2]. Chascune estoit plaine d'eau ardente[b] cinq fois distilée par alambic serpentin, inconsomptible[c] comme l'huille que jadis mist Callimachus en la lampe d'or de Pallas en l'Acropolis d'Athenes[3], avec un ardent lychnion[d] faict, par de lin asbestin[4] (comme estoit jadis au temple de Jupiter en Ammonie, et [le vit][5] Cleombrotus philosophe trestudieux), par de lin Carpasien[6], lesquels par feu plustost sont renouvellez que consommez.

Au dessouz d'icelle lame[7], environ deux pieds et demy, les trois chesnes en leurs figures premieres estoient embouclées en trois anses, lesquelles issoient d'une grande lampe ronde de cristalin[e] trespur, ayans en diametre une coudée et demye, laquelle au dessus estoit ouverte environ deux palmes ; par ceste ouverture estoit au milieu posé un vaisseau de cristalin pareil, en forme de coucourde[f], ou comme à un urinal, et descendoit jusques au fonds de la grande lampe, avec telle quantité de la susdicte eau ardente que la flamme du lin abestin estoit droictement au centre de la grande lampe. Par ce moyen sembloit donc tout le corps spherique d'icelle ardre et enflamboyé, par ce que le feu estoit au centre et poinct moyen.

———————

a. escarboucle. — *b.* eau-de-vie. — *c.* ne pouvant être consumée. — *d.* mèche. — *e.* cristal. — *f.* courge.

1. Pierre précieuse très recherchée par les anciens.
2. Sorte de sanguine.
3. D'après Pausanias (I, 26, 7) cette lampe, due à Callimaque, pouvait brûler jour et nuit toute une année, sans qu'on eût à en renouveler l'huile.
4. D'amiante. On a déjà vu que Pline (XIX, 4) faisait de l'amiante une variété de lin. Cf. t. I, p. 616, n. 1.
5. Texte du manuscrit. L'édition de 1564 porte ici : *lent.* Il y a dans ce passage un emprunt à Plutarque, *De la cessation des oracles,* 2.
6. Carpase est une ville de l'île de Chypre.
7. La fin du chapitre est, à quelques variantes près, une traduction du *Songe de Poliphile.*

Et estoit difficile d'y asseoir ferme et constant regard, comme on ne peut au corps du soleil, estant la matiere de merveilleuse perspicuité[a], et l'ouvrage tant diaphane et subtil, par la flection des diverses couleurs (qui sont naturelles és pierres precieuses) des quatres petites lampes superieures à la grand inferieure, et d'icelle quatre estoit la resplandeur en tous points inconstante et vacillante par le temple. Venant d'avantage[b] icelle vague lumiere toucher sur la pollissure du marbre, duquel estoit incrusté tout le dedans du temple, apparoissoient telles couleurs que voyons en l'arc celeste, quant le clair Soleil touche les nues pluvieuses.

L'invention estoit admirable, mais encores plus admirable, ce me sembloit, que le sculpteur avoit, autour de la corpulance[c] d'icelle lampe cristaline, engravée, à ouvrage cataglyphe[d], une prompte et gaillarde bataille de petis enfans nuds, montez sus des petis chevaux de bois, avec lances de virolets[e], et pavois faits subtilement de grappes de raisins, entrelassez de pampre, avec gestes et efforts pueriles tant ingenieusement par art exprimez que nature mieux ne le pourroit. Et ne sembloient engravez dedans la matiere, mais en bosse, ou pour le moins en crotesque[f] apparoissoient enlevez[g] totalement, moyennant la diverse et plaisante lumiere, laquelle dedans contenue ressortissoit par la sculpture.

---

a. transparence. — *b.* en outre. — *c.* corps. — *d.* ciselé. — *e.* petits moulins d'enfants. — *f.* de manière bizarre. — *g.* en relief.

*Comment, par la pontife Bacbuc, nous fust monstré
dedans le Temple une fontaine fantastique.*

CHAPITRE XLI

Considerans en ecstase ce temple mirifique et lampe
memorable, s'offrit à nous la venerable pontife Bacbuc avec sa compagnie, à face joyeuse et riante; et,
nous voyans accoustrez comme a esté dit, sans difficulté nous introduit au lieu moyen[a] du temple, auquel
dessouz la lampe susdite estoit la belle fontaine fantastique.

*Comment l'eau de la fontaine rendoit goust de vin,
selon l'imagination des beuvans.*

CHAPITRE XLII

Puis nous commanda estre hanaps, tasses et gobelets presentez, d'or, d'argent, de cristalin, de porcelaine, et fusmes gratieusement invitez à boire de la
liqueur sourdante d'icelle fontaine. Ce que fismes tres-
volontiers, car pour plainctive estoit une fontaine
fantastique, d'estoffe et ouvrage plus precieux, plus
rare et mirifique, qu'onques n'en songea dedans les
limbes Pluto[1]. Le soubastement d'icelle estoit de
trespur et treslimpide alabastre[2], haulteur ayant de
trois palmes, peu plus, en figure heptagonne, esgale-

---

a. milieu.

1. Tel est le texte de l'édition de 1564. Voir note suivante.
2. Il convient de noter que dans le manuscrit le chapitre *Comment,
par la pontife Bacbuc, nous fust monstré dedans le Temple une fontaine fan-*

ment party[a] par dehors, avec ses stylobates, aru-
lettes[1], cimasultes[b] et uhdiculations doriques à l'entour. Par dedans estoit ronde exactement. Sus le poinct
moyen de chascun angle, et marge, estoit assise une
coulomne ventricule, en forme d'un cycle d'yvoire
ou alabastre (les modernes architectes l'appellent
portri[2]), et estoient sept en nombre total, selon les
sept angles. La longueur d'icelles, depuis les bases
jusques aux architraves, estoient de sept palmes, peu
moins, à juste et exquise dimention d'un diametre passant par le centre de la circonferance et rotondité
interieure.

Et estoit l'assiete en telle composition que, projet-
tans la veuë derriere l'une, quelle que fust en sa cuve,
pour regarder les autres opposites, trouvions le cone
pyramidal de nostre ligne visuale finer[c] au centre susdit,
et là recevoir, de deux opposites, rencontre d'un
triangle equilateral, duquel deux lignes partissoient
esgalement la colomne (celle que voulions mesurer) et

---

a. partagé. — *b.* moulures. — *c.* finir.

tastique est beaucoup plus long que dans l'édition de 1564. Après
au lieu moyen du temple (5e ligne de notre chapitre XLI) il se lit comme
suit : *ouquel dessoubz la lampe susdite estoit une fontaine phantasticque,
d'etoffe et ouvraige plus precieulx, plus rare et mirificque que oncques ne songea
Dedalus.*

*Les limbe, plinthe et soubassement d'icelle estoient de très pur et translucide
allebastre* et après ce mot donne, avec des variantes de détail, le texte
du présent chapitre jusqu'à : *telle que elle monte jusques à la mer de vostre
monde* (*infra,* p. 446). C'est alors seulement que vient le titre *Comment
l'eau de la fontaine rendoit goust de vin selon l'imagination des Buveurs* suivi
d'un chapitre qui, commençant par la phrase : *Puis commanda estre
hanaps, tasses et gobeletz presentez, d'or, d'argent, de cristalin, de porce-
leine et fusmes gracieusement invitez à boire de la licqueur sourdante d'icelle
fontaine ce que fismes très volontiers,* a ensuite, à quelques variantes près,
le même texte que le présent chapitre à partir de : *Car, pour clerement
vous advertir, nous ne sommes du calibre d'un tas de veaux qui...* (*infra,*
p. 446).

1. Ce mot désigne un motif architectural qui a la forme d'un
petit autel.

2. Le manuscrit donne *potrye.* On ne sait comment interpréter
l'une et l'autre leçon.

passante d'un costé et d'autre, deux colomnes franches
à la premiere, tierce partie d'intervalle, rencontroient
leur ligne basique et fondamentale; laquelle par ligne
consulte, pourtraicte jusques au centre universal, esgalement mipartie, rendoit en juste depart la distance des
sept colomnes opposites[1] par ligne directe princi-
piante[a] à l'angle obtus de la marge, comme vous
sçavez qu'en toute figure angulaire impare, un angle
tousjours est au milieu des deux autres trouvé inter-
calant. En quoy nous estoit tacitement exposé que
sept demis diametres font, en proportion geometrique,
amplitude et distance, peu moins telle qu'est la circonferance de la figure circulaire, de laquelle ils seroient
extraits, sçavoir est trois entiers avec une huitiesme et
demie, peu plus, ou une septiesme et demie, peu moins,
selon l'antique advertissement d'Euclides, Aristoteles,
Archimedes et autres.

La premiere colomne, sçavoir est, celle laquelle à
l'entrée du temple s'objettoit à nostre veuë, estant de
saphir azuré et celeste.

La seconde, de hiacinthe, naïfvement la couleur
(avec lettres Grecques A. I. en divers lieux) representant de celle fleur en laquelle fut d'Ajax le sang cole-
rique converty[2].

La tierce, de diamant anachite[3], boillant[4] et resplen-
dissant comme foudre.

La quarte, de rubis baillay, masculin[5], et amethisti-

---

a. ayant son point de départ.

1. Tel est le texte de l'édition de 1564. Le manuscrit porte : *des
sept coulonnes ; et n'estoit possible fère rencontre d'autre coulonne opposite.*
Signalons qu'on trouvera un commentaire de la description de la
fontaine dans un article de K. H. Francis, *Rabelais and Mathematics,*
dans *Bibliothèque d'Humanisme et Renaissance,* t. XXI, 1959, pp. 85 sqq.

2. Cf. Pline, *Hist. Nat.,* XXXVII, 41 et Ovide, *Métamorphoses,*
XIII, 394 sqq.

3. Pline rapporte que certains avaient donné au diamant le nom
d'anachite parce qu'il triomphe du poison, des troubles mentaux et
chasse de l'esprit les vaines terreurs (XXXVII, 15).

4. Bouillant, brûlant. Le texte du manuscrit est : *brillant.*

5. Pline distinguait parmi les escarboucles les mâles des femelles.
Les mâles avaient plus de brillant (XXXVII, 25).

zant, de maniere que sa flamme et lueur finissoit en pourpre et violet, comme est l'amethiste.

La quinte, d'emeraude, plus cinq cens fois manifique qu'onques ne fut celle de Serapis dedans le labyrinthe des Egyptiens[1], plus floride[a] et plus luysante que n'estoient celles qu'en lieu des yeux on avoit opposé au lion marbrin gisant près le tombeau du roy Hermias[2].

La sexte, d'agathe plus joyeuse et variente en distinctions de macules[b] et couleurs que ne fut celle que tant chere tenoit Pirrhus, roy des Epyrothes[3].

La septiesme, de sienite[4] transparente, en blancheur de berylle[5], avec resplendeur comme miel hymetian, et dedans y apparoissoit la lune, en figure et mouvement telle qu'elle est au ciel, pleine, silente[c], croissante ou decroissante.

Qui sont pierres, par les antiques Caldeans attribuées aux sept planettes du ciel. Pour laquelle chose par plus rude Minerve[6] entendre, sus la premiere de saphir estoit au dessus du chapiteau à la vive et centrique ligne perpendiculaire eslevée, en plomb elician[7] bien precieux, l'image de Saturne tenant sa faux, ayant aux pieds une Gruë d'or artificiellement esmaillée, selon la competance[d] des couleurs naïfvement deuz à l'oiseau Saturnin.

---

a. brillante. — *b.* taches. — *c.* silencieuse. — *d.* convenance.

1. Elle avait neuf coudées au dire de Pline (XXXVII, 19).
2. A Chypre. Pline, XXXVII, 17.
3. Pline, XXXVII, 3.
4. Roche granitique généralement foncée (Pline, XXXVI, 13). A la place de ce mot le manuscrit porte *sélénite,* pierre dont la description dans Pline (XXXVII, 67) correspond à celle qui est donnée ici par l'auteur.
5. Nom de variétés d'émeraudes dont certaines sont incolores.
6. Cf. l'expression latine *crassa* (ou *pingui*) *Minerva,* avec le gros bon sens.
7. Il s'agit du « plomb blanc » ou étain de Pline. Le mot *elutian* vient d'une mauvaise leçon des anciennes éditions de Pline où on lisait : *Invenitur* [*plumbum candidum*] *et in aurariis metallis quae* elutia *vocant.* On lit dans les éditions modernes ... *quae* alutias *vocant* (XXXIV, 47).

Sus la seconde de hiacinthe, tournant à gausche estoit Jupiter en estain jovetian[1], sus la poictrine un aigle d'or esmaillé selon le naturel.

Sus la troisiesme, Phebus en obrizé[a], en sa main dextre un coq blanc.

Sus la quatriesme en airain corinthien, Mars, à ses pieds un lion.

Sus la cinquiesme, Venus en cuyvre, matiere pareille à celle dont Aristonides fist la statue d'Athamas expriment en rougissante blancheur la honte qu'il avoit contemplant Léarche son fils mort d'une cheute, à ses pieds[2].

Sus la sixiesme, Mercure en hydrargyre[b], fixe, maleable et immobile, à ces pieds une cigogne.

Sus la septiesme, Luna en argent, à ses pieds un levrier.

Et estoient statues de telle hauteur qui estoit la tierce partie des colomnes subjettes[c], peu plus; tant ingenieusement representées, selon le portraict des mathematiciens, que le canon de Polycletus[3], lequel faisant fut dit l'art [par aide][4] de l'art avoir fait, à peine y eust esté receu à comparaison.

Les bases des colomnes, les chapiteaux, les architraves, zoophores[d] et cornices, estoient à ouvrage phrygien, massifves, d'or plus pur et plus fin que n'en porte le Leede[5] près Montpelier, Ganges en Indie, le Pau en Italie, l'Hebrus en Thrace, le Tage en

---

a. or affiné. — b. mercure. — c. les supportant. — d. frises.

1. Pline parle d'une variété de plomb noir appelé Jovetanum (XXXIV, 49).

2. Le texte du manuscrit est : ... *son fils mort d'une chute,* une colombe *à ses pieds*. Athamas avait tué son fils Léarchus dans une crise de folie en lui fracassant la tête contre un rocher. (Ovide, *Métamorphoses,* IV, 512-519.)

3. Statue de Polyclète si parfaite que les artistes de l'Antiquité la considéraient comme un modèle.

4. Texte du manuscrit. Celui de l'édition de 1564 porte : *l'art apprendre de l'art.* Cf. Pline « solusque hominum artem ipse fecisse artis opere judicatur » XXXIV, 8.

5. Le Lez — en latin *Ledum.*

Espagne, le Pactol en Lydie. Les arceaux entre les colomnes surgeans, de la propre pierre d'icelles jusques à la prochaine, par ordre : sçavoir est, de saphir vers le hiacinthe, de hiacinthe vers le diamant, et ainsi consecutivement. Dessus les arces et chapiteaux de colomne en face interieure estoit une croppe erigée pour couverture de la fontaine, laquelle derriere l'assiette des planettes commençoit en figure heptagone, et lentement finissoit en figure spherique; et estoit de cristal tant emundé, tant diaphané et tant poly entier et uniforme en toutes ses parties, sans venes, sans nuées, sans glassons, sans capilamans[1], que Xenocrates[2] onques n'en vid qui fust à luy parangonner[a]. Dedans la corpulance d'icelle estoient par ordre en figure et characteres exquis artificiellement insculpez les douze signes du zodiaque, les douze mois de l'an avec leurs proprietez, les deux solstices, les deux equinoxes, la lune eclyptique, avec certaines plus insignes estoilles fixes, autour du pole Antartique, et ailleurs par tel art et expression que je pensois estre ouvrage du Roy Necepsus[3], ou de Petosiris[4], antique mathematicien.

Sus le sommet de la croppe susdite, correspondant au centre de la fontaine, estoient trois unions[b] eleichies[c], uniformes, de figure turbinée en totale perfection lachrimale, toutes ensemble coherentes en forme de fleur de lis tant [grandes][5] que la fleur excedoit une palme. Du calice d'icelles sortoit un carboucle[d] gros comme un œuf d'autruche, taillé en forme heptagonne (c'est nombre fort aimé de Nature), tant prodigieux et admirable que, levans nos yeux pour le contempler, peu s'en faillit que perdissions la veuë. Car plus flamboyant, ne plus

---

a. comparer. — b. perles. — c. en forme de poire. — d. escarboucle.

1. Tous ces termes désignent les défauts du cristal.
2. Cité par Pline, *Hist. Nat.,* XXXVII, 10.
3. Cf. *Gargantua,* chap. VIII, t. I, p. 38, n. 4.
4. Voir *supra,* p. 236, n. 1.
5. Texte du manuscrit. Celui de l'édition de 1564 est : *gravees.*

croissant est le feu du soleil, ne l'esclair, lors il nous apparoissoit : tellement qu'entre justes estimateurs, jugé facilement seroit plus estre, en ceste fontaine et lampes cy dessus descriptes, de richesses et singularitez que n'en contiennent l'Asie, l'Affrique et l'Europe ensemble. Et eust aussi facilement obscurcy le pantharbe[1] de Ioachas, magicien Indic, que sont les estoilles par le soleil et clair midy.

Aille maintenant se vanter Cleopatra, Royne d'Egypte, avec ses deux unions pendens à ses aureilles, desquels l'un, present Antonius triumvir, elle par force de vinaigre fondit en eau, estant à l'estimation de cent fois sexsterces[2].

Aille Pompeie Plautine[3] avec sa robbe toute couverte d'emeraudes et marguerites[a], en tissure alternative, laquelle tiroit en admiration tout le peuple de la ville de Rome. Laquelle on disoit estre fosse et magazin des vainqueurs larrons de tout le monde.

Le coulement et laps[b] de la fontaine estoit par trois tubules et canals faits de marguerites fines en l'assiette de trois angles equilateraux promarginaires[c] cy dessus exposez; et estoient les canals produits en ligne limaciale[d] bipa[r]tiente[4]. Nous avions iceux considéré, ailleurs tournions nostre veuë, quant Bacbuc nous commanda entendre à l'exciture[e] de l'eau : lors entendismes un son à merveille harmonieux, obtus toutesfois et rompu,

---

a. perles. — *b.* écoulement. — *c.* en marge de. — *d.* en spirale. — *e.* sortie.

1. Il s'agit d'une pierre rouge d'un éclat terrible (Philostrate, *Vie d'Apollonius,* III, 46).
2. Latin *centies sestertium,* dix millions de sesterces. Cf. Pline, *Hist. nat.,* IX, 58.
3. Tel est le texte de l'édition de 1564. La leçon du manuscrit : « Aille *se pomper* [se pavaner] *Lollie Pauline* » est préférable. Pline qui a inspiré ce passage écrit en effet au début du chapitre LVIII de son livre IX : « Lolliam Paulinam, quae fuit Caii principis matrona... vidi smaragdis margaritisque opertam, alterno textu fulgentibus... »
4. Le texte de l'édition de 1564 est *bipaciente,* celui du manuscrit *bipartiente.*

comme de loin venant et soubterrain. En quoy plus nous sembloit delectable que si apert eust esté et de près ouy. De sorte qu'autant comme par les fenestres de nos yeux, nos esprits s'estoient oblectez[a] à la contemplation des choses susdites, autant en restoit il aux aureilles, à l'audiance de ceste harmonie.

Adonc nous dist Bacbuc : « Vos Philosophes nient estre par vertu de figures mouvement fait; oyez icy, et voyez le contraire. Par la seule figure limaciale que voyez bipa[r]tiente[1], ensemble une quintuple infoliature mobile à chascune rencontre interieure (telle qu'est la ve[n]e[2] cave au lieu qu'elle entre le dextre ventricule du cœur), est ceste sacrée fontaine excolée, et par icelle une armonie telle que elle monte jusques à la mer de vostre monde. » Puis commanda qu'on nous fist boire.

Car, pour clerement vous advertir, nous ne sommes du calibre d'un tas de veaux qui, comme les passereaux ne mangent sinon qu'on leur tappe la queuë[3], pareillement ne boivent ne mangent sinon qu'on les rue à grands coups de levier. Jamais personne n'esconduisons nous invitant courtoisement à boire. Puis nous interrogua Bacbuc, demandant que nous en sembloit. Nous luy fismes response, que ce nous sembloit bonne et fresche eau de fontaine, limpide et argentine, plus que n'est Argirondes en Etolie, Peneus en Thessalie, Axius en Mydonie[4], Cidnus en Cilicie, lequel voyant Alexandre Macedon tant beau, tant clair et tant froid en cœur d'esté, composa[b] la volupté de soy dedans baigner au mal qu'il prevoyoit luy advenir de ce transitoire plaisir[5]. « Ha ! dist Bacbuc, voilà que c'est non consi-

---

a. délectés. — *b.* compara.

1. Le texte de l'édition de 1564 est *bipaciente*, celui du manuscrit *bipartiente*.

2. Texte du manuscrit. Le texte de l'édition de 1564 porte : *veve*, qui est une coquille.

3. *Gargantua*, chap. v, t. I, p. 26, *Pantagruel*, t. I, p. 288.

4. La Mygdonie, contrée de la Macédoine.

5. Plutarque, *Vie d'Alexandre*, 19.

derer en soy, n'entendre les mouvemens que faict la langue musculeuse, lorsque le boire dessus coule pour descendre en l'estomac. Gens peregrins[a], avez vous les gosiers enduits, pavez et esmaillez, comme eut jadis Pythillus, dit Teuthes[1], que de ceste liqueur deifique onques n'avez le goust de[2] saveur recongneu ? Apportez icy, dist à ses damoiselles, mes descrottoires que sçavez, à fin de leur racler, esmonder et nettoyer le palat[b]. »

Furent donques apportez beaux, gros et joyeux jambons, belles, grosses et joyeuses langues de bœuf fumées, saumades[c] belles et bonnes, cervelats, boutargues, bonnes et belles saucisses de venaison, et tels autres ramonneurs de gosier. Par son commandement nous en mangeasmes jusques là que confessions nos estomachs estre tresbien escurez de soif nous importunant assez fascheusement; donc nous dist :

« Jadis un Capitaine Juif[3], docte et chevalereux, conduisant son peuple par les desers en extreme famine, impetra[d] des cieux la manne, laquelle leur estoit de goust tel, par imagination, que par avant realement leur estoient les viandes[e]; icy de mesmes, beuvans de ceste liqueur mirifique, sentirez goust de tel vin comme l'aurez imaginé. Or, imaginez et beuvez. »

Ce que nous fismes. Puis s'escria Panurge, disant :

« Par Dieu, c'est ici vin de Beaune, meilleur qu'onques jamais je beus, ou je me donne à nonante et seize diables. O pour plus longuement le gouster, qui auroit le col long de trois coudées, comme desiroit Philoxenus, ou comme une grüe, ainsi que souhaittoit Melanthius[4] !

— Foy de lanternier, s'escria frere Jean, c'est vin

---

a. étrangers. — b. palais. — c. salaisons. — d. obtint. — e. aliments.

1. Pour conserver à son goût toute sa délicatesse, Pithyllos, appelé le lécheur (τένθης) passait sur sa langue un enduit qu'il enlevait seulement au moment de manger (Athénée, I, 6).

2. Le manuscrit porte : *le goût et saveur.* — 3. Moïse.

4. Emprunts à Athénée (I, 5-6).

de Grece, gallant et voltigeant. O pour Dieu, amye, enseignez moy la maniere comment tel le faictes.

— A moy, dist Pantagruel, il me semble que sont vins de Mirevaux[1], car avant boire je l'imaginois. Il n'a que ce mal qu'il est frais, mais je dis frais plus que glasse, que l'eau de Nonacris et Derce[2], plus que la fontaine de Conthoperie[3] en Corinthe, laquelle glassoit l'estomach et parties nutritives[a] de ceux qui en beuvoient.

— Beuvez, dist Bacbuc, une, deux ou trois fois. De rechef, changeans d'imagination, telle trouverez au goust, saveur ou liqueur, comme l'aurez imaginé. Et doresnavant, dictes qu'à Dieu rien soit impossible.

— Onques, respondi-je, ne fut dit de nous; nous maintenons qu'il est tout puissant. »

Comment Bacbuc accoustra Panurge pour avoir le mot de la Bouteille.

CHAPITRE XLIII

Ces paroles et beuvettes[b] achevées, Bacbuc demanda : « Qui est celuy de vous qui veut avoir le mot de la dive Bouteille ?

— Je, dist Panurge, vostre humble et petit entonnouer.

— Mon amy, dist-elle, je n'ay à vous faire instruction qu'une : c'est que venant à l'oracle, ayez soin n'escouter le mot, sinon d'une aureille.

— C'est, dist frere Jean, du vin à une aureille[4]. »

---

a. organes digestifs. — *b.* coups qu'on boit.

1. Cf. *Pantagruel,* chap. V, t. I, p. 241, n. 4.
2. Nonacris est en Arcadie (Pausanias, VIII, 17) et la fontaine de Dircé près de Thèbes (Pline, IV, 12). — 3. Athénée, II, 2.
4. Cf. *Gargantua,* chap. V, t. I, p. 28, n. 4.

Illustration de Du Bourg pour les *Œuvres* de Rabelais,
Amsterdam, J.-F. Bernard, 1714

Puis le vestit d'une galleverdine[a], l'encapitonna[b] d'un beau et blanc beguin, l'affeubla d'une chausse d'hypocras[c], au bout de laquelle, en lieu de floc, mist trois obelisques[d], l'enguentela de deux braguettes antiques, le ceingnit de trois cornemeuses liées ensemble, le baigna la face trois fois dedans la fontaine susdite, enfin luy jetta au visage une poignée de farine, mist trois plumes de coq sus le costé droit de la chausse hypocratique, le fist cheminer neuf fois autour de la fontaine, luy fist faire trois beaux petis saux, luy fist donner sept fois du cul contre la terre, tousjours disant ne sçay quelles conjurations en langue Ethrusque et quelquefois lisant en un livre ritual, lequel près elle portoit une de ses mystagogues[1].

Somme, je pense que Numa Pompilius[2], Roy second des Romains, Cerites de Tuscie[3], et le sainct Capitaine Juif[4] n'instituerent onques tant de ceremonies que lors je vy, n'aussi les vaticinateurs Memphitiques à Apis en Egipte, ny les [Euboyens][5] en la cité de Rhamnes[6] à Rhamnasie, n'à Jupiter Ammon, n'à Feronia[7], n'userent les anciens d'observances tant religieuses comme là je considerois.

Ainsi accoustré le separa de nostre compagnie et mena à main dextre par une porte d'or, hors le temple, en une chapelle ronde, faite de pierres phengites et speculaires[8] : par la solide speculance[e] desquelles, sans

---

a. souquenille. — *b.* coiffa. — *c.* filtre pour l'hypocras. — *d.* aiguillettes. — *e.* transparence.

1. Proprement : prêtres chargés d'initier aux mystères.

2. C'est par lui que furent instituées à Rome les cérémonies religieuses.

3. Cære en Etrurie (Tuscie), d'où les anciens faisaient dériver le mot *caeremonia,* était le sanctuaire de la religion étrusque.

4. Moïse.

5. L'édition de 1564 porte : *Embriens,* le manuscrit : *Emboyens.*

6. Bourgade de l'Attique où il y avait un temple à Némésis Rhamnusia. La statue de la déesse était l'œuvre de Phidias. Cf. Pausanias, I, 33, et Pline, *Hist. Nat.,* XXXVI, 5.

7. Déesse des sources et des bois dans l'Italie ancienne. Ses temples les plus célèbres étaient celui du mont Soracte en Étrurie et celui de Terracine dans le Latium.

8. Il s'agit de pierres transparentes.

fenestre n'autre ouverture, estoit receuë lumiere du soleil, là luysant par le precipice de la roche, couvrante le temple major[a], tant facilement et en telle abondance que la lumiere sembloit dedans naistre, non de hors venir[1]. L'ouvrage n'estoit moins admirable que fut jadis le sacré temple de Ravenne[2], ou en Egypte celuy de l'Isle Chemnis[3] : et n'est à passer en silence que l'ouvrage d'icelle chapelle ronde estoit en telle symmetrie compassé que le diametre du project[b] estoit la hauteur de la voute.

Au milieu d'icelle estoit une fontaine de fin alabastre, en figure heptagonne, à ouvrage et infoliature singuliere, pleine d'eau tant clere que pourroit estre un element en sa simplicité, dedans laquelle estoit à demy posée la sacrée Bouteille, toute revestue de pur cristalin, en forme ovale, excepté que le limbe[c] estoit quelque peu patent plus qu'icelle forme ne porteroit.

Comment la Pontife Bacbuc presenta Panurge
devant ladicte Bouteille.

CHAPITRE XLIV

Là fist Bacbuc, la noble pontife, Panurge besser[d] et baiser la marge de la fontaine, puis le fist lever, et autour danser trois Ithymbons[4]. Cela fait, luy commanda s'asseoir entre deux celles, le cul à terre, là preparées. Puis desploya son livre ritual, et, luy soufflant en l'aureille gausche, le fist chanter une Epilemie[e], comme s'ensuit[5] :

---

a. principal. — *b.* saillie. — *c.* bord. — *d.* s'agenouiller. — *e.* chant de vendanges.

1. Emprunt à Pline, *Hist. Nat.*, XXXVI, 46.
2. Où se trouve l'actuelle cathédrale.
3. Le temple de Chemmis est décrit par Hérodote (II, 91).
4. Il s'agit d'une danse grecque, d'allure dionysiaque.
5. Les vers qui suivent ne figurent dans aucun des exemplaires connus de l'édition de 1564. Nous les donnons d'après l'édition in-8°

O Bouteille

Plaine toute

De misteres,

D'vne aureille

Iet'escoute

Ne differes,

Et le mot proferes,

Auquel pend mon cœur.

En la tant diuine liqueur,

Baccus qui fut d'Inde vainqueur,

Tient toute verité enclose.

Vint ant diuin loin de toy est forclose

Toute mensonge, & toute tromperie.

En ioye soit l'Aire de Noach close,

Lequel de toy nous fist la temperie.

Somme le beau mot, ie t'en prie,

Qui me doit oster de misere.

Ainsi ne se perde vne goutte.

De toy, soit blanche ou soit vermeille.

O Bouteille

Plaine toute

De mysteres,

D'vne aureille

Iet'escoute

Ne differes.

La Bouteille dans l'édition in-8° de 1565
(B. N. Rés. Y² 2171)

La Bouteille dans le Manuscrit
de la Bibliothèque Nationale

O Bouteille
Pleine   toute
De   misteres,
D'une aureille
Je t'escoute :
Ne differes,
Et le mot proferes
Auquel pend[a] mon cœur.
En la tant divine liqueur,
Baccus, qui fut d'Inde vainqueur[1],
Tient toute verité enclose.
Vin tant divin, loin de toy est forclose
Toute mensonge et toute tromperie.
En joye soit l'aire de Noach[b][2] close,
Lequel de toy nous fist la temperie[c][3].
So[nn]e[4] le beau mot, je t'en prie,
Qui me doibt oster de miseres.
Ainsi ne se perde une goutte.
De toy, soit blanche, ou soit vermeille.
O Bouteille
Pleine   toute
De   mysteres,
D'une aureille
Je t'escoute :
Ne differes[5].

---

a. dépend de. — *b.* l'ère de Noé. — *c.* formule.

de 1565 (B.N. Rés Y² 2171) qui reproduit le texte de 1564. Dans l'édition de 1565 ils sont imprimés à l'intérieur d'une bouteille qui se trouve non pas au chapitre XLIV après les mots *le fist chanter une Epilemie, comme s'ensuit :* mais à la fin du volume, après la table et le quatrain de Nature Quite, sur un feuillet en dépliant. Ils figurent dans le manuscrit où le copiste les a placés à l'intérieur d'une bouteille grossièrement dessinée sans aller à la ligne après chaque vers Le texte du manuscrit présente des variantes dont nous signalons les principales.

1. Le manuscrit a un vers supplémentaire : *licqueur | Qui est dedans tes flancs reclose | Bachus, que fut de Inde vaincqueur.*

2. Le manuscrit porte ici : *l'ame de Noe.*

3. Le manuscrit répète ici *tromperie* qui se trouve déjà à la rime deux vers plus haut.

4. L'édition de 1565 porte *somme,* erreur que n'a pas le manuscrit.

5. Les trois derniers vers ne se lisent pas dans le manuscrit.

Ceste chanson parachevée, Bacbuc jetta je ne sçay quoy dedans la fontaine, et soudain commença l'eau bouillir à force, comme fait la grande marmite de Bourgueil quant y est feste à bastons. Panurge escoutoit d'une aureille en silence; Bacbuc se tenoit près de luy agenouillée, quant de la sacrée Bouteille issit un bruit tel que font les abeilles naissantes de la chair d'un jeune taureau occis et accoustré selon l'art et invention d'Aristeus[1], ou tel que fait un guarot[a], desbandant l'arbaleste, ou en esté une forte pluye soudainement tombant. Lors fut ouy ce mot : *Trinch*[b]. « Elle est, s'escria Panurge, par la vertu Dieu, rompuë, ou feslée, que je ne mente : ainsi parlent les bouteilles cristalines de nos pays, quant elles près du feu esclattent. »

Lors Bacbuc se leva et print Panurge souz le bras doucettement, luy disant : « Amy, rendez graces és cieux, la raison vous y oblige : vous avez promptement eu le mot de la dive Bouteille. Je dy le mot plus joyeux, plus divin, plus certain, qu'encores d'elle aye entendu depuis le temps qu'icy je ministre à son tressacré Oracle. Levez-vous, allons au chapitre, en la glose duquel est le beau mot interpreté. — Allons, dist Panurge, de par Dieu. Je suis aussi sage que antan[c]. Esclairez : où est ce livre ? Tournez : où est ce chapitre ? Voyons ceste joyeuse glose. »

---

a. trait. — *b.* « Bois ! » *en allemand.* — *c.* auparavant.

1. Cf. *Géorgiques*, IV, 556.

Comment Bacbuc interprete le mot de la Bouteille.

Chapitre XLV

Bacbuc jettans ne sçay quoy dedans le timbre[a], dont soudain fut l'ebulition de l'eau restaincte, mena Panurge au temple major, au lieu central auquel estoit la vivifique fontaine. Là tirant un gros livre d'argent en forme d'un demy muy ou d'un quart de sentences[1], le puysa[b] dedans la fontaine, et luy dist : « Les philosophes, prescheurs et docteurs de vostre monde vous paissent de belles parolles par les aureilles; icy, nous realement incorporons nos preceptions par la bouche. Pourtant je ne vous dy : Lisez ce chapitre, voyez ceste glose; je vous dy : Tastez[c] ce chapitre, avallez ceste belle glose. Jadis un antique Prophete de la nation Judaïque mangea un livre, et fut clerc jusques aux dens[2]; presentement vous en boirez un et serez clerc jusques au foye. Tenez, ouvrez les mandibules. »

Panurge ayant la gueule bée, Bacbuc print le livre d'argent, et pensions que fust veritablement un livre, à cause de sa forme, qui estoit comme d'un breviaire; mais c'estoit un breviaire vray et naturel flascon[3], plein de vin Phalerne[4], lequel elle fist tout avaller à Panurge.

« Voicy, dist Panurge, un notable chapitre, et glose fort autentique : est-ce tout ce que vouloit pretendre le mot de la Bouteille trimegiste[d] ? J'en suis bien, vrayement.

---

a. cuve. — *b.* remplit. — *c.* goûtez. — *d.* trois fois très grande.

1. Le quatrième livre des *Sentences* de Pierre Lombard. Voir t. I, p. 311.
2. Ézéchiel (*Ézéchiel,* III, 3).
3. Voir t. I, p. 23, n. 4.
4. Voir *supra,* p. 418, n. 2.

— Rien plus, respondit Bacbuc, car *Trinch* est un mot panomphée[a], celebre et entendu de toutes nations, et nous signifie : Beuvez. Vous dites en vostre monde que *sac* est vocable commun en toute langue, et à bon droit, et justement de toutes nations receu[1]. Car, comme est l'Apologue[2] d'Esope, tous humains naissent un sac au col, souffreteux par nature et mandians l'un de l'autre. Roy souz le Ciel tant puissant n'est qui passer se puisse d'autruy ; pauvre n'est tant arrogant, qui passer se puisse du riche, voire fust-ce Hippias le philosophe, qui faisoit tout[3]. Encores moins se passe l'on de boire qu'on ne fait de sac. Et icy maintenons que non rire, ains boire est le propre de l'homme[4] ; je ne dy boire simplement et absolument, car aussi bien boivent les bestes : je dy boire vin bon et frais. Notez, amis, que de vin divin on devient, et n'y a argument tant seur, ny art de divination moins fallace[b]. Vos Academiques l'afferment, rendans l'etimologie de vin, lequel ils disent en Grec οἶνος estre comme *vis*, force, puissance[5]. Car pouvoir il a d'emplir l'ame de toute verité, tout savoir et philosophie. Si avez noté ce qui est en lettres Ioniques escrit dessus la porte du temple, vous avez peu entendre qu'en vin est verité cachée. La dive Bouteille vous y envoye, soyez vous mesmes interpretes de vostre entreprinse.

— Possible n'est, dist Pantagruel, mieux dire que fait ceste venerable pontife. Autant vous en di-je, lors que premierement m'en parlastes. *Trinch* doncques ; que vous dit le cœur, eslevé par enthusiasme bacchique ?

---

a. qui rend des oracles en toutes langues. — *b.* trompeur.

1. Cf. Van Gorp, *Origines Antwerpianae,* Anvers, Ch. Plantin, 1569, Liber VI, *Saxsonica,* p. 578.
2. Celui de la besace. Voir t. I, p. 299.
3. Cf. Platon, *Hippias minor,* 368.
4. Cf. t. I, p. 3.
5. Souvenir de Platon, *Cratyle,* 406 *c.*

Trinquons, dist Panurge, de par le bon
Bacchus.
Ha, ho, ho, je voiray bas culs
De bref bien à poinct sabourez[a]
Par couilles, et bien embourez
De ma petite humanité.
Qu'est-ce cy ? la paternité
De mon cœur me dit seurement
Que je seray non seulement
Tost marié en nos quartiers;
Mais aussi que bien volontiers
Ma femme viendra au combat
Venerien : Dieu, quel debat
J'y prevoy ! Je laboureray
Tant et plus, et saboureray
A guoguo, puis puis que bien nourry
Je suis. C'est moy le bon mary
Le bon des bons. Io Pean,
Io Pean, Io Pean !
Io mariage trois fois.
Ça, ça, frere Jean, ne te fais
Serment vray et intelligible,
Que cest oracle est infaillible
Il est seur, il est fatidique. »

*Comment Panurge et les autres rithment
par fureur poëtique.*

Chapitre XLVI

« Es tu, dist frere Jean, fol devenu ou enchanté ?
Voyez comme il escume; entendez comment il rith-
maille. Que tous les diables a il mangé ? Il tourne les

---

a. lestés.

yeux en la teste comme une chevre qui se meurt ! Se
retirera il là à l'escart ? fiantera il plus loin ? mangera il
de l'herbe aux chiens pour descharger son thomas[a] ?
ou à usage monachal mettra il dedans la gorge le poing
jusques au coude afin de se curer les hypochondres ?
reprendra il du poil de ce chien qui le mordit[1] ? »

Pantagruel reprent frere Jean, et luy dit :

> « Croyez que c'est la fureur poëtique
> Du bon Bacchus : ce bon vin eclyptique[b]
> Ainsi ses sens et le faict cantiquer[2] :
>> Car, sans mespris[c],
>> A ses esprits
>> Du tout esprits
>> Par sa liqueur,
>> De cris en ris,
>> De pis en pris,
>> En ce pourpris,
>> Faict son gent cœur
>> Rhetoriqueur,
>> Roy et vaincueur
>> De nos souris.
> Et veu qu'il est de cerveau phanatique[d],
> Ce me seroit acte de trop piqueur,
> Penser moquer un si noble trinqueur.

— Comment ? dist frere Jean, vous rithmez aussi !
Par la vertu de Dieu, nous sommes tous poivrez.
Plust à Dieu que Gargantua nous vist en cestuy estat !
Je ne sçay, par Dieu, que faire de pareillement comme
vous rithmer, ou non. Je n'y say rien toutesfois, mais
nous sommes en rithmaillerie. Par sainct Jean, je rith-
meray comme les autres, je le sens bien; attendez, et
m'ayez pour excusé si je ne rithme en cramoisi[e].

---

a. estomac. — b. endort. — c. méprise. — d. possédé par la fureur
poétique. — e. d'une manière parfaite.

1. Formule populaire : triompher de son adversaire, et se guérir
d'un mal par la cause même qui l'a provoqué.
2. Le manuscrit donne : *cantiqueur*.

O Dieu, pere paterne,
Qui muas l'eau en vin,
Fais de mon cul lanterne,
Pour luire à mon voisin. »

Panurge continue son propos, et dit :

« Onq' de Pythias[a] le treteau
Ne rendit, par son chapiteau,
Response plus seure et plus certaine,
Et croirois qu'en ceste fontaine
Y soit nommément colporté
Et de Delphes cy transporté.
Si Plustarque eust icy trinqué
Comme nous, il n'eust revoqué
En doute pourquoy les oracles
Sons en Delphes plus muts[b] que macles[1],
Plus ne rendent response aucune[2].
La raison est assez commune :
En Delphes n'est, il est icy,
Le treteau fatal; le voicy,
Qui presagist[c] de toutes choses :
Car Atheneus nous expose
Que ce treteau estoit Bouteille[3],
Pleine de vin à un aureille[d],
De vin, je dis de verité.
Il n'est telle syncerité
En l'art de divination,
Comme est l'insinuation
Du mot sortant de la Bouteille.
Ça, frere Jean, je te conseille
Ce pendant que sommes icy,
Que tu ayes le mot aussi

_a._ la Pythie. — _b._ muets. — _c._ présage. — _d._ voir t. I, p. 28.

1. Terme du vocabulaire héraldique : il désigne des losanges dont l'intérieur est à jour.
2. Allusion au traité de Plutarque, _De la cessation des oracles._
3. Athénée écrit, II, 6, « cratère ».

De la Bouteille trimegiste,
Pour entendre se rien obsiste[a]
Que ne te doives marier.
Tien cy, de peur de varier,
Et jouë [l'amorabaquin][1].
Jectez luy un peu de farine. »

Frere Jean respondit en fureur, et dist :

« Marier ! par la grand bottine[2],
Par le houseau de sainct Benoist,
Tout homme qui bien me congnoist
Jurera que feray le chois
D'estre desgradé ras, ainçois[b]
Qu'estre jamais engarié[c]
Jusques là que sois marié;
Cela ! que fusse spolié
De liberté ? fusse lié
A une femme desormais ?
Vertu Dieu, à peine jamais
Me liroit on à Alexandre,
A Cæsar, ny à son gendre,
Ne au plus chevaleureux du monde. »

Panurge, deffeublant sa gualle verdine[d] et accoustrement mistique, respondit :

« Aussi seras tu, beste immonde,
Damné comme une male serpe[e].

---

a. interdit. — b. plutôt. — c. écrasé. — d. ôtant sa souquenille. —
e. serpent.

1. L'édition de 1564 porte : *la marabaquin*. Le manuscrit donne :
*Tien cy, de peur de varier | Et joue la maurabaquin | De ma chausse et de
mon beguyn. | Jectez luy ung peu de farine*. On voit qu'il a un vers de plus.
L'amorabaquin, primitivement le sultan des Turcs, était un personnage comique que la sotie des *Menus Propos* nous présente joutant
contre le roi des farineaux (v. 345-6).

2. Dérivé de *botte* au sens de *tonneau*, voir t. I, p. 147, n. 4.

Et je seray comme une her[p]e[a][1]
Sauvé en paradis gaillard :
Lors bien sus toy, pauvre paillard,
Pisseray-je, je t'en asseure.
Mais escoutez : advenant l'heure
Qu'à bas seras au vieux grand diable,
Si par cas assez bien croyable,
Advient que dame Proserpine
Fust espinée de l'espine
Qui est en ta brague[b] cachée,
Et fust de fait amourachée
De tadite Paternité,
Survenant l'opportunité
Que vous feriez les doux accords,
Et luy montasses sus le corps :
Par ta foy, envoyeras tu pas
Au vin, pour fournir le repas,
Du meilleur cabaret d'enfer,
Le vieil ravasseur Lucifer ?
Elle ne fut onques rebelle
Aux bons freres, et si fut belle.

— Va, vieil fol, dist frere Jean, au diable ! Je ne
saurois plus rithmer, la rithme me prent à la gorge[2];
parlons de satisfaire icy. »

_____

a. harpe. — *b.* braguette.

1. L'édition de 1564 porte : *herse.*
2. Le conteur joue sur les mots *rithme* et *rhume.* Cf. t. I, p. 56, n. 3.

Comment, avoir[a] *prins congé de Bacbuc,*
delaissent l'oracle de la Bouteille.

Chapitre XLVII

« D'ici, respondit Bacbuc, ne sois en esmoy : à
tout sera satisfaict, si de nous estes contens. Ça bas,
en ces regions circoncentrales[b], nous establissons le
bien souverain, non en prendre et recevoir, ains
en eslargir[c] et donner, et heureux nous reputons, non
si d'autruy prenons et recevons beaucoup, comme par
aventure decretent les sectes de vostre monde, ains si
à autruy tousjours eslargissons et donnons beaucoup.
Seulement vous prie vos noms et païs icy en ce livre
ritual par escrit nous laisser. »

Lors ouvrit un beau et grand livre, auquel, nous
dictans, une de ses mystagogues excepvant[d], furent
avecques un stile d'or quelques traits projectez comme
si lon eust escrit, mais de l'escriture rien ne nous
apparoissoit.

Cela fait, nous emplit trois oires[e] de l'eau phantas-
tique, et manuellement[f] nous les baillant, dist : « Allez,
amis, en protection de ceste sphere intellectuale de
laquelle en tous lieux est le centre et n'a en lieu aucun
circonferance, que nous appellons Dieu[1] : et venus en
vostre monde portez tesmoignage que sous terre sont
les grands tresors et choses admirables. Et non à tort
Ceres, ja reverée par tout l'univers, par ce qu'elle avoit
monstré et enseigné l'art d'agriculture[2], et par invention de bled aboly entre les humains le brutal aliment

---

a. après avoir. — *b.* voisines du centre. — *c.* répandre. — *d.* écrivant sous notre dictée. — *e.* outres. — *f.* de la main à la main.

1. Cf. *Tiers Livre*, chap. XIII, t. I, p. 453, n. 1.
2. Souvenir de Virgile, *Géorgiques*, I, 147, et d'Ovide, *Fastes*, IV,
399.

de gland, a tant et tant lamenté de ce que sa fille[1] fust
en nos regions subterraines ravie, certainement prevoyant que sous terre plus trouveroit sa fille de biens
et excellences qu'elle sa mere n'avoit faict dessus.

Qu'est devenu l'art d'evoquer des cieux la foudre
et le feu celeste, jadis inventé par le sage Prometheus ?
Vous certes l'avez perdu; il est de vostre hemisphere
departy, icy sous terre est en usage. Et à tort quelquefois vous esbahissez, voyans villes conflagrer[a] et ardre
par foudre et feu etheré, et ignorans de qui, et par qui,
et quelle part tiroit cestuy esclandre[b] horrible à vostre
aspect[c], mais à nous familier et utile. Vos philosophes
qui se complaignent toutes choses estre par les anciens
escriptes, rien ne leur estre laissé de nouveau à inven-
ter, ont tort trop evident. Ce que du ciel vous apparoist, et appellez Phenomenes, ce que la terre vous
exhibe, ce que la mer et autres fleuves contiennent,
n'est comparable à ce qui est en terre caché.

« Pourtant[d] est equitablement le Soubterrain Dominateur presques en toutes langues nommé par epithete
de richesses[2]. Ils quant leur estude addonneront et
labeur à bien rechercher par imploration de Dieu souverain, lequel jadis les Egyptiens nommoient en leur
langue l'Abscond, le Mussé[e], le Caché, et par ce nom
l'invoquant supplioient à eux se manifester et descouvrir, leur eslargissant[3] cognoissance et de soy
et de ses créatures, par aussi conduits de bonne
Lanterne. Car tous Philosophes et sages antiques, à
bien seurement et plaisamment parfaire le chemin de
la congnoissance divine et chasse de sapience, ont

---

a. brûler. — b. désastre. — c. avis. — d. aussi. — e. caché.

1. Proserpine, enlevée par Pluton.
2. En grec (Πλούτων) comme en latin (Dis), le nom du dieu souterrain est en rapport avec le mot désignant la richesse (Πλοῦτος,
dives). Cf. Platon, *Cratyle*, 403 *a*, et Cicéron, *De natura deorum*, II, 26.
3. Tel est le texte de l'édition de 1564 et du manuscrit. On a corrigé
en *eslargira*.

estimé deux choses necessaires, guyde de Dieu et compagnie d'homme.

Ainsi entre les Philosophes, Zoroaster print Arimaspes pour compagnon de ses peregrinations, Esculapius, Mercure; Orpheus, Musée; Pythagoras, Agleopheme[1]; entre les princes et gens belliqueux, Hercules eut en ses plus difficilles entreprinses pour amy singulier Theseus; Ulysses, Diomedes; Eneas, Achates. Vous autres en avez autant fait, prenans pour guide vostre illustre dame Lanterne. Or, allez, de par Dieu qui vous conduit[2].

Fin du cinquième livre des faicts
et dicts heroïques du noble Pantagruel.

---

1. Tous ces noms qu'on vient de lire se trouvent déjà accouplés dans les *Antiquae Lectiones* de Caelius Rhodiginus, livre XXII, chap. 4.

2. Au lieu de cette fin, on lit dans le manuscrit : « Ainsi, entre les Perses Zoroastes print Arismaspe pour compaignon de toute sa misterieuse philosophie; Hermes le Tresmegiste entre les Egiptiens eut Eusculape eut [Mercure]; Orpheus en Trace eut Musé; illecques aussi Aglaophemus eut Pytagore; entre les Atheniens Platon eut premièrement Dyon de Sarragusse en Cicille, lequel defunct, print secondement Xenocrate; Appolonius eut Damis. Quant doncques voz philosophes, Dieu guydent, accompaignens à quelque claire lanterne, se adonnerent à sogneusement rechercher et investiger comme est le naturel des humains (et de ceste qualité sont Hesrodothe et Homere appelez alphestes, c'est-à-dire rechercheurs et inventeurs), trouveront vraye estre la responce faicte par le saige Tales à Amasis, roy des Égiptiens, quant par luy interrogé en quelle chose plus estoit de prudence, respondit : « On temps »; car par temps ont esté et par temps seront toutes choses latentes inventées; et c'est la cause pourquoy les antiens ont appelé Saturne le Temps, pere de Verité, et Verité fille eut Temps. Infaliblement aussi trouveront tout le savoir, et d'eulx et de leurs predecesseurs, à peine estre la minime partie de ce qui est et ne le sçavent. De ces troys oires que presentement je vous livre, vous en prendres jugement congnoissant, comme dict le proverbe : « Aux oncles le lyon. » Par la rarefaction de nostre eau dedans enclose, intervenant la chaleur des corps supperieurs et ferveur de la mer sallée ainsi qu'est la naturelle transmutation des elemens, vous sera air dedans tressallubre engendré, lequel de vent clair, serain, delicieulx, vous servira, car vent n'est que air flottant

et undoyant. Cestuy vent moyennant, yrez à droicte routte, sans terre prendre si voullez, jusques au port de Olonne en Talmondois, en laschant à travers voz velles, par ce petit soubspiral d'or que y voyes apposé comme une fleute, aultant que penserez vous suffire pour tout au lantement naviger, à tousjours en plaisir et seureté, sans dangier ne tempeste. De ce ne doubtez; et ne pensez la tempeste yssir et proceder du vent; le vent vient de la tempeste exitée du bas de l'abisme. Ne pensez aussi la pluye venir par impotence des vertus retentives des cieulx et gravité des nues suspendues : elle vient par evocation des soubzerrennes regions, comme, par evocation des corps superieurs, elle de bas en hault estoit imperceptiblement tirée; et vous le tesmongne le roy poète chantant et disant que l'abisme invocque l'abisme. Des troys oyres, les deux sont pleines de l'eaue susdicte, la tierce est extraicte du puys des saiges Indiens, lequel on nomme le tonneau des Brachmanes.

« Trouverez davantaige vos naufz bien deuement pourveues de tout ce qu'il vous pourroit estre utille et necessaire pour le reste de vostre mesnaige. Cependant que icy avez sejourné, je y ay faict ordre tresbon donner. Allez, amys, en gayetté d'esprit, et portes ceste lettre à vostre roy Gargantua, le saluez de par nous, ensemble les princes et officiers de sa noble court. »

Ces motz parachevez, elle nous bailla des lettres closes et scellées; et nous, après action de graces immortelles, feist yssir par une porte adjacente à la chapelle diaphane, où la Bacbuc les semonnoit de proposer questions aultant deux foys qu'est hault le mont Olympe. Par ung pais plain de toutes delices, plaisant, temperé plus que Tempé en Thessalye, salubre plus que celle partie d'Egipte, laquelle a son aspect vers Libie, irrigu et verdoyant plus que Thermischrie, fertille plus que celle partie du mont Thaure, laquelle a son aspect vers Aquilon, plus que l'isle Hiperborrée en la mer Judaïque, plus que Caliges on mont Caspit, flairant, serain et gratieulx aultant qu'est le pais de Touraine, enfin trouvasmes noz navires au port.

EPIGRAMME

Rabelais est il mort ? Voicy encor un livre.
Non, sa meilleure part a repris ses espritz
Pour nous faire present de l'un de ses escrits
Qui le rend entre tous immortel, et fait vivre.

NATURE QUITE[1]

---

1. Dans l'édition de 1564 cette épigramme est placée au verso du dernier feuillet de la table des matières. Elle ne figure ni dans *l'Isle sonante*, ni dans le manuscrit. Un article d'A. Dupont, *Note sur le Quatrain de Nature Quite (Revue du XVIe siècle,* t. XII, 1925, pp. 403 sqq) a signalé que dans l'édition de 1583 de l'*Agriculture et Maison rustique* de Charles Estienne il y a, au début, deux sonnets et un quatrain signés NATURE QUITTE, ces deux mots étant l'anagramme de Jean Turquet, surnom du médecin Jean de Mayerne. Voir aussi *supra*, p. 271, n. 3.

LETTRES

ET

ÉCRITS DIVERS

LETTRE DE RABELAIS A GUILLAUME BUDÉ[1]

FRANCISCUS RABELÆSUS FRANCISCANUS
DNO GULIELMO BUDÆO SALUTEM P. D.

Cum ad te ut scriberem jussisset P. Amicus[2] noster
ἀνὴρ νὴ τὰς χάριτας ἀξιέραστος, εἴπερ ϛις πώποτε καὶ
ἄλλος, egoque hominis rationibus adductus, quas
densas ille et frequentes inculcabat, dicto me audien-
tem praestitissem, illud imprimis feci, ut superos
omnes orarem et obsecrarem, darent aleam illam feliciter cadere. Quamquam enim vehementer cuperem
(cur enim non fatear?) me in amicitiam tuam penitus
aliquo insinuare, καὶ τόδε περὶ πλείονος ἄν ἐποιούμην
πρὸ τοῦ ἀπάσης τῆς Ἀσίας βασιλεύειν, subverebar
tamen ne, si id genus officio quam observabam
benevolentiam demereri in animum inducerem, me-
rito votis meis exciderem. Nam quid esse spei poterit
homini obscuro et ignoto ex epistola inculta, agresti,
barbara? Quid sibi promittere poterit adolescens
ἄμουσός τε καὶ σκοτεινός, καὶ ἀτέχνως μάλα δὴ
ξένως ἔχων τῆσδε τῆς καλλιλογίας, πρὸς ἀνδρὸς ἐν
λόγοις εὐδοκιμωτάτου καὶ πάντας ἀνθρώπους ὑπερβε-
βηκότος ἀρετῇ τε καὶ εὐφυΐα. Proinde huic facinori
supersedendum mihi esse censebam, dum stylum
aliquatenus exacuerem. Sed cum vehementius
urgeret Amicus, libuit tandem, vel cum existima-

---

1. L'autographe de cette lettre figure à la Bibliothèque Nationale
(collection Rothschild A. 162 bis). Elle fut publiée pour la première
fois en 1860 dans le *Bulletin du bibliophile belge*. Abel Lefranc en
a admis l'authenticité. (Voir Abel Lefranc, *les Autographes de Rabelais*,
dans la *Revue des études rabelaisiennes*, t. III (1905) pp. 339 sqq.)

2. Pierre Amy, son compagnon au monastère.

tionis periculo, eorum inire numerum qui plus
aliis de se quam sibi credere malunt. Scripsi itaque
idque menses abhinc plusminus quinque. At sic
ἀπειροκάλως, ut parum absit quin scripsisse tum
pudeat, tum pœniteat, cum certior fieri non potuerim
quorsum res abierit : quam ominari contigerat non
valde feliciter casuram. Budæum e diverso hominis
unius ex multis humilitatem atque animum fastidisse,
literasque vix semel idque vellicatim lectas, etiamsi
ineptissimas abjecisse, id vero ne crederem faciebat
constans quædam semel omnium fama quibus ipsis
datum est aliquando Budæi consuetudine uti, asse-
rentium Budæo ad cæteras virtutes luculentam quam-
dam et ingenuam insidere gratiam, erga eos quidem
certe qui literarum sint vel callentes vel studiosi,
tametsi nonnihil insit authoritatis καὶ τῆς σπάνης
in eos, quos suis coloribus tam graphice vestitos in
Asse[1] traduxit per oculos hominum eruditiorum,
cum in aulicos incurreret. Faciebat item et Amici
prædicatio, apud quem identidem queritabar, tam-
quam qui nescirem utram in partem hæc alea cecidisset,
cum ipse mihi animos ad eam rem fecisset tam alacres,
porro etiam feroces. Indidem γραφή τις νὴ τὸν Δία
δεινή, ἥν ἔγωγε τὸν ἄνδρα γράψασθαι ἐν νῷ εἶχον, ἧς δὴ
οὐκ ἐν ῥᾳδίως φθάνοι ἀπαλλάξαι, μὴ οὐχὶ δίκην, ἥν τιν᾽ ἄν
τάττω, ἐκτετικώς· ἴσως μὲν οὖν πάντων τῶν αὐτοῦ
κτημάτων τὸ ὀλίγιστον ἀποστερηθείς. Οὐδὲ γὰρ
πολλοστημόριον τοῦτο, ὧν χρῆναι αὐτὸν παθεῖν ἡγούμενός
τις ἐν μέρει κρίνοι ἄν. Καὶ δὴ καὶ ἔγωγε ἄν ποτε
εὐθυμησαίμην ἄν ἔρχεσθαι εἰς τὸ τῶν ὑμῶν τῶν σεμνῶν
δικαιοδότων δικαστήριον τήνδε δίκην διωξών, οὐκ ἄν
ἐξαρνῶς ἕξετε (ὡς ἐγῷμαι) ἄνδρα ὀρθῶς ἔχειν παντελῶς
ἐμμένειν ταῖς δίκαις ἅσγε δεδωκότες κατάδηλοι γίγνονται
οἱ τῶν ἀνθρώπων ἄπλους ἐξαπατοῦντες καὶ μηδὲν
διημαρτηκότας παραδειγματιζόμενοι καρ᾽ ὅσον μὲν
δὴ ἦν δυνάμεως παρ᾽ αὐτοῖς. Quid si dixero atque

---

1. *De Asse et partibus ejus libri quinque,* Paris, Josse Bade, 1515 (n. st.).

GUILLAUME BUDÉ
Gravure du XVIᵉ siècle

probavero id inter nos convenisse ? Habeo penes
me synthecam, legisti et ipse. Neque enim jam
tibi excidisse puto, quod scripseram. Omnino si
summo jure agere cum homine libeat, nullas video
latebras, nulla cresphygeta, in quæ possit sese ille
abdere. Hic non dicam quam multos testes laudare
possem eosque ἀξιοπίστους omnique exceptione
majores, qui profitebuntur id mihi ab illo cautum,
ut si res præpostere evaderet, possem de dolo malo
actionem dare. Sed multus in hoc sum profecto, cum
veritas sese ipsa libere expromat, visendamque ac
palpandam præbeat. Enimvero jam inde ex quo
litteras ad te nostras pervenisse rescivimus, dici facile
non potest quam certa illum nostrum magnæ cujus-
piam pœnæ expectatione torqueri noctes atque dies
explorarim. Nam judicium diffundi sustinueram, dum
iterum ad te scribo. Habe tu igitur nunc alteras a me
literas, quibus veniam precari volo, quod tam nulla
religione fores tuas pulsem, atque næniis te meis
exercere non verear, quem scio aulicis tumultibus
circum undique obrutum esse, Plutoque illi expoliendo
operam navare. Pudet enim eum (ut obiter hic tibi
congratuler) pudet, inquam, ipsum, universis· prope
mortalium rebus priscum nitorem assecutis, defor-
mem unum videri atque ridiculum. Quo nomine per-
multum mihi placere soleo, atque apud amicos glo-
riari, cujus vota deus tam benigne obsecundarit.
Nosti quæ in calce litterarum mearum versibus aliquot
græcis precabar. Neque nunc quoque ego non precor.
Plutum etiam illum frequens compello, siquidem inci-
dere contingit (contingit autem aliquando) in eos,
quos ille more suo adeo nobis politos sesquianno
reddit, ignavos quidem illos, rerum imperitos, so-
cordes, indoctos, flagitiosos, τὸ τοῦ Ὁμήρου ἐτώσιον
ἄχθος ἀρούρης[1]. At hos solitus ille est observare,
eis se, rerumque nominumque summam pessimo

---

1. *Iliade*, XVIII, 104.

publico tradere. Soleo ergo cum hanc indignitatem
oculis devorare cogor, adversum Plutum illum pro-
fligatissimis conviItiis et maledictis velitari, infaus-
tasque in eum voces jactare, qui, cum cæcum esse,
ut est, se sentiat, menteque non minus quam oculis
captum, furiosoque ac dementi proximum, provideque
regendæ œconomicæ minus idoneum, patitur tamen
sibi tutores dari qui maxime sint ad agnatos deducendi.
Nam qui fieri poterit ut pupillaria prædia, fideive
commissa religiose adservent, qui bona avita et quæ
sibi justa hæreditate obvenerunt... si non ex asse
dilacerent. Quod si colligat sese ille placatumque se
præbeat, si tædere videam errorum, luminisque officia
flagitare, ego tum plaudere, ogo urgere, ego Budæum
inculcare nitoris ac luminis vindicem, verbula etiam
aliquot græcanica auriculis instillare, quæ his assues-
cerem, sed digna non sunt quæ Budæi oculos subeant,
adscribam tamen, ne talia esse suspiceris, quod genus
impostor ille suis pedibus medebatur.

Καὶ σύ, τί φῇς, ὦ Πλοῦτε Θεῶν μιαρώτατε πάντων;
Σοὶ μῶν νῦν φροντὶς κάλλεός ἐστι πέρι;
Τὸν Βουδαῖον ἴοις ἐπ' ἐκεινονγ' ὦκα θ'ήξεις
Ἄμμι φάους κεν ἔχων εὖχος ἀπειρεσίου.

Sed hæc satis. Vale et me ama. Fonteniaci, quarto
nonas Martii[1].

Tuus si suus,

FRANCISCUS RABELÆSUS.

TRADUCTION[1]

FRANÇOIS RABELAIS, FRANCISCAIN, A MONSEIGNEUR GUILLAUME BUDÉ, SALUT

Notre cher P. Amy, homme charmant s'il en fut jamais, — j'en jure par les Grâces, — m'avait engagé à vous écrire ; pressé par ses arguments nombreux et répétés, j'ai déféré à son invite — mais j'ai tenu d'abord à prier et supplier

---

1. Dans son édition, parue en 1881, Marty-Laveaux écrit, à propos des lettres latines de Rabelais : « Il semble qu'on aurait dû depuis longtemps les transporter dans notre langue, à laquelle elles paraissaient, pour ainsi dire, appartenir d'avance, et toutefois, chose étrange, nous sommes les premiers à l'essayer. » (IV, p. 365.)

A vrai dire, deux lettres avaient été déjà traduites : Dreux du Radier avait publié dans le *Journal de Verdun* d'octobre 1756 une version française de la courte lettre à Amaury Bouchard (*infra*, p. 495) et Marty-Laveaux a repris ce texte (IV, p. 379-380). Jules Quicherat avait donné, il y a près d'un siècle, une traduction de la lettre à Budé du 4 mars 1521, traduction qu'A. Lefranc devait reproduire dans la *Revue des Études rabelaisiennes*, 1905, p. 345-348. Nous n'avons systématiquement ignoré ni ces traductions ni celles de Marty-Laveaux. Mais, si les lettres de Rabelais intéressent au premier chef l'histoire de notre littérature, il est difficile d'accorder à Marty-Laveaux qu' « elles appartiennent d'avance » à notre langue. Elles témoignent au contraire que Rabelais, comme tous les érudits de son siècle, pense et écrit naturellement en latin.

Le vocabulaire latin de la Renaissance subit l'influence du grec, beaucoup plus encore que celui des derniers siècles de Rome. Les mots latins s'y retrouvent tantôt avec leur authentique signification classique, tantôt enrichis par quinze siècles de culture. Ce n'est pas la moindre difficulté qui s'offre au traducteur. Presque toujours, la phrase de Rabelais est oratoire, et le style, abondant jusqu'à la redondance. La remarque vaut aussi bien pour le grec que le latin. Rabelais est très éloigné de la simplicité attique : dans son souci d'arrondir l'expression, il mêle aux termes de la langue classique le vocabulaire poétique le plus hétéroclite.

Toutes ses lettres n'offrent pas exactement les mêmes caractères : s'adressant à Budé ou au cardinal Du Bellay, Rabelais recherche la

*tous les dieux de faire réussir cette entreprise risquée.
Malgré mon vif désir (pourquoi ne pas l'avouer ?) de m'introduire jusqu'au fond de votre amitié, — et ce bonheur,
à mes yeux, vaudrait mieux que le titre de roi de toute
l'Asie, — je redoutais un peu, néanmoins, que pareil hommage, par lequel je comptais m'acquérir votre bienveillance,
n'aboutît, non sans raison, à la ruine de mes espérances.
Que peut attendre, en effet, un individu obscur et inconnu
d'une lettre inculte et barbare ? Quel espoir peut nourrir
un jeune homme sans culture et sans renommée, dépourvu
de toute habileté et absolument ignorant du beau langage,
qui s'adresse à un personnage que son éloquence a rendu
célèbre, et qui surpasse tous les autres par son mérite et
son talent naturel ? Aussi avais-je pensé qu'il me fallait
surseoir à pareille tentative jusqu'au moment où j'aurais
quelque peu affiné ma manière d'écrire. Mais comme Amy
apportait plus d'insistance à ses exhortations, j'ai voulu —
dussé-je y perdre ma réputation — prendre place parmi
ceux qui aiment mieux, sur leur compte, se fier aux autres
qu'à eux-mêmes.*

*Je vous ai donc écrit, voilà cinq mois environ ; et ce fut
en des termes si gauches que cet envoi me comble, ou peut*

---

plénitude, voire l'exubérance, et cette rondeur est parfois bouffissure.
Il y a un peu plus de naturel dans les lettres à Tiraqueau, plus de
gravité dépouillée dans la fervente épître à Érasme.

Nous avons tenté de restituer le style propre à ces lettres, sans en
alléger les redondances, sans briser le dessin oratoire de la période,
dans la mesure où il n'allait pas contre le génie de notre langue. Partout
où Rabelais a employé des vers, nous avons essayé d'introduire une
traduction rythmée. En pareille matière, on ne peut aboutir qu'à de
l'à-peu-près, comme le note très justement J. Marouzeau : « La marque
d'une bonne traduction, c'est qu'elle permette de porter sur le texte
traduit un jugement de valeur conforme à celui qu'on porterait sur
le texte à traduire. C'est-à-dire que le lecteur doit y trouver non seulement le contenu exact du texte... mais, dans la mesure du possible,
la forme que revêt ce contenu... Idéal impossible à atteindre ? Bien
sûr, mais auquel il faut tendre sans cesse. » (*La Traduction du latin*,
p. 73.)

Les traductions qui accompagnent le texte de Rabelais ont été
faites par mon collègue M. Pierre Miniconi, professeur à l'université
de Montpellier, que je tiens à remercier ici.

s'en faut, à la fois de honte et de regrets — alors que j'ignore quel a été le résultat de cette démarche : je n'en avais pas précisément auguré une heureuse issue. Mais, d'un autre côté, croire que Budé n'avait fait aucun cas des sentiments manifestés par un obscur individu perdu dans la foule et qu'après avoir lu cette lettre une fois à peine, et encore en la parcourant, il l'avait jetée, cela, tout inepte qu'elle était, m'était interdit par le témoignage unanime de tous ceux qui avaient eu un jour le bonheur d'être en relation avec Budé : ils assuraient que, parmi toutes ses vertus, Budé marquait une bienveillance éclatante et spontanée, du moins à ceux qui possédaient ou aimaient les belles-lettres, et cela malgré quelque sévérité et quelque rigueur à l'adresse de ceux qu'il a, de main de maître, exposés sous leurs véritables couleurs aux regards des doctes, dans son livre De Asse, où il s'en prend aux gens de cour.

Les objurgations de P. Amy allaient dans le même sens, quand il m'entendait me plaindre sans cesse d'ignorer le résultat de ma démarche et lui reprocher de m'avoir inspiré cette audace, ou plutôt cette outrecuidance. C'est pourquoi j'en venais à songer, par Zeus, à lui intenter une accusation terrible, dont il ne se tirerait pas aisément sans avoir subi la peine que je fixerais, peine qui pourrait être, pour le moins, la privation de tous ses biens. Et cela ne constituerait même pas une infime partie du châtiment que prononcerait contre lui un juge qualifié. Aussi bien si j'introduisais cette plainte auprès du tribunal des juges équitables que vous êtes, vous ne sauriez nier (à mon sens) que cet individu dût subir les peines qu'on voit infliger à qui, dans la mesure de ses moyens, trompe les simples et innocents, et les ridiculise. Que sera-ce, si j'affirme et prouve que cela a été arrangé entre nous ? La preuve écrite est entre mes mains, et vous l'avez lue vous-même, car je ne crois pas que vous ayez oublié ce que je vous disais. De toute façon, s'il me plaît d'exercer tous mes droits à l'encontre de cet individu, je ne vois aucune cachette, aucune retraite où il puisse se réfugier. Et je ne dirai pas ici combien de témoins je puis citer, dignes de foi, s'entend, et qu'on ne saurait récuser : ils affirmeront m'avoir ouï stipuler qu'au cas où

*l'affaire tournerait mal, je pourrais le poursuivre pour dol.
Mais j'insiste vraiment trop, puisque les faits parlent d'eux-
mêmes, et apparaissent visibles et palpables. Et d'ailleurs,
depuis que j'ai appris que ma lettre vous était parvenue,
il est impossible d'exprimer tout ce que la certitude d'un
châtiment rigoureux apporte d'angoisses diurnes et nocturnes — je m'en suis rendu compte — à notre ami. Car
j'avais affirmé que je lui faisais procès en vous écrivant
pour la seconde fois.*

*Voilà donc cette seconde lettre : je veux vous demander
pardon de venir sans scrupule frapper à votre porte, de
vous importuner sans vergogne de mes niaiseries au moment
où le fracas de la cour vous accable, je le sais, de tous côtés,
et où vous prenez tant de peine à dégrossir le Plutus que
nous connaissons. Ce Plutus rougit (que je vous en félicite en
passant), il rougit, dis-je, d'être le seul à afficher sa laideur
ridicule quand toute l'humanité, ou peu s'en faut, retrouve
son antique splendeur. Voilà qui me réjouit fort, et dont
je tire gloire auprès de mes amis, puisque le ciel a bien voulu
exaucer mes vœux. Vous vous rappelez, à la fin de ma
lettre, la prière que je formulais en vers grecs. Cette prière,
je la répète aujourd'hui ; souvent même j'apostrophe Plutus,
s'il m'arrive de rencontrer (et cela arrive quelquefois) ceux
qu'il nous renvoie d'ordinaire au bout d'un an et demi, et
qu'il a si bien formés à sa manière : ils sont, en fait, nuls,
ignorants, veules, incultes, pleins de vices « inutiles fardeaux
de la terre », selon l'expression homérique. Et voilà ceux
que Plutus révère, à qui il se livre et confie la puissance pour
le plus grand malheur de l'État. C'est pourquoi, réduit à
dévorer des yeux pareilles turpitudes, je m'en prends d'ordinaire à Plutus, avec les injures et les outrages les plus vifs,
et je l'accable de paroles vengeresses, lui qui, se sachant
aveugle, aussi malade de l'esprit que des yeux, proche de la
démence, incapable d'une sage administration, se laisse
donner des tuteurs qu'il conviendrait d'interdire. Comment
pourrait-on, en effet, veiller à l'exacte conservation des biens
d'un pupille ou des biens qui vous ont été confiés quand,
soi-même, on [ébrèche], si on ne le dilapide pas complètement,
le patrimoine qui vous est échu par droit héréditaire ?*

Si Plutus se reprend, s'il montre qu'il est revenu à de meilleurs sentiments, si je le vois regretter ses erreurs et réclamer les secours de la lumière, alors j'applaudirai ; alors j'insisterai ; alors je lui ferai entendre que Budé le guidera vers la beauté et la lumière, et même je lui murmurerai à l'oreille quelques petits vers grecs que je pourrais ajouter à ma lettre, mais qui sont indignes de tomber sous les yeux de Budé ; je les y joindrai quand même ; ainsi vous n'irez pas croire qu'ils sont de la même veine que ceux dont usait le fameux imposteur pour guérir sa goutte :

> *Que dis-tu, ô Plutus, des Dieux le plus impur ?*
> *Ton cœur aurait-il donc souci de la beauté ?*
> *Va-t'en trouver Budé ; tu reviendras bientôt*
> *Tout glorieux d'une éblouissante lumière.*

Mais j'en ai assez dit. Adieu. Aimez-moi. Fontenay-[le-Comte], 4 mars [1521].
A vous, autant qu'à lui-même,

François RABELAIS.

VERS A ANDRÉ TIRAQUEAU[1]

ΦΡΑΓΚΕΣΚΟΥ ΤΟΥ ΡΑΒΕΛΑΙΣΟΥ

Βίβλον ἐν οἴκοισιν τήνδ' ἠλυσιόσιν ἰδόντες
  Ἄμμιγα μὴν ἄνδρες θηλυτέραι τ' ἔφασαν·
Οἷσι νόμοις ὅδ'ἑοὺς 'Ανδρέας τήνγε διδάσκει
  Συζυγίην Γαλάτας, ἠδὲ γάμοιο κλέος,
Τοὺς ἐδίδαξε Πλάτων ἂν γ' ἡμέας, εἰν ἀνθρώποις
  Κεδνότερος τίς κ'ἂν τοῦγε Πλάτωνος ἔη ;

TRADUCTION

DE FRANÇOIS RABELAIS

Apercevant ce livre aux demeures des cieux,
tous, d'une même voix, Dieux et Déesses dirent :
« Ces lois du noble André, qui veulent enseigner
aux Français la grandeur de l'union maritale,
si Platon les avait à nous-même enseignées,
quel homme serait donc plus divin que Platon ? »

---

1. Vers encomiastiques imprimés en tête de la troisième édition du docte traité de Tiraqueau : *Andreæ Tiraquelli Fontiniacensis suppræfecti ex commentariis in Pictonum consuetudines. Sectio de legibus connubialibus et jure maritali.* Paris, Galliot du Pré, 1524, in-4°. Cette troisième édition d'un traité qui avait paru pour la première fois chez Josse Bade en 1513 et dont l'inspiration était antiféministe répondait à un ouvrage publié chez Josse Bade en 1522, *Almarici Bouchardi Angeliaci Sanctonum præsidis* Τῆς γυναικείας φύτλης *adversus Andream Tiraquellum Fontiniacensem,* où un ami de Tiraqueau, de Pierre Amy et de Rabelais, Amaury Bouchard, lieutenant général du sénéchal de Saintonge, avait pris, contre Tiraqueau, la défense des femmes. Au sujet de Tiraqueau et de son influence sur Rabelais, voir J. Barat, *l'Influence de Tiraqueau sur Rabelais,* dans *Revue des Études rabelaisiennes,* 1905, pp. 138-155 et 253-270.

EPISTRE
DE MAISTRE FRANÇOIS RABELLAYS
Homme de Grans Lettres grecques et latines,

A BOUCHET

TRAICTANT DES YMAGINATIONS QU'ON PEUT AVOIR
ATTENDANT LA CHOSE DESIRÉE[1]

L'Espoir certain et parfaicte asseurance
De ton retour plain de resjouyssance,
Que nous donnas à ton partir d'icy,
Nous a tenu jusques ores en soulcy
Assez facheulx, et tresgriefve ancolye[2],
Dont noz espritz, taincts de merencolie,
Par longue attente et vehement desir,
Sont de leurs lieux esquelz souloient gesir
Tant deslochez[a] et haultement raviz
Que nous cuidons, et si nous est advis,
Qu'heures sont jours, et jours plaines années,
Et siecle entier ces neuf ou dix journées :
Non pas qu'au vray nous croyons que les astres,
Qui sont reiglez, permanans en leurs atres[b],
Ayent devoyé de leur vray mouvement,
Et que les jours telz soient asseurement
Que cil quant print Josué Gabaon,

---

a. déplacés. — *b.* foyers, sièges.

1. Cette épître, le premier écrit français de Rabelais, a paru dans les *Épistres morales et familières du Traverseur* (c'était le surnom abrégé — le Traverseur des voies périlleuses — que s'était choisi Jean Bouchet), Poitiers, chez Jacques Bouchet, 1545 (f. XXXV et suiv.). Avoué à Poitiers, Jean Bouchet était aussi un infatigable poète qui se rattachait à l'école des Grands Rhétoriqueurs.

2. Plante considérée comme un symbole de la mélancolie.

Car ung tel jour depuis n'arriva on[a],
Ou que les nuyctz croyons estre semblables
A celle là que racontent les fables
Quant Jupiter de la belle Alcmena
Fist Hercules, qui tant se pourmena.
Ce ne croyons, ny n'est aussi de croire,
Et toutesfoiz, quant nous vient à memoire
Que tu promis retourner dans sept jours,
Nous n'avons eu joye, repos, sejours,
Depuis que fut ce temps prefix passé,
Que nous nayons les momens compassé
Et calcullé les heures et mynutes,
En t'attendant quasi à toutes meutes[b].
Mais quant avons si long temps attendu,
Et que frustrez du desir pretendu
Nous sommes veuz, lors l'ennuy tedieux[c]
Nous a renduz si tresfastidieux[d]
En noz espritz que vray nous apparoist
Ce que vray n'est, et que noz sens ne croyst,
Ny plus ne moins qu'à ceulx qui sont sur l'eau,
Passans d'un lieu à l'autre par basteau,
Il semble advis à cause du rivage,
Et des grans floz, les arbres du ryvage
Se remuer, cheminer et dancer,
Ce qu'on ne croyt et qu'on ne peult penser.
De ce j'ay bien voulu ta seigneurie
Asçavanter[e], qu'en ceste resverie
Plus longuement ne nous vueillez laisser;
Mais quant pourras bonnement delaisser
Ta tant aymée et cultivée estude,
Et differer ceste solicitude
De litiger[f] et de patrociner[g],
Sans plus tarder et sans plus cachiner[h],
Apreste toy promptement, et procure[i]
Les tallonniers de ton patron Mercure,

---

a. jamais.— *b.* à tous les coups de cloche. — *c.* fastidieux.— *d.* ennuyés.
— *e.* instruire. — *f.* plaider. — *g.* discourir. — *h.* rire. — *i.* prends.

Et sus les vents te metz alegre et gent;
Car Eolus ne sera negligent
De t'envoyer le bon et doulx zephire,
Pour te porter où plus on te desire,
Qui est ceans, je m'en puis bien vanter.
Ja (ce croy) n'est besoing t'assavanter
De la faveur et parfaicte amitié
Que trouveras : car presque la moitié
Tu en congneuz quand vins dernierement,
Dont peuz la reste assez entierement
Conjecturer, comme subsecutoire [a].

    Ung cas y a, dont te plaira me croire,
Que quant viendras, tu verras les seigneurs
Mettre en oubly leurs estatz et honneurs
Pour te cherir et bien entretenir.
Car je les oy tester et maintenir
Appertement, quand escheoit le propos,
Qu'en Poictou n'a, ny en France, suppos [b]
A qui plusgrant familiarité
Veullent avoir, ny plus grant charité [c].

    Car tes escriptz, tant doulx et meliflues,
Leur sont, au temps et heures superflues
A leur affaire, ung joyeulx passetemps,
Dont deschasser les ennuytz et contemps [d]
Peuvent de leurs cueurs, ensemble prouffiter
En bonnes meurs, pour honneur meriter.
Car, quant je liz tes euvres, il me semble
Que j'apperçoy ces deux poincts tous ensemble
Esquelz le pris est donné en doctrine,
C'est assavoir, doulceur et discipline.

    Parquoy te prie et semons de rechief
Que ne te soit de les venir veoir grief.
Si 'eschapper tu puis en bonne sorte,
Rien ne m'escrips, mais toy mesmes apporte
Ceste faconde et eloquente bouche
Par où Palas sa fontaine desbouche

---

a. qui s'ensuit. — *b*. sujets. — *c*. affection. — *d*. disputes.

Et ses liqueurs castallides[a] distille.
  Ou, si te plaist exercer ton doulx style
A quelque traict de lettre me rescrire,
En ce faisant feras ce que desire.
  Et toutesfoys ayez en premier esgard
A t'appriver[b], sans estre plus esguard[c],
Et venir veoir icy la compaignie,
Qui de par moy de bon cueur t'en supplie.
  A Ligugé[1], ce matin, de septembre
Sixiesme jour, en ma petite chambre
Que de mon lict je me renouvellais,

Ton serviteur et amy

                                        RABELLAYS.

---

a. de la fontaine Castalie (consacrée aux Muses). — *b.* t'apprivoiser.
— *c.* farouche.

  1. Au prieuré de Ligugé, demeure de Geoffroy d'Estissac.

ÉPITRE-DÉDICACE DU TOME SECOND
DES LETTRES MÉDICALES DE MANARDI[1].

FRANCISCUS RABELÆSUS MEDICUS ANDREÆ TIRAQUELLO

JUDICI ÆQUISSIMO APUD PICTONES

S. P. D.

Qui fit, Tiraquelle doctissime, ut in hac tanta seculi nostri luce, quo disciplinas omneis meliores singulari quodam deorum munere postliminio receptas videmus, passim inveniantur, quibus sic affectis esse contigit, ut e densa illa Gothici temporis caligine plusquam Cimmeria ad conspicuam solis facem oculos attollere aut nolint, aut nequeant ? An quod (ut est in *Euthydemo* Platonis[2]) ἐν παντὶ ἐπιτηδεύματι οἱ μὲν φαύλοι πολλοί, καὶ οὐδενὸς ἄξιοι, οἱ δὲ σπουδαῖοι ὀλίγοι, καὶ τοῦ παντὸς ἄξιοι ? An vero quod ea vis est tenebrarum hujuscemodi, ut quorum oculis semel insederint, eos suffusione immedicabili perpetuo sic hallucinari necesse sit, et cæcutire, nullis ut postea collyriis, aut conspiciliis juvari possint : quemadmodum ab Aristotele in *Categoriis*[3] scriptum legimus, ἀπὸ μὲν τῆς

---

1. Texte paru dans *Io. Manardi ferrariensis medici Epistolarum medicinalium Tomus Secundus, nunquam antea in Gallia excusus. Lugduni, apud Seb. Gryphium.* MDXXXII. Sur cette lettre où Rabelais expose ses idées sur l'enseignement de la médecine et la nécessité de la débarrasser des commentaires des Arabes et des médecins du Moyen Age, cf. J. Plattard, *Revue des Études rabelaisiennes*, t. II, p. 68-70.
Manardi est un médecin italien qui naquit et mourut à Ferrare (1462-1536).
2. Cf. Platon, *Euthydème*, 307 *a*.
3. Cf. *Catégories*, 10.

ἕξεως ἐπὶ τὴν στέρησιν γίνεται μεταβολή, ἀπὸ δὲ τῆς στερήσεως ἐπὶ τὴν ἕξιν ἀδύνατον. Mihi sane rem totam arbitranti, atque ad Critolai (quod aiunt) libram[1] expendenti, non aliunde ortum habere isthæc errorum Odyssea, quam ab infami illa philautia tantopere a philosophis damnata videtur, quæ simul ac homines rerum expetendarum aversandarumque male consultos perculit, eorum sensus et animos præstringere solet et fascinare, quo minus videntes videant, intelligentesque intelligant. Nam quos plebs indocta aliquo in numero habuit hoc nomine, quod exoticam aliquam et insignem rerum peritiam præ se ferrent, eis si personam hanc καὶ λεοντῆν detraxeris, perfecerisque, ut cujus artis prætextu, luculenta eis rerum accessio facta est, eam vulgus meras præstigias, ineptissimasque ineptias esse agnoscat, quid aliud quam cornicum oculos confixisse[2] videberis ? ut qui pridem in orchestra sedebant, vix in subseliis locum inveniant, donec eo ventum sit ac moveant non risum tantum populo ac pueris, qui nunc passim nasum rhinocerotis habent, sed stomachum et bilem, indigne ferentibus, quod sibi tandiu eorum dolis et versutia impositum sit. Proinde quemadmodum naufragio pereuntibus usu venire didicimus, ut quam sive trabem, sive vestem, sive stipulam semel discissa pessumque eunte nave arripuerint, eam consertis manibus retineant, natandi interim immemores ac securi, modo ne quod in manibus est, excidat, donec vasto gurgite funditus hauriantur : ad eum pene modum, amores isti nostri quibus libris a pueris insueverunt, etiam si confractam videant et undiquaque hiantem pseudologiæ scapham, eos sic qua vi quaque injuria retentant, ut si extundantur, animam quoque sibi e sedibus extundi putent. Sic vestra ista juris peritia cum eo evaserit, ut ad ejus instaurationem nihil jam desideretur, sunt tamen etiam dum quibus

---

1. Cf. *Tiers Livre*, chap. xxxII, tome I, p. 541.
2. Cf. *Quart Livre*, chap. xxxII, p. 135.

A. Tiraqueau
Gravure du XVIe siècle

exoleta illa Barbarorum glossemata excutiere manibus non possunt. In hac autem nostra medicinæ officina, quæ in dies magis ac magis expolitur, quotusquisque ad frugem meliorem se conferre enititur ? Bene est tamen, quod omnibus prope ordinibus subolevit quosdam esse inter medicos et censeri, quos si penitus introspicias, inanes quidem ipsos doctrinæ, fidei et consilii; fastus vero, invidentiæ ac sordium plenos depræhendes. Qui experimenta per mortes agunt (ut est Plinii querela vetus[1]) a quibusque plus aliquanto periculi quam a morbis ipsis imminet. Magnique nunc ii demum apud optimates fiunt, quos priscæ illius ac defecatæ medicinæ opinio commendat. Ea enim persuasio si latius invalescat, res nimirum ad manticam reditura est propediem circulatoribus istis et planis, qui pauperiem longe lateque in humanis corporibus facere institerant.

Porro, inter eos qui nostra tempestate, ad restituendam nitori suo priscam germanamque medicinam, animi contentione adpulerunt, solebas tu, dum istic agerem, plausibiliter mihi laudare Manardum illum Ferrariensem, medicum solertissimum doctissimumque ejusque epistolas priores ita probabas, ac si essent Pæone[2] aut Æsculapio ipso dictante exceptæ. Feci itaque pro summa mea in te observantia ut ejusdem posteriores epistolas, cum nuper ex Italia recepissem, eas tui nominis auspiciis excudendas invulgandasque darem. Memini enim et scio quantum tibi ars ipsa medica, cui felicius promovendæ incumbimus, debeat, qui tam operose laudes ipsius celebraris in præclaris illis tuis in Pictonum leges municipales ὑπομνήμασι[3]. Quorum desiderio, ne diutius studiosorum animos

---

1. *Hist. Nat.*, XXIX, 8 : « Discunt periculis nostris et experimenta per mortes agunt... »

2. Médecin des dieux; il guérit Arès blessé par Diomède (*Iliade*, V, 899-904) et Hadès blessé par Héraklès (*Iliade*, V, 401-404).

3. Le *De legibus connubialibus* de 1524. Voir *supra*, p. 476, n. 1.

torqueas, te etiam atque etiam rogo. Vale : Saluta mihi clarissimum virum d. antistitem Malleacensem[1], Mæcenatem meum benignissimum, si quando eum invisas et Hilarium Coguetum[2], si forte istic sit.

Lugduni, III Nonas Junii 1532.

---

1. Geoffroy d'Estissac, évêque de Maillezais, protecteur de Rabelais.
2. Hilaire Goguet, avocat au siège de Fontenay et sénéchal de Talmond. Sur cet ami de Rabelais, voir Henri Clouzot, *Un Ami de Rabelais inconnu,* dans *Revue des Études rabelaisiennes,* 1905, pp. 65-71.

TRADUCTION

A ANDRÉ TIRAQUEAU
JUGE TRÈS ÉQUITABLE
AU PAYS DES PICTONS[a]

FRANÇOIS RABELAIS, MÉDECIN, SALUT

Comment expliquer, très docte Tiraqueau, que dans notre siècle si plein de lumière, où une faveur singulière des Dieux nous donne de voir la restauration des plus hautes sciences, on rencontre çà et là des hommes ainsi faits qu'ils ne veulent ni ne peuvent se dégager du brouillard épais et presque cimmérien de l'époque gothique, ni lever leurs yeux vers le flambeau éclatant du soleil ? Serait-ce (selon le mot de Platon dans Euthydème) *qu'* « *en toute profession il y a beaucoup d'incapables et gens sans valeur, mais peu d'hommes actifs et valables* » *? Ou parce que la nocivité de semblables ténèbres est si vive qu'une fois gagnés par elles, les yeux, atteints d'une irrémédiable cataracte, souffrent inévitablement d'hallucinations ininterrompues et de troubles qui ne sont justiciables ni des collyres, ni des lunettes ? Comme l'écrit Aristote dans les* Catégories, « *il peut y avoir passage de la possession à la privation, mais non de la privation à la possession* ».

A bien considérer les choses et à les peser, comme on dit, à la balance de Critolaus, il me semble que pareille Odyssée d'erreurs n'a pas d'autre origine que ce maudit « *amour de soi* » *si vivement blâmé par les philosophes : dès qu'il a frappé les humains, qui ignorent ce qu'il faut rechercher comme ce qu'il faut éviter, il émousse d'ordinaire et fascine leurs sens et leurs esprits, si bien qu'ils voient sans voir et*

---

a. Poitevins.

comprennent sans comprendre. Ainsi il y a des gens qui comptent, aux yeux du peuple ignorant, en raison de la compétence extraordinaire et singulière qu'ils affichent : si vous leur ôtez ce masque et cette peau de lion, et si vous faites comprendre à la foule que l'art grâce auquel ils sont parvenus à une brillante réussite est pure jonglerie et comble de sottise, vous passerez bien pour avoir crevé les yeux aux corneilles[1]. Car ceux qui étaient installés jusqu'alors à l'orchestre auront de la peine à trouver une place sur les banquettes et, finalement non seulement ils feront rire le peuple et les enfants, qui maintenant ont fréquemment le nez acéré[2], mais ils indigneront et irriteront les gens outrés de s'être laissé si longtemps duper par leurs ruses et leurs fourberies.

Ceux qui vont périr dans un naufrage empoignent souvent (on nous l'a appris), au moment où leur navire se disloque et sombre, une poutre, une étoffe, une poignée de paille ; ils y gardent leurs mains agrippées ; ils ne songent pas à nager et ils sont rassurés pourvu qu'ils ne lâchent pas ce qu'ils tiennent, jusqu'au moment où l'abîme les engloutit. C'est là, à quelque chose près, le sort de nos chers ignorants ; ils ont beau voir la barque de la fausse science se briser et faire eau de toute part : par tous les moyens ils s'accrochent aux livres auxquels ils étaient habitués depuis leur enfance et, si on les leur enlevait, ils s'imagineraient que, du même coup, on leur ôte l'âme du corps.

Ainsi, cette science du Droit qui est la vôtre est parvenue à un tel point de perfection que rien ne manque plus à sa restauration, et cependant il est des gens à qui on ne peut arracher des mains les gloses surannées de la barbarie. Et dans cette officine des médecins qui est la mienne et s'embellit de jour en jour, quelle est la proportion de ceux qui consacrent leurs efforts à améliorer les résultats ?

---

1. Expression proverbiale chez les Latins, qui signifiait « réaliser une entreprise des plus ardues ». Cf. Cicéron, *Pro Murena*, 25.

2. Proprement « nez de rhinocéros », qui symbolise ici un esprit railleur. L'expression est de Martial, I, 4, 6 : *et pueri nasum rhinocerotis habent.*

Voici tout de même un bien : dans presque toutes les classes de la société on s'est avisé qu'à examiner à fond certains hommes qui sont médecins et passent pour tels, on les trouvera vides de science, de loyauté, de bon sens, mais pleins de morgue, de jalousie, de fange. Ils font leurs expériences en tuant les gens (comme Pline le déplorait jadis) et ils sont singulièrement plus dangereux que les maladies elles-mêmes. Maintenant enfin les hauts personnages commencent à faire grand cas des praticiens qui se réclament de la médecine antique et épurée. Si cette manière de voir se développe, bientôt seront réduits à la mendicité ces charlatans et ces saltimbanques qui s'étaient attachés à appauvrir de long en large le corps humain.

D'ailleurs, parmi les contemporains qui ont consacré tous les efforts de leur esprit à restaurer l'antique et authentique médecine, vous aviez l'habitude, quand je vivais près de vous, de louer et d'applaudir le nom de l'illustre Manardi de Ferrare, médecin plein d'habileté et de science, et de faire de ses premières lettres aussi grand cas que si elles venaient de Péon ou d'Esculape en personne. Aussi, par extrême déférence à votre égard, ai-je tenu à faire imprimer et publier sous les auspices de votre nom les dernières lettres du même Manardi, que je venais de recevoir d'Italie. Car je me rappelle et je sais tout ce que vous doit l'art de la Médecine à l'avancement duquel je me consacre et dont vous avez voulu célébrer les louanges à l'occasion de vos commentaires sur les lois municipales du Poitou. N'infligez pas aux esprits studieux le supplice de les attendre plus longtemps : je vous le demande très instamment. Adieu. Saluez de ma part, quand vous lui rendrez visite, le très illustre seigneur évêque de Maillezais, ce mécène si plein de bonté pour moi, ainsi qu'Hilaire Goguet, si, d'aventure, il est au pays.

Lyon, 3 juin 1532.

ÉPITRE-DÉDICACE
DES APHORISMES D'HIPPOCRATE[1]

CLARISSIMO DOCTISSIMOQUE VIRO

D. GOTOFREDO AB ESTISSACO[2]

MALLEACENSI EPISCOPO

FRANCISCUS RABELÆSUS MEDICUS

S. P. D.

Cum anno superiore Monspessuli[3] aphorismos Hippocratis, et deinceps Galeni artem medicam frequenti auditorio publice enarrarem, Antistes clarissime, annotaveram loca aliquot in quibus interpretes mihi non admodum satisfaciebant. Collatis enim eorum traductionibus cum exemplari græcanico, quod, præter ea quæ vulgo circumferuntur, habebam vetustissimum literisque Ionicis elegantissime castigatissimeque exaratum, comperi illos quamplurima omississe, quædam exotica et notha adjecisse, quædam minus expressisse, non pauca invertisse verius quam vertisse. Id quod si usquam alibi vitio verti solet, est etiam in medicorum libris piaculare. In quibus vocula unica, vel addita, vel expuncta, quin et apiculus inversus, aut præpos-

---

1. Publiés par Rabelais en 1532 d'après un manuscrit grec qui lui appartenait : *Hippocratis ac Galeni libri aliquot, ex recognitione Francisci Rabelacsi, medici omnibus numeris absolutissimi : quorum elenchum sequens pagella indicabit. Apud Gryphium, Lugd.* 1532. Voir J. Plattard, *Les Publications savantes de Rabelais,* dans *Revue des Études rabelaisiennes,* t. II, 1904, pp. 71-74 et R. Sturel, *Rabelais et Hippocrate (Notes bibliographiques) ibid.,* t. VI, 1908, pp. 49-55.

2. Geoffroy d'Estissac.

3. Allusion au premier séjour de Rabelais à Montpellier en 1530-1531, et à ses premières leçons.

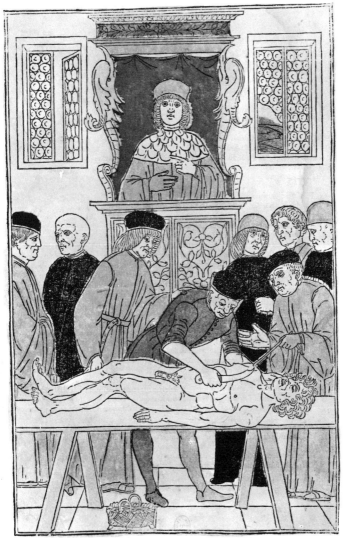

Leçon d'anatomie
par P. de Monta

tere adscriptus, multa hominum milia haud raro
neci dedit. Neque vero hæc a me eo dici putes, velim,
ut viros bene de literis meritos suggillem, εὐφήμει γάρ.
Nam eorum laboribus et plurimum deberi arbitror, et
me non leviter profecisse agnosco. Sed sicubi ab eis
erratum est, culpam totam in codices quos sequebantur,
eisdem nevis inustos rejiciendam censeo. Annota-
ciunculas itaque illas Sebastianus Gryphius[1] calcogra-
phus ad unguem consummatus et perpolitus, cum
nuper inter schedas meas vidisset, jamdiuque in animo
haberet priscorum medicorum libros ea qua in cæteris
utitur diligentia, cui vix æquiparabilem reperias, typis
excudere, contendit a me multis verbis ut eas sinerem
in communem studiosorum utilitatem exire. Nec
difficile fuit impetrare quod ipse alioqui ultro daturus
eram. Id demum laboriosum fuit, quod quæ privatim
nullo unquam edendi consilio mihi excerpseram, ea
sic describi flagitabat ut libro adscribi, eoque in enchi-
ridii formam redacto possent. Minus enim laboris nec
plusculum fortasse negocii fuisset, omnia ab integro
latine reddere. Sic quia libro ipso erant quæ annotaveram altero tanto prolixiora, ne liber ipse deformiter
excresceret, visum est loca duntaxat, veluti per tran-
sennam, indicare, in quibus Græci codices adeundi
jure essent. Hic non dicam qua ratione adductus sim
id quicquid est laboris tibi ut dicarem. Tibi enim jure
debetur quicquid efficere opera mea potest : qui me
sic tua benignitate usque fovisti ut quocumque oculos
circumferam οὐδὲν ἤ οὐρανὸς ἠδὲ θάλασσα[2] muni-
ficentiæ tuæ sensibus meis obversetur : qui sic ponti-
ficiæ dignitatis ad quam omnibus Senatus Populique
Pictonici suffragiis assumptus es, munia obis, ut in te,
tanquam in celebri illo Polycleti canone[3], nostrates
episcopi absolutissimum probitatis, modestiæ, huma-

---

1. Sébastien Gryphe, célèbre éditeur lyonnais.
2. Cf. *Odyssée*, XII, 404, et XIV, 303.
3. Le *canon* de Polyclète faisait autorité en matière d'esthétique.
Voir *Cinquième Livre*, chap. XLII, p. 443.

nitatis exemplar, veramque illam virtutis ideam habeant, in quam contuentes, aut ad propositum sibi speculum se, moresque suos componant, aut (quod ait Persius) virtutem videant intabescantque relicta[1]. Boni itaque omnia consule, et me (quod facis) ama. ῎Ερρωσο, ἄνερ εὐδοκιμώτατε, καὶ εὐτυχῶν διατέλει.

Lugduni Idibus Julii, 1532.

---

1. Cf. Perse, *Satires*, III, 38.

TRADUCTION

AU TRÈS ILLUSTRE
ET TRÈS SAVANT SEIGNEUR
GEOFFROY D'ESTISSAC
ÉVEQUE DE MAILLEZAIS

FRANÇOIS RABELAIS, MÉDECIN, SALUT

Très illustre Prélat,

Dans mon cours public, professé l'an dernier à Montpellier devant un nombreux auditoire, j'étudiai les Aphorismes *d'Hippocrate, puis l'*Art *médical de Galien. Ayant relevé quelques passages dont les interprétations ne me paraissaient pas satisfaisantes, j'en confrontai les traductions avec un manuscrit grec que je possédais en plus des éditions courantes, manuscrit très ancien, rédigé en caractères ioniens avec beaucoup d'élégance et de soin, et je me rendis compte que ces éditions offraient de nombreuses omissions, parfois des additions, certains passages mal rendus et, bien souvent, des endroits qui plus que traduits étaient trahis. Si, partout ailleurs, on voit là des fautes, ce sont bien, dans un livre de médecine, des crimes, car, dans ce cas, l'adjonction ou la suppression d'un simple mot, le changement d'un simple signe ou son déplacement ont plus d'une fois voué des milliers d'hommes à la mort.*

N'allez pas penser, je vous prie, que j'écris cela pour offenser des hommes qui ont tant fait pour les lettres — prononcez des mots de bon augure ! Je crois en effet que l'on doit beaucoup à leurs travaux et je reconnais en avoir largement profité. Mais, partout où ils se sont trompés, la faute, à mon sens, en est entièrement aux manuscrits qu'ils suivaient et qui étaient entachés des mêmes erreurs.

Or Sébastien Gryphe, imprimeur dont la compétence et le goût sont parfaits, a aperçu naguère ces notes au milieu de mes papiers ; depuis longtemps déjà, il projetait d'imprimer les livres des médecins anciens avec le même soin qu'il apporte à tous les autres ouvrages et dont il serait difficile de trouver l'équivalent. Il m'a longuement demandé d'autoriser la publication de ces notes, qui rendraient service à tous ceux qui étudient. Et il n'a pas eu de peine à obtenir ce que je voulais moi-même lui confier. Le seul point délicat était que mes notes personnelles, que j'avais prises sans penser jamais les publier, Gryphe voulait qu'elles fussent arrangées de façon à pouvoir être ajoutées à l'ouvrage qui prendrait la forme d'un manuel. En effet il y aurait eu moins de travail et peut-être n'y aurait-il pas eu plus de peine à tout traduire intégralement en latin.

Comme mes notes auraient constitué un second volume plus important que l'ouvrage lui-même, on a décidé, pour ne pas l'accroître démesurément, de se borner à l'indication très sommaire des passages où il faut se reporter aux manuscrits grecs.

Je ne dirai pas ici quelle raison m'engage à vous dédier le présent travail. C'est à vous que revient de droit tout ce que peut réaliser mon étude, à vous dont la bonté m'a toujours si bien soutenu que partout où je jette les yeux s'offrent à mes regards « le ciel et la mer » de votre bienveillance, à vous qui exercez votre charge épiscopale (vous y avez été porté par les suffrages unanimes du Sénat et du peuple du Poitou) avec une telle maîtrise que, semblable au canon de Polyclète, vous constituez pour nos évêques un modèle parfait de rectitude, de modestie, d'humanité ; ils voient en vous « l'idée [1] » véritable de la vertu, et, devant ce miroir qui leur est offert, ils modèlent leur personne et leur propre conduite ou, selon les termes de Perse, « voient la vertu et sont minés du regret de ne l'avoir point suivie ». Ainsi donc approuvez tout cela et aimez-moi, comme vous faites. Adieu, le plus estimable des hommes, et soyez toujours heureux.

Lyon, 15 juillet 1532.

---

1. Au sens platonicien, courant au XVIe siècle, de modèle, type idéal.

ÉPITRE-DÉDICACE
DU TESTAMENT DE CUSPIDIUS[1]

FRANCISCUS RABELÆSUS

D. ALMARICO BUCHARDO

CONSILIARIO REGIO LIBELLORUMQUE IN REGIA MAGISTRO

Habes a nobis munus, Almarice[2] clarissime, exiguum sane, si molem spectes, quodque manum vix impleat, sed (mea quidem sententia) non indignum in quod tum tuis, tum doctissimi cujusque in tui similium oculis sese sistat. Id est L. illius Cuspidii testamentum ex incendio, naufragio ac ruina vetustatis, fato quodam meliore servatum, quod hinc discedens ejuscemodi esse censebas propter quod vadimonium deseri vel ad Cassiani[3] Judicis tribunal possit. Neque vero tibi id uni privatim manu describendum putavi (quod tamen ipsum optare potius videbare), sed prima quaque occasione excudendum in exemplaria bis mille dedi. Sic enim cum stipulanti tibi factum fuerit satis, tum studiosis omnibus te auspice provisum, ne

---

1. Texte dans *Ex reliquiis venerandæ antiquitatis Lucii Cuspidii testamentum. Item contractus venditionis antiquis Romanorum temporibus initus. Lugduni, Apud Gryphium*, 1532. Le testament de Cuspidius et le contrat de vente de Culita que publiait Rabelais sont des faux qui avaient été fabriqués au xve siècle par des humanistes italiens, le premier par Pomponius Laetus, le second par Jovianus Pontanus. Ils furent considérés comme des documents authentiques jusqu'à la fin du xvie siècle.

2. Sur Amaury Bouchard voir *supra*, p. 476, n. 1. Il était au moment où Rabelais lui dédia son édition conseiller du roi et maître des requêtes.

3. La sévérité de Lucius Cassius Longinus Ravilla, qui fuf consul en 127 av. J.-C., était restée proverbiale à Rome. Cf. Cicéron, *Brutus*, XXV, et Valère Maxime, III, 7, 9, qui dit que son tribunal était appelé en raison de son excessive sévérité *scopulus reorum*, l'écueil des accusés.

diutius nesciant qua prisci illi Romani, dum disciplinæ meliores florerent, in condendis testamentis formula usi sint. Ὄργανον ἐκεῖνο αὐτόματον καί, ὡς ἀληθῶς, δαιδάλεον nam Platonico verbo libenter utimur, οὖ πέρι σύ μοι ἀπελθὼν ἔφησθα, inveni qui se domi habere diceret, sed nondum videre contigit. Περὶ τῶν κατὰ τὸν Γρύφιον τυπόγραφον εὐδοκιμώτατον fac ut memineris. Expecto in dies lepidum novum libellum tuum de *Architectura Orbis,* quem oportet ex sanctioribus philosophiæ scriniis depromptum esse[1]. Nihil dum enim a te editum scriptumve est, quod non reconditam quandam et exoticam doctrinam redoleret, prorsusque erutum ex antro illo horrido videretur, in quo dixit Heraclitus veritatem latitare. Ἔρρωσο ἄνερ σπουδαιότατε καὶ ὄναιο τοῦ ἀξιώματος τοῦδε τοῦ πάνυ.

Lugduni, pridie *Nonas Septembr.* 1532.

---

1. Cet ouvrage paraît être demeuré manuscrit. Il s'agit peut-être du manuscrit conservé à la Bibliothèque Nationale (Ms. fr. ancien fonds, 1991). *De l'excellence et immortalité de l'âme, extraict non seulement du Timée de Platon, mais aussi de plusieurs autres grecz et latins philosophes...*

TRADUCTION

FRANÇOIS RABELAIS

AU SEIGNEUR AMAURY BOUCHARD
CONSEILLER DU ROI
ET MAITRE DES REQUETES
AU PALAIS ROYAL

*Voici de ma part, très illustre Amaury, un présent bien mince sans doute, à n'en considérer que le volume, et qui remplit à peine la main ; mais (à mon sens du moins) il n'est pas indigne de retenir votre attention et celle des savants qui vous ressemblent. C'est le testament du fameux L. Cuspidius, qu'un heureux destin a sauvé de l'incendie, des eaux et de la destruction du temps. En partant d'ici vous en faisiez si grand cas que pour l'avoir, disiez-vous, on peut faire défaut même devant le tribunal d'un juge aussi sévère que Cassius. Je n'ai pas cru devoir vous en donner, pour votre usage personnel, une copie manuscrite (c'était cependant ce que vous sembliez plutôt souhaiter) mais, à la première occasion, je l'ai fait imprimer à deux mille exemplaires : ainsi, en accordant satisfaction à votre demande, je permettrai sous vos auspices à tous les lettrés de ne pas ignorer plus longtemps dans quelle forme les anciens Romains, quand les belles-lettres étaient en honneur, rédigeaient leurs testaments. Ce document véritablement digne de Dédale — car nous nous servons volontiers du mot de Platon — et dont vous me parliez en partant, j'ai trouvé des gens qui disaient l'avoir chez eux, mais je n'ai encore vu personne qui me l'ait montré. Souvenez-vous de l'illustre imprimeur Gryphe. J'attends de jour en jour votre nouveau livre l'*Architecture du Monde, *qui doit avoir été puisé au plus pro-*

fond des trésors de la philosophie. Jusqu'ici vous n'avez rien écrit ni publié qui ne témoignât d'une science profonde, recherchée, et qui ne parût venir de cet antre obscur où, dit Héraclite, se cache la vérité. Adieu, mon inestimable ami, et puissiez-vous jouir longtemps de vos honneurs.

Lyon, 4 septembre 1532.

LETTRE A ÉRASME[1]

S. P. A JESU CHRISTO SERVATORE

Georgius ab Armeniaco, Ruthenensis episcopus[2] clarissimus, nuper ad me misit Φλαουίου Ἰωσήφου ἱστορίαν Ἰουδαικὴν περὶ ἁλώσεως, rogavitque, pro veteri nostra amicitia, ut si quando hominem ἀξιόπιστον nactus essem qui istuc proficisceretur, eam tibi prima quaque occasione reddendam curarem[3]. Lubens itaque ansam hanc arripui, et occasionem tibi, pater mi humanissime, grato aliquo officio indicandi, quo te animo, qua te pietate colerem. Patrem te dixi, matrem etiam dicerem, si per indulgentiam mihi id tuam liceret. Quod enim utero gerentibus usui venire quotidie experimur, ut quos nunquam viderunt fœtus alant, ab aerisque ambientis incommodis tueantur, αὐτὸ τοῦτο σὺγ᾽ ἔπαθες, qui me tibi de facie ignotum, nomine etiam ignobilem sic educasti, sic castissimis divinæ tuæ doctrinæ uberibus usque aluisti, ut quidquid sum et valeo, tibi id uni acceptum ni feram, hominum omnium qui

1. Cette lettre dont la Zentralbibliothek de Zurich possède une copie contemporaine (Collection Hottinger, tome XI) fut publiée pour la première fois dans *Clarorum virorum epistolae centum ineditae de vario eruditionis genere. Ex musaeo Johannis Brant. G. F. adv. cl. I. G. Graevium ; prostant apud Sebastianum Petroldum. Amstelodami,* MDCCII. Elle y était donnée comme adressée à un obscur Bernard Salignac. Mais on a prouvé que le destinataire en était en réalité Érasme. Voir Louis Thuasne, *La Lettre de Rabelais à Érasme,* dans *Revue des Bibliothèques,* t. XV (1905), pp. 203-223.

2. Georges d'Armagnac (v. 1500-1585) évêque de Rodez en 1529, ambassadeur à Venise en 1536 (voir *infra, Lettres à Geoffroy d'Estissac,* p. 547 et n. 4) puis à Rome en 1539, cardinal en 1544, archevêque de Toulouse en 1562, d'Avignon en 1577. Ce prélat humaniste fut ami de Marguerite de Navarre. Rabelais devait le retrouver à Rome lors de son troisième séjour dans cette ville.

3. Érasme préparait une édition latine de Flavius Josèphe. L'édition parut à Bâle, chez Froben en 1534. Elle est due, pour la plus grande partie, à l'érudit Gelenius.

sunt, aut aliis erunt in annis, ingratissimus sim. Salve itaque etiam atque etiam, pater amantissime, pater decusque Patriæ, litterarum adsertor ἀλεξίκακος, veritatis propugnator invictissime.

Nuper rescivi ex Hilario Bertulpho[1], quo hic utor familiarissime, te nescio quid moliri *adversum* calumnias Hieronymi Aleandri[2], quem suspicaris sub persona factitii cujusdam Scaligeri, adversum te scripsisse. Non patiar te diutius animi pendere, atque hac tua suspicione falli. Nam Scaliger ipse Veronensis est, ex illa Scaligerorum exsulum familia, exsul et ipse. Nunc vero medicum agit apud Agennates, vir mihi bene notus οὐ μὰ τὸν Δί᾽ εὐδοκιμασθεὶς ἔστι τοίνυν διάβολος ἐκεῖνος, ὡς συνελόντι φάναι, τὰ μὲν ἰατρικὰ οὐκ ἀνεπιστήμων, τἄλλα δὲ πάντῃ πάντως ἄθεος, ὡς οὐκ ἄλλος πώποτ᾽ οὐδείς. Ejus librum nondum videre contigit, nec huc tot jam mensibus delatum est exemplar ullum; atque adeo suppressum puto ab iis qui Lutetiæ bene tibi volunt[3]. Vale καὶ εὐτυχῶν διατέλει.

Lugduni, pridie Cal. Decembr. 1532.

Tuus quatenus suus,
Franciscus RABELÆSUS, *medicus.*

---

1. Originaire de Lede, en Flandre orientale, Hilaire Bertolphe ou Bertoul, après avoir été professeur de grammaire à Toulouse, fut quelque temps secrétaire d'Érasme.

2. Jérôme Aléandre (1480-1542) humaniste et théologien italien qui propagea la Renaissance italienne en France où il fut un des premiers à enseigner le grec et qui obtint à Worms la condamnation de Luther (1521). Il avait connu Érasme à Venise dans l'entourage d'Alde Manuce et s'était lié d'amitié avec lui (1508). La Réforme avait provoqué la rupture entre les deux hommes. Érasme qui avait publié en 1528 son *Ciceronianus sive de optimo genere dicendi,* satire des puristes qui pour écrire en latin ne voulaient user que de mots et de tours employés par Cicéron dans ses œuvres, était persuadé qu'Aléandre était l'auteur d'une diatribe contre cet ouvrage parue en 1531 et intitulée *Julii Caesaris Scaligeri oratio pro M. Tullio Cicerone contra Des. Erasmum roterodanum.* En réalité cette diatribe était bien, comme l'annonçait son titre, l'œuvre de Jules-César Scaliger, philologue et médecin italien qui s'était fixé à Agen vers 1524.

3. Les amis d'Érasme avaient sans doute acheté tous les exemplaires parus de ce libelle pour les faire disparaître.

ÉRASME ET SON SECRÉTAIRE GILBERT COUSIN
Effigies Des. Erasmi, Basle, Oporinus, 1553

TRADUCTION

SALUT EN JÉSUS-CHRIST

*Georges d'Armagnac, l'illustre évêque de Rodez, m'a adressé récemment l'*Histoire Judaïque, *de Flavius Josèphe, relative à la prise de Jérusalem ; au nom de notre vieille amitié, il m'a demandé, au cas où je trouverais un homme digne de confiance qui se rendît chez vous, de vous la faire remettre à la première occasion. C'est donc avec plaisir que je profite de cette heureuse circonstance pour vous exprimer, en vous rendant ce service agréable, ô mon père et maître de culture, tout mon respect et toute ma vénération. Je vous ai nommé mon père et je vous nommerais même ma mère si votre bonté m'y autorisait. Car nous savons d'expérience quotidienne que les femmes qui portent un enfant dans leur sein nourrissent ces êtres qu'elles n'ont jamais vus et les protègent des injures de l'air qui nous environne. Tel a précisément été votre rôle : sans m'avoir vu, sans même connaître mon nom, vous m'avez élevé, vous m'avez constamment abreuvé aux pures mamelles de votre divine science, à tel point que si je ne m'avouais redevable à vous seul de tout ce que je suis, de tout ce que je vaux, je serais le plus ingrat des hommes présents et à venir. Salut donc, salut encore, ô père si plein d'affection, père et honneur de la Patrie, protecteur et défenseur des Lettres, invincible combattant de la vérité.*

Je viens d'apprendre par Hilaire Bertolphe, qui est ici mon intime ami, que vous prépariez quelque chose contre les calomnies de Jérôme Aléandre, que vous soupçonnez d'avoir rédigé un libelle contre vous sous le nom d'un prétendu Scaliger. Je veux mettre fin à vos doutes et vous détromper : Scaliger est de Vérone, de cette famille des Scaliger qui a été exilée, et il est exilé lui-même. Actuellement, il exerce la médecine dans l'Agenais : je le connais bien et, par Zeus, ce calomniateur n'a pas grand crédit ; en bref, il n'est pas sans connaître la médecine, mais, par ailleurs, c'est un athée qui n'a pas son pareil au monde. Son libelle, je n'ai pas pu le voir encore ; depuis tant de mois, on n'en a pas apporté ici un seul exemplaire ; j'en conclus que vos amis de Paris l'ont fait disparaître. Adieu, et soyez toujours heureux.

Lyon, 30 *novembre* 1532.

A vous, autant qu'à lui-même

FRANÇOIS RABELAIS, *médecin.*

PANTAGRUELINE PROGNOSTICATION

CERTAINE, VÉRITABLE, ET INFALLIBLE

POUR L'AN PERPETUEL[1]

---

1. La première édition connue de la *Pantagrueline Prognostication,*
« *pour l'an Mil. D. XXXIII* », parut, pense-t-on, chez François Juste
à la fin de 1532. L'œuvre fut rééditée plusieurs fois. François Juste,
en particulier, en publia une édition « pour l'an M. D. XXXV »,
une « pour l'an M. D. XXXVII » et, en 1542, une « pour l'an per-
petuel ». Dans son édition pour l'an 1535 le texte primitif fut complété
de quatre nouveaux chapitres pour les quatre saisons de l'année.
Nous reproduisons ici le texte de l'édition François Juste de 1542
à la suite de *Pantagruel Roy des Dipsodes.* Cette parodie des livres de
prédictions qui connaissaient à l'époque une très grande vogue,
ne fut pas la première à voir le jour. On l'a notamment rapprochée
de deux pronostications latines dont l'humaniste allemand Henri
Bebel fit suivre en 1512 ses *Facéties.* La première, qu'il présente comme
traduite par lui de l'étrusque, est intitulée *Prognosticon ex Ethrusco
sermone in latinum traductum ab anno dni M. D. IX usque in finem mundi.*
L'autre a pour titre *Prognostica alioquin barbare practica nuncupata ab
Jacobo Henrichman latinitate donata, paucis quibusdam annexis quae in
priore lingua non reperiebantur.* Œuvre d'un anonyme, elle avait été
traduite de l'allemand en latin et augmentée par Jacques Henrichman
qui avait dédié sa traduction à Bebel en l'engageant à la joindre à
ses *Facéties.* On a en outre signalé que certaines plaisanteries du
chapitre III de la *Pantagrueline Prognostication* se lisent également dans
le chapitre consacré à l'astrologie par l'humaniste Joachim Sterk
van Ringelberg dans son *De ratione studii,* paru à Lyon, chez Gryphe,
en 1531.

PANTAGRUELINE PROGNOSTICATION

CERTAINE, VÉRITABLE, ET INFALLIBLE

POUR L'AN PERPETUEL

Nouvellement composée au prouffit et advisement de gens estourdis et musars de nature

PAR MAISTRE ALCOFRIBAS

Architriclin[a] dudict Pantagruel.

Du nombre d'Or *non dicitur*[b] ;
Je n'en trouve point ceste année, quelque calculation que j'en aye faict[1]. Passons oultre[2].
Verte folium[c].

AU LISEUR BENIVOLE

Salut et paix en Jesus le Christ.

Considerant infiniz abus estre perpetrez à cause d'un tas de Prognostications de Lovain[3], faictes à l'ombre d'un verre de vin, je vous en ay presentement calculé une la plus sceure et veritable que feut oncques veuë,

---

a. maître d'hôtel. — b. on ne parle pas. — c. tourne la page.

1. Le nombre d'or est le nombre qui indique le rang d'une année dans le cycle lunaire, celui-ci étant une révolution de dix-neuf années au bout desquelles les nouvelles lunes retombent à peu près au même jour et à la même heure. Rabelais prend plaisamment l'expression au sens littéral. Cf. Henrichman, I : *Aureus numerus hoc anno parvus erit, et modicus apud pauperes.*

2. Avant l'édition de François Juste pour l'an 1535 le titre présentait entre *Passons oultre* et *Verte folium* la phrase : *Qui en a, si s'en defface en moy, qui n'en a si en cherche.*

3. Louvain. On y publiait alors nombre de pronostications. Voir un article de Ch. Perrat, *Sur un tas de Prognostications de Lovain,* dans *François Rabelais, ouvrage publié pour le Quatrième centenaire de sa mort...* (pp. 60-73).

Pantagrueline

prognosticatiõ certaine veritable ᶓ isalible pour
lã mil. D.xxxiii. nouellemẽt composee au pro-
fit ᶓ aduisemẽt de gẽs estourdis et musars de nature p̃ maistre Alcofribas architriclin dudict Pantagruel

¶ De nõbre dor non dicitur / ie nen trouue point ceste annee
quelque calculation que ien aye faict / passons oultre / ᶘen ast
sen desface en moy / qui nen a sy en cherche. Verte folium.

comme l'experience vous le demonstrera. Car sans doubte, veu que dict le Prophete Royal, *Psal. V*[1], à Dieu : « Tu destruyras tous ceulx qui disent mensonges », ce n'est legier peché de mentir à son escient, et abuser le pouvre monde curieux de sçavoir choses nouvelles. Comme de tout temps ont esté singulierement les Françoys, ainsi que escript Cesar en ses *Commentaires*[2], et Jean de Gravot on *Mytologies Galliques*[3]. Ce que nous voyons encores de jour en jour par France, où le premier propos qu'on tient à gens fraischement arrivez sont : « Quelles nouvelles ? Sçavez-vous rien de nouveau ? Qui dict ? Qui bruyt par le monde ? » Et tant y sont attentifz que souvent se courroussent contre ceulx qui viennent de pays estranges sans apporter pleines bougettes[a] de nouvelles, les appelant veaulx et idiotz.

Si doncques, comme ilz sont promptz à demander nouvelles, autant ou plus sont ilz faciles à croire ce que leur est annoncé, debvroit on pas mettre gens dignes de foy à gaiges à l'entrée du Royaulme, qui ne serviroyent d'aultre chose sinon d'examiner les nouvelles qu'on y apporte, et à sçavoir si elles sont veritables ? Ouy certes. Et ainsi a faict mon bon maistre Pantagruel par tout le pays de Utopie et Dipsodie. Aussi luy en est il si bien advenu, et tant prospere son territoire, qu'ilz ne peuvent de present avanger[b] à boyre, et leur conviendra espandre le vin en terre si d'ailleurs ne leur vient renfort de beuveurs et bons raillars.

Voulant doncques satisfaire à la curiosité de tous bons compaignons, j'ai revolvé[c] toutes les pantarches[d] des cieulx, calculé les quadratz[4] de la lune, crocheté

---

a. pochette. — *b.* avancer aussi vite qu'il le faudrait. — *c.* dérouler. — *d.* pancartes.

1. Psaume V, 7.
2. *De Bello gallico*, IV, 5.
3. Auteur et ouvrage inconnus.
4. Deux astres sont dits en quadrature quand ils sont éloignés l'un de l'autre d'un quart de cercle.

tout ce que jamais penserent tous les Astrophiles, Hypernephelistes[a], Anemophylaces[b], Uraponetes[c] et Ombrophores[d], et conferé du tout avecques Empe- docles[1], lequel se recommande à vostre bonne grace. Et tout le *Tu autem*[2] ay icy en peu de chapitres redigé, vous asseurant que je n'en dis sinon ce que j'en pense, et n'en pense sinon ce que en est, et n'en est aultre chose, pour toute vérité, que ce qu'en lirez à ceste heure. Ce que sera dict au parsus sera passé au gros tamys à tors et à travers, et par adventure adviendra, par adventure n'adviendra mie.

D'un cas vous advertys, que si ne croyez le tout, vous me faictes un maulvais tour, pour lequel ycy ou ailleurs serez tresgriefvement puniz. Les petites anguillades[3] à la saulce de ners bovins ne seront espargnées suz vos espaules, et humez de l'air comme de huytres tant que vouldrez, car hardiment il y aura de bien chauffez, si le fournier ne s'endort ?

Or mouschez vos nez, petitz enfans, et vous aultres, vieulx resveurs, affustez[e] vos bezicles, et pesez ces motz au pois du Sanctuaire[4].

---

a. qui s'élève au-dessus des nuages. — b. gardiens des vents. — c. voyageurs du ciel. — d. distributeurs de la pluie. — e. ajustez.

1. Qui, d'après Lucien (*Icaroménippe*), habitait la Lune. Voir *Pantagruel,* chap. xiv, t. I, p. 288, n. 2.

2. Voir *Gargantua,* chap. xiii, t. I, p. 56, n. 1.

3. Anguillades : coups de fouet *(proprement :* fait avec une peau d'anguille).

4. L'expression est d'origine biblique. C'est dans le sanctuaire que chez les Juifs était conservé l'étalon des poids.

Du gouvernement et seigneur de ceste année.

CHAPITRE PREMIER

Quelque chose que vous disent ces folz Astrologues de Lovain, de Nurnberg, de Tubige et de Lyon[1], ne croyez que ceste année y aie aultre gouverneur de l'universel monde que Dieu le créateur, lequel par sa divine parolle tout regist et modere, par laquelle sont toutes choses en leur nature et propriété et condition, et sans la maintenance et gouvernement duquel toutes choses seroient en un moment reduictes à neant, comme de neant elles ont esté par luy produictes en leur estre. Car de luy vient, en luy est et par luy se parfaict tout estre et tout bien, toute vie et mouvement, comme dict la Trompette evangelicque monseigneur Sainct Paul, *Ro. XI*[2]. Doncques le gouverneur de ceste année et toutes aultres, selon nostre veridicque resolution, sera Dieu tout-puissant. Et ne aura Saturne, ne Mars, ne Jupiter, ne aultre planete, certes non les anges, ny les saincts, ny les hommes, ny les diables, vertuz, efficace, puissance, ne influence aulcune, si Dieu de son bon plaisir ne leur donne. Comme dict Avicenne, que les causes secondes ne ont influence ne action aulcune, si la cause premiere n'y influe. Dict-il pas vray, le petit bon hommet ?

---

1. Toutes villes où paraissaient alors de nombreux almanachs. Voir *supra*, p. 502, n. 3.

2. *Quoniam ex ipso et per ipsum et in ipso sunt omnia*, Épître aux Romains, XI, 36.

Des ecclipses de ceste année.

CHAPITRE II

Ceste année seront tant d'ecclipses du Soleil et de la Lune que j'ay peur (et non à tort) que noz bourses en patiront inanition[1], et nos sens perturbation. Saturne sera retrograde, Venus directe, Mercure inconstant. Et un tas d'aultres Planetes ne iront pas à vostre commendement.

Dont pour ceste année les chancres[a] iront de cousté, et les cordiers à reculons, les escabelles monteront sur les bancs[2], les broches sus les landiers, et les bonnetz sus les chapeaulx; les couilles pendront à plusieurs par faulte de gibessieres; les pusses seront noires pour la plus grande part; le lard fuyra les pois en Quaresme; le ventre ira devant; le cul se assoira le premier; l'on ne pourra trouver la febve au gasteau des Roys; l'on ne rencontrera poinct d'as au flux[3], le dez ne dira poinct à soubhait quoy qu'on le flate, et ne viendra souvant la chance qu'on demande; les bestes parleront en divers lieux. Quaresmeprenant gaignera son proces; l'une partie du monde se desguisera pour tromper l'aultre[4], et courront parmy les rues comme folz et hors du sens; l'on ne veit oncques tel desordre en Nature. Et se feront ceste année plus de XXVII verbes anomaulx[b], sy Priscian[5] ne les tient de court. Si Dieu ne nous ayde

---

a. crabes. — *b.* irréguliers.

1. Rabelais joue sur les mots soleil et lune qui pour les alchimistes désignaient, le premier, l'or et le second l'argent.
2. Cf. Henrichman, II : *Scabella super scamna ascendere conabuntur...*
3. Il s'agit d'un jeu de cartes, cf. *Gargantua*, chap. XXII, t. I, p. 83.
4. Au temps du carnaval.
5. Grammairien latin qui vécut à la fin du Ve siècle et au début du VIe. Il enseigna à Constantinople. On possède de lui *Commentaria grammaticorum* en dix-sept livres.

nous aurons prou d'affaires; mais au contrepoinct[a], s'il est pour nous, rien ne nous pourra nuyre, comme dict le celeste astrologue qui feut ravy jusques au Ciel[1]. *Ro.* VII *c. Si Deus pro nobis, quis contra nos*[2] *?* Ma foy, *nemo, Domine*[3] *;* car il est trop bon et trop puissant. Icy benissez son sainct nom, pour la pareille[b].

Des maladies de ceste année.

CHAPITRE III

Ceste année les aveugles ne verront que bien peu, les sourdz oyront assez mal, les muetz ne parleront guieres, les riches se porteront un peu mieulx que les pauvres, et les sains mieulx que les malades. Plusieurs moutons, beufz, pourceaulx, oysons, pouletz et canars mourront, et ne sera sy cruelle mortalité entre les cinges et dromadaires. Vieillesse sera incurable ceste année à cause des années passées. Ceulx qui seront pleureticques auront grant mal au cousté. Ceulx qui auront flus de ventre iront souvent à la scelle percée; les catharres descendront ceste année du cerveau es membres inferieurs; le mal des yeulx sera fort contraire à la veuë; les aureilles seront courtes et rares en Guascongne plus que de coustume[4]. Et regnera quasi universellement une maladie bien horrible et redoutable, maligne, perverse, espoventable et mal plaisante, laquelle rendra le monde bien estonné, et dont plusieurs

---

a. au contraire. — *b.* pour qu'à son tour il vous bénisse.

1. Saint Paul, *Deuxième Épître aux Corinthiens,* XII, 2.
2. « Si Dieu est avec nous, qui sera contre nous ? » Saint Paul, *Épître aux Romains,* VIII, 31.
3. « Personne, Seigneur. »
4. Les Gascons qui passaient pour voleurs s'exposaient à être « essorillés »...

ne sçauront de quel boys faire fleches, et bien souvent composeront en ravasserie syllogisans en la pierre philosophale, et es aureilles de Midas[1]. Je tremble de peur quand je y pense : car je vous diz qu'elle sera epidimiale, et l'appelle Averroys vii, *Colliget*[2] : faulte d'argent. Et attendu le comete de l'an passé et la retrogradation de Saturne, mourra à l'hospital un grand marault tout catharré et croustelevé[a], à la mort du quel sera sedition horrible entre les chatz et les rats, entre les chiens et les lievres, entre les faulcons et canars, entre les moines et les œufz[3].

Des *fruictz* et *biens croissant de terre.*

CHAPITRE IIII

Je trouve par les calcules de Albumasar[4] on livre de la grande Conjunction et ailleurs, que ceste année sera bien fertile, avecques planté[b] de tous bien à ceulx qui auront de quoy. Mais le hobelon[c] de Picardie craindra quelque peu la froidure; l'avoine fera grand bien es chevaux; il ne sera gueres plus de lart que de

---

a. couvert de croûtes (épithète des vérolés). — *b.* abondance. — *c.* houblon.

1. Qui transformait en or tout ce qu'il touchait.

2. Traité de médecine, œuvre d'Averroès, où il n'est évidemment pas question de cette maladie.

3. Cf. Ringelberg, *op. cit.*, p. 556 : *Proximo anno caeci parum, aut nihil videbunt, surdi male audient, muti non loquentur... Bellum erit inter aucupes et aves, inter piscatores et pisces, inter canes et lepores, inter feles et mures, inter lupos et oves, inter monachos et ova. Multi interibunt pisces, boves, oves, porci, caprae, pulli et capones ; inter simias, canes et equos mors non tantopere saeviet. Senectus eodem anno erit immedicabilis, propter annos, qui praecesserunt... Divites melius se habebunt, quam pauperes ; sani quam aegri.* Cette dernière facétie se lisait déjà dans le *Prognosticon ex Ethrusco sermone...,* XX.

4. Astronome arabe du ixe siècle.

pourceaux; à cause de *Pisces*[1] ascendent, il sera grand
année de caquerolles[a]. Mercure menasse quelque peu
le persil, mais ce nonobstant il sera à pris raisonnable.
Le soucil et l'ancholye croistroient plus que de coustume, avecques abondance de poyres d'angoisse[2]. De
bledz, de vins, de fruitages et legumages on n'en veit
oncques tant, si les soubhaytz des pauvres gens sont
ouyz.

De l'estat d'aulcunes gens.

CHAPITRE V

La plus grande folie du monde est penser qu'il y
ayt des astres pour les Roys, Papes et gros seigneurs,
plustost que pour les pauvres et souffreteux, comme
si nouvelles estoilles avoient esté crééz depuis le
temps du deluge, ou de Romulus, ou Pharamond, à la
nouvelle création des Roys. Ce que Triboulet ny
Cailhette[3] ne diroient, qui ont esté toutesfoys gens de
hault sçavoir et grand renom. Et par adventure en
l'arche de Noé ledict Triboulet estoit de la lignée des
Roys de Castille, et Cailhette du sang de Priam; mais
tout cest erreur ne procede que par deffault de vraye
foy catholicque. Tenant doncques pour certain que les
astres se soucient aussi peu des Roys comme des gueux,
et des riches comme des maraux, je laisseray es aultres
folz Prognosticqueurs à parler des Roys et riches, et
parleray des gens de bas estat.

---

a. escargots.

1. La constellation des Poissons.
2. Sorte de poires extrêmement âpres. Il y a jeu de mots, comme sur
les noms de fleurs.
3. Cf. *Pantagruel,* chap. xxx, t. I, p. 372; *Tiers Livre,* chap.
xxxvii et xxxviii, t. I, pp. 559 et 561.

Et premierement des gens soubmis à Saturne, comme
Gens despourveuz d'argent, Jaloux, Resveurs, Mal
pensans, Soubsonneux, Preneurs de taulpes, Usuriers,
Rachapteurs de rentes, Tyreurs de rivetz, Tanneurs
de cuirs, Tuilliers, Fondeurs de cloches, Composeurs
d'empruns, Rataconneurs[a] de bobelins[b], Gens melancholicques, n'auront en ceste année tout ce qu'ilz voul-
droient bien; ilz s'estudiront à l'invention saincte
Croix[1], ne getteront leur lart aux chiens, et se grate-
ront souvent là où il ne leur demange poinct.

A Jupiter, comme Cagotz, Caffars, Botineurs, Porteurs de rogatons[c], Abbreviateurs[d], Scripteurs, Copistes, Bulistes, Dataires[2], Chiquaneurs, Caputons[e],
Moines, Hermites, Hypocrites, Chatemittes, Sanc-
torons[f], Patepellues, Torticollis, Barbouilleurs de
papiers, Prelinguans, Esperrucquetz[g], Clercz de greffe,
Dominotiers, Maminotiers[3], Patenostriers, Chaffou-
reus de parchemin, Notaires, Raminagrobis, Porte-
colles[h], Promoteurs, se porteront selon leur argent.
Et tant mourra de gens d'Esglise qu'on ne pourra
trouver à qui conferer les benefices, en sorte que plusieurs en tiendront deux, troys, quatre, et davantaige[4].
Caffarderie fera grande jacture de son antique bruyt[i],
puisque le monde est devenu maulvais garson et n'est
plus gueres fat, ainsi comme dit Avenzagel[5].

A Mars, comme Bourreaux, Meutriers, Adventu-
riers, Brigans, Sergeans, Records de tesmoings, Gens
de guet, Mortepayes[j], Arracheurs de dens, Coupeurs

---

a. raccommodeurs.— *b*. chaussures grossières.— *c*. reliques. — *d*. ceux
qui écrivent des brefs apostoliques. — *e*. porteurs de capuchon. —
f. hypocrites. — *g*. porteurs de perruque. — *h*. porteurs de papiers. —
i. perte de son ancienne renommée. — *j*. vétérans.

1. Cf. *Pantagruel,* chap. VII, t. I, p. 251.
2. Abréviateurs, scripteurs, copistes, bullistes, dataires étaient
des officiers de la chancellerie pontificale.
3. Vendeurs d'images de la Vierge.
4. Cf. Henrichman, XXII : *Magna erit sacerdotum penuria, adeo
quod quidam tria quatuorve, aut plura habebunt officia ecclesiastica.*
5. Ali Aben-Ragel, astronome arabe.

de couilles, Barberotz[a], Bouchiers, Faulx monnoieurs,
Medicins de trinquenicque[b], Tacuins[c] et Marranes,
Renieurs de Dieu, Allumetiers, Boutefeux, Ramonneurs de Cheminées, Franctaupins, Charbonniers,
Alchimistes, Coquassiers[d], Grillotiers[e], Chercuitiers,
Bimbelotiers, Manilliers[f], Lanterniers, Maignins[g],
feront ceste année de beaulx coups ; mais aulcuns
d'iceux seront fort subjectz à recepvoir quelque coup
de baston à l'emblée. Ung des susdictz sera ceste année
faict evesque des champs, donnant la benediction
avecques les piedz aux passans[1].

A Sol[h], comme Beuveurs, Enlumineurs de mu-
seaulx, Ventres à poulaine, Brasseurs de biere, Bote-
leurs de foing, Portefaix, Faulcheurs, Recouvreurs,
Crocheteurs, Emballeurs, Bergiers, Bouviers, Vachiers,
Porchiers, Oizilleurs, Jardiniers, Grangiers, Cloisiers[i],
Gueux de l'hostiare, Gaignedeniers, Degresseurs de
bonnetz, Emboureurs de bastz, Loqueteurs, Claquedens, Crocquelardons, generalement tous portans la
chemise néoé sus le dos, seront sains et alaigres, et
ne auront la goutte es dentz quand ils seront de nopces.

A Venus, comme Putains, Maquerelles, Marjoletz[j],
Bougrins[k], Bragards, Napleux[l], Eschancrez[m], Ri-
bleurs, Rufiens, Caignardiers[n], Chamberieres d'hoste-
lerie, *nomina mulierum desinentia in* iere, *ut*[o] Lingiere,
Advocatiere, Taverniere, Buandiere[p], Frippiere, seront
ceste année en reputation, mais le soleil entrant en
Cancer et aultres signes, se doibvent garder de verolle,
de chancre, de pisses chauldes, poullains grenetz[q],
etc. Les nonnains à poine concepvront sans opera-

---

a. barbiers. — b. de niaiseries, de fariboles. — c. faiseurs d'almanachs. — d. marchands d'œufs. — e. rôtisseurs. — f. marguilliers. —
g. chaudronniers ambulants. — h. Au Soleil. — i. fermiers. — j. fre-
luquets. — k. sodomites. — l. syphilitiques. — m. rongés par les
chancres. — n. gueux. — o. « toutes les femmes dont le nom se termine en *ière*, comme... » — p. femme qui fait la lessive. — q. bubons
inguinaux.

1. C'est-à-dire : sera pendu. La métaphore est ancienne.

tion virile. Bien peu de pucelles auront en mamelles laict.

A Mercure, comme Pipeurs, Trompeurs, Affineurs, Theriacleurs, Larrons, Meusniers, Bateurs de pavé, Maistres es ars, Decretistes, Crocheteurs, Harpailleurs[a] Rimasseurs, Basteleurs, Joueurs de passe passe, Enchanteurs, Vielleurs, Poëtes, Escorcheurs de latin, Faiseurs de rebus, Papetiers, Cartiers, Bagatis[b], Escumeurs de mer, feront semblant de estre plus joyeulx que souvent ne seront, quelquefoys riront lors que n'en auront talent[c], et seront fort subjectz à faire bancques rouptes, s'ilz se trouvent plus d'argent en bourse que ne leur en fault.

A la Lune, comme Bisouars[d], Veneurs, Chasseurs, Asturciers[e], Faulconniers, Courriers, Saulniers, Lunatiques, Folz, Ecervelez, Acariastres, Esvantez, Courratiers[f], Postes, Laquays, Nacquetz[g], Verriers[h], Estradiotz[i], Riverans[j], Matelotz, Chevaucheurs d'escurye, Alleboteurs[k], n'auront ceste année gueres d'arrest. Toutesfoys ne iront tant de lifrelofres[1] à Sainct Hiaccho[1] comme feirent l'an DXXIV[2]. Il descendra grand abundance de micquelotz[m] des montaignes de Savoye et de Auvergne; mais Sagitarius les menasse des mules[n] aux talons.

---

a. mineurs. — b. vauriens. — c. désir. — d. colporteurs[3]. — e. gardeurs d'autours. — f. courtiers. — g. valets du jeu de paume. — h. débitants de boisson au verre. — i. cavalier léger. — j. batelier. — k. grappilleur. — l. gens du peuple. — m. colporteurs. — n. engelures.

1. Saint-Jacques-de-Compostelle.
2. Année d'un jubilé.
3. Surtout colporteurs de livres.

De l'estat d'aulcuns pays.

Chapitre VI

Le noble Royaulme de France prosperera et trihumphera ceste année en tous plaisirs et delices, tellement que les nations estranges voluntiers se y retireront. Petitz bancquetz, petitz esbatemens, milles joyeusetez se y feront, où un chascun prendra plaisir; on n'y veit oncques tant de vins, ny plus frians; force raves en Lymousin, force chastaignes en Perigort et Daulphiné, force olyves en Languegoth, force sables en Olone, force poissons en la mer, force estoilles au ciel, force sel en Brouage[1]; planté de bledz, legumaiges, fruitages, jardinaiges, beurres, laictaiges. Nulle peste, nulle guerre, nul ennuy, bren de pauvreté, bren de soucy, bren de melanchollie; et ces vieulx doubles ducatz, nobles à la rose[2], angelotz[3], aigrefins[4], royaulx[5] et moutons à la grand laine[6] retourneront en usance, avecques planté de serapz[7] et escuz au soleil[8]. Toutesfoys sus le milieu de l'esté sera à redoubter quelque venue de pusses noyres et cheussons[a] de la Deviniere. *Adeo nihil est ex omni parte beatum*[9]. Mais il les fauldra brider à force de collations vespertines.

Italie, Romanie, Naples, Cecile[b] demouront où

---

a. moustiques. — *b*. Sicile.

1. Brouage, près de Marennes, était au xvie siècle un centre important de commerce pour le sel.
2. Voir *Gargantua,* chap. liii, t. I, p. 191, n. 3.
3. Voir *supra*, p. 73, n. *e.*
4. Monnaie d'or employée au Levant.
5. Voir *Tiers Livre,* chap. ii, t. I, p. 410, n. 1.
6. Voir *Gargantua,* chap. viii, t. I, p. 39, n. 6.
7. Voir *Pantagruel,* chap. xiv, t. I, p. 292, n. 1.
8. Voir *Gargantua*, chap. liii, t. I, p. 191, n. 2.
9. « Tant il est vrai qu'il n'y a pas de bonheur parfait. » Cf. Horace, *Odes,* II, 16, v. 27-28, et *Quart Livre,* chap. xliv, *supra,* p. 168.

elles estoient l'an passé[1]. Ilz songeront bien profundement vers la fin du Caresme, et resveront quelques foys vers le hault du jour.

Allemaigne, Souisses, Saxe, Strasbourg, Anvers, etc. profiteront s'ilz ne faillent; les porteurs de rogatons les doibvent redoubter, et ceste année ne se y fonderont pas beaucoup de anniversaires[2].

Hespaigne, Castille, Portugal, Arragon seront bien subjectz à soubdaines alterations et craindront de mourir bien fort, autant les jeunes que les vieulx; et pourtant se tiendront chaudement, et souvent compteront leurs escutz, s'ils en ont.

Angleterre, Escosse, les Estrelins[3] seront assez maulvais Pantagruelistes. Autant sain leurs seroit le vin que la biere, pourveu qu'il fust bon et friant. A toutes tables leur espoir sera en l'arriere-jeu[4]. Sainct Treignant d'Escosse[5] fera de miracles tant et plus. Mais des chandelles qu'on luy portera, il ne verra goutte plus clair, si Aries[a] ascendent de sa busche ne trebusche et n'est de sa corne escorné.

Moscovites, Indiens, Perses et Troglodytes souvent auront la cacquesangue[b], parce qu'ilz ne vouldront estre par les Romanistes belinez[c], attendu le bal de Sagittarius ascendent.

Boësmes, Juifz, Egyptiens, ne seront pas ceste année reduictz en plate forme de leur attente. Venus les menasse aigrement des escrouelles guorgerines[d]; mais ilz condescendront au vueil du Roy des Parpaillons[6][e].

---

a. le Bélier. — *b.* dysenterie. — *c.* dupés. — *d.* de la gorge. — *e.* papillons.

1. Cf. *Prognosticon ex Ethrusco sermone...*, XI : *Civitates Italiæ, Florentia, Senæ, cæteræque omnes erunt in iisdem locis ubi exactis temporibus fuerunt...*
2. En raison de la Réforme.
3. Les villes hanséatiques, situées à l'est de la France et de l'Angleterre.
4. Allusion au jeu de trictrac.
5. Saint Ringan, saint national de l'Écosse. Cf. *Gargantua*, chap. XVII, t. I, p. 68, n. 5, et *Pantagruel,* chap. IX, t. I, p. 266, n. 4.
6. Le nom désignait un roi païen dans la tradition populaire. Voir *Gargantua,* chap. III, t. I, p. 19.

Escargots, Sarabovytes[1], Cauquemarres, Canibales seront fort molestez des mousches bovynes, et peu joueront des cymbales et manequins[2], si le Guaiac[3] n'est de requeste.

Austriche, Hongrie, Turquie, par ma foy, mes bons hillotz[a], je ne scay comment ilz se porteront, et bien peu m'en soucie, veu la brave entrée du Soleil en Capricornus : et si plus en sçavez, n'en dictes mot, mais attendez la venue du boyteux[b].

Des quatre saisons de l'année. Et premierement du Printemps[4].

CHAP. VII

En toute ceste année ne sera qu'une Lune, encores ne sera elle poinct nouvelle; vous en estes bien marriz, vous aultres qui ne croyez mie en Dieu, qui persecutez sa saincte et divine parolle, ensemble ceux qui la maintiennent. Mais allez vous pendre, ja ne sera aultre lune que celle laquelle Dieu créa au commencement du monde, et laquelle par l'effect de sa dicte sacre parolle a esté establie au firmament pour luyre et guider les humains de nuyct. Ma Dia, je ne veulx par ce inferer qu'elle ne monstre à la Terre et gens terrestres diminution ou accroissement de sa clarté, selon qu'elle approchera ou s'esloignera du Soleil. Car, pourquoy ? Pour autant que, etc. Et plus pour elle ne priez que

---

a. garçons. — *b.* le Temps.

1. Moines égyptiens qui menaient une vie très libre.
2. Expression libre.
3. Remède contre les maladies vénériennes.
4. Première saison de l'année qui commençait alors à Pâques. Ce chapitre et les trois suivants ne figurent pas dans le texte de 1532.

Dieu la garde des loups[1], car ilz ne y toucheront de
cest an, je vous affie[a]. A propos : vous verrez ceste
saison à moytié plus de fleurs qu'en toutes les troys
aultres. Et ne sera reputé fol cil qui en ce temps fera
sa provision d'argent mieulx que de aranes[b] toute
l'année. Les Gryphons et Marrons[2] des montaignes
de Savoye, Daulphiné et Hyperborées, qui ont neiges
sempiternelles, seront frustrez de ceste saison, et n'en
auront point selon l'opinion de Avicenne, qui dict que
le Printemps est lors que les neiges tombent des monts.
Croyez ce porteur. De mon temps l'on conteyt *Ver*[c]
quand le Soleil entroyt on premier degré de Aries[d].
Si maintenant on le compte autrement, je passe condemnation. Et iou mot[e].

De l'Esté

CHAPITRE VIII

En esté je ne sçay quel vent courra; mais je sçay
bien qu'il doibt fayre chault et regner vent marin.
Toutes foys, si aultrement arrive, pour tant ne fauldra
regnier Dieu. Car il est plus saige que nous, et sçayt
trop mieulx ce que nous est necessaire que nous
mesmes, je vous en asseure sus mon honneur, quoy
qu'en ayt dict Haly et ses suppostz. Beau fera se tenir
joyeux et boyre frays, combien qu'aulcuns ayent dict
qu'il n'est chose plus contraire à la soif. Je le croy.
Aussi *contraria contrariis curantur*[3].

---

a. assure. — *b*. araignées. — *c*. le Printemps, en latin. — *d*. le Bélier.
— *e*. et je ne dis mot.

1. Cf. *Gargantua*, chap. xi, t. I, p. 49.
2. Montagnards des Alpes qui étaient guides et porteurs.
3. « Les contraires sont guéris par les contraires. »

De l'Automne

CHAP. IX

En Autonne l'on vendengera, ou davant ou après; ce m'est tout un, pourveu que ayons du piot[a] à suffisance. Les cuydez seront de saison[1], car tel cuidera vessir[b] qui baudement[c] fiantera. Ceulx et celles qui ont voué jeuner jeusnes à ce que les estoilles soient au ciel, à heure presente peuvent bien repaistre, par mon octroy et dispense. Encores ont ilz beaucoup tardé : car elles y sont devant seize mille et ne sçay quantz jours; je vous diz bien atachées. Et n'esperez dorenavant prendre les alouettes à la cheute du ciel, car il ne tombera de vostre aage, sus mon honneur. Cagotz, Caffars et Porteurs de rogatons[2], perpetuons[3], et aultres telles triquedondaines[d], sortiront de leurs tesnieres. Chascun se guarde qui vouldra. Guardez vous aussy des arestes quand vous mangerez du poisson, et de poison Dieu vous en gard !

De l'Hyver

CHAP. X

En Hyver, selon mon petit entendement, ne seront saiges ceulx qui vendront leurs pellices et fourrures pour achapter du boys. Et ainsi ne faisoient les Antiques, comme tesmoigne Avenzouar[4]. S'il pleut, ne

---

a. vin. — *b.* vesser. — *c.* allégrement. — *d.* bagatelles.

1. Cf. *Gargantua*, chap. XXV, t. I, p. 101.
2. Voir *supra*, p. 510, n. *c.*
3. Moines qui prient perpétuellement.
4. Célèbre médecin arabe du XIIe siècle qui eut pour disciple Averroès.

vous en melencholiez : tant moins aurez vous de pouldre pour chemin. Tenez-vous chaudement. Redoubtes les catharres. Beuves du meilleur, attendans que l'aultre amendera[a], et ne chiez plus dorenavant on lict. O, o, ! poullailles, faictes-vous vos nidz tant hault ?

FINIS

---

a. que l'autre vin s'améliore.

ALMANACH DE 1533[1]

Almanach pour l'an 1533 calculé sur le meridional[a] de la noble cité de Lyon, et sur le climat du royaume de France.

Composé par moy François Rabelais, docteur en medecine[2], et professeur en astrologie, etc.

La disposition de cette presente année 1533.

Parce que je voy entre tous gens sçavans la prognostique et judiciaire partie de astrologie estre blasmée, tant pour la vanité de ceux qui en ont traité que pour la frustration annuelle de leurs promesses, je me deporteray[b] pour le present de vous en narrer ce que j'en trouvois par les calcules de Cl. Ptolomée, et autres, etc. J'ose bien dire, considerées les frequentes conjonctions de la Lune avec Mars et Saturne, etc., que ledit an, au mois de may, il ne peut estre qu'il n'y ait notable mutation tant de royaumes que de religions, laquelle est machinée par convenance de Mercure avec Saturne, etc.

Mais ce sont secrets du conseil estroit du Roy eternel, qui tout ce qui est et qui se fait modere à son franc arbitre et bon plaisir. Lesquels vaut mieux taire et les adorer en silence, comme est dit *Tob.* XII, c'est bien fait de receler le secret du Roy[3] et David le prophete,

---

a. le méridien. — b. m'abstiendrai.

1. Ce fragment et le suivant nous ont été conservés dans un manuscrit du XVIIe siècle qui se trouve à la Bibliothèque Nationale (Ms lat. 8704), Antoine le Roy, *Rabelaesina Elogia : de vita et gestis magistri Rabelaesi* (livre I, chap. XXV et XXVI).

2. Rabelais prend un titre auquel il n'a pas encore droit.

3. *Tobie*, XII, 7 : *Etenim sacramentum regis abscondere bonum est ; opera autem Dei revelare et confiteri honorificum est.*

Psal. LXIVe, selon la lettre chaldaïque : Seigneur Dieu, silence t'appartient en Sion[1], et la raison il dit *psal.* XVII. Car il a mis sa retraite en tenebres[2]. Dont en tous cas il nous convient humilier et le prier, ainsy que nous a enseigné Jesus Christ nostre Seigneur, que soit fait non ce que nous souhaitons et demandons, mais ce que luy plaist et qu'il a estably devant que les cieux fussent formez, seulement que en tout et partout son glorieux nom soit sanctifié. Remettans le pardessus[a] à ce qu'en est escrit es ephemerides eternelles, lesquelles n'est licite à homme mortel traiter ou cognoistre, comme est protesté, *Act.* I. Ce n'est pas à vous de cognoistre les temps et momens que le Pere a mis en sa puissance[3]. Et à ceste temerité est la peine interminée[b] par le sage Salomon, *Proverb.* 25. Qui est perscrutateur de sa Majesté, sera opprimé de la mesme, etc.

---

a. surplus. — *b.* établie.

1. Le texte de la Vulgate est différent : *Te decet hymnus, Deus, in Sion, et tibi reddetur votum in Jerusalem* (*Psaume* LXIV, 2).
2. *Psaume* XVII, 12.
3. *Actes des Apôtres,* I, 7.

ALMANACH DE 1535

Almanach pour l'an 1535, calculé sur la noble cité de Lyon, à l'elevation du pole par XLV degrez, XV minutes en latitude et XXVJ en longitude,

Par Maistre François Rabelais, docteur en medecine[1] et medecin du grand hospital dudit Lyon.

De la disposition de cette année 1535.

Les anciens philosophes qui ont conclud à l'immortalité de nos ames, n'ont eu argument plus valable à la prouver et persuader que l'advertissement d'une affection qui est en nous. Laquelle descrit Aristoteles, lib. I. *Metaph.*[2], disant que tous humains naturellement desirent sçavoir, c'est-à-dire que nature a en l'homme produit convoitise, appetit et desir de sçavoir et apprendre, non les choses presentes seulement, mais singulierement les choses advenir, pource que d'icelles la cognoissance est plus haute et admirable. Parce doncques qu'en ceste vie transitoire ne peuvent venir à la perfection de ce sçavoir (car l'entendement n'est jamais rassasié d'entendre, comme l'œil n'est jamais sans convoitise de voire, ny l'aureille de ouyre, *Eccl.* I[3], et nature n'a rien fait sans cause, ny donné appetit ou desir de chose qu'on ne peut quelquefois obtenir, autrement seroit iceluy appetit ou frustratoire[a] ou depravé), s'ensuit qu'une autre vie est aprèz cette-cy, en laquelle ce desir sera assouvi. Je dis ce

---

a. vain.

1. Voir *supra,* p. 519, n. 2.
2. *Métaphysique,* I, 1.
3. *Ecclésiaste,* I, 8.

propos, pour autant que je vous voids suspens, attentifs et convoiteux d'entendre de moy presentement
l'estat et disposition de cette année 1535. Et reputeriez
en gaing mirifique, si certainement on vous en predisoit
la verité. Mais si à cetthuy fervent desir voulez satisfaire entierement, vous convient souhaiter (comme
saint Pol disoit *Philipp.* I : Cupio dissolvi et esse cum
Christo[1]), que vos ames soient hors mises ceste chartre
tenebreuse du corps terrien, et jointes à Jesus le Christ.
Lors cesseront toutes passions, affections et imperfections humaines : car en jouyssance de luy aurons pleni-
tude de tout bien, tout sçavoir et perfection, comme
chantoit jadis le roy David, *Psal.* 16 : Tunc satiabor,
cum apparuerit gloria tua[2].

Autrement en predire seroit legereté à moy, comme
à vous simplesse d'y adjouster foy. Et n'est encores,
depuis la creation d'Adam, né homme qui en ait
traité ou baillé chose à quoy l'on deust acquiescer et
arrester en asseurance. Bien ont aucuns studieux
reduit par escrit quelques observations qu'ilz ont pris
de main en main. Et c'est ce que tousjours j'ay protesté, ne voulant par mes prognostics estre en façon
quelconque conclud sur l'advenir, ains entendre que
ceux qui ont en art redigé les longues experiences des
astres ont ainsy decreté comme je le descris. Cela que
peut-ce estre ? Moins certes que neant, car Hyppocrates dit, *Aph.* I. Vita brevis, ars longa[3]. De l'homme
la vie est trop brieve, le sens trop fragile et l'entendement trop distrait pour comprendre choses tant esloi-
gnées de nous. C'est ce que Socrates disoit en ses communs devis : quæ supra nos, nihil ad nos[4]. Reste

---

1. « Je désire mourir et être avec le Christ », *Épître aux Philippiens,*
I, 23.
2. « Je serai rassasié lorsque tu auras fait paraître ta gloire »,
Psaume XVI, 15.
3. « La vie est courte et l'art est long. »
4. « Ce qui est au-dessus de nous ne nous concerne pas. » Cf.
Xénophon, *Mémorables,* IV, 7, 6.

doncques, que suivans le conseil de Platon *in Gorgia*[1], ou mieux la doctrine evangelique, *Matth*. 6, nous deportons[a] de ceste curieuse inquisition au gouvernement et decret invariable de Dieu tout puissant, qui tout a créé et dispensé selon son sacré arbitre; supplions et requierons sa sainte volonté estre continuellement parfaite[b] tant au ciel comme en la terre.

Sommairement vous exposant de cette année ce que j'ay peu extraire des auteurs en l'art, Grecs, Arabes et Latins, nous commencerons en cette année sentir partie de l'infélicité de la conjonction de Saturne et Mars, qui fut l'an passé, et sera l'an prochain le XXV de may. De sorte qu'en cette année seront seulement les machinations, menées, fondemens et semences du malheur suivant. Si bon temps avons, ce sera outre la promesse des astres; si paix, ce sera non par defaut d'inclination et entreprise de guerre, mais par faute d'occasion.

Ce est qu'ilz disent. Je dis, quant est de moy, que si les roys, princes et communités christianes ont en reverence la divine parole de Dieu et selon icelle gouvernent soy et leurs sujets, nous ne veismes de nostre aage année plus salubre es corps, plus paisible es asmes, plus fertile en biens, que sera cette-cy : et voirons la face du ciel, la vesture de la terre et le maintien du peuple, joyeux, gay, plaisant et benin, plus que ne fut depuis cinquante ans en ça.

La lettre dominicale[2] sera C. Nombre d'or[3] XVJ.

---

a. nous nous remettions. — *b*. accomplie.

1. *Gorgias*, 512 *e*.
2. Si l'on désigne par les sept premières lettres de l'alphabet les sept premiers jours de l'année, puis les sept suivants et ainsi de suite jusqu'à la fin de l'année, une même lettre marque tout au long de l'année les jours de même nom. La lettre dominicale est celle qui marque les dimanches.
3. Voir p. 502, n. 1.

Indiction pour les romanistes[1], VIIJ, cycle du soleil[2], IIIJ[3].

---

1. Le cycle d'indiction romaine couvre une période de quinze années juliennes.

2. Le cycle solaire est une période de vingt-huit années au bout de laquelle les jours de la semaine retombent aux mêmes quantièmes.

3. Les almanachs de 1533 et 1535 ne sont pas les seuls que Rabelais ait composés. On s'est demandé s'il n'était pas l'auteur de l'almanach, inconnu d'autre part, qu'il annonce à la fin de sa lettre à Geoffroy d'Estissac du 30 décembre 1535 : « Je vous envoye aussi un almanach pour l'an qui vient 1536 » (*infra*, p. 541). La Bibliothèque Nationale possède quatre feuillets d'un almanach pour l'an 1541 « calculé sur le méridien de la noble cité de Lyon » (Rés. V 2355 A); ils contiennent le titre et des fragments du calendrier. Il existe à la Bibliothèque Nationale (Rés. Y² 2159) un exemplaire du *Tiers Livre* publié par Wechel en 1546 qui a appartenu à Daniel Huet et sur une garde duquel l'évêque d'Avranches avait transcrit le titre d'un almanach pour l'an 1546 qui ne nous est connu que par là. Nicéron cite d'après La Croix du Maine et Du Verdier un almanach pour 1548. Antoine le Roy (*Rabelaesina Elogia*, I, chap. XXVII) nous a conservé le titre d'un almanach « pour l'an de nostre Seigneur Jésus Christ, 1550, composé et calculé sur toute l'Europe ». Enfin un almanach pour 1553 est mentionné dans l'*Entretien de Rabelais et de Nostradamus* publié à Cologne chez Pierre Marteau en 1690 et où l'auteur fait tenir à Rabelais ce propos : « Témoin *l'almanac que je fis pour l'an* 1553 *calculé sur Lion et imprimé en cette ville* ».

Sur deux pronostications récemment attribuées à Rabelais voir au tome I notre *Note sur le texte et le commentaire*, p. L.

ÉPITRE-DÉDICACE

DE LA

TOPOGRAPHIE DE L'ANCIENNE ROME

DE MARLIANI [1]

FRANCISCUS RABELÆSUS, MEDICUS,

CLARISS. DOCTISSIMOQUE VIRO D. JOANNI BELLAIO [2]
PARISIENSI EPISCOPO, REGISQ. IN SANCTIORI CONSESSU
CONSILIARIO

S. P. D.

Ingens ille beneficiorum cumulus quibus me nuper augendum ornandumque putasti, Antistes clarissime, ita in memoria mea penitus insedit, nullo ut evelli modo, aut in oblivionem diuturnitatis adduci posse confidam. Atque utinam mihi tam esset immortalitati laudum tuarum satisfacere expeditum, quam certum est meritam tibi gratiam usque persolvere, teque si non paribus officiis (qui enim possem ?), at justis tamen honoribus et memori mente remunerare. Nam quod maxime mihi fuit optatum jam inde ex quo in literis politioribus aliquem sensum habui, ut Italiam peragrare, Romamque orbis caput invisere possem, id tu mirifica quadam benignitate præstitisti, perfecistique ut Italiam non inviserem solum (quod ipsum per se plausibile erat), sed etiam tecum inviserem, homine omnium quos cœlum tegit doctissimo, humanissimoque (quod nondum constitui quanti sit æstiman-

---

1. Dans *Topographia antiquæ Romæ. Joanne Bartholomæo Marliano Patritio Mediolanensi autore. Apud Seb. Gryphium Lugduni,* 1534. Voir Plattard : *Les Publications savantes de Rabelais, Revue des Études rabelaisiennes,* 1904, pp. 75-76. Rabelais explique lui-même comment il fut amené à éditer chez Gryphe l'ouvrage de Marliani.
2. Son protecteur Jean Du Bellay alors évêque de Paris.

dum). Mihi sane pluris fuit Romæ te quam Romam ipsam vidisse. Romæ fuisse, sortis cujusdam est in medio omnibus tantum non mancis et membris omnibus captis positæ : vidisse vero Romæ te incredibili hominum gratulatione florentem, voluptatis : rebus gerendis interfuisse, quo tempore nobilem illam legationem obires, cujus ergo Romam ab invictissimo rege nostro Francisco missus eras, gloriæ : assiduum tibi fuisse cum sermonem περὶ τῶν κατὰ τὸν τῆς Βριτανννίας Βασιλέα[1] in illo orbis terræ sanctissimo gravissimoque consilio inferres, felicitatis fuit. Quæ nos tum jucunditas perfudit, quo gaudio elati, qua sumus affecti lætitia, cum te dicentem spectaremus, stupente summo ipso Pontifice Clemente, mirantibus purpuratis illis amplissimi ordinis judicibus, cunctis plaudentibus ? Quos tu aculeos in eorum animis a quibus es ipse auditus cum delectatione reliquisti ? quanta in sententiis argutia, in disserendo subtilitas, majestas in respondendo, acrimonia in confutando, libertas in dicendo enitebat ? Dictio vero illa tua erat pura sic ut Latine loqui pene solus in Latio viderere : sic autem gravis ut in singulari dignitate omnis tamen adesset humanitas ac lepos. Animadverti equidem sæpenumero virorum illic quicquid erat naris emunctioris vocare te Galliarum florem delibatum (quemadmodum est apud Ennium[2]) prædicareque unum post hominum memoriam antistitem Parisiensem vere παρρησιάζειν[3], et vero etiam cum FRANCISCO rege agi perbelle, qui Bellaios[4] haberet in consilio, quibus haud temere Gallia ullos aut gloria clariores, aut autoritate graviores, aut humanitate politiores tulit. Ante autem multo

---

1. Jean Du Bellay avait été envoyé à Rome au début de 1534 pour essayer d'éviter la rupture entre le pape Clément VII et Henri VIII qui avait répudié Catherine d'Aragon et épousé Anne de Boleyn. On sait qu'il échoua dans sa mission.

2. *Flos delibatus populi suadaeque medulla, Annales,* 309.

3. Jeu de mots savant sur *Paris* et le verbe grec signifiant : *parler franchement,* cf. *Gargantua,* chap. xvii.

4. Jeu de mots entre *belle* (dans *agi perbelle*) et le nom propre *Bellaios.*

B. N. Estampes

Rome. Le Forum par Dupérac, 1575

quam Romæ essemus, ideam mihi quandam mente et
cogitatione formaveram earum rerum quarum me
desiderium eo pertraxerat. Statueram enim primum
quidem viros doctos, qui iis in locis jactationem
haberent, per quæ nobis via esset, convenire, confer-
reque cum eis familiariter, et audire de ambiguis
aliquot problematis, quæ me anxium jamdiu habebant.
Deinde (quod artis erat meæ) plantas, animantia, et
pharmaca nonnulla contueri, quibus Gallia carere,
illi abundare dicebantur. Postremo, sic Urbis faciem
calamo perinde ac penicillo depingere ut ne quid
esset quod non peregre reversus municipibus meis
de libris in promptu depromere possem. Eaque de
re farraginem annotationum ex variis utriusque lin-
guæ autoribus collectam mecum ipse detuleram. Ac
primum quidem illud etsi non usquequaque pro voto,
haud male tamen successit. Plantas autem nullas, sed nec
animantia ulla habet Italia, quæ non ante nobis et visa
essent et nota. Unicam Platanum vidimus ad speculum
Dianæ Aricinæ[1]. Quod erat postremum, id sic perfeci
diligenter, ut nulli notam magis domum esse suam,
quam Romam mihi Romæque viculos omneis putem.
Neque non tu quod temporis vacuum erat in celebri
illa tua et negociosa legatione, id lubens collustrandis
Urbis monumentis dabas. Nec tibi fuit satis exposita
vidisse, eruenda etiam curasti, coempto in eam rem
vineto non contemnendo. Cum itaque manendum
nobis illic esset diutius quam sperabas, et ut mihi
studiorum meorum fructus aliquis constaret ad Urbis
topographiam aggrederer ascitis mecum Nicolao Regio[2],
Claudioque Cappuisio[3], domesticis tuis juvenibus
honestissimis, antiquitatisque studiosissimis, ecce tibi
excudi cœptus est Marliani liber. Cujus mihi quidem

---

1. Au lac de Nemi, — ou d'Aricia, près de Rome.

2. Nicolas Le Roy, professeur de droit à Bourges, vers 1534.

3. Claude Chappuys (vers 1500-1575), érudit et poète de l'école de
Marot, auteur, entre autres œuvres, d'un *Discours de la Court* (1543)
où figure le nom de Rabelais. Après avoir été sommelier de la chapelle
royale, il était devenu bibliothécaire du roi au début de 1533.

ita levationi confectio fuit, ut esse solet Juno Lucina cum ægre parientibus adest. Eundem enim fœtum conceperam, sed de editione angebar equidem animo atque intimis sensibus. Et si enim argumentum ipsum excogitationem non habebat difficilem, non facile tamen videbatur rudem et congestitiam molem enucleate, apte et concinne digerere. Ego ex Thaletis Milesii invento, sublato Sciothero[1] Urbem vicatim ducta ab orientis obeuntisque solis, tum Austri atque Aquilonis partibus orbita transversa partiebar, oculisque designabam. Ille a montibus graphicen maluit auspicari. Hancce tamen scribendi rationem tantum abest ut reprehendam, ut valde ego ipsi gratuler, quod id ipsum cum agere conarer, anteverterit. Plura enim unus præstitit quam expectare quis ab omnibus seculi hujusce nostri quamlibet eruditis potuisset. Ita thesim absolvit, ita rem ex animi mei sententia tractavit, ut quantum ipsi studiosi omnes disciplinarum honestiorum debeant, quominus tantundem ego unus debeam, non recusem. Molestum id demum fuit quod clara principis patriæque voce revocatus urbe ante cessisti quam ad umbilicum liber esset perductus. Curavi tamen sedulo ut simul atque in vulgus editus esset, Lugdunum (ubi sedes est studiorum meorum) mitteretur[2]. Id factum est opera et diligentia Joan. Sevini, hominis vere πολυτρόπου[3], sed nescio quomodo missus sine epistola nuncupatoria. Ne igitur in lucem sic ut erat deformis et veluti ἀκέφαλος prodiret, visum est sub clarissimi nominis tui auspiciis emittere. Tu, pro singulari tua humanitate boni omnia consules, nosque (quod facis) amabis. Vale.

Lugduni, pridie Cal. Septemb. 1534.

---

1. Le texte n'est pas clair. Pline, *Hist. nat.*, II, 76, parle du cadran solaire *horologium quod appellant sciothericon*. Nous ignorons à quel procédé Rabelais fait allusion ici.

2. L'ouvrage de Marliani *Antiquae Romæ topographiæ libri septem* avait paru à Rome le dernier jour de mai 1534.

3. Πολύτροπος est une des qualifications les plus fréquentes d'Ulysse (*Odyssée*, I, 1, etc.).

TRADUCTION

FRANÇOIS RABELAIS, MÉDECIN
AU TRÈS CÉLÈBRE ET TRÈS DOCTE
SEIGNEUR JEAN DU BELLAY
ÉVEQUE DE PARIS, CONSEILLER DU ROI
EN SON CONSEIL PRIVÉ, SALUT

La somme immense des bienfaits dont vous avez tenu récemment, très illustre prélat, à m'honorer et à me combler est si profondément gravée au fond de ma mémoire que rien, je crois, ne pourrait l'en arracher, ni me réduire à l'oubli qu'amènent les années. Et plût au Ciel que je fusse aussi capable de publier éternellement vos éloges que je suis certain de m'acquitter toujours de ma dette de reconnaissance, non pas en vous rendant des services comparables (comment le pourrais-je en effet?) mais en vous exprimant au moins mon juste hommage et la fidélité de mon souvenir.

Car le vœu essentiel que je formulai, dès que j'eus quelque intelligence des belles-lettres, était de parcourir l'Italie et de visiter Rome, capitale du monde. Ce vœu, votre merveilleuse bonté l'a réalisé, en me permettant non seulement de voir l'Italie (ce qui était déjà enviable en soi) mais de la voir avec vous, vous l'homme le plus savant, le plus cultivé qui soit au monde — et c'est une faveur dont je n'ai pu encore évaluer le prix.

Vous avoir vu à Rome a été plus précieux pour moi que d'avoir vu Rome elle-même. Avoir été à Rome est un destin accessible à tous, pourvu qu'on ne soit ni estropié ni paralysé : mais c'est un plaisir de vous avoir vu à Rome jouir auprès de tous d'une extraordinaire faveur ; c'est un titre de gloire d'avoir participé aux affaires au moment où vous étiez chargé de cette prestigieuse ambassade pour laquelle vous avait délégué à Rome notre invincible roi François ; c'est un bonheur d'avoir été à vos côtés quand vous preniez la parole, dans le conseil le plus vénérable et le plus auguste du monde, sur les affaires du roi d'Angleterre. Quelle satisfaction nous pénétrait, quelle joie nous soulevait, quelle allégresse nous transportait quand nous vous voyions en train de parler ! Le pape Clément lui-même demeurait surpris, les cardinaux qui siégeaient, saisis d'admiration, et tous vous applaudissaient ! Quels traits n'avez-vous pas laissés dans l'esprit de vos auditeurs conquis ! Quelle acuité vous montriez dans vos conceptions, quelle finesse dans vos raisonnements, quelle autorité dans vos répliques, quelle énergie dans vos réfutations, quelle indépendance dans votre langage ! Quant à votre style, il était d'une pureté telle que vous paraissiez, pour ainsi dire, être le seul à parler latin dans le Latium, et d'une puissance qui savait tempérer sa singulière splendeur par la délicatesse et l'enjouement. J'ai souvent remarqué que tous les gens d'un goût averti qui se trouvaient là vous nommaient, en reprenant l'expression d'Ennius, « la fine fleur » des Gaules et affirmaient que, de mémoire d'homme, il n'y avait que l'évêque de Paris pour parler librement, et qu'en vérité le roi de France avait bien belle chance de posséder des Du Bellay dans son Conseil, car la France, à coup sûr, n'avait jamais connu d'hommes dont la gloire fût plus éclatante, le prestige plus assuré, la culture plus affinée.

Bien avant notre séjour à Rome, je m'étais au fond de moi-même forgé une notion, une idée des choses dont le désir me conduisait là-bas. D'abord, j'avais décidé de rendre visite aux savants qui étaient célèbres dans les endroits par où nous devions passer, de discuter avec eux familièrement et de les entendre sur quelques difficultés qui m'inquiétaient depuis longtemps. Ensuite (et ceci relevait de ma spécialité) je devais voir des plantes, des animaux et des remèdes qui, disait-on, étaient inconnus en France et se trouvaient en abondance en Italie. Enfin, il me fallait, en usant de ma plume comme d'un pinceau, dépeindre l'aspect de Rome de telle façon qu'à mon retour chez moi il n'y eût rien que je ne pusse tirer de mes livres à l'intention de mes concitoyens.

Sur ce sujet, j'avais emporté avec moi un amas de notes recueillies chez différents auteurs grecs et latins.

Pour le premier point, même si mes vœux ne furent pas partout exactement comblés, je ne réussis pas mal. Quant aux plantes et aux animaux, il n'y en a pas, en Italie, que je n'aie vus et connus auparavant. Je n'ai vu qu'un platane, à la grotte de Diane d'Aricie. Pour le dernier point, j'y ai apporté tant de soins que personne, je crois, ne connaît mieux sa propre maison que je ne connais Rome et ses quartiers. Et vous aussi, d'ailleurs, tout le loisir que vous laissait cette prestigieuse et pénible ambassade, vous l'avez volontiers employé à visiter les monuments de Rome. Et vous ne vous êtes pas contenté de voir ceux qui se montraient : vous avez tenu à en faire sortir de terre, et vous avez, pour cela, fait l'acquisition d'une vigne assez estimable. Aussi, comme nous devions demeurer là-bas plus longtemps que vous ne l'aviez envisagé, et que je voulais retirer de mes études un résultat tangible, je m'étais mis à dresser la topographie de Rome, en m'adjoignant Nicolas Le Roy et Claude Chappuys, jeunes gens très distingués qui appartenaient à votre maison et étaient passionnés d'antiquités. Et voilà qu'on commence à imprimer le livre de Marliani : la composition de cet ouvrage me procura le même soulagement que Junon Lucine apporte aux femmes qui accouchent dans la douleur. Car j'avais conçu le même enfant, mais sa venue au monde me faisait souffrir jusqu'au fond de mon être. Le sujet lui-même n'entraînait sans doute pas de grandes difficultés d'invention, mais il ne paraissait cependant pas commode d'organiser de façon claire, cohérente et élégante une masse informe et composée d'apports de toutes sortes. Pour moi, je mettais à profit l'invention de Thalès de Milet et utilisais le cadran solaire. Après avoir tracé deux lignes transversales d'orient en occident et du sud au nord, je divisais la ville en quartiers et les dessinais. Marliani, lui, a préféré partir du relief pour représenter son plan ; mais, bien loin de blâmer ce mode de tracé, je le félicite d'avoir par avance réalisé ce que je tentais de faire. A lui seul, il a fourni plus de travail qu'on n'aurait pu en attendre de tous les savants de notre génération. Et il a si bien mené à bout son sujet et l'a traité

*de manière si conforme à mes idées personnelles que j'avoue
lui devoir, personnellement, autant que tous les autres savants
épris des lettres.*

*Ce qui fut gênant c'est que, rappelé par la claire voix du
prince et de la patrie, vous avez quitté Rome avant l'achè-
vement du volume. Mais j'ai pris soin qu'aussitôt publié
il fût envoyé à Lyon, lieu de mes études. Cela a pu se faire
grâce à l'aide obligeante de Jean Sevin, homme vraiment
plein de ressources, mais — je ne sais comment — le livre
a été envoyé sans épître dédicatoire. Ainsi donc, pour éviter
qu'il ne parût informe comme il était et, pour ainsi dire,
sans tête, j'ai décidé de l'éditer sous les auspices de votre
nom illustre. Pour vous, avec votre bonté singulière, approuvez tout cela et aimez-moi (comme vous le faites). Adieu.*

Lyon, 31 août 1534.

LETTRES ÉCRITES DE ROME[1]

(Décembre 1535 - février 1536).

I

[*30 décembre 1535.*]

Monseigneur, Je vous escrivy du XXIX[e] jour de novembre bien amplement et vous envoyay des graines de Naples pour vos salades de toutes les sortes que l'on mange de par deçà, excepté de pimpinelle[a], de laquelle pour lors je ne peus recouvrir[b]. Je vous en envoye presentement non en grande quantité, car pour une fois je n'en peux davantage charger le courrier,

---

a. pimprenelle. — *b.* trouver.

1. Ces trois lettres furent adressées par Rabelais à son protecteur, l'évêque de Maillezais, Geoffroy d'Estissac. Nous avons pour elles deux manuscrits. Le premier les contient toutes trois. Il fait partie du fonds Dupuy à la Bibliothèque Nationale (vol. 606 ff 63-80) et a pour titre : *Trois lettres de M. François Rabelais transcriptes sur les originaux. Écrites de Rome* 1536. Il s'agit d'une copie de la première moitié du xviie siècle. L'autre manuscrit ne donne que la lettre du 28 janvier 1536. Il est conservé à la Bibliothèque Nationale, dans la collection Rothschild (A XVI 162). Il porte en tête, d'une écriture qui est de la fin du xviie siècle ou du début du xviiie : 1536, *L. de Rabelais. Original à l'Evesque de Maillezais à Rome. Elle est imprimée.* Il n'est pas un autographe, mais seulement une copie contemporaine. Ces lettres furent publiées, pour la première fois, mais inexactement, en 1651 par les frères Sainte-Marthe. Voir sur elles Jacques Boulenger, *Étude critique sur les lettres écrites d'Italie par François Rabelais,* dans *Revue des Études rabelaisiennes,* t. I (1903), pp. 97-121, et l'édition critique qu'en a procurée V.-L. Bourrilly, *Lettres écrites d'Italie par François Rabelais,* Paris, Honoré Champion, 1910. C'est le texte de cette édition que nous reproduisons.

Ces trois lettres ne sont pas les seules que Rabelais écrivit à Geoffroy d'Estissac. On verra qu'il fait allusion à des lettres qui ne nous ont pas été conservées.

mais si plus largement en voulez, ou pour vos jardins, ou pour donner ailleurs, me l'escrivant, je vous l'envoiray. Je vous avois paravant escript et envoyé les quatre signatures concernantes les benefices de feu dom Philippes[1] impetrez ou nom de ceux que couchiez par vostre memoire. Depuis n'ay receu de vos lettres qui fissent mention d'avoir receu lesdictes signatures. J'en ay bien receu unes dattées de l'Ermenaud[2], lorsque Madame d'Estissac[3] y passa, par lesquelles m'escriviez de la reception de deux pacquets que vous avois envoyé, l'un de Ferrare[4], l'aultre de ceste ville avecques le chiffre que vous escrivois. Mais à ce que j'entends vous n'aviez encore receu le pacquet ouquel estoient lesdictes signatures.

Pour le present, je vous peux advertir que mon affaire[5] a esté concedé et expedié beaucoup mieux et plus seurement que je ne l'eusse souhaité et y ay eu ayde et conseil de gens de bien, mesmement[a] du cardinal de Genutiis[6], qui est juge du Palais, et du cardinal

---

a. principalement.

1. Sans doute un religieux de Maillezais.

2. Domaine des évêques de Maillezais, près de Fontenay-le-Comte.

3. Anne de Daillon, femme de Louis de Madaillan-Estissac, neveu de l'évêque de Maillezais.

4. Où Rabelais avait passé quelques jours avec Jean Du Bellay à la fin du mois de juillet.

5. Le 10 décembre 1535 Rabelais avait présenté au pape Paul III une supplique pour être absous de son apostasie. Il avait obtenu une bulle qu'à la date de cette lettre il ne lui restait qu'à lever. Mais s'étant aperçu tardivement que dans sa supplique il n'avait sollicité ni le droit d'exercer la médecine ni celui de recevoir des bénéfices, il se hâta de la corriger et de la compléter et en soumit la nouvelle version au pape le 17 janvier 1536 demandant cette fois un bref. Il l'obtint et le 11 février suivant Jean Du Bellay l'admettait parmi les moines du monastère bénédictin de Saint-Maur-des-Fossés dont il était l'abbé commendataire et qu'une bulle de sécularisation datée de 1533, mais non encore fulminée, devait quelques mois plus tard convertir en collégiale de chanoines prébendés. Voir J. Lesellier, *l'Absolution de Rabelais en cour de Rome. Ses circonstances. Ses résultats,* dans *Humanisme et Renaissance,* t. III, 1936, pp. 237-270.

6. Hieronimo Ghinucci, de Sienne, cardinal en 1535, en même temps que Jean Du Bellay, et Giacopo Simonetta, de Milan.

LE CARDINAL JEAN DU BELLAY
Gravure de Picart

Simoneta, qui estoit auditeur de la Chambre et bien sçavant et entendant telles matieres. Le Pape estoit d'advis que je passasse mondict affaire *per Cameram*[1] Les susdicts ont esté d'opinion que ce fust par la cour des Contredicts[2] pour ce que, *in foro contentioso,* elle est irrefragable en France et *quæ per Contradictoria transiguntur transeunt in rem judicatam, quæ autem per Cameram et impugnari possunt et in judicium veniunt*[3]. En tout cas, il ne me reste que lever les bulles *sub plumbo*[4].

Monsieur le cardinal du Bellay ensemble monsieur de Mascon[5] m'ont asseuré que la composition me sera faicte *gratis,* combien que le Pape par usance ordinaire ne donne *gratis* fors ce qui est expedié *per Cameram.* Restera seulement à payer le referendaire, procureurs et aultres tels barbouilleurs de parchemin. Si mon argent est court, je me recommanderay à vos aulmosnes, car je croy que je ne partiray point d'icy que l'Empereur ne s'en aille.

Il est de present à Naples[6], et en partira, selon qu'il a escript au Pape, le sixiesme de janvier. Ja toute ceste ville est pleine d'Espagnols et a envoyé par devers le Pape un ambassadeur exprez oultre le sien ordinaire[7] pour l'advertir de sa venue. Le Pape luy cede la moictyé du Palais et tout le bourg de Sainct Pierre pour ses gens et faict apprester trois mille licts à la mode romaine, sçavoir est des matrats[a], car la ville en est

---

a. matelas.

1. Les lettres apostoliques ou bulles étaient expédiées ou par la Chancellerie — *cancellaria* — ou par la Chambre apostolique — *Camera apostolica.*
2. Tribunal de la Curie, rattaché à la chancellerie.
3. « Toute affaire jugée par la Cour des Contredits passe pour chose jugée; mais celles qui sont jugées par la Chambre apostolique, peuvent être attaquées et venir en appel. »
4. « Scellées de plomb. »
5. Charles Hémard de Denonville, évêque de Mâcon, qui fut ambassadeur à Rome de 1533 à 1538.
6. Depuis le 25 novembre.
7. C'était Fernand de Selva, comte de Cifuentès, qui était ambassadeur de Charles Quint auprès du Saint-Siège.

despourveue depuis le sac des lansquenets[1], et a faict provision de foing, de paille, d'avoine, spelte[a] et orge, tant qu'il en a peu recouvrir, et de vin tout ce qui en est arrivé en Ripe[2]. Je pense qu'il luy coustera bon, dont il se passast bien en la pouvreté où il est, qui est grande et apparente plus qu'en pape qui fust depuis trois cèns ans en ça. Les Romains n'ont encores conclud comment ils s'y doivent gouverner et souvent a esté faicte assemblée de par le senateur, conservateurs et gouverneur[3], mais ils ne peuvent accorder en opinions. L'Empereur par sondict ambassadeur leur a denoncé qu'il n'entend point que ses gens vivent à discretion, c'est à dire sans payer, mais à discretion du Pape, qui est ce que plus griefve le Pape, car il entend bien que, par ceste parole, l'Empereur veult veoir comment et de quelle affection il le traictera luy et ses gens.

Le Sainct Pere, par election du consistoire, a envoyé par devers luy deux legats, sçavoir est le cardinal de Senes[4] et le cardinal Cesarin[5]. Depuis y sont d'abondant allez les cardinaux Salviati[6] et Rodolphe[7] et monsieur de Xainctes[8] avecques eulx. J'entends que c'est pour l'affaire de Florence et pour le differend qui est entre le duc Alexandre de Medicis[9] et Phi-

---

a. épautre.

1. Les troupes du connétable de Bourbon avaient pris et saccagé Rome en mai 1527.
2. Ripa, le port de Rome, sur la rive gauche du Tibre.
3. Le sénateur était, en principe, le chef de l'administration municipale de Rome. Au xvie siècle il était entièrement soumis au pape. Les conservateurs étaient des conseillers municipaux. Ils étaient élus par le peuple. Le gouverneur était nommé par le pape.
4. Giovanni Piccolomini, archevêque de Sienne.
5. Alessandro Cesarini.
6. Giovanni Salviati, légat en France de 1527 à 1529.
7. Nicolas Ridolfi.
8. Giuliano Soderini, évêque de Saintes.
9. Fils naturel de Laurent II de Médicis ou de Jules de Médicis qui devait devenir Clément VII, il était duc de Florence depuis 1532; il devait être assassiné en 1537 par son cousin Lorenzo de Médicis.

lippes Strossi[1], duquel vouloit ledict duc confisquer les biens qui ne sont petits, car, après les Fourques de Augsbourg[2] en Almaigne, il est estimé le plus riche marchand de la chrestienté et avoit mis gens en ceste ville pour l'emprisonner ou tuer; quoy que ce fust, de laquelle entreprise adverty, impetra du Pape de porter armes et alloit ordinairement accompagné de trente souldars bien armez à poinct. Ledict duc de Florence, comme je pense, adverty que ledict Strossy avecques les susdicts cardinaux s'estoit retiré par devers l'Empereur et qu'il offroit audict Empereur quatre cens mille ducats pour seulement commettre gens qui informassent sur la tyrannie et meschanceté dudict duc, partist de Florence, constitua le cardinal Cibo[3] son gouverneur et arriva en ceste ville le lendemain de Noel sur les vingt trois heures[4], entra par la porte S. Pierre, accompagné de cinquante chevaux legers, armez en blanc[a], et la lance au poing, et environ de cent arquebusiers. Le reste de son train estoit petit et mal en ordre et ne luy fut faict entrée quiconques, excepté que l'ambassadeur de l'Empereur alla au devant jusques à ladicte porte. Entré que fut, se transporta au Palais et eut audience du Pape, qui peu dura, et fut logé au palais S. George[5]. Le lendemain matin partist, accompagné comme devant.

Depuis huict jours en ça sont venues nouvelles en

---

a. vêtus d'une cuirasse.

1. Il était allié aux Médicis par son mariage avec Clarisse de Médicis, sœur de Laurent II. Après avoir aidé au triomphe d'Alexandre, il s'était brouillé avec lui (1534). Il avait une banque à Venise et un comptoir à Lyon. Cf. *Quart Livre,* chap. XI, p. 67, n. 2.

2. Les Fugger, d'Augsbourg. Rabelais les cite à la fin du chap. VIII de *Gargantua.*

3. Cousin germain d'Alexandre de Médicis, il devait être régent de Florence après l'assassinat de celui-ci.

4. Vers quatre heures de l'après-midi. On faisait à Rome commencer les jours au coucher du soleil et on comptait vingt-quatre heures de suite d'un soir à l'autre.

5. Palais de la Chancellerie.

ceste ville et en a le S. Pere receu lettres de divers lieux comment le Sophy[1], roy des Perses, a deffaict l'armée du Turc. Hier au soir arriva icy le neveu de monsieur de Vely, ambassadeur pour le Roy par devers l'Empereur[2], qui compta à monsieur le cardinal du Bellay que la chose est veritable et que ç'a esté la plus grande tuerye qui fut faicte depuis quatre cens ans en ça. Car du costé du Turc ont esté occis plus de quarante mille chevaulx. Considerez quel nombre de gens de pied y est demouré pareillement du costé dudict Sophy. Car entre gens qui ne fuyent pas volontiers, *non solet esse incruenta victoria*[3].

La deffaicte principale fut près d'une petite ville nommée Cony[4], peu distante de la grande ville Tauris[5], pour laquelle sont en differend le Sophy et le Turc. Le demourant fut faict près d'une place nommée Betelis[6]. La maniere fut que ledict Turc avoit party[a] son armée et part d'icelle envoyé pour prendre Cony. Le Sophy de ce adverty avecques toute son armée rua[b] sus ceste partye sans qu'ils se donnassent guarde. Voyla qu'il faict mauvais advis de partir[c] son ost devant la victoire. Les François en sçauroient bien que dire quand de devant Pavye monsieur d'Albanie[7] emmena la fleur et force du camp. Ceste roupte[d] et deffaicte entendue, Barberousse[8] s'est retiré à Constantinople pour donner seureté au pays et dict par ses bons Dieux

---

a. partagé. — b. se précipita. — c. partager. — d. déroute.

1. Thamasp Ier, roi de Perse de 1524 à 1576.
2. Claude Dodieu, sieur d'Espercieux, cousin du sieur de Vely, alors ambassadeur auprès de Charles Quint qu'il avait accompagné en Afrique.
3. « La victoire ne va pas sans faire couler le sang ».
4. Khoy au nord du lac d'Ourmiah.
5. Tebriz, au nord-ouest de la Perse.
6. Bitliz, au sud-ouest du lac de Van. On s'y battit en septembre.
7. John Stuart, duc d'Albany, envoyé en janvier 1525 du nord de l'Italie vers Naples et qui fit défaut lors de la bataille de Pavie.
8. Le corsaire Kheir-ed-din, dit Barberousse, qui avait gagné Alger après le débarquement de Charles Quint à Tunis.

que ce n'est rien en consideration de la grande puissance du Turc. Mais l'Empereur est hors celle peur qu'il avoit que ledict Turc ne vint en Sicile comme il avoit deliberé à la prime vere[a]. Et se peult tenir la chrestienté en bon repos d'icy à longtemps et ceulx qui mettent les decimes sur l'Eglise *eo praetextu*[b] qu'ils se veulent fortiffier pour la venue du Turc, sont mal garnis d'argumens demonstratifs.

Monseigneur, j'ay receu lettres de monsieur de S. Cerdos, dattées de Dijon, par lesquelles il m'advertist du procez qu'il a pendant en ceste cour de Rome. Je ne luy oserois faire response sans me hazarder d'encourir grande fascherie, mais j'entends qu'il a le meilleur droict du monde et qu'on luy faict tort manifeste et y devroit venir en personne. Car il n'y a procez tant equitable qui ne se perde quand on ne le sollicite, mesmement ayant fortes partyes, avec auctorité de menasser les solliciteurs s'ils en parlent. Faulte de chiffre m'en guarde vous en escrire davantage, mais il me desplaist veoir ce que je veoy, attendu la bonne amour que luy portez principalement et aussi qu'il m'a de tout temps favorisé et aymé en mon advis. Monsieur de Basilac[1], conseiller de Thoulouse, y est bien venu cet hyver pour moindre cas et est plus vieil et cassé que luy et a eu expedition bien tost à son proffit.

Monseigneur, aujourd'huy matin est retourné icy le duc de Ferrare[2], qui estoit allé par devers l'Empereur à Naples. Je n'ay encores sceu comment il a appoincté[c] touchant l'investiture et recognoissance de ses terres, mais j'entends qu'il n'est pas retourné fort content dudict Empereur[3]. Je me doubte qu'il sera contrainct mettre au vent les escus que son feu

---

a. au printemps. — *b.* sous le prétexte. — *c.* fait un accord.

1. Jean de Basillac qui était conseiller clerc au parlement de Toulouse.

2. Hercule d'Este. Il avait fait son entrée à Naples le 4 décembre.

3. Les bruits dont Rabelais se faisait ici l'écho n'étaient pas exacts.

pere[1] luy laissa et que le pape et l'Empereur le plumeront à leur vouloir, mesmement qu'il a refusé le party du Roy, après avoir delayé[a] d'entrer en la ligue de l'Empereur plus de six mois, quelques remonstrances ou menasses qu'on luy ait faict de la part du dict Empereur. De fait, monsieur de Limoges[2], qui estoit à Ferrare ambassadeur pour le Roy, voyant que ledict duc, sans l'advertir de son entreprise, s'estoit retiré devers l'Empereur, est retourné en France. Il y a danger que madame Renée[3] en souffre fascherie. Ledict duc luy a osté madame de Soubize[4], sa gouvernante, et la faict servir par Italiennes qui n'est pas bon signe.

Monseigneur, il y a trois jours qu'un des gens de mons[r] de Crissé[5] est icy arrivé en poste et porte advertissement que la bande du seigneur Rance[6] qui estoit allé au secours de Geneve a esté deffaicte par les gens du duc de Savoye. Avecques luy venoit un courrier de Savoye qui en porte les nouvelles à l'Empereur. Ce pourroit bien estre *seminarium futuri belli*[7]. Car volontiers ces petites noises tirent après soy grandes batailles, comme est facile à veoir par les antiques histoires tant grecques que romaines et

---

a. tardé.

1. Alphonse d'Este, duc de Ferrare, mort en octobre 1534.

2. Jean de Langeac, évêque de Limoges. Il quitta Ferrare au début de décembre 1535.

3. Renée de France, duchesse de Ferrare, qui protégea Marot et Calvin.

4. Michelle de Saubonne, dame de Soubise, était venue à Ferrare avec Renée de France à titre de gouvernante de celle-ci. Hercule d'Este, qui ne s'entendait pas avec elle, avait demandé à François Ier de la rappeler en France. Son départ de Ferrare fut décidé en juin 1535 mais n'eut lieu qu'en février ou mars de l'année suivante. Marot lui dédia des vers *(Epistres,* LI, *A Madame de Soubise, partant de Ferrare pour s'en venir en France).*

5. Jacques Turpin II, baron de Crissé, parent du cardinal Du Bellay par son mariage avec Catherine Du Bellay, fille de René Du Bellay.

6. Lorenzo Orsini, dit Renzo da Ceri, condottiere qui fut au service de François Ier.

7. « Le germe d'une future guerre. »

françoises aussi, ainsi que appert en la bataille qui fut à Vireton[1].

Monseigneur, depuis quinze jours en ça André Doria[2], qui estoit allé pour avitailler[a] ceux qui de par l'Empereur tiennent la Goleta[3] près Tuniz, mesmement les fournir d'eaux, car les Arabes du pays leur font guerre continuellement et ne osent sortir de leur fort, est arrivé à Naples et n'a demouré que trois jours avecques l'Empereur puis est party avecques xxix galeres. On dict que c'est pour rencontrer le Judeo[4] et Cacciadiavolo[5] qui ont bruslé grand pais en Sardaine et Minorque. Le grand maistre de Rhodes, Piedmontois, est mort ces jours derniers; en son lieu a esté esleu le commandeur de Forton[6], entre Montauban et Thoulouse.

Monseigneur, je vous envoye un livre de prognosticqs duquel toute ceste ville est embesoignée[b], intitulé *De eversione Europae*[7]. De ma part, je n'y adjouste foy aucune, mais on ne veit oncques Rome tant adonnée à ces vanitez et divinations comme elle est de present. Je croy que la cause est car *mobile mutatur semper cum principe vulgus*[8]. Je vous envoye aussi un almanach pour l'an qui vient 1536[9]. Davantage je vous envoye le double d'un brief que le Sainct Pere

---

a. ravitailler. — *b.* occupée.

1. Ville située à quelques kilomètres au nord-est de Montmédy et dont le siège, en mars 1521, fut le début des guerres entre François Ier et Charles Quint.

2. Amiral génois qui fut au service de François Ier et de Charles Quint (1468-1560). Il était arrivé à Naples le 26 novembre.

3. La Goulette.

4. Sinan Djoufoud, dit *il Giudeo,* le Juif, israélite renégat et corsaire de Barberousse.

5. C'est-à-dire Chasse-Diable. Il était comme le précédent un des corsaires de Barberousse.

6. Didier de Saint-Jaille, élu en novembre 1535 en remplacement de Pierre du Pont.

7. « Du bouleversement de l'Europe. »

8. « Le peuple changeant change toujours avec son prince. »

9. Voir *supra,* p. 524, n. 3.

a decrété nagueres pour la venue de l'Empereur. Je vous envoye aussi l'Entrée de l'Empereur à Messine et à Naples et l'oraison funebre qui fut faicte à l'enterrement du feu duc de Milan[1].

Monseigneur, tant humblement que faire je puis à vostre bonne grace me recommande, priant Nostre Seigneur vous donner en santé bonne et longue vie.

A Rome, ce xxxe jour de decembre.

Vostre très humble serviteur,

François RABELAIS.

II

[28 *janvier* 1536.]

Monseigneur, j'ay repceu les letres que vous a pleu m'escryre datées du second jour de decembre, par lesquelles ay congneu que aviez repceu mes deux pacquetz, l'ung du xviiie, l'aultre du xxiie d'octobre avecques les quatre signatures que vous envoioys. Depuys vous ay escript bien amplement du xxixe de novembre et du xxxe de decembre. Je croy que à ceste heure aiez eu lesdictz pacquetz, car le syre Michel Parmentier, librayre demourant à l'Escu de Basle[2], m'a escript du ve de ce moys present qu'il les avoit repceuz et envoyé à Poictiers. Vous povez estre asseuré que les pacquetz que je vous envoiray seront fidelement tenuz d'ycy à Lyon, car je les metz dedans le grand pacquet ciré[a] qui est pour les affaires du Roy,

---

a. fermé à la cire.

1. Francesco Sforza. L'enterrement avait eu lieu le 19 novembre.
2. A Lyon. Les libraires se chargeaient souvent d'acheminer la correspondance.

et quand le courrier arrive à Lyon, il est desployé par monsieur le gouverneur[1]. Lors son secretaire, qui est bien de mes amys, prent le pacquet que j'addresse au dessus de la premiere couverture audict Michel Parmentier. Pourtant[a] n'y a difficulté sy non depuys Lyon jusques à Poictiers. C'est la cause pourquoy je me suys advizé de le taxer pour plus sceurement estre tenu à Poictiers par les messaigiers soubz espoir de y guaingner quelque teston. De ma part j'entretiens tousjours ledict Parmentier par petitz dons que luy envoye des nouvelletez de par decza, ou à sa femme, affin qu'il soyt plus diligent à chercher marchans ou messaigiers de Poictiers qui vous rendent les pacquetz. Et suys bien de cest advys que m'escrivez, qui est de ne les livrer entre les mains des banquiers de peur que ne feussent crochetez et ouvers. Je seroys d'opinion que la premiere foys que m'escrirez, mesmement sy c'est affaire de importance, que vous escriviez ung mot audict Parmentier, et dedans vostre letre mettre ung escu pour luy en consideration des diligences qu'il faict de m'envoyer vos pacquetz et vous envoyer les miens. Peu de chose oblige aulcunesfoys beaucoup les gens de bien et les rend plus fervent à l'advenir, quand le cas importeroyt urgente depesche.

Monseigneur, je n'ay encores baillé vos letres à monsieur de Xainctes, car il n'est retourné de Naples où il estoyt allé avecques les cardinaulx Salviati et Rodolphe[2]. Dedans deux jours doibt ycy arriver : je luy bailleray vos dictes letres et solliciteray pour la responce, puys vous l'envoiray par le premier courrier qui sera depesché. J'entends que leurs affaires ne ont eu expedition de l'Empereur telle comme ilz esperoient, et que l'Empereur leurs a dict peremptoirement que à leur requeste et instance ensemble du feu pape

---

a. c'est pourquoi.

1. Le gouverneur de Lyon était alors Pomponio Trivulzio.
2. Voir *supra*, p. 536, n. 6, 7, 8.

Clement, leur allié et proche parent, il avoyt constitué
Alexandre de Medicis duc sur les terres de Florence
et Pise, ce que jamays n'avoyt pensé faire et ne l'eust
faict. Maintenant le deposer ce seroyt acte de batel-
leurs qui font le faict et le deffaict. Pourtant que ilz
se deliberassent[a] le recongnoistre comme leur duc
et seigneur et luy obeissent comme vassaulx et subjectz,
et qu'ilz ne y feissent faulte. Au reguard des plainctes
qu'ilz faisoient contre ledict duc, qu'il en congnoistroyt
sus le lieu, car il delibere[b] après avoir quelque temps
sejourné à Rome passer par Senes[c] et de là à Florence,
à Boulloigne[d], à Milan et Genes. Ainsy s'en retournent
lesdictz cardinaulx, ensemble monsieur de Xainctes,
Strossy, et quelques aultres, *re infecta*[1]. Le xiii[e] de ce
moys furent ycy de retour les cardinaulx de Senes et
Cesarin[2], lesquelz avoient esté esleuz par le Pape et
tout le colliege pour legatz par devers l'Empereur.
Ilz ont tant faict que ledict Empereur a remys sa
venue en Rome jusques à la fin de febvrier. Sy j'avoys
autant d'escuz comme le Pape vouldroyt donner
de jours de pardon, *proprio motu, de plenitudine potestatis*[3]
et aultres telles circonstances favorables, à quiconques
la remettroyt jusques à cinq ou six ans d'ycy, je seroys
plus riche que Jacques Cueur ne feut oncques. On a
commencé en ceste ville gros apparat pour le recepvoir.
Et a l'on faict par le commandement du Pape ung
chemin nouveau par lequel il doibt entrer, sçavoir est
de la porte Sainct Sebastian[4], tirant au Camp Doly[e],
Templum Pacis[5] et l'Amphiteatre[f], et le faict on passer
soubs les antiques arcs triumphaulx de Constantin, de

---

a. se décident à. — *b.* a l'intention. — *c.* Sienne: — *d.* Bologne. —
e. le Capitole (Campidoglio). — *f.* le Colisée.

1. « Sans résultat. »
2. Voir *supra,* p. 536 et n. 4 et 5.
3. « De sa propre autorité, dans la plénitude de son pouvoir. »
4. L'ancienne porte Appia.
5. Le temple de la Paix, probablement la basilique de Constantin
près de Sainte-Marie-Nouvelle.

PAVLVS·III·
PONT·MAX·

Lesempio e questo di Colui, che dicma
Vostra non sente al cor ch'es non adempui;
Tàl che si bene opra stella amica, et empia
Tempo et Vita, non pur satyet fortuna.

In Venetia per Mathio Pagan in Fre
zaria tien per insegna la Fede.

LE PAPE PAUL III
Gravure italienne du XVIᵉ siècle

Vespasian et Titus, de Numetianus[1] et aultres, puys à
cousté du palays Sainct Marc[2] et de là par Camp de
Flour[3] et davant le palays Farnese, où souloyt demourer le Pape, puys par les banques et dessoubs le chasteau Sainct Ange; pour lequel chemin droisser
et equaler[a] on a demolly et abastu plus de deux cens
maisons et troys ou quatre eglises ras terre, ce que
plusieurs interpretent en maulvays presage. Le jour
de la Conversion Sainct Paoul[4], nostre Sainct Pere
alla ouyr messe à Sainct Paoul et feist banquet à
tous les cardinaulx; après disner retourna passant
par le chemin susdict et logea au palays Sainct George.
Mays c'est pityé de veoir la ruine des maisons qui
ont esté demollyez, et n'est faict payement ny recompense aulcune es seigneurs d'ycelles. Aujourd'huy
sont ycy arrivez les ambassadeurs de Venize, quatre
bons vieillards tous grizons qui vont par devers
l'Empereur à Naples[5]. Le Pape a envoyé toute sa
famille[b] au davant d'eulx, cubiculaires, chambriers,
genissaires[6], lansquenetz, etc., et les cardinaulx ont
envoyé leurs mules en pontifical. Au septiesme de ce
moys furent pareillement repceuz les ambassadeurs
de Senes bien en ordre, et après avoir faict leur
harangue en consistoyre ouvert, et que le Pape leurs
eut respondu en beau latin et briefvement, sont
departiz pour aller à Naples. Je croy bien que de
toutes les Itales iront ambassadeurs par devers ledict
Empereur; et sçayt bien jouer son rolle pour en tirer

---

a. égaliser. — *b.* les gens de sa maison.

1. L'arc de Septime Sévère, sur le Forum.
2. C'est le Palais de Venise. Construit sous Paul II en 1455, il fut
le Palais de la République de Venise de 1560 à 1797.
3. Le Campo di Fiore, près du palais Farnèse alors à peine achevé.
4. Le 25 janvier.
5. Ces ambassadeurs entrèrent à Rome le 27 janvier 1536. Ils n'étaient
nullement envoyés à Charles Quint et ne se rendirent pas auprès de
lui.
6. Officiers de la Chancellerie pontificale à qui il fallait s'adresser
pour faire rédiger et présenter à la signature les suppliques.

denares [a], comme il a esté descouvert depuys dix jours
encza, mais je ne suys encores bien à poinct adverty de
la finesse qu'on dict qu'il a usée à Naples. Par cy après
je vous en escriray. Le prince de Piedmons, filz aisné du
duc de Savoye, est mort à Naples [1] depuys xv jours
encza; l'Empereur luy a faict faire exeques [b] fort
honorables et y a personnellement assisté. Le roy
de Portugal [2] depuys six jours encza a mandé à son
ambassadeur qu'il avoyt en Rome que subitement
ses letres repceues il se retirast par devers luy en
Portugal, ce qu'il feist sus l'heure, et, tout botté et
espronné vint dire à dieu à monsieur le reverendissime cardinal du Bellay. Deux jours après a esté tué
en plain jour près le pont Sainct Ange ung gentilhomme portugaloys quy sollicitoyt en ceste ville
pour la communité des Juifz qui furent baptizez
soubs le roy Emanuel [3] et depuys estoient molestez
par le Roy de Portugal moderne pour succeder à
leurs biens quand ilz mouroient et quelques aultres
exactions qu'il faisoyt sus eulx oultre [c] l'edict et ordonnance dudict feu roy Emanuel. Je me doubte que en
Portugal y ayt quelque sedition.

Monseigneur, par le dernier pacquet que vous
avoys envoyé, je vous advertissoys comment quelque
partye de l'armée du Turc avoyt esté defaicte par le
Sophy auprès de Betelis [4]. Ledict Turc n'a gueres
tardé d'avoir sa revanche, car, deux moys après il
a couru sus ledict Sophy en la plus extreme furie
qu'on veit oncques, et après avoir mys à feu et sang
ung grand pays de Mesopotamie, a rechassé ledict
Sophy par delà la montaigne de Taurus. Maintenant

---

a. deniers. — *b.* obsèques. — *c.* contre.

1. Louis de Savoie mourut non pas à Naples, mais à Madrid le
25 décembre 1535.
2. Jean III, roi depuis 1521.
3. Emmanuel le Fortuné, père du précédent.
4. Voir *supra,* p. 538.

faict faire force galeres sus le fleuve de Tanais[1], par lequel pourront descendre en Constantinople. Barberousse n'est encores party dudict Constantinople pour tenir le pays en sceureté; et a laissé quelques guarnisons à Bona et Algiery[a], sy d'adventure l'Empereur le vouloyt assaillir. Je vous envoye son portraict tiré sus le vif, et aussy l'assiete de Tunis et des villes maritimes d'environ.

Les lansquenetz que l'Empereur mandoyt en la duché de Millan pour tenir les places fortes sont tous naiez et periz par mer jusques au nombre de XII[cb] en une des plus grandes et belles navires des Genefvoys[c]. Et ce feut près ung port des Luquoys nommé Lerze[2]. L'occasion feut parce qu'ilz s'ennuyoient sus la mer et voulans prandre terre, mais ne povans, à cause des tempestes et difficulté du temps, penserent que le pillot de la nave les voulust tousjours delayer[d] sans abourder. Pour ceste cause le tuerent et quelques aultres des principaulx de ladicte nauf, lesquelz occys la nauf demoura sans gouverneur et en lieu de caller la voille, les lansquenetz la haulsoient comme gens non practifz en la marine, et en tel desarroy perirent à ung gect de pierre près ledict port.

Monseigneur, j'ay entendu que monsieur de Lavaur[3], qui estoyt ambassadeur pour le Roy à Venize, a eu son congié et s'en retourne en France. En son lieu va monsieur de Rodès[4] et ja tient à Lyon son train prest quand le Roy luy aura baillé ses advertissemens.

---

a. Bône et Alger. — *b.* douze cents. — *c.* Génois. — *d.* retarder.

1. Nom du Don dans l'Antiquité. Mais il ne peut s'agir ici de ce fleuve.

2. Lerici, sur le golfe de La Spezia.

3. Georges de Selve, l'un des bon diplomates du temps, ambassadeur à Venise depuis décembre 1533. Il était évêque de Lavaur. En fait il ne quitta Venise qu'en avril 1537.

4. Georges d'Armagnac, nommé à Venise en juin 1536, y resta jusqu'en 1539. Jusqu'en avril 1537 il géra l'ambassade avec Georges de Selve.

Monseigneur, tant comme je puys humblement à vostre bonne grace me recommande, pryant Nostre Seigneur vous donner en santé bonne vie et longue.

À Rome, ce XXVIIIe de janvier 1536.

Vostre très humble serviteur,

François RABELAIS.

III

[15 *février* 1536.]

Monseigneur, je vous escrivy du vingt huictiesme jour du mois de janvier dernier passé bien amplement de tout ce que je sçavois de nouveau par un gentil-homme serviteur de monsieur de Montreul, nommé Tremeliere[1], lequel retournoit de Naples, où avoit achapté quelques coursiers du royaume[2] pour sondict maistre et s'en retournoit à Lyon vers luy en diligence. Ledict jour, je receus le pacquet qu'il vous a pleu m'envoyer de Legugé[3], datté du Xe dudict mois, en quoy pouvez congnoistre l'ordre que j'ay donné à Lyon, touchant le bail[a] de vos lettres, comment elles me sont icy rendues seurement et soudain. Vosdictes lettres et pacquet furent baillées à l'Escu de Basle[4] au XXIe dudict mois, le XXVIIIe me ont esté icy rendues. Et pour entretenir à Lyon, car c'est le poinct et lieu principal, la diligence que faict le libraire dudict Escu de Basle en cest affaire, je vous reitere ce que je

---

a. la remise.

1. Probablement René Du Bellay, sieur de la Turmelière, frère du poète : il quitta Rome à la fin de janvier 1536.

2. Il avait acheté des chevaux à Naples pour Adrien Vernon, sieur de Montreuil-Bonnin, gentilhomme de la Chambre. Voir *Gargantua,* chap. XLI, t. I, p. 157, n. 1.

3. Voir *Pantagruel,* chap. v, t. I, p. 240, n. 2.

4. Voir *supra,* p. 542 n. 2.

vous escrivois par mon susdict pacquet, si d'adventure
survenoient cas d'importance par cy après, c'est
que je suis d'advis que à la premiere fois que m'escrirez luy escriviez quelque mot de lettre et dedans
icelles mettez quelque escu sol, ou quelque piece de
vieil or comme royau[1], angelot[2] ou salut[3], etc., en
consideration de la peyne et diligence qu'il y prend.
Ce peu de chose luy accroistra l'affection de mieux en
mieux vous servir.

Pour respondre à vos lettres de poinct en poinct, j'ay
faict diligentement chercher ez registres du Palais
depuis le temps que me mandiez sçavoir est l'an
1529, 1530 et 1531, pour entendre sy on trouveroit
l'acte de la resignation que fist feu dom Philippes[4]
à son nepveu, et ay baillé aux clercs du registre deux
escus sol, qui est bien peu, attendu le grand et fascheux
labeur qu'ils y ont mis. En somme, ils n'en ont rien
trouvé et n'ay oncques sceu entendre nouvelles de ses
procurations. Parquoy me doubte qu'il y a de la fourbe
en son cas, ou les memoires que m'escriviez n'estoient
suffisans à les trouver. Et fauldra pour plus en estre
acertainé[a] que me mandiez *cujus diocesis*[b] estoit ledict
feu dom Philippes et si rien avez entendu pour plus
esclaircir le cas et la matiere, comme si c'estoit *pure
et simpliciter*[c] ou *causa permutationis*[d], etc.

Monseigneur, touchant l'article ouquel vous escrivois la responce de monsieur le cardinal du Bellay,
laquelle il me fist lorsque je luy presentay vos lettres,
il n'est besoing que vous en faschiez. Monsieur de
Mascon[5] vous en a escript ce qui en est. Et ne sommes
pas prests d'avoir legat en France. Bien vray est-il

---

a. assuré. — *b.* de quel diocèse. — *c.* purement et simplement.
— *d.* pour cause de changement.

1. Voir *Tiers Livre,* chap. ii, t. I, p. 410, n. i.
2. Voir *supra,* p. 73, n. *e.*
3. Voir *Gargantua,* chap. xlvi, t. I, p. 172, n. i.
4. Voir *supra,* p. 534, n. i.
5. Voir *supra,* p. 535 et n. 5.

que le Roy a presenté audict Pape le cardinal de Lorraine[1]; mais je croy que le cardinal du Bellay taschera par tous moyens de l'avoir pour soy. Le proverbe est vieux qui dict *nemo sibi secundus*[2] et veoy certaines menées qu'on y faict, par lesquelles ledict cardinal du Bellay pour soy employera le Pape et le fera trouver bon au Roy. Pourtant ne vous faschez si sa responce a esté quelque peu ambigue en vostre endroict.

Monseigneur, touchant les graines que vous ay envoyées, je vous puis bien asseurer que ce sont des meilleures de Naples et desquelles le Saint Pere faict semer en son jardin secret de Belveder[3]. D'aultres sortes de salades ne ont ils par deça, fors de Nasidord[a] et d'Arrousse[b]. Mais celles de Ligugé me semblent bien aussi bonnes et quelque peu plus doulces et amiables à l'estomach, mesmement de vostre personne, car celles de Naples me semblent trop ardentes et trop dures. Au regard de la saison et semailles, il faudra advertir vos jardiniers qu'ils ne les sement du tout si tost comme on faict de par deça, car le climat ne y est pas tant advancé en chaleur comme icy. Ils ne pourront faillir de semer vos salades deux fois l'an, sçavoir est en caresme et en novembre, et les cardes ils pourront semer en aoust et septembre; les melons, citrouilles et aultres en mars, et les armer[c] certains jours de joncs et fumier leger et non du tout pourry, quand ils se doubteroient de gelée. On vend bien icy encores d'aultres graines comme d'œillets d'Alexandrie, de violes matronales[4], d'une herbe dont ils tiennent

---

a. cresson. — *b.* arroche. — *c.* protéger.

1. Jean de Lorraine.
2. « Nul n'est le second pour soi-même. »
3. C'était un jardin situé entre le Palais du Vatican et le Belvédère construit par Innocent VIII pour lui servir de palais d'été.
4. Juliennes des dames, appelées vulgairement giroflées des dames ou violettes de Damas.

en esté leurs chambres fraisches[1], qu'ils appellent Belvedere, et aultres de medecine, mais ce seroit plus pour madame d'Estissac. S'il vous plaist, de tout je vous envoiray et n'y feray faulte.

Mais je suis contrainct de recourir encores à vos aulmosnes, car les trente escus qu'il vous pleust me faire icy livrer sont quasi venus à leur fin et si n'en ay rien despendu[a] en meschanceté ny pour ma bouche, car je bois et mange ordinairement chez monsieur le cardinal du Bellay ou monsieur de Mascon. Mais en ces petites barbouilleryes de depesches et louage de meubles de chambre et entretenement d'habillemens s'en va beaucoup d'argent, encores que je m'y gouverne tant chichement qu'il m'est possible. Sy vostre plaisir est me envoyer quelque lettre de change, j'espere n'en user que à vostre service et n'en estre ingrat. Au reste, je veoy en ceste ville mille petites mirelificques[b] à bon marché qu'on apporte de Cypre, de Candie et Constantinople. Sy bon vous semble, je vous en envoiray ce que mieux je verray duisible[c], tant à vous que à madicte dame d'Estissac. Le port d'icy à Lyon n'en coustera rien.

J'ay Dieu mercy expedié tout mon affaire et ne m'a cousté que l'expedition des bulles[2]. Le Sainct Pere m'a donné de son propre gré la composition et croy que trouverez le moyen assez bon et n'ay rien par

---

a. dépensé. — *b.* choses merveilleuses. — *c.* convenable.

1. Cet usage n'était pas inconnu en France. On mettait en été des plantes vertes dans les cheminées pour donner de la fraîcheur.

2. Rabelais parle de bulles comme dans sa lettre du 30 décembre 1535, alors que c'est finalement par un bref du 17 janvier 1536 qu'il obtint son absolution. Pour J. Lesellier la confusion des termes ne peut être qu'intentionnelle : Rabelais qui avait présenté son affaire comme réglée ne tient pas à expliquer à son correspondant que dans sa supplique de décembre, mal conçue et incomplète, il avait commis des bévues qu'il lui avait fallu réparer. J. Lesellier fait aussi observer qu'il est surprenant que Rabelais ne parle pas à Geoffroy d'Estissac de son admission le 11 février parmi les moines de Saint-Maur (*article cité* pp. 250-252).

icelles impetré qui ne soit civil et juridicque. Mais il y a fallu bien user de bon conseil pour la formalité. Et vous ose bien dire que je n'y ay quasi en rien employé monsieur le cardinal du Bellay, ny monsieur l'Ambassadeur, combien que de leur grace s'y fussent offerts à y employer non seulement leurs paroles et faveur, mais entierement le nom du Roy.

Monseigneur, je n'ay encores baillé vos premieres lettres à monsieur de Xainctes[1], car il n'est encores retourné de Naples, où il estoit allé, comme vous ay escript. Il doibt estre icy dedans trois jours. Lors je luy bailleray vos lettres premieres et quelques jours après bailleray vos secondes et solliciteray pour la responce. J'entends que ny luy ny les cardinaux Salviati et Rodolphe, ny Philippe Strossy avecques ses escus n'ont rien faict envers l'Empereur de leur entreprise, combien qu'ils luy ayent voulu livrer ou nom de tous les forestiers[a] et bannis de Florence un million d'or du contant, parachever la Rocqua[2] commencée en Florence et l'entretenir à perpetuité avecques garnisons competentes[b] ou nom dudict Empereur et par chacun an luy payer cent mille ducats pourveu et en condition qu'il les remist en leurs biens, terres et libertés premieres.

Au contraire, le duc de Florence a esté de luy receu tres honnorablement et à sa prime venue[3] l'Empereur sortist au devant de luy et *post manus oscula*[4] le fist conduire au Chasteau Capouan[5] en ladicte ville, ouquel est logé sa bastarde[6] et fiancée audict duc de

---

a. exilés. — b. suffisantes.

1. Voir pp. 536-537 et 543-544.
2. La Roquette, forteresse destinée à surveiller Florence.
3. En janvier 1536, à Naples.
4. « Après le baise-main. »
5. Actuellement le Palais de Justice.
6. Marguerite de Parme (1522-1586) fille de Charles Quint et de Jeanne van der Gheynst. Fiancée à Alexandre de Médicis depuis 1531, elle ne l'épousa qu'en 1536. Après la mort d'Alexandre, elle se

Florence, par le prince de Salerne[1], vice roy de Naples[2], marquis de Vast[3], duc d'Albe[4] et aultres principaulx de sa court et là parlementa tant qu'il voulust avec elle, la baisa et souppa avecques elle. Depuis les susdicts cardinaulx, evesque de Xainctes et Strossy n'ont cessé de solliciter. L'Empereur les a remis pour resolution finale à sa venue en ceste ville. En la Rocqua, qui est une place forte à merveilles que ledict duc de Florence a basty en Florence, au devant du portail il a faict peindre un aigle qui a les aisles aussi grandes que les moulins à vent de Mirebalais[5], comme protestant et donnant à entendre qu'il ne tient que de l'Empereur. Et a tant finement procedé en sa tyrannie que les Florentins ont attesté *nomine communitatis*[6] par devant l'Empereur qu'ils ne veulent aultre seigneur que luy. Vray est qu'il a bien chastié les forestiers et bannis. Pasquil[7] a faict depuis nagueres un chantonnet[a] ouquel il dist à Strossi : *Pugna pro patria*[8] ; à Alexandre, duc de Florence : *datum serva*[9], à l'Empereur : *quæ nocitura tenes, quamvis sint chara, relinque*[10] ; au Roy : *quod potes, id tenta*[11] ; aux deux cardinaux Salviati et Rodolphe : *hos brevitas sensus fecit conjungere binos*[12].

Monseigneur, au regard du duc de Ferrare, je

---

a. couplet satirique.

maria avec Octave Farnèse. Elle fut, sous le règne de Philippe II, gouvernante des Pays-Bas de 1559 à 1567.

1. Ferrante di Sanseverino.
2. Pedro Alvarez de Toledo, marquis de Villafranca.
3. Alfonso II de Avalos y Aquino, marquis del Vasto.
4. Fernando Alvarez de Toledo, duc d'Albe.
5. Voir *Gargantua*, chap. XI, t. I, p. 50, n. 2.
6. « Au nom de la communauté. »
7. Pasquil ou Pasquin, statue mutilée sur le piédestal de laquelle les Romains placardaient de féroces épigrammes.
8. « Combats pour la patrie. »
9. « Conserve ce qu'on t'a donné. »
10. « Ces biens qui peuvent te nuire, si chers qu'ils te soient, abandonne-les. »
11. « Ne tente que ce que tu peux. »
12. « Ceux-ci c'est leur sottise qui les a réunis. »

vous ay escript comment il estoit retourné de Naples et retiré à Ferrare. Madame Renée est accouchée d'une fille[1]; elle avoit ja une aultre belle fille aagée de six à sept ans[2] et un petit fils aagé de trois ans[3]. Il n'a peu accorder[a] avecques le Pape, parce qu'il luy demandoit excessive somme d'argent pour l'investiture de ses terres, nonobstant qu'il avoit rabattu cinquante mille escus pour l'amour de ladicte dame, et ce par la poursuitte de messieurs les cardinaulx du Bellay et de Mascon[4], pour tousjours accroistre l'affection conjugale dudict duc de Ferrare envers elle. Et ce estoit la cause pourquoy Lyon Jamet[5] estoit venu en ceste ville et ne restoit plus que cent cinquante mil escus. Mais ils ne peurent accorder, parce que le Pape vouloit qu'il recogneust entierement tenir et posseder toutes ses terres en feode[b] du siege apostolique. Ce que l'aultre ne voulut et n'en vouloit recognoistre, sinon celles que son feu pere avoit recogneu et ce que l'Empereur en avoit adjugé à Boulogne par arrest, du temps du feu pape Clement. Ainsi departit *re infecta*[6] et s'en alla vers l'Empereur, lequel luy promist que à sa venue il feroit bien consentir le Pape venir au poinct contenu en sondict arrest et qu'il se retirast en sa maison, luy laissant ambassade pour solliciter l'affaire quand il seroit de par deça et qu'il ne payast la somme ja convenue sans qu'il fust de luy entierement adverty. La finesse est en ce que l'Empereur a faulte d'argent et en cherche de tous costez et taille[c] tout le monde qu'il peult et en emprunte de tous endroicts. Luy

---

a. se mettre d'accord. — b. fief. — c. lève l'impôt de la taille sur.

1. Lucrèce, née le 16 décembre 1535.
2. Anne, née en 1531.
3. Alfonso, né en 1533.
4. A la date de cette lettre, l'évêque de Mâcon n'avait pas encore été créé cardinal. Il ne devait l'être qu'en décembre.
5. L'ami de Marot. Il était au service du duc de Ferrare.
6. « Sans que rien fût fait. »

estant icy arrivé, en demandera au Pape, c'est chose bien evidente, car il luy remonstrera qu'il a faict toutes ces guerres contre le Turc et Barberousse pour mettre en seureté l'Italie et le Pape et que force est qu'il y contribue. Ledict Pape respondra qu'il n'a point d'argent et luy fera preuve manifeste de sa pauvreté. Lors l'Empereur, sans qu'il desbourse rien, luy demandera celuy du duc de Ferrare, lequel ne tient qu'à un *Fiat*. Et voyla comment les choses se jouent par mysteres. Toutesfois, ce n'est chose asseurée.

Monseigneur, vous demandez si le s[r] Pierre Loys Farneze[1] est legitime fils ou bastard du Pape. Sçachez que le Pape jamais ne fust marié, c'est à dire que le sus- dict est veritablement bastard. Et avoit le Pape une sœur belle à merveilles[2]. On monstre encores de pre- sent ou Palais, en ce corps de maison ouquel sont les sommistes[3], lequel fist faire le pape Alexandre, une ymage de Nostre Dame, laquelle on dict avoir esté faicte à son portraict et semblance. Elle fut mariée à un gentilhomme[4], cousin du seigneur Rance, lequel estant en la guerre pour l'expedition de Naples, ledict pape Alexandre la voyoit. Ledict seigneur Rance, du cas acertainé, en advertist sondict cousin, luy remonstrant qu'il ne devoit permettre telle injure estre faicte en leur famille par un espagnol pape, et ou cas qu'il l'endurast, que luy mesmes ne l'endureroit point. Somme toute, il la tua. Duquel forfaict le pape Paul troisiesme fist ses doleances audict pape Alexandre VI. Lequel pour appaiser son grief et deuil le fist cardinal, estant encores bien jeune[5], et luy fist quelques aultres biens. Ouquel temps entretint le Pape une dame romaine de la case[a]

---

a. maison.

1. Né en 1503, fils du pape Paul III (Alexandre Farnèse).
2. Giulia Farnèse.
3. Fonctionnaires de la Chancellerie pontificale.
4. Orsino Orsini.
5. Né à Canino en 1468, Alexandre Farnèse devint cardinal en 1493, à l'âge de vingt-cinq ans.

Ruffine, de laquelle il eut une fille[1] qui fut mariée au seigneur Bauge, comte de Santa Fiore, qui est mort en ceste ville depuis que je y suis, de laquelle il a eu l'un des deux petits cardinaux qu'on appelle le cardinal de Saincte Flour[2]. Item eust un fils qui est ledict Pierre Louys que demandiez, qui a espousé la fille du comte de Servelle[3], dont il a tout plein foyer d'enfans et entre aultres le petit cardinalicule Farnese, qui a esté faict vice chancellier par la mort du feu cardinal de Medicis[4]. Par les propos susdicts pouvez entendre la cause pourquoy le Pape n'aimoit gueres le seigneur Rance et *vice versa* ledict Rance ne se fioit en luy, pourquoy aussi est grosse querelle entre le seigneur Jean Paule[5] de Cere, fils dudict seigneur Rance, et le susdict Pierre Loys, car il veult vanger la mort de sa tante. Mais quant à la part dudict seigneur Rance, il en est quitte, car il mourut le XIe jour de ce mois, estant allé à la chasse, en laquelle il s'esbattoit volontiers, tout vieillard qu'il estoit. L'occasion fust qu'il avoit recouvert quelques chevaulx turcs des foires de Racana[6], desquels en mena un à la chasse qui avoit la bouche tendre, de sorte qu'il se renversa sur luy et de l'arson de la selle l'estouffa, en maniere que depuis le cas ne vesquist point plus de demye heure. Ce a esté une grande perte pour les François, et y a le Roy perdu un bon serviteur pour l'Italye. Bien dict on que ledict seigneur Jean Paule, son fils, ne le sera pas moins à l'advenir, mais de long temps n'aura telles experiences en faicts d'armes, ny telle reputation entre les capitaines et

---

1. Costanza Farnèse; elle épousa Bosio (Bauge) Sforza, lequel mourut en août 1535.

2. Guid'Ascanio, cardinal de Santa Fiore en 1534.

3. Girolama Orsini qui lui donna cinq enfants. L'aîné de ceux-ci Alexandre Farnèse fut fait cardinal en 1534 en même temps que son cousin Guid'Ascanio. Il avait alors quatorze ans, ce qui explique l'expression « *cardinalicule Farnese* ».

4. Hippolyte de Médicis mort en août 1535.

5. Jean-Paul Orsini, gentilhomme de la Chambre de François Ier.

6. Recanati, dans la province de Macerata.

soldars comme avoit le feu bon homme. Je vouldrois de bon cœur que monsieur d'Estissac[1] de ses despouilles eust la comté de Pontoise[2], car on dict qu'elle est de beau revenu.

Pour assister aux exeques[a] et consoler la marquise, sa femme, monsieur le cardinal a envoyé jusques à Ceres[3], qui est distant de ceste ville prez xx milles, monsieur de Rambouillet[4] et l'abbé de Sainct Nicaise[5], qui estoit proche parent du deffunct. Je croy que l'ayez veu en court, c'est un petit homme tout esveillé qu'on appelloit l'archidiacre des Ursins, et quelques aultres de ses protenotaires. Aussi a faict monsieur de Mascon.

Monseigneur, je me remets à l'aultre fois que vous escriray pour vous advertir des nouvelles de l'Empereur plus au long, car son entreprise n'est encores bien descouverte. Il est encores à Naples; on l'attend icy pour la fin de ce mois et faict on gros apprests pour sa venue et force arcs triumphaux. Les quatre mareschaux de ses logis sont ja pieça[b] en ceste ville : deux espagnols, un bourguigon et un flamand. C'est pitié de veoir les ruines des eglises, palais et maisons que le Pape a faict demolir et abattre pour luy dresser et applaner le chemin. Et pour les frais du reste a taxé et levé argent sur le college de messieurs les cardinaulx, les officiers courtisans, les artisans de la ville jusques aux aquarols[6]. Ja toute ceste ville est pleine de gens estrangers.

---

a. obsèques. — *b.* depuis un certain temps.

1. Louis d'Estissac, gentilhomme de Chambre du Roi et neveu de Geoffroy d'Estissac.
2. Donnée en 1525 à Lorenzo Orsini, dit Renzo da Ceri, la châtellenie de Pontoise passa, après la mort de celui-ci, à son fils Jean-Paul.
3. Ceri, l'ancienne Caere, appelée aujourd'hui Cervetri, entre Rome et Civitavecchia.
4. Jacques d'Angennes, sieur de Rambouillet. Parent éloigné de Jean Du Bellay, il appartenait à sa maison.
5. Charles Juvénal des Ursins (Orsini), abbé de Saint-Nicaise, archidiacre de Reims et, depuis 1528, aumônier de François Ier.
6. Les débitants d'eau.

Le cinquiesme de ce moys arriva icy, par le commandement de l'Empereur, le cardinal de Trente[1], *Tri-
dentinus*, en Alemagne, en gros train et plus sumptueux que n'est celuy du Pape. En sa compagnie
estoient plus de cent Alemans vestus d'une parure,
sçavoir est de robbes rouges avec une b nde jaulne
et avoient en la manche droicte en broderie figuré
une gerbe de bled liée, alentour de laquelle estoit
escript *Unitas*. J'entends qu'il cherche fort la paix et
appoinctement[a] pour toute la chrestienté et le concile
en tout cas. J'estois present quand il dist à monsieur
le cardinal du Bellay : « Le Sainct Pere, les cardinaulx,
Evesques et prelats de l'Église recullent au Concile
et n'en veulent oyr parler, quoy que ils en soient
semons[b] du bras seculier, mais je voy le temps prez
et prochain que les prelats d'Église seront contraincts
le demander et les seculiers n'y voudront entendre. Ce
sera quand ils auront tollu[c] de l'Église tout le bien et
patrimoine, lequel ils avoient donné du temps que
par frequens conciles les ecclesiastiques entretenoient
paix et union entre les seculiers. »

André Doria arriva en ceste ville le troisiesme de
cedict mois assez mal en poinct. Il ne luy fut faict
honneur quiconques à son arrivée, sinon que le
seigneur Pierre Louys le conduit jusques au palais du
cardinal camerlin[2], qui est genefvois[d] de la famille et
maison de Spinola. Au lendemain, il salua le Pape et
partist le jour suivant et s'en alloit à Genes de par
l'Empereur pour sentir du vent qui court en France
touchant la guerre. On a eu icy certain advertissement
de la mort de la vieille Royne d'Angleterre[3] et dict on
davantage que sa fille[4] est fort malade. Quoy que ce

---

a. apaisement. — *b.* invités à. — *c.* enlevé. — *d.* génois.

1. Bernard de Closs.
2. Agostino Spinola, évêque de Savone et de Pérouse.
3. Catherine d'Aragon, qui fut répudiée par Henri VIII. Elle était
morte le 7 janvier.
4. Marie Tudor qui fut reine d'Angleterre de 1553 à 1558. Le bruit
dont parle Rabelais était sans fondements.

soit, la bulle qu'on forgeoit contre le roy d'Angleterre pour l'excommunier, interdire et proscrire son royaume, comme je vous escrivois, n'a esté passée par le Consistoire à cause des articles *de commeatibus externorum et commerciis mutuis*, ausquels se sont opposez monsieur le cardinal du Bellay et monsieur de Mascon de la part du Roy pour les interests[a] qu'il y pretendoit. On l'a remise à la venue de l'Empereur.

Monseigneur, très humblement à vostre bonne grace me recommande, priant Nostre Seigneur vous donner en santé bonne vie et longue. A Rome, ce xv\^e de febvrier 1536.

Vostre très humble serviteur,

François RABELAIS.

---

a. préjudices.

FRANCISCI RABELÆSI ALLUSIO[1]

Patrum indignantum pueri ut sensere furorem
   Accurrunt matrum protinus in gremium,
Nimirum experti matrum dulcoris inesse
   Plus gremiis, possit quam furor esse patrum.
Irato Jove, sic, cœlum ut mugire videbis,
   Antiquæ matris subfugis in gremium :
Antiquæ gremium matris vinaria cella est,
   Hac nihil attonitis tutius esse potest.
Nempe Pharos[2] sciunt atque Acroceraunia[3], turres
   Aeriæ, quercus, tela trisulca Jovis;
Dolia non feriunt hypogeis condita cellis
   Et procul a Bromio fulmen abesse solet.

---

1. Ces vers, publiés pour la première fois par P.-L. Jacob dans les *Œuvres* de Rabelais illustrées par Gustave Doré, Paris, 1854, nous ont été conservés dans un manuscrit du XVIᵉ siècle qui se trouve à la Bibliothèque Nationale (Mss F. fr. 2870, f⁰ 109 v⁰). Dans un distique latin qui parut en 1539 dans la première édition de ses épigrammes, *Antoni Gouveani Lusitani epigrammaton libri duo, Lugduni, apud S. Gryphium,* Antoine Govéan, Portugais qui enseigna en France avec éclat la philosophie et le droit, avait accusé Briand Vallée de se réfugier les jours d'orage au cellier dans la pensée qu'au cellier il n'y a pas de Dieu. Briand Vallée avait rétorqué dans un autre distique latin, qui dans le manuscrit de la Bibliothèque Nationale précède avec celui de Govéan l'*Allusio* de Rabelais, que Govéan, fils de marrane, ne croyait pas qu'il y ait de Dieu ni au cellier ni au ciel. Rabelais justifie en plaisantant la conduite de son ami Briand Vallée, seigneur du Douhet. Sur celui-ci voir *Pantagruel,* chap. x, t. I, pp. 272-273, et *Quart Livre,* chap. XXXVII, *supra,* p. 150.

2. Petite île près d'Alexandrie, célèbre par le phare qui porte son nom. Elle était souvent frappée par la foudre à cause de la hauteur de ce monument.

3. Chaîne de montagnes très élevées, entre la Macédoine et l'Épire.

TRADUCTION

BADINAGE DE FRANÇOIS RABELAIS

Quand ils voient tempêter leur père furieux,
les enfants vont courir dans les bras de leur mère :
ils savent que ces bras offrent une douceur
plus puissante que les colères paternelles.
Quand Jupiter s'irrite, et que gronde le ciel,
ton recours est au sein de notre antique mère :
le sein de notre mère antique est le cellier ;
il n'est meilleur refuge aux humains apeurés.
De Jupiter, Pharos connaît la triple foudre,
comme Acrocéraunie, chênes et hautes tours:
mais, au creux des celliers, les tonneaux sous la terre
l'ignorent, et Bacchus ne craint pas les éclairs.

F. RABELÆSI AD DOLETUM
DE GARO ITEM[1]

Carmen.

Quod Medici quondam tanti fecere priores,
  Ignotum nostris, en tibi mitto Garum[2].
Vini addes acidi, quantumvis, quantum olei vis;
  Sunt, quibus est oleo plus sapidum butyrum.
Dejectam, assiduus libris dum incumbis, orexim
  Nulla tibi melius pharmaca restituent.
Nulla et Aqualiculi mage detergent pituitam.
  Nulla alvum poterunt solvere commodius.
Mirere id potius, quantumvis dulcia sumpto
  Salsamenta Garo nulla placere tibi.

TRADUCTION

DE F. RABELAIS A DOLET
DU GARUM, DE NOUVEAU

Poème.

Ce garum, qu'estimait la médecine antique
et que la nôtre ignore, en voici le présent.
Ajoute, à ton idée, et le vinaigre et l'huile,

---

1. Cette pièce a paru dans les poésies de Dolet, *Stephani Doleti Galli Aurelii carminum libri quatuor*, Lyon, 1538. Rabelais répond à une pièce de Dolet, *De Garo salsamento*, sur le même sujet.
2. Condiment très apprécié des anciens et constitué par de la saumure dans laquelle avaient macéré des intestins de poisson (Pline, *H. N.*, XXXI, 95).

ÉTIENNE DOLET

et le beurre, qu'on peut à l'huile préférer.
Ton appétit perdu par l'effet des études,
mieux qu'une drogue, ce garum te le rendra ;
mieux que drogue, il te guérira de la gastrite ;
mieux qu'une drogue, il dégagera l'intestin,
et tu t'étonneras que, malgré leur douceur,
tous autres condiments te semblent sans valeur.

LETTRE A ANTOINE HULLOT[1]

He Pater Reverendissime quomodo bruslis ? Quæ nova ?
Parisius non sunt ova[2] *?* Ces parolles propousées davant
vos Reverences translatées de Patelinois en nostre
vulgaire Orleanois valent autant à dire comme si je
disoys :

Monsieur, vous soyez le très bien revenu des nopces,
de la feste, de Paris. Sy la vertue de Dieu vous inspiroit
de transporter vostre Paternité jusques en cestuy her-
mitaige, vous nous en raconteriez de belles : aussy
vous donneroit le seigneur du lieu certaines especes de
poissons carpionnez[a], lesquelz se tirent par les cheveulx[3]. Or vous le ferez, non quand il vous playra,
mais quand le vouloir vous y apportera de celluy grand,

---

a. semblables aux carpes.

1. Le texte de cette lettre du 1er mars 1542 nous a été conservé
par une copie contemporaine qui figure à la Bibliothèque Nationale
dans le fonds Dupuy (vol. 488, fol. 79). On consultera des articles de
Henri Clouzot, *les Amitiés de Rabelais en Orléanais et la lettre au Bailli
du Bailli des Baillis, Revue des Études rabelaisiennes*, t. III, 1905, pp. 156-
175, *le Véritable nom du seigneur de Saint-Ayl, ibid.*, pp. 351-366, et
des articles de Jacques Soyer, *Monsieur le Sceleur, identification d'un
nom contenu dans la lettre de Rabelais à Antoine Hullot datée de Saint-Ay,
ibid.*, t. VI (1908), pp. 379-384, *Topographie rabelaisienne, ibid.*, t. VII
(1909), pp. 65-82 et 306-331. Antoine Hullot était avocat à Orléans et
peut-être bailli de l'Évêché. Il avait été l'avocat de la Société des marchands de la Loire à l'époque où elle était en procès avec le seigneur
de Lerné, Gaucher de Sainte-Marthe. Il était seigneur de la Court-
Compin, près d'Orléans.
2. « Hé, mon révérendissime Père, comment brûles-tu ? Quoi
de nouveau ? N'y a-t-il pas d'œufs à Paris ? » Emprunt à la *Farce de
Maître Pathelin* où on lit :
*Et bona dies sit vobis/Magister amantissime/Pater reverendissime/
Quomodo brulis, que nova ? Parisius non sunt ova.* (V. 957-961.)
3. Peut-être des barbeaux, poissons qui portent une sorte de mous-
tache.

bon, piteux[a] Dieu, lequel ne crea oncques le quaresme, ouy bien les sallades, arans, merluz, carpes, bechetz[b], dars[c], umbrines, ablettes, rippes[d], etc. *Item*, les bons vins, singuliairement celluy *de veteri jure enucleando*[e][1] lequel on guarde icy à vostre venue, comme ung sang greal[f] et une seconde, voyre quinte essence. *Ergo veni, Domine, et noli tardare*[2], j'entends *salvis salvandis, id est, hoc est*[3], sans vous incommoder ne distrayre de vos affayres plus urgens.

Monsieur, après m'estre de tout mon cueur recommandé à vostre bonne grace, je priray Nostre Seigneur vous conserver en parfaicte santé.

De Saint Ayl[4], ce premier jour de mars [1542].

Vostre humble architriclin, serviteur et amy,

FRANÇOYS RABELAIS, *medicin*.

Monsieur l'esleu Pailleron[5] trouvera icy mes humbles recommandations à sa bonne grace, aussy à Madame l'esleue, et à monsieur le baillif Daniel[6] et à tous vos

---

a. qui a pitié. — *b.* brochets. — *c.* vandoises. — *d.* épinoches. — *e.* de l'ancien droit à éclaircir. — *f.* le Saint-Graal.

1. Jeu de mots sur *jus* (droit) et *jus* (jus de la vigne).
2. « Donc viens, Seigneur et ne tarde pas. »
3. « Étant sauf ce qui doit être sauf, c'est-à-dire. »
4. Saint-Ay (on prononce *Saint I*) près de Meung, sur la rive droite de la Loire, dont le château appartenait à Étienne Lorens, écuyer, homme d'armes de la compagnie de Guillaume Du Bellay. C'est de ce château que le 1er mars 1542 Rabelais écrivit sa lettre.
5. Fonctionnaire des finances en l'élection d'Orléans.
6. Il fut bailli de Saint-Laurent-des-Orgerils-lès-Orléans. Il était ami de Calvin avec lequel il avait suivi à l'université d'Orléans les cours de droit de Pierre de l'Estoile.

aultres bons amis et à vous. Je priray monsieur le Seelleur[1] me envoyer le *Platon* lequel il m'avoit presté; je luy renvoiray bien toust.

A Monsieur le baillif du baillif des baillifs.

Monsieur Maistre Antoyne Hullot, seigneur de la Court Compin, en chrestianté, à Orleans.

---

1. Officier chargé de percevoir les droits provenant du sceau de l'évêque. C'était, en 1542, un certain Claude Framberge qui avait été, lui aussi, compagnon d'études de Calvin.

LETTRE

AU CARDINAL DU BELLAY[1]

MONSEIGNEUR, sy venant icy dernierement mons[r] de Saint-Ayt[2] eust eu la commodité de vous saluer à son partement, je ne feusse, de present, en telle necessité et anxieté, comme il vous pourra exposer plus amplement, car il me affermoyt que estiez en bon vouloir de me faire quelque aulmosne, advenant qu'il se trouvast homme sceur, venant de par decza. Certainement, mon seigneur, sy vous ne avez de moy pitié, je ne saiche que doibve faire, synon, en dernier desespoir, me asservir à quelcung de par decza, avecques dommaige et perte evidente de mes estudes. Il n'est possible de vivre plus frugalement que je foys, et ne me sçauriez sy peu donner de tant de biens que Dieu vous a mis en main, que je ne eschappe en vivotant et me entretenent honestement, comme je ay faict jusques à present, pour l'honneur de la maison dont j'estoys issu à ma departie de France.

---

1. Cette lettre écrite de Metz pendant l'exil fut publiée pour la première fois dans le *Journal des Savants* de janvier 1842 d'après un manuscrit du XVIIIe siècle qui est conservé à la Bibliothèque de la Faculté de Médecine de Montpellier, (H 24, in-fol.) *Lettres latines et françoises de Jean Du Bellay, cardinal et évesque de Paris, ou qui lui ont été écrites par diverses personnes copiées par M. Jean Bouhier*, con[er] au Parlement de Dijon. Nous reproduisons, tel que l'a donné, en 1933, M. Jean Porcher dans le catalogue de l'exposition Rabelais de la Bibliothèque Nationale (p. 70, n° 171), le texte d'une copie contemporaine dont une photographie a figuré à cette exposition et qui appartenait à l'époque à M. Oliver Barrett de Chicago.

2. Étienne Lorens, seigneur de Saint-Ay (voir p. 565, n. 4). Il possédait des biens à Metz et dans les environs et était parfois envoyé en mission chez les protestants d'Allemagne. Peut-être Rabelais habita-t-il chez lui durant son exil.

Mon seigneur, je me recommande treshumblement à vostre bonne grace et prie nostre Seigneur vous donner, en parfaicte santé, tresbonne et longue vie.

De Metz, ce vj^e de febvrier [1547].

Vostre treshumble serviteur,

FRANÇ. Rabelais, medicin.

ANCIEN PROLOGUE DU QUART LIVRE

DE PANTAGRUEL.

(Édition de 1548)[1]

Beuveurs très illustres, et vous, goutteurs[a] très precieux, j'ay veu, receu, ouy et entendu l'Ambassadeur que la seigneurie de voz seigneuries ha transmis par devers ma paternité, et m'a semblé bien bon et facond orateur. Le sommaire de sa proposition je reduis en trois motz, lesquels sont de tant grande importance que jadis, entre les Romains, par ces trois motz le Preteur respondoit à toutes requestes exposées en jugement[2]; par ces trois motz decidoit toutes controversies, tous complainctz, procés et differents, et estoient les jours dictz malheureux et nefastes, esquelz le Preteur n'usoit de ces trois motz, fastes et heureux, esquelz d'iceulx user souloit[3] : Vous donnez, vous dictes, vous adjugez.

---

a. goutteux.

1. La première édition du *Quart Livre*, comprenant un prologue et onze chapitres, fut publiée à Lyon, probablement chez Pierre de Tours, sous la date de 1548. L'édition définitive, en soixante-sept chapitres, parut à Paris chez Fezandat, en janvier 1552. Rabelais n'y avait pas repris le prologue de 1548, mais lui en avait substitué un nouveau. Nous reproduisons ici le prologue de 1548. On pourra se reporter à l'édition que Jean Plattard a donnée du *Quart Livre* de 1548, *Le Quart Livre de Pantagruel (édition dite partielle,* Lyon, 1548) Paris, H. Champion, 1909, et à l'article de Lucien Romier, *Notes critiques et Documents sur le dernier voyage de Rabelais en Italie* dans la *Revue des Études rabelaisiennes,* t. X, pp. 113-142.

2. Il s'agit des trois mots que prononçait le préteur pour clore l'instance « *in jure* », *do, dico, addico,* c'est-à-dire : je désigne un juge; je définis l'objet du litige; je donne au juge ses pouvoirs. Cette sentence sacramentelle n'était prononcée que les jours fastes.

3. Cf. Ovide, *Fastes,* I, 47-48.

O gens de bien, je ne peulx vous voir[1]! La digne vertu de Dieu vous soit, et non moins à moy, eternellement en aide. Or ça, de par Dieu, jamais rien ne faisons que son tressacré nom ne soit premierement loué.

Vous me donnez quoy ? un beau et ample breviaire. Vraybis[a], je vous en remercie : ce sera le moins de mon plus[2]. Quel breviaire fust, certes ne pensois, voyant les reigletz, la rose, les fermailz, la relieure et la couverture, en laquelle je n'ay omis à considerer les crocs et les pies peinctes au dessus et semées en moult belle ordonnance. Par lesquelles, comme si fussent lettres hieroglyphicques, vous dictes facilement qu'il n'est ouvraige que de maistres et couraige que de crocqueurs de pies. Crocquer pie signifie certaine joyeuseté par metaphore extraicte du prodige qui advint en Bretaigne, peu de temps avant la bataille donnée près Sainct Aubin du Cormier[3]. Noz peres le nous ont exposé, c'est raison que noz successeurs ne l'ignorent. Ce fut l'an de la bonne vinée : on donnoit la quarte de bon vin et friand pour une aiguillette borgne[4].

Des contrées de Levant advola grand nombre de Gays[b] d'un cousté, grand nombre de Pies de l'aultre, tirans tous vers le Ponant. Et se coustoyoient en tel ordre que sus le soir, les Gays faisoient leur retraicte à gauche (entendez icy l'heur de l'augure[5]) et les pies à dextre, assez près les uns des autres. Par quelque region qu'ilz passassent, ne demeuroit Pie qui ne se raliast aux Pies, ne Gay qui ne se joignist aux camp des Gays. Tant allerent, tant volerent qu'ilz passerent sus Angiers, ville de France limitrophe de Bretaigne, en

---

a. vrai Dieu. — *b.* geais.

1. Cette plaisanterie se trouve également dans *Pantagruel*, chap. III, t. I, p. 234, et dans le *Prologue* de 1552, *supra*, p. 11.
2. Le moins que je puisse faire.
3. Cf. *Gargantua*, chap. L, t. I, p. 182, n. 2.
4. Cordon, ferré à un seul bout (d'où borgne), qui servait à attacher les chausses.
5. Le caractère heureux du présage. Le côté gauche était d'heureux augure chez les Romains.

nombre tant multiplié que par leur vol ilz tollissoient[a]
la clarté du soleil aux terres subjacentes. En Angiers
estoit pour lors un vieux oncle, seigneur de Sainct
George, nommé Frapin[1] c'est celuy qui a faict et
composé les beaux et joyeux Noelz en langage poictevin. Il avoit un Gay en delices à cause de son babil,
par lequel tous les survenans invitoit à boire, jamais
ne chantoit que de boire, et le nommoit son Goitrou[2].
Le Gay en furie martiale rompit sa caige et se joignit
aux Gays passans. Un barbier voisin, nommé Behuart,
avoit une Pie privée bien gallante. Elle de sa personne augmenta le nombre des Pies et les suivit au
combat.

Voicy choses grandes et paradoxes, vrayes toutesfois, veues et averées. Notez bien tout. Qu'en advint-
il ? Quelle fut la fin ? Qu'il en advint, bonnes gens ?
Cas merveilleux ! Près la croix de Malchara[3] fut la
bataille tant furieuse que c'est horreur seulement
y penser : la fin fut que les Pies perdirent la bataille
et sus le camp furent felonnement occises jusques au
nombre de 2589362109 sans les femmes et petis
enfants[4], c'est à dire sans les femelles et petitz piaux[b],
vous entendez cela. Les Gays resterent victorieux,
non toutesfois sans perte de plusieurs de leurs bons
souldards, dont fut dommaige bien grand en tout le
pays. Les Bretons sont gens[5], vous le sçavez, mais, s'ilz
eussent entendu le prodige, facilement eussent congnu
que le malheur seroit de leur cousté. Car les queues des
Pies sont en forme de leurs hermines[6], les Gays ont en

---

a. ravissaient. — b. petits de la pie.

1. Il s'agit d'un oncle de Rabelais : la grand-mère de celui-ci eut
six enfants — dont ce seigneur — de son second mari, nommé Frappin.

2. Le geai amasse de la nourriture dans son jabot qui se trans-
forme en goitre, d'où le surnom de goitrou.

3. Nom de lieu inconnu.

4. Cf. *Gargantua*, chap. XVII, t. I, p. 68.

5. Des hommes et non des animaux. Beaucoup de proverbes, au
Moyen Age, avaient souligné l'ignorance ou la sottise des Bretons.

6. Faut-il rappeler que les armes de Bretagne sont d'hermine ?

leurs pennaiges quelques pourtraictz des armes de France.

A propos le Goitrou, trois jours après, retourna tout hallebrené[a] et fasché de ces guerres, ayant un œil poché. Toutesfois peu d'heures après qu'il eut repeu en son ordinaire, il se remist en bon sens. Les gorgias[b] peuple et escolliers d'Angiers par tourbes[c] accouroient voir Goitrou le borgne ainsi accoustré. Goitrou les invitoit à boire comme de coutume, adjoutant à la fin d'un chascun invitatoire[d] : « Crocquez pie ». Je presuppose que tel estoit le mot du guet au jour de la bataille; tous en faisoient leur debvoir. La pie de Behuart ne retournoit poinct, elle avoit été crocquée; de ce fut dict en proverbe commun : boire d'autant[e] et à grands traitz estre pour vray crocquer la pie[1]. De telles figures à memoire perpetuelle feist Frapin peindre son tinel[f] et salle basse. Vous la pourrez voir en Angiers sus le tartre[g] sainct Laurent[2].

Ceste figure sus vostre breviaire posée me feist penser qu'il y avoit je ne sçay quoy plus que breviaire. Aussi bien à quel propos me feriez vous present d'un breviaire ? J'en ay (Dieu mercy et vous) des vieulx jusques aux nouveaux. Sus ce doubte ouvrant ledict breviaire, j'apperceu que c'estoit un breviaire[3] faict par invention mirificque et les reigletz touts à propos avec inscriptions opportunes. Doncques vous voulez qu'à prime je boive vin blanc, à tierce, sexte et nonne pareillement, à vespres et complies vin clairet. Cela vous appellez croquer pie : vrayement vous ne fustes onques de mauvaise pie couvez. Je y donnerai requeste[h].

---

a. excédé de fatigue. — b. élégants. — c. en foule. — d. invitation. — e. boire beaucoup. — f. salle à manger des domestiques. — g. tertre. — h. donnerai ordre.

1. Métaphore ancienne, d'origine populaire.
2. La bataille des geais et des pies a été évoquée en plus d'un texte, notamment dans la 240e *Facétie* du Pogge.
3. Voir *Gargantua*, chap. v, t. I, p. 23, n. 4.

Vous dictes quoy ? Qu'en rien ne vous ay fasché par tous mes livres cy devant imprimez. Si à ce propos je vous allegue la sentence d'un ancien Pantagrueliste, encores moins vous fascheray :

> Ce n'est (dict-il) louange populaire
> Aux princes avoir peu complaire[1].

Plus dictes que le vin du *Tiers livre* ha esté à vostre goust et qu'il est bon. Vray est qu'il y en avoit peu et ne vous plaist ce que l'on dit communement : « Un peu et du bon », plus vous plaist ce que disoit le bon Evispande Verron[2] : « Beaucoup et du bon ». D'abondant[a] m'invitez à la continuation de l'histoire pantagrueline, allegans les utilitez et fruictz parceus en la lecture d'icelle, entre tous gens de bien, vous excusans de ce que n'avez obtemperé à ma priere contenant qu'eussiez vous reserver à rire au septante huictiesme livre[3]. Je le vous pardonne de bien bon cœur. Je ne suis tant farouche ne implacable que vous penseriez. Mais ce que vous en disoys n'estoit pour vostre mal et vous dy pour response, comme est la sentence d'Hector proferée par Nevius : que c'est belle chose estre loué de gens louables[4]. Par reciprocque declaration je dis et maintiens jusques au feu exclusivement (entendez et pour cause) que vous estes grandz gens de bien, tous extraictz de bons peres et bonnes meres, vous promettant, foy de pieton[b][5], que, si jamais vous rencontre en Mesopotamie, je feray tant avec le petit conte

---

a. par surcroît. — *b.* fantassin.

1. Horace, *Épîtres*, I, 17, v. 35 : « *Principibus placuisse viris non ultima laus est* ».
2. On ne sait de qui il s'agit.
3. Cf. *Tiers Livre*, t. I, p. 389.
4. *Laetus sum laudari me abs te, pater, a laudato viro.* Fragment du *Départ d'Hector* cité par Cicéron, *Tusculanes*, IV, 67, *Lettres familières*, V, 12, et XV, 6.
5. Parodie de la formule : foi de chevalier.

George de la basse Egypte[1] qu'à chascun de vous il fera present d'un beau crocodille du Nil et d'un cauquemarre[2] d'Euphrates.

Vous adjugez quoy ? A qui ? Tous les vieux quartiers de lune aux caphards, cagotz, matagotz[a], botineurs[b], papelards, burgotz[c], patespelues[d], porteurs de rogatons[e], chattemittes[3]; ce sont noms horrificques seulement oyant leur son. A la prononciation desquelz j'ay veu les cheveulx dresser en teste de vostre noble ambassadeur. Je n'y ay entendu que le hault allemant et ne sçay quelle sorte de bestes comprenez en ces denominations. Ayant faict diligente recherche par diverses contrées, n'ay trouvé homme qui les advouast, qui ainsi tolerast estre nommé ou designé. Je presuppose que c'estoit quelque espece monstrueuse de animaulx barbares, ou temps des haultz bonnetz[4]. Maintenant est deperie en nature, comme toutes choses sublunaires ont leur fin et periode[f], et ne sçavons quelle en soit la diffinition : comme vous sçavez que subject pery, facilement perit sa denomination.

Si par ces termes entendez les calumniateurs de mes escripts, plus aptement[g] les pourrez vous nommer diables. Car, en grec, calumnie est dicte diabole[h]. Voyez combien detestable est devant Dieu et les anges ce vice dict calumnie (c'est quand on impugne[i] le bien faict, quand on mesdit des choses bonnes) que par iceluy, non par autre, quoy que plusieurs sembleroient plus enormes, sont les diables d'enfer nommez et appellez. Ceulx cy ne sont (proprement parlant) diables

---

a. singes. — b. qui portent des bottines. — c. frelons. — d. chattes. — e. reliques. — f. cours. — g. convenablement. — h. διαβολή. — i. attaque.

1. Personnage non identifié, peut-être le chef d'une troupe d'*Égyptiens* nomades.

2. Animal fantastique (peut-être un monstre de cauchemar ?).

3. Autant de termes qui s'appliquent aux moines, cf. *Gargantua*, chap. LIV, t. I, p. 194, et *Pantagruel*, chap. XXXIV, t. I, p. 386.

4. L'ancien temps où l'on portait de hautes coiffures, cf. *Gargantua*, chap. IX, t. I, p. 41.

d'enfer, ilz en sont appariteurs[a] et ministres. Je les nomme diables noirs, blancs, diables privez, diables domesticques. Et ce que ont faict envers mes livres, ilz feront (si on les laisse faire) envers tous aultres. Mais ce n'est de leur invention. Je le dy à fin que tant desormais ne se glorifient au surnom du vieux Caton le censorin[1].

Avez vous jamais entendu que signifie cracher au bassin[2] ? Jadis les predecesseurs de ces diables privez, architectes de volupté, everseurs[b] d'honnesteté, comme un Philoxenus, un Gnatho[3], et autres de pareille farine, quand, par les cabaretz et tavernes esquelz lieux tenoient ordinairement leurs escoles, voyoient les hostes estre de quelques bonnes viandes[c] et morceaux friandz serviz, ilz crachoient villainement dedans les platz à fin que les hostes, abhorrens leurs infames crachatz et morveaux[d], desistassent manger des viandes apposées[e] et tout demourast à ces vilains cracheurs et morveux. Presque pareille, non toutesfois tant abominable histoire nous conte l'on du medicin d'eau doulce[f], nepveu de l'advocat de feu Amer, lequel disoit l'aele du chapon gras estre mauvaise et le croppion redoutable, le col assez bon, pourveu que la peau fust ostée, à fin que les malades n'en mangeassent, tout fust reservé pour sa bouche. Ainsi ont faict ces nouveaux diables engipponnez, voyant tout ce monde en fervent appetit de voir et lire mes escriptz par les livres precedens, ont craché dedans le bassin, c'est à dire les ont tous par leur maniment conchiez, decriez et calumniez en ceste intention que personne ne les eust, personne ne les

---

a. serviteurs. — b. renverseurs. — c. aliments. — d. morves. — e. servies. — f. peu expert.

1. Caton le Censeur.
2. Habituellement : *donner de l'argent*. Rabelais prend ici l'expression au sens propre.
3. L'anecdote et les personnages viennent des *Moralia* de Plutarque (*S'il est vrai qu'il faille vivre caché*, 1128 A).

leust, fors leurs Poiltronitez[1]. Ce que j'ay veu de
mes propres yeulx, ce n'estoit pas des aureilles : voyre
jusques à les conserver religieusement entre leurs
besongnes[a] de nuict et en user comme de breviaires à
usage quotidian. Ilz les ont tolluz es malades, es
goutteux, es infortunés, pour lesquelz en leur mal
esjouir les avois faictz et composez. Si je prenoie en
cure tous ceulx qui tombent en meshaing[b] et maladie,
jà besoing ne seroit mettre telz livres en lumiere et
impression.

Hippocrates ha faict un livre exprès, lequel il ha
intitulé *De l'estat du parfaict medecin* (Galien l'a
illustré de doctes commentaires) auquel il commande
rien n'estre au medecin (voyre jusques à particulariser
les ongles) qui puisse offenser le patient, tout ce qu'est
au medecin, gestes, visage, vestemens, paroles, regardz,
touchement, complaire et delecter le malade. Ainsi
faire en mon endroict et à mon lourdoys[c], je me peine
et efforce envers ceulx que je prens en cure. Ainsi font
mes compaignons de leur cousté, dont par adventure
sommes dictz Parabolains[d] au long faucile[e] et au grand
code[f][2] par l'opinion de deux gringuenaudiers[3] aussi
folement interpretée comme fadement inventée.

Plus y a, sur un passaige du sixiesme des *Epidemies*[4]
dudict pere Hyppocrates, nous suons disputans à sçavoir,
non si la face du medecin chagrin, tetricque[g], reubar-

---

a. hardes. — *b.* indisposition. — *c.* à ma manière rustique. —
d. infirmiers. — *e.* os de l'avant-bras. — *f.* coude. — *g.* sévère.

1. Mot forgé par Rabelais sur l'adjectif *poiltron* qui voulait dire
paresseux.

2. Allusion aux manches des robes que portaient les médecins.
Cf. *A trèsillustre Prince et Reverendissime Mon Seigneur Odet*, *supra*,
pp. 4-5.

3. Le terme désigne les glossateurs. Une gringuenaude est une petite
ordure qui est restée attachée au fondement. Cf. ce que Rabelais écrit
des gloses des textes juridiques au chapitre v de *Pantagruel* : « ... *et
disoit aulcunes fois que les livres des loix luy sembloyent une belle robbe d'or,
triumphante et precieuse à merveilles, qui feust brodée* [bordée] *de merde* »
(t. I, p. 242).

4. *Des Épidémies*, VI, section IV, chapitre 27.

Un médecin et un apothicaire
Gravure extraite de O. Brunfels, *Onomasticum medicinae,*
Argentorati, J. Schott, 1534

batif, mal plaisant, mal content, contriste le malade, et du medecin la face joyeuse, sereine, plaisante, riante, ouverte, esjouyst le malade (cela est tout esprouvé et certain), mais que telles contristations et esjouyssemens proviennent par apprehension du malade contemplant ces qualitez, ou par transfusion des espritz sereins ou tenebreux, joyeux ou tristes, du medecin, ou malade : comme est l'advis des Platonicques et Averroistes[1]. Puis doncques que possible n'est que de tous malades soys appellé, que tous malades je prenne en cure, quelle envie est ce tollir es langoreux et malades le plaisir et passe temps joyeux sans offense de Dieu, du roy ne d'aultre, qu'ilz prennent, oyans en mon absence la lecture de ces livres joyeux ?

Or puis que, par vostre adjudication et decret, ces mesdisans et calumniateurs sont saisiz et emparez des vieux quartiers de lune, je leur pardonne. Il n'y aura pas à rire pour tous desormais, quand voyrons ces folz lunatiques, aucuns ladres[a], autres boulgres[b], autres ladres et boulgres ensemble, courir les champs, rompre les bancz, grinsser les dents, fendre carreaux, battre pavez, soy pendre, soy noyer, soy precipiter et à bride avallée courir à tous les diables selon l'energie, faculté et vertu des quartiers qu'ilz auront en leurs caboches, croissans, initians, amphicyrces[2], brisans[3] et desinens. Seulement envers leurs malignitez et impostures useray de l'offre que fit Timon le Misanthrope à ses ingratz Atheniens[4]. Timon, fasché de l'ingratitude du peuple athenien en son endroict, un jour entra au conseil public de la ville, requerant luy estre donnée audience pour certain negoce[c] concernant le bien public.

---

a. lépreux. — b. sodomites. — a. affaire.

1. Voir *A trésillustre Prince et Reverendissime Mon Seigneur Odet,* *supra,* p. 5.

2. Du grec ἀμφίκυρτος. État où se trouve la lune au 11e jour de sa révolution (phase croissante) et au 19e (phase décroissante).

3. Le mot désigne l'état de la lune le 4e et le 26e jour de sa révolution.

4. Cf. Plutarque, *Vie de Marc Antoine,* 70.

A sa requeste fut silence faict en expectation d'entendre choses d'importance, veu qu'il estoit au conseil venu, qui tant d'années au paravant s'estoit absenté de toutes compagnies et vivoit en son privé. Adonc leur dist : « Hors mon jardin secret, dessoubz le mur, est un ample, beau et insigne figuier, auquel vous autres, messieurs les Atheniens desesperez, hommes, femmes, jouvenceaux et pucelles, avez de coustume à l'escart vous pendre et estrangler. Je vous adverty que, pour accommoder ma maison, je delibere dedans huictaine demolir iceluy figuier; pourtant[a] quiconque de vous autres et de toute la ville aura à se pendre, s'en depesche[b] promptement : le terme susdict expiré, n'auront lieu tant apte, ne arbre tant commode. » A son exemple, je denonce à ces calumniateurs diaboliques que tous ayent à se pendre dedans le dernier chanteau[c] de ceste lune : je les fourniray de licolz. Lieu pour se pendre je leur assigne entre midy et Faveroles[1]. La lune renouvellée, ilz n'y seront receuz à si bon marché et seront contrainctz eux mesmes à leurs despens achapter cordeaux et choisir arbre pour pendaige, comme feist la seignore Leontium, calumniatrice du tant docte et eloquent Theophraste[2].

---

a. c'est pourquoi. — *b.* le fasse. — *c.* quartier.

1. Ce nom est porté par plusieurs villages en France. Associer ainsi une indication de lieu à une indication de temps est une plaisanterie populaire.

2. Cf. Pline, *Histoire naturelle*, *Préface* : *Ceu vero nesciam adversus Theophrastum, hominem in eloquentia tantum, ut nomen divinum inde invenerit, scripsisse etiam feminam, et proverbium inde natum suspendio arborem eligendi.* Comme on le voit Rabelais commet une confusion. Pline ne dit pas que Leontium se pendit, mais qu'elle écrivit contre Theophraste et que cela donna naissance au proverbe : *choisir un arbre pour se pendre.* Ce proverbe est donné et expliqué par Érasme dans ses *Adages* (I, 10, 21) : *In re vehementer indigna, neque alio pacto toleranda, veteres arborem suspendio diligendam esse dicebant.*

LA SCIOMACHIE ET FESTINS

FAITS A ROME

AU PALAIS DE MON SEIGNEUR REVERENDISSIME CARDINAL DU BELLAY
POUR L'HEUREUSE NAISSANCE

DE MON SEIGNEUR D'ORLÉANS

Le tout extraict
d'une copie des lettres escrites à Mon Seigneur le Reverendissime
CARDINAL DE GUISE

PAR M. FRANÇOIS RABELAIS
Docteur en medicine[1].

Au troisieme jour de fevrier MDXLIX, entre trois et quatre heures du matin, nasquit au chasteau de Saint-Germain-en-Laye,   Duc[2] d'Orléans, filz puisné du Treschrestien Roy de France Henry de Valois, second de ce nom, et de tresillustre Madame Catharine de Medicis, sa bonne espouse. Cestuy propre jour, en Rome, par les banques[a] fut un bruit tout commun

---

a. comptoirs.

1. *La Sciomachie* — en grec : simulacre de combat — parut à Lyon, chez Sébastien Gryphe en 1549. Elle est le récit des fêtes que donna à Rome le cardinal Jean Du Bellay à l'occasion de la naissance du fils de Henri II, Louis d'Orléans, né après celui qui devint François II et avant celui qui fut Charles IX. Louis d'Orléans devait mourir à l'âge de vingt et un mois.
Sur le dernier séjour de Rabelais à Rome on pourra consulter Arthur Heulhard, *Rabelais, ses Voyages en Italie, son Exil à Metz,* Paris, 1891, Lucien Romier, *Notes critiques et Documents sur le dernier voyage de Rabelais en Italie, Revue des Études rabelaisiennes,* X (1912), pp. 113-142, et Robert Marichal, *le Dernier Séjour de Rabelais à Rome* dans *Congrès de Tours et Poitiers, Actes du Congrès,* Paris, Société d'édition « les Belles Lettres », 1954, pp. 104-132.
2. Ce blanc figure dans l'original. Il semble correspondre au désir de mettre le prénom du nouveau-né : Louis.

sans autheur certain de ceste heureuse naissance, non
seulement du lieu et jour susdits, mais aussi de l'heure,
savoir est environ neuf heures, selon la supputation
des Romains[1]. Qui est chose prodigieuse et admirable,
non toutesfois en mon endroit, qui pourrois alleguer,
par les histoires Grecques et Romaines, nouvelles
insignes, comme de batailles perdues ou gaignées à
plus de cinq cens lieuës loing, ou autre cas d'importance grande, avoir esté semées[a] au propre et mesme
jour, voire devant, sans autheur congnu. Encores
en veismes nous semblables à Lyon pour la journée
de Pavie, en la personne du feu seigneur de Rochefort,
et recentement à Paris au jour que combatirent les
seigneurs de Jarnac et Chastaigneraye[2] : mille autres.
Et est un poinct sus lequel les Platoniques ont fondé
la participation de divinité es dieux tutelaires, lesquelz
noz Theologiens appellent Anges gardians. Mais ce
propos excederoit la juste quantité[b] d'une epistre. Tant
est que l'on creut par les banques cestes nouvelles si
obstinément que plusieurs de la part[c] Françoise, sus le
soir, en feirent feuz de joye et marquerent de croye
blanche sus leurs calendiers ceste fauste[d] et heureuse
journée. Sept jours après furent ces bonnes nouvelles
plus au plein averées par quelques courriers de banque,
venans uns de Lyon, autres de Ferrare.

Mes Seigneurs les Reverendissimes Cardinaux François qui sont en ceste court Romaine, ensemble le seigneur d'Urfé, Ambassadeur de Sa Majesté, non ayans
autre advis particulier, delayoient[e] tousjours à declairer leur joye et alaigresse de ceste tant desirée naissance,
jusques à ce que le seigneur Alexandre Schivanoia,
gentilhomme mantuan, arriva au premier jour de ce
mois de Mars, expressement envoyé de la part de Sa
Majesté pour acertainer[f] le Pere Saint, les Cardinaux

---

a. repandues. — b. proportion. — c. colonie. — d. fortunée. — e. re-
tardaient. — f. renseigner.

1. Sur leur manière de compter les heures voir *supra*, p. 537, n. 4.
2. Le 10 juillet 1547.

François et Ambassadeur de ce que dessus. Adonques furent faits de tous costez festins et feuz de joye, par trois soirs subsequens.

Mon Seigneur Reverendissime Cardinal du Bellay non content de ces menues et vulgaires significations de liesse pour la naissance d'un si grand Prince, destiné à choses si grandes en matiere de chevalerie et gestes heroiques comme il appert par son horoscope, si une fois il eschappe quelque triste aspect en l'angle occidental de la septieme maison[1], voulut (par maniere de dire) faire ce que feit le seigneur Jan Jordan Ursin, lors que le Roy François d'heureuse memoire obtint la victoire à Marignan. Iceluy, voyant par la part ennemie, à un faux rapport, estre faits feuz parmy les rues de Rome, comme si ledit roy eust perdu la bataille, quelques jours après, adverti de la verité du succès et de sa victoire, acheta cinq ou six maisons contigues en forme d'Isle, près mont Jordan[2], les feit emplir de fagotz, falourdes[a] et tonneaux, avecques force pouldre de canon, puis meit le feu dedens. C'estoit une nouvelle *Alosis*[3], et nouveau feu de joye. Ainsi vouloit ledit Seigneur Reverendissime, pour declairer l'excès de son alaigresse pour cestes bonnes nouvelles, faire, quoy qu'il coustast, quelque chose spectable[b], non encores veüe en Rome de nostre memoire. Non la pouvant toutesfois executer à sa fantasie et contentement, obstant[c] quelque maladie survenue en cestuy temps audit seigneur Ambassadeur, auquel le cas touchoit pareillement à cause de son estat, fut relevé de ceste perplexité par le moyen du seigneur Horace

---

a. fagots de bûches. — b. remarquable. — c. faisant obstacle.

1. Elle était, pour les astrologues, celle du mariage. Cf. *Tiers Livre*, chap. XXV, t. I, p. 506, n. 3.

2. *Monte Giordano,* petite éminence non loin du pont Saint-Ange, ainsi appelée du nom d'un certain Giordano de la famille Orsini.

3. Suétone raconte que, pendant l'incendie de Rome, Néron déclama, du haut de la tour de Mécène, un poème intitulé *Halosis Ilii* (La prise d'Ilion). Voir Suétone, *Néron*, XXXVIII.

Farnese[1], duc de Castres, et des seigneurs Robert Strossi[2] et de Maligni[3], lesquelz estoient en pareille combustion[a]. Ilz mirent quatre testes en un chapperon. En fin, après plusieurs propos mis en deliberation, resolurent faire une Sciomachie, cestadire un simulacre et representation de bataille tant par eaue que par terre.

La Naumachie, cestadire le combat par eaue, estoit designé au dessus du pont Aelian, justement devant le jardin secret du chasteau saint Ange, lequel feu de memoire eternelle Guillaume du Bellay, seigneur de Langey, avoit avecques ses bandes fortifié, gardé, et deffendu bien long temps contre les lansquenetz, qui depuis saccagerent Rome. L'ordre d'iceluy combat estoit tel que cinquante menuz vaisseaux, comme Fustes[b], Galiotes, Gondoles et Fregates armées, assailleroient un grand et monstrueux Galion composé de deux les plus grans vaisseaux qui fussent en ceste marine[c], lesquelz l'on avoit fait monter d'Hostie et Porto[4] à force de beufles. Et, après plusieurs ruses, assautz, repoulsemens, et autres usances de bataille navale, sus le soir l'on mettroit le feu dedens iceluy Galion. Il y eust eu un terrible feu de joye, veu le grand nombre et quantité de feuz artificielz qu'on avoit mis dedens. Ja estoit iceluy Galion prest à combatre, les petis vaisseaux prestz d'assaillir, et peintz selon les livrées des Capitaines assaillans, avecques la pavesade[d] et chorme[e] bien galante. Mais ce combat fut obmis, à cause d'une horrible crue du Tybre et vorages[f] par trop dangereuses, comme vous savez que c'est un des plus inconstans

---

a. fièvre. — *b.* petite galère. — *c.* mer. — *d.* pavois. — *e.* chiourme. — *f.* tourbillons.

1. Petit-fils du pape Paul III. Il était venu tout jeune à la cour de France et était fiancé à Diane de France, fille légitimée de Henri II et de Filippa Duci, qu'il devait épouser en 1553.
2. Un des fils de Philippe Strozzi (voir p. 537, n. 1). Il se consacra à l'administration de la banque paternelle.
3. Gentilhomme qui appartenait à la maison de Jean Du Bellay.
4. C'est le Portus Trajani des Romains, port artificiel établi par Trajan près d'Ostie.

fleuves du monde, et croit inopinement, non seulement par esgoutz[a] des eaues tombantes des montaignes à la fonte des neiges ou autres pluies, ou par regorgemens des lacs qui se deschargent en iceluy, mais encores par maniere plus estrange par les vents austraux qui, souf-flans droit en sa boucque près Hostie, suspendant son cours et ne luy donnans lieu de s'escouller en ceste mer Hetrusque, le font enfler et retourner arriere, avecques miserable calamité, et vastation des terres adjacentes. Adjoint aussi que deux jours devant avoit esté fait naufrage d'une des gondoles, en laquelle s'estoient jettez quelques Matachins[b] imperitz[c] de la marine, cuydans fanfarer[d] et bouffonner sus eaue, comme ilz font tresbien en terre ferme. Telle Naumachie estoit assignée pour le dimenche, dixieme de ce mois.

La Sciomachie par terre fut faite au jeudi subsequent. Pour laquelle mieux entendre est à noter que, pour icelle aptement parfaire fut eslue la place de Sant Apostolo, par ce qu'après celle d'Agone[1] c'est la plus belle et longue de Rome; par ce aussi et principalement que le palais dudit Seigneur Reverendissime est sus le long d'icelle place. En icelle donques, devant la grand'porte d'iceluy palais, fut, par le deseing du capitaine Jan Francisque de Monte Melino, erigé un chasteau en forme quadrangulaire, chacune face duquel estoit longue d'environ vingt et cinq pas, haute la moitié d'autant, comprenant le parapete. A chacun angle estoit erigé un tourrion[e] à quatre angles acutz[f], desquelz les trois estoient projettez au dehors; le quatrieme estoit amorti en l'angle de la muraille du chasteau. Tous estoient percez pour canonnieres par chacun des flans et angles interieurs en deux endroitz, savoir est, au dessouz et au dessus du cordon. Hauteur d'iceux avecques leur parapete, comme de ladite mu-

---

a. écoulements. — *b.* bouffons. — *c.* inexpérimentés. — *d.* parader. *e.* petite tour. — *f.* aigus.

1. C'est la place Navone, près du Panthéon.

raille. Et estoit icelle muraille, pour la face principale qui regardoit le long de la place, et le contour de ses deux tourrions, de fortes tables[a] et esses[b] jusques au cordon; le dessus estoit de brique, pour la raison qu'orrez par cy après. Les autres deux faces avecques leurs tourrions estoient toutes de tables et limandes[c]. La muraille de la porte du palais estoit pour quarte face. Au coing de laquelle, par le dedens du chasteau, estoit erigée une tour quarrée de pareille matiere, haute trois fois autant que les autres tourrions. Par le dehors tout estoit aptement joint, collé et peint, comme si fussent murailles de grosses pierres entaillées à la rustique, telle qu'on voit la grosse tour de Bourges[1]. Tout le circuit estoit ceint d'un fossé large de quatre pas, profond d'une demie toise et plus. La porte estoit selon l'advenue[d] de la porte grande du palais, eslevée pour le machicoulis environ trois piedz plus haut que la muraille, de laquelle descendoit un pont levis jusques sus la contrescarpe du fossé.

Au jour susdit, xiiii de ce mois de Mars, le ciel et l'air semblerent favoriser à la feste. Car l'on n'avoit de long temps veu journée tant claire, serene et joyeuse comme icelle fut en toute sa durée. La frequence du peuple estoit incroyable. Car, non seulement les Seigneurs Reverendissimes Cardinaux, presque tous les Evesques, Prelatz, Officiers, Seigneurs et Dames et commun peuple de la ville y estoient accouruz, mais aussi des terres circunvoisines à plus de cinquante lieües à la ronde estoient convenuz nombre merveilleux de Seigneurs, Ducz, Comtes, Barons, gentilzhommes, avecques leurs femmes et familles, au bruit qui estoit couru de ce nouveau tournoy, aussi qu'on avoit veu es jours precedens tous les brodeurs, tailleurs, recameurs[e], plumaciers et autres de telz mestiers

---

a. planches épaisses. — *b.* air. — *c.* pièces de bois plates. — *d.* allée. — *e.* brodeurs.

1. Cf. *Pantagruel*, chap. xv, t. I, p. 296.

ROME. LA PLACE DES SAINTS APOTRES
Gravure de Philippe Galle et Hendrick van Cleef (XVIᵉ siècle)

employez et occupez à parfaire les accoustremens requis à la feste. De modë que, non les palais, maisons, loges, galeries et eschauffautz seulement estoient pleins de gens en bien grande serre, quoy que la place soit des plus grandes et spacieuses qu'on voye, mais aussi les toitz et couvertures des maisons et eglises voisines. Au mylieu de la place pendoient les armoiries de mondit seigneur d'Orleans, en bien grande marge, à double face, entournoiées d'un joyeux feston de Myrtes, Lierres, Lauriers et Orangiers, mignonnement instrophiées[a] d'or cliquant, avecques ceste inscription :

Cresce, infans, fatis nec te ipse vocantibus aufer[1].

Sus les XVIII heures, selon la supputation du païs, qui est entre une et deux après mydi, ce pendant que les combatans soy mettoient en armes, entrerent dedens la place les deux Caporions[b] Colonnois, avecques leurs gens embastonnez[c], assez mal en poinct. Puis survindrent les Suisses de la garde du Pape, avecques leur Capitaine, tous armez à blanc[d], la picque au poing, bien en bon ordre, pour garder la place. Alors, pour temporiser et esbatre l'assemblée magnifique, furent laschez quatre terribles et fiers taureaux[2]. Les premier et second furent abandonnez aux gladiateurs et bestiaires à l'espée et cappe. Le tiers fut combatu par trois grans chiens corses, auquel combat y eut de passetemps beaucoup. Le quart fut abandonné au long bois[e], savoir est picques, partusanes, halebardes, corsecques[f], espieuz boulonnois, par ce qu'il sembloit trop furieux, et eust peu faire beaucoup de mal parmy le menu peuple.

Les taureaux desconfitz, et la place vuyde du peuple

---

a. entourées. — *b.* chefs. — *c.* armés. — *d.* revêtus d'une cuirasse. — *e.* aux armes longues. — *f.* javelines.

1. « Grandis, enfant, et ne te dérobe pas au destin qui t'appelle. »
2. Les divertissements de ce genre étaient alors en honneur à Rome. Cf. Joachim Du Bellay, *Les Regrets*, CXX, CXXI, CXXII.

jusques aux barrieres, survint le Moret, archibouffon
d'Italie, monté sus un bien puissant roussin, et tenant
en main quatre lances liées et entées dedens une, soy
vantant de les rompre toutes d'une course contre terre.
Ce qu'il essaya, fierement picquant son roussin; mais
il n'en rompit que la poignée, et s'accoustra le bras en
coureur buffonique.

Cela fait, en la place entra, au son des fifres et
tabours, une enseigne[a] de gens de pied, tous gorgiasement[b] accoustrez, armez de harnois presque tous
dorez, tant picquiers qu'escoulpetiers[c], en nombre
de trois cens et plus. Iceux furent suivis par quatre
trompettes, et un estanterol[d] de gens de cheval, tous
serviteurs de Sa Majesté, et de la part Françoise,
les plus gorgias qu'on pourroit souhaiter, nombre de
cinquante chevaux et d'avantage. Lesquelz, la visiere
haulsée, feirent deux tours le long de la place en grande
alaigresse, faisans poppizer[e], bondir et penader[f] leurs
chevaux, uns parmy les autres, au grand contentement
de tous les spectateurs. Puis se retirerent au bout de la
place à gauche, vers le monastere de Saint Marcel.
D'icelle bande, pour les gens de pied, estoit capitaine
le seigneur Astorre Baglion. L'enseigne duquel et
escharpes de ses gens estoit de couleurs blanc et bleu.
Le seigneur duc Horace estoit chef des hommes
d'armes, desquelz voluntiers j'ay cy dessous mis les
noms, pour l'honneur d'iceux.

L'Excellence dudit seigneur Duc.
Paule Baptiste Fregose.
Flaminio de Languillare.
Alexandre Cinquin.
Luca d'Onane.
Theobaldo de la Molare.
Philippe de Serlupis.

---

a. compagnie. — b. élégamment. — c. soldats armés d'une esco-
pette. — d. escadron. — e. frapper des pieds (mot emprunté,
semble-t-il, au languedocien *pompir* ou *poppir,* bondir et rebondir).
— f. piaffer.

Dominique de Massimis.

P. Loïs Capisucco.

P. Paule de la Cecca.

Bernardin Piovene.

Ludovic Cosciari.

Jan Paule, escuier de Son Excellence.

Tous en harnois dorez, montez sus gros coursiers, leurs pages montez sus genetz et chevaux turcs pour le combat à l'espée.

La livrée de Son Excellence estoit blanc et incarnat, laquelle pouvoit on voir es habillemens, bardes[a], caparassons, pennaches, panonceaux, lances, fourreaux d'espées, tant des susdits chevaliers que des pages et estaffiers qui les suyvoient en bon nombre. Ses quatre trompettes, vestuz de casaquins de velours incarnat, decouppé et doublé de toille d'argent. Son Excellence estoit richement vestue sus les armes d'un accoustrement fait à l'antique, de satin incarnat broché d'or, couvert de croissans estoffez en riche broderie de toille et canetille d'argent. De telle parure estoient semblablement vestuz et couvers tous les hommes d'armes susdits, et leurs chevaux pareillement. Et n'est à obmettre qu'entre les susdits croissans d'argent à haut relief, par certains quadres estoient en riche broderie posées quatre gerbes recamées[b] à couleur verde, autour desquelles estoit escrit ce mot, FLAVESCENT : voulant signifier (selon mon opinion) quelque sienne grande esperance estre prochaine de maturité et jouissance.

Ces deux bandes ainsi escartées, et restant la place vuyde, soudain entra, par le costé droit du bas de la place, une compagnie de jeunes et belles Dames richement atournées, et vestues à la nymphale, ainsi que voyons les Nymphes par les monumens antiques. Desquelles la principale, plus eminente et haute de toutes autres, representant Diane, portoit sus le sommet du front un croissant d'argent, la chevelure blonde esparse

---

a. armures de cheval. — *b.* brodées.

sus les espaules, tressée sus la teste avecques une gir-
lande de laurier, toute instrophiée[a] de roses, violettes,
et autres belles fleurs; vestue, sus la sottane et verdu-
galle, de damas rouge cramoisi à riches broderies,
d'une fine toille de Cypre toute battue d'or, curieusement pliée comme si fust un rochet de Cardinal, descendant jusques à my jambe, et, par dessus, une peau
de leopard bien rare et precieuse, attachée à gros
boutons d'or sus l'espaule gauche. Ses botines dorées,
entaillées, et nouées à la Nymphale, avecques cordons dè
toille d'argent; son cor d'Ivoire pendant souz le bras
gausche; sa trousse, precieusement recamée[b] et labou-
rée[c] de perles, pendoit de l'espaule droite à gros cordons et houppes de soye blanche et incarnate. Elle, en
main droite, tenoit une dardelle[d] argentée[e]. Les autres
Nymphes peu differoient en accoustremens, exceptez
qu'elles n'avoient le croissant d'argent sus le front.
Chacune tenoit un arc Turquois bien beau en main,
et la trousse comme la premiere. Aucunes sus leurs
rochetz portoient peaux d'Africanes[f], autres de Loups
cerviers, autres de Martes Calabroises. Aucunes me-
noient des levriers en lesse, autres sonnoient de leurs
trombes. C'estoit belle chose les voir. Ainsi soy pourmenans par la place, en plaisans gestes comme si elles
allassent à la chasse, advint qu'une du trouppeau, soy
amusant à l'escart de la compagnie pour nouer un
cordon de sa botine, fut prinse par aucuns soudars,
sortiz du chasteau à l'improviste. A ceste prinse fut
horrible effroy en la compagnie. Diane hautement
cryoit qu'on la rendist, les autres Nymphes pareillement en cris piteux et lamentables. Rien ne leur fut
respondu par ceux qui estoient dedens le chasteau.
Adonques, tirans quelque nombre de flesches par
dessus le parapete, et fierement menassans ceux du
dedens, s'en retournerent portans face et gestes au

_a._ enguirlandée. — _b._ brodée. — _c._ semée. — _d._ javeline. — _e._ d'argent. — _f._ tigres.

retour autant tristes et piteuses comme avoient eu joyeuses et gayes à l'aller.

Sus la fin de la place rencontrans Son Excellence et sa compagnie, feirent ensemble cris effroyables. Diane luy ayant exposé la desconvenue, comme à son mignon et favorit, tesmoing la devise des croissans d'argent espars par ses accoustremens, requist ayde, secours et vengeance, ce que luy fut promis et asseuré. Puis sortirent les Nymphes hors la place. Adonques Son Excellence envoye un heraut par devers ceux qui estoient dedens le chasteau, requerant la Nymphe ravie luy estre rendue sus l'instant, et, en cas de refus ou delay, les menassant fort et ferme de mettre eux et la forteresse à feu et à sang. Ceux du chasteau feirent response qu'ilz vouloient la Nymphe pour soy, et que, s'ilz la vouloient recouvrir[a], il failloit jouer des cousteaux et n'oublier rien en la boutique. A tant[b] non seulement ne la rendirent à ceste sommation, mais la monterent au plus haut de la tour quarrée en veue de la part foraine[c]. Le heraut retourné, et entendu le refus, Son Excellence tint sommairement conseil avecques ses capitaines. Là fut resolu de ruiner le chasteau et tous ceux qui seroient dedens.

Auquel instant, par le costé droit du bas de la place entrerent, au son de quatre trompettes, fifres et tabours, un estanterol de gens de cheval et une enseigne de gens de pied, marchans furieusement, comme voulans entrer par force dedens le chasteau au secours de ceux qui le tenoient. Des gens de pied estoit capitaine le seigneur Chappin Ursin, tous hommes galans, et superbement armez, tant picquiers que harquebousiers, en nombre de trois cens et plus. Les couleurs de son enseigne et escharpes estoient blanc et orangé. Les gens de cheval, faisans nombre de cinquante chevaux et plus, tous en harnois dorez, richement vestuz et enharnachez, estoient conduits par les seigneurs Robert

---

a. reprendre, retrouver. — *b.* alors. — *c.* du dehors.

Strossi et Maligni. La livrée du seigneur Robert, de son accoustrement sus armes, des bardes, cappa- rassons, pennaches, panonceaux, et des chevaliers par luy conduits, des trompettes, pages et estaffiers, estoit des couleurs blanc, bleu et orangé. Celle du seigneur de Maligni, et des gens par luy conduits, estoit des couleurs blanc, rouge et noir. Et si ceux de son Excel- lence estoient bien et advantagement montez et richement accoustrez, ceux cy ne leurs cedoient en rien. Les noms des hommes d'armes j'ay icy mis à leur honneur et louenge.

Le seigneur Robert Strossi.

Le seigneur de Maligni.

S. Averso de Languillare.

S. de Malicorne le jeune.

M. Jean Baptiste de Victorio.

S. de Piebon.

M. Scipion de Piovene.

S. de Villepernay.

Spagnino.

Baptiste, picqueur du seigneur Ambassadeur.

Le cavalcador[a] du seigneur Robert.

Jean Baptiste Altoviti.

S. de la Garde.

Ces deux derniers ne furent au combat, par ce que, quelques jours davant la feste, soy essayans dedens les Thermes de Diocletian avecques la compagnie, au premier fut une jambe rompue, au second le poulse taillé de long. Ces deux bandes donques, entrans fiere- ment en la place, furent rencontrées de Son Excellence et de ses compagnies. Alors fut l'escarmouche atta- quée[b] des uns parmy les autres, en braveté honnorable, sans toutesfois rompre lances ny espées, les derniers entrez tousjours soy retirans vers le fort, les premiers entrez tousjours les poursuyvans, jusques à ce qu'ilz furent près le fossé. Adonques fut tiré du chasteau

---

a. l'écuyer. — *b.* l'escarmouche s'engagea.

grand nombre d'artillerie grosse et moyenne, et se retira Son Excellence et ses bandes en son camp : les deux bandes dernieres entrerent dedens le chasteau.

Cette escarmouche finie, sortit un trompette du chasteau, envoyé devers Son Excellence, entendre si ses chevaliers vouloient faire esprouve de leurs vertus en Monomachie, c'estadire homme à homme contre les tenans. Auquel fut respondu que bien voluntiers le feroient. Le trompette retourné, sortirent hors le chasteau deux hommes d'armes, ayans chacun la lance au poing et la visiere abbatue, et se poserent sus le revelin du fossé, en face des assaillans, de la bande desquelz pareillement se targerent deux hommes d'armes, lance au poing, visiere abattue. Lors, sonnans les trompettes d'un costé et d'autre, les hommes d'armes soy rencontrerent, piquans furieusement leurs dextriers. Puis, les lances rompues tant d'un costé comme d'autre, mirent la main aux espées, et soy chamaillerent[a] l'un l'autre si brusquement que leurs espées volerent en pieces. Ces quatre retirez, sortirent quatre autres, et combatirent deux contre deux, comme les premiers, et ainsi consequentement combatirent tous les gens de cheval des deux bandes controverses[b].

Ceste Monomachie parachevée, ce pendant que les gens de pied entretenoient la retraite, Son Excellence et sa compagnie, changeans de chevaux, reprindrent nouvelles lances, et, en trouppe, se presenterent devant la face du chasteau. Les gens de pied, sus le flanc droit, couvers[c] d'aucuns rondeliers[1], apportoient eschelles, comme pour emporter le fort d'emblée, et jà avoient planté quelques eschelles du costé de la porte, quand du chasteau fut tant tiré d'artillerie, tant jetté de mattons[2], micraines[3], potz et lances à feu, que tout le

---

a. se battirent. — b. opposées. — c. protégés par.

1. Soldats armés d'une rondelle, bouclier de forme ronde.
2. Il s'agit de fusées ou de pétards en forme de brique (de l'italien *mattone*).
3. Des grenades.

voisinage·en retondissoit[a], et ne voioyt on autour que
feu, flambe et fumée, avecques tonnoirres horrifiques de
telle canonnerie. Dont furent contraints les forains soy
retirer et abandonner les eschelles. Quelques soudars
du fort sortirent souz la fumée, et chargerent les gens
de pied forains, de maniere qu'ilz prindrent deux
prisonniers. Puis, suyvans leur fortune, se trouverent
enveloppez entre quelque esquadron des forains, caché
comme en embuscade. Là, craignans que la bataille
ensuivist, se retirerent au trot, et perdirent deux de
leurs gens, qui furent semblablement emmenez prisonniers. A leur retraite sortirent du chasteau les gens de
cheval, cinq à cinq par ranc, la lance au poing. Les
forains de mesmes se presenterent, et rompirent lances
en tourbe, par plusieurs courses, qui est chose grandement perilleuse. Tant y ha que le seigneur de Maligni,
ayant fait passe sans attainte contre l'escuier de Son
Excellence, au retour le choqua de telle violence qu'il
rua[b] par terre homme et cheval. Et en l'instant mourut
le cheval, qui estoit un bien beau et puissant coursier.
Celuy dudit S. Maligni resta espaulé[c].

Le temps pendant qu'on tira hors le cheval mort,
sonnerent en autre et plus joyeuse harmonie les compagnies des musiciens, lesquelz on avoit posé en divers
eschauffautz sus la place comme hautbois, cornetz,
sacqueboutes, flutes d'Allemans, doucines[1], musettes,
et autres, pour esjouir les spectateurs par chacune pose[d]
du plaisant tournoy. La place vuidée, les hommes
d'armes tant d'un costé comme d'autre, le S. de Maligni monté sus un genet frais, et l'escuyer sus un autre
(car peu s'estoient blessez), laissans les lances, combatirent à l'espée en tourbe les uns parmy les autres,
assez felonnement[e]; car il y eut tel qui rompit trois et

---

a. retentissait. — *b.* jeta. — *c.* l'épaule rompue. — *d.* à chaque
arrêt. — *e.* cruellement.

1. La sacqueboute était une sorte de trombone, la flûte d'allemand
une flûte traversière, la doucine une sorte de hautbois.

quatre espées : et, quoy qu'ilz fussent couvers à l'advantage[a], plusieurs y furent desarmez.

La fin fut qu'une bande de harquebousiers forains chargerent à coups d'escoulpettes les tenans, dont furent contraintz soy retirer au fort, et mirent pied à terre. Sus ceste entrefaite, au son de la campanelle[b] du chasteau, fut tiré grand nombre d'artillerie, et se retirerent les forains qui pareillement mirent pied à terre, et delibererent donner la bataille, voyans sortir du fort tous les tenans en ordre de combat. Pourtant[c] prindrent un chacun la picque mornée[d] en poing, et, les enseignes desployées, à desmarche grave et lente se presenterent en veüe des tenans, au seul son des fifres et tabours, estans les hommes d'armes en premiere filliere, les harquebousiers en flanc. Puis, marchans oultre encore quatre ou cinq pas, se mirent tous à genouilz, tant les forains que les tenans, par autant d'espace de temps en silence qu'on diroit l'oraison dominicale.

Par tout le discours[e] du tournoy precedent fut le bruit et applausion[f] des spectateurs grand en toute circunference. A ceste precation[g] fut silence de tous endroits, non sans effroy, mesmement des Dames et de ceux qui n'avoient autre fois esté en bataille. Les combatans, ayans baisé la terre[1], soudain au son des tabours se leverent, et, les picques baissées, en hurlemens espouventables vindrent à joindre; les harquebousiers de mesme sus les flans tiroient infatigablement. Et y eut tant de picques brisées que la place en estoit toute couverte. Les picques rompues, mirent la main aux espées, et y eut tant chamaillé[h] à tors et à travers qu'à une fois les tenans repoulserent les forains plus de la longueur de deux picques; à l'autre les [tenans][2] furent

---

a. bien. — *b.* cloche. — *c.* c'est pourquoi. — *d.* émoussée. — *e.* pendant toute la durée. — *f.* applaudissement. — *g.* prière. — *h.* de bataille.

1. C'était un usage chez les soldats du XVIe siècle que de baiser la terre avant le combat. Cf. *Tiers Livre*, chap. x, t. I, p. 441.

2. Nous corrigeons le texte de l'édition originale qui porte : *forains*.

repoulsez jusques au revelin des tourrions. Lors furent
sauvez par l'artillerie tirant de tous les quantons du
chasteau, dont les forains se retirerent. Ce combat dura
assez longuement. Et y fut donné quelques esraflades
de picques et espées, sans courroux toutesfois, n'affection mauvaise. La retraite faite tant d'un costé comme
d'autre resterent en place, à travers les picques rompues
et harnois brisez, deux hommes morts; mais c'estoient
hommes de foin, desquelz l'un avoit le bras gauche
couppé, et le visage tout en sang; l'autre avoit un
transon de picque à travers le corps souz la faute du
harnois[a]. Autour desquelz fut recréation nouvelle, ce
pendant que la musique sonnoit. Car Frerot, à[b] tout
son accoustrement de velours incarnat fueilleté de
toille d'argent, à forme d'æsles de souris chauve, et
Fabritio avecques sa couronne de laurier, soy join-
gnirent à eux. L'un les admonestoit de leur salut, les
confessoit et absouloit comme gens morts pour la foy;
l'autre les tastoit aux goussetz et en la braguette[1] pour
trouver la bourse. Enfin, les descouvrans et despouil-
lans, montrerent au peuple que ce n'estoient que gens
de foin. Dont fut grande risée entre les spectateurs,
soy esbahissans comment on les avoit ainsi là mis et
jettez durant ce furieux combat.

A ceste retraite, le jour esclarci et purgé des fumées
et perfums de la canonnerie, apparurent au mylieu de
la place huit ou dix gabions en renc, et cinq pieces
d'artillerie sus roue, lesquelles durant la bataille avoient
esté posées par les canonniers de Son Excellence. Ce
qu'estant apperceu par une sentinelle monté sus la
haute tour du chasteau, au son de la campanelle fut
fait et ouy grand effroy et hurlement de ceux du dedens.
Et fut lors tiré tant d'artillerie par tous les endroits du
fort, et tant de sciopes[c], fusées en canon, palles[d] et
lances à feu vers les gabions posez, qu'on n'eust point

---

a. endroit où finit l'armure. — b. avec. — c. coups de feu. —
d. balles.

1. Voir *Pantagruel,* chap. XVIII, t. I, p. 319, n. 1.

ouy tonner du ciel. Ce nonobstant, l'artillerie posée derriere les gabions tira furieusement par deux fois contre
le chasteau, en grand espouventement du peuple assistant. Dont tomba par le dehors la muraille jusques au
cordon, laquelle, comme ay dit, estoit de brique. De
ce, advint que le fossé fut remply. A la cheute, resta
l'artillerie du dedens descouverte. Un bombardier
tomba mort du haut de la grosse tour; mais c'estoit
un bombardier de foin revestu. Ceux du dedens
adonques commencerent à remparer[a] derriere ceste
breche, en grand effort et diligence. Les forains ce
pendant feirent une mine par laquelle ilz mirent le feu
en deux tourrions du chasteau, lesquelz, tombans par
terre à la moitié, feirent un bruit horrible. L'un d'iceux
brusloit continuellement; l'autre faisoit fumée tant
hydeuse et espaisse qu'on ne pouvoit plus voir le
chasteau.

Derechef fut faite nouvelle batterie, et tirerent les
cinq grosses pieces par deux fois contre le chasteau.
Dont tomba toute l'escarpe de la muraille, laquelle,
comme ay dit, estoit faite de tables et limandes[1]. Dont,
tombant par le dehors, feit comme un pont tout couvrant le fossé jusques sus le revelin. Resta seulement
la barriere et rempart que les tenans avoient dressé.
Lors, pour empescher l'assaut des forains, lesquelz
estoient tous en ordonnance au bout de la place, furent
jettées dix trombes de feu, canons de fusées, palles,
mattons, et potz à feu, et du rempart fut jetté un bien
gros ballon en la place, duquel à un coup sortirent
trente bouches de feu, plus de mille fusées ensemble,
et trente razes[b]. Et couroit ledit ballon parmy la place,
jettant feu de tous costez, qui estoit chose espouven-
table : fait par l'invention de messer Vincentio, romain,
et Francisque, florentin, bombardiers du Pere Saint.
Frerot, faisant le bon compagnon, courut après ce bal-

---

a. reconstruire le rempart. — b. fusées tournantes.

1. Voir *supra,* p. 584, n. *c.*

lon, en l'appellant gueulle d'enfer et teste de Lucifer;
mais, d'un coup qu'il frappa dessus avecques un transon de picque, il se trouva tout couvert de feu, et crioit
comme un enragé, fuyant deçà et delà, et bruslant
ceux qu'il touchoit. Puis devint noir comme un Ethio-
pien, et si bien marqué au visage qu'il y paroistra
encores d'icy trois mois.

Sus la consommation du ballon[a] fut sonné à l'assaut,
de la part de Son Excellence, lequel, avecques ses
hommes d'armes à pied, couvers de grandes targes[b]
d'arain doré à l'antique façon, et suivy du reste de ses
bandes, entra sus le pont susdit. Ceux du dedens luy
feirent teste sus le rempart et barriere. A laquelle fut
combatu plus felonnement[c] que n'avoit encores esté.
Mais par force en fin franchirent la barriere, et entrérent
sus le rempart. Auquel instant l'on veit sus la haute
tour les armoiries de Sa Majesté, enlevées[d] avecques
festons joyeúx. A dextre desquelles, peu plus bas,
estoient celles de mon seigneur d'Orleans; à gauche,
celles de Son Excellence. Qui fut sur les deux heures
de nuict[1]. La nymphe ravie fut presentée à son Excellence, et sus l'heure rendue à Diane, laquelle se trouva
en place comme retournant de la chasse.

Le peuple assistant, grans et menuz, nobles et roturiers, reguliers et seculiers, hommes et femmes, bien
au plein esjouiz, contens et satisfaits, feirent applause-
ment de joye et alaigresse, de tous costez, à haute voiz
crians et chantans : Vive France, France, France ! vive
Orleans ! vive Horace Farnese ! Quelques uns adjous-
terent : Vive Paris ! vive Bellay ! vive la coste de
Langey ! Nous pouvons dire ce que jadis l'on chantoit
à la denonciation des jeuz seculares : Nous avons veu ce
que personne en Romme vivant ne veit, personne en
Romme vivant ne verra[2].

---

a. le ballon brûlé. — b. boucliers. — c. cruellement. — d. dressées.

1. Environ huit heures du soir.
2. Aliusion aux jeux séculaires rétablis et réformés par Auguste

L'heure estoit jà tarde et opportune pour soupper, lequel, pendant que Son Excellence se desarma et changea d'habillemens, ensemble tous les vaillans champions et nobles combatans, fut dressé en sumptuosité et magnificence si grande, qu'elle pouvoit effacer les celebres banquetz de plusieurs anciens Empereurs Romains et Barbares, voire certes la patine[a][1] et cuisinerie de Vitellius, tant celebrée qu'elle vint en proverbe, au banquet duquel furent servies mille pieces de poisson. Je ne parleray point du nombre et rares especes des poissons icy serviz, il est par trop excessif. Bien vous diray qu'à ce banquet furent servies plus de mille cinq cens pieces de four, j'entens patez, tartes et dariolles[b]. Si les viandes furent copieuses, aussi furent les beuvettes[c] numereuses. Car trente poinsons de vin et cent cinquante douzaines de pain de bouche ne durerent gueres, sans l'autre pain mollet et commun. Aussi fut la maison de mon dit Seigneur Reverendissime ouverte à tous venans, quelz qu'ilz fussent, tout iceluy jour.

En la table premiere de la salle moyenne furent contez douze Cardinaux, savoir est :

Le Reverendissime Cardinal Farnese.
R. C. de Saint Ange.
R. C. Sainte Flour.
R. C. Sermonette.
R. C. Rodolphe.
R. C. du Bellay.
R. C. de Lenoncourt.
R. C. de Meudon.
R. C. d'Armignac.

---

a. plat. — *b.* flans. — *c.* coups que l'on boit.

en l'an 17 av. J.-C. Ils devaient être célébrés tous les 110 ans et dans la formule consacrée qu'employait le crieur public pour y inviter il était dit que personne ne les avait vus et ne les reverrait. Cf. Suétone, *Claude*, XXI.
1. Cf. Pline, *Hist. Nat.*, XXXV, 46 et Suétone, *Vitellius*, XIII.

R. C. Pisan.

R. C. Cornare.

R. C. Gaddi.

Son Excellence, le seigneur Strossi, l'Ambassadeur de Venise; tant d'autres Evesques et Prelatz.

Les autres salles, chambres, galeries d'iceluy palais, estoient toutes pleines de tables servies de mesmes pain, vin et viandes. Les nappes levées, pour laver les mains furent presentées deux fontaines artificielles sus la table, toutes instrophiées[a] de fleurs odorantes, avecques compartimens à l'antique. Le dessus desquelles ardoit de feu plaisant et redolent[b], composé d'eaue ardante[c] musquée. Au dessouz, par divers canaux sortoit eaue d'Ange[d], eaue de Naphe[e] et eaue Rose. Les graces dites en musique honnorable, fut par Labbat prononcée avecques sa grande lyre l'Ode que trouverez icy à la fin, composée par mondit Seigneur Reverendissime[1].

Puis, les tables levées, entrerent tous les seigneurs en la salle majour, bien tapissée et atournée. Là cuydoit on que fust jouée une comedie; mais elle ne le fut, par ce qu'il estoit ja plus de minuict. Et, au banquet que mon Seigneur Reverendissime Cardinal d'Armignac avoit fait au paravant, en avoit esté jouée une, laquelle, plus facha que ne pleut aux assistans, tant à cause de sa longueur et mines Bergamasques assez fades, que pour l'invention bien froide et argument trivial. En lieu de comedie, au son des cornetz, hautzbois, sacqueboutes, etc., entra une compagnie de Matachins nouveaux, lesquelz grandement delecterent toute l'assistance.

---

a. enguirlandées. — *b.* parfumé. — *c.* eau-de-vie. — *d.* eau parfumée tirée du myrte. — *e.* eau de fleur d'oranger.

1. Il s'agit d'une *Ode saphique* qui avait été composée par Jean Du Bellay et que Rabelais donnait à la suite de son récit. Nous ne la reproduisons pas, mais on pourra la lire dans l'édition des œuvres complètes de Rabelais dans la Bibliothèque de la Pléiade (édition Jacques Boulenger, revue et complétée par Lucien Schéler, pp. 936-938) ou dans l'édition Marty-Laveaux (t. III, pp. 413-416).

Après lesquelz furent introduites plusieurs bandes de masques, tant gentilzhommes que Dames d'honneur, à riches devises et habillemens sumptueux. Là commença le bal, et dura jusques au jour, lequel pendant, mesdits Seigneurs Reverendissimes, Ambassadeurs et autres Prelatz soy retirerent en grande jubilation et contentement.

En ces tournoy et festin je notay deux choses insignes : l'une est qu'il n'y eut noise, debat, dissention ne tumulte aucun; l'autre que, de tant de vaisselle d'argent, en laquelle tant de gens de divers estaz furent serviz, il n'y eut rien perdu n'esgaré. Les deux soirs subsequens furent faits feuz de joye en la place publique, devant le palais de mon dit Seigneur Reverendissime, avecques force artillerie, et tant de diversitez de feuz artificielz que c'estoit chose merveilleuse, comme de gros ballons, de gros mortiers jettans par chacune fois plus de cinq cens sciopes[a] et fusées, de rouetz à feu, de moulins à feu, de nues à feu pleines d'estoilles coruscantes[b], de sciopes en canon, aucunes pregnantes[c], autres reciprocantes, et cent autres sortes. Le tout fait par l'invention dudit Vincentio, et du Bois le Court, grand salpetrier du Maine.

---

a. coups de feu. — *b.* brillantes. — *c.* qui en produisent d'autres.

TABLE DES ILLUSTRATIONS

TABLE DES MATIÈRES

LE QUART LIVRE
DES FAICTS ET DICTS HÉROIQUES
DU BON PANTAGRUEL
COMPOSÉ PAR
M. FRANÇOIS RABELAIS DOCTEUR EN MEDICINE

LE CINQUIESME ET DERNIER LIVRE
DES FAICTS ET DICTS HEROIQUES
DU BON PANTAGRUEL
COMPOSÉ PAR
M. FRANÇOIS RABELAIS DOCTEUR EN MEDECINE

ACHEVÉ D'IMPRIMER
PAR L'IMPRIMERIE TARDY QUERCY S.A.
A BOURGES
LE 20 JUILLET 1978

N° d'éditeur : 1852
N° d'imprimeur : 8974
Dépôt légal : 3e trim. 1978

Printed in France